www.web-adressbuch.de
Mathias Weber (Hrsg.)

DAS WEB-ADRESS-BUCH FÜR DEUTSCHLAND
2005

DER INTERNET-BESTSELLER

DIE **6.000** WICHTIGSTEN DEUTSCHEN INTERNET-ADRESSEN

m.w. VERLAG

Weber, Mathias (Hrsg.)
Das Web-Adressbuch für Deutschland 2005
Die 6.000 wichtigsten deutschen Internet-Adressen

ISBN 3-934517-05-6

Umwelthinweis: Dieses Buch wurde auf chlorfrei gebleichtem Papier gedruckt.

8. völlig überarbeitete und aktualisierte Auflage
Copyright 1998 bis 2004 by m.w. VERLAG GmbH
Printed in Germany

www.mw-verlag.de

Umschlaggestaltung: CatworkDesign, D-69493 Hirschberg
Redaktion & Marketing: Juliane Boller, Thao Dinh Van, Hélène Durnerin, Franziska Euler, Anna Hampel, Tanja Krämer, Monika Nemcova, Daniela Ofner, Matthias Reuß, Nadine Steffgen, Mathias Weber, Bianca Weyers, Harriet Zachres
Layout, Satz & Anzeigenverwaltung: m.w. VERLAG GmbH, 60388 Frankfurt/Main
Technische Betreuung: Computer Stede, 61137 Schöneck
Druck: Parzeller Druck- und Mediendienstleistungen, 36043 Fulda
Bindung: Münchner Industriebuchbinderei, 85609 Aschheim-Dornach bei München
Vertrieb für den Zeitschriftenhandel: BPV Medien Vertrieb GmbH & Co. KG, Römerstraße 90, 79618 Rheinfelden, Tel. 07623/96 40, Fax 07623/96 42 59
Vertrieb für den Buchhandel: m.w. Verlag GmbH, Kruppstr.122, 60388 Frankfurt, Tel.: 069/40 89 48 70, Fax.: 069/40 89 48 75

Das Werk, einschließlich aller seiner Teile, ist urheberrechtlich geschützt. Jede Verwertung außerhalb der engen Grenzen des Urheberrechtsgesetzes ist ohne Zustimmung des Verlags unzulässig und strafbar. Das gilt insbesondere für Vervielfältigungen, Übersetzungen, Mikroverfilmungen und die Speicherung und Verarbeitung in elektronischen Systemen.

Alle in diesem Buch wiedergegebenen Angaben sind ohne Gewähr. Der Verlag kann keine Verantwortung für die Inhalte der Web-Seiten sowie deren Verknüpfungen zu anderen Web-Seiten übernehmen. Sämtliche Verweise auf die in diesem Buch aufgeführten Web-Seiten erfolgen unter ausdrücklicher Missbilligung aller damit eventuell in Bezug genommenen Rechtsverletzungen. Die aufgeführten E-Mail-Adressen dürfen nicht zu Werbezwecken oder für Spam-Sendungen benutzt werden. Das Internet ist einem stetigen Wandlungsprozess ausgesetzt. Trotz größter Sorgfalt bei der Bearbeitung sind daher Adress- und inhaltliche Änderungen möglich, für die die Redaktion jedoch keine Gewähr übernimmt. Mitteilungen über eventuelle Fehler werden jederzeit gerne entgegengenommen. Die in diesem Buch erwähnten Software- und Hardware-Bezeichnungen sind in den meisten Fällen eingetragene Warenzeichen und unterliegen als solche den gesetzlichen Bestimmungen.

Editorial

DER SPIEGEL stellt in einer kürzlich erschienenen Ausgabe fest, dass viele Suchanfragen bei Google - der meist genutzten Suchmaschine - befremdliche Treffer liefern: „Sie führen zu wirren Link-Sammlungen oder schlampig zusammengeleimten ‚Shopping-Portalen', die nicht einmal den gesuchten Begriff enthalten. [...] Schuld sind Scharen von Moglern, die sich in den Ergebnislisten trickreich nach vorn rempeln", so DER SPIEGEL.

Statt Tausende – meist unbrauchbare oder manipulierte – „Treffer" aufzulisten, beschränkt sich das Web-Adressbuch auf informative, aktuelle und qualitativ hochwertige Seiten. Aus den über sieben Millionen deutschen Web-Seiten wurden die absolut besten 6.000 Internet-Adressen zu über 1.500 Themenbereichen herausgefiltert. Die Redaktion hat alle Einträge intensiv geprüft und sachlich sinnvoll in Rubriken einsortiert. Ziel ist es, für möglichst jeden Themenbereich die zwei bis zehn besten Web-Adressen aufzuführen. So ist jeder Eintrag qualitätsgeprüft und Manipulationen sind – anders als bei Suchmaschinen im Netz – ausgeschlossen.

Kein Wunder also, dass dieser Internet-Bestseller in der Presse als Alternative zu den Suchmaschinen empfohlen wird (Pressestimmen: www.mw-verlag.de).

Wir wünschen Ihnen viel Spaß und Erfolg beim Surfen auf der Datenautobahn, und dass Sie mit Hilfe unseres Nachschlagewerkes schnell zum Ziel gelangen!

M. Weber

Dipl.-Pol. Mathias Weber
(Herausgeber)

Inhalt

Arbeit & Beruf

Arbeitgeberverbände 28
Arbeitslosigkeit 28
Arbeitsrecht 28
Arbeitsschutz 28
Arbeitszeugnisse 28
Au-pair 28
Ausbildung/Allgemein 29
Ausbildung/Bankwesen 30
Ausbildung/Buchhandel & Verlage 30
Ausbildung/BWL 30
Ausbildung/Druck- & Medientechnik 30
Ausbildung/Erwachsenenbildung 31
Ausbildung/Fernunterricht 31
Ausbildung/Film & Fernsehen 32
Ausbildung/Lehrstellen 32
Ausbildung/Marketing & Werbung 32
Ausbildung/Medien 33
Ausbildung/Multimedia 33
Ausbildung/Versicherungen 33
Ausbildung/Technik 34
Ausbildung/Verschiedenes 34
Ausbildung/Weiterbildung & Neuorientierung ... 34
Auswandern 38
Betriebsräte 38
Bewerbung 38
Büromanagement 39
Existenzgründung & Selbstständigkeit 39
Gewerkschaften 40
Mobbing 42
Praktikantenbörsen 44
Praktikantenbörsen/Ausland 44
Praktikantenbörsen/Multimedia & Medien 45
Schule/Abitur 45
Schule/Allgemein 45
Schule/Ausland 46
Schule/Ehemalige Schüler 47
Schule/Fremdsprachen/Englisch 47
Schule/Gewaltprävention 48
Schule/Grundschule 48
Schule/Hausaufgaben & Referate 49
Schule/Internet 49
Schule/Verschiedenes 50
Schule/Hochbegabung 50
Schule/Internate 50

Schule/Klassenfahrten & Schullandheime 50
Schule/Lehrer & Pädagogen 50
Schule/Mobbing 51
Schule/Nachhilfe 51
Schule/Schüleraustausch 52
Schule/Umweltschutz 52
Schule/Waldorfschulen 53
Schule/Waldorfschulen/Eurythmie 53
Seminare 53
Seminare/Managertraining 54
Sprachschulen/Allgemein 54
Sprachschulen/Kurse & Sprachreisen 54
Sprachschulen/Englisch 54
Sprachschulen/Italienisch 55
Sprachschulen/Spanisch 55
Sprachschulen/Schüler & Studenten 55
Stellenmarkt 55
Stellenmarkt/Banken 57
Stellenmarkt/Bundeswehr 58
Stellenmarkt/Chemie & Pharmazie 58
Stellenmarkt/Computer-, EDV- & TK-Branche ... 58
Stellenmarkt/Fach- & Führungskräfte 58
Stellenmarkt/Gastronomie & Tourismus ... 58
Stellenmarkt/Juristen 59
Stellenmarkt/Medien & Multimedia 59
Stellenmarkt/Medizin 60
Stellenmarkt/Nebenjobs & Minijobs 60
Stellenmarkt/Psychologie 60
Stellenmarkt/Hochschulabsolventen 61
Stellenmarkt/Such-Robots 61
Stellenmarkt/Technik 62
Stellenmarkt/Versicherung 62
Tarifpolitik 64
Teilzeitarbeit 64
Volkshochschulen 64
Zeitarbeit 64

Einkaufen

Allgemein/Einkaufsführer 68
Augenoptik/Kontaktlinsen & Brillen 69
Augenoptik/Sonnenbrillen 70
Auktionen 70
Auktionen/Allgemein 72
Ballons 72
Batterien & Akkus 73

INHALT

Bekleidung	73
Bekleidung/Bademode	75
Bekleidung/Berufskleidung	76
Bekleidung/Brautmoden	76
Bekleidung/Damenmode	77
Bekleidung/Damenmode/Übergrößen	78
Bekleidung/Dessous	78
Bekleidung/Herrenmode	79
Bekleidung/Herrenmode/Krawatten	79
Bekleidung/Herrenmode/Maßanzüge	79
Bekleidung/Herrenmode/Smokings	80
Bekleidung/Herrenmode/Übergrößen	80
Bekleidung/Herrenmode/Unterwäsche	80
Bekleidung/Individuell bedruckt	80
Bekleidung/Jeans	80
Bekleidung/Kindermode	81
Bekleidung/Kindermode/Schuhe	82
Bekleidung/Kindermode/Secondhand	82
Bekleidung/Korsetts	82
Bekleidung/Leder	82
Bekleidung/Marken	82
Bekleidung/Militär & Outdoor	83
Bekleidung/Schirme	83
Bekleidung/Schuhe	84
Bekleidung/Schuhe/Gummistiefel	85
Bekleidung/Schuhe/Schuhpflege	85
Bekleidung/Schuhe/Übergrößen	86
Bekleidung/Socken & Strümpfe	86
Bekleidung/Socken & Strümpfe/Zehensocken	86
Bekleidung/Sonstiges	86
Bekleidung/Strickware	86
Bekleidung/T-Shirts	87
Bekleidung/Unterwäsche	87
Bekleidung/Young Fashion	87
Blumenversand	88
Blumenversand/Kunstblumen & Kunstpalmen	90
Bücher	90
Bücher/Buchhandlungen	92
Bücher/Antiquariate & Bücherschnäppchen	94
Bücher/Datenbanken	96
Bücher/Fachliteratur/Gesundheit	96
Bücher/Fachliteratur/IT	96
Bücher/Fachliteratur/Jura	97
Bücher/Fachliteratur/Reiseführer	97
Bücher/Fachliteratur/Wirtschaft	97
Bücher/Hörbücher	97
Bürobedarf/Allgemein	98
Bürobedarf/Büromaterial	100
Bürobedarf/Einrichtung	100
Bürobedarf/Einrichtung/Bürostühle	101
Bürobedarf/Tinte & Toner	101
Bürobedarf/Tinte & Toner/Rücknahme	102
Bürobedarf/Werbemittel	102
Bürobedarf/Zeitplanbücher & Organizer	103
DDR- & Ost-Produkte	103
Druck/Bücher	103
Druck/Papier	104
Druck/Postkarten & Einladungskarten	104
Druck/Siegel, Siegellacke & Petschaft	105
Druck/Stempel	105
Druck/Visitenkarten, Briefpapier & Aufkleber	105
Einkaufszentren/Internet-Kaufhäuser	106
Einkaufszentren/Kaufhäuser	107
Elektrizität & Strom	108
Elektronik/Allgemein	109
Elektronik/Beamer & Videoprojektoren	109
Elektronik/Digitalradios	109
Elektronik/Elektronikmärkte	110
Elektronik/Fotoapparate & Digitalkameras	111
Elektronik/HiFi	111
Elektronik/Taschenrechner	112
Elektronik/TV, Video & DVD/Verleih	112
Elektronik/TV, Video, Camcorder, DVD & HiFi	113
Esoterik & Feng Shui	113
Flaggen & Fahnen	114
Geschenke & Überraschungen	114
Haushaltsgeräte	120
Haushaltsgeräte/Ersatzteile	120
Kalender & Poster	120
Kataloge	121
Kerzen	121
Kinder	122
Kinder/Baby	122
Kinder/Babypflege/Windeln	123
Kinder/Schulartikel	124
Kinder/Spielwaren	124
Kinder/Spielwaren/Holzspielzeug	126
Kinder/Spielwaren/Marken	126
Kinder/Spielwaren/Puppen	126
Kinder/Spielwaren/Stofftiere	126
Kinder/Taufmode & Taufgeschenke	127
Körperpflege	127

Inhalt

Körperpflege/Damenhygiene 128
Körperpflege/Drogerie 129
Körperpflege/Fingernägel 129
Körperpflege/Haarpflege & Friseure 129
Körperpflege/Hautpflege 130
Körperpflege/Kosmetik & Parfüm 131
Körperpflege/Rasur 132
Körperpflege/Zahnpflege 132
Kostenlose Warenproben 134
Kostenloses 134
Linkshänderartikel 135
Porto/Briefe & Pakete 135
Scherzartikel & Partyausstattung 136
Schilder 136
Schmuck 137
Schmuck/Gold 138
Schmuck/Indianerschmuck 138
Schmuck/Perlen 138
Schmuck/Piercing 138
Schmuck/Trauringe & Eheringe 139
Schmuck/Zahnschmuck 139
Schnäppchen 140
Schnäppchen/Co-Shopping 141
Schnäppchen/Fabrikverkauf 141
Schnäppchen/Preisvergleich 141
Schnäppchen/Rabatte 142
Schnitzereien & Holzfiguren 142
Shop-Gütesiegel 142
Taschen, Koffer & Rucksäcke 142
Taschenlampen 143
Telekommunikation/Handy 144
Telekommunikation/Logos & Klingeltöne 145
Telekommunikation/Handy/Zubehör 146
Telekommunikation/Tarife 146
Telekommunikation/Telefonanlagen 146
Telekommunikation/UMTS 147
Treueprämien 147
Uhren 147
Verbraucherbefragungen 149
Verbraucherinformationen/Allgemein 149
Verbraucherinformationen/Organisationen 149
Verbraucherinformationen/Testberichte 149
Versandhäuser 150
Weihnachts- & Osterartikel 152

Erotik

Beratung 156
Erotische Foren & Diskussionen 156
Erotische Geschichten 156
Erotische Lebensmittel 157
Hostessen, Dressmen & Begleitservice 157
Kunst/Aktfotografie 158
Kunst/Aktmalerei 159
Kunst/Bücher 160
Liebeslexikon 160
Online-Magazine 160
Sadomasochismus 162
Selbstbefriedigung & Masturbation 162
Sexuallockstoffe/Pheromone 162
Swinger/Clubs 164
Swinger/Reisen 164
TV/Erotikmagazine 164
Versand 165
Versand/DVD-Verleih 166
Versand/Frauen 166

Essen & Trinken

Ernährung 170
Ernährung/Diät 170
Ernährung/Trennkost 171
Gastronomieführer/Hotels & Restaurants 172
Gastronomieführer/Kneipen 172
Getränke/Apfelwein 173
Getränke/Bier 173
Getränke/Cocktails 174
Getränke/Energy-Drinks 174
Getränke/Kaffee/Allgemein 175
Getränke/Kaffee/Espresso 176
Getränke/Kaffee/Hersteller 177
Getränke/Kaffee/Kaffeeautomaten 178
Getränke/Kakao 178
Getränke/Limonaden 178
Getränke/Mineral- & Tafelwasser 179
Getränke/Sekt 180
Getränke/Säfte 185
Getränke/Sherry 186
Getränke/Spirituosen 186
Getränke/Spirituosen/Absinth 187
Getränke/Spirituosen/Aquavit 187

Inhalt

Getränke/Spirituosen/Cachaça 188
Getränke/Spirituosen/Cognac 188
Getränke/Spirituosen/Grappa 188
Getränke/Spirituosen/Korn 189
Getränke/Spirituosen/Kräuterbitter 189
Getränke/Spirituosen/Likör 189
Getränke/Spirituosen/Kräuterlikör 190
Getränke/Spirituosen/Rum 190
Getränke/Spirituosen/Schnaps 191
Getränke/Spirituosen/Tequila 191
Getränke/Spirituosen/Weinbrand 191
Getränke/Spirituosen/Whisky 192
Getränke/Spirituosen/Wodka 193
Getränke/Tee 194
Getränke/Tee/Hersteller 194
Getränke/Tee/Online-Shops 195
Getränke/Wein/Allgemein 196
Getränke/Wein/Deutschland 196
Getränke/Wein/Europa 197
Getränke/Wein/International 198
Getränke/Wein/Öko-Weine 199
Getränke/Wein/Zeitschriften 200
Kochen & Haushalt 200
Kochen & Haushalt/Zeitschriften 200
Kraftnahrung 200
Lebensmittel/Allgemein 200
Lebensmittel/Ausland 201
Lebensmittel/Ausland/Asien 201
Lebensmittel/Ausland/Frankreich 201
Lebensmittel/Ausland/Italien 202
Lebensmittel/Ausland/Japan 202
Lebensmittel/Ausland/Kanada 202
Lebensmittel/Ausland/Spanien 202
Lebensmittel/Ausland/Südamerika 202
Lebensmittel/Ausland/USA 202
Lebensmittel/Babynahrung 203
Lebensmittel/Backwaren 203
Lebensmittel/Backwaren/Kuchen & Torten ... 204
Lebensmittel/Pfefferkuchen & Lebkuchen..... 205
Lebensmittel/Bioprodukte 205
Lebensmittel/Brotaufstrich 206
Lebensmittel/BSE 206
Lebensmittel/Cerealien 206
Lebensmittel/Eier 206
Lebensmittel/Essige & Speiseöle 206
Lebensmittel/Feinkost 207
Lebensmittel/Fisch 207
Lebensmittel/Fleischwaren 207
Lebensmittel/Frühstück 208
Lebensmittel/Geflügel 208
Lebensmittel/Gemüse 208
Lebensmittel/Gemüse/Kürbisse 208
Lebensmittel/Gemüse/Pilze 208
Lebensmittel/Gemüse/Spargel 209
Lebensmittel/Gewürze & Kräuter 209
Lebensmittel/Hersteller 210
Lebensmittel/Honig 212
Lebensmittel/Knabbereien 212
Lebensmittel/Knabbereien/Chips 214
Lebensmittel/Kartoffeln & Pommes Frites 215
Lebensmittel/Lieferservice 215
Lebensmittel/Milchprodukte 215
Lebensmittel/Joghurt & Dessert 216
Lebensmittel/Milchprodukte/Milch 219
Lebensmittel/Milchprodukte/Käse 219
Lebensmittel/Nahrungsergänzung 220
Lebensmittel/Nudeln & Pasta 221
Lebensmittel/Obst 221
Lebensmittel/Pizza 222
Lebensmittel/Reis 222
Lebensmittel/Soßen/Senf 223
Lebensmittel/Suppen 223
Lebensmittel/Süßwaren 223
Lebensmittel/Süßwaren/Eis 224
Lebensmittel/Süßwaren/Gummibärchen 225
Lebensmittel/Süßwaren/Kaugummi 225
Lebensmittel/Süßwaren/Lakritze 226
Lebensmittel/Süßwaren/Marzipan 226
Lebensmittel/Süßwaren/Schokolade 226
Lebensmittel/Tiefkühlkost 228
Lebensmittel/Trockenfrüchte & Nüsse 228
Lebensmittel/Zucker & Süßstoffe 228
Lebensmittelmärkte 229
Restaurantketten 230
Restaurantketten/Fastfood 230
Restaurantketten/Steakhäuser 230
Rezepte 230
Tabak/Blättchen 231
Tabak/Drehtabak 232
Tabak/Pfeifen 232
Tabak/Zigaretten 232
Tabak/Zigarren & Zigarillos 234

INHALT

Vegetarier & Veganer 234
Vitamine & Mineralien 234
Zusatzstoffe & E-Nummern 234

Freizeit & Hobby

Ahnenforschung 238
Amateur- & CB-Funk 238
Astronomie 238
Badeseen 238
Basteln 238
Benimm-Regeln 239
Brieffreundschaften 239
Briefmarken 239
Burgen, Festungen & Schlösser 240
Disco & Partys 240
Esoterik 240
Expertenwissen 240
Feuerwerk 240
Flohmärkte 241
Fossilien, Bernstein & Repliken 241
Fotografie 241
Freizeitparks 242
Gedächtnistraining 243
Gespenster, Geister & Hexen 243
Grußkarten 243
Humor/Ausreden 244
Humor/Beschwerden 244
Humor/Witze 244
Indianer 244
Karneval & Fastnacht 244
Karneval & Fastnacht/Kostüme & Masken 245
Kornkreise 245
Lotterien & Wetten 245
Malen & Zeichnen 246
Mittelalter 247
Modellbau 247
Orden, Abzeichen & Medaillen 248
Pfadfinder 248
Prominente, Stars & Biografien 248
Sammlungen/Autogramme 249
Sammlungen/Kotztüten & Spuckbeutel 249
Sammlungen/Mineralien & Fossilien 249
Sammlungen/Münzen 249
Sammlungen/Spielzeug & Puppen 250
Sammlungen/Überraschungseier 250

Sammlungen/Verschiedenes 250
Saunen & Thermen 250
Schatzsuche 251
Spiele/Allgemein 251
Spiele/Brettspiele 251
Spiele/Casinos & Spielbanken 251
Spiele/Freeware 252
Spiele/Gewinnspiele 253
Spiele/Hersteller 253
Spiele/Kartenspiele 254
Spiele/Online 254
Spiele/PC & Video 254
Spiele/PC & Video/Cheats 254
Spiele/PC & Video/Hersteller 255
Spiele/PC & Video/Magazine 256
Spiele/PC & Video/Versand 257
Spiele/PC & Video/Zeitschriften 257
Spiele/PC/Adventure 258
Spiele/PC/Shooter 258
Spiele/PC/Strategie 258
Spiele/Puzzles 258
Spiele/Rätsel 258
Spiele/Rollenspiele 258
Spiele/Spielanleitungen 258
Tattoo & Piercing 259
Tiere/Accessoires 259
Tiere/Allgemein 259
Tiere/Aquaristik 260
Tiere/Bienen, Wespen & Hornissen 260
Tiere/Hunde 260
Tiere/Hunde/Rettungshunde 261
Tiere/Hunde/Urlaub 261
Tiere/Käfer, Larven & Ameisen 261
Tiere/Katzen 261
Tiere/Nagetiere 262
Tiere/Nagetiere/Präriehunde 262
Tiere/Pferde 262
Tiere/Reptilien & Amphibien 262
Tiere/Tierbedarf 263
Tiere/Tierbedarf/Hundebrillen 263
Tiere/Tiernahrung 263
Tiere/Tiervermittlung 264
Tiere/Verschiedenes 264
Tiere/Vögel 264
Tiere/Vögel/Papageien 265
Tiere/Vögel/Pinguine 265

INHALT

Tiere/Vögel/Sittiche	265
Tiere/Zeitschriften	266
Traumdeutung	266
TV, HiFi, Video & DVD/Informationsportale	266
Veranstaltungen/Kalender	266
Veranstaltungen/Tickets	266
Vereine	267
Verschiedenes	267
Weihnachten	268
Zauberei	268
Zukunftsdeutung/Allgemein	269
Zukunftsdeutung/Horoskope & Astrologie	269
Zukunftsdeutung/Nostradamus	270
Zukunftsdeutung/Tarot	270

Geld & Finanzen

Aktiengesellschaften	274
Allgemein	274
Banken	274
Banken/Bankleitzahlen	275
Banken/Direktbanken	275
Banken/Geschäftsbanken	276
Banken/Verbände	276
Banken/Verzeichnisse	277
Banken/Zentralbanken	278
Bausparen & Immobilienfinanzierung	278
Börsenplätze	282
Börsenspiele	283
Factoring	283
Falschgeld	284
Finanz- & Börsenmagazine	284
Finanzbehörden	285
Finanzberatung	286
Finanzberatung/Frauen	286
Finanzdienstleistungen	286
Forderungsmanagement & Inkasso	286
Geld & Zahlungsmittel	287
Kredite	288
Kreditkarten	288
Leasing	289
Lohnabrechnung & Buchhaltung	289
Rente & Altersvorsorge	290
Steuern/Allgemein	291
Steuern/Steuerberater	291
Steuern/Steueroasen	291

Steuern/Tipps	291
Venture Capital	292
Verbände	293
Versicherungen/Gesellschaften	293
Versicherungen/Kirche	300
Versicherungen/Kreditversicherung	301
Versicherungen/Lebensversicherung	301
Versicherungen/Rechtsschutzversicherung	302
Versicherungen/Versicherungsmakler	304
Versicherungen/Versicherungsvergleiche	305
Währungen/Euro	308
Währungen/Euro/Eurorechner	308
Währungen/Währungsumrechner	308
Wertpapiere/Analysen	308
Wertpapiere/Anleihen	308
Wertpapiere/Broker	308
Wertpapiere/Fonds	309
Wertpapiere/Hauptversammlungen	310
Wertpapiere/Hebelzertifikate	310
Wertpapiere/Investmentfonds	310
Wertpapiere/Kurse & Indizes	312
Wertpapiere/Tipps	312
Wirtschaftsnachrichten/Online-Ticker	312
Zahlungssysteme	313
Zeitungen, Zeitschriften, Magazine & Verlage	313
Zinsen	314

Gesundheit

Allgemein	318
Apotheken	318
Apotheken/Apothekennotdienste	319
Apotheken/Verbände	319
Ärzte	319
Ärzte/Verbände	320
Ärzte/Zeitungen & Zeitschriften	320
Augenheilkunde & Augenoptik	321
Augenheilkunde & Augenoptik/Augen-Laser	321
Beauty & Wellness	321
Beschneidung	322
Chirurgie	322
Chirurgie/Plastische Chirurgie	323
Diät/Übergewicht	323
Gesundheitsportale	324
Gesundheitsreform	326
Gynäkologie	326

INHALT

Haare	326
Haut	326
Hörgeräte & Gehörschutz	327
Impfschutz	327
Kinderheilkunde	328
Kinderheilkunde/Bettnässen	329
Kliniken & Krankenhäuser/Verzeichnisse	329
Krankenversicherungen/Gesetzlich	329
Krankenversicherungen/Privat	331
Krankenversicherungen/Vergleich	331
Krankheiten/Allgemein	332
Krankheiten/Aids	333
Krankheiten/Allergie	333
Krankheiten/Alzheimer	334
Krankheiten/Atemwege	336
Krankheiten/Atemwege/Asthma	336
Krankheiten/Atemwege/Bronchitis	337
Krankheiten/Blase	338
Krankheiten/Cholesterin	338
Krankheiten/Depression	338
Krankheiten/Diabetes	339
Krankheiten/Endometriose	340
Krankheiten/Erkältung & Husten	340
Krankheiten/Erkältung & Husten/Produkte	340
Krankheiten/Essstörungen & Magersucht	342
Krankheiten/Hämorrhoiden	343
Krankheiten/Hepatitis	343
Krankheiten/Herpes	343
Krankheiten/Herz-Kreislauf	343
Krankheiten/HNO-Erkrankungen	344
Krankheiten/Impotenz	345
Krankheiten/Kopfschmerzen & Migräne	346
Krankheiten/Krebs	346
Krankheiten/Krebs/Brustkrebs	348
Krankheiten/Krebs/Darmkrebs	349
Krankheiten/Krebs/Eierstock	349
Krankheiten/Krebs/Hautkrebs	349
Krankheiten/Krebs/Leukämie	349
Krankheiten/Magen-Darm	350
Krankheiten/Magen-Darm/Produkte	350
Krankheiten/Mukoviszidose	351
Krankheiten/Multiple Sklerose	351
Krankheiten/Neurodermitis	352
Krankheiten/Nieren	352
Krankheiten/Osteoporose	353
Krankheiten/Parkinson	353
Krankheiten/Prostata	354
Krankheiten/Rheuma	354
Krankheiten/Rückenschmerzen	355
Krankheiten/Schilddrüse	355
Krankheiten/Schlafstörungen	355
Krankheiten/Schlaganfall & Herzinfarkt	356
Krankheiten/Schmerzen	356
Krankheiten/Schuppenflechte	356
Krankheiten/Tourette	357
Krankheiten/Zeckenstiche	357
Kuren	357
Männerheilkunde	358
Massage	359
Medikamente/Online-Versand	359
Medizinbedarf	360
Naturheilkunde	360
Naturheilkunde/Akupunktur	360
Naturheilkunde/Arzneimittel	360
Naturheilkunde/Atemtherapie	361
Naturheilkunde/Ayurveda	361
Naturheilkunde/Bachblüten-Therapie	362
Naturheilkunde/Biophys Informationstherapie	362
Naturheilkunde/Heilkräuter	362
Naturheilkunde/Heilpraktiker	363
Naturheilkunde/Heilpraktikerschulen	364
Naturheilkunde/Homöopathie	364
Naturheilkunde/Hypnose	364
Naturheilkunde/Kinesiologie	366
Naturheilkunde/Verbände	366
Organisationen	366
Organspende	367
Pflegedienst	367
Pharmazie & Chemie/Hersteller	367
Psychiatrie	376
Psychotherapie	378
Selbstmedikation	378
Umweltmedizin	378
Unfälle	378
Unfälle/Erste Hilfe	378
Unfälle/Gift	378
Unfälle/Produkte	378
Urologie	379
Verhaltensauffälligkeiten	379
Verhütung	379
Verhütung/Verhütungsmittel/Kondome	380
Verhütung/Verhütungsmittel/Pille	380

Inhalt

Verhütung/Verhütungsmittel/Spirale 382
Verhütung/Verhütungsmittel/Vaginalring 382
Veterinärmedizin 383
Wechseljahre 383
Yoga 384
Zahnmedizin 384
Zahnmedizin/Kieferorthopädie 385
Zahnmedizin/Verbände 385
Zahnmedizin/Zahnersatz 387
Zahnmedizin/Zahnpflege 388
Zeitungen & Zeitschriften............................ 388
Zahnmedizin/Zeitungen & Zeitschriften 391

Haus & Garten

Bauen/Allgemein 396
Bauen/Baumärkte....................................... 397
Bauen/Denkmalschutz 398
Bauen/Farbe & Anstrich 398
Bauen/Häuser 398
Bauen/Häuser/Fachwerkhäuser 399
Bauen/Häuser/Fertighäuser 399
Bauen/Materialien 400
Bauen/Materialien/Holz 400
Bauen/Schwimmbäder, Saunen & Whirlpools 401
Bauen/Solarien... 402
Bauen/Treppen 402
Bauen/Türen & Fenster 404
Bauen/Verschiedenes 404
Bauen/Wintergärten 404
Bauen/Zeitschriften 404
Einrichtung/Accessoires 405
Einrichtung/Bad 406
Einrichtung/Bad/Zubehör 406
Einrichtung/Beleuchtung & Lampen............ 406
Einrichtung/Betten 407
Einrichtung/Betten/Decken & Textilien 408
Einrichtung/Betten/Kinderbetten 408
Einrichtung/Betten/Matratzen 408
Einrichtung/Betten/Wasserbetten 409
Einrichtung/Bilder 409
Einrichtung/Bilder/Bilderrahmen 410
Einrichtung/Bilder/Poster 410
Einrichtung/Brunnen & Zimmerbrunnen 410
Einrichtung/Design..................................... 411
Einrichtung/Designermöbel 411

Einrichtung/Hauselektronik 412
Einrichtung/Haushaltswaren 412
Einrichtung/Besteck & Messer.................... 412
Einrichtung/Jalousien 413
Einrichtung/Kachelöfen & Kamine 413
Einrichtung/Küchen 413
Einrichtung/Möbel 414
Einrichtung/Möbel/Sofas 416
Einrichtung/Porzellan 416
Einrichtung/Tapeten 416
Einrichtung/Teppiche & Bodenbeläge 417
Einrichtung/Ventilatoren 418
Garten/Allgemein 418
Garten/Garten- & Gewächshäuser.............. 418
Garten/Gartengeräte 419
Garten/Gartenteiche 419
Garten/Gartenzwerge 419
Garten/Grillen 420
Garten/Möbel & Accessoires 420
Garten/Möbel/Strandkörbe......................... 420
Garten/Wintergärten 420
Hängematten 420
Haus & Garten/Zeitschriften 421
Heimwerken 422
Immobilien.. 423
Immobilien/Gewerbe 424
Immobilien/Mieter....................................... 424
Immobilien/Mitwohnzentralen 424
Immobilien/Raumvermittlung 425
Immobilien/Tipps 425
Immobilien/Zeitschriften 425
Immobilien/Zimmervermietung & WG 425
Immobilien/Zwangsversteigerungen............ 426
Pflanzen/Allgemein..................................... 426
Pflanzen/Blumen & Sträucher 426
Pflanzen/Dünger 427
Pflanzen/Kakteen 427
Pflanzen/Kräuter & Gewürze 427
Pflanzen/Obst & Obstbäume 427
Pflanzen/Pflanzenschutz 427
Pflanzen/Rasen 428
Pflanzen/Saatgut 428
Pflanzen/Verschiedenes 428
Reinigungs- & Waschmittel......................... 428
Schädlingsbekämpfung............................... 429
Schimmelpilz 430

INHALT

Umzüge/Umzugsservice 430

Internet & Computer

Allgemeine Hilfen, Tipps & Tricks 434
Auszeichnungen & Awards 434
CD- & DVD-Brennen 434
Datensicherheit/Datenlöschung 434
Datensicherheit/Datenrettung 434
Datensicherheit/Dialer 434
Datensicherheit/Spam 435
Datensicherheit/Verschlüsselung 435
Datensicherheit/Viren & Trojaner................. 435
Eigene Homepage/Allgemein 436
Eigene Homepage/All-in-One-Anbieter 436
Eigene Homepage/Anleitungen & Hilfen 438
Eigene Homepage/Bannertausch 438
Eigene Homepage/Bilder, Buttons & Clipart .. 439
Eigene Homepage/Counter 439
Eigene Homepage/Domain-Abfragen............ 440
Eigene Homepage/Domain-Anbieter 440
Eigene Homepage/Domain-Börsen 440
Eigene Homepage/Newsletter & Foren 441
Eigene Homepage/Partnerprogramme 441
Eigene Homepage/Promotion....................... 442
Eigene Homepage/Verschiedenes 443
Eigene Homepage/Webspace 443
E-Mail/Allgemeine Hilfen, Tipps & Tricks 444
E-Mail/Dienste 444
E-Mail/Verzeichnisse 444
Fernsehsendungen 444
Hardware/BIOS 444
Hardware/Case-Modding.............................. 444
Hardware/Gebrauchte Geräte....................... 445
Hardware 445
Hardware/Netzwerke 448
Hardware/Reparaturen 449
Info- & Servicedienste 449
Info- & Servicedienste/Datum & Uhrzeit 450
Info- & Servicedienste/Ferienkalender 450
Info- & Servicedienste/Fachwörterbücher 450
Info- & Servicedienste/Newsletter 450
Info- & Servicedienste/Online-News.............. 451
Info- & Servicedienste/PC-Notdienste 451
Info- & Servicedienste/Telefonauskunft......... 451
Info- & Servicedienste/Vorwahlen 451

Info- & Servicedienste/Wörterbücher 452
Info- & Servicedienste/Umrechnungstabellen 453
Internet/Boards & Foren............................... 453
Internet/Chats 453
Internet/Communities 454
Internet/DSL.. 454
Internet/Internet-Cafés 454
Internet/Internet-Recht 454
Internet/Newsgroups................................... 455
Internet/Online-Portale & Provider 455
Internet/Tarifvergleich.................................. 456
Internet/Verbände 456
Internet/Verschiedenes 457
Organizer, Palm & Pocket PCs 457
SMS.. 458
Software/Betriebssysteme/Amiga 458
Software/Betriebssysteme/Apple MacOS 458
Software/Betriebssysteme/Atari 458
Software/Betriebssysteme/BeOS.................. 458
Software/Betriebssysteme/Commodore 459
Software/Betriebssysteme/DOS 459
Software/Betriebssysteme/Linux & Unix....... 459
Software/Betriebssysteme/MS Windows 459
Software/Betriebssysteme/Novell 460
Software/Betriebssysteme/OS/2 460
Software/Betriebssysteme/Sun Solaris 460
Software/Bildschirmschoner & Icons 460
Software/Business-Software 460
Software/Free- & Shareware 460
Software/Grafik & 3D 462
Software/Hersteller 462
Software/Hilfen & Schulungen 463
Software/Programmierung 464
Software/Programmierung/Coldfusion 464
Software/Programmierung/Delphi 464
Software/Programmierung/Flash 464
Software/Programmierung/HTML 464
Software/Programmierung/Java 464
Software/Programmierung/Perl 464
Software/Programmierung/PHP.................... 466
Software/Programmierung/Visual Basic........ 466
Software/Treiber 466
Software/Vertrieb 466
Suchen & Finden/Allgemein......................... 466
Suchen & Finden/Meta-Suchmaschinen 467
Suchen & Finden/Suchmaschinen................ 467

Inhalt

Suchen & Finden/Web-Kataloge 468	Literatur/Bücherdatenbank 486
Suchen & Finden/Web-Ringe 468	Literatur/E-Books 486
WAP 468	Literatur/Gedichte, Reime, Zitate & Märchen 486
Web-Cams 468	Literatur/Harry Potter 487
Zeitschriften/Allgemein................................ 469	Literatur/Hörbücher..................................... 488
Zeitschriften/Betriebssysteme 471	Literatur/Lektorat... 488
Zeitschriften/E-Commerce 471	Literatur/Memoiren 488
Zeitschriften/Grafik 472	Literatur/Mythologien 488
Zeitschriften/Mac 472	Literatur/Rezensionen 488
Zeitschriften/Netzwerk 473	Literatur/Verschiedenes 488
Zeitschriften/Software 473	Malerei... 488
Zeitschriften/Programmierung..................... 474	Museen & Galerien 489
Zeitschriften/Telekommunikation................. 474	Musik/Allgemein 489
Zeitschriften/Online-Magazine 474	Musik/Bücher & Noten 490
Zeitschriften/Publikumszeitschriften 474	Musik/CD-Besprechungen 490
	Musik/CD-Versand & Musik-Online-Shops 490

Kunst & Kultur

	Musik/Charts & Hits 490
	Musik/DJ´s 491
Allgemein 478	Musik/Festivals, Tourneen & Konzerte.......... 491
Body-Painting & Theater-Make-up................. 478	Musik/Filmmusik 491
Comic 478	Musik/Instrumente 492
Comic/Anime & Mangas............................... 478	Musik/Jukeboxen & Musikboxen 492
Comic/Asterix 478	Musik/Karaoke & Playback 492
Film/Festivals 479	Musik/Liedertexte & Songtexte.................... 492
Film/Filmproduktion & Regie........................ 479	Musik/Midi 493
Film/Kinder- & Jugendfilme 479	Musik/MP3 493
Film/Komparsen & Castings 479	Musik/Musicals 494
Film/Kritiken.. 479	Musik/Musikervermittlung 494
Film/Organisationen 479	Musik/Musikrichtungen/Alternative 494
Foto 480	Musik/Musikrichtungen/Black Music & Soul. 494
Foto/Bildarchive 480	Musik/Musikrichtungen/Blasmusik 495
Foto/Digitale Fotografie 480	Musik/Musikrichtungen/Blues 495
Foto/Fotoentwicklung 481	Musik/Musikrichtungen/Country & Western.. 495
Foto/Fotoentwicklung/Preisvergleiche........... 482	Musik/Musikrichtungen/Elektronik 495
Foto/Fotomodelle, Models & Castings 482	Musik/Musikrichtungen/Flamenco 495
Hörspiele... 482	Musik/Musikrichtungen/Jazz 495
Institutionen & Kulturverbände 483	Musik/Musikrichtungen/Klassik.................... 496
Kulturdenkmäler.. 483	Musik/Musikrichtungen/Metal 496
Kunst- & Kulturzeitschriften......................... 483	Musik/Musikrichtungen/Rap & Hip-Hop 496
Kunstdrucke, Bilder & Galerien.................... 483	Musik/Musikrichtungen/Reggae................... 497
Kunsthandwerk 484	Musik/Musikrichtungen/Rock & Pop 497
Künstler 485	Musik/Musikrichtungen/Samba & Salsa 497
Literatur 485	Musik/Musikrichtungen/Swing..................... 498
Literatur/Abkürzungen & Akronyme.............. 486	Musik/Musikrichtungen/Techno & House 498
Literatur/Autoren 486	Musik/Musikrichtungen/Volksmusik 498
Literatur/Balladen 486	Musik/Musikschulen 498

Inhalt

Musik/Musikzeitschriften 499
Musik/Opern 500
Musik/Ticketservice 500
Musik/Telefonanlagenmusik 500
Theater & Tanz 501
Theater & Tanz/Organisationen 501
Theater & Tanz/Zeitschriften 502

Medien

Allgemein 506
Anzeigenblätter/Baden-Württemberg 506
Anzeigenblätter/Bayern 507
Anzeigenblätter/Brandenburg 510
Anzeigenblätter/Bremen 512
Anzeigenblätter/Hamburg 512
Anzeigenblätter/Hessen 512
Anzeigenblätter/Mecklenburg-Vorpommern 514
Anzeigenblätter/Niedersachsen 516
Anzeigenblätter/Nordrhein-Westfalen 518
Anzeigenblätter/Rheinland-Pfalz 520
Anzeigenblätter/Saarland 521
Anzeigenblätter/Sachsen 521
Anzeigenblätter/Sachsen-Anhalt 522
Anzeigenblätter/Schleswig-Holstein 522
Anzeigenblätter/Thüringen 522
Archive 522
Datenbanken/Personen & Firmen 522
Datenbanken/Zeitschriften 522
Fernsehen/Content 523
Fernsehen/Digitales Fernsehen 523
Fernsehen/Fanseiten 523
Fernsehen/Satellitenempfang 524
Fernsehen/Sender/Bundesweit 524
Fernsehen/Sender/Musiksender 524
Fernsehen/Sender/Nachrichtensender 525
Fernsehen/Sender/Regional 525
Fernsehen/Sender/Shopping-Sender 526
Fernsehen/Sender/Spartenkanäle 526
Fernsehen/Sender/Spartenkanäle/Kinder 528
Fernsehen/Sender/Sportsender 528
Journalismus/Organisationen 529
Journalismus/Informationsdienste 529
Jugendmedien/Organisationen 530
Kinoprogramm & Kinofilmrezensionen 530
Nachrichtenagenturen 531
Nachrichtenticker 532
Pressekonferenzen 532
Presseversicherungen 533
Rundfunk/Allgemein 533
Rundfunk/Baden-Württemberg 533
Rundfunk/Bayern 534
Rundfunk/Berlin 538
Rundfunk/Brandenburg 539
Rundfunk/Bremen 539
Rundfunk/Bundesweit 539
Rundfunk/Hamburg 540
Rundfunk/Hessen 541
Rundfunk/Internet 542
Rundfunk/Mecklenburg-Vorpommern 542
Rundfunk/Niedersachsen 542
Rundfunk/Nordrhein-Westfalen 542
Rundfunk/Rheinland-Pfalz 543
Rundfunk/Saarland 543
Rundfunk/Sachsen 543
Rundfunk/Sachsen-Anhalt 544
Rundfunk/Schleswig-Holstein 544
Rundfunk/Thüringen 544
Rundfunk/Verschiedenes 545
Stadtmagazine 545
Stadtmagazine/Bayern 546
Stadtmagazine/Baden-Württemberg 548
Stadtmagazine/Berlin 549
Stadtmagazine/Bremen 549
Stadtmagazine/Hamburg 550
Stadtmagazine/Hessen 550
Stadtmagazine/Niedersachsen 552
Stadtmagazine/Nordrhein-Westfalen 552
Stadtmagazine/Saarland 554
Stadtmagazine/Sachsen 554
Stadtmagazine/Schleswig-Holstein 554
Stadtmagazine/Thüringen 554
Verschiedenes 554
Werbung 554
Werbung/Werbemessung 555
Werbung/Werbespots 555
Zeitschriften/Allgemein 556
Zeitschriften/Fernsehprogramm 556
Zeitschriften/Buchhandel 558
Zeitschriften/Frauen 558
Zeitschriften/Journalismus 560
Zeitschriften/Jugend 560

INHALT

Zeitschriften/Kino 561
Zeitschriften/Männer 561
Zeitschriften/Nachrichtenmagazine 561
Zeitschriften/Organisationen 561
Zeitschriften/Populärwissenschaft 561
Zeitschriften/Satire 562
Zeitschriften/Unterhaltung 562
Zeitschriften/Verbraucher 563
Zeitungen 563
Zeitungen/Ausland 564
Zeitungen/Baden-Württemberg 564
Zeitungen/Bayern 567
Zeitungen/Berlin 568
Zeitungen/Brandenburg 569
Zeitungen/Hamburg 569
Zeitungen/Hessen 570
Zeitungen/Mecklenburg-Vorpommern 571
Zeitungen/Niedersachsen 571
Zeitungen/Nordrhein-Westfalen 574
Zeitungen/Organisationen 576
Zeitungen/Rheinland-Pfalz 576
Zeitungen/Sachsen 577
Zeitungen/Sachsen-Anhalt 578
Zeitungen/Schleswig-Holstein 578
Zeitungen/Thüringen 579
Zeitungen/Wochenzeitungen 579

Politik & Behörden

Allgemein 584
Behörden 584
Botschaften & Konsulate 585
Bundestag & Bundesrat 585
Bundeswehr & Militär 585
Datenschutz 586
Entwicklungshilfe 586
Entwicklungspolitik 586
Europa 586
Europa/EU-Erweiterung 586
Europa/Euro 586
Europa/Organisationen & Institutionen 587
Feuerwehr 587
Geheimdienste & Nachrichtendienste 588
Gerichte 588
Globalisierung 589
Kommunen 589

Ministerien 590
Parteien/Bundestag 592
Parteien/Jugendorganisationen 592
Polizei 593
Staatsorgane 593
Stiftungen 594
Stiftungen/Allgemein 595
Vereinte Nationen 595
Verschiedenes 596
Wahlen 596
Zoll 596

Reise

Allgemein 600
Botschaften & Konsulate 600
Busreisen 600
Camping 600
Camping- & Reisebedarf 601
Cluburlaub 601
Fahrradreisen 601
Fährverbindungen 601
FKK 602
Geld 602
Haushüter 602
Inseln/Deutschland 602
Inseln/Deutschland/Sylt 604
Kreuzfahrten 604
Länder/Afrika 604
Länder/Afrika/Ägypten 605
Länder/Afrika/Marokko 605
Länder/Afrika/Namibia 605
Länder/Afrika/Sahara 606
Länder/Afrika/Sao Tomé 606
Länder/Afrika/Südafrika 606
Länder/Afrika/Südafrika/Kapstadt 606
Länder/Afrika/Togo 606
Länder/Afrika/Tunesien 606
Länder/Allgemein 607
Länder/Amerika/Bahamas 607
Länder/Amerika/Lateinamerika 607
Länder/Amerika/Lateinamerika/Argentinien .. 607
Länder/Amerika/Lateinamerika/Brasilien 607
Länder/Amerika/Lateinamerika/Chile 608
Länder/Amerika/Lateinamerika/Costa Rica .. 608
Länder/Amerika/Lateinamerika/Cuba 608

Inhalt

Länder/Amerika/Lateinamerika/Dom. Rep. 608
Länder/Amerika/Lateinamerika/Ecuador 608
Länder/Amerika/Lateinamerika/Mexiko 608
Länder/Amerika/Lateinamerika/Paraguay 608
Länder/Amerika/Lateinamerika/Peru 609
Länder/Amerika/USA & Kanada 609
Länder/Amerika/USA & Kanada/New York 609
Länder/Asien/Bhutan 609
Länder/Asien/China 609
Länder/Asien/Indien 610
Länder/Asien/Iran 610
Länder/Asien/Japan 610
Länder/Asien/Korea 610
Länder/Asien/Malaysia 610
Länder/Asien/Mongolei 610
Länder/Asien/Nepal 610
Länder/Asien/Philippinen 610
Länder/Asien/Taiwan 610
Länder/Asien/Thailand 611
Länder/Asien/Vietnam 611
Länder/Europa/Andorra 611
Länder/Europa/Belgien 611
Länder/Europa/Bulgarien 611
Länder/Europa/Dänemark 611
Länder/Europa/Finnland 612
Länder/Europa/Frankreich 612
Länder/Europa/Georgien 612
Länder/Europa/Griechenland 612
Länder/Europa/Großbritannien 612
Länder/Europa/Großbritannien/England 613
Länder/Europa/Großbritannien/Schottland ... 613
Länder/Europa/Irland 613
Länder/Europa/Island 614
Länder/Europa/Italien 614
Länder/Europa/Italien/Südtirol 614
Länder/Europa/Kroatien 614
Länder/Europa/Liechtenstein 615
Länder/Europa/Litauen 615
Länder/Europa/Malta 615
Länder/Europa/Niederlande 615
Länder/Europa/Niederlande/Amsterdam 616
Länder/Europa/Norwegen 616
Länder/Europa/Österreich 616
Länder/Europa/Polen 616
Länder/Europa/Portugal 616
Länder/Europa/Rumänien 617

Länder/Europa/Russland 617
Länder/Europa/Schweden 617
Länder/Europa/Schweiz 618
Länder/Europa/Slowenien 618
Länder/Europa/Spanien 618
Länder/Europa/Spanien/Ibiza 618
Länder/Europa/Spanien/Mallorca 618
Länder/Europa/Spanien/Menorca 618
Länder/Europa/Spanien/Fuerteventura 618
Länder/Europa/Spanien/Gran Canaria 618
Länder/Europa/Spanien/Lanzarote 619
Länder/Europa/Tschechien 619
Länder/Europa/Türkei 619
Länder/Europa/Ungarn 619
Länder/Europa/Zypern 620
Länder/Indischer Ozean 620
Länder/Indischer Ozean/La Reunion 620
Länder/Indischer Ozean/Madagaskar 620
Länder/Indischer Ozean/Malediven 620
Länder/Indischer Ozean/Mauritius 620
Länder/Indischer Ozean/Seychellen 620
Länder/Naher Osten 621
Länder/Naher Osten/Israel 621
Länder/Pazifik/Australien 621
Länder/Pazifik/Fidschi-Inseln 622
Länder/Pazifik/Neuseeland 622
Länder/Pazifik/Tahiti 622
Länder/Vereinigte Arabische Emirate/Dubai .. 622
Landkarten 623
Mietwagen 623
Mitfahrzentralen/Auto 624
Mitfahrzentralen/Bahn 624
Reiseinformationen/Bücher 625
Reiseinformationen/Gesundheitsauskunft 625
Reiseinformationen/Länder 625
Reiseinformationen/Urlaubskataloge 626
Reiseinformationen/Reiseberichte 626
Reiseinformationen/Zeitschriften 628
Reisepartner 628
Reiseportale 630
Reiserecht 630
Reiseveranstalter 632
Reiseveranstalter/Abenteuerreisen 633
Reiseveranstalter/Firmenreisen 633
Reiseveranstalter/Studienreisen 634
Reiseveranstalter/Wellnessreisen 634

Inhalt

Reiseveranstalter/Kurzreisen 635
Reiseveranstalter/Pilgerreisen 635
Reiseversicherungen 635
Ticket online/Flüge & mehr 637
Ticket online/Fluggesellschaften 641
Ticket online/Last-Minute 641
Unterkünfte 644
Unterkünfte/Bauernhofurlaub 648
Unterkünfte/Ferienwohnungen 648
Unterkünfte/Haustausch 649
Unterkünfte/Jugendliche 649
Unterkünfte/Privat 650
Unterkünfte/Tagungen 650
Visa 650

Soziales

Allgemein 654
Analphabetismus 654
Anthroposophie 654
Asyl 654
Behinderung/Allgemein 654
Behinderung/Hörgeschädigte 654
Behinderung/Körperbehinderung 654
Behinderung/Logopädie & Stottern ... 655
Behinderung/Organisationen 655
Behinderung/Sehschädigung 656
Behinderung/Verschiedenes 656
Beratungsstellen & Telefonseelsorge ... 656
Bürgerinitiativen & Bürgerstiftungen ... 656
Drogen/Beratungsstellen 656
Drogen/Hart 657
Drogen/Weich/Alkohol 657
Drogen/Weich/Rauchen 657
Eltern/Adoption 658
Eltern/Allgemein 658
Eltern/Babysitter 658
Eltern/Beratung 658
Eltern/Geburt 659
Eltern/Geburt/Hebammen 659
Eltern/Geburt/Schwangerschaft 659
Eltern/Geburt/Stillen 660
Eltern/Geburt/Vaterschaftstest 660
Eltern/Geburt/Vornamen 661
Eltern/Scheidung 661
Eltern/Verschiedenes 662

Entwicklungshilfe/Organisationen 662
Frauen/Hausfrauen 664
Frauen/Online-Magazine 664
Frauen/Organisationen 665
Frauen/Organisationen/Beschneidung ... 665
Frauen/Verschiedenes 665
Gefängnis & Strafvollzug 666
Hochzeiten & Heiraten 666
Hochzeiten & Heiraten/Ausland 666
Homosexualität 666
Homosexualität/Lesben 666
Homosexualität/Schwule 667
Jugend/Beratung 667
Jugend/Freiwilligendienste 668
Jugend/Jugendfreizeiten & Gruppenarbeit ... 668
Jugend/Magazine 668
Jugend/Wettbewerbe 669
Kinder/Allgemein 670
Kinder/Erste Hilfe 670
Kinder/Kindergarten 670
Kinder/Kindesmissbrauch 671
Kinder/Online-Portale 672
Kinder/Organisationen 674
Kriegsdienstverweigerung & Zivildienst ... 674
Liebe & Partnerschaft 674
Männer 675
Männer/Väter 675
Menschen/Große Menschen 675
Menschen/Kleine Menschen 675
Menschenrechte/Organisationen 675
Migranten 675
Migranten/Türken 676
Obdachlosigkeit & Bedürftige 676
Organisationen 676
Religion/Allgemein 678
Religion/Atheismus 678
Religion/Buddhismus 678
Religion/Christentum 678
Religion/Christentum/Bibel 679
Religion/Christentum/Katholizismus ... 679
Religion/Christentum/Katholizismus/Orden .. 679
Religion/Christentum/Protestantismus ... 680
Religion/Glaubensgemeinschaften 680
Religion/Islam 680
Religion/Judentum 681
Religion/Legenden, Heilige & Bräuche ... 681

INHALT

Religion/Mormonen 682
Religion/Zeugen Jehovas 682
Senioren 682
Singles/Flirttipps 682
Singles/Fotobewertungen 682
Singles/Kontaktanzeigen 682
Singles/Online-Magazine 684
Singles/Verschiedenes 684
Sozialhilfe & Arbeitslosenunterstützung 684
Suizid & Selbstmord 684
Tod & Sterben 684
Transsexualität, Travestie & Transidentität 686
Vermisste Menschen 686

Sport

Allgemein 690
American Football 690
Angeln 690
Angeln/Fliegenfischen 691
Angeln/Zeitschriften 691
Badminton 691
Baseball & Softball 691
Basketball 691
Behindertensport 692
Bergsteigen & Klettern 692
Billard 693
Bob- & Schlittenfahren 693
Bodybuilding 693
Bogenschießen 693
Boule 693
Bowling 693
Bumerang 694
Bungeejumping 694
Cricket 694
Darts 694
Eiskunstlauf & Eisschnelllauf 695
Eisstock & Curling 695
Fallschirmspringen 695
Fechten 696
Fitness 696
Frisbee 696
Fußball/Allgemein 696
Fußball/Bundesliga 697
Fußball/Fußballweltmeisterschaft 2006 697
Fußball/Tischfußball 698

Fußball/Verbände 698
Fußball/Zeitschriften 698
Gleitschirmfliegen & Ballonfahrten 698
Golf 698
Golf/Minigolf & Bahnengolf 699
Golf/Zeitschriften 699
Gymnastik & Turnen 699
Handball 700
Hockey/Eishockey 700
Hockey/Feldhockey 700
Inlineskates & Rollerblades 700
Jagen 700
Jagen/Zeitschriften 701
Kajaks, Kanus, Faltboote & Canadiers 701
Kampfsport/Allgemein 701
Kampfsport/Arnis 701
Kampfsport/Boxen 701
Kampfsport/Iaido 702
Kampfsport/Judo 702
Kampfsport/Ju-Jutsu & Jiu-Jitsu 702
Kampfsport/Karate 702
Kampfsport/Online-Shops 703
Kampfsport/Taekwondo 703
Lacrosse 703
Laufen & Joggen 704
Leichtathletik 704
Motorsport 705
Motorsport/Formel 1 705
Motorsport/Kart 706
Motorsport/Motorrad 706
Olympia 706
Pferdesport 706
Pferdesport/Online-Shops 706
Pferdesport/Zeitschriften 706
Racquetball 707
Radsport 707
Radsport/BMX 707
Radsport/Mountainbike 707
Radsport/Zeitschriften 707
Rafting & Canyoning 708
Rudern 708
Rugby 708
Schach 708
Schießsport 708
Schwimmen 709
Segeln 709

Inhalt

Segeln/Zeitschriften 709
Skateboard 710
Skifahren 710
Skifahren/Skigebiete 710
Skifahren/Skispringen 710
Snowboard & Sandboard 710
Sportartikel 710
Sportartikel/Sportbekleidung 711
Sporternährung 711
Sportwetten 711
Sportzeitschriften 712
Squash 712
Surfen, Windsurfen & Wellenreiten 712
Tanzen 712
Tauchen 713
Tennis 713
Tischtennis 714
Triathlon 714
Verbände 714
Volleyball 714
Wakeboarden 715
Wandern 715
Wasserski 716

Städte & Regionen

Allgemein/Städteinfos 720
Allgemein/Städteinfos/Stadtpläne 720
Aachen 722
Augsburg 722
Baden-Baden 722
Baden-Württemberg 723
Baden-Württemberg/Regionen 723
Baden-Württemberg/Baden 724
Baden-Württemberg/Bodensee 724
Baden-Württemberg/Schwäbische Alb 724
Baden-Württemberg/Schwarzwald 725
Bayern 725
Bayern/Regionen 726
Bayern/Allgäu 727
Bayern/Bayerischer Wald 727
Bayreuth 728
Berlin 728
Bielefeld 729
Bochum 729
Bonn 729
Bottrop 729
Brandenburg 729
Brandenburg/Regionen/Lausitz 729
Braunschweig 729
Bremen 730
Bremerhaven 730
Chemnitz 730
Cottbus 730
Darmstadt 730
Dortmund 730
Dresden 730
Duisburg 731
Düsseldorf 731
Erfurt 731
Essen 731
Frankfurt am Main 732
Freiburg 732
Gelsenkirchen 732
Gießen 732
Göttingen 732
Hagen 732
Halle 732
Hamburg 733
Hannover 733
Heidelberg 734
Heilbronn 734
Hessen 734
Hessen/Regionen 734
Hessen/Regionen/Rhein-Main 734
Karlsruhe 734
Kassel 735
Kiel 735
Koblenz 735
Köln 735
Krefeld 736
Leipzig 736
Leverkusen 736
Lübeck 736
Ludwigshafen 736
Magdeburg 736
Mainz 737
Mannheim 737
Marburg 737
Mecklenburg-Vorpommern 737
Mecklenburg-Vorpommern/Regionen 738
Mönchengladbach 738

Inhalt

Mülheim an der Ruhr 738
München 738
Münster 739
Niedersachsen 739
Niedersachsen/Regionen/Lüneburger Heide . 740
Niedersachsen/Regionen/Ostfriesland 740
Nordrhein-Westfalen 740
Nordrhein-Westfalen/Regionen 741
Nordrhein-Westfalen/Regionen/Sauerland 741
Nürnberg 741
Osnabrück 741
Pforzheim 742
Potsdam 742
Regensburg 742
Regionen/Nordsee 742
Regionen/Ostsee 742
Rheinland-Pfalz 742
Rheinland-Pfalz/Regionen 743
Rheinland-Pfalz/Regionen/Mosel 743
Rostock 743
Ruhrgebiet 743
Saarbrücken 743
Saarland 743
Sachsen 744
Sachsen/Regionen 744
Sachsen-Anhalt 744
Schleswig-Holstein 744
Schleswig-Holstein/Regionen/Friesland 744
Schwerin 744
Stuttgart 745
Thüringen 745
Thüringen/Regionen 746
Wiesbaden 746

Umwelt

Allgemein 750
Agrarwesen & Landwirtschaft 750
Agrarwesen & Landwirtschaft/Ökologisch 752
Atomkraft 752
Energie 754
Energie/Biodiesel 755
Energie/Erdgas 755
Energie/Heizöl 756
Energie/Kraftwerke 756
Energie/Solarenergie & Fotovoltaik 756

Energie/Wind 757
Entsorgung 758
Gentechnik & Biotechnologie 758
Kinder & Jugendliche 758
Klimaschutz & Treibhauseffekt 759
Landschaftsschutz 759
Lärm 759
Nationalparks & Biosphärenreservate 759
Naturkatastrophen & Zivilschutz 760
Ökologische Produkte/Allgemein 760
Ökologische Produkte/Bekleidung 761
Ökologische Produkte/Dinkel 761
Ökologische Produkte/Einrichtung 761
Ökologische Produkte/Fairer Handel 761
Ökologische Produkte/Hanf 762
Ökologische Produkte/Kosmetik 762
Ökologische Produkte/Naturkost 763
Ozon 763
Recycling 764
Recycling/Dosenpfand 764
Tierschutz/Organisationen 764
Tierschutz/Tierversuche 765
Umweltbehörden 765
Umweltzeitschriften 765
Verbände & Vereine 766
Wald 766
Wald/Regenwald 766
Wasser 767
Wetter & Klima 767
Wettervorhersage 767

Verkehr

Allgemein 772
Auto/Allgemein 772
Auto/Car-Sharing 772
Auto/Club 772
Auto/Fahrzeugbewertungen 772
Auto/Hersteller 773
Auto/Kfz-Kennzeichen 778
Auto/Kfz-Sachverständige 779
Auto/Kfz-Versicherungen 779
Auto/Lkw & Nutzfahrzeuge 780
Auto/Lkw & Nutzfahrzeuge/Reisemobile 781
Auto/Markt 782
Auto/Markt/EU-Importautos 783

INHALT

Auto/Markt/Jahreswagen	784
Auto/Oldtimer	784
Auto/Reifen	785
Auto/Reifen/Hersteller	786
Auto/Tuning	787
Auto/Vermietung	787
Auto/Werkstätten	788
Auto/Verschiedenes	790
Auto/Zeitschriften	791
Auto/Zubehör & Ersatzteile	791
Auto/Zubehör & Ersatzteile/Multimedia	792
Boote & Yachten	792
Boote & Yachten/Markt	793
Boote & Yachten/Zeitschriften	794
Bußgelder & Strafzettel	794
Chauffeure & Fahrdienstleister	794
DEKRA	794
Eisenbahn & Deutsche Bahn	794
Fahrpläne	795
Fahrrad/Markt	795
Fahrschulen & Führerschein	796
Fluggesellschaften	796
Fluggesellschaften/Allgemein	799
Flughäfen	800
Flughäfen/Allgemein	802
Flughäfen/Flugplanauskunft	802
Fracht- & Transportvermittlung	802
Luftfahrt	802
Luftschiffe, Zeppeline & Ballone	803
Motorrad	804
Motorrad/Hersteller	804
Motorrad/Markt	805
Motorrad/Reifen/Hersteller	805
Motorrad/Roller	806
Motorrad/Zeitschriften	806
Motorrad/Zubehör	808
Öffentlicher Nahverkehr	810
Parken	810
Radarfallen	810
Routenplaner	810
Seilbahnen & Schlepplifte	810
Staumeldung	810
Tanken & Autobahnrasthöfe	810
Taxen	811
Transrapid	811
TÜV	811
Verkehrsbehörden	812
Verkehrssicherheit	812

Wirtschaft

Anwälte	816
Branchenverzeichnisse/Bundesweit	816
Branchenverzeichnisse/International	817
Buchhandel	817
Business to Business	817
Chemie	819
Chemie & Pharmazie/Konzerne	820
Dienstleistungen/Industriekletterer	821
Dienstleistungen/Übersetzer & Dolmetscher	821
Druck	822
Druck/Papier	822
Elektrizität/Stromanbieter	823
Elektronik/Konzerne	823
Elektronik/TV, HiFi, Video & DVD/Hersteller	824
Energie/Mineralölkonzerne & Tankstellen	826
Export & Außenhandel	826
Formulare & Verträge	827
Handelsregister	827
Handwerk/Allgemein	827
Handwerk/Werkzeug	828
Insolvenzen	829
Kosmetik/Hersteller	829
Labore	829
Managementportale	830
Marktforschung	830
Messen/Allgemein	830
Messen/Lokal	830
Messen/Unterkünfte	832
Mittelstand	832
Multimedia	832
Öffentliche Ausschreibungen	833
Papierhersteller & -großhändler	833
Patente & Erfindungen	834
Tagungen & Kongresse	835
Technik	836
Telekommunikation/Anbieter	836
Telekommunikation/Hersteller	837
Telekommunikation/Mobilfunk	837
Telekommunikation/Verbände	840
Unternehmensberatung	840
Verbände	841

Inhalt

Verpackungsmittel 842
Werbeagenturen 842
Wirtschaftsforschung 842

Wissenschaft

Agrarwissenschaft 846
Allgemein 846
Archäologie 846
Architektur 846
BAföG 846
Bibliotheken 847
Biologie 847
Chemie 848
Diplom- & Hausarbeiten 848
Ernährungswissenschaft 848
Ethnologie 849
Geographie 849
Geologie & Bergbau 849
Geowissenschaft 850
Geschichte/Ägyptische Geschichte 850
Geschichte/Allgemein 850
Geschichte/Deutsche Geschichte 851
Geschichte/Deutsche Geschichte/DDR 852
Geschichte/Römische Geschichte 852
Jura 852
Jura/Gesetze & Entscheidungen 853
Kommunikationswissenschaft 853
Labore 854
Mathematik 854
Medizin 854
Musikwissenschaft 854
Nachschlagewerke, Enzyklopädien & Lexika .. 854
Organisationen 855
Philosophie 855
Physik 855
Politikwissenschaft 856
Psychologie 856
Soziologie 856
Sprachen/Allgemein 856
Sprachen/Esperanto 856
Sprachen/Germanistik 857
Sprachen/Japanologie 857
Sprachen/Latein 857
Sprachen/Romanistik 858
Sprachen/Verschiedene 858
Statistik 858
Stiftungspreise & Auszeichnungen 858
Stipendien & Forschungsförderungen 858
Studenten-Communities 858
Studienplatztauschbörsen 859
Studienplatzvergabe 859
Technik 860
Theologie 860
Universitäten & Hochschulen 860
Weltraumforschung & Raumfahrt 860
Wirtschaftswissenschaften & BWL 861
Zeitschriften/Studenten 861

Index

Stichwörter von A bis Z 863

Die besten Reiseführer: www.erfolgreich-reisen.de

Arbeit & Beruf

1

Arbeit & Beruf

Arbeit & Beruf

www.stayfriends.de

Stayfriends.de

Ja, ja, die gute alte Schulzeit. Mit der Freunde-Suchmaschine können Sie diese wieder aufleben lassen, denn auf dieser Seite können Sie gezielt alte Schulkameraden wieder finden. Stayfriends hat über 40.000 deutsche Schulen im In- und Ausland erfasst. Ehemalige können sich hier kostenlos anmelden und ihre Kontaktdaten eintragen. Registrieren Sie sich doch auch einfach und erfahren Sie, wer aus Ihrem Jahrgang noch am Leben ist! Per E-Mail können Sie sich über geplante Klassentreffen oder Mitteilungen Ihrer alten Schule informieren lassen. Vielleicht treffen Sie ja Ihre erste Liebe oder den unbeliebten Klassenstreber wieder.

www.auswandern-heute.de

Auswandern-heute.de

Heimatfrust? Lust, auszuwandern und in der Fremde neuen Abenteuern und einem besseren Leben zu begegnen? Ein derartig großer Schritt will gut durchdacht und geplant sein: Auf dieser Web-Seite finden Sie zu den beliebtesten Auswanderzielen USA, Australien, Kanada und Paraguay Daten, Fakten sowie Erfahrungsberichte von Ausgewanderten und ein Auswanderungslexikon listet alles Wissenswerte zum Thema. Neben den Länderinfos steht ein Forum bereit, in dem der Austausch mit Gleichgesinnten möglich ist. Und wer nur mal reif für die Insel ist und eine Auszeit braucht, findet hier auch interessante Reiseberichte.

www.wimmi.de

wimmi.de

Jobbörsen gibt es viele. Um alle zu durchforsten, brauchen Sie einen langen Atem. Die Meta-Suchmaschine für Stellenangebote schafft Abhilfe. Hier wird aus dem Gesamtbestand der Jobbörsen und der Arbeitsämter eine nach Berufsgruppen oder Regionen geordnete Übersicht der freien Stellenangebote herausgefiltert. Stellensuchende haben die Möglichkeit, ihr Bewerberprofil kostenlos einzustellen. In der Premium-Version erhalten Sie zusätzlich Zugriff auf die Ausschreibungen auf den Web-Seiten der Unternehmen und der öffentlichen Hand. Der Schnupperzugang für einen Tag ist kostenlos. Trotz Wirtschaftsflaute gilt: Wer suchet, der findet!

www.promotionbasis.de

Promotionbasis.de

„Jobvermittlung mit System" lautet das Motto dieses umfangreichen Portals, welches speziell auf den Promotions-, Messe- und Eventbereich zugeschnitten ist. Gut strukturiert und übersichtlich designed. Die Jobsuche kann nach Aktualität, Region, Branche oder Tätigkeit eingegrenzt werden. Ideal für Messen ist die Rubrik „Mitwohnservice", in der für fast alle Großstädte Unterkunftsmöglichkeiten kostenlos gelistet und verwaltet werden. Nutzen Sie die Möglichkeit, Ihre eigene Setcard mit Foto anzulegen, die dann mit jeder Bewerbung automatisch an die Agenturen übermittelt wird. Der Weg in die Selbstständigkeit ist nur noch zwei Mausklicks von Ihnen entfernt!

Arbeit & Beruf

www.ihk-lehrstellenboerse.de

IHK-Lehrstellenboerse.de

Sie suchen eine Ausbildungsstelle? Dann sollten Sie sich ein wenig länger auf diesen Seiten umsehen! Hier werden die Ausbildungsplatz- oder Lehrstellenbörsen aller Industrie- und Handelskammern zentral erfasst. Wählen Sie ein Bundesland und anschließend den Standort der IHK. Von dort erreichen Sie direkt die jeweilige Lehrstellenbörse. Sollten Sie Ihren Traumberuf noch nicht gefunden haben, werfen Sie doch mal einen Blick in die Rubrik „Neue Ausbildungsberufe". Fündig werden allerdings auch Betriebe, die selbst aktiv Auszubildende suchen oder offene Ausbildungsstellen eintragen möchten. Ausbildung geht alle an!

www.zum.de

Zentrale für Unterrichtsmedien im Internet e.V.

ZUM macht Schule! Die Zentralstelle für Unterrichtsmedien bietet kostenfreie Lern- und Lehrhilfen für alle Schulformen und für außerschulische Bildungsarbeit an. In nach Unterrichtsfächern geordneten Datenbanken finden Sie Unterrichtshilfen, schulrelevante Links, Erfahrungsberichte zum Einsatz von Software im Unterricht, Projektvorstellungen und Buchrezensionen. Das Angebot umfasst alle Jahrgangsstufen und Themenschwerpunkte. Zu jedem Fachportal werden Materialien, weiterführende Links, Diskussionsforen und Mailinglisten geboten. Eine wahre Fundgrube für Studierende, Lehrpersonen, Azubis oder Lesehungrige!

www.change-online.de

Change Unternehmensportal

Einsteigen statt Neugründen. Wer selbständig werden will, muss nicht immer bei Null anfangen. Auf diesen Seiten für Unternehmensnachfolge und Existenzgründung bieten über 7.000 Firmen ihre Betriebe zur Übernahme an. Es besteht die Möglichkeit, nach Regionen, Branchen, Umsatzgröße und Anzahl der Beschäftigten zu suchen. Und auch Unternehmer, die Nachfolger suchen, finden Zugang zu über 3.000 Profilen potentieller Existenzgründer. In der Rubrik „Fachinformationen" können Sie die wichtigsten Schritte zur Unternehmensübertragung nachlesen und sich auf die Unternehmensnachfolge vorbereiten. It's time to change!

www.jobrobot.de

JobRobot

„JobRobot sucht – und Sie finden!" lautet das Motto dieser Jobsuchmaschine, die aus über 215 Jobdatenbanken und Jobbörsen über 110.000 offene Stellen zusammenträgt. Auf Grund dieses umfangreichen Anbieter-Pools sind die Chancen, auf ein passendes Angebot zu stoßen, hier ziemlich gut. Die Suche erfolgt atemberaubend schnell und weist eine hohe Trefferquote auf – da empfiehlt es sich, die Suche durch Optionen wie branchenspezifische Angaben, den Postleitzahlenbereich oder Stichwörter einzugrenzen. Auch die Veröffentlichung eines eigenen Stellengesuchs ist möglich. Ein weiterer Pluspunkt ist die große Übersichtlichkeit der Seite.

Arbeit & Beruf

Arbeitgeberverbände

Arbeitgeberverband Gesamtmetall
info@gesamtmetall.de

www.gesamtmetall.de
Umfangreiches Informationsmaterial über Tarifpolitik, Positionen und Themen, aktuelle Wirtschaftsdaten und ein Fachlexikon.

Arbeitslosigkeit

Selbstberechnung Arbeitslosengeld

www.pub.arbeitsamt.de/alt.html
Mit diesem Rechner kann man die Höhe des Anspruches auf Arbeitslosengeld schnell selbst ermitteln.

Arbeitsrecht

Arbeitsrecht
info@arbeitsrecht.de

www.arbeitsrecht.de
Umfassende Plattform zum Thema Arbeitsrecht mit Diskussionsforum, Gesetzesurteilen, Tipps und kostenlosen Musterverträgen.

Arbeitsrecht

www.info-arbeitsrecht.de
Wissenswertes zum Individual- und Kollektivarbeitsrecht sowie zum Arbeitsgerichtsprozess für Arbeitgeber und Arbeitnehmer.

Arbeitsrechtslinks.de
ulf@kortstock.de

www.arbeitsrechtslinks.de
Großes Link-Verzeichnis zum Thema Arbeitsrecht (deutsch und international): Gesetze, Tarifverträge, Mobbing, Institutionen.

Bundesarbeitsgericht
bag@bundesarbeitsgericht.de

www.bundesarbeitsgericht.de
Aktuelle Entscheidungen und Pressemitteilungen des Bundesarbeitsgerichts, Verhandlungstermine, Aufbau und Geschichte.

Arbeitsschutz

Arbeitssicherheit und Gesundheitsschutz
g.schaefer@g-schaefer.de

www.g-schaefer.de
Sicherheitstechnische Unternehmensberatung über gesetzliche Verpflichtungen zum betrieblichen Arbeits- und Gesundheitsschutz.

Arbeitszeugnisse

Arbeitszeugnis-info.de
mail@waf-institut.de

www.arbeitszeugnis-info.de
Hier kann man ein Arbeitszeugnis in nur zehn Sekunden online am Bildschirm erstellen, außerdem ein Zeugnis-Programm zum Download.

Zeugnis-Profi
info@alpenland.com

www.zeugnis-profi.de
Zeugnis-Profi bietet Betrieben eine Software zur juristisch perfekten Zeugnis-Generierung an, für Auszubildende kostenlos.

Au-pair

AuPair
info@aupair.de

www.aupair.de
Die Internationale Sprach- und Studienreisen GmbH vermittelt Au-pairs in die USA und andere Länder.

Aupair World

www.aupair-world.net
Jobdatenbank für Au-pairs: Nach kostenloser Anmeldung können hier Au-pairs oder Familien gesucht und direkt kontaktiert werden.

● **Au-pair Worldwide**
info@aupair-worldwide.de

www.aupair-worldwide.de
Agentur Au-pair Worldwide vermittelt Au-pairs aus der ganzen Welt in deutsche Gastfamilien bundesweit. Eine umfangreiche Online-Galerie bietet Informationen über aktuelle Au-pair Bewerber. **(Siehe Abbildung)**

ARBEIT & BERUF

Au-pair-agenturen.de
info@au-pair-agenturen.de

www.au-pair-agenturen.de
Ein umfassendes Verzeichnis deutscher Au-pair-Agenturen sowie Informationen und Tipps für Au-pairs und Gastfamilien.

Personal Touch
personal.touch@t-online.de

www.personaltouch.de
Personal Touch vermittelt Au-pairs aus allen Ländern der Welt in ausgesuchte deutsche Gastfamilien.

Ausbildung/Allgemein

abi Berufswahl-Magazin online
redaktion@abimagazin.de

www.abimagazin.de
Infos zur Studien- und Berufswahl für Schüler und Studenten. Mit zahlreichen praktischen Links zu Themen rund um die Ausbildung.

Deutscher Bildungsserver
dbs@dipf.de

www.bildungsserver.de
Sehr umfangreicher Web-Katalog zum Thema Bildung und Ausbildung.

Deutscher Industrie- und Handelskammertag
dihk@berlin.dihk.de

www.dihk.de
Infos zu vielen Ausbildungsberufen sind unter der Rubrik „Aus- und Weiterbildung" zu finden.

Frankfurter Allgemeine Hochschulanzeiger
mailbox@hochschulanzeiger.de

www.hochschulanzeiger.de
Tipps und Infos rund um Studium, Bewerbung, Berufseinstieg und Karriere. Mit Praktika- und Stellenangeboten.

job & future
service@schwaebisch-hall.de

www.job-future.de
Mit „Online-Typentest", Tipps und Musterunterlagen zur Bewerbung, Beschreibungen vieler Ausbildungsberufe und Finanzinfos.

Studien- & Berufswahl
stubredaktion@bwverlag.de

www.studienwahl.de
Studien- und Ausbildungsangebote, Orientierungshilfen, Infos rund ums Studium und Verzeichnis aller deutschen Hochschulen.

Au-pair Worldwide — **www.aupair-worldwide.de**

ARBEIT & BERUF

Vscout
service@victoria.de

www.v-scout.de
Orientierungs- und Starthilfe für junge Leute: Welcher Beruf passt zu mir? Die erste eigene Wohnung: Was ist zu beachten?

Was soll werden?
kontakt@wassollwerden.de

www.wassollwerden.de
Die Initiative gibt vor allem jungen Menschen Hilfestellung bei der Suche nach dem richtigen Beruf.

Ausbildung/Bankwesen

Hochschule für Bankwirtschaft
info@hfb.de

www.hfb.de
Auf die Bedürfnisse der Finanzwirtschaft ausgerichtete, akademische Studiengänge und fachliche Weiterbildungsangebote.

Ausbildung/Buchhandel & Verlage

Akademie des deutschen Buchhandels
info@buchakademie.de

www.buchakademie.de
Wissenswertes aus der Welt des Buchhandels mit aktuellen Angeboten an praxisnahen Fach- und Führungsseminaren.

Ausbildung-buchhandel.de
seminare@buchhandel-bayern.de

www.ausbildung-buchhandel.de
Hinweise zur Ausbildung im Verlag und Buchhandel: Ausbildungsbeschreibung, Kontaktadressen, Ausbildungsbetriebe und Jobbörse.

Schulen des Deutschen Buchhandels
info@buchhaendlerschule.de

www.buchhaendlerschule.de
Angaben über die Ausbildung zum Buchhändler sowie Kurs- und Seminarangebote zur Fortbildung für Buchhandel und Verlage.

Ausbildung/BWL

Deutsches Institut für Betriebswirtschaft
dib-info@dib.de

www.dib.de
Beschreibung der angebotenen Seminare und Informationen zum Ideenmanagement sowie zur Unternehmenspublizistik.

International Business School

www.international-business-school.de
Studium zum/zur Internationalen Betriebswirt/in mit Spezialisierungen in verschiedenen Management-Fachbereichen.

Ausbildung/Druck- & Medientechnik

Berufliche Schule, Direktorat 6
b6@schb.stadt.nuernberg.de

www.b6-nuernberg.de
Aus- und Weiterbildung in der Druck- und Medientechnik in Kooperation mit der Fachakademie für Wirtschaft.

Fachbereich Polygrafische Technik

www.fbp.htwk-leipzig.de
Studium der Druck- und Verpackungstechnik, Verlagsherstellung und Medientechnik.

OSZ Druck-und Medientechnik
osz_druckmedien@web.de

www.oszdrum.cidsnet.de
Informationen zu Ausbildungsmöglichkeiten und Lehrgängen in den Bereichen Drucktechnik, Mediengestaltung und Kartografie.

Studiengang Druck- und Medientechnik
dmt@fhm.edu

www.pm.fhm.edu
Aktuelle und allgemeine Informationen zum Studium an der FH München für Studenten und Interessierte.

Technische Fachhochschule Berlin
dmt@tfh-berlin.de

www.tfh-berlin.de/~dmt
Die Schwerpunkte des Studiengangs Druck- und Medientechnik sind: Klassischer Druck, Neue Medien und Betriebswirtschaft.

Zentral-Fachausschuss Berufsbildung Druck und Medien
info@zfamedien.de

www.zfamedien.de
Der Zentral-Fachausschuss ist als Zentralstelle für die Berufsausbildung der Druck- und Medienindustrie tätig.

Arbeit & Beruf

Ausbildung/Erwachsenenbildung

Fernakademie für Erwachsenenbildung
kursinfo@fernakademie-klett.de

www.fernakademie-klett.de
Die Fernakademie für Erwachsenenbildung bietet im Rahmen des Fernunterrichts über 170 Lehrangebote aus mehreren Bereichen an.

Ausbildung/Fernunterricht

ed-lab
info@ed-lab.net

www.ed-lab.net
Der Spezialist für dialogorientierte Wissensvermittlung und Lernsysteme über das Internet mit pädagogischem Konzept.

Fernstudieninstitut
fsisek@tfh-berlin.de

www.tfh-berlin.de/~fsi
Fernstudieninstitut der Technischen FH Berlin mit verschiedenen Studienangeboten.

FernUniversität in Hagen
studentensekretariat@fernuni-hagen.de

www.fernuni-hagen.de
Die FernUniversität in Hagen liefert den Studierenden das Lehrmaterial per Post oder über das Internet nach Hause.

forum distance-learning
info@fernschulen.de

www.forum-distance-learning.de
Forum für Anbieter, Dienstleister und Anwender im Bereich Fernlernen im deutschsprachigen Raum.

Hamburger Akademie für Fernstudien
info@haf-internet.de

www.haf-internet.de
Mehr als 90 staatlich zertifizierte Fernlehrgänge in sechs Fachbereichen: vom Abitur über Betriebswirtschaft bis Psychologie.

● **Zentrum für Fernstudien und Universitäre Weiterbildung**
zfuw@rhrk.uni-kl.de

www.zfuw.de
Fernstudium, wissenschaftliche Weiterbildung und E-Learning für Personen, die einen ersten berufsqualifizierenden Hochschulabschluss erworben haben. **(Siehe Abbildung)**

31

ARBEIT & BERUF

ILS Institut für Lernsysteme GmbH
kursinfo@ils.de

www.ils.de
Großes Angebot an Fernlehrgängen: Schulabschlüsse, Allgemeinbildung, Fremdsprachen, Werbung, kaufmännische und EDV-Lehrgänge.

PR+plus Fernstudium
info@prplus.de

www.prplus.de
Fernstudium Public Relations in Heidelberg. Infos und aktuelle Buchrezensionen mit Archiv. Alphabetische Suchfunktion.

tele-akademie der FH Furtwangen
tele-ak@fh-furtwangen.de

www.tele-ak.de
tele-akademie der Fachhochschule Furtwangen mit Online-Kursen zu Informatik, Mediengestaltung oder Wirtschaft.

Ausbildung/Film & Fernsehen

Bayerische Akademie für Fernsehen
info@fernsehakademie.de

www.fernsehakademie.de
Vollzeitstudiengänge für Fernsehjournalismus, Kamera und Schnitt. Wochenend-Aufbaustudium zum TV-Produktionsmanager.

Filmakademie Baden-Württemberg
webmaster@filmakademie.de

www.filmakademie.de
Praxisnahes Vollzeitstudium in Drehbuch, Regie, Kamera, Schnitt, Produktion, Animation und mehreren Aufbaustudienfächern.

Movie-College.de
info@movie-college.de

www.movie-college.de
Die Filmschule des Movie-College stellt sich vor. Unzählige Artikel zu den verschiedenen Gebieten des Filmemachens.

Ausbildung/Lehrstellen

AUBI-plus
info@aubi-plus.de

www.aubi-plus.de
Ausbildungsportal mit Ausbildungsbörsen, Berufs-Scout, Bewerbungs- und Prüfungstipps, Weiterbildungsmöglichkeiten und Forum.

Ausbildungsplatz.de

www.ausbildungsplatz.de
Bundesweite Ausbildungsplatz-Suche nach Beruf oder Postleitzahlen-Gebiet. Das Inserieren ist kostenpflichtig.

Azubi-online
info@zeitplan-verlag.de

www.azubi-online.com
Aktuelle Ausbildungsangebote, Tipps zur Bewerbung, Jobangebote für Schüler und Studenten.

Azubitage.de
kontakt@azubitage.de

www.azubitage.de
Infos zu den Ausbildungsmessen, große Datenbank mit offenen Azubistellen und vielen Berufsporträts.

Azubi-topline.de
info@jobware.de

www.azubi-topline.de
Ausbildungs- und Lehrstellenangebote mit umfassender Suchfunktion, Karriereberatung und Karriere-Coaching mit Gehaltsrechner.

IHK-Lehrstellenboerse.de

www.ihk-lehrstellenboerse.de
Betriebe können ihre Lehrstellen anbieten. Für Jugendliche ist eine regionale Suche nach Lehrstellen möglich.

Ausbildung/Marketing & Werbung

Export-Akademie Baden-Württemberg
kerstin.bender@fh-reutlingen.de

www.ea.fh-reutlingen.de
Informationen zum Aufbaustudium Internationales Marketing mit MBA-Abschluss sowie Seminare für die exportierende Wirtschaft.

WAK
info@wak-koeln.de

www.wak-koeln.de
Die WAK e.V. bietet Aus- und Weiterbildung in den Bereichen Marketing, Marketing-Kommunikation und Werbung.

Arbeit & Beruf

WAM
info@wam.de

www.wam.de
Ausbildungsmöglichkeiten in den Bereichen Kommunikations- und Mediendesign, Film- und Fernsehwirtschaft, Set- und Filmausstattung.

Ausbildung/Medien

Hochschule der Medien
info@hdm-stuttgart.de

www.hdm-stuttgart.de
Infos zu 17 Medienstudiengängen in den Bereichen Druck, Bibliotheks- und Informationswesen sowie elektronische Medien.

Medienstudienführer.de
info@medienstudienfuehrer.de

www.medienstudienfuehrer.de
Über 400 Medienstudiengänge auf einen Blick. Infos zu Aufnahmeverfahren, Fristen, Studieninhalten und dem NC-Verfahren.

Ausbildung/Multimedia

Akademie für Neue Medien
info@afnm.de

www.akademie-fuer-neue-medien.de
Angebote für berufsbegleitende Lehrgänge, Seminare und Workshops zu den Themen Multimedia, Internet und E-Commerce.

Europäische Medien- und Event-Akademie
info@event-akademie.de

www.event-akademie.de
Aufgabe der Akademie ist die Koordination und Vernetzung unterschiedlicher Bildungsträger und Einrichtungen.

Ausbildung/Versicherungen

● **Lernpark Versicherungswirtschaft**
info@bwv-online.de

www.lernpark-versicherungswirtschaft.de
Überregionales Bildungsprogramm und umfangreiche Lehr-, Lern- und Informationsangebote für die Versicherungswirtschaft.
(Siehe Abbildung)

Lernpark Versicherungswirtschaft — www.lernpark-versicherungswirtschaft.de

ARBEIT & BERUF

Ausbildung/Technik

bfe-Oldenburg
info@bfe.de

www.bfe.de
Breit gefächertes Aus- und Weiterbildungsangebot der Bundesfachlehranstalt für Elektrotechnik in Oldenburg.

Ausbildung/Verschiedenes

ASB-Berufsfachschule
info@asb-berufsfachschule.de

www.asb-hamburg.de
Staatlich anerkannte Berufsfachschule für Rettungsassistenten. Rettungs- und Sanitätsdienstliche Aus- und Fortbildung.

Ausbildung/Weiterbildung & Neuorientierung

AKAD. Die Privat-Hochschulen.
akad@akad.de

www.akad.de
Private Bildungsinstitution für Berufstätige mit staatlich anerkannten Hochschulabschlüssen.

🔴 **Akademie Deutscher Genossenschaften ADG**
info@adgonline.de

www.adgonline.de
Die ADG bietet Personalentwicklungsdienstleistungen für Management und Spezialisten an. Innovation ist die Kernkompetenz. Die ADG verfolgt das Ziel, im „Frontrunning" strategische Entwicklungen, Trends und Zukunftsmärkte aufzuspüren. Mit diesem Wissen versteht sich die ADG als Partner des Managements. **(Siehe Abbildung)**

AusbildungPlus
kontakt@ausbildungplus.de

www.ausbildung-plus.de
Informationsdienst zum Thema Zusatzqualifikationen in der Berufsausbildung mit vielen weiterführenden Angaben.

Akademie Deutscher Genossenschaften ADG   **www.adgonline.de**

ARBEIT & BERUF

Bundesinstitut für Berufsbildung
zentrale@bibb.de

www.bibb.de
Forschung und Entwicklung auf dem Gebiet der beruflichen Bildung mit Dienstleistungs- und Beratungsfunktionen.

● **CDI Deutsche Private Akademie für Wirtschaft GmbH**
info@cdi.de

www.cdi.de
Weiterbildung und Seminare an bundesweit 22 Standorten. Qualifizierungsbereiche: Software-Entwicklung, Datenbanken, Netzwerke, Internet, Multimedia, E-Business, SAP, IHK- und kfm. Berufe, Bildungsberatung, Tests, Profiling, Coaching sowie Vermittlung.
(Siehe Abbildung)

Competence Site
info@netskill.de

www.competence-site.de
Kompetenz-Netzwerk für Manager und Nachwuchskräfte mit Wissens-Pool, Stellenmarkt und Dialog mit Experten.

Deutsches Erwachsenen-Bildungswerk (DEB) e.V.
anfrage@deb.de

www.deb.de
Gemeinnütziger Bildungsträger mit den Schwerpunkten Sprachbildungsmaßnahmen sowie kaufmännische, Gesundheits- und Sozialberufe.

elearning-ME
info@elearning-me.de

www.elearning-me.de
Weiterbildungsdatenbank für die Metall- und Elektroindustrie, IT, Betriebswirtschaft, Kommunikation und Fremdsprachen.

FAA Bildungsgesellschaft
info@faa.de

www.faa.de
Lehrangebotsdatenbank, Informationen zu Aus- und Weiterbildung, Outplacement, Arbeitsmarktprojekte und Arbeitsvermittlung.

FAW
faw@faw.de

www.faw.de
Die Fortbildungsakademie der Wirtschaft (FAW) bietet wohnortnahe Fortbildungsmaßnahmen für viele verschiedene Zielgruppen an.

CDI Deutsche Private Akademie für Wirtschaft GmbH — www.cdi.de

ARBEIT & BERUF

IHK.Online-Akademie
portalmanager@ihk-online-akademie.de

www.ihk-online-akademie.de
Die IHK.Online-Akademie ist der bundesweite E-Learning-Marktplatz aller deutschen Industrie- und Handelskammern. Hier findet man die IHK-Online-Qualifizierungsangebote und Informationen rund um die berufliche Weiterbildung und relevante Wirtschaftsthemen. **(Siehe Abbildung)**

iSt
ist@sprachreisen.de

www.sprachreisen.de
Sprachurlaube, Business-Kurse, Work und Travel, Studienaufenthalte und Au-pair für Erwachsene. Sprachreisen und High School für Schüler. Die Web-Seite von iSt Internationale Sprach- und Studienreisen informiert übersichtlich über weltweite Sprachreisen und Auslandsaufenthalte. **(Siehe Abbildung)**

Liquide
benke@iwkoeln.de

www.liquide.de
Datenbank mit Bildungsanbietern. Umfangreiche Suchfunktionen nach Weiterbildungsart (E-Learning, offene Seminare, Inhouse-Seminare), Stichwort, Region. Großer Katalog. Zahlreiche Informationen zu den Bildungsanbietern und zur Weiterbildung allgemein. **(Siehe Abbildung)**

USW Netzwerk
usw-netzwerk@esmt.org

www.esmt.org/usw-netzwerk
Weiterbildende Managementseminare für Führungskräfte und Führungskräftenachwuchs zu verschiedenen Themen.

VWA
info@vwa.de

www.vwa.de
Angebote für berufsbegleitende verwaltungs- und/oder wirtschaftswissenschaftliche Studiengänge für Fach- und Führungskräfte.

Xpert Zertifikate

www.xpert-zertifikate.de
Hier kann man Kompetenzen in den Bereichen Computer, Personal Business Skills, interkulturelle Kommunikation und Linux erwerben.

IHK.Online-Akademie　　　　　　　　　　　　www.ihk-online-akademie.de

Arbeit & Beruf

iSt www.sprachreisen.de

Liquide www.liquide.de

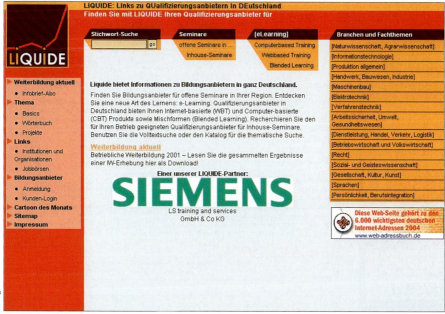

Arbeit & Beruf

Auswandern

Auswandern-aktuell.de
www.auswandern-aktuell.de
Rund ums Auswandern und Reisen: Auswanderer-Magazin, Landesinformationen, Rat, Hilfe, Forum und Berichte.

Auswandern-heute.de
www.auswandern-heute.de
Seite rund ums Thema Reisen, Auswandern und Heimatfrust mit Länderinfos von A bis Z und einem Reise- und Auswanderlexikon.

Betriebsräte

euro-betriebsrat.de
info@euro-betriebsrat.de
www.euro-betriebsrat.de
Training und Beratung für Betriebsräte im In- und Ausland, Gesetzestexte und Vereinbarungen zum Downloaden.

● **Internet-Portal für Betriebsräte, Das**
info@betriebsrat-aktuell.de
www.betriebsrat-aktuell.de
Internet-Portal für Betriebsräte mit Rechtsdatenbank, Gesetzestexten und Handlungshilfen. Außerdem ein umfassendes Beratungs- und Seminarangebot. **(Siehe Abbildung)**

SoliServ.de
www.soliserv.de
Datenbank für Betriebsräte und Arbeitnehmer mit arbeits- und sozialrechtlichen Urteilen und Links zu vielen Gewerkschaften.

Bewerbung

Bewerbungsmappen.de
wellinghoff@bewerbungsmappen.de
www.bewerbungsmappen.de
Hier findet man alles, was man für eine professionelle Bewerbung braucht: Bewerbungsmappen, dekorative Papiere und Tipps.

Erfolgreicher bewerben
mail@erfolgreicher-bewerben.de
www.erfolgreicher-bewerben.de
Tipps und Tricks rund um die Bewerbung sowie interessante Links zu Jobbörsen.

Das Internet-Portal für Betriebsräte   www.betriebsrat-aktuell.de

ARBEIT & BERUF

Büromanagement

Bundesverband Sekretariat und Büromanagement e.V.
info@bsb-office.de

www.bsb-office.de
Der Bundesverband für Office Administration bietet Qualifizierungen und Weiterbildungen für Büromanagement und Kommunikation.

● **sekretaria.de**
info@sekretaria.de

www.sekretaria.de
Die führende Serviceplattform für Sekretariat und Assistenz bietet vielfältige Informationen zu Büroorganisation, MS-Office, Korrespondenz, Geschäftsreise und Karriere. Zusätzlich erleichtern nützliche Tools und Services, wie Routenplaner, Währungsrechner oder Wörterbücher, das Tagesgeschäft. **(Siehe Abbildung)**

Existenzgründung & Selbstständigkeit

Auktionsideen
info@auktionsideen.de

www.auktionsideen.de
Erfolgreich handeln im Internet. Tipps und Infos rund um die Existenzgründung im Bereich Online-Auktionen.

Existenzgründer Netzwerk
user-service@existenzgruender-netzwerk.de

www.existenzgruender-netzwerk.de
Datenbank für Existenzgründer mit Angeboten und Gesuchen.

GründerLinX
redaktion@akademie.de

www.gruenderlinx.de
Die umfassende Link-Sammlung für Existenzgründer, Selbstständige und Unternehmer in Deutschland.

KfW-Mittelstandsbank
info@kfw.de

www.kfw.mittelstandsbank.de
Hilfe bei der Existenzgründung: Finanzierung, Beratung, Gründerzentrum, Business-Plan und aktuelle Meldungen.

StartUp Initiative

www.startup-initiative.de
Infos zu Teilnahmebedingungen und Nominierungsverfahren des Deutschen Gründerpreises. Zudem Beratersuche und Check-Liste.

sekretaria.de  www.sekretaria.de

Arbeit & Beruf

BMWA Existenzgründer-Portal
info@bmwa.bund.de

www.existenzgruender.de
Ein optimaler Einstieg für alle Gründerinnen und Gründer: Rundum-Service für die Zeit vor und nach dem Unternehmensstart. Infomaterial: Hintergrundtexte, Checklisten, Übersichten, Gründer- und Experteninterviews, Links und Broschüren-Downloads, Online-Programme, Expertenforum sowie Datenbanken. **(Siehe Abbildung)**

Change Unternehmensportal
change@kfw.de

www.change-online.de
Nachfolger gesucht! Das Portal für Unternehmensnachfolge und Existenzgründung verwaltet über 7.000 Firmen, die Nachfolger suchen und über 3.000 Profile potentieller Existenzgründer. Themenbezogene Veranstaltungskalender, eine Literaturdatenbank und zahlreiche Fachinformationen runden das Angebot ab. **(Siehe Abbildung)**

Gewerkschaften

dbb beamtenbund und tarifunion
redaktion@dbb.de

www.dbb.de
Der dbb ist die Spitzenorganisation der Gewerkschaften des öffentlichen Dienstes und des privaten Dienstleistungssektors.

Deutscher Bundeswehr-Verband e.V.
info@dbwv.de

www.dbwv.de
Aufgabe des Verbandes ist es, die allgemeinen, ideellen, sozialen und beruflichen Interessen der Soldaten wahrzunehmen.

Deutscher Gewerkschaftsbund
info@bvv.dgb.de

www.bund.dgb.de
Infos zum DGB und Hintergrundmaterial zu Themen wie Tarifpolitik, Bildungspolitik, Altersvorsorge, Zuwanderung und Mobbing. Außerdem Datenbanken mit Publikationen, Dokumenten und Pressemeldungen sowie ein umfangreicher Adressenteil. **(Siehe Abbildung)**

Gewerkschaft der Polizei (GdP)
gdp-bund-berlin@gdp-online.de

www.gdp.de
Aktuelle Informationen zur Berufsvertretung aller Polizeibeschäftigten und Links zu den Landesbezirken.

BMWA Existenzgründer-Portal — www.existenzgruender.de

Arbeit & Beruf

Change Unternehmensportal — www.change-online.de

Deutscher Gewerkschaftsbund — www.bund.dgb.de

Arbeit & Beruf

Gewerkschaft Erziehung und Wissenschaft
info@gew.de

www.gew.de
Diese Gewerkschaft vergibt Infos zu Bildungsthemen, Presseinfos und Literaturtipps sowie Material für Funktionäre (mit Passwort). Links zu anderen, im Bildungsbereich arbeitenden Organisationen und Behörden, nationalen und internationalen Gewerkschaften. **(Siehe Abbildung)**

Gewerkschaft Nahrung-Genuss-Gaststätten

www.ngg.net
Die Gewerkschaft informiert über Rechte und Tarife in der Nahrungs- und Genussmittelbranche und im Hotel- und Gaststättengewerbe.

IG Metall
onlineredaktion@igmetall.de

www.igmetall.de
Aktuelles von der IG Metall, Ratgeber rund um den Arbeitsplatz mit Datenbanken zu Tarifverträgen und Arbeitsrecht, aktuelle Wirtschaftsdaten, Branchenanalysen und Positionspapiere. **(Siehe Abbildung)**

IG Metall Jugendportal
onlineredaktion@igmetall.de

www.jugend.igmetall.de
Infos zu Aus- und Weiterbildung: Ausbildungsvergütungen, neue Berufe, Weiterbildungs-Checkliste, Tipps zu Praktika, Einstiegsgehalt und Arbeitsvertrag. ABC der Rechte für Azubis und junge Arbeitnehmer. Große Datenbank mit Job- und Weiterbildungsmöglichkeiten in Europa, Nordamerika und Australien. **(Siehe Abbildung)**

ver.di
info@verdi.de

www.verdi.de
Die Vereinte Dienstleistungsgewerkschaft ver.di informiert über Berufe, Projekte, Tarifabschlüsse, Organisation und Politik.

Mobbing

Fairness-Stiftung.de
kontakt@fairness-stiftung.de

www.fairness-stiftung.de
Unterstützung für Führungskräfte und Verantwortliche sowie für Unternehmen, die Zielscheibe unfairer Angriffe sind.

Gewerkschaft Erziehung und Wissenschaft   **www.gew.de**

Arbeit & Beruf

IG Metall www.igmetall.de

IG Metall Jugendportal www.jugend.igmetall.de

ARBEIT & BERUF

Mobbinginfo.de
webmaster@mobbinginfo.de

www.mobbinginfo.de
Infos zum Thema Mobbing am Arbeitsplatz, Gesetze und wichtige Telefonnummern sowie Adressen von Beratungsstellen.

Mobbing-web.de

www.mobbing-web.de
Infos zu Mobbing am Arbeitsplatz. Gerichtsurteile, Tipps zum Führen eines Mobbing-Tagebuchs und Konfliktlösungsstrategien.

Praktikantenbörsen

Prabo
info@prabo.de

www.prabo.de
Die kostenlose Praktikumsbörse im Internet.

Praktika.de
info@praktika.de

www.praktika.de
Datenbanken und Informationen zum Thema Praktikum, Auslandsjobs, Berufseinstieg und Diplom.

Praktikum Online
info@praktikum-online.de

www.praktikum.com
Schüler und Studenten können nach Praktika suchen. Firmen ist es nach Anmeldung möglich, Praktikumsangebote zu veröffentlichen.

Praktikum.de
praktikum@vipex.de

www.praktikum.de
Kostenlose Angebote und Gesuche. Branchenbereiche von Antriebstechnik über Medien bis Zeitarbeit.

Praktikum.info
webmaster@praktikum.info

www.praktikum.info
Angebote und Gesuche von Praktika, Diplomarbeiten, Studentenjobs, Stellenangeboten oder Praxissemesterplätzen.

Praktikumsbörse
info@praktikums-boerse.de

www.praktikums-boerse.de
Kostenlose Praktikumsanzeigen für Firmen und Praktikanten. Volltextsuche in allen Praktikumsgesuchen und -angeboten.

Seite für Praktikumsberichte, Die

www.praktikanten.net
Sammlung von Praktikumsberichten, kommentierte Links, Tipps zum Praktikum und ein Forum für praktikumsbezogene Diskussionen.

● **Unicum Praktikumsbörse**
karrierezentrum@unicum-verlag.de

praktikum.unicum.de
Kostenloser Service für Arbeitgeber und Studierende: große Praktikumsbörse, nach Branchen sortiert. Außerdem kann auch nach Datum, Postleitzahl, Stichworten, Firmen oder kombiniert gesucht werden. Mit Infos zu Auslandsstudium, Studienplatzaustausch, Abschlussarbeiten, Karrieretipps und Fun-Ecke.
(Siehe Abbildung)

Praktikantenbörsen/Ausland

arbeitsagentur.de
zentrale@arbeitsagentur.de

www.arbeitsagentur.de
Vermittlung von Ausbildungen, Jobs und Praktika im Ausland.

Career-contact
info@career-contact.de

www.career-contact.de
Wegweiser für Jobs und Praktika im Ausland: Informationen zu einzelnen Ländern, zu Programmen sowie zu Arbeitsbedingungen.

praktik.de
info@praktik.de

www.praktik.de
Mit dem Praktikumsprogramm kann man Sprachkurs und Praktikum in einer kanadischen Firma verbinden.

Praktikum-Service.de
info@praktikum-service.de

www.praktikum-service.de
Unter „Praktika Ausland" kann man eine Region auswählen und bekommt alle Angebote der Stellendatenbank angezeigt.

ARBEIT & BERUF

Praktikantenbörsen/Multimedia & Medien

Horizont.net
marketing@horizont.net

www.horizont.net/praktikum
Anbieter für Praktika und Jobs können hier ihre Angebote eingeben, Studierende können die Angebote abfragen.

Planetpraktika.de
webmaster@planetpraktika.de

www.planetpraktika.de
Adressenverzeichnis deutscher Redaktionen und Verlage, Expertentipps von Journalisten und Verdienstmöglichkeiten.

Werbeagentur.de
info@werbeagentur.de

www.werbeagentur.de
Praktikumsangebote und Praktikumsgesuche vorwiegend im Bereich der Werbeagenturen.

Schule/Abitur

abi-action
info@abi-action.de

www.abi-action.de
Hier kann man seinen Abi-Jahrgang im Web verewigen: Fotos, Abi-Slogans, aktuelle Infos oder die besten Bilder vom Abi-Gag.

Abi-Power-Tools
info@abi-tools.de

www.abi-tools.de
Interaktives Lern- und Übungsprogramm zur Chemie, Biologie und Physik für Schüler der Oberstufe.

Abizeitung.net
info@abizeitung.net

www.abizeitung.net
Tipps und Tricks rund ums Abi, Liste von Druckereien für die Abizeitung und große Link-Sammlung von Abi-Homepages.

Schule/Allgemein

Cornelsen
c-mail@cornelsen.de

www.cornelsen.de
Materialien für Lehrer, Schüler und Eltern aller Schulformen und Fächer, Web-Guide und Expertenforen.

Unicum Praktikumsbörse  praktikum.unicum.de

ARBEIT & BERUF

Lernenmitlinks

www.lernenmitlinks.de
Link-Verzeichnis für fast alle Schulfächer nach Bewertung oder Klassenstufe geordnet, Referate und Biografien.

Schoolunity
team@schoolunity.de

www.schoolunity.de
Hausaufgaben und Referate, Facharbeiten, Biografien, Nachhilfedatenbank, Abiturvorbereitung, Ausreden und Spicktipps.

Schule-Online.de
info@schule-online.de

www.schule-online.de
Schulportal für Lehrer und Eltern. Arbeitsblätter, Unterrichtsmaterialien und Online-Unterrichtseinheiten per Mausklick.

Schulweb
team@schulweb.de

www.schulweb.de
Umfassende Datenbank deutschsprachiger Schulen im In- und Ausland mit eigenem Web-Angebot sowie Schulradios und -zeitungen.

Zentrale für Unterrichtsmedien im Internet e.V.
info@zum.de

www.zum.de
Kostenlose Unterrichtsmaterialien, interaktive Unterrichtseinheiten und nach Fächern sortierte Link-Datenbanken.

Schule/Ausland

● **DASAN**

www.dasan.de
Deutsche Auslandsschularbeit am Netz: Auslandsschulen, Deutsch als Fremdsprache (Prüfungen und Materialien), Publikationen („Begegnung", „JUMA", „TIPP" und „Jahrbuch des Auslandsschulwesens"), Termine, Wettbewerbe, Projekte und Stellenangebote. **(Siehe Abbildung)**

DASAN — www.dasan.de

ARBEIT & BERUF

Zentralstelle für das Auslandsschulwesen
zfa@bva.bund.de

www.auslandsschulwesen.de
Die Web-Seite des Bundesverwaltungsamtes - Zentralstelle für das Auslandsschulwesen - enthält das Verzeichnis der Deutschen Schulen im Ausland, Stellenangebote und Bewerbungsinformationen für Lehrer. **(Siehe Abbildung)**

Schule/Ehemalige Schüler

Passado.de
info@passado.de

www.passado.de
Die umfangreiche deutsche Datenbank, um alte Freunde, Bekannte und Kollegen wieder zu finden und zu kontaktieren.

Schueler-mails.de
info@schueler-mails.de

www.schueler-mails.de
Umfassende Suche nach ehemaligen Schulkameraden mit über 15.000 verzeichneten Einträgen.

Stayfriends.de
service@stayfriends.de

www.stayfriends.de
StayFriends ist die deutsche Internet-Plattform, auf der man Freunde und Bekannte aus der Schulzeit wieder finden kann.

Schule/Fremdsprachen/Englisch

Englische Grammatik Online
contact@lingo4u.de

www.ego4u.de
ego4u - Umfangreiches Angebot an interaktiven Übungen und Erläuterungen zur englischen Grammatik mit Spielen und Foren.

Langenscheidt
internet-team@langenscheidt.de

www.langenscheidt.de
Alles zum Thema Sprache: Übersetzungsservice, Korrekturservice, Sprachberatung, Internet-Wörterbuch, Online-Sprachkalender, Online-Wörterbücher, wichtige Infos und Links. Wörterbücher, Fachwörterbücher, Sprachlernmaterialien für Schule, Beruf und Reise – Produktkatalog mit Bestellmöglichkeit.

Zentralstelle für das Auslandsschulwesen   www.auslandsschulwesen.de

Arbeit & Beruf

Englisch-hilfen.de
mail@englisch-hilfen.de

www.englisch-hilfen.de
Englisch lernen leicht gemacht: Vokabeln, Grammatik, Prüfungen, Übungen, Tests, Referate sowie Wörterbücher, Buchempfehlungen, ein Forum und nützliche Links. Schüler und Eltern finden viele Hinweise und Tipps, die das Lernen erleichtern. Für Lehrer gibt es Unterrichtsvorschläge. **(Siehe Abbildung)**

Schule/Gewaltprävention

Gewaltprävention in der Schule
kontakt@zepf.uni-landau.de

www.gewalt-in-der-schule.info
Grundlagenartikel zur Gewalt in der Schule und ihre Ursachen, Präventionsprojekte, Diskussionsforen und Kontaktadressen.

Schulische Prävention
info@schulische-praevention.de

www.schulische-praevention.de
Wissenswertes zum Thema sexuelle Gewalt und Gewaltprävention. Vorstellung von Schulprojekten und Adressen von Beratungsstellen.

Schule/Grundschule

Erfolgreicher Übertritt an Realschule/Gymnasium
mail@note1plus.de

www.note1plus.de
Erfolgreicher Schul-Übertritt von der Grundschule an die Realschule und das Gymnasium: Beratung und Insider-Tipps.

federmappe.de
kontakt@federmappe.de

www.federmappe.de
federmappe.de bietet Equipment-, Lernmaterial-, Software- und Literaturempfehlungen rund um die Grundschulpädagogik an.

Englisch-hilfen.de   www.englisch-hilfen.de

ARBEIT & BERUF

Schule/Hausaufgaben & Referate

Fundus
info@fundus.org

www.fundus.org
Große Auswahl an Referaten aller Richtungen mit eigener Suchmaschine.

Gute Noten
info@gute-noten.de

www.gute-noten.de
Übersicht der Internet-Anbieter von Hausarbeiten und Referaten, Links zu Fachseiten, Diplomarbeiten und zur Literatursuche.

Klassenarbeiten und Referate für Schüler
webmaster@klassenarbeiten.net

www.klassenarbeiten.de
Schüler-Community mit Referaten, Klassenarbeiten, Online-Übungen, Fun-Bereich mit Lehrersprüchen und Forum.

Schülerweb
info@schuelerweb.de

www.schuelerweb.de
Große Auswahl an Referaten aller Richtungen. Homepages von Schulen, Schülern und Lehrern sowie „Fragen und Antworten".

Zahlreich
marco@zahlreich.de

www.zahlreich.de
Kostenlose Hilfen für Mathematik, Biologie, Chemie, Deutsch, Englisch, Französisch, Physik, Geschichte und Informatik.

Schule/Internet

InfoSchul
webmaster@infoschul.de

www.infoschul.de
InfoSchul ist eine Fördermaßnahme für Kurse und AGs der Sekundarstufe II von allgemein- und berufsbildenden Schulen.

● **Marktplatz für Schulen**
info@marktplatz-fuer-schulen.de

www.marktplatz-fuer-schulen.de
Der „Marktplatz-für-Schulen" als Initiative des Bundesministeriums für Bildung und Forschung und der Initiative D21 vermittelt bundesweit multimediafähige PCs, die schultauglich aufgearbeitet werden. Schulen können ihre Hardware-Wünsche formulieren und Unternehmen ihre Angebote aufgeben. **(Siehe Abbildung)**

Marktplatz für Schulen   www.marktplatz-fuer-schulen.de

Anzeige

Arbeit & Beruf

Schulen ans Netz e.V.
buero@schulen-ans-netz.de

www.schulen-ans-netz.de
Ziel der Initiative ist es, vernetzten Schulen technische und inhaltliche Hilfestellung bei der Internet-Nutzung zu geben.

Schule/Verschiedenes

🔴 **Schul/Bank**
schulbank@bdb.de

www.schulbank.de
Infodienst für Schüler und Lehrer. Newsletter mit aktuellen Daten und Fakten rund um Wirtschaft und Gesellschaft. Themen-Specials und Schülerwettbewerbe. Online-Bestellung von Publikationen der Schul/Bank. **(Siehe Abbildung)**

Sportunterricht.de
redaktion@sportunterricht.de

www.sportunterricht.de
Informationen und Materialien für Lehrer und Schüler sowie für alle, die sich für Sport (-unterricht) interessieren.

Schule/Hochbegabung

Dghk.de
dghk@dghk.de

www.dghk.de
Infos für betroffene Eltern und Pädagogen sowie alle Interessierten von der Deutschen Gesellschaft für das hochbegabte Kind.

Hochbegabungs-links.de

www.hochbegabungs-links.de
Umfangreiche Sammlung von Informationen und Links zum Thema Hochbegabung.

Karg-Stiftung.de
dialog@karg-stiftung.de

www.karg-stiftung.de
Infos zum Thema Hochbegabung, Projekte zur Förderung hochbegabter Kinder. Mit Surf-Tipps für Eltern, Pädagogen und Kinder.

Schule/Internate

Internate-online.de
info@unterwegs.de

www.internate-online.de
Beschreibung von über 250 Internaten in Deutschland, Österreich, der Schweiz und den Niederlanden.

LEH-Internate

www.internate.de
Hier findet man Beratung zu den 21 LEH-Internaten in Deutschland und der Schweiz.

Schule/Klassenfahrten & Schullandheime

Jupiter Tours
reisen@jupiter-tours.de

www.jupiter-tours.de
Anbieter von Klassenfahrten, Abi-Touren, Schülerreisen, Kurs-, Berufsschul- und Studienfahrten im In- und Ausland.

Verband Deutscher Schullandheime e.V.
verband@schullandheim.de

www.schullandheim.de
Die Suchmaschine mit vielen Suchkriterien findet das passende Schullandheim in ganz Deutschland.

Schule/Lehrer & Pädagogen

Bildung Plus
post@digitale-zeiten.de

www.forum-bildung.de
Das Online-Portal des DIPF unterstützt mit seinen redaktionellen Beiträgen die Diskussion über Bildungsreformanstrengungen.

Langenscheidt
internet-team@langenscheidt.de

www.langenscheidt.de
Alles zum Thema Sprache: Übersetzungsservice, Korrekturservice, Sprachberatung, Internet-Wörterbuch, Online-Sprachkalender, Online-Wörterbücher, wichtige Infos und Links. Wörterbücher, Fachwörterbücher, Sprachlernmaterialien für Schule, Beruf und Reise – Produktkatalog mit Bestellmöglichkeit.

Lehrer-online.de
redaktion@lehrer-online.de

www.lehrer-online.de
Materialien und Aktuelles rund um den Einsatz neuer Medien im Unterricht für Lehrerinnen und Lehrer aller Schulformen.

ARBEIT & BERUF

schule fuer toleranz
info@schule-fuer-toleranz.de

www.schule-fuer-toleranz.de
Arbeitsmaterialien, aktuelle Projektübersicht, Literaturempfehlungen und Diskussionsforen für mehr Toleranz in Schulen.

Schulleitung.de
info@wolters-kluwer.de

www.schulleitung.de
Das Info-Portal für Führungskräfte im Schulbereich mit Fachinformationen und Expertenforum. Tipps zur Fachliteratur.

Schule/Mobbing

Kidsmobbing

www.kidsmobbing.de
Informations- und Hilfeseiten für Kinder, Eltern und Lehrer. Literaturlisten, Links und Erfahrungsberichte zum Thema.

Schüler-mobbing.de
info@schueler-mobbing.de

www.schueler-mobbing.de
Tipps zum Erkennen von Mobbing und Hilfestellungen zur Abwehr.

Schule/Nachhilfe

Hauslehrer.de
info@hauslehrer.de

www.hauslehrer.de
Das Institut für Nachhilfepädagogik und Edu-Counseling informiert über sein Konzept der ganzheitlichen Nachhilfe zu Hause.

Lernfix
mail@lernfix.com

www.lernfix.com
Online-Nachhilfe-Vermittlung mit Informationen für Lehrer, Schüler und Eltern zum Konzept, Vermittlungsablauf und zu Gebühren.

Multiconcept-Nachhilfe
info@multiconcept-online.de

www.multiconcept-nachhilfe.de
Vermittlung von privatem Einzelunterricht, Prüfungsvorbereitung, Hilfe bei Lernschwächen, für Hochbegabte und Früherziehung.

Nachhilfe-Vermittlung.com
info@nachhilfe-vermittlung.com

www.nachhilfe-vermittlung.com
Kostenlose Präsentation und Anzeigenschaltung. Lehrerprofile mit Bild und Schülerbewertungen. Infos zum Thema.

Schul/Bank   www.schulbank.de

Anzeige

ARBEIT & BERUF

Schule/Schüleraustausch

Austauschjahr.de
webmaster@austauschjahr.de

www.austauschjahr.de
Artikel, Erfahrungsberichte und nützliche Tipps rund um einen langfristigen Schüleraustausch in alle Welt.

Deutscher Fachverband High School e.V.
info@highschool.de

www.highschool.de
Antworten auf Fragen zu internationalen High School-Programmen. Informationen zu Bewerbung, Gastfamilien und Visum.

Highschool-box.de
info@highschool-box.de

www.highschool-box.de
Kostenloses Infomaterial zum Schüleraustausch, Fragen und Antworten, Erfahrungsberichte, Liste der High School-Organisationen.

iST High School
info@highschool.de

www.sprachreisen.de/highschool
High School-Aufenthalte in den USA, Kanada, Australien, Neuseeland, Südafrika, Spanien, England, Irland, Japan oder China.

Langenscheidt
internet-team@langenscheidt.de

www.langenscheidt.de
Alles zum Thema Sprache: Übersetzungsservice, Korrekturservice, Sprachberatung, Internet-Wörterbuch, Online-Sprachkalender, Online-Wörterbücher, wichtige Infos und Links. Wörterbücher, Fachwörterbücher, Sprachlernmaterialien für Schule, Beruf und Reise – Produktkatalog mit Bestellmöglichkeit.

Schule/Umweltschutz

umweltfreundliche Schule, Die
umweltbuero.nord@t-online.de

www.umweltschulen.de
Alles rund um Umweltschutz und Umweltbildung. Projekte mit Schülern, Broschüren zur Umweltbildung und Veranstaltungstermine.

Seminarbörse  www.seminarboerse.de

Willkommen bei der SEMINARBÖRSE.de GmbH

dem Online-Weiterbildungsdienst für alle Seminaranbieter, Seminarsuchende, Referenten und Hersteller.

Seminare
Verschaffen Sie sich einen Überblick über das vorhandene Kursangebot wie Management-, Marketing- und EDV-Kurse etc.

Zusätzliches:

Seminaranbieter-Liste [?]
613 Seminaranbieter (Firmen)
<Registrierung>

Referenten-Liste [?]
742 Freie Referenten
<Registrierung>

Nicht fündig geworden ? [?]

ARBEIT & BERUF

Schule/Waldorfschulen

Bund der Freien Waldorfschulen
bund@waldorfschule.de

www.waldorfschule.de
Informationen über die verschiedenen Aspekte der Waldorfpädagogik und der Anthroposophie. Adressen der Schulen weltweit.

Waldorfs, Die
diewaldorfs@gmx.net

www.diewaldorfs.waldorf.net
Gesprächs- und Darstellungsprojekt mit Beiträgen und Impressionen zur Waldorfschule sowie zur Rudolf Steiner-Schule.

Schule/Waldorfschulen/Eurythmie

Eurythmie

www.eurythmie-info.de
Berufsverband der Eurythmisten in Deutschland e.V. Adressen von Eurythmie-Ausbildungsstätten und Tourneedaten.

Seminare

● **Seminarbörse**
info@seminarboerse.de

www.seminarboerse.de
Seit 1999 ist die SEMINARBÖRSE.de GmbH als Seminarplattform tätig, um die unterschiedlichen Zielgruppen rund um die Weiterbildung (Seminaranbieter, Referenten, Seminarsuchende, Hersteller) zusammenzuführen. Seminare von verschiedenen Anbietern mit Angaben von Inhalten, Terminen, Orten und Preisen.
(Siehe Abbildung)

● **Trainer.de**
info@trainer.de

www.trainer.de
Online-Services für Trainer und Unternehmen. In der Datenbank sind über 1.000 Trainer, Dozenten und Coaches für den Weiterbildungsbedarf gelistet, die nach verschiedenen Eingabekriterien gesucht werden können. Dazu aktuelle Jobangebote, eine Seminardatenbank und Ausschreibungen für Trainingsprojekte.
(Siehe Abbildung)

Trainer.de   www.trainer.de

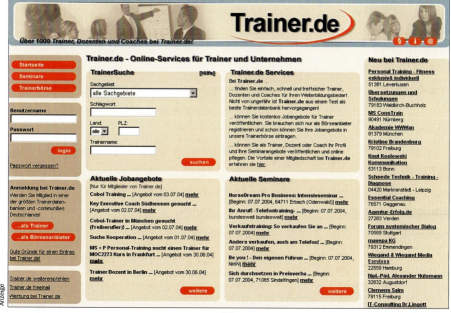

ARBEIT & BERUF

Seminaranzeiger, Der
office@seminaranzeiger.de

www.seminaranzeiger.de
Seminare, Workshops, Vorträge, Fortbildungen, Ausbildungen und Kongresse kostenlos eintragen und finden.

seminus.de
info@seminus.de

www.seminus.de
Diese Seminardatenbank im Internet enthält bundesweite berufliche Weiterbildungsangebote.

weiterbildung.de
mail@officeagentur.de

www.weiterbildung.de
Weiterbildungs- und Seminarangebote, Dozenten und Trainer, Seminar- und Tagungshotels.

Seminare/Managertraining

4managers-workshops
dialog@4managers-workshops.de

www.4managers-workshops.de
Mehrwöchige und online moderierte Workshops zu Themen rund um den Führungsalltag. Eigene Zeitplanung und individuelle Betreuung.

Management-Training
stroebe@manager-training.de

www.manager-training.de
Inner- und überbetriebliche mehrtägige Managementtrainings sowie einwöchige Intensivseminare.

Sprachschulen/Allgemein

Feriensprachkurse.de
info@feriensprachkurse.de

www.feriensprachkurse.de
Überblick über beliebte Urlaubsziele und Sprachkurse im In- und Ausland. Mit interner Suchmaschine.

Sprachschulen/Kurse & Sprachreisen

Berlitz
sprachen@berlitz.de

www.berlitz.de
Sprachtraining in über 400 Sprachschulen in 60 Ländern.

Dialog
info@dialog.de

www.dialog.de
Englisch, Spanisch, Portugiesisch, Französisch, Italienisch und Russisch in den jeweiligen Ländern. Mit Gratis-Einstufungstest.

inlingua
info@inlingua-germany.de

www.inlingua.de
Die Arbeitsgemeinschaft internationaler Sprachschulen unterhält über 70 Standorte in Deutschland. Online-Einstufungstests.

LAL Sprachreisen
info@lal.de

www.lal.de
Große Auswahl an Sprachreisen für Erwachsene und Jugendliche.

Language-net.de

www.language-net.de
Informationen zu Sprachreisen und Auslandsaufenthalten. Mit aktuellen Tipps und Berichten sowie Links zu Sprachschulen.

languageprogram.de
info@languageprogram.de

www.languageprogram.de
Englischkurse für jeden Geschmack im kanadischen Vancouver und Spanischkurse aller Art in Guadalajara in Mexiko.

Sprachcaffe
info@sprachcaffe.de

www.sprachcaffe.de
Verbund von Sprachschulen in Deutschland, Spanien, Kuba, Italien, England, Frankreich, Malta, China und den USA.

Sprachschulen/Kurse & Sprachreisen/Englisch

Englishtown
kundenservice@englishtown.com

www.englishtown.com
Online-Kurse für Englisch mit qualifizierten einheimischen Lehrern, auch Privatunterricht möglich, mit kostenlosem Probe-Abo.

GlobalEnglish
de-de.support@globalenglish.com

www.globalenglish.com
Online-Englischkurse für Unternehmen und Privatteilnehmer.

ARBEIT & BERUF

Sprachschulen/Kurse & Sprachreisen/Italienisch

Italienisch Sprachschulen
info@italienisch-in-italien.de

www.italienisch-in-italien.de
Sprachkurse in Italien am Meer: Hier können Informationen über das Kursangebot, Unterkünfte und Preise abgefragt werden.

Sprachschulen/Kurse & Sprachreisen/Spanisch

Cervantes International School
info@escuelacervantes.org

www.spanischschule.info
Spanischkurse für Anfänger und Fortgeschrittene in Malaga mit Online-Einstufungstest.

Viventura
info@viventura.de

www.erlebnis-sprachreisen.de
Spanischkurse in Peru, Ecuador, Venezuela und Argentinien sowie Englisch- und Portugiesisch-Sprachkurse in Lateinamerika.

Sprachschulen/Schüler & Studenten

Lisa Reisen GmbH
mail@lisa-reisen.de

www.lisa-reisen.de
Sprachreisen für Erwachsene und Schüler. Praktika im Ausland.

OFFÄHRTE Sprachreisen
info@offaehrte.de

www.offaehrte.de
Offährte veranstaltet Sprachreisen für Kinder, Jugendliche, Eltern mit Kindern und Erwachsene in Language und Holiday Clubs.

Stellenmarkt

● **Bundesagentur für Arbeit**
zentrale@arbeitsagentur.de

www.arbeitsagentur.de
Informationen zur Berufs- und Studienwahl und zu den Geldleistungen der Bundesagentur für Arbeit, Stellen- und Bewerberbörsen. **(Siehe Abbildung)**

Deutscher Stellenmarkt
topjob@deutscher-stellenmarkt.de

www.deutscher-stellenmarkt.de
Große, regelmäßig aktualisierte und erweiterte Datenbank zur Suche nach neuen Mitarbeitern bzw. nach einer neuen Stelle.

Bundesagentur für Arbeit   **www.arbeitsagentur.de**

ARBEIT & BERUF

europakarriere.de
info@europakarriere.de

www.europakarriere.de
Online-Stellenmarkt für Deutschland und Europa. Kostenlose Stellenangebote und -gesuche, aktuelle Topjobs aller Branchen.

job-consult.com
info@job-consult.com

www.job-consult.com
Jobbörse mit Stellenanzeigen, kostenfreie Schaltung von Stellenangeboten und -gesuchen, Tipps für Bewerber und Jobforum.

jobfair24
info@jobfair24.de

www.jobfair24.de
Online-Jobmesse für Studenten, Absolventen und Young Professionals. Kontakt zu zahlreichen Unternehmen via Chat.

JobJet - Das Jobportal
info@jobjet.de

www.jobjet.de
Job- und Bewerbersuche, Berufsinfos und Weiterbildung.

Jobkurier.de
info@jobkurier.de

www.jobkurier.de
Das Berufsportal für alle Berufe und Branchen bietet maßgeschneiderte Angebote für Personalchefs und Stellensuchende.

jobpilot
support@jobpilot.de

www.jobpilot.de
Umfangreiche Auswahl an aktuellen nationalen und internationalen Stellenangeboten. Kostenlose Aufgabe von Stellengesuchen.

Jobs.de
info@jobs.de

www.jobs.de
Karriereportal mit schneller effizienter Suche nach Stellenanzeigen. Ausführliche Informationen zu Karriere und Beruf.

jobsandjobs.de
webmaster@jobsandjobs.de

www.jobsandjobs.de
Internet-Guide für Stellenmärkte. Suche nach branchenorientierten Marktplätzen und Jobbörsen.

Jobscout24
info@jobscout24.de

www.jobscout24.de
Großer deutscher Stellenmarkt mit sehr umfangreichen Suchfunktionen für Bewerber und Unternehmen.

jobsintown.de
info@jobsintown.de

www.jobsintown.de
Stellenangebote aus dem gesamten Bundesgebiet sowie Tipps und Tricks rund um Karriere und Bewerbung.

🔴 **JobStairs**

www.jobstairs.de
Stellenangebote von großen Arbeitgebern Deutschlands: von A wie Accenture bis Z wie ZF Friedrichshafen. Zahlreiche Top-Jobs aus verschiedenen Branchen und Einstiegslevel. Zudem können Bewerber ihr Profil mit einem einzigen Stellengesuch allen „Top Companies" zur Verfügung stellen. **(Siehe Abbildung)**

Jobticket
info@jobticket.de

www.jobticket.de
Zahlreiche Stellenangebote aus allen Berufsfeldern mit übersichtlichen Suchfunktionen für gute, schnelle Suchergebnisse.

Jobware
info@jobware.de

www.jobware.de
Großes Karriereportal mit aktuellen Angeboten für Fach- und Führungskräfte, Absolventen, Studierende und Schulabgänger.

karrieremanager.de
info@internext.de

www.karrieremanager.de
Gemeinsame Stellendatenbank von Handelsblatt.com, WirtschaftsWoche.de, JungeKarriere.com und ZEIT.de.

ARBEIT & BERUF

Monster.de
info@monster.de

www.monster.de
Das weltweite Karrierenetzwerk. Sehr ausführliche Texte zur Karriereberatung.

stellenanzeigen.de
info@stellenanzeigen.de

www.stellenanzeigen.de
Stellenanzeigen und Stellengesuche, übersichtlich nach Tätigkeitsfeldern sortiert, mit kostenloser E-Mail-Benachrichtigung.

Stellenmarkt.de
info@stellenmarkt.de

www.stellenmarkt.de
Karriereportal für Fach- und Führungskräfte mit umfangreicher Bewerberdatenbank und Karrieretipps.

StepStone
info@stepstone.de

www.stepstone.de
Europas Portal für Karriere- und Recruiting-Lösungen: viele aktuelle Stellenangebote und Bewerberdatenbank.

sueddeutsche.de - Stellenmarkt

www.sueddeutsche.de/jobcenter
Hier kann nach Stellen, Praktika und Ausbildungsplätzen gesucht werden. Mit eigenem Bereich für Arbeitgeber.

top-jobs.de
info@twi-online.com

www.top-jobs.de
Stellenangebote, aktuelle Bewerberdatenbank mit Online-Lebensläufen und Portal für Studenten.

worldwidejobs
info@wwj.de

www.worldwidejobs.de
Branchenspezifische Suche nach Stellenangeboten aller namhaften Firmen weltweit. Mit umfangreichen Karrieretipps.

Stellenmarkt/Banken

Bankjob.de
kontakt@bankjob.de

www.bankjob.de
Die Stellenbörse für das Bankgewerbe.

JobStairs   **www.jobstairs.de**

Anzeige

Arbeit & Beruf

Stellenmarkt/Bundeswehr

● **Arbeitgeber Bundeswehr**
persabwteilinternetredaktion@bundeswehr.org

www.bundeswehr-karriere.de
Großes Karriere-Portal der Bundeswehr, das umfassend über die Institution und ihre verschiedenen Ausbildungs- und Studienangebote sowie den direkten Berufseinstieg informiert. Mit Übersicht der verschiedenen Laufbahnen und Berufsfelder und Infos zu Bewerbungsverfahren, -fristen und Eignungstests.
(Siehe Abbildung)

Stellenmarkt/Chemie & Pharmazie

BioKarriere.net
info@chemie.de

www.biokarriere.net
Karrierenetzwerk für Biotechnologie und die Pharmabranche.

Chemiekarriere.net
info@chemie.de

www.chemiekarriere.net
Karrierenetzwerk für die Chemie- und Analytikbranche.

Merck KGaA - Bewerberportal
come2merck@merck.de

www.come2merck.de
Infos zu Jobs, Ausbildung, Praktika, Studium und Berufseinstieg in den Bereichen Pharma, Chemie und Labordistribution.

Pharmajob.info
info@pharmajob.info

www.pharmajob.info
Stellenangebote aus der Pharmaindustrie im deutschsprachigen Raum, in Frankreich, Großbritannien, der Schweiz und den USA.

Stellenmarkt/Computer-, EDV- & TK-Branche

Computerjobs24

www.computerjobs24.de
Stellengesuche und -angebote, Praktika und Ausbildungsplätze überwiegend im Bereich Informatik und Management.

heise jobs
post@heise.de

www.heisejobs.de
Stellenmarkt von heise online für Informationstechnologie und Telekommunikation mit Suche nach Rubriken.

IT.Jobs.de
info@jobs.de

www.it.jobs.de
Stellenanzeigen, ausführliche Informationen rund um Karriere und Beruf und schnelle effiziente Suche nach IT-Jobs.

job-wahl.de
info@job-wahl.de

www.job-wahl.de
Stellenmarkt in der IT- und EDV-Branche. Mit einem „Jobs per E-Mail-Service" sowie Bewerbungstipps.

SAP R/3 FORUM (bm+p GmbH)
kucera@dv-treff.de

www.dv-treff.de
Jobs, Bewerberdatenbank, Freelancer- und Ausschreibungsdatenbank, Firmenprofile und Seminare im Bereich SAP R/3.

Stellenmarkt/Fach- & Führungskräfte

Arbeitsmarkt-Online
info@mamas.de

www.mamas.de
Der Stellenmarkt für Fach- und Führungskräfte. Profile von Topfirmen und Infos über Jobmessen.

Stellenmarkt/Gastronomie, Hotellerie & Tourismus

hotel-career.de
info@hotel-career.de

www.hotel-career.de
Jobbörse für Hotellerie, Gastronomie und Touristik mit internationalen Stellenangeboten.

hoteljob international
info@cge.de

www.hoteljob-international.de
Stellenmarkt für Hotel, Gastronomie, Touristik, mit aktuellen Jobangeboten unter anderem von Kreuzfahrtschiffen und Ferienclubs.

Arbeit & Beruf

Hotelstellenmarkt.de
info@hoteljobworld.com

www.hotelstellenmarkt.de
Stellenangebote und -gesuche vom Hotelmanager bis zum Küchenpersonal, vom Praktikum bis zur Lehrstelle.

travelkarriere.de
info@travelkarriere.de

www.travelkarriere.de
Online-Stellenmarkt rund um den Tourismus mit aktuellen nationalen und internationalen Topjobs.

Stellenmarkt/Juristen

Karriere-Jura
info@karriere-jura.de

www.karriere-jura.de
Der juristische Fachstellenmarkt im Internet.

RA-MICRO Deutscher Anwaltssuchdienst
rechtsfinder@ra-online.de

www.ra-micro.de
Kostenloser juristischer Online-Stellenmarkt mit offenen Stellen und Stellengesuchen.

Stellenmarkt/Medien & Multimedia

Agentur.de
info@agentur.de

www.agentur.de
Umfassendes Forum für die Werbebranche, Branchenbuch, Jobbörse, Medienspiegel, Insider-News und Mailing-Liste.

Auge, Das
dasauge@zeramedia.de

www.dasauge.de
Stellenangebote und -gesuche, überwiegend in der Medienbranche.

Horizont.net
marketing@horizont.net

www.horizont.net/jobs
Umfangreiches Angebot für den Einstieg und die Karriere in Marketing, Werbung und Medien. Mit riesigem Stellenmarkt.

Medienhandbuch
info@medienhandbuch.de

www.medienhandbuch.de
Nachschlagwerk für Adress-, Job- und Kontaktrecherche innerhalb der deutschsprachigen Medienbranche.

Arbeitgeber Bundeswehr   www.bundeswehr-karriere.de

Anzeige

ARBEIT & BERUF

multimedia.de
kontakt@multimedia.de

www.multimedia.de
Jobs und Projekte in der Multimediabranche. Mit einer Volltextsuche über Titel und Inhalt der Jobeinträge.

Stellenmarkt/Medizin

health-job.net
info@health-job.net

www.health-job.net
Personalportal der Gesundheitsbranche. Angebote für Bewerber und Unternehmen. Online-Inserate für Bewerber sind kostenlos.

jobmedicus

www.jobmedicus.de
Jobangebote und Gesuche aus allen Bereichen der Medizin. Mit einem Arbeitgeberverzeichnis (Krankenhäuser und Firmen) von A bis Z.

Klinikstellen
syntext@adlatus.de

www.klinikstellen.de
Offene Stellen in Kliniken und Krankenhäusern, Pflege-, Therapie- und sozialen Einrichtungen. Kostenlose Stellengesuche.

Medizin.jobs.de
info@jobs.de

www.medizin.jobs.de
Schnelle effiziente Suche nach Fachstellen für medizinische Berufe sowie ausführliche Informationen rund um Karriere und Beruf.

Medizinische-Berufe.de
info@medizinische-berufe.de

www.medizinische-berufe.de
Die Karriereplattform für den Gesundheitssektor. Jobbörse mit Angeboten für Bewerber, Firmen und Kliniken.

medXnet.de
info@medxnet.de

www.medxnet.de
Stellenangebote und -gesuche im medizinischen Bereich. Mit Adressen, Infos und Tipps zum Thema Arbeiten im Ausland.

Personalmed Stellenbörse
info@personalmed.de

www.personalmed.de
Private Arbeitsvermittlung exklusiv für den medizinischen Bereich mit Stellenangeboten und -gesuchen aus ganz Europa.

Stellenmarkt/Nebenjobs & Minijobs

Arbeit für Schüler und Studenten
mail@schuelerjobs.de

www.schuelerjobs.de
Der kostenlose Jobmarkt für Schüler und Studenten.

Gelegenheitsjobs.de
redaktion@gelegenheitsjobs.de

www.gelegenheitsjobs.de
Ein Jobportal für Studenten und Saisonarbeiter jeder Branche.

Nebenjob-Zentrale
info@nebenjob.de

www.nebenjob.de
Die Nebenjob-Zentrale bringt Arbeitgebernachfragen und Aushilfskräfteangebote auf dem Arbeitsmarkt zusammen.

Promoterworld

www.promoterworld.de
Nach kostenloser Anmeldung erhält man automatisch passende Jobangebote. Zudem Infos über Promotionarten und -voraussetzungen.

Promotionbasis.de
info@promotionbasis.de

www.promotionbasis.de
Plattform zum Thema Promotion. Stellenangebote und -gesuche, Mitwohn-Service, Downloads wie Gewerbeanmeldungen und Fahrtenbuch.

Stellenmarkt/Psychologie

Hogrefe Verlag
verlag@hogrefe.de

www.hogrefe.de/psychjob/index.html
Plattform für die Veröffentlichung von Stellengesuchen und -anzeigen im Bereich Psychologie.

ARBEIT & BERUF

Stellenmarkt/Studenten & Hochschulabsolventen

Absolvent.de
info@absolvent.de

www.absolvent.de
Kontaktdatenbank für Unternehmen und Hochschulabsolventen. Aktuelle Termine, Bewerbungstipps und Stellenanzeigen.

Access
info@access.de

www.access.de
Informationen über das Dienstleistungsspektrum des führenden Recruiters für Personalverantwortliche und Stellensuchende.

alma mater
kundenservice@alma-mater.de

www.alma-mater.de
alma mater versteht sich als Bindeglied zwischen Wirtschaft, Hochschulen und Absolventen.

Berufsstart Aktuell
info@berufsstart.de

www.berufsstart.de
Praktika- und Stellenangebote für Studenten und Absolventen mit Bewerbertipps und „Gehaltsanalyser".

Handelsblatt Junge Karriere.com
jungekarriere-online@vhb.de

www.jungekarriere.com
Informationsportal für Studenten, Absolventen und Berufstätige. Ratgeber zu Studium, Jobeinstieg, Karriere und MBA.

Jobber Studentenvermittlung.de
info@jobber.de

www.jobber.de
Vermittlung von studentischen Mitarbeitern, Praktikanten und Aushilfen für Jobs und Praktika. Mit Jobforum.

romling.com
team@romling.com

www.romling.com
Karriereplattform mit großer, karrierebezogener Unternehmensdatenbank mit über 1.500 eingetragenen Firmenprofilen.

Stellenmarkt/Such-Robots

● **JobRobot**
info@jobrobot.de

www.jobrobot.de
JobRobot ermittelt täglich über 115.000 Jobs aus 215 Jobseiten und stellt diese übersichtlich mit direkten Links zusammen.
(Siehe Abbildung)

JobRobot   **www.jobrobot.de**

ARBEIT & BERUF

JOBworld
info@internext.de

www.jobworld.de
Große Meta-Suchmaschine für Stellensuchende. Dazu Tipps zu Bewerbung, Vorstellungsgespräch und Arbeitszeugnis.

wimmi.de
info@wimmex.com

www.wimmi.de
wimmi.de durchsucht das Internet nach Stellenanzeigen.

Stellenmarkt/Technik

● **ingenieurkarriere.de**
ingenieurkarriere@vdi-nachrichten.com

www.ingenieurkarriere.de
Aktuell und kostenfrei: Das Karriereportal der VDI nachrichten mit großem Stellenmarkt für technische Fach- und Führungskräfte, Bewerber-Datenbank mit Jobmailservice, Karriereberatung, Gehaltstest, Praktikantenbörse u.v.m. **(Siehe Abbildung)**

Ingenieurprofil.de
info@ingenieurprofil.de

www.ingenieurprofil.de
Online-Stellenmarkt für das Ingenieurwesen. Stellenangebote und -gesuche für Ingenieure, Techniker und Fachkräfte.

ingenieurweb
info@ingenieurweb.de

www.ingenieurweb.de
Großer technischer Stellenmarkt mit umfangreichen Services für Stellensuchende und Personalverantwortliche.

Techniker.Jobs.de
info@jobs.de

www.techniker.jobs.de
Fachstellenbörse für Ingenieur-Berufe, ausführliche Informationen rund um Karriere und Beruf für den Technik-Bereich.

Stellenmarkt/Versicherung

versicherungen-jobs.de
info@versicherungen-jobs.de

www.versicherungen-jobs.de
Spezial-Jobbörse für die Versicherungsbranche.

ingenieurkarriere.de — www.ingenieurkarriere.de

ARBEIT & BERUF

Tarifpolitik

WSI-Tarifarchiv

www.tarifvertrag.de
Das WSI-Tarifarchiv der Hans-Böckler-Stiftung dokumentiert und bewertet umfassend das laufende Tarifgeschehen.

Teilzeitarbeit

Teilzeit Info
buero-lp4@bmwa.bund.de

www.teilzeit-info.de
Infoseiten rund um das Thema Teilzeit: Teilzeit-Rechner, Altersteilzeit-Rechner, Datenbank und flexible Arbeitszeitmodelle.

Volkshochschulen

Deutscher Volkshochschul-Verband e.V.
info@dvv-vhs.de

www.dvv-vhs.de
Adressen aller deutschen Volkshochschulen, wichtige Termine von Vorträgen, Workshops und Schulungen sowie Pressemitteilungen.

Volkshochschulen
wjk@vhs.de

www.vhs.de
Unabhängiges Verzeichnis von Verbänden und Institutionen sowie Volkshochschulen inner- und außerhalb Deutschlands.

Zeitarbeit

Bundesverband Zeitarbeit
info@bza.de

www.bza.de
Aktuelle Nachrichten, Fakten und Statistiken zur Zeitarbeit vom Bundesverband Zeitarbeit Personaldienstleistungen e.V.

Zeitarbeit-Forum
info@abcons.de

www.zeitarbeit-forum.de
Umfassendes Forum für alle Bereiche der Zeitarbeit.

Zeitarbeitsmaschine.de
service@zeitarbeitsmaschine.de

www.zeitarbeitsmaschine.de
Zeitarbeitsbörse für Bewerber, Unternehmen und Personaldienstleister.

2
Einkaufen

Einkaufen

www.buchkatalog.de

Buchkatalog.de

Leseratten haben die Wahl: Ihr Futter gibt es bei Buchkatalog.de entweder direkt nach Hause oder in eine von über 1.000 Partner-Buchhandlungen geliefert. Buchkatalog.de bietet eine übersichtliche Suche in einer Auswahl an 2,2 Millionen Büchern, Hörbüchern, Software, CDs und DVDs. Aktuelle und redaktionell gepflegte Zusatzinformationen wie auch Bestsellerlisten machen die Entscheidung leicht. Komplettiert wird das Angebot durch die Bestellmöglichkeit von Zeitschriften, gebrauchten und antiquarischen Büchern.

www.trustedshops.de

Trusted Shops

Das bequeme Shoppen im Internet ist mittlerweile gang und gebe, doch Sie trauen dem Ganzen nicht so wirklich oder haben schon mal schlechte Erfahrungen gemacht? Die hier gelisteten Shops sind nach Ihrer hohen Daten- und Liefersicherheit ausgesucht worden und bieten dem Online-Käufer bei Unzufriedenheit mit der Ware eine kostenlose Geld-zurück-Garantie. Daher können Sie hier sorglos Ihrer Einkaufslust freien Lauf lassen. Von Auto- über Bürobedarf, Computer, Erotik, Mode und Möbel bis hin zu Reisen können Sie alle Geschäfte in Ruhe vorm Monitor tätigen, anstatt sich durch Menschenmengen und Kassenschlangen zu kämpfen.

www.teltex.de

teltex

Sie wollen endlich auch mobil erreichbar sein, zu Hause im Internet surfen oder brauchen einen neuen Festnetzanschluss? Diverse interessante Angebote verschiedener Anbieter sind hier für Sie recherchiert und zusammengestellt worden. Sie finden hier Leistungsbeschreibungen zu aktuellen Handymodellen sowie zu passendem Zubehör, Infos zu Tarifen und Tipps zu Prepaid-Karten oder Vertragsverlängerungen. Was ist momentan günstig in punkto Telefonanlage, Anrufbeantworter oder Faxgerät und wo liegt der Unterschied zwischen all diesen Geräten? Sie können durch Vergleiche nicht nur sparen, sondern auch noch Extras einheimsen!

www.findmybook.de

findmybook.de

Für leidenschaftliche Leser, die gleichzeitig leidenschaftliche Schnäppchenjäger sind: Findmybook sucht Ihr gewünschtes Buch bei diversen Online-Buchhandlungen, wählt die günstigsten Angebote aus und sortiert diese nach Preis, Versandkosten und Verfügbarkeit. Wer ein bestimmtes Buch nirgendwo findet, gibt einen Suchauftrag ab und eine kostenlose Recherche wird gestartet, über deren Ergebnis Sie dann per E-Mail informiert werden. Die begehrten SPIEGEL-Bestseller sowie das, was in den Feuilletons gerade gelobt und zerrissen wird, gibt es hier neu oder gebraucht zu Schnäppchenpreisen – sogar in der Originalsprache!

EINKAUFEN

www.schaefer-shop.de

Schäfer Shop

Schubladensysteme, Registermappen, Karteikästen... man braucht schon so einiges, um sein Büro in Ordnung zu halten und nicht in einem Berg von Papier und Tinte zu versinken. Hier erhalten Sie neben sämtlichem Büromaterial Ordnungs- und Archivierungssysteme, die Ihnen dabei helfen werden. Praktische Infos gibt's auch dazu: Nach welchen Kriterien sind Umschläge sortiert? Und welche Verschlussart bevorzugen Sie: selbstklebend, haftklebend oder doch lieber gummiert? Wieso erzählt die Sekretärin etwas von Ingrespapier, einer Koaleszenz und einer Nasspartie? Schauen Sie im Papier- oder im Tintenpatronen-Lexikon nach.

www.womensnet.de

womensnet

Endlich jemand, der die Frauen versteht – wenn es auch nur eine Web-Seite ist. Beauty, Lifestyle, Shopping – alles, was das Frauenherz begehrt. Wie ein Friseurbesuch zur emotionalen Reise wird, wie man lästige Härchen am besten loswird, welche Haarfarbe momentan in ist und welches neue Produkt es dazu gibt, erfahren Sie hier! Machen Sie eine Beauty-Beratung und finden Sie das für Sie optimale Shampoo oder die typgerechte Hautcreme. Die Stil-Beratung zeigt, welche Frisur und Haarfarbe Ihnen steht, welcher Duft zu Ihnen passt oder mit welchen Farben in Kleidung und Make-up Sie Ihren Typ betonen können. Testen Sie auch das Wohnhoroskop!

www.letmeship.com

Letmeship

Damit Sie Pakete und Päckchen rund um die Uhr auf ihre Reise schicken können, berechnet Ihnen diese Seite zu jeder Tageszeit die individuellen Transportkosten und erledigt gleich die Online-Buchung. Einfach Maße der Verpackung und das Gewicht der Sendung eingeben! Zudem können Sie hier die Preise und Leistungen verschiedener Anbieter vergleichen und wenn Sie wissen möchten, wo Ihr Paket gerade Station macht, fragen Sie einfach online seinen Sendungsstatus ab. Auch das Versenden von Paletten-, Sperr- oder Gefahrgut ist kein Problem: Füllen Sie das Anfrageformular aus und man wird sich umgehend mit einem Angebot bei Ihnen melden.

www.preissuchmaschine.de

Preissuchmaschine.de

Preiswert oder billig? Keine Frage der Philosophie, sondern des richtigen Vergleichs! Die Preissuchmaschine führt Sie in sekundenschnelle zum Produkt Ihrer Wahl und zeigt Ihnen, wo Sie dieses direkt online günstig erwerben oder ersteigern können. Zwei Mausklicks genügen, um beispielsweise Kleinteile oder Zubehör von der Suche nach einem bestimmten Artikel auszuschließen oder nur bis zu einem individuell festgelegten Höchstpreis zu suchen. Und weil der günstigste Preis längst nicht mehr das einzige Kaufkriterium darstellt, können Sie Ihre Suche auch nach der besten Händlerbewertung eingrenzen. Hier ist preiswert einfach mehr wert!

Einkaufen

Allgemein/Einkaufsführer

alfabag.de
post@alfabag.de

www.alfabag.de
Such- und Empfehlungsmaschine für Online-Shopping mit über 800 geprüften Händlern und der Möglichkeit zum Austausch von Erfahrungen.

🔴 **APOSHOPS -
Das Apothekenshopverzeichnis**
redaktion@aposhops.de

www.aposhops.de
Apotheken-Shop-Verzeichnis für Deutschland, Österreich und die Schweiz. Neben der Online-Shop-Suche nach Land, Ort oder Apotheke findet man hier Lexika, die einem im Fachjargon der Medizin wirklich weiterhelfen. Aktuelle Gesundheitsthemen vervollständigen das Angebot. **(Siehe Abbildung)**

dooyoo.de
info@dooyoo.de

www.dooyoo.de
Ein Verzeichnis vertrauenswürdiger Online-Shops mit Produkttipps, Testberichten, Verbrauchermeinungen und Preisvergleich.

Lycos Shopping
webmaster@lycos.de

shopping.lycos.de
Schneller, umfassender und informativer Überblick über Produktangebote im Netz. Suche nach Anbieter, Marke, Modell und Preis.

marktlink
webmaster@marktlink.de

www.marktlink.de
Übersicht und Bewertung von mehr als 1.000 Online-Shops. Außerdem Suche nach Schlagwörtern oder Rubriken.

online-shop
info@online-shop.de

www.online-shop.de
Suchmaschine für Online-Shops und deren Produkte. Gesucht werden kann entweder über Kategorien oder per Eingabe in ein Suchfeld.

APOSHOPS - Das Apothekenshopverzeichnis   www.aposhops.de

EINKAUFEN

● **Shop-Netz.de**
marketing@shop-netz.de

www.shop-netz.de
Großes Online-Shopping-Portal für den deutschsprachigen Raum. Es stehen über 8.500 aktuelle Online-Shop-Einträge und über 700.000 Produkt-Einträge zur Verfügung. Des weiteren viele Zusatzdienste wie Shopping-Toolbar, kostenlose E-Mail, Forum, etc. Für Shop-Betreiber ist der Basiseintrag kostenfrei.
(Siehe Abbildung)

Augenoptik/Kontaktlinsen & Brillen

Apollo Optik
service@apollo-optik.com

www.apollo.de
Informationen zum Sortiment an Brillen, Kontaktlinsen, Sonnenbrillen und Zubehör sowie Wissenswertes zum Thema „Sehen".

brillenladen.de
info@brillenladen.de

www.brillenladen.de
Brillen für jede Gelegenheit: Sport-, Kult-, Luxus- und Markenbrillen sowie Brillen aus Kinofilmen. Auch Infos zu Kontaktlinsen.

Fielmann
kundenservice@fielmann.com

www.fielmann.de
Verzeichnis der Fielmann-Niederlassungen mit ihren aktuellen Kollektionen, außerdem Tipps zum Brillenkauf.

Kontaktlinsen lensland
service@kontaktlinsen.de

www.kontaktlinsen.de
Breite Auswahl an Kontaktlinsen, Pflegemitteln, spezieller Kosmetik und praktischem Zubehör.

Kontaktlinsen Versand
kontakt@linsen.de

www.linsen.de
Hier können Kontaktlinsen aller Art, Pflegemittel sowie Zubehör bestellt werden. Mit Kontaktlinsenlexikon und -forum.

Lensspirit.de
info@lensspirit.de

www.lensspirit.de
Kontaktlinsen, Pflege, Zubehör, Accessoires und Kosmetik. Im Live-Chat werden durch die Mitarbeiter Fragen beantwortet.

Linsenplatz
info@linsenplatz.de

www.linsenplatz.de
Tageslinsen, 14-Tageslinsen, Monatslinsen, farbige und torische Kontaktlinsen direkt bestellbar.

Shop-Netz.de   www.shop-netz.de

EINKAUFEN

● **Kontaktlinsen**
info@kontaktlinsenshop.de

www.kontaktlinsenshop.de
Günstiges Angebot an Tages-, Wochen-, Monats- und Dauerlinsen sowie torischen und Farblinsen und den dazugehörigen Pflegemitteln sowie Kosmetika. EHI geprüfter Online-Shop für Kontaktlinsen. **(Siehe Abbildung)**

● **Kontaktlinsenversand.com**
kontakt@kontaktlinsenversand.com

www.kontaktlinsenversand.com
Sehr große Auswahl an Kontaktlinsen verschiedener Hersteller von A wie Alcon bis Z wie Zeiss. Leichte Bedienung, außerdem alles Wissenswerte über Kontaktlinsen und ihre Anwendung. Zusätzliches Angebot an Zubehör, Pflegemitteln und Sonnenbrillen. **(Siehe Abbildung)**

Augenoptik/Sonnenbrillen

Net-Eyewear
info@net-eyewear.de

www.net-eyewear.de
Online-Shop für Sonnenbrillen, Fun- und Biker-Brillen sowie vielfältige Markensonnenbrillen mit passenden Etuis.

Sonnenbrillen
info@sun66.com

www.sun66.com
Sonnenbrillen für Damen, Herren, Kids oder für den Sport, klassisch oder trendy, alle auch nach Marken sortiert.

Sonnenbrillen Shop

www.sonnenbrillen24.de
Markensonnenbrillen von Calvin Klein, Gucci, Dolce und Gabbana, Oakley, Fossil, Ray Ban, Adidas. Mit Online-Typberatung.

Auktionen

● **Online-Auktion**
info@doppelshop.de

www.doppelshop.de
Online-Auktion für jedermann. Die Top-Angebote und diejenigen, die am Tag eröffnet wurden oder schließen, werden gleich auf der Startseite präsentiert. Während des gesamten Auktions-Verlaufs erhalten sämtliche Bieter des jeweiligen Loses laufend Informationen über deren Status. **(Siehe Abbildung)**

Kontaktlinsen   **www.kontaktlinsenshop.de**

EINKAUFEN

Kontaktlinsenversand.com **www.kontaktlinsenversand.com**

Online-Auktion **www.doppelshop.de**

Einkaufen

Azubo.de
info@azubo.de

www.azubo.de
Bei dieser Online-Countdown-Auktion mit neuartigem Konzept fällt der Preis beständig, bis ein Käufer den Artikel erwirbt.

eBay
impressum@ebay.de

www.ebay.de
Der weltweite Online-Marktplatz für den Verkauf von Gütern und Dienstleistungen aller Art im Internet.

hood.de
info@hood.de

www.hood.de
Kostenloses Anbieten und Ersteigern von Produkten aller Art. Auf der Startseite gibt es Verweise zu begehrten Angeboten.

Auktionen/Allgemein

Auktionsschnueffler.de
info@asearch.de

www.auktionsschnueffler.de
Über 100 Auktionshäuser auf einmal durchsuchen oder bequem Preise von Produkten vergleichen. Mit Auktions-Gebührenrechner.

Auktionssuche.de
info@alleauktionen.de

www.auktionssuche.de
Online-Auktionen übersichtlich nach Kategorien und Alphabet sortiert. Zahlreiche Auktionen gleichzeitig durchsuchen.

Ballons

Ballon-Boutique im Vogtland, Die
schneider@ballon-boutique-plauen.de

www.ballon-boutique-plauen.de
Versand von Latex-, Folien- und Riesenballons, Ballongas, Geschenke im Ballon, Geschenktipps und Fachinfos.

Ballonzauber.de
info@ballonzauber.de

www.ballonzauber.de
Ballons aller Arten und Formen, Ballongrüße, -dekorationen und -gas, Luftkissen, Luftspielburgen und aufblasbare Werbeartikel.

E-Ballon.de
anfrage@e-ballon.de

www.e-ballon.de
Rund-, Riesenballons, Disneyballons, Folienballons, Figuren- und Modellierballons sowie Zubehör. Individueller Ballondruck.

Catwalk-Hotshop **www.catwalk-hotshop.de**

EINKAUFEN

Luftballonwelt.de
info@luftballonwelt.de

www.luftballonwelt.de
Hier findet man Partyartikel: Luftballons zu Geburt, Geburtstag und Hochzeit, Luftballongas, Konfetti und Dekorationsmaterial.

Batterien & Akkus

Akkumarkt.de
info@akkumarkt.de

www.akkumarkt.de
Akkus aller Größen für alle Anwendungsbereiche, Ladegeräte, Solargeräte und Netzgeräte. Zudem Tipps zur Akku-Entsorgung.

Akkus von A-Z
info@akkushop-online.de

www.akkushop-online.de
Video-Akkus, Foto-Akkus, Notebook-Akkus, Handy- und Telefon-Akkus sowie Ladegeräte und Werkzeug-Akkus nach Marken sortiert.

www.Batterien-3000.de
info@batterien-3000.de

www.batterien-3000.de
Über 3.000 verschiedene Batterie- und Akku-Typen lieferbar. Hinzu noch Ladegeräte, Batteriezubehör und Netzteile.

Bekleidung

● **Catwalk-Hotshop**
info@catwalk-hotshop.de

www.catwalk-hotshop.de
Mode von Marken- und Designerherstellern aus Insolvenzen und Großeinkäufen von Restposten wird hier zu sehr günstigen Preisen verkauft. Unter mehr als 300 Marken bilden Produkte von Nicowa, Via Appia, Weise, Gina B., Gerry Weber, Nice Connection, LESKA´s und Kappalua die Highlights des Shops.
(Siehe Abbildung)

● **Conley's**
info@conleys.de

www.conleys.de
Die aktuellen Modetrends auf einen Klick. Das Angebot reicht von exklusiven Labels, ausgefallenem Sportswear, originellen Accessoires bis hin zu zeitlosen Klassikern und „Homestyle". Ein Modelexikon klärt auch den Laien über die Welt der Textilien auf.
(Siehe Abbildung)

Conley's   www.conleys.de

Anzeige

Einkaufen

Bon Prix Katalog
service@bonprix.de

www.bonprix-shop.de
Mode für Sie, für Ihn, für Kinder und Wohn-Accessoires. Die Kataloge können auch online geblättert werden.

Cyrillus.de
mailbox2@cyrillus.com

www.cyrillus.de
Mode zum Bestellen für Damen, Herren und Kinder. Mit interaktivem Katalog sowie Infos und Tipps zu Materialien und Pflege.

Eddie Bauer
service@eddie-bauer.de

www.eddiebauer.de
Legere Damen- und Herrenbekleidung sowie Schuhe und Accessoires von Eddie Bauer zum Bestellen. Mit Sendungsauskunft.

Haburi
help-de@haburi.com

www.haburi.com
Große Marken radikal reduziert: von A wie Armani bis Z wie Zophie. Suche nach Marke oder nach Kategorie.

Jacobi Online-Shopping
info@modehaus-jacobi.de

www.jacobi-shopping.de
Das Modehaus Jacobi präsentiert auf seinen Seiten attraktive Damenmode, Wäsche für Damen und Herren sowie Kindermode.

Lands' End
info@landsend.de

www.landsend.de
Große Auswahl an hochwertiger Freizeit- und Business-Kleidung für Damen und Herren. Mit Live-Beratung per Chat oder Rückruf.

Peek & Cloppenburg KG Düsseldorf
dialog@peekundcloppenburg.de

www.peekundcloppenburg.de
Die ganze Welt der Mode: Mode für jeden Tag oder für den ganz großen Auftritt. Von internationalen Marken über hochwertige Eigenmarken bis zu exklusiven Designerlabels – alle Marken stehen für überzeugende Qualität. Dazu kommen faire Preise für das gesamte Angebot und ein kompetenter Service.

Peter Hahn   www.peterhahn.de

Einkaufen

Peter Hahn
service@peterhahn.de

www.peterhahn.de
Online-Shop mit City-, Business- und Outdoor-Mode für Damen und Herren in bester Markenqualität. Abgerundet durch Accessoires, Homewear, Wäsche und Heimtextilien. Außerdem aktueller Trendbericht sowie nützliche Pflegetipps und Maßtabellen zum richtigen Bestellen. **(Siehe Abbildung)**

Sealand24
info@sealand24.de

www.sealand24.de
Der Spezialist für funktionelle Mode bietet Funktionsbekleidung, Sportswear und maritime Mode für Damen, Herren und Kinder.

thirtyone
service@thirtyone.de

www.thirtyone.de
Online-Shop mit Trend-Mode für Damen und Herren. Innovativ, lässig, stylish - perfekte Outfits für den ultimativen Kick in der Garderobe. Mit den passenden Accessoires wie Gürteln, Schuhen, Tüchern und Taschen ist man von Kopf bis Fuß auf Mode eingestellt. **(Siehe Abbildung)**

Walbusch
service@walbusch.de

www.walbusch.de
Hier findet man bequeme Damen- und Herrenmode: Bekleidung und Accessoires für Freizeit und Beruf. Mit einem Schnäppchenmarkt.

Bekleidung/Bademode

aquashop24
mail@aquashop24.com

www.aquashop24.com
Gut sortierter Online-Shop für Schwimmbekleidung, Bademode, Aqua-Fitness und Triathlon.

Biquini-Brasil
bikini@biquini-brasil.com

www.biquini-brasil.com
Der Online-Shop für original brasilianische Bikinis.

Brasil Bademoden
webmaster@brasil-bademoden.de

www.brasil-bademoden.de
Exotische brasilianische Bademode: Einteiler, Bikinis, Badeschuhe sowie Strand- und Freizeitbekleidung. Mit Geschenkservice.

thirtyone   www.thirtyone.de

Einkaufen

Figueroa Bademoden
info@figueroa.de

www.figueroa.de
Große Auswahl an Bademoden aus Karibik und Südsee. Bikinis, Badeanzüge und Pareos für Sie und Badeshorts und -hosen für Ihn.

Bekleidung/Berufskleidung

Alfred Grages Gastronomiebekleidung
info@gastronomiebekleidung.de

www.gastronomiebekleidung.de
Kochjacken, -mützen, -schürzen, -schuhe, -werkzeug, -messer sowie Service- und Hotelempfangsbekleidung.

boco
info@boco.de

www.boco.com
Berufskleidung für Gastronomie, Hotel und Handwerk sowie Business- und Schutzkleidung. Mit Emblemservice.

Gottfried Schmidt
info@gottfried-schmidt.de

www.gottfried-schmidt.de
Der Berufsbekleider präsentiert hier eigene Kollektionen. Die Produkte können in unterschiedlichen Ansichten betrachtet werden.

Mewa
info@mewa.de

www.mewa.de
Textilservice, der Unternehmen mit Berufs- und Schutzkleidung versorgt. Bietet zudem Mehrwegputztücher und Waschraum-Service.

teamdress
info@teamdress.de

www.teamdress.de
Berufskleidung für den Koch- und Küchenbedarf, Werkstatt- und Servicebereich sowie verschiedene Outdoor-Kollektionen.

Bekleidung/Brautmoden

Brautmoden Jahn
info@brautmoden-jahn.de

www.brautmoden-jahn.de
Klassisch oder trendig, schlicht oder raffiniert, elegant oder lässig: Brautmoden und Trauringe für jeden Geschmack.

Alba Moda   www.albamoda.de

Anzeige

EINKAUFEN

Kleidertraum
info@kleidertraum.com

www.kleidertraum.com
Braut- und Abendmode aus aller Welt mit passendem Zubehör. Außerdem gibt es exklusive Korsetts und Dessous.

Lilly
info@lilly.de

www.lilly.de
Kollektionen der Marke Lilly für festliche Anlässe wie Hochzeit, Taufe und Kommunion. Übersichtliches Händlerverzeichnis.

Modehaus K&K
kontakt@modehauskk.de

www.modehauskk.de
Online-Shop für Braut- und Abendmode (auch in Übergrößen). Unterschiedliche Brautkleidkollektionen sowie passende Accessoires.

Bekleidung/Damenmode

● **Alba Moda**
service@albamoda.de

www.albamoda.de
Die Modetrends italienischer Metropolen in hoher Qualität und extravagantem Design präsentieren bei Alba Moda Topmodels wie Iman oder Naomi Campbell. Von Basic über Gala bis zum Businessdress findet die modebewusste Frau für jeden Anlass die perfekte Kleidung. Highlights: Bademode und Schuhe. **(Siehe Abbildung)**

Betty Barclay
info@bettybarclay.de

www.bettybarclay.de
Slideshow-Präsentation der aktuellen Damenkollektion und der neuesten Trends. Es gibt außerdem einen weltweiten Shop-Finder.

● **Heinrich Heine Versand**
service@heine.de

www.heine.de
Heine bietet exklusive Designer-Outfits, lässige Freizeitkleidung und vielfältiges Wohnambiente. **(Siehe Abbildung)**

Madeleine Mode
service@madeleine.de

www.madeleine.de
Damenmode und Accessoires für jede Gelegenheit zum Bestellen. Mit aktuellen Sparangeboten, Modelexikon und Farbberatung.

Heinrich Heine Versand   www.heine.de

EINKAUFEN

Nicowa
nicowa@nicowa.com

www.nicowa.com
Die Nicowa-Designer entwerfen Kleidung für die moderne Frau. Präsentation der Kollektionen, Händleradressen und Online-Shop.

Styleplanet
shop@styleplanet.com

www.styleplanet.de
Sexy Damenbekleidung: Abend- und Minikleider, Korsetts, Dessous, Perücken, Haarteile sowie extravagante Schuhe und Stiefel.

Xanaka
webmaster@xanaka.de

www.xanaka.de
Online-Shop für die junge, moderne Frau. Mode und Accessoires für jeden Anlass sowie interessante Themenkollektionen.

Bekleidung/Damenmode/Übergrößen

Ulla Popken
kunden-service@popken.de

www.ullapopken.de
In diesem Online-Shop wird junge, trendige Mode, von Oberteilen bis zu Dessous, ab Größe 42 angeboten.

Bekleidung/Dessous

Bambola
info@bambola.de

www.bambola.de
Drunter wird's munter. Edle und raffinierte Dessous sowie originelle Wäschesets gibt's im Wäsche-Shop von Conley's.

Belle Dessous
info@belle-dessous.com

www.belle-dessous.com
Starke Dessous für starke Frauen. Von Dessous bis hin zum Schmuck. Bei Belle Dessous gibt es alles, was Frauen schön macht.

Chantelle
webmaster@chantelle.fr

www.chantelle.com
Die Kollektionen bieten sowohl raffinierte Basics für jeden Tag als auch verführerische Dessous. Auch in großen Größen.

Dessousforyou.de
info@dessousforyou.de

www.dessousforyou.de
Exklusive, verführerische und sportliche Dessous sowie Nachtwäsche, Strümpfe, Herrenwäsche und ein großer Schnäppchenmarkt.

Felizia
info@felizia.de

www.felizia.de
Verschiedene Serien mit raffiniert femininen Dessous: Hier kann man Korsetts, Mieder, BHs, Tangas und Strümpfe bestellen.

Magic-Dessous
info@magic-dessous.de

www.magic-dessous.de
Dessous und Strings für die romantischen Momente. Außerdem Brautdessous, Sport-BHs, Dessous für große Größen und Still-BHs.

Palmers
infoservice@palmers.at

www.palmers-shop.com
Palmers - Synonym für Dessous, Sinnlichkeit und Mode bietet für Damen und Herren eine komplette Wäschekollektion.

Passionata
webmaster@chantelle.fr

www.passionata.de
Verführerische Dessous in modischen Farben. Das breitgefächerte Angebot umfasst glatte Mikrofaser, Stickerei sowie feine Spitze.

Weblingerie
info@weblingerie.de

www.weblingerie.de
Dessous und Wäsche für Frauen aus zwei Kollektionen im Online-Shop. Mit Größentabelle für Dessous, Mieder, Slips und Strings.

EINKAUFEN

Bekleidung/Herrenmode

Burlington Online Shop
service@burlington-shop.de

www.burlington-shop.de
Im Burlington Online-Shop gibt es Hemden, Pullover, Polo- und T-Shirts, Unterwäsche, Hosen und Gürtel, Armstulpen und Socken.

Gutehemden.de
info@gutehemden.de

www.gutehemden.de
Bügelfreie Hemden, Pullover, Krawatten, Socken, Polo-Shirts und Manschettenknöpfe. Mit Shirt-Finder und Krawattenlexikon.

herrenausstatter.de
service@herrenausstatter.de

www.herrenausstatter.de
Markenmode für Männer. Bekleidung für Freizeit und Beruf von oben bis unten, für darunter und darüber, für drinnen und draußen.

Herrenmode Online Shop
service@herrenmodewelt.de

www.herrenmodewelt.de
Jacken, Anzüge, Sakkos, Krawatten, Partymode, Lederjacken, Gürtel, Unterwäsche und Strümpfe.

Olympstore
info@olymp-store.de

www.olympstore.de
Online-Shop für Herrenhemden und Krawatten aller Art. Mit Tagesangeboten, Schnäppchenmarkt und Kundenbewertungen.

volls mensware onlineshop
info@volls.de

www.volls.de
Männer finden hier individuelle, junge und trendige Markenmode: Hosen, Hemden, Jacken, Shirts und Schuhe gehören zum Sortiment.

Wormland
info@wormland.de

www.wormland.de
Der Männermode-Spezialist präsentiert alles, was der Mann von heute trägt: Trend-Fashion, Sports- und Business-Wear.

Bekleidung/Herrenmode/Krawatten

Krawatten
info@designerkrawatten.de

www.designerkrawatten.de
Bei Decoy findet man Designer- und Kinderkrawatten, Schleifen und Accessoires übersichtlich in Rubriken eingeteilt.

krawatten shopping
support@krawatten-shopping.de

www.krawatten-shopping.de
Krawatten in allen erdenklichen Farben und Variationen. Außerdem gibt es Hemden, Einstecktücher und Krawattenreisetaschen.

Krawattenknoten.info
info@cravatte.de

www.krawattenknoten.info
Darstellung der verschiedenen Krawattenknoten sowie der Legende und Geschichte der Krawatte. Mit Ratgeber und Farbberatung.

magdalena-r.de
kontakt@seidenkrawatte.de

www.seidenkrawatte.de
Hier findet man ausgefallene Seidenkrawatten mit Wunschmotiven, Einzelanfertigungen, Krawattennadeln und Manschettenknöpfe.

Tie2buy.com
info@tie2buy.com

www.tie2buy.com
Viele verschiedene Krawatten, nach Mustern sortiert. Bei Aktionskrawatten kann der Preis vom Käufer vorgeschlagen werden.

Bekleidung/Herrenmode/Maßanzüge

Herschelmann Maßkonfektion
info@dermassanzug.de

www.dermassanzug.de
Feine Maßkonfektion bequem im Home-Service. Maßanzüge und -hemden mit Stil werden persönlich ins Büro oder nach Hause gebracht.

Mailo
service@maile.com

www.maile.com
Aktuelle Mode ganz individuell und maßgenau. Maßanzüge, Hemden, Krawatten, Schuhe, Strümpfe und Wäsche.

Einkaufen

Bekleidung/Herrenmode/Smokings

Gentleline Smoking
info@smokings.de

www.smokings.de
Der Online-Versand bietet elegante Abendgarderobe für den Herrn wie Smokings, Hemden und Fliegen. Dazu praktische Infos.

Bekleidung/Herrenmode/Übergrößen

Maximan
info@maximan.de

www.maximan.de
Shop für Männer-Markenmode in Übergrößen: Unterwäsche, Bademode, Freizeit- und Sportbekleidung, Anzüge, Hemden und Pullover.

Over-Size
info@over-size.de

www.over-size.de
Dieser Spezial-Shop bietet Sport- und Freizeitkleidung in allen Übergrößen: Sondergrößen von 3XL bis zu 6XL.

Bekleidung/Herrenmode/Unterwäsche

drunter & drüber Wäsche für Männer
webmaster@drunter-und-drueber.de

www.drunter-und-drueber.de
Topaktuelle Auswahl an Herrenwäsche und Bademode von Marken wie Calvin Klein, Versace, Olaf Benz und Bruno Banani.

Hom Shop
info@hom-shop.de

www.hom-shop.de
Exklusive Herrenunterwäsche: Slips und Bademode für jeden Geschmack sowie Shirts, Schlafanzüge und Bademäntel.

Bekleidung/Individuell bedruckt

Shirtcity.de
info@shirtcity.de

shirtcity.de
Hier können T-Shirts, Lady-Shirts und andere Kleidungsstücke mit eigenen Texten und Motiven bedruckt werden.

Shirts4fun.de
service@shirtsforfun.de

www.shirtsforfun.de
T-Shirt-Druck online. Hier kann man seine eigene URL oder E-Mail-Adresse aufdrucken lassen und Sprüche-Shirts bestellen.

● TDruck.de
kontakt@print-shop.de

www.tdruck.de
Individuell bedruckte T-Shirts, Polo-Shirts, Kapuzen-Sweater, Baseball-Caps, Schlüsselbänder und City-Jacken. Alle Kleidungstücke können auch beidseitig bedruckt werden. Für Leute, die von vorne bis hinten ihre Meinung vertreten wollen.
(Siehe Abbildung)

Virtualshirt.de
verkauf@virtualshirt.de

www.virtualshirt.de
T-Shirts für Sie und Ihn, Kapuzenpullis, Boxershorts, Schlüsselbänder und Kochschürzen können nach Wunsch bedruckt werden.

Bekleidung/Jeans

Buck Mode
info@buck-mode.de

www.jeans-shopping24.de
Große Auswahl an Jeans von bekannten Herstellern sowie Oberbekleidung, Unterwäsche, Schuhe und Accessoires.

Edwin online Shop
info@edwin-jeans.de

www.edwin-jeans.de
Umfangreiche Produktpalette des Jeansanbieters mit Infos rund um den blauen Stoff.

EINKAUFEN

Jeans-Land
info@jeans-land.de

www.jeans-land.com
Jeanshändler, der Jeanshosen, -hemden und -jacken verschiedener Markenhersteller anbietet.

Jeans-on.com
kontakt@der-web-laden.de

www.jeans-on.com
Mustang-Jeans für Sie und Ihn: Stretch-, Stoff-, Cord- und Trendjeans sowie Jacken. Auch in Übergrößen und -längen erhältlich.

Jeanswelt
shop@jeanswelt.de

www.jeanswelt.de
Jeans, Shirts sowie Jacken von namhaften Jeansanbietern. Auslaufmodelle günstig erwerben bei der Aktion „Letzte Chance".

Bekleidung/Kindermode

Butterblümchen
info@butterbluemchen-shop.de

www.butterbluemchen-shop.de
Markenbekleidung und Kinderschuhe von Herstellern wie Oilily, Portofino, Toff Togs, IKKS oder Diesel.

Junior Outlet
martin@junior-outlet.de

www.junior-outlet.de
Kinderkleidung der Marken Sigikid, Disney, Lars der Eisbär und Chiemsee. Caps, T-Shirts, Bademoden, Hosen, Jeans und Shorts.

Karfunkelstein
info@karfunkelstein.de

www.karfunkelstein.de
Online-Shop für Kinder- und Elternmode. Kleidung, Hausschuhe, Mützen und Stirnbänder sowie handbemalte Textilien von „Balu".

pepinio
info@pepinio.de

www.pepinio.de
Mode für werdende Mütter, Babys und Kleinkinder, Spielzeug, Produkte zur Babypflege und Kinderbücher sowie Geschenkideen.

TDruck.de www.tdruck.de

Anzeige

Einkaufen

● theofeel - Kindermode Versand
office@theofeel.de

www.theofeel.de
Aktuelle Trends von Gr. 50-176 von Carbone, Ding Dong, Jean Bourget, Kanz, Lemmi, Naturino, Schiesser, Tom Tailor, Wild South. Das Special: Kinderhosen in fünf verschiedenen Bundweiten. Ganzjähriger Schnäppchen-Shop. **(Siehe Abbildung)**

Bekleidung/Kindermode/Schuhe

Bobux
info@bobux.de

www.bobux.de
Die Original Bobux Hausschuhe für Babys und Kleinkinder aus reinem Leder und mit rutschfester Sohle aus Neuseeland.

Elefanten
info@elefanten.de

www.elefanten.de
Die Kinderschuh-Kollektion von Elefanten umfasst hochwertige Straßenschuhe, Lauflern-, Freizeit-, Hausschuhe und Regenstiefel.

Bekleidung/Kindermode/Secondhand

kids-secondhand
info@kids-secondhand.de

www.kids-secondhand.de
Baby- und Kinder-Secondhand-Kleidung übersichtlich nach Größe und Art sortiert. Außerdem Baby-Zubehör und Spielzeug.

Bekleidung/Korsetts

Korsettshop
mail@korsettshop.com

www.korsettshop.com
Online-Shop für hochwertige Halbbrust-, Unterbrust- oder Vollbrustkorsetts in verschiedenen Farben und Stoffen.

Korsett-Versand

www.korsett-versand.de
Hier können alle Arten von Korsetts aus Materialien wie Satin, Seide, Lack, Leder, Jeans und Samt bestellt werden.

Bekleidung/Leder

Lederfashionshop
shop@hardleatherstuff.de

www.cowboyboots.de
Lack- und Lederprodukte wie Hosen, Westen, Motorrad-Bekleidung und Mäntel im „Gothic"-Style sind hier erhältlich.

Raberg
info@raberg.de

www.raberg.de
Online-Shop für hochwertige Ledermode: Hosen, Jacken und Mäntel sowie Motorrad-Bekleidung und Pflegemittel.

Bekleidung/Marken

designerstore24.de
info@designerstore24.de

www.designerstore24.de
Jede Menge Marken- und Designerartikel zu Schnäppchenpreisen: eine große Vielfalt von Designerkleidung bis hin zu Accessoires.

Hugo Boss
info@hugoboss.de

www.hugoboss.com
Umfangreiche Präsentation der verschiedenen Kollektionen der Marke Hugo Boss für Damen und Herren. Mit Shop-Locator.

Marc O'Polo
info@marc-o-polo-shop.com

www.marc-o-polo-shop.com
Die aktuellen Damen- und Herrenkollektionen sowie die Campus-Kollektion von Marc O'Polo können hier online bestellt werden.

masche24
mail@selektdirekt.de

www.masche24.de
Hochwertige Basic-Textilien von renommierten Herstellern: Unterwäsche, Schlafanzüge, Strümpfe, Pullover, Westen sowie Shirts.

Mexx Fashion E-Shop
service.de@mexx.com

www.mexx.com
Hier kauft man Mexx Mode und Accessoires online ein. Ein E-Shop mit vielen Funktionen sowie Tipps zu Kombinationen und Trends.

EINKAUFEN

Pernetix
info@pernetix.com

www.pernetix.com
Hosen, Schuhe, Oberteile, Accessoires etlicher trendiger Marken wie Adidas, Carhartt, Tommy Hilfiger, Osiris und Miss Sixty.

Bekleidung/Militär & Outdoor

Globetrotter Ausrüstung
info@globetrotter.de

www.globetrotter.de
Der Outdoor-Ausstatter: von der Bekleidung über Schuhe und Outdoor-Ausrüstung bis hin zu Freizeitkarten und Büchern.

Outdoor Trends
info@outdoortrends.de

www.outdoortrends.de
Online-Shop für Outdoor-Aktivitäten: Equipment, Kleidung, Schlafsäcke und Isomatten, Transporthilfen, Schutzüberzüge und Zelte.

Ranger-Shop
info@ranger-shop.de

www.ranger-shop.de
Große Auswahl an Outdoor-, Militär- und Bundeswehrartikeln: Bekleidung, Schuhe, Campingbedarf, Sammlerartikel und Zubehör.

Sackundpack.de
info@sackundpack.de

www.sackundpack.de
Umfangreicher Shop für Outdoor-Ausrüstungen: Alle Produkte sind übersichtlich nach Rubriken sortiert.

US-Shop.com
info@us-shop.com

www.us-shop.com
Zahlreiche Flaggen, Textilien und Messer, Militärausrüstung sowie Taschenlampen der Marke Maglite können hier bestellt werden.

Bekleidung/Schirme

Concept Marketing
info@concept-werbeschirme.de

www.concept-werbeschirme.de
Richtet sich überwiegend an Unternehmen, die ein passendes Kundengeschenk suchen: Schirme mit Firmenlogo und Werbeartikel.

theofeel - Kindermode Versand   www.theofeel.de

Einkaufen

Schirm Oertel
info@regenschirme.de

www.regenschirme.de
Markenregenschirme von Armani, Versace, Moschino, Fornasetti und Knirps. Mit Tipps zu Kauf und Pflege eines Schirmes.

Bekleidung/Schuhe

Apollo-Schuhe
info@apollo-schuhe.de

www.apollo-schuhe.de
Hochwertige Herrenschuhe in klassischen, eleganten Formen. Die neueste Kollektion, Bestellmöglichkeit und eine Schuhfibel.

Clarks Shoes
clarks-germany@clarks.com

www.clarks.de
Die bekannte Schuhmarke stellt die aktuellen Kollektionen sowie die Klassiker für Sie und Ihn vor. Mit Händlerverzeichnis.

Deichmann
info@deichmann.com

www.deichmann.de
Großes Sortiment an Damen-, Herren-, Kinder- und Sportschuhen sowie Accessoires. Mit Online-Bestellservice und Passformberater.

eccoshop
info@eccoshop.de

www.eccoshop.de
Stilvolle und qualitativ hochwertige Damen- und Herrenschuhe der Marke Ecco zum Bestellen.

Extravaganza
info@extravaganza.de

www.extravaganza.de
Extravagante, erotische Damenschuhe wie Plateaustiefel, Stiefeletten und Pumps sowie Strümpfe und Accessoires.

● **FOOTSHOP**
info@footshop.de

www.footshop.de
Modische Schuhe von BIRKENSTOCK, Footprints, Papillo, Tatami, Bctula und Birkis bictet der sympathische und professionelle, von Trusted Shops zertifizierte Online-Händler. Der Versand ist kostenfrei und die sichere Datenübertragung macht das Shoppen bei FOOTSHOP auch im Internet zur reinen Freude.
(Siehe Abbildung)

FOOTSHOP — www.footshop.de

Einkaufen

Goertz
service@goertz.de

www.goertz-shop.de
Große Auswahl an modischen Herren- und Damenschuhen, die online in allen Details betrachtet und bestellt werden können.

Markenschuhe.de
shop@markenschuhe.de

www.markenschuhe.de
Herren-, Damen- sowie Trend- und Sportschuhe sind nach Herstellern sortiert und können online bestellt werden.

Reno
info@reno.de

www.reno.de
Das Unternehmen stellt sich und sein Angebot vor: aktuelle Schuh-Modetrends, Infos zu den Marken sowie ein Filial-Finder.

Salamander
marketing@salamander.de

www.salamander.de
Schuhe von Salamander und anderen Marken für Damen, Herren und Kinder. Filial-Finder, Aktionen und historische Werbespots.

Sioux
info@sioux.de

www.sioux.de
Aktuelle Kollektion exquisiter Markenschuhe für Sie und Ihn. Mit Händlersuche und Erklärung verschiedener Schuh-Macharten.

Bekleidung/Schuhe/Gummistiefel

Gummistiefelversand.de
info@gummistiefelversand.de

www.gummistiefelversand.de
Hochwertige Damen-, Herren- und Kinder- (Gummi-) Stiefel namhafter Hersteller. Für Beruf oder Freizeit, sogar in Übergrößen.

Bekleidung/Schuhe/Schuhpflege

● **Collonil**
info@collonil.de

www.collonil.de
Schuh- und Lederpflege für alle Anwendungsbereiche online bestellen: vom Lederhandschuh über die Handtasche bis zum hochwertigen Schuh, vom Wanderschuh über Sportbekleidung. Zubehör wie Einlagen, Bürsten und Schuhlöffel. Spezielle Pflegesets für Motorradbekleidung und Autoleder. **(Siehe Abbildung)**

Collonil www.collonil.de

Anzeige

EINKAUFEN

Schuhpflege.de

www.schuhpflege.de
Infos über Erdal-Schuhpflegeprodukte und deren Anwendung. Außerdem gibt es einen interaktiven Pflegeberater und ein Lexikon.

Bekleidung/Schuhe/Übergrößen

Schuhhaus Horsch
info@horsch-schuhe.de

www.horsch-schuhe.de
Designerschuhmode sowie Sportschuhe in Unter- und Übergrößen für Sie und Ihn. Mit Gratis-Katalog zum Bestellen oder Downloaden.

Bekleidung/Socken & Strümpfe

● **Legware.de**
service@legware.de

www.legware.de
Bei LEGWARE.DE findet man über 200 verschiedene Strumpfwaren. Darunter echte Nylons, Seiden- und Stützstrümpfe - von ganz schön schön bis ganz schön frech. Wer es lieber sportlich mag, wird bei den Sport- und Funktionssocken fündig.
(Siehe Abbildung)

nur die
info@nurdie.de

www.nurdie.de
Infos zur Produktpalette: Wäsche, Strick- und Feinstrümpfe. Außerdem Mode- und Farbtrends, Pflegehinweise und Größenrechner.

Nylons und Strumpfhosen Shop
kontakt@nylons-strumpfhosen-shop.de

www.nylons-strumpfhosen-shop.de
Strumpfhosen, halterlose Strümpfe, echte Nylons, Spezialstrümpfe und Socken. Produktbewertung durch Besucher.

Socken und mehr
service@socken-und-mehr.de

www.socken-und-mehr.de
Attraktive Feinstrumpfhosen sowie Socken für die ganze Familie. Die Socken sind auch als Geschenk-Abonnement erhältlich.

Takeblue.de
info@takeblue.de

www.takeblue.de
Hier können Strümpfe und Socken bequem im Saison- oder Jahres-Abonnement bestellt werden.

Bekleidung/Socken & Strümpfe/Zehensocken

Feelmax Zehensocken
info@feelmax.de

www.zehen-socken.com
Dieser Online-Shop bietet Zehensocken in verschiedenen Mustern und Farben an.

zehensocke.de
info@zehensocke.de

www.zehensocke.de
Zehensocken, ideal als Geschenk oder gegen Schweißfuß und Fußpilz.

Bekleidung/Sonstiges

Kimono.de
info@kimono.de

www.kimono.de
Japanische Kimonos und passende Accessoires für Sie und Ihn.

Bekleidung/Strickware

Islandwolle
versand@islandwolle.de

www.islandwolle.de
Isländische Wolle, Strickanleitungen, Stricknadeln, Wolldecken und Islandpullover.

Wollfaden24
info@wollfaden24.de

www.wollfaden24.de
Verschiedene Wollsorten, Garne, Stricknadeln, Knöpfe, Schmuck, Strickmode, Modehefte und Stricktrends.

EINKAUFEN

Bekleidung/T-Shirts

schoerts.de
info@schoerts.de

www.schoerts.de
Trendige Longsleeves und Shirts mit Aufdrucken wie Geburtsjahr, Städtenamen und coolen Sprüchen. Zudem Lanyards und Accessoires.

Bekleidung/Unterwäsche

nice to meet you
info@nicetomeetyou.de

www.nicetomeetyou.de
Modisch exklusive Dessous, Tag- und Nachtwäsche, Herrenwäsche, Sportliches für Sie und Ihn, Bademode und Hochzeitswäsche.

Schiesser
info@schiesser.de

www.schiesser.com
Wäsche für Damen, Herren und Kinder, Nachtwäsche und Bademode. Mit Händlerverzeichnis, Maßtabelle und Wäsche-Infothek.

schiesser underwear
mail@waescheshopping.de

www.waescheshopping.de
Umfangreiches Angebot an feiner Schiesser-Unterwäsche übersichtlich nach Kategorien sortiert.

Triumph International
infoline@triumph-international.de

www.triumph-international.com
Präsentation der Dessous- und Unterwäschekollektionen von Triumph. Mit praktischer Händlersuche und einem Wäscheratgeber.

Unno
info@unno.de

www.unno.de
Unno ist ein junges Wäschelabel und steht für Nahtloswäsche in trendigen Farben und zu günstigen Preisen.

Bekleidung/Young Fashion

dress for less
info@dress-for-less.de

www.dress-for-less.de
Schnäppchenjäger finden hier Designerbekleidung zu günstigen Preisen. Außerdem gibt es Accessoires und Unterwäsche.

Legware.de   **www.legware.de**

Anzeige

Einkaufen

Esprit Mode
info@esprit-online-shop.com

www.esprit.de
Die gesamte Kollektion der Esprit-Marke kann hier detailliert betrachtet und bequem bestellt werden.

Guna.de
info@guna.de

www.guna.de
Versand von Modeartikeln zahlreicher Marken für junge Leute: Hosen, Oberteile, Jacken, Caps, Schuhe und modische Accessoires.

H&M
info.de@hm.com

www.hm.com
Hennes und Mauritz informiert hier über Trends und Kollektionen, gibt praktische Tipps und bietet zudem einen Filial-Finder.

Pimkie
webmaster@pimkie.de

www.pimkie.de
Mode und Trends, Gewinnspiele, Jobs, ein Modelexikon, Tipps und Tricks - alles für die junge Frau von heute.

Temple of Cult
temple@templeshop.de

www.templeshop.de
Der Kultladen bietet Trend-Fashion, Streetwear, Clubwear, Schmuck, Designeruhren, Schuhe sowie alles, was hip und trendy ist.

Blumenversand

Blume 2000
service@blume2000.de

www.blume2000.de
Bundesweiter Versand von floristisch gebundenen Blumensträußen. Eine Grußkarte mit individuellem Text kann beigefügt werden.

BlumenBox.de
info@blumenbox.de

www.blumenbox.de
Hier kann man Blumensträuße online bestellen. Diese werden bundesweit mit persönlicher Grußkarte noch am Bestelltag verschickt.

Blumendienst Teleflor   www.teleflor.de

Anzeige

Einkaufen

● Blumendienst Teleflor
info@teleflor.de

www.teleflor.de
Will man seiner Tante in Amerika oder seinem Liebsten zu Hause einen Blumenstrauß in der Lieblingsfarbe zum Geburtstag oder einfach nur so schenken, dann ist man hier genau richtig. Einfach den Strauß auswählen, Lieferadresse eingeben und der Blumengruß wird weltweit verschickt. **(Siehe Abbildung)**

deutsche-blumenlaeden
info@deutsche-blumenlaeden.de

www.deutsche-blumenlaeden.de
Blumen bei über 22.000 Blumenläden in mehr als 5.000 Orten in ganz Deutschland direkt bestellen.

Fleurop
info@fleurop.de

www.fleurop.de
Blumengrüße zu verschiedenen Anlässen können hier bestellt und weltweit über Partnerfloristen versendet werden.

● Floraprima.de
info@floraprima.de

www.floraprima.de
Rosen, bunte Sträuße und eine große Anzahl von Pflanzen für jeden Anlass findet man bei FloraPrima. Alle Sträuße sind handgebunden und mit 7-Tage Frischegarantie. Hinweis: Der Käufer dieses Buches erhält 3€ Rabatt. Dafür muss nur das Wort „Webadress" in das Gutscheinfeld eingetragen werden. **(Siehe Abbildung)**

florito flowerpost
info@florito.de

www.florito.de
Sträuße, Rosen und Topfpflanzen können hier zusammen mit Präsenten und einer persönlichen Foto-Grußkarte versendet werden.

Glücksbambus
info@gluecksbambus.de

www.gluecksbambus.de
Bestellservice für geschmackvolle Arrangements des Glücksbambus. Außerdem Blumen aus der Dose, Feng-Shui-Artikel und Bonsais.

Floraprima.de   www.floraprima.de

Einkaufen

Magic Flower
bestellung@shop-maus.de

www.magic-flower.de
Blumen in der Dose bequem online bestellen. In hübsch bedruckten Ringpull-Dosen verstecken sich die unterschiedlichsten Blumensorten: Sonnenblume, Dahlie, Mini-Petunie, Mimose, Ringelblume oder Mini-Geranie. Auch frische Gemüse und Kräuter aus der Dose. **(Siehe Abbildung)**

Valentins
service@valentins.de

www.valentins.de
Je nach Anlass, Preisvorstellung, Empfänger und Blumenart können hier Produkte zum Verschicken gesucht und bestellt werden.

Blumenversand/Kunstblumen & Kunstpalmen

Dekoflower
service@dekoflower.de

www.dekoflower.de
Diese Gewächse verwelken nicht: Lieferung von Kunstbäumen und -pflanzen, Seidenblumen und Weihnachtsbäumen in hoher Qualität.

Phoenix Kunstpflanzen
info@phoenix-textilpflanzen.de

www.phoenix-textilpflanzen.de
Versand von künstlichen Laub- und Blütenbäumen, Palmen, Deko-Großbäumen, Bambus und Bonsais.

Bücher

Amazon.de

www.amazon.de
Online-Händler für Bücher, CDs, DVDs, Videos, Computerspiele, Software, Unterhaltungselektronik, Produkte für Haus und Garten.

Magic Flower — www.magic-flower.de

EINKAUFEN

bol.de
info@bol.de

www.bol.de
Umfangreiches Angebot an Büchern, E-Books, CDs, DVDs, Videos, Spielen und Software. Mit Buchbeschreibungen und Leseproben.

booksXL
info@booksxl.de

www.booksxl.de
Rund 500.000 Bücher, die übersichtlich nach verschiedenen Kategorien oder nach aktuellen Themen ausgesucht werden können.

Booxtra
service@booxtra.de

www.booxtra.de
Eine riesige Auswahl an Büchern, Spielen, DVDs/Videos und Software sowie jede Menge Schnäppchenangebote.

buch.de
info@buch.de

www.buch.de
Bietet neben Taschen- und Fachbüchern auch E-Books, CDs, Filme, Software, Spiele und Blumen. Mit Highlights und Geschenkideen.

● **buchhandel.de**
buchhandel@msu.biz

www.buchhandel.de
Buchportal mit vielen News und Infos rund um das Buch wie Rezensionen, Autorenporträts und Bestenlisten. Titelrecherche im Verzeichnis lieferbarer Bücher mit Online-Bestellung.
(Siehe Abbildung)

Buecher.de
service@buecher.de

www.buecher.de
Riesige Auswahl an Büchern, Hörbüchern und Software. Schnäppchen mit bis zu 75% Ersparnis gegenüber früheren Ladenpreisen.

Weltbild
info@weltbild.de

www.weltbild.de
Bücher, Musik, DVDs, Multimedia-Highlights und mehr. Viele Schnäppchen mit Preisvorteilen.

buchhandel.de   www.buchhandel.de

EINKAUFEN

Buchkatalog.de
infowebkno@kno-bs.de

www.buchkatalog.de
2,2 Millionen Titel (Bücher, Software, CDs, DVDs und Videos) kommen bequem nach Hause oder können von jeder Buchhandlung abgeholt werden. **(Siehe Abbildung)**

Der Club Bertelsmann
service@derclub.de

www.derclub.de
Der Club bietet ein breites Angebot an Büchern, Musik, DVDs & Videos, CD-ROMs und Spielen zu besonders günstigen Club-Preisen. Die Lieferung erfolgt per Post oder versandkostenfrei zur Abholung in einer Club-Filiale. Jetzt neu: ab sofort zusätzlich über 450.000 Bücher im Bücherbestell-Service! **(Siehe Abbildung)**

Libri.de
service@libri.de

www.libri.de
Über 1,5 Mio. Bücher, CDs, Filme, Software-Titel und ebooks (in Kürze). Lieferung erfolgt per Post oder zur Abholung in der Buchhandlung. Außerdem 850.000 fremdsprachige - und über 350.000 sofort lieferbare Titel. Ab 20 EUR versandkostenfreie Lieferung - Zahlung auch auf Rechnung möglich. **(Siehe Abbildung)**

Bücher/Buchhandlungen

Albertis
albertis@albertis.de

www.albertis.de
Mehr als sechs Millionen Titel sind auf der umfassenden Web-Seite such- und bestellbar: Bestseller, Fach-, Hör- und Kinderbücher.

Deuerlich Bücher und Medien
info@deuerlich.de

www.deuerlich.de
Buch- und Medienhandlung mit mehr als 1,5 Millionen Titeln im Katalog. Infos zu Kulturveranstaltungen in der Region Göttingen.

Buchkatalog.de — www.buchkatalog.de

EINKAUFEN

Der Club Bertelsmann   www.derclub.de

Libri.de   www.libri.de

EINKAUFEN

● **Buchhaus Antiquariat Stern-Verlag**
service@buchsv.de

www.buchsv.de
Mehr als drei Millionen Bücher, Zeitschriften, Videos, Hörbücher, CD-ROMs und Karten online: deutsche, amerikanische, englische, französische, spanische und italienische Titel; Rechercheservice in Offline-Datenbanken; Antiquariatsdatenbank mit über 26.500 Titeln. **(Siehe Abbildung)**

● **Hugendubel**
service@hugendubel.de

www.hugendubel.de
Hugendubel - Die Welt der Bücher. Online haben die Kunden die Möglichkeit, ihre gewünschten Bücher in die 31 Filialen zur Abholung oder ganz bequem nach Hause zu bestellen. **(Siehe Abbildung)**

● **Thalia Bücher**
info@thalia.de

www.thalia.de
Auswahl aus über einer Million verschiedener Bücher, Informationen zu Events wie Lesungen und Signierstunden mit prominenten Autoren bei Thalia in ganz Deutschland sowie spannende Aktionen und attraktive Gewinnspiele: Inspiration rund um's Buch im Web. **(Siehe Abbildung)**

Bücher/Antiquariate & Bücherschnäppchen

abebooks.de
info@abebooks.de

www.abebooks.de
Weltweit agierende Handelsplattform für antiquarische, vergriffene und gebrauchte Bücher. Zum Stöbern und gezielt Suchen.

Akzente Versandbuchhandlung
info@akzente-buch.de

www.akzente-buch.de
Hochwertige Bücher und CDs zu preisreduzierten Konditionen. Im Angebot sind auch Raritäten und Standardwerke.

Bibliotime
info@bibliotime.de

www.bibliotime.de
Hier gibt's Bücher zum Sonderpreis: Restposten, Sonder- oder Mängelexemplare geordnet nach Themengebieten und Verlagen.

Buchhaus Antiquariat Stern-Verlag   www.buchsv.de

EINKAUFEN

Hugendubel
www.hugendubel.de

Thalia Bücher
www.thalia.de

Einkaufen

booklooker.de
support@booklooker.de

www.booklooker.de
Hier kann jeder gebrauchte Bücher kaufen und verkaufen. Egal ob Krimi, Kochbuch oder Fachliteratur. Viele Schnäppchen.

Conlibro
service@conlibro.de

www.conlibro.de
Bücher aus den Bereichen Literatur, Geschichte, Zeitgeschichte, Theologie, Musik, Kunst, Architektur und Archäologie.

Humanitas Buchversand
service@humanitas-book.de

www.humanitas-book.de
Versandbuchhandlung mit über 6.000 Sach- und Fachbüchern aus den Natur- und Geisteswissenschaften im Angebot.

Jokers restseller
mail@jokers.de

www.jokers.de
Bücherschnäppchen: Restauflagen aus allen Bereichen 40-90% billiger als frühere Ladenpreise. Printkatalog gratis.

Kinderbuch Restauflagen
webmaster@bilderbuchschaufenster.de

www.bilderbuchschaufenster.de
Restauflagen von Kinderbüchern aus namhaften Kinderbuch-Verlagen. Außerdem gibt es Bastelartikel und Spielzeug.

Mail Order Kaiser
kaiser@mail-order-kaiser.de

www.mail-order-kaiser.de
Kultversender von Büchern, Filmen und Musik mit übersichtlicher Kategorieneinteilung. Fast alle Produkte sind preisreduziert.

Rhenania Buchversand
service@rhenania-buchversand.de

www.rhenania-buchversand.de
Sonderausgaben, Restauflagen und Standardwerke sortiert nach verschiedenen Themengebieten. Mit einer großen Resteecke.

Zentrales Verzeichnis Antiquarischer Bücher
info@zvab.com

www.zvab.com
Mehr als neun Millionen antiquarische Titel online recherchieren und bestellen. Ein Schwarzes Brett mit Buchgesuchen.

Zweitausendeins
service@zweitausendeins.de

www.zweitausendeins.de
Schnäppchenjäger sind hier genau richtig. Umfangreicher Katalog an CDs, DVDs, Videos und Büchern zum Bestellen.

Bücher/Datenbanken

BookButler.de
info@bookbutler.de

bookbutler.de
Die Meta-Suchmaschine ermittelt Buchangebote diverser Online-Shops und zeigt Verfügbarkeit, Zustand, Lieferzeit und Preis an.

findmybook.de
service@findmybook.de

www.findmybook.de
Neue und gebrauchte Bücher gleichzeitig bei diversen Online-Anbietern suchen. Preise und Lieferkonditionen auf einen Blick.

infoball
info@infoball.de

www.infoball.de
Weltweite Suche in Bibliotheken und Datenbanken nach Fachbüchern und Zeitschriftenartikeln zu allen Themen.

Bücher/E-Books

Siehe Kunst & Kultur

Literatur/E-Books

Bücher/Fachliteratur/Gesundheit

Gesundheitsbuch24
info@gesundheitsbuch24.com

www.gesundheitsbuch24.com
Dieser Online-Shop bietet Bücher zu Gesundheitsbereichen wie Schwangerschaft, Fitness, Bachblütentherapie oder Kochbücher.

Bücher/Fachliteratur/IT

edv-buchversand.de
hallo@edv-buchversand.de

www.edv-buchversand.de
Riesiges Angebot an Software-Produkten, Upgrades und deutsch- und englischsprachigen Computerbüchern.

EINKAUFEN

terrashop.de
service@terrashop.de

www.terrashop.de
Bücher und Software aus EDV, Technik und Wissenschaft sowie Ratgeber. Mängelexemplare und Restauflagen gibt es günstiger.

Bücher/Fachliteratur/Jura

SoldanBuch
info@soldan.de

www.soldanbuch.de
Juristische Titel mit Literaturlisten und -beratung zu wichtigen Fachgebieten, Kurzbeschreibungen und Inhaltsverzeichnissen.

Bücher/Fachliteratur/Reiseführer

● **erfolgreich-reisen.de**
info@erfolgreich-reisen.de

www.erfolgreich-reisen.de
Die besten Reiseführer für fast jedes Land der Welt.
(Siehe Abbildung)

Bücher/Fachliteratur/Wirtschaft

getAbstract AG
info@getabstract.com

www.getabstract.com
Bibliothek von Buchzusammenfassungen im Bereich Wirtschaft. Umfassende Wissensquelle für Manager, Entscheider und Studenten.

Schäffer-Poeschel Verlag
info@schaeffer-poeschel.de

www.schaeffer-poeschel.de
Das gesamte Spektrum wirtschaftswissenschaftlicher und steuerrechtlicher Fach- und Studienliteratur wird hier abgedeckt.

Bücher/Hörbücher

echthoerbuch.de
postamt@echthoerbuch.de

www.echthoerbuch.de
Hörbücher sortiert nach Autoren, Titel, Genre oder Verlag werden vorgestellt und können im Online-Shop bestellt werden.

erfolgreich-reisen.de   www.erfolgreich-reisen.de

Anzeige

Einkaufen

hoerbuechershop.de
service@hoerbuechershop.de

www.hoerbuechershop.de
Hörbücher, Hörspiele und Audiobooks kann man hier suchen und finden, probehören und bestellen.

hoerjuwel
info@hoerjuwel.de

www.hoerjuwel.de
Online-Shop für deutsche und fremdsprachige Hörbücher. Hörspiele und Lesungen aus allen Literaturepochen, Originaltöne und Reportagen aus Politik und Gesellschaft. Viele übersichtliche Informationen und Hörproben zu den einzelnen Hörbüchern. Ständige Sonderangebote, Geschenkservice, weltweiter Versand.

Random House Audio
vertrieb.verlagsgruppe@bertelsmann.de

www.random-house-audio.de
Ob Krimi, Klassik, Sachbücher, Belletristik oder Jugendliteratur - hier findet man Hörbücher aus allen Genres.

Verlag und Studio für Hörbuchproduktionen
verlag@hoerbuch.de

www.hoerbuch.de
Titel der Bereiche Agatha-Christie Krimis, Belletristik, Bibel, Lyrik, Murari-Spirituelle-Hörbücher, Kinder- und Jugendhörbücher.

Bürobedarf/Allgemein

Buero55.de
info@buero55.de

www.buero55.de
Mehr als 15.000 Produkte fürs Büro: Verbrauchsmaterial, Papier und Verpackungsmaterial, Bürogeräte und Einrichtungsgegenstände.

Büro Direkt
info@buero-direkt.de

www.buero-direkt.de
Büromaterial, Einrichtungen, Bürotechnik, Computerzubehör, Präsentationsmaterial, Netzwerkzubehör - bequem online bestellen.

● **Leitz**
infogermany@esselte.com

www.esselteleitz.de
Ordner, Locher, Heftgeräte, moderne Schreibtisch-Accessoires der Marken Leitz, Dymo, Dataline und Esselte. Dank der Suchmaschine und der übersichtlichen Gestaltung schnell gefunden. Mit Händlerübersicht. **(Siehe Abbildung)**

Leitz www.esselteleitz.de

Anzeige

Einkaufen

McOffice
info@mcoffice.de

www.mcoffice.de
Service rund ums Büro: Büromaterial, Musterverträge, Versandtipps, Rentenrechner, Übersetzungen, Post- und Bankleitzahlen.

office discount
kundenbetreuung@office-discount.de

www.office-discount.de
Der Discount-Versand für Bürobedarf. Mit Zubehörsuche für Bürogeräte und der Möglichkeit, den kostenlosen Katalog anzufordern.

officeXL.de
info@officexl.de

www.officexl.de
Großes Internet-Kaufhaus für Bürobedarf, Bürotechnik und Möbel sowie Verpflegung und Dienstleistungen.

Otto Office
service@otto-office.de

www.otto-office.de
Bürobedarf zur einfachen Online-Bestellung. Übersichtlich geordnetes Sortiment, Produktvergleich, Zubehörsuche und Ratgeber.

Printus
kundenservice@printus.de

www.printus.de
Der Fachvertrieb für Bürobedarf. Bei Printus findet man alles von A(ktenvernichter) bis Z(eichenblock).

Quantis
info@quantis.de

www.quantis.de
Nützliche Zeitplaner, schöne Accessoires wie Schreibtischutensilien oder Kaffeevollautomaten, um den Büroalltag zu verschönern.

● **Schäfer Shop**
info@schaefer-shop.de

www.schaefer-shop.de
Über 25.000 Artikel für die Komplettausstattung von Büro, Lager und Werkstatt sowie weitere Zusatznutzen wie Desktop-Kalender zum Herunterladen, eine umfangreiche Infothek mit Aktenvernichterinfos, Datenträgerinfo, Einkaufshilfe Bürostühle, Papierlexikon, Tintenpatronenlexikon etc. **(Siehe Abbildung)**

Viking Direkt
kontakt@vikingdirect.com

www.viking.de
Büroartikelversand: Vom Kugelschreiber über Computerzubehör bis zum kompletten Büromöbel-Programm.

Schäfer Shop   www.schaefer-shop.de

EINKAUFEN

Bürobedarf/Büromaterial

Faber-Castell
info@faber-castell.com

www.faber-castell.com
Ausführliche Produktübersicht über das gesamte Sortiment von Faber-Castell. Mit Firmengeschichte, Händlersuche und Warenkunde.

Herma.de
mail@herma.de

www.herma.de
Etiketten, Software, Papiere, Archivierungssysteme und Klebemittel für Büro, Hobby und Haushalt.

mypaper.de
info@mypaper.de

www.mypaper.de
Schneller, sicherer und günstiger Versand von Bürobedarf und -ausstattung. Das Angebot richtet sich vorwiegend an Unternehmen.

Pritt
produkt-info@henkel.com

www.pritt.de
Innovative Produkte rund ums Kleben, Korrigieren und Markieren. Darüber hinaus findet man Tipps und Tricks sowie ein Gewinnspiel.

Bürobedarf/Einrichtung

Büromöbel-Werksverkauf.de
hallo@bueromoebel-werksverkauf.de

www.bueromoebel-werksverkauf.de
Qualitäts-Büromöbel und komplette Arbeitsplätze direkt von den Herstellern: Tische, Stühle, Schränke und Präsentationstechnik.

Cairo
cairo@cairo.de

www.cairo.de
Exklusive Produkte bekannter Designer für das Büro: Stühle, Tische, Leuchten und Accessoires für Industrie, Handel und Gewerbe.

Delta-V
info@delta-v.de

www.delta-v.de
Delta-V bietet im Online-Shop eine Auswahl an Büro- und Betriebseinrichtungen für Unternehmen, Behörden und Institutionen an.

Topdeq   **www.topdeq.de**

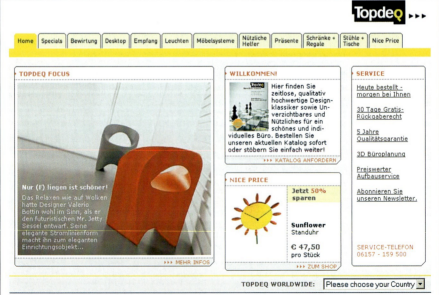

EINKAUFEN

Gaerner GmbH
service@gaerner.de

www.gaerner.de
Einkaufsberater für Betrieb und Büro. Über 24.000 Artikel der Betriebs-, Lager- und Büroausstattung stehen online zur Verfügung.

KAISER+KRAFT GmbH
service@kaiserkraft.de

www.kaiserkraft.de
Vom Bürostuhl über Regale und Leitern bis hin zu Hubgeräten findet man hier alles für Büro, Lager, Transport und Betrieb.

schreibtisch.com
info@schreibtisch.com

www.schreibtisch.com
Accessoires für Anspruchsvolle – Shop für Büro- und Wohn-Accessoires sowie Geschenkartikel und Werbegeschenke.

● **Topdeq**
service@topdeq.de

www.topdeq.de
Designer-Büromöbel und -Accessoires, die das Arbeiten im Büro noch angenehmer machen. Nur für Industrie, Handel und Gewerbe. **(Siehe Abbildung)**

Bürobedarf/Einrichtung/Bürostühle

Chairholder
info@chairholder.de

www.chairholder.de
Der Internet-Direkthändler für Büromöbel mit Schwerpunkt Bürostühle: Drehsessel und -stühle, Besucherstühle sowie Werkstühle.

Bürobedarf/Tinte & Toner

● **Pelikan Hardcopy Deutschland GmbH**
info.de@phiag.com

www.pelikan-hardcopy.de
Pelikan Hardcopy ist Hersteller von kompatiblen Lasertonern, Tintenpatronen, Faxzubehör und Farbbändern für über 30.000 Geräte fast aller Druckermarken. Pelikan Hardcopy produziert Tonermodule und Tintenpatronen nach den DIN-Normen! Neu jetzt auch mit Internet-Shop, Druckersuche und Händlerverzeichnis. **(Siehe Abbildung)**

Pelikan Hardcopy Deutschland GmbH — www.pelikan-hardcopy.de

Anzeige

EINKAUFEN

Druckerpatronen und Toner
info@druckerpatronen-guenstig.de

www.druckerpatronen-guenstig.de
Im Shop gibt es Druckerpatronen, Druckerbänder, Toner und Refill-Patronen für zahlreiche Modelle, außerdem Installationstipps.

Galerie Jansen
kontakt@tinten-online.de

www.tinten-online.de
Shop für Kalligrafie, Tinte und Tusche mit Informationen über die Geschichte, Herstellung und Anwendungsbereiche von Tinte.

ITAB Online-Shop
verkauf@itabdirekt.de

www.itabdirekt.de
Tinten-Nachfüllsets für Drucker von HP, Lexmark, Epson, Canon, Xerox und Olivetti sowie wiederbefüllte Toner und Spezialpapiere.

playprint.de
info@playprint.de

www.playprint.de
Hier findet man Druckerzubehör wie Toner, Tinte und Papier. Spartipp: Leere Farbpatronen können hier wieder aufgefüllt werden.

PrintComp
info@printcomp.de

www.printcomp.de
Vertrieb von Drucker-Verbrauchsmaterialien und Speichermedien der Marken HP, Canon, Lexmark, Xerox, Brother, IBM, PrintComp.

Tintenfisch Online-Shop
tinte@tintenfisch.de

www.tintenfisch.de
Tintenpatronen und Druckköpfe aller Hersteller, Laserdrucker-, Kopierer- und Nadeldrucker-Zubehör sowie Tinten-Refill-Sets.

Tintenmarkt
vertrieb@tintenmarkt.de

www.tintenmarkt.de
Online-Shop für Tintenpatronen, Lasertoner, Refill-Systeme sowie für Papier und Folien. Rückkaufaktion leerer Patronen.

● **TinTon Druckerverbrauchsmaterial**
info@tinton.de

www.tinton.de
Spezialist für Tinte und Toner. Verbrauchsmaterial für alle Drucker, Kopierer und Faxe kann man hier online bestellen.
(Siehe Abbildung)

Bürobedarf/Tinte & Toner/Rücknahme

Brokerin.de
info@brokerin.de

www.brokerin.de
Ankaufservice für leere Druckerpatronen und Tonerkartuschen zur Wiederverwertung.

Toner-Up
verkauf@toner-up.de

www.toner-up.de
Hier erhält man kompatible, Original- oder Recycling-Tintenpatronen, Toner sowie Druckerzubehör. Außerdem Leergutankauf.

Bürobedarf/Werbemittel

Exclusives Design
info@exclusivesdesign.de

www.exclusivesdesign.de
Porzellan, Glas und Keramik erscheinen durch Veredlung bzw. Dekoration in anderem Licht. Ein Spezialist für Werbebecher.

Maastrek Selection
info@maastrek.de

www.maastrek-werbeartikel.de
Design-Werbeartikel, exklusive Business-Präsente und wertvolle Werbegeschenke für den gewerblichen Bedarf.

Schneider
service@schneider.de

www.schneider.de
Spezialist für Werbe- und Geschenkartikel, Prämien, Textilien und Streuartikel. Lieferung nur an Industrie, Handel und Gewerbe.

Werbemittel
info@werbemittel.de

www.werbemittel.de
Suchmaschine für Werbeartikel. Branchenbuch mit Firmen, Verbänden und Newcomern. Mit Lexikon und Werbemittel-Shop.

EINKAUFEN

Bürobedarf/Zeitplanbücher & Organizer

Isarstar.com
info@isarstar.com

www.isarstaroffice.de
Zeitplansysteme von Chronoplan by Zweckform, Time/System und Filofax. Timer, Kalendarien, Einlagen und Zubehör.

DDR- & Ost-Produkte

Mondos Arts
info@mondosarts.de

www.mondosarts.de
DDR-Nostalgie ist „in": Alles rund um das Ampelmännchen, T-Shirts, Videos, Bücher, CDs, MCs und weitere Präsente dieser Art.

Ossiladen, Der
info@ossiladen.de

www.ossiladen.de
Umfassendes Angebot an Ostprodukten aus den neuen Bundesländern von Textilien über Lebensmittel bis hin zu Büchern und Musik.

Ostprodukte-Versand
info@ostprodukte-versand.de

www.ostprodukte-versand.de
Ostprodukte, die jeder kennt, hier gibts das ganze Sortiment! Kleidung, Bücher, Filme und Lebensmittel sowie „Ostalgie"-Artikel.

Druck/Bücher

Books on Demand
info@bod.de

www.bod.de
Maßgeschneiderte Lösungen für Buchveröffentlichungen, vom Layout über den Druck. Mit Anschluss an den klassischen Buchhandel.

Anzeige

Einkaufen

Special-Books.de
info@special-books.de

www.special-books.de
Buchdruck: Professionell, preiswert und schnell. Special-Books.de by Albertis bietet hohe Qualität und ein umfassendes Dienstleistungs-Angebot rund ums Buch. Beratung, Druck, Vertrieb, Marketing, Service, ISBN: alles individuell bausteinartig kombinierbar, die Web-Seite informiert ausführlich. **(Siehe Abbildung)**

Druck/Papier

briefpapiere.de
info@briefpapiere.de

www.briefpapiere.de
Wasserzeichenpapier, feines Geschäfts- und Briefpapier, Designer- und Druckerpapier sowie ausgefallene Briefumschläge.

Buch-kunst-papier.de
info@buch-kunst-papier.de

www.buch-kunst-papier.de
Buchbinder-, Papiermacher- und Kalligrafie-Bedarf: Büttenpapiere, Japanpapier, Tusche und Tinte, Schreibgeräte und Druckpressen.

Sigel
info@sigel.de

www.sigel.de
Photo-Papiere, PC-Visitenkarten, Design-Papiere und Folien für InkJet- oder Laser-Drucker, Formulare, Computerpapiere, Haftnotizen sowie Software. **(Siehe Abbildung)**

Druck/Postkarten & Einladungskarten

alle Karten.de
info@alle-karten.de

www.alle-karten.de
Ob Hochzeit, Geburtstag oder Weihnachten - Karten für alle Anlässe können hier ausgesucht, bestellt und bedruckt werden.

Printplanet.de
support@printplanet.de

www.printplanet.de
Visitenkarten, Gruß-, Einladungs- und Weihnachtskarten mit individuellen Texten, Motiven und Layouts. Städtejacken und T-Shirts.

Special-Books.de — www.special-books.de

EINKAUFEN

Druck/Siegel, Siegellacke & Petschaft

Siegelshop24
post@siegelshop24.com

www.siegelshop24.com
Hochwertige Siegel und Petschafte, Siegellacke und Siegellampen, Briefpapier und spezielle Tinten wie die „Rote Liebestinte".

Druck/Stempel

Alle-Stempel.de
info@alle-stempel.de

www.alle-stempel.de
Der Stempel fürs Büro: Grafikstempel, Datumstempel oder Textstempel sowie Stempelstifte und passendes Zubehör.

Stempel-Fabrik.de
info@stempel-fabrik.de

www.stempel-fabrik.de
Stempel, Adressetiketten und Aufkleber können per Texteingabe, Datei-Upload, Post- oder Faxvorlage individuell bedruckt werden.

Druck/Visitenkarten, Briefpapier & Aufkleber

briefbogen.de
anfrage@briefbogen.de

www.briefbogen.de
Briefpapier, Umschläge, Notizblöcke, Visitenkarten, Plakate und Flyer. Für Gewerbe, Vereine und öffentliche Institutionen.

Druckmaus.de
verkauf@versandhausdruckerei.de

www.druckmaus.de
Neben Stempeln und Visitenkarten kann man hier auch Ein-Euro-Scheine mit der eigenen aufgedruckten Adresse erwerben.

foilshop.de
info@foilshop.de

www.foilshop.de
Aufkleber für jeden Bedarf: Domain-Aufkleber, Schaufensterwerbung oder Autoaufkleber. Außerdem: 4-farbig bedruckte Sticker.

Laserware
info@laserware

www.laserware.de
Perfekte Produkte für PC und Drucker - hochwertige Photo-Papiere, Visitenkarten, Etiketten, Formulare oder Software.

Sigel   www.sigel.de

Anzeige

Einkaufen

Discountdruck.de
info@discountdruck.de

www.discountdruck.de
Online-Druckerei für Kleinauflagen: Postkarten, Visitenkarten, Flyer, Briefpapier, Aufkleber und Präsentationsmappen. Der Auftraggeber gibt selbst die Auflage an und setzt den Termin fest. Ausführliche Gebrauchsanweisungen zur Bearbeitung von Bilddateien sind auch zu finden. **(Siehe Abbildung)**

Print & Fun
info@printandfun.de

www.printandfun.de
Hier wird Kreativität unterstützt: alles für individuelle Visitenkarten, Postkarten, Sticker, Tatoos und T-Shirts.

VistaPrint
kundenservice@vistaprint.de

www.vistaprint.de
Druckprodukte wie Visitenkarten, Briefpapier, Präsentationsmappen und Adressaufkleber in zahlreichen Designs.

Einkaufszentren/Internet-Kaufhäuser

AralExpress.de

www.aralexpress.de
Computer und -zubehör, Software und DVDs sind die Schwerpunkte des Aral-Einkaufhauses.

caupo Shopping
info@caupo.de

www.caupo.de
Shopping-Portal für Mode, Geschenke, Technik, Büro, Wellness und Lifestyle. Es kann nach Preisklasse gesucht werden.

Erlebnisladen
info@triway.de

www.erlebnisladen.de
Beauty-, Trend-, Sport- und Ideen-Shop finden sich in dem Online-Kaufhaus „Erlebnisladen". Die Produktpalette reicht von Trends und aktuellen Artikeln aus der TV-Werbung über Sport- und Fitnessgeräte sämtlicher Markenhersteller bis hin zu Beauty- und Wellnessprodukten. **(Siehe Abbildung)**

Discountdruck.de   www.discountdruck.de

EINKAUFEN

eVITA
presse@pangora.com

www.evita.de
Über 3,2 Millionen Produkte aus 460 Partner-Shops mit attraktiven Angeboten und Schnäppchen aus allen Produktkategorien.

ieq.de
ieq@ieq.de

www.ieq.de
Haushaltswaren, Leuchtmittel, Lifestyle und Geschenke, Telekommunikation und Mobilfunk, HiFi, SAT, Foto und Optik.

kauf-rausch.de
info@kauf-rausch.de

www.kauf-rausch.de
Nichts, was es nicht gibt. Zahlreiche ausgefallene Fan- und Deko-Artikel, prima Geschenkideen und freakige Accessoires.

Keep-up
mail@keep-up.de

www.keep-up.de
Über 3.500 tagesaktuelle Produkte von mehr als 100 Markenherstellern, vom Aschenbecher bis hin zu Wohn-Accessoires.

Manufactum
info@manufactum.de

www.manufactum.de
Möbel, Kleider, Haushaltsgeräte, Werkzeuge sowie Lebensmittel und natürliche Körperpflege-Produkte können hier bestellt werden.

shopping24
service@shopping24.de

www.shopping24.de
Präsentiert den Nutzern über 30 Anbieter: Ob Mode, Blumen, Reise, Bücher, Software oder Technik - hier gibt es für jeden etwas.

Einkaufszentren/Kaufhäuser

Galeria Kaufhof
service@galeria-kaufhof.de

www.galeria-kaufhof.de
Breites Produktangebot und Informationen aus den Bereichen Beauty, Spielwaren, Haushaltswaren sowie Technik.

Müller Ltd. GmbH & Co. KG
info@mueller.de

www.mueller.de
Unternehmen, Filialen, Gesundheit, Sortiment. Drogerie, Parfümerie, Schreibwaren, Multimedia, Haushalt, Spielwaren und Foto.

Erlebnisladen  www.erlebnisladen.de

Einkaufen

● **Karstadt**
info@karstadt.de

www.karstadt.de
Bücher, Computer, Elektrogeräte, Foto, Musik und Film, Software, Telekommunikation, TV/HiFi/Video, Reisen, Wein und Sport sowie Schnäppchenmärkte. Auskunft über die Karstadt-Filialen.
(Siehe Abbildung)

● **Woolworth**
info@woolworth.de

www.woolworth.de
Online-Shop mit ausgewählten Produkten und Präsentation des Sortiments. Außerdem Informationen aus der Geschichte dieser Handelskette sowie aktuelle Stellenangebote bei Woolworth.
(Siehe Abbildung)

Elektrizität & Strom

Billiger Strom
info@billiger-strom.de

www.billiger-strom.de
Aktuelle Informationen rund um den Strommarkt mit Tarif-, Abschlags- und Standby-Rechner für Haushalts- und Gewerbekunden.

strom-guenstiger.de
kontakt@strom-guenstiger.de

www.strom-guenstiger.de
Überblick über alle bundesweit und regional verfügbaren Stromtarife sowie ein Tarifrechner und eine Anbieterübersicht.

Stromseite, Die
info@stromseite.de

www.stromseite.de
Hier erhält man alle Informationen rund um den Strom: Tarife, Anbieter, Energiepolitik, außerdem ein Tarifrechner.

Stromtip
kontakt@stromtip.de

www.stromtip.de
Übersicht über Stromanbieter und Tarife für Privat-, Gewerbe- und Öko-Strom. Außerdem Stromrechner und Tipps zum Stromsparen.

Karstadt   www.karstadt.de

EINKAUFEN

Elektronik/Allgemein

TechnikService24
kontakt@gsmail.de

www.technikservice24.de
Über 50.000 Ersatzteile und Zubehör für Unterhaltungselektronik und Haushaltsgroßgeräte. Bedienungsanleitungen zum Downloaden.

Elektronik/Beamer & Videoprojektoren

datenprojektoren.de
mail@lariviere.de

www.datenprojektoren.de
Hier findet man Beamer, Plasma-Displays und Bildwände sowie gebrauchte Geräte. Außerdem Medical Digital Imaging.

LCD Media
info@lcdmedia.de

www.beamer.de
Beamer, Plasma-Bildschirme, LCD-Monitore, Leinwände, Dokumentenkameras, Artikel für Schulungen, Video- und Audiokonferenzen.

Projektor-beamer.de
info@projektor-beamer.de

www.projektor-beamer.de
Beamer, OHP-Geräte, LCD-Fernseher, Leinwände. Beamer können vor dem Kauf in den eigenen Räumen aufgestellt und getestet werden.

Projektorcenter
news@projektorcenter.de

www.projektorcenter.de
Online-Shop rund um die visuelle Präsentation. Im Angebot sind Videoprojektoren, Projektionswände und Overhead-Projektoren.

Elektronik/Digitalradios

dab-digitalradio.de
info@dab-digitalradio.de

www.dab-digitalradio.de
Großer DAB-Digitalradio-Shop mit ausführlichen Produktbeschreibungen. Außerdem Infos zu Technik und lokalen Sendestationen.

Woolworth www.woolworth.de

Anzeige

Einkaufen

- **Digital Radio**

    www.digitalradio.de
    Digital Radio (DAB) ist der neue Hörfunkstandard und führt das analoge Radio (UKW) in das digitale Zeitalter. Auf dieser Internet-Seite erfährt man, was dahinter steckt, welche Empfänger und Programme es gibt, wo man bereits Digital Radio hören und Empfänger kaufen kann und vieles mehr. **(Siehe Abbildung)**

- **Digital Radio Shop**
    info@vilshop.de

    www.vilshop.de
    Artikel für Radio- und HiFi-Freunde. Tragbare und stationäre DAB- und UKW-Geräte, Antennen und Zubehör direkt online bestellen. Mit der Möglichkeit, den Musiksender vilradio live zu hören. **(Siehe Abbildung)**

    Digitalradio24
    info@digitalradio24.de

    www.digitalradio24.de
    Online-Shop, der sich ausschließlich mit dem Thema „DAB" befasst: große Auswahl an Geräten, Kabeln und sonstigem Zubehör.

Elektronik/Elektronikmärkte

Conrad Electronic
webmaster@conrad.de

www.conrad.de
Das renommierte Elektronikunternehmen bietet über 60.000 Artikel aus dem Sortiment online zum Verkauf an. Wöchentliche Angebote.

EP:Netshop
kontakt@ep-netshop.de

www.ep-netshop.de
Online-Markt für Unterhaltungselektronik, Telekommunikation, Fotografie, Computer und Haushaltsgeräte. Mit Finanzierungsrechner.

Media Markt
kontakt@mediamarkt.de

www.mediamarkt.de
Online-Bestell-Shop des bekannten Unternehmens mit Infos zu Produkten, Trends und Märkten.

Digital Radio   www.digitalradio.de

Anzeige

EINKAUFEN

ProMarkt
info@promarkt.de

www.promarkt.de
Hier findet man das gesamte Sortiment des Elektronikmarktes übersichtlich sortiert, zudem kann online bestellt werden.

Saturn

www.saturn.de
Produktübersicht mit aktuellen Angeboten. Daneben gibt es einen Online-Bilderservice, Kabelkonfigurator und Tarif-Center.

Elektronik/Fotoapparate & Digitalkameras

AC-Foto Versand Handels GmbH
info@ac-foto.com

www.ac-foto.de
Hochwertige Kameras und Zubehör zum Bestellen. Großes Gebrauchtangebot und wertvolle Informationen rund ums Fotografieren.

Bilderjoker.de AG
info@bilderjoker.de

www.bilderjoker.de
Aus digitalen Fotos können hier echte Papierbilder gemacht werden. Außerdem eine große Auswahl an digitalen Kameras und Zubehör.

Brenner Foto Versand
info@fotobrenner.de

www.alles-foto.de
Digitalkameras, Camcorder, analoge Kameras, Fotozubehör und Fotolabor-Zubehör. Fotoentwicklung von digitalen Bildern.

Fotopoint
info.eshop@fotopoint.de

www.fotopoint.de
Großes Sortiment an Fotoartikeln mit Bilderservice im Internet. Produkte aus den Bereichen Audio, Computer, Telekom und Video.

Elektronik/HiFi

HiFi Forum
info@hififorum.de

www.hififorum.de
HiFi, Heimkino und exklusive Beschallungsanlagen werden nach Herstellern sortiert präsentiert und können online bestellt werden.

Digital Radio Shop **www.vilshop.de**

EINKAUFEN

Hifi-Edition
www.hifi-edition.de
DVD-Player, Heimkino-Sets, Lautsprecher, Verstärker, Receiver, Projektoren und viel Zubehör.

Lautsprecher Teufel
info@teufel.de
www.teufel.de
Lautsprecher aller Art, komplette Lautsprechersysteme sowie passendes Zubehör für garantiert guten Sound.

Nubert
info@nubert.de
www.nubert.de
HiFi- und Surround-Boxen, Surround-Boxensets, Subwoofer. Die Testsieger und Preis-Leistungs-Highlights von Nubert gibt es nur direkt und günstig vom Hersteller. Individuelle Beratung über Gratis-Hotline. Vier Wochen zu Hause Probehören mit Rückgaberecht. Info-Downloads, Diskussions-Forum. **(Siehe Abbildung)**

Elektronik/Taschenrechner

DYNATECH
info@dynatech.de
www.dynatech.de
Spezialist für Taschenrechner und Zubehör der Marken HP, Texas Instruments, Casio, Sharp und Canon.

Taschenrechner.de
info@taschenrechner.de
www.taschenrechner.de
Online-Shop für Taschenrechner von Texas Instruments, Casio, Sharp und HP sowie Fachliteratur, Software und Zubehör.

Elektronik/TV, Video & DVD/Verleih

Amango Online DVD Verleih
service@amango.de
www.amango.de
Hier kann man DVDs online ausleihen und sich nach Hause liefern lassen; Filme können nach Genre oder Titel gesucht werden.

Nubert www.nubert.de

EINKAUFEN

Netleih.de
www.netleih.de
DVDs online ausleihen und per Post nach Hause bekommen. Tausende Top-Filme, Musik-DVDs und Serien zur Auswahl.

Elektronik/TV, Video, Camcorder, DVD & HiFi

asbyon.com
info@asbyon.de
www.asbyon.com
Gratis Produktberatung für Consumer Electronics und Digitalkameras. Testberichte und Tipps zu Heimkino und Digitalfotografie.

DVD-family.de
kontakt@dvd-family.de
www.dvd-family.de
Mehr als 1.400.000 Artikel in den Bereichen DVD, Video, Games, Bücher und Musik. Mit praktischen Suchfunktionen.

DVD-Vergleich.de
info@dvd-vergleich.de
www.dvd-vergleich.de
Online-DVD-Preisvergleich: Die Web-Seite durchsucht 20 Online-Shops nach Angeboten. Das spart Zeit und Geld.

HiFi-Regler
info@hifi-regler.de
www.hifi-regler.de
Hochwertige HiFi- und Heimkino-Komponenten, Fernseher, Camcorder, Digitalkameras. Mit vielen Marken-Links und großem Lexikon.

PiPro.de
info@pipro.de
www.pipro.de
Projektoren namhafter Hersteller, Leinwände, preiswerte Deckenhalter sowie DVD-Spieler. Mit Online-Beratungsservice.

Esoterik & Feng Shui

● **Esoterik-Shop, Der**
info@der-esoterik-shop.com
www.der-esoterik-shop.com
Der Esoterik-Spezialist für die Bereiche Feng Shui, Ayurveda, Kamasutra, Schamanismus, Tantra, Tachyon, Heilige Geometrie, Räucherwerk & Meditation, Bachblüten & Essenzen, Kolloidales Silber & Ionic Pulser, Gesundheit & Lebensenergie, Lichtarbeit, Meteorite, Literatur & spirituelle Weltmusik. **(Siehe Abbildung)**

Der Esoterik-Shop
www.der-esoterik-shop.com

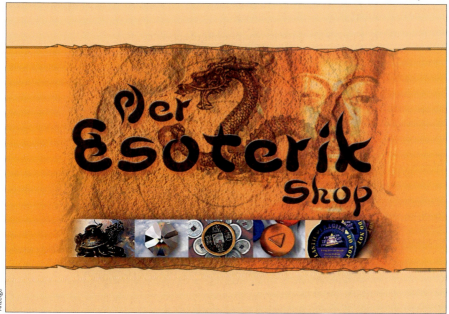

EINKAUFEN

Astrox
service@astrox.de

www.astrox.de
Professionell erstellte Persönlichkeitsanalysen, Partnerschaftsanalysen und persönliche Horoskope in Buchform zum Bestellen.

esoshop.com
info@esoshop.com

www.esoshop.com
Im Angebot befinden sich Artikel aus den Bereichen Feng Shui, Meditation, Wellness, Kunst, Tantra und Kamasutra sowie Astrologie.

Magic Quest
info@magic-quest.de

www.magic-quest.de
Magischer Fachversand für Esoterik-, Ritual- und Hexenbedarf wie Schmuck, Talismane, Orakelzubehör und Räucherwerk.

Pöschl Versand
poeschl.versand@t-online.de

www.poeschl-esoterik.de
Versandhandel für Esoterik mit Aura Soma, Feng Shui, Ayurveda, Magie, Wahrsagen, Teslaplatten und Talismanen.

Talismane.de
kontakt@talismane.de

www.talismane.de
Magische Amulette, Talismane, Ritual- und Hexenbedarf, Öle und Bäder, Esoterik und Feng Shui-Versand.

Flaggen & Fahnen

Fahnen Kössinger
info@koessinger.com

www.koessinger.com
Hochwertige gestickte und gedruckte Fahnen sowie Maste und Vereinszubehör. Außerdem modische Sportbekleidung.

Fahnen Versand
info@flag.de

www.flag24.de
National- und Bundesländerflaggen, Flaggen von Organisationen sowie Aktionsfahnen in unterschiedlichen Größen und Formaten.

Flaggen
info@flaggen.de

www.flaggen.de
Bundesländerflaggen, Nationalflaggen, Signalflaggen, Papierfahnen, Fantasieflaggen und Sonderanfertigungen.

Flaggen-Server.de
webmaster@flaggen-server.de

www.flaggen-server.de
Nicht nur Staatsflaggen, sondern auch Flaggen von Provinzen, Regionen und sogar von Städten. Mit Infos zu den einzelnen Staaten.

Geschenke & Überraschungen/Geschenkgutscheine

Bonox
info@bonox.de

www.bonox.de
Deutschlandweit Geschenkgutscheine online verschenken. Gutscheine können nach Branchen, PLZ und Charakter gesucht werden.

cadooz
contact@cadooz.de

www.cadooz.de
Geschenkgutscheine von mehr als 100 Anbietern wie Amazon, Cinestar, Mövenpick, New Yorker, Sport Scheck oder The Body Shop.

Calicado
service@calicado.net

www.calicado.de
Calicado bietet Geschenkgutscheine gehobener Firmen, Restaurants und Geschäfte an: Universal-, Erlebnis- und Kinogutscheine.

Geschenke & Überraschungen/International

American Lifestyle
info@american-style.de

www.american-style.de
Über 1.400 amerikanische Geschenke, Deko-Artikel und Lebensmittel; ergänzt durch allgemeine Informationen zum Thema Nordamerika.

EINKAUFEN

American Shop
info@america-4u.com

www.america-4u.com
Typische Trend- und Lifestyle-Produkte aus den USA. Neons, Phones, Möbel, US-Food, Mailboxen, Party-Deko, Schilder und Kleidung.

Artasia-Shop
info@artasia-shop.de

www.artasia-shop.de
Kunsthandwerk aus Indonesien. Artikel für Haus und Garten, Keramik, Textilien, Wanddekorationen und Reliefs sowie Schmuck.

● **Asien Sources Schmalenbach**
info@schmalenbach.de

www.asien-bezugsquellen.de
Handel- und Gewerbetreibende finden hier Bezugsquellen für Artikel aus Asien. Produktkataloge, Internet-Datenbanken und CD-ROMs mit über einer Million Asienfirmen und Produktfotos sowie eine Importanleitung können hier bestellt werden.
(Siehe Abbildung)

Australia Shop, The
kontakt@australien-versand.de

www.australien-versand.de
Australischer Lifestyle per Mausklick: von Didgeridoos über Bücher, Musik, Schmuck, Briefmarken bis zu Food und Drinks.

British Shop, The
service@the-british-shop.de

www.the-british-shop.de
Hochwertige englische Bekleidung, Geschenkartikel, Wohn-Accessoires, Country-Style, Gartengeräte und kulinarische Spezialitäten.

Matrjoschka-Shop
matrjoschka-shop@t-online.de

www.matrjoschka-shop.de
Hier findet man importierte, original russische Produkte, Geschenkartikel und nicht zuletzt die berühmten Matrjoschka-Puppen.

Asien Sources Schmalenbach   www.asien-bezugsquellen.de

EINKAUFEN

Geschenke & Überraschungen/Kunst

ars mundi
info@arsmundi.de

www.arsmundi.de
Niveauvolle Geschenk-Ideen aus der Welt der Kunst: mehr als 6.600 Bilder und Gemälde, Grafiken, Skulpturen, Replikate, Museumsshop-Artikel, Kunst für den Garten, Schmuck, Uhren, Accessoires und Geschenkideen. Ob für sich selbst oder als exklusive Geschenkidee - hier wird man bestimmt fündig.

Artedona
service@artedona.de

www.artedona.de
Schöne Wohn-Accessoires, Produkte für das Baby, Artikel rund um Bar, Wein und Tabak sowie Spiele. Mit Hochzeitsservice.

Geschenke & Überraschungen/Nostalgieartikel

Historia Verlag Freiburg
info@historia.net

www.historia.net
Für jeden Tag von 1890-2000 gibt es Originalzeitungen und -zeitschriften. Außerdem: Jahrgangsweine ab 1900 und Chroniken.

papyrus Zeitungsantiquariat
info@papyrus-germany.com

www.geschenkzeitung.de
Echte, alte Tages- und Wochenzeitungen, als besonderes Geschenk zu Geburt, Dienst- oder Ehejubiläum. Bequeme Datenbankabfrage.

Geschenke & Überraschungen/Sterne

Mondmakler
service@mondmakler.de

www.mondmakler.de
Grundstücke auf Mond, Mars und Venus können hier erworben werden.

● **MySTAR®**
service@mystar.de

www.mystar.de
Wenn das nicht romantisch ist: ein eigener, selbst benannter Stern als Geschenk. Komplett mit dekorativem Registrierungszertifikat, Sternkarten und viel Literatur. Die Preise richten sich nach der Helligkeit des Sterns. Interessante Informationen über Sterne und Sternbilder kostenlos auf der Seite.
(Siehe Abbildung)

Sternland
service@sternenland.de

www.sternland.de
Ein namenloser Stern kann hier symbolisch getauft werden. Mit persönlichem Registrierungszertifikat und passender Sternkarte.

Geschenke & Überraschungen/Teddybären

Teddybären aus Holz
mail@r-sihler.de

www.holzteddy.de
Dekorative und praktische Dinge aus Holz wie Teddys, Spielzeug und Kerzenständer; Links zu Teddy-Seiten und eine Holzkunde.

Geschenke & Überraschungen/Verschiedenes

Buntebank Reproduktionen Hamburg
info@buntebank.de

www.buntebank.de
Spielgeld, personalisierte Spielgeldscheine und Fotodrucke von Euro-Münzen mit persönlichem Motiv. Spielgeld fertig konfektioniert.

Catapult
info@catapult.de

www.catapult.de
Außergewöhnliche Geschenkideen: bequeme Geschenksuche durch Angabe von Preisvorstellung, Alter und Geschlecht des Beschenkten.

EINKAUFEN

Elo-Shop
info@e-l-o.de

www.e-l-o.de
Designer-Geschenkideen: Wohn- und Büro-Accessoires, Schlüsselanhänger, Vasen, Weinzubehör und Poster.

Flaschenpostamt
webmaster@flaschenpostamt.de

www.flaschenpostamt.de
Neue Dienstleistung im Bereich Versand von Grußbotschaften: Grüße, Glückwünsche, Einladungen und Mailings per Flaschenpost. Das Flaschenpostamt arbeitet auch als Dienstleister für Agenturen und Unternehmen. Der Flaschenpostgruß für Hochzeit, Danksagung, Geburtstag, Kommunion und Fremdenverkehr.

Lanyman.com
service@customerce.com

www.lanyman.com
Wer sein Schlüsselband individuell gestalten will, ist hier richtig: Hier können bunte Lanyards mit Schriftzügen bedruckt werden.

Limitedtoys.de
contact@limitedtoys.de

www.limitedtoys.de
Unzählige Spielartikel können nach Kategorien oder Marken gesucht und bestellt werden.

Lucky Strike Originals Collection
info@lucky-strike-originals.de

www.lucky-strike-originals.de
Eine Vielfalt von Klassikern aus den Bereichen Lifestyle, Kleidung, Musik und Wohnen. Artikel mit Kultstatus und schönem Design.

Mydays.de
info@mydays.de

www.mydays.de
Die Seite für außergewöhnliche Erlebnisgeschenke: von der Ballonfahrt über den Sushi-Kochkurs bis hin zur Ferrari-Rundfahrt.

Olivenbaum
service@sinnvollschenken.de

www.olivenbaum.de
Ein Jahr die Patenschaft für einen Olivenbaum übernehmen und Anspruch auf 30% der Ernte in Form von reinem Olivenöl genießen.

MySTAR®   **www.mystar.de**

EINKAUFEN

personello.com
info@personello.com

www.personello.com
Zu jedem Anlass, vom Valentinstag über den Muttertag bis hin zur Hochzeit, sind ein paar persönliche Worte und ein schönes Motiv auf einem Schlüsselanhänger, einer Tasse, einer Kochmütze oder einem Untersetzer immer eine schöne Geschenkidee. **(Siehe Abbildung)**

Platinum-Globe.de
info@platinum-globe.de

www.platinum-globe.de
Exklusive Geschenke rund um Wohnen, Küche und Bad. Außerdem Wein- und Bar-Accessoires sowie Skulpturen.

Praesentkorbfix
praesentfix@t-online.de

www.korbfix.de
Präsentkörbe für jede Gelegenheit werden auch nach eigenem Wunsch gestaltet und an den Beschenkten inkl. Grußkarte ausgeliefert.

Shop-Maus
bestellung@shop-maus.de

www.shop-maus.de
Originelle Geschenke aus den Bereichen Audio, Entertainment, Feuer und Flamme, Fun, Küche, „Magic Flower" und „Send a Voice". **(Siehe Abbildung)**

StyleOn.de
info@styleon.de

www.styleon.de
Online-Shop für Lifestyle und Trendartikel mit einem großen Angebot an extravaganten Geschenk- und Einrichtungsideen sowie über 100 verschiedenen Süßwaren. Der Anbieter ist zertifiziert durch „Trusted-Shops" und ist Partner des Bonus-Systems „Webmiles". **(Siehe Abbildung)**

Wetterpatenschaft
wetterpate@met.fu-berlin.de

www.wetterpate.de
Hier können Patenschaften für Hoch- und Tiefdruckgebiete für einen guten Zweck direkt gekauft oder ersteigert werden.

Wie gemalt
info@digital-genial.de

www.wie-gemalt.de
Eine außergewöhnliche Geschenkidee: Computer-Gemälde nach eigenen Fotos. Außerdem persönliche Einladungskarten.

personello.com   **www.personello.com**

EINKAUFEN

Shop-Maus www.shop-maus.de

StyleOn.de www.styleon.de

Einkaufen

Wildemasche.de
info@wildemasche.de

www.wildemasche.de
Strickschals und Pullunder selbst gestalten und bestellen. Mit fertigem Motiv, mit Text nach Wahl oder nach eigener Dateivorlage.

Hanfprodukte

Siehe Umwelt

Ökologische Produkte/Hanf

Haushaltsgeräte

AEG Hausgeräte
info@aeg-hausgeraete.de

www.aeg-hausgeraete.de
Das komplette Sortiment von AEG in den Bereichen Wäsche, Geschirr, Kühlen, Kochen und Kleingeräte. Mit Händlerverzeichnis.

Bauknecht Hausgeräte GmbH
bauknecht.de@bauknecht.com

www.bauknecht.de
Neben Produkt- und Unternehmensinfos stellt Bauknecht noch zahlreiche Rezepte für Mikrowelle, Herd und Backofen zur Verfügung.

Bosch Hausgeräte
bosch-infoteam@bshg.com

www.bosch-hausgeraete.de
Geschirrspüler, Abzugshauben, Kühlschränke, Herde und Kochfelder. Ausführliche Informationen zum gesamten Bosch-Angebot.

Krieger
eberhard@krieger-hausgeraete.de

www.krieger-hausgeraete.de
Im Online-Shop finden sich Geschirrspüler, Einbauküchen, Einbaugeräte und Waschgeräte aller namhaften Hersteller.

Miele
info@miele.de

www.miele.de
Umfangreich stellt Miele hier alle Produkte vor und man findet neben einem Waschlexikon und Rezepttipps auch lustige Online-Spiele.

Rowenta Deutschland
info@rowenta.de

www.rowenta.de
Rowenta präsentiert Produkte für Wäschepflege, Bodenpflege, Heizen, Körperpflege und Produkte rund um den Frühstückstisch.

Siemens-Hausgeräte
family-line@bshg.de

www.siemens.de/hausgeraete
Produktinformationen mit Illustrationen und Animation und mit der exklusiven Siemens-Händlersuche inklusive Anfahrtsskizze.

Haushaltsgeräte/Ersatzteile

A.Vierling Elektrohandel GmbH
a.vierling@t-online.de

www.a-vierling.de
Ersatzteile für Haushaltsgeräte wie Herde, Waschautomaten/Trockner, Kühl-/Gefriergeräte, Heizgeräte, Staubsauger und Bügeleisen.

Ersatzteil-Kurier24
such@es-24.de

www.ersatzteilhausgeraete.de
Hier kann man Ersatzteile für Waschmaschinen, Spülmaschinen, Trockner, Elektroherde und Kühlschränke online bestellen.

Kalender & Poster

Luxor@rt
info@luxorart.de

www.luxorart.de
Bilder verschiedenster Stilrichtungen und geschmackvolle Rahmen von Künstlern wie Miro, Picasso, Dali, Monet, Klimt, van Gogh. **(Siehe Abbildung)**

Poster, Kunstdrucke
info@posternow.net

www.posternow.de
Film- und Motiv-Poster, Kunstdrucke in den Bereichen Kunst, Menschen, Musik, Landschaft und Architektur sowie Kalender.

EINKAUFEN

Starkalender.de
info@starkalender.de

www.starkalender.de
Aus Rubriken wie Kunst, Technik, Stars, Sport, Landschaft, Natur, Erotik und Raritäten können Kalender ausgesucht werden.

Kataloge

Katalogfinder.de
info@katalogfinder.de

www.katalogfinder.de
Versandkataloge zu den verschiedensten Themenbereichen einfach online bestellen.

Katalog-Kiosk
service@katalog-kiosk.de

www.katalog-kiosk.de
Über 1.500 Versandkataloge auf einen Streich. Mode, Sport, Wohn-Accessoires sowie exotische Kataloge mit Bauchtanz-Zubehör.

katalogkommt.de
info@katalogkommt.de

www.katalogkommt.de
Kostenlose Online-Bestellung von Broschüren, Katalogen und Prospekten aus den unterschiedlichsten Bereichen.

Versandkataloge.de
info@versandkataloge.de

www.versandkataloge.de
Versandkataloge zu allen möglichen Einkaufsbereichen können hier bestellt werden. Einfache Kategorienauswahl.

Kerzen

CandleCorner.de
service@candlecorner.de

www.candlecorner.de
Über 1.900 Kerzen und Zubehörartikel: Stumpenkerzen, Spitzkerzen, Duftkerzen, Räucherstäbchen, Lotuskerzen und Schwimmkerzen.

Festkerzengalerie
info@festkerzengalerie.de

www.festkerzengalerie.de
Online-Shop für Kerzen. Ob für Geburtstag, Hochzeit, Taufe, Kommunion, Jubiläum oder sonstige Feste. Zudem Leuchter und Zubehör.

Luxor@rt

www.luxorart.de

Anzeige

EINKAUFEN

Festtagsstube
info@festtagsstube.de

www.festkerzen24.de
Kerzen aller Art: Zier-, Weihnachts- und Hochzeitskerzen sowie Kerzenständer und Hochzeits-Accessoires.

Kinder

Kidnet
info@kidnet.de

www.kidnet.de
Ausgesuchtes Spielzeug, Babypflege-Produkte, Kinderzimmer-Ausstattung, pädagogisch wertvolle Bücher und Kinder-Software.

Kinderbutt
service@kinderbutt.de

www.kinderbutt.de
Bekleidung, Spielwaren, Bastelartikel und Tipps zur Freizeitgestaltung auf den Familienseiten mit ständig wechselnden Themen.

myToys.de
info@mytoys.de

www.mytoys.de
Das Einkaufsparadies für Kinder- und Babyartikel: Spielzeug, Mode, Babyausstattung, Kinderbücher, Schul- und Geschenkartikel.

Kinder/Baby

Baby & Natur
webmaster@babyundnatur.de

www.babyundnatur.de
Naturwaren-Shop rund um das naturgesunde Baby. Stillzubehör, Kleidung, Pflege, Spielzeug, Bücher und Musik.

Baby Butt
service@babybutt.de

www.babybutt.de
Umstands- und Babymode, Ausstattungspakete, Gesundheitsartikel für Mutter und Kind, Naturbelassenes und Geschenkideen.

Baby-Online-Shop
info@babyonlineshop.de

www.babyonlineshop.de
Kinderwagen, Autositze, Babyzimmer und Sicherheitsprodukte von Markenherstellern. Mit E-Mail- oder telefonischer Beratung.

Babyshop
info@babyshop.de

www.babyshop.de
Kinderwagen, Autositze, Stillbedarf, Kinderzimmer, alles rund ums Fläschchen, Sicherheits- und Pflegeprodukte sowie Spielzeug.

babysundkids.com
info@babysundkids.com

www.babysundkids.com
Versender und Hersteller für kindgerechte Schlafausstattungen. Schlafsäcke, Decken, Bettwaren und Zubehör wie Mobiles.

babyvita.de
info@babyvita.de

www.babyvita.de
Der Kinder- und Babyausstatter bietet komplette Kinderzimmer, Wiegen, Wickeltische, textile Ausstattung und Spielwaren.

● **babywelt**
info@babywelt.de

www.babywelt.de
Im Shop findet jede Mutter das Richtige fürs Baby: Babyausstattung, Spielzeug, Kleidung, Bücher, Drogerieartikel und Möbel. Service und Beratung, Tipps und Tricks für zukünftige Eltern: Kauf- und Ausstattungsratschläge, Hebammen-, Ernährungs- und Stillberatung. **(Siehe Abbildung)**

bellybutton
response@bellybutton.de

www.bellybutton.de
Produkte für schwangere Frauen und Produkte für Babys. Für die Monate der Schwangerschaft und danach.

Bübchen

www.buebchen.de
Ein ausführlicher Ratgeber zu gesunder Babypflege mit Produkten von Bübchen. Mit einem Lexikon der Inhaltsstoffe.

Flohwiese
info@flohwiese.de

www.flohwiese.de
Virtuelle Plattform für Eltern und Kinder: Hier kann man Secondhand-Artikel suchen oder verkaufen. Der Service ist kostenlos.

EINKAUFEN

kidsroom.de
info@kidsroom.de

www.kidsroom.de
Baby- und Kinderausstattung vom Kinderwagen über Babyflaschen bis hin zu Bollerwagen, Wiegen, Wickeltischen und Spielzeug.

Lindemeier
verkauf@lindemeier.de

www.lindemeier.de
Kinderwagen, Krabbeldecken, Wickelauflagen sowie weitere Produkte für die Baby- und Kinderausstattung.

theofeel - Kindermode Versand
office@theofeel.de

www.theofeel.de
Aktuelle Trends von Gr. 50-176 von Carbone, Ding Dong, Jean Bourget, Kanz, Lemmi, Naturino, Schiesser, Tom Tailor, Wild South.

Kinder/Babypflege/Windeln

Babys Natur
info@babysnatur.de

www.babysnatur.de
Stoffwickelsysteme verschiedener Hersteller mit Zubehör. Zum Kennen lernen bietet sich das unkomplizierte Windel-Leasing an.

Naturwindel-Seiten, Die
stefanie.meihoefer@gmx.de

www.naturwindeln.de
Alles rund um Stoffwindeln - welche es gibt, wie sie funktionieren, wo man sie bekommt und welche Vorteile sie haben.

Windelnkaufen.de
shop@windelnkaufen.de

www.windelnkaufen.de
Der Windel-Discounter im Internet: Hier kann man sich Windeln in Großpackungen bequem nach Hause liefern lassen.

babywelt **www.babywelt.de**

Einkaufen

● **Pampers**

www.pampers.de
Fragen über Pampers Windeln und wichtige Informationen vom Pampers Institut zu Themen rund um die Schwangerschaft und kindliche Entwicklung werden beantwortet. Außerdem Tipps zu Spielen, die die geistige und körperliche Aktivität des Kindes fördern. **(Siehe Abbildung)**

Kinder/Schulartikel

Schulanfang.com
ebrief@schulanfang.com

www.schulanfang.com
Umfangreiches Sortiment an Schul- und Büroartikeln. Außerdem: Spielzeug, Bastelmaterialien und Haushaltsartikel.

schulranzen.net
anfrage@schulranzen.net

www.schulranzen.net
Online-Shop für Schulranzen und Schulbedarf. Mit einem Schulranzenratgeber und zusätzlichen Rabatten für Sammelbesteller.

XXLBag Markenbags & More
kontakt@xxlbag.de

www.xxlbag.de
Über 5.000 Artikel: Schulranzen, Zubehör von McNeill, Amigo, Scout, Samsonite, Hama, Rucksäcke von 4you, Take it Easy, Boblbee.

Kinder/Spielwaren

Fun4Kids
info@fun4kids.de

www.fun4kids.de
Aktionsspiele, Spielsachen für Babys, Knobelspiele, Lernspiele, Logikspiele, Familienspiele, Puppenhaus, Bastel- und Malartikel.

● **kids in motion**
shop@kids-in-motion.de

www.kids-in-motion.de
Freizeitartikel für aktive Kinder und Eltern. Vom guten alten Holzroller bis hin zum Abenteuerspielplatz für zu Hause, diese Web-Seite bietet Produkte, die innovativ und pfiffig sind.
(Siehe Abbildung)

Pampers   www.pampers.de

EINKAUFEN

Koala Toys
info@koalatoys.de

www.koalatoys.de
Online-Versand mit Holzspielzeug, Plüschtieren und Büchern für Kinder sowie Babybedarf und Einrichtungsgegenstände.

Labbé
labbe@labbe.de

www.labbe.de
Ein Treffpunkt für alle, die mit Kindern arbeiten und die kindliche Kreativität fördern möchten, Online-Shop mit Materialien.

lirum larum 24
info@lirumlarum24.de

www.lirumlarum24.de
Spielzeug und Spiele, Accessoires für's Kinderzimmer, alles rund ums Baby sowie viele Geschenkideen für die lieben Kleinen.

McKid.de
mckid@mckid.de

www.mckid.de
In diesem Online-Shop findet man Spiele und Spielzeug nach Kategorien, Hersteller, Alter und Preisklasse sortiert.

schenken und spielen
info@schenkenundspielen.de

www.schenkenundspielen.de
Spielzeug für drinnen und draußen, Babyspielzeug, Bücher, Einrichtung für das Kinderzimmer, Kuscheltiere und Fahrzeuge.

SpieleEck.de
info@spieleeck.de

www.spieleeck.de
Hochwertige Spielwaren führender Hersteller wie Wilesco Dampfmaschinen, Fischertechnik, Carrera Rennbahnen und Kosmos-Spiele.

spielen-lernen-bewegen.de
webmaster@spielen-lernen-bewegen.de

www.spielen-lernen-bewegen.de
Von Handpuppen, Holzspielen, Büchern, Psychomotorik, Rollern, Bollerwagen und Turnmatten bis hin zu Spiel- und Klettergeräten.

Spielezeit
info@spielezeit.de

www.spielezeit.de
Kreative und phantasievolle Spielsachen für kleine und große Kinder. Geschenkservice, Spieletipps sowie Rezeptvorschläge.

Spielwarenversand Playfactory
info@playfactory.net

www.playfactory.de
Spielzeug von Babybedarf über Eisenbahnen, Lego, Elektronik und Modellbau bis zu Puzzles und Rennbahnen. Mit Secondhand-Shop.

kids in motion   **www.kids-in-motion.de**

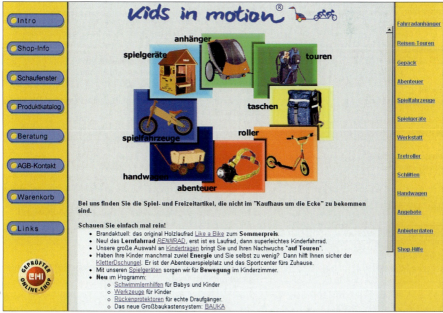

Einkaufen

toysrus
kontakt@toysrus.de

www.toysrus.de
Spielwaren, Computer-Spiele, Fahrräder und Babyartikel können hier nach Kategorie, Altersgruppe und Hersteller gesucht werden.

Kinder/Spielwaren/Holzspielzeug

Bollerwagen.de
info@fun-store.com

www.bollerwagen.de
Bollerwagen und Beach-Rollys in unterschiedlichen Designs und Größen zum online Bestellen.

Holzspielzeug-Discount
info@holzspielzeug-discount.de

www.holzspielzeug-discount.de
Online-Shop für Holzspielzeug, Babyspielzeug, Kindertragesäcke und Kinderhochstühle sowie Kinderzimmer-Einrichtungen.

Salu-Holzspielwaren
info@salu-holzspielwaren.de

www.salu-holzspielwaren.de
Holzspielwaren aus naturbelassenem Holz: Puppenstuben, Ritterburgen, Schaukeln, Leiterwagen und Kreisel.

spiel-viel.de
info@spiel-viel.de

www.spiel-viel.de
Holzspielzeug und -spiele: Puppen, Kaufläden, Spiele, Mobiles, Instrumente, Büroartikel sowie Kunst- und Deko-Artikel.

Kinder/Spielwaren/Marken

fischertechnik
info@fischertechnik.de

www.fischertechnik.de
Baukästen, Einzelteile und Zubehör des bekannten Technik-Spielzeugherstellers übersichtlich geordnet nach Altersklassen.

Fisher-Price
service.de@mattel.com

www.fisher-price.de
Spielzeug für Kinder von 0 bis 6 Jahren, mit dem die Sinne oder die Motorik gesteigert oder die Fantasie angeregt werden können.

Lego Deutschland
deutschland@lego.com

www.lego.de
Lego-Produkte für jedes Alter und jeden Geschmack kann man hier in Computeranimationen bewundern und bestellen. Mit Spiele-Ecke.

mic-o-mic
info@mic-o-mic.de

www.mic-o-mic.de
Online-Shop für das Designerspielzeug der Marke „mic-o-mic". Große Auswahl an verschiedenen Auto- und Flugzeugmodellen.

Playmobil
pr@playmobil.de

www.playmobil.de
Hier taucht man in die faszinierende Welt von Playmobil ein und lernt die neuesten Figuren kennen. Auch online bestellbar.

Vedes
service@vedes.de

www.vedes.de
Online-Auftritt von Vedes mit Shop, Fachhändlersuche, Ratgeber, Geburtstagsclub und Gewinnspiel.

Kinder/Spielwaren/Puppen

● **Puppen-Traumland**
email@puppen-traumland.de

www.puppen-traumland.de
Hier gibt es nicht nur eine große Auswahl an Spielpuppen für Kinder und Sammlerpuppen für Eltern, sondern auch ein ganz spezielles Reborn-Artikel-Angebot, damit die erworbene Puppe immer wie neugeboren aussieht. Im Forum können leidenschaftliche Sammler Ihre Erfahrungen austauschen. **(Siehe Abbildung)**

Kinder/Spielwaren/Stofftiere

Bären-Ecke
ebenhoch@baeren-ecke.de

www.baeren-ecke.de
Nicht nur für Kinder: große Auswahl handgemachter Russ Berrie-Teddies und Stofftiere.

Einkaufen

Steiff
info@steiff.de
www.steiff.de
Die offizielle Seite der Firma Margarete Steiff GmbH mit Steiff-Museum, Steiff-Club, Steiff-Galerien, Online-Shop und den Highlights des Monats.

Kinder/Taufmode, Taufkerzen & Taufgeschenke

Taufmodenstübchen
info@taufmodenstuebchen.de
www.taufmodenstuebchen.de
Online-Shop für die Taufe. Taufmode, Taufkerzen, Geschenke wie Fotoalben und Wachsbücher. Mit Taufmoden-Verleih.

Körperpflege

Axe
www.axe.de
Man(n) wird hier verwöhnt mit Bildern aus den TV-Spots. Außerdem Infos zum Sortiment und Gratisproben der neuesten Kollektion.

Bebe Young Care
www.bebe.de
Reinigung und Pflege für junge Haut: Produktpräsentation der Marke Bebe sowie Wissenswertes zu Haut und Haar.

Burnus
contact@burnus.de
www.burti.de
Produkte aus den Bereichen Körperpflege und Waschmittel. Tests berücksichtigen den Hauttyp und führen so zum geeigneten Produkt.

duschdas
atomes@saralee.de
www.duschdas.de
Duschdas präsentiert hier seine Pflegeprodukte: Duschgel, Deo, Body-Lotion und Flüssigseife. Mit Ermittlung des Produkttyps.

Faparadise
fa@henkel.com
www.fa.com
Fa-Produkte für Sie und Ihn: Deo, Duschgel, Badeschaum und Seife. Mit Produktempfehlungen je nach Tagesablauf und Style-Guide.

Puppen-Traumland — www.puppen-traumland.de

Anzeige

EINKAUFEN

Garnier
verbraucherbelange@loreal.de

www.garnierbeautybar.de
In verschiedenen „Räumen" werden hier Infos zu den Garnier-Produkten, Styling- und Beauty-Tipps und eine Game-Zone angeboten.

L'Oreal Paris

www.lorealparis.de
Zahlreiche Tipps nicht nur für ein schönes Make-up, sondern auch für Haut-, Haar- und Körperpflege sowie Produktpräsentationen.

Schönheitshaus
schoenheitshaus@web.de

www.schoenheitshaus.de
Die Online-Drogerie bietet tolle Geschenkideen für die Schönheit: Düfte, Körperpflege- und Wellnessartikel sowie Accessoires.

wesana.de
info@wesana.de

www.wesana.de
Die Wohlfühlkörperpflege: Kontrollierte Naturkosmetik nach BDIH, demeter Körperpflege, Molke- und Solebäder. Bekannte Marken, günstige Preise, zuverlässige Lieferung. Produkte für jeden Hauttyp auch für Allergiker und für Neurodermitis. Begleitpflege für Psoriasis. Aktuelle Angebote.

● **womensnet**
kontakt.team@womensnet.de

www.womensnet.de
Ein interaktives Magazin mit kompetenten Informationen, aktuellen Tipps und individueller Beratung rund um Kosmetik, Beauty und Lifestyle: Inspirationen zu Frisuren und Styling, eine Brillentypberatung, Wellness-Buchtipps, Farb-, Stil- und Typberatung.
(Siehe Abbildung)

Körperpflege/Damenhygiene

Beinggirl.de

www.beinggirl.de
Hilfreiche Tipps und Informationen rund um Themen wie Körper, Beziehungen, Sexualität und natürlich auch die Pubertät.

womensnet www.womensnet.de

EINKAUFEN

o.b. Online
ob@cscde.jnj.com

www.ob-online.de
Alles über die Monatshygiene: o.b.-Beratung sowie Informationen rund um den weiblichen Körper, die Menstruation und Tampons.

Körperpflege/Drogerie

Rossmann Online
information@rossmann.de

www.rossmann.de
Neben Kosmetik gibt es Produkte für Haushalt, Tiere, Baby, Wein und Feinkost, Technik, Fitness und den digitalen Fotoservice.

Schlecker
service@schlecker.com

www.schlecker.com
Im Online-Shop gibt es viele Beauty- und Wellnessprodukte, außerdem Lebensmittel, einen Baby-, Gesundheits- und Tier-Shop.

Körperpflege/Fingernägel

mahanail.de
info@nagelprodukte.de

www.mahanail.de
Nagellacke, Nagelhärter, Scheren und Feildreher. Außerdem praktische Tipps für schöne Fingernägel und eine Nail-Art-Galerie.

Nailexpress

www.nagelstudio-nagelkosmetik.de
Nagelkosmetik zum Bestellen: Pinsel, Maniküre-Sets, Feilen, Werkzeug, Finger-Tipps, Pflegeprodukte, Nail-Art und Speziallacke.

Körperpflege/Haarpflege & Friseure

● **Goldwell**

www.goldwell.com
Hochwertige Haarkosmetikprodukte und die Partnerschaft mit dem Friseur kennzeichnen Goldwell. Folgerichtig finden sich auf den Internet-Seiten dieses Beauty Experten neben Produkt-News auch Informationen rund um Haare und Schönheit. Auch bei der Suche nach dem nächsten Goldwell Salon gibt es Hilfe.
(Siehe Abbildung)

Goldwell   www.goldwell.com

EINKAUFEN

Friseur info@friseur.com	**www.friseur.com** Adressen von Top-Friseuren in Deutschland, Österreich und der Schweiz sowie die neuesten Frisurentrends aus der ganzen Welt.
Friseurbedarf24.de info@friseurbedarf24.de	**www.friseurbedarf24.de** Eine umfangreiche Produktauswahl aus dem Bereich der Haar- und Schönheitspflege nicht nur für Friseure.
Frisoer Klier info@frisoer-klier.de	**www.frisoer-klier.de** Infos zu Trends und Pflege sowie Haarberatung mit Produktempfehlungen. Filialsuche nach Bundesland und/oder PLZ.
Hairshop-Online.de info@hairshop-online.de	**www.hairshop-online.de** Haarpflege- und Haarkosmetik-Produkte von Kerastase, Wella, Redken, Sebastian, Rene Furterer und anderen namhaften Herstellern.
Pantene Pro-V	**www.pantene.de** Pantene bietet Produkte ganz individuell je nach Haartyp. Nach einem kurzen Test erfährt man, welche Haarpflege man benötigt.
Schwarzkopf	**www.schwarzkopf.de** Online-Präsentation von Produkten der Marke Schwarzkopf. Mit Farb-, Styling- und Pflegeberatung sowie Infos zum Thema Haar.

Körperpflege/Hautpflege

diadermine.de cosmetics@henkel.com	**www.diadermine.de** Informationen über den Aufbau und die Funktionen der Haut mit der Möglichkeit, einen persönlichen Hauttest zu machen.
Dove lever-faberge.beratung@unilever.com	**www.dove.de** Haut- und Haarpflege-Produkte von Dove. Unter „Extras" kann man einige Kuriositäten über Haar und Haut nachlesen.
Florena Cosmetic GmbH kontakt@florena.de	**www.florena.de** Produktübersicht und Online-Shop des Körperpflegeunternehmens. Angeboten wird zudem eine Hautanalyse mit Produktempfehlungen.
NIVEA	**www.nivea.de** Pflegetipps, Beauty-Beratung, ausführliche Informationen über die NIVEA-Produkte und -Innovationen sowie spannende Gewinnspiele.
Olaz.de	**www.olaz.de** Die gesamte Pflegelinie von Oil of Olaz. Ausführliche Infos über die richtige Reinigung und Pflege der Haut für jeden Hauttyp.
sebamed info@sebamed.de	**www.sebamed.de** Körperreinigungs- und Pflegeprodukte von sebamed sowie Informationen über den Aufbau der Haut, Hauttypen und Hautprobleme.

EINKAUFEN

Körperpflege/Kosmetik & Parfüm

Anvita - Naturkosmetik
info@anvita.de

www.anvita.de
Der sympathische Naturkosmetik-Shop bietet für jeden das Richtige: Feng Shui, sanftes Manuka und ausgleichende Kosmetik.

Beautynet
info@beautynet.de

www.beautynet.de
Gesichts- und Körperpflege für Mann und Frau, Parfüm, Make-up und die neuesten Trends, außerdem viele Geschenkideen.

Beautyspy.de
info@beautyspy.com

www.beautyspy.de
Ein umfangreiches Sortiment an exklusiven Kosmetikartikeln, Haut- und Haarpflege-Produkten sowie Parfüms aus der ganzen Welt.

Chanel.com

www.chanel.de
Präsentation der Mode-, Schmuck-, Brillen-, Kosmetik- und Parfümkollektionen. Zudem wird eine Hautprofil-Diagnose angeboten.

Douglas
service@douglas.de

www.douglasbeauty.com
Geschenkgutscheine, Geschenkberater, aktuelle Aktionen und Tipps für Kosmetik, Parfüm und Pflegeprodukte.

Giraffenland.de
giraffenland@lycos.de

www.giraffenland.de
Kosmetik ohne Tierversuche. Produkte aus den Bereichen Gesichts- und Körperpflege, Rasur, Hausapotheke sowie Waschmittel.

Max Factor

www.ellenbetrix.de
Produkte für Gesicht, Lippen, Augen und Nägel. Make-up-Artist-Tipps sowie die neuesten Trends.

Mussler Parfümerien
info@mussler-beauty.de

www.mussler-beauty.de
Großer Anbieter von Luxuskosmetik im deutschsprachigen Internet. Service: kostenlose Geschenkverpackungen.

Parfumworld24.de
info@parfumworld24.de

www.parfumworld24.de
Online-Parfümerie mit einer umfangreichen Auswahl an Markenparfüms, schönen Accessoires und Geschenkideen.

Pherolife.de
mail@pherolife.de

pherolife.de
Das neue, hochdosierte Pheromonparfüm PHEROMAX soll Herren und Damen unwiderstehlich machen. Es duftet zwar nicht nach Rosen, dafür verführt es die Instinkte, was durch wissenschaftliche Studien und Presseberichte belegt wird. (Siehe auch Kapitel Erotik, Rubrik Sexuallockstoffe/Pheromone).

Realm
sam@realm.de

www.realm.de
Vertrieb des Parfüms Realm, das Pheromone enthält. Außerdem Duftkerzen, Body-Lotion, Bade- und Duschgel.

Rexona
lever-faberge.beratung@unilever.com

www.rexona.de
Produktinfos und Tipps für Männer, Frauen und Girls: spannende Artikel, ein Gewinnspiel sowie eine Abenteuer-Action mit Rexona.

Anzeige: Reiseinfos, Reiseführer, Reiselinks: www.erfolgreich-reisen.de

EINKAUFEN

Spinnrad
info@spinnrad.de

www.spinnrad.de
Kosmetik, Düfte, ätherische Öle, Lebensmittel, Nahrungsergänzungen, Tee und Waschmittel. Außerdem eine schöne Rezeptsammlung.

Körperpflege/Rasur

Mühle-Pinsel
info@muehle-pinsel.de

www.muehle-pinsel.de
Hier wird die Nassrasur zum Erlebnis: hochwertige Rasierpinsel, Rasierer, Rasiermesser, Halter, Seifen und Pflegeprodukte.

NassRasur.com
wolf@nassrasur.com

www.nassrasur.com
Wissenswertes rund um Rasiermesser, -klingen, -pinsel und -seife. Diskussionsforum, Online-Shop, Tipps und Sammler-Infos.

Rasierer-Shop
info@rasierer-shop.de

www.rasierer-shop.de
Elektrorasierer, Bart- und Haarpflege-Produkte, Epiliergeräte und andere Produkte zur Haarentfernung sowie ein Ersatzteil-Shop.

Shavemac
info@shavemac.de

www.shavemac.com
Alles für die Rasur für Sie und Ihn. Außerdem gibt es einen Service, bei dem der eigene Name in den Rasierer eingraviert wird.

Wilkinson Sword
info@wilkinson.de

www.wilkinson.de
Produktpalette mit den neuesten Modellen: Rasierpflege-Produkte, Apparate und Klingen. Außerdem nützliche Tipps zum Rasieren.

Körperpflege/Zahnpflege

2x-taeglich.de
info@2x-taeglich.de

www.2x-taeglich.de
Die Zahnpflege- und Zahnprophylaxe-Seite: Online-Shop mit elektrischen Zahnbürsten, Handbürsten, Mundduschen und Zahnseide.

smileStudio Dentalkosmetik   www.smilestudio.de

Anzeige

EINKAUFEN

Blend-a-med.de

www.blend-a-med.de
Informationen zu Zahngesundheit, Mundpflege und Produkten. Mit Zahnlexikon und einem speziellen Service für Zahnärzte.

Dentimer
info@schoen-greiner.com

www.dentimer.de
Die Zahnputz-Uhr soll es Kindern und Erwachsenen erleichtern, die empfohlene Zahnputzzeit von zwei Minuten einzuhalten.

Odol-med3

www.odolmed3.de
Wissenswertes zur Wirkungsweise und Anwendung der Odol-Produkte sowie wertvolle Zahnpflege-Tipps werden hier präsentiert.

● **smileStudio Dentalkosmetik**
info@smileStudio.de

www.smilestudio.de
Das smileStudio Dentalkosmetik bietet professionelle Zahnaufhellung (Bleaching) im Studio und Zuhause, mit dem smileKit auch europaweit ganz ohne Studiobesuch sowie Zahnschmuck und Online-Shop. **(Siehe Abbildung)**

Theramed
info@twt.de

www.theramed.de
Medizinische Infos über Zähne, deren Aufbau und die richtige Pflege. Dazu die Produkte von Theramed für Kinder und Erwachsene.

Zahnbürsten-Abo, Das
info@zahbo.de

www.zahbo.de
Das Zahnbürsten-Abo: regelmäßig eine neue Zahnbürste im Briefkasten. Auch als Geschenk erhältlich.

● **Zahnputzladen**
service@zahnputzladen.de

www.zahnputzladen.de
Der Spezialist für Zahn- und Mundpflege bietet mehr als Zahnbürsten. Neben hochwertigen Markenprodukten findet man hier Informationen, Beratung, Neuigkeiten, Bücher und Links zu den Themen Zähne, Gesundheit, Beauty und Wellness. **(Siehe Abbildung)**

Zahnputzladen — www.zahnputzladen.de

EINKAUFEN

ZahnShine Net

www.zahnshine.de
Zahnshine bietet eine reiche Palette an Zahnbürsten, -cremes und -seide, Mundduschen, Zungenreinigern und Prothesenpflege.

Kostenlose Warenproben

Probenexpress
support@probenexpress.de

www.probenexpress.de
Nach einer einmaligen kostenlosen Anmeldung kann man sich über verschiedene Wunschpakete monatlich mindestens 50 Warenproben sichern.

Probenfieber.de
info@probenfieber.de

www.probenfieber.de
Ob Shampoos, Cremes, Lebensmittel, Zigarren oder Hightech-Produkte, hier bekommt man Gratisproben bequem nach Hause geliefert.

Probenking.de
service@probenking.de

www.probenking.de
Aus den Kategorien Parfüm, Essen und Trinken, Haushalt und Hightech werden Proben und Gutscheine direkt nach Hause geliefert.

Kostenloses

Geizkragen.de
info@geizkragen.de

www.geizkragen.de
Das Verbraucherportal im Internet: Preisvergleiche, aktuelle Verbraucher-News, Produktproben, Schnäppchen und Gewinnspiele.

Geldgeier.de
info@geldgeier.de

www.geldgeier.de
Geld verdienen, Geld sparen, Coupons und Promotion-Tipps, natürlich kostenlos.

Gratis 2000
info@gratis2000.de

www.gratis2000.de
Gratis 2000 hat alles, was es kostenlos oder fast umsonst gibt, wie Schnäppchen, Gewinnspiele und Kleinanzeigen.

Kostenlos.de
webmaster@kostenlos.de

www.kostenlos.de
Links zu allem, was es kostenlos im Internet gibt: Newsletter, Probe-Abos, SMS aufs Handy, Gratis-Homepages und Produktproben.

KostNixx
webmaster@kostnixx.de

www.kostnixx.de
Kostenlose Angebote aus dem Internet, gleichgültig, ob Grafikprogramme, Dienstleistungen, Warenproben oder Software.

Nulltarif.de
info@nulltarif.de

www.nulltarif.de
Wegweiser für Topangebote im Netz, die nichts kosten oder bei denen man einiges sparen kann.

Oria.de
webmaster@oria.de

www.oria.de
Kostenlose Bücher aus den Bereichen Belletristik, Sachbuch, Nachschlagewerke, Fachbuch sowie Kinder- und englische Bücher.

Lebensmittelmärkte

Siehe Essen & Trinken

Lebensmittelmärkte

Einkaufen

Linkshänderartikel

Lafüliki
info@lafueliki.de

www.lafueliki.de
Der Laden für linkshändige Kinder bietet Schreibwaren und Haushaltsartikel für Linkshänder und Spezialartikel für Rechtshänder.

Linkshänder-Laden & Versand, Der
info@der-linkshaender-laden.de

www.der-linkshaender-laden.de
PC-Zubehör, Schreibwaren, Adressbücher, Gartengeräte, Freizeitartikel sowie nützliche Literatur für Linkshänder.

Linkshänderseite

www.linkshaenderseite.de
Seite für Linkshänder sowie Eltern und Lehrer von linkshändigen Kindern: Tipps, Adressen sowie Lese- und Veranstaltungstipps.

Linkshänder-Shop
shop@linkshaender-shop.de

www.linkshaender-shop.de
Musikinstrumente, Sportartikel, Haushaltsgeräte, Schreibwaren und viele weitere für Linkshänder nützliche Gegenstände.

Porto/Briefe & Pakete

billigerverschicken.de

www.billigerverschicken.de
Tarife für Briefe und Pakete werden hier verglichen. Daneben gibt es einen Online-Shop, in dem Briefwaagen angeboten werden.

Deutsche Post

www.deutschepost.de
Unter „Produkte & Leistungen" kann man die Portogebühren für Briefpost, Pakete und Expressgut im In- und Ausland erfahren.

● **Letmeship**
info@letmeship.com

www.letmeship.com
Hier kann man die Preise und Leistungen mehrerer Dienstleister abfragen, vergleichen und, ohne zusätzliche Gebühren, buchen. Zustellung der Sendung am selben Tag oder über Nacht, günstige Zusendung oder Frachtversand stehen zur Auswahl.
(Siehe Abbildung)

Letmeship www.letmeship.com

EINKAUFEN

posttip.de
www.posttip.de
Briefe und Pakete verschicken leicht gemacht: Portorechner, Tipps und Tricks zum Thema sowie Infos über Tarife und Anbieter.

Scherzartikel & Partyausstattung

Racheshop.com
info@racheshop.com
www.racheshop.com
Rache- und Scherzartikel; Kultbücher, die jeder gelesen haben sollte sowie Faschingskostüme und abgefahrene Geschenkideen.

● Schatzinsel
info@scherz-artikel.de
www.scherz-artikel.de
Der Scherzartikelshop - das Einkaufsparadies für Leute mit Humor. Riesenauswahl: Scherzartikel, Partyartikel, Verkleidungen, verrückte Geschenke, Horror- und Fantasyartikel, Fanartikel, lustige Bücher, Fun-Schilder, alles für die Gruselparty und vieles mehr. Tägliche Aktualisierung, laufend Neuheiten.
(Siehe Abbildung)

● www.gagashop.de
info@gagashop.de
www.gagashop.de
Alles, was Spaß macht: Lustige Scherz-, Trend- und Kultartikel wie die essbare Unterwäsche können bestellt werden. Auch Post- und Grußkarten, Spiele, Geschenke, Ideen für Haus und Büro, sexy Lebensmittel und preisreduzierte Auslaufartikel.
(Siehe Abbildung)

Schilder

Profil-schilder.de
info@profil-schilder.de
www.profil-schilder.de
Schilder aus verschiedenen Materialien: Acrylglas, Aluminium, Edelstahl, Kristallglas und Messing.

Schatzinsel   www.scherz-artikel.de

EINKAUFEN

Schildershop24.de
nummernschilder@proverdi.de

www.schildershop24.de
Die unterschiedlichsten Schilder können nach Rubriken oder nach alphabetischer Reihenfolge gesucht und bestellt werden.

Schilderwald.com
info@schilderwald.com

www.schilderwald.com
Warnschilder, Verbotsschilder, Sonderanfertigungen, Verkehrsschilder, Nostalgieschilder und Geburtstagsschilder.

Schmuck

Artisana
info@artisana.de

www.artisana.de
Große Auswahl an Silberschmuck und Wohnraum-Dekorationen. Geschenkideen und Infoseiten über die Silberpflege und Edelsteine.

Bijou Brigitte
service@bijou-brigitte.com

www.bijou-brigitte.com
Bijou Brigitte bietet ein umfangreiches Sortiment an modischen und exklusiven Accessoires.

eigenArt
mail@eigenart-online.de

www.eigenart-online.de
Titan- und Edelstahlschmuck, Gold- und Silberschmuck, Indianerschmuck sowie Uhren. Auch individuelle Wünsche werden erfüllt.

Juwela.de
info@juwela.mypay.de

www.juwela.de
Bernstein- und Goldschuck, Mineralien, Dekorobjekte, Salzkristallprodukte, Edelstein- und Wellnessartikel.

Juwelenmarkt.de
1@ggm1.de

www.juwelenmarkt.de
Diamanten, Uhren und Schmuck, gebraucht oder zu Discount-Preisen.

Juwelier Memmel
info@juwelier-memmel.de

www.juwelier-memmel.de
Hochwertige Uhren und Schmuck aller gängigen Marken können hier online bestellt werden. Neu und gebraucht.

www.gagashop.de

Einkaufen

Schmuck.de Shop
shop@schmuck.de

www.schmuck.de
Schmuck und Accessoires aus Gold, Silber, Edelstahl, Perlen und Edelsteinen, Partner- und Eheringe, Kinderschmuck, Mineralien.

Silberschmuck.net
info@silberschmuck.net

www.silberschmuck.net
Groß-, Einzel- und Versandhandel von Silber- und Bernsteinschmuck sowie einer großen Auswahl an Amuletten.

Schmuck/Gold

My Gold
info@mygold.com

www.mygold.com
Arm-, Hals- und Ohrschmuck, Ringe und Ketten aus Gold mit Diamanten, Blautopas, Perlen oder Saphiren.

Schmuck/Indianerschmuck

Manitou Schmuck
info@manitouschmuck.de

www.manitouschmuck.de
Hier findet man hochwertigen Indianerschmuck: Uhren, Ketten, Anhänger, Ringe, Armbänder, Ohrringe und Traumfänger.

Silverland
kontakt@silverland.de

www.silverland.de
Große Auswahl an Indianerschmuck der Hopi-, Zuni- und Navajo-Indianer sowie Kunsthandwerk, Bastelartikel, Bekleidung und Musik.

Schmuck/Perlen

Edel Kontor
rw@edelkontor.de

www.edelkontor.de
Direkter Import von Südsee-, Zucht- und Akoya-Perlen und Weiterverarbeitung zu Perlenschmuck und Perlenketten.

Kit-Schmuckhandel
info@kit-schmuck.de

www.kit-schmuck.de
Schmuckdraht, Perlen, Korallen, Schmuckzubehör. Hier findet man alles, um eigenen Schmuck zu basteln oder fertig zu kaufen.

Perle, Die
info@die-perle.de

www.die-perle.de
Ein Fachgeschäft rund um Perlen und Edelsteine. Erhältlich sind Ketten, Ohrschmuck, Armbänder und Ringe.

Perlen.de
redaktion@perlen.de

www.perlen.de
Alles über den natürlichsten Schmuck der Welt, die Perlen: umfassende Informationen sowie Insider- und Fachwissen.

Schmuck/Piercing

● **Piercing Gallery**
info@piercing-gallery.de

www.piercing-gallery.de
In diesem Online-Shop findet man eine große Menge an Piercingschmuck. Von „A" wie Augenbrauen- bis „Z" wie Zungenpiercing ist alles übersichtlich geordnet. Auch sind hier ständig wechselnde Sonderangebote erhältlich. Besuchen kann man diesen Shop im Internet unter www.piercing-gallery.de. **(Siehe Abbildung)**

Piercing-schmuck.com
info@piercing-zentrum.de

www.piercing-zentrum.de
Piercing-Ringe, Piercing-Stäbe, Bauchnabel-Piercings und Body-Spiralen.

Piercingschmuckversand.de
mail@piercingschmuckversand.de

www.piercingschmuckversand.de
Piercings aus Chirurgenstahl und Titan sowie UV-Ringe und -Kugeln in großer Auswahl zum Online-Bestellen.

p-seven
mail@piercing-seven.de

www.p-seven.de
Piercings für Bauchnabel, Zunge und Augenbrauen sowie Modeschmuck unterschiedlicher Stilrichtungen.

Sin-A-Matic
info@sin-a-matic.com

www.sin-a-matic.com
Hochwertige Zungen-, Augenbrauen-, Lippen-, Bauchnabel- und Intim-Piercings in den verschiedensten Designs.

EINKAUFEN

Schmuck/Trauringe & Eheringe

123gold.de
info@123gold.de

www.123gold.de
Riesige Auswahl an Trauringen und Schmuck zu günstigen Preisen. Auch individuelle Anfertigungen.

Eheringe-shop.de
f-gerlach@eheringe-shop.com

www.eheringe-shop.de
Eheringe in allen Variationen. Besonderer Service: Die eigene Handschrift kann per Laser in die Ringe eingraviert werden.

Trauringe
info@meister-bauer-juweliere.de

www.trauringhaus.de
Trauringe aus Edelstahl, Gelbgold, mehrfarbigem Gold, Platin und Weißgold. Außerdem Memoire- und Solitärringe.

Trauringversand.de
info@trauringversand.de

www.trauringversand.de
Trauringe zu Preisen fast wie ab Fabrik. Wunschtrauringe kann man im „Trauringsystem" selber zusammenstellen. Auswahl aus 315 Möglichkeiten. Weitere Top-Modelle im „Trauringkatalog". Für alle Ringe (auch graviert) gilt: 21-tägiges Rückgaberecht mit Geld-zurück-Garantie.

UnsereTraumringe.de
info@unseretraumringe.de

www.unseretraumringe.de
Trauringe können online mit dem Ring-Designer selbst gestaltet und dann bei einem Partnerunternehmen vor Ort bestellt werden.

Schmuck/Zahnschmuck

BrilliAnce
info@brilliance.de

www.brilliance.de
Informationen rund um die Zahnschmucksteine der Marke BrilliAnce. Mit Hinweisen zur Anwendung.

Twinkles Zahnschmuck
info@twinkles.de

www.twinkles.de
Hochwertige Schmuckstücke, speziell für die Befestigung auf natürlichen Zähnen. Präsentation der Modelle und Zubehör.

Piercing Gallery   www.piercing-gallery.de

Einkaufen

Schnäppchen

1Apreis.de info@1apreis.de	**www.1apreis.de** Für Schnäppchenjäger: mehr als 2.500 Markenartikel von A bis Z und aus allen Bereichen im Preis reduziert.	
discount24.de service@discount24.de	**www.discount24.de** Hier gibt es Schnäppchen in den Bereichen Multimedia, Fashion, Sport und Wellness, Spielwaren, Haushalt und Wohnen.	
discountfan.de webmaster@discountfan.de	**www.discountfan.de** Discountfan.de liefert täglich Informationen zu den besten Schnäppchen Deutschlands - vom Aldi-PC bis zur Tchibo-Reise.	
● **Sparen24.de** info@sparen24.de	**www.sparen24.de** Sparen24.de stellt jeden Tag die besten Schnäppchen bekannter Online-Shops zusammen. Von Bücher über Mode bis hin zu Möbel und Technik werden Schnäppchenjäger hier fündig. Als weiteres Angebot finden sich ein Shirt-Designer, Klingeltöne und Logos fürs Handy und regelmäßige Gewinnspiele. **(Siehe Abbildung)**	
Sparfieber.de info@sparfieber.de	**www.sparfieber.de** Schnäppchen aus Bereichen wie Lifestyle, Dekoration, Elektronik, DVD, Spielwaren, Tee und Zubehör sowie Süßigkeiten.	
teures-billiger.de service@teures-billiger.de	**www.teures-billiger.de** Viele Schnäppchen in den Sparten Elektro, HiFi, Sport und Telekommunikation. Vorführgeräte und Auslaufmodelle besonders günstig.	
ZweiEuro.de info@zweieuro.de	**www.zweieuro.de** Schnäppchen zu je zwei Euro: Computerzubehör, Haushaltswaren, Spielzeug, Werkzeug und Saisonartikel.	

Sparen24.de   www.sparen24.de

EINKAUFEN

Schnäppchen/Co-Shopping

LetsBuyIt.com
kundenservice.de@letsbuyit.com

www.letsbuyit.com
„Gemeinsam mehr erreichen", das Motto von LetsBuyIt.com. Je mehr mitmachen, desto kleiner wird der Preis.

Schnäppchen/Fabrikverkauf

Factory-Outlet-Center

www.factory-outlet-center.biz
Verzeichnis von Firmen, die Fabrikverkauf, Factory-Outlet oder Lagerverkauf anbieten. Mit praktischer Routenberechnung.

Factory-Outlet-Shop
info@planet-marco.com

www.factory-outlet-shop.de
Werksverkäufe, Lagerverkäufe und Direktanbieter nach Regionen und Branchen aufgelistet.

Schnäppchen/Preisvergleich

● **antiwucher.de**
webmaster@antiwucher.de

www.antiwucher.de
Umfassende Datenbank für Leute, die sparen wollen: Online-Preisvergleiche, kostenlose Services und Dienstleistungen in allen erdenklichen Bereichen. **(Siehe Abbildung)**

Getprice.de
info@getprice.de

www.getprice.de
Schneller und unabhängiger Preisvergleich - für über fünf Millionen Produkte, Tarife und Reisen.

idealo.de
info@idealo.de

www.idealo.de
Produktsuche und Preisvergleich in den Bereichen Elektronik und Foto, Bücher, DVD, Musik, PC-Spiele und Software.

Preispiraten.de
info@preispiraten.de

www.preispiraten.de
Schnäppchenjäger können sich hier kostenlos ein Programm downloaden, welches dann 600 Online-Shops nach Preisen durchforstet.

antiwucher.de   www.antiwucher.de

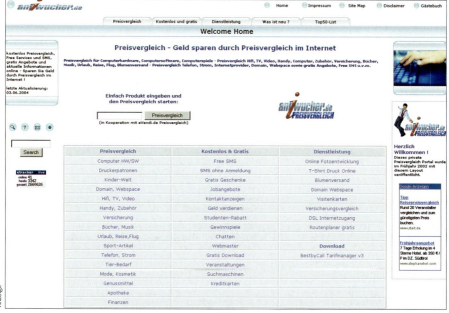

Einkaufen

Preissuchmaschine.de
post@metashopper.de

www.preissuchmaschine.de
Preissuchmaschine mit umfangreichem Preisvergleich für über drei Millionen Produkte in übersichtlichen Kategorien.

Shoppingscout24.de
info@shoppingscout24.de

www.shoppingscout24.de
Kostenloser Live-Preisvergleich in vielen Kategorien wie Reisen, Elektronik, Bücher, Musik, Mode, Sport sowie Essen und Trinken.

Schnäppchen/Rabatte

Happydigits.de
service.center@happydigits.de

www.happydigits.de
Bei Partnern wie Telekom, Karstadt, Sixt, Kaiser's und Tengelmann einkaufen, Happy Digits sammeln und dafür Prämien einlösen.

Payback

www.payback.de
Hier erfährt man, wo es auf welche Produkte Payback-Punkte gibt und wird über Angebote informiert.

Schnitzereien & Holzfiguren

Groedner Schnitzereien
info@groedner-schnitzereien.de

www.groedner-schnitzereien.de
Schnitzereien aller Art aus dem Grödnertal in Südtirol. Engel, Schach- und Kinderfiguren sowie Reliefs und Konsolen.

Herrgottschnitzer von Bodenmais
info@herrgottschnitzer.de

www.herrgottschnitzer.de
Online-Shop mit handgeschnitzten Figuren und Krippen. Sonderanfertigungen für Kirchen und Privatkunden.

Shop-Gütesiegel

Euro-Label Germany
info@ehi.org

www.euro-label.com
Informiert über geprüfte und für sicher befundene Internet-Shops. Diese sind nach Angebot sortiert und per Link zu erreichen.

Geprüfter Online-Shop

www.shopinfo.net
Verleihung eines Gütesiegels an Shops, die sich zur Einhaltung von 14 Prüfkriterien verpflichtet haben.

Trusted Shops
info@trustedshops.de

www.trustedshops.de
Online-Shops, die höchste Anforderungen in der Daten- und Liefersicherheit erfüllen. Zusätzlich Geld-Zurück-Garantie.

Taschen, Koffer & Rucksäcke

Bree
bree.collection@bree.de

www.bree.com
Hochwertige Lederwaren, Taschen, Gürtel, Schuhe und Reisegepäck. Hier findet man die gesamte Kollektion sowie Händleradressen.

● **JENS KOCH BUSINESS**
info@jenskoch.de

www.jenskoch.de
Akten- und Notebooktaschen, Rucksäcke, Kleidersäcke, Trolleys sowie Accessoires führender Marken speziell für Business-Reisende. Hier findet man auch Tipps über die Kunst, seinen Koffer platzsparend und kleiderschonend zu packen.
(Siehe Abbildung)

koffer24.de
info@koffer24.de

www.koffer24.de
Ob Geldbörsen, Rucksäcke, Laptop- und Business-Taschen oder Koffer, in diesem Shop kann alles bequem bestellt werden.

EINKAUFEN

koffermarkt.de
info@koffermarkt.de

www.koffermarkt.de
Koffer für Profis und Privatleute: Office-Koffer, Transportkoffer, Werkzeugkoffer sowie Universal- und Servicekoffer.

Koffer-taschen.de
info@my-lifestyleshop.de

www.koffer-taschen.de
Business-Taschen, Damentaschen, Geldbörsen und Brieftaschen, Reisegepäck, Trolleys, Koffer, Pilotenkoffer und Rucksäcke.

Lifestyle-liveshop.de
info@lifestyle-liveshop.de

www.lifestyle-liveshop.de
Koffer, Trolleys, Rucksäcke und Taschen von Samsonite, Rimowa, Windrose, Scout, MCM und Eastpak.

Taschenkaufhaus
info@taschenkaufhaus.de

www.taschenkaufhaus.de
Der Lifestyle-Taschen-Shop für Notebook-Taschen, Kamerataschen und Umhängetaschen verschiedener Marken wie Crumpler oder Timbuk2.

Taschenlampen

FirstMarket-Shop
info@firstmarket-shop.de

www.firstmarket-shop.de
Spezial-Shop für LED-Taschenlampen: Micro- und Mini-Taschenlampen, Powerlampen, Stablampen, Kopflampen und Deko-Lampen.

Mag-Lite

www.maglite.de
Präsentation des Maglite-Sortiments. Mit dem Maglite-Typ-Finder wird man garantiert die richtige Taschenlampe für sich finden.

Taschenlampen24
info@taschenlampen24.de

www.taschenlampen24.de
Taschenlampen, LED-Lampen, Multitools und Isoliergefäße von Marken wie Maglite, Leatherman, Victorinox, Isosteel und Fulmatech.

Einkaufen

Telekommunikation/Handy

getmobile.de
kontakt@getmobile.de

www.getmobile.de
Handys, Handytarife, Handyzubehör, Organizer, kostenlose Logos. Über 1.500 Vertragsvarianten.

HandyExpress
info@handyexpress.de

www.handyexpress.de
Der mehrfach geprüfte Online-Shop bietet eine gigantische Auswahl an Handys ohne Kartenvertrag.

Handy-Market.com
info@handy-market.com

www.handy-market.com
Gebrauchte Handys, Klingeltöne, Logos, Bildmitteilungen sowie ein Online-Shop mit großer Auswahl an Handys und Verträgen.

handynonstop
service@handynonstop.de

www.handynonstop.de
Preisvergleich für Handys mit Vertrag. Neben dem Kaufpreis werden auch Folgekosten wie Grundgebühr und Mindestumsatz einbezogen.

inside-handy.de
info@inside-handy.de

www.inside-handy.de
Verbraucherportal und Online-Datenbank für Handyfreaks. Es gibt fast kein Handy, das hier nicht bewertet und beschrieben wird.

mobilejoker.de
info@mobilejoker.de

www.mobilejoker.de
Handys mit und ohne Vertrag, Organizer, schnurlose Festnetztelefone, Navigationssysteme sowie weitere mobile Elektronik.

mobilfunk-guenstiger.de
kontakt@mobilfunk-guenstiger.de

www.mobilfunk-guenstiger.de
Persönlicher Info-Guide für Mobilfunk. Produktinfos und -tests, Klingeltöne, Logos, Kleinanzeigen und ein Tarifrechner.

Talkline Mobilfunk Shop　www.talkline.de/shop

Anzeige

EINKAUFEN

● **Talkline Mobilfunk Shop**
shop@talkline.de

www.talkline.de/shop
Im Talkline Mobilfunk Shop erhält man aktuelle Handys mit oder ohne Vertrag, Prepaid-Handys und Handyzubehör von Nokia, Siemens etc. sowie Tarife ohne Handys. Ein Handy- und Tarifberater garantieren die optimale Entscheidung. Der User hat die freie Wahl zwischen den Netzen D1, Vodafone und E-Plus.
(Siehe Abbildung)

● **teltex**
info@teltex.de

www.teltex.de
Auf www.teltex.de werden Produkte aus dem Bereich Telekommunikation angeboten. Neben den aktuellsten Handys aller relevanten Hersteller, den Tarifen der Netzbetreiber und Provider, einer riesigen Auswahl an Handyzubehör sind auch Festnetztarife sowie Festnetz-Geräte und Internet-Hardware erhältlich.
(Siehe Abbildung)

tiefpreishandys.de
shop@tiefpreishandys.de

www.tiefpreishandys.de
tiefpreishandys.de bietet als Handy Discounter dem preisbewussten User eine große, ständig aktualisierte Auswahl an Handys mit/ohne Vertragsbindung, Handyzubehör sowie Prepaid-Handys. Darüber hinaus erhält man auch Tarife ohne Handys. Der User kann zwischen den Netzen D1, Vodafone und E-Plus wählen.

Telekommunikation/Handy/Logos & Klingeltöne

Bildmitteilungen.de
info@bildmitteilungen.de

www.bildmitteilungen.de
Klingeltöne der aktuellen Charts sowie diverser Musikrichtungen, Handylogos, Bildmitteilungen und SMS-Sprüche.

handy.de
info@mail.handy.de

www.handy.de
Klingeltöne, Icons, Logos und Spiele zum Downloaden. Verkauf von Handys und Zubehör sowie Tarifvergleiche.

teltex   www.teltex.de

Einkaufen

Logizmo.de
info@logizmo.de

www.logizmo.de
Logizmo ist eine Community für Handylogos und Klingeltöne. Man kann diese auch selber erstellen und veröffentlichen.

Top-Töne.de
info@mobillion.de

www.top-toene.de
Klingeltöne zahlreicher musikalischer Stilrichtungen, Logos und Picture-SMS für alle Handymodelle.

zed Germany
partnering@zed.de

www.zed.de
Logos und Klingeltöne, SMS-Chat, Virtual Lover, SMS-Horoskop, Personality-Tests, Kamasutra, Bildmitteilungen und Gewinnspiele.

Telekommunikation/Handy/Netzbetreiber

Siehe Wirtschaft

Telekommunikation/Mobilfunk

Telekommunikation/Handy/Zubehör

handyersatzteilshop.de
service@handy-ersatzteile.de

www.handyersatzteilshop.de
Hier kann man Ersatzteile für Handys aller Hersteller bestellen. Zudem gibt es Zubehör, Displays, Oberschalen und Werkzeug.

handyzubehoer.de
info@handyzubehoer.de

www.handyzubehoer.de
Große Auswahl an Mobilfunk-, PDA-, Haustelefon- und Druckerzubehör der unterschiedlichsten Marken.

Handyzubehoer1.de
mail@handyzubehoer1.de

www.handyzubehoer1.de
Handyakkus, Tastaturmatten, Ersatzteile, Headsets, Kfz Einbausätze, Antennen und Spezialwerkzeuge.

Telekommunikation/Tarife

billiger-telefonieren.de
webmaster@billiger-telefonieren.de

www.billiger-telefonieren.de
Durchblick im Dickicht des Tarifdschungels: Tarif-Schnellrechner, günstige Telefonauskünfte und Überblick über Tarifanbieter.

Billig-Tarife.de

www.billig-tarife.de
Auskunft über Telefon-, Handy- und Internet-Tarife, über Benzinkosten, Reisekosten, Kosten für Versicherungen und Portogebühren.

heise online Telefontarife
ttarif@heise.de

www.heise.de/ttarif
Einfache und umfassende Tarifübersicht sowie Preislisten und Zusatzinfos nach Anbietern sortiert.

tarif-express.de
redaktion@tarif-express.de

www.tarif-express.de
Das aktuelle Online-Magazin bietet einen Tarifrechner, Anbieterinfos sowie Neuigkeiten aus der Welt der Telekommunikation.

Tariftip
kontakt@tariftip.de

www.tariftip.de
Tarifrechner, individualisierbare Tarifübersichten, Infos zu allen Anbietern sowie ein Lexikon zur Erklärung von Fachbegriffen.

teltarif.de
info@teltarif.de

www.teltarif.de
Preis- und Leistungsvergleiche sowie Ratgeberseiten für die Bereiche Festnetz, Internet, Mobilfunk und Hardware (Handy, PDA).

Telekommunikation/Telefonanlagen

TeleStore
webmaster@telestore.de

www.telestore.de
PC-Zubehör, Anrufbeantworter, schnurlose und schnurgebundene Telefone, ISDN- und analoge Telefonanlagen sowie Faxgeräte.

EINKAUFEN

Telekommunikation/UMTS

UMTS.info
info@umts.info

www.umts.info
Alles über UMTS: Informationen zu Anwendungen, Betreibern und Geräten sowie viele Buchtipps zum Thema.

UMTS-Report.com
info@umts-report.com

www.umts-report.com
Das „Mobilfunk-Business-Magazin" informiert ausführlich über UMTS und weitere Themen aus dem Bereich der Telekommunikation.

Treueprämien

webmiles
info@webmiles.de

www.webmiles.de
Für Einkäufe bei Partnern oder die Teilnahme an Aktionen gibt es Webmiles, die später gegen Prämien eingetauscht werden können.

Uhren

art-of-time
info@art-of-time.de

www.art-of-time.de
Markenuhren von Swatch, Casio, Fossil, Eterna, Junghans, Bruno Banani, Adidas, Seiko und Tissot bequem online bestellen.

Christ
info@christ.de

www.christ.de
Online-Shop für Schmuck und Uhren. Bequeme Suchfunktion durch Angabe von Kategorie, Material, Marke und Preisvorstellung.

● **eigenArt**
mail@eigenart-online.de

www.eigenart-online.de
Online-Shop und Infoseite für Sport- und Trenduhren wie Nike, Adidas, Festina, Fossil, Diesel, Storm und viele andere Marken. Ständig neue Modelle im Programm. **(Siehe Abbildung)**

eigenArt   www.eigenart-online.de

147

Einkaufen

● schmiemann.de - Uhren & Accessoires
info@schmiemann.de

www.schmiemann.de
Bei über 3.500 Artikeln wohl einer der umfangreichsten Online-Shops für Uhren in Deutschland. Es werden ausschließlich Markenhersteller angeboten: Adidas, Casio, Esprit, Fossil, Guess, Junghans, Junkers, Mexx, Tom Tailor, Time Force und viele mehr. Keine Portokosten bei Vorkasse mit täglichem Versand.
(Siehe Abbildung)

Schwarzwaldgalerie
andorf@t-online.de

www.schwarzwaldgalerie.de
Kuckucksuhren und Schilduhren mit traditionellen Motiven und mechanischen Präzisionsuhrwerken, mit Musik und Tanzfiguren.

timeworld
info@timeworld.com

www.timeworld.com
Uhrenversand im Internet. Erhältlich sind Marken wie Casio, Junghans, Citizen, Seiko, Polar, Adec, Timex und Time Force.

uhrendirect.de
info@uhrendirect.de

www.uhrendirect.de
Markenuhren-Shop für Uhren und Schmuck mit Spezialgebiet mechanische Uhren; Themen-Shops und zahlreichen Specials.

Uhrmachershop.de

www.uhrmachershop.de
Armbanduhren, mechanische Uhrwerke, Kinderuhren, Kuckucksuhren, Rally-, Stand- und Taschenuhren sowie Werkzeug und Zubehör.

wanduhren.de
info@wanduhren.de

www.wohnraumuhren.com
Wand-, Heim-, Pendel-, Küchen-, Büro-, Tisch-, Kuckucks- und Kinderuhren. Außerdem Regulateure und Barometer.

Watchbizz
info@watchbizz.de

www.watchbizz.de
Online-Auftritt von Chronos, Uhren-Magazin, Klassik Uhren, WatchTime. News, Testberichte, Adressen, Forum, Kleinanzeigenmärkte.

schmiemann.de - Uhren & Accessoires   www.schmiemann.de

EINKAUFEN

Verbraucherbefragungen

Freegoods.de | www.freegoods.de
Für die Teilnahme an diesen Online-Befragungen erhält man ein kleines Präsent, z.B. eine Armbanduhr.

Verbraucherinformationen/Allgemein

Verbraucherschutz-Magazin | www.verbraucherschutz-magazin.de
Wichtige Informationen zu den Themen Geldanlagen, Versicherungen und Baufinanzierung.

Verbraucherinformationen/Organisationen

EVZ Kiel
evz@evz.de
www.evz.de
Das EVZ hilft bei europäischen Verbraucherthemen und grenzüberschreitenden Streitigkeiten.

Verbraucherzentrale
info@verbraucherzentrale.de
www.verbraucherzentrale.de
Links zu den Verbraucherzentralen aller Bundesländer.

vzbv
info@vzbv.de
www.vzbv.de
Verbraucherinformationen zu Themen wie Finanzen, Bauen, Handel und Wettbewerb, Gesundheit und Ernährung, Umwelt und Energie.

Verbraucherinformationen/Testberichte

● Yopi.de | www.yopi.de
Yopi.de unterstützt Kaufinteressenten dabei, gut informiert eine Kaufentscheidung zu treffen. Yopi.de bietet authentische Testberichte von Verbrauchern mit hohem Vertrauenswert, Preisvergleiche bei wichtigen Online-Shops, persönliche Empfehlungen, Produktinformationen und Shopping-Möglichkeiten.
(Siehe Abbildung)

Yopi.de — www.yopi.de

(Abbildung: Screenshot der Yopi.de-Webseite – die Verbraucherplattform für Testberichte, Preisvergleich und Tests. Kategorien: Audio & HiFi, Auto & Motorrad, Beauty & Wellness, Bücher, Computer Hardware, Essen & Trinken, Filme & DVD's, Finanzen & Dienstleistungen, Games & Spiele, Gesundheit, Haus & Garten, Internet & Websites, Kamera & Camcorder, Kinder & Familie, Musik, Reisen & Cityguide, Sammeln & Seltenes, Software, Sport & Fitness, Telekommunikation, TV & Video.)

Anzeige

EINKAUFEN

ciao.com
info@ciao.com

www.ciao.com
Erfahrungsberichte von Verbrauchern, Preisvergleiche, Tipps und Informationen zu über zwei Millionen Produkten.

Versandhäuser

Klingel
service@klingel.de

www.klingel.de
Online-Versandkatalog mit den Kategorien Damen- und Herrenmode, Schuhe, Schmuck und Geschenke sowie Wohnen und Haushalt. Mit Schnäppchenmarkt und Gewinnspiel. **(Siehe Abbildung)**

Neckermann Versand Online
service@neckermann.de

www.neckermann.de
Einkaufen wird in der Online-Welt von Neckermann zum Erlebnis für die ganze Familie. Schneller Zugriff auf alle Katalogartikel und viele Spezialkataloge mit sofortiger Lieferauskunft. Sicheres Online-Shopping wird dabei groß geschrieben. **(Siehe Abbildung)**

Quelle
service.quelle@quelle.de

www.quelle.de
Über 75.000 Artikel können im Online-Shop ausgewählt werden. Beratungs- und Serviceangebote wie z.B. der „größen-finder" oder der „product-finder" unterstützen den Kunden bei seiner Kaufentscheidung. Jeden Donnerstag neue Überraschungen über die QUELLE-Taste „Q". **(Siehe Abbildung)**

OTTO Online-Shop
service@otto.de

www.otto.de
Über 100.000 Artikel und einer der größten Online-Schnäppchenmärkte mit mehr als 5.000 tagesaktuell reduzierten Angeboten.

Pro Idee
info@proidee.de

www.proidee.de
Neue Produktideen aus den Bereichen Mode, Technik, Sport, Schmuck und Uhren, Garten, Wohnen, Gesundheit sowie Haushalt.

Klingel   www.klingel.de

EINKAUFEN

Neckermann Versand Online — www.neckermann.de

Quelle — www.quelle.de

Einkaufen

Schwab Versand
info@schwab.de

www.schwab.de
Aktuelle Modetrends; interaktive Modeberatung; Einrichtungsideen; die Welt der Technik und Schnäppchen.

Tchibo.de
service@tchibo.de

www.tchibo.de
Die Tchibo Themenwelten der letzten vier Wochen, erlesene Kaffeesorten sowie Reisen, Finanzideen und Blumen findet man online.

Versandhaus.de
info@versandhaus.de

www.versandhaus.de
Dieses Versandhaus versteht sich als Plattform, auf der selbstständige Online-Shop-Betreiber Ihr Angebot präsentieren.

● **wenz**
service@wenz.de

www.wenz.de
Die neuen Modetrends, stilvolle Einrichtung, individuelle Accessoires, edler Schmuck sowie aktuelle Topangebote beim Versandhaus Wenz online einkaufen. **(Siehe Abbildung)**

Weihnachts- & Osterartikel

nordpol
info@nordpol.tv

www.nordpol.tv
Die wunderbare Weihnachtswelt: 3D-Darstellungen, Bräuche, Rezepte, Lieder, Gedichte, Spiele und Bildschirmschoner.

Tannenbaum.de
info@tannenbaum.de

www.tannenbaum.de
Hier kann der Weihnachtsbaum online bestellt werden. Zudem gibt es einen Kleinanzeigenmarkt für Weihnachtsbäume und -artikel.

Weihnachtsbaumservice
angebot@weihnachtsbaumservice.de

weihnachtsbaumservice.de
Verkauf, Vermietung, Versand, Lieferservice sowie Aufstellservice von Weihnachtsbäumen.

Weihnachtsmaus.de
service@weihnachtsmaus.de

www.weihnachtsmaus.de
Geschenkideen zu Weihnachten.

wenz　　　　　　　　　　　　　　　　　　　　　　　www.wenz.de

3

Erotik

Erotik

www.aktpaare.de

Aktpaare.de

Denken Sie bei Aktmodellen auch immer an die langweiligen Zeichenkurse, in denen alle verlegen um die Wette schweigen? Dann werfen Sie doch mal ein paar Blicke in diese Online-Galerie: Über 80 nationale wie internationale Fotografen stellen hier ihre künstlerisch anspruchsvollen Aktfotografien aus. Motivisch nach Paaren, Frauen und Männern sortiert, sind dem Einfallsreichtum im Rampenlicht keine Grenzen gesetzt! Auch Sie können durch einen Eintrag in der Fotografen-Datenbank kostenlos Aussteller werden und wer sich lieber ablichten lassen möchte, kann sich in der Rubrik für Modelle einfach eine Setcard für seine Bewerbung erstellen.

www.erotische-literatur.de

Erotische Literatur

Bettkanten-Geschichten für erwachsene Leser. Das Stuttgarter Literatur-Café präsentiert erotische Kurzgeschichten und Gedichte, die Freunde und Liebhaber des virtuellen Cafés einsenden können. Mal Softie, mal Macho, femme fatale oder die Unschuld vom Lande: Die Geschichten und Gedichte offenbaren verschiedene Facetten der Erotik und führen quer durch alle Bereiche des erotischen Erzählens. Und da das Auge ja bekanntlich mit isst, wurden diese liebevoll in Pastellfarben gehüllt und mit erotischen Fotografien, Grafiken und Zeichnungen illustriert. Alles in allem ein Café-Besuch, der prickelnde Gefühle weckt und Lust auf mehr macht!

www.erotic-chocolates.de

erotic-chocolates

„Naschen mal anders!" Ob als Geschenk zum Junggesellenabschied oder zum Geburtstag, als Mitbringsel zum Blind Date oder als kleiner erotischer Wink, in diesem Shop finden Sie für all die prickelnden Stunden und süßen Momente im Leben erotische Lebensmittel und Süßwaren: von essbaren Dessous über Lust-Nudeln bis hin zu Nougat-Brüsten und Fruchtgummis in erotischen Motiven. Diese Leckereien werden ihrem Empfänger garantiert in lustvoller Erinnerung bleiben! Wenn Sie bei Ihrer/Ihrem Liebsten nicht gleich mit der Tür ins Haus fallen wollen, verschenken Sie doch einen Strauß roter Marzipanrosen oder lassen Sie die Buchstabennudeln sprechen!

www.lustwandel.de

Lustwandel

Einladung zum Lustwandeln! Die vermutlich einzige erotische Buchhandlung Deutschlands präsentiert Literatur, Kunst und Fotografie für alle Leidenschaften rund um Erotik und Sex: sinnlich erotische Belletristik, Sach-, Comic- und Kunstbücher in schwarzweiß und Farbe sowie DVDs und Videos für Sie und Ihn. Süßes Honigpuder, essbare Öle und Schokolade zum Malen und Naschen, duftende Massageöle und erotisches Spielzeug versüßen die Zeit vor, zwischen und nach dem Lesen. Und weil Vorlesen in manchen Fällen ein noch größerer Genuss als Lesen sein kann, finden Sie hier auch jede Menge erotische Hörbücher und Hörspiele für 1.001 Nacht!

EROTIK

www.sextra.de

Sextra

Was passiert beim Orgasmus? Kann man beim Baden schwanger werden? Macht Onanieren impotent? Pubertierende wissen heute viel über Sex und Liebe und haben doch tausend Fragen, die beantwortet werden wollen. Die Online-Beratung von Pro Familia wendet sich speziell an Jugendliche mit Fragen rund um Sexualität, Partnerschaft, Verhütung und Schwangerschaft. Ob Pille, Spirale oder Diaphragma, in der Verhütungstabelle werden alle Mittel und Methoden der Empfängnisregelung erklärt und deren Vor- und Nachteile aufgezeigt. Auch Erwachsene sind eingeladen, auf der virtuellen Couch Platz zu nehmen. Nur Mut, irgendwann ist immer das erste Mal!

www.love-contor.de

Love Contor

Auf der Suche nach lustvollen Anregungen? Hier ist Ihre Seite! Das Erotikmagazin von Orion bietet Tipps und Anregungen rund um die schönste Nebensache der Welt. Wussten Sie, dass 78 Prozent der Frauen gern mal was Neues beim Sex ausprobieren? Fragen und Antworten zum Was und Wie sowie zu Verhütung, Partnerschaft und dem ersten Mal gibt's hier. Ob „A Tergo" oder „Zwangsmasturbation", das Lexikon der Lust führt einige der wichtigsten und gebräuchlichsten Fachtermini auf und erläutert diese knapp und anschaulich. Erotische Kurzgeschichten, sexy Girls und Bett-Boys: Tauchen Sie ein in die Welt von Liebe, Lust und Leidenschaft!

www.aktgalerie.de

Die Aktgalerie

Freunde der Aktfotografie finden auf dieser Seite stilvolle und ästhetische Bilder. Das Forum hilft Künstlern und Aktmodellen, neue Kontakte zu knüpfen und gibt Gelegenheit, eigene Werke auszustellen. Beim virtuellen Rundgang durch die Galerie gibt es viele erotische Fotografien sowie Malereien und Zeichnungen zu bestaunen, über die man sich später mit Fotografen, Kennern und Interessierten austauschen kann. Auch männliche Modelle zeigen viel nackte Haut, aber immer geschmackvoll und ansprechend. Wer hier noch nicht genug gesehen hat, kann weitere Ausstellungen über die umfangreiche Link-Liste besuchen.

www.sexlex24.de

Sexlexikon

Von Adonis bis Zungenkuss finden sich im großen Erotiklexikon über 3.800 Begriffe erklärt. Durch Querverweise lassen sich Synonyme und andere Wörter ganz einfach nachschlagen. Im gut besuchten Forum dürfen Fragen an andere User gestellt und Tipps gegeben werden. Hinzu kommen Übersetzungen bestimmter Ausdrücke in sechs verschiedene Sprachen. Wer weiß schon, dass "enamorado" "verliebt" auf Spanisch bedeutet oder "Zärtlichkeit" auf Französisch "tendresse"? So werden Sie zum Experten in der Sprache der Liebe.

EROTIK

Beratung

pro familia info@profamilia.de	**www.profamilia.de** Familienplanung, Sexualpädagogik, Sexualberatung, die Pille danach. Dazu Kurzprofile und Adressen der einzelnen Beratungsstellen.
🔴 **Sextra**	**www.sextra.de** Infos für Jugendliche und Erwachsene rund um Sexualität, Partnerschaft, Verhütung und Schwangerschaft. Online-Beratung via E-Mail durch Pro Familia. **(Siehe Abbildung)**
Stop AIDS stopaids@aon.at	**www.geilundsafe.at** Infos und Online-Beratung rund um Safer Sex, HIV/AIDS, Homo- und Bisexualität, Coming Out und Geschlechtskrankheiten.

Erotische Foren & Diskussionen

med1 Forum	**www.med1.de/Forum/Sexualitaet/** Sexualität, Anatomie, Selbstbefriedigung, Techniken, Homo, Hetero, Bi und zwischenmenschliche Beziehungen.

Erotische Geschichten

Erotische Literatur erotik@literaturcafe.de	**www.erotische-literatur.de** Interessant für alle, die gerne erotische Geschichten oder Gedichte lesen. Auch eigene Beiträge können veröffentlicht werden.
Erotisches zur Nacht erozuna@t-online.de	**www.erozuna.de** Anspruchsvolle erotische Literatur und Kunst: Künstler und Autoren präsentieren erotische Geschichten und Bilder.

Sextra www.sextra.de

EROTIK

frivoli.net

www.frivoli.net
Nach einer Anmeldung kann man echte und erfundene erotische Geschichten lesen. Mit Diskussionsforen und viel besuchtem Chat.

Erotische Lebensmittel

● erotic-chocolates
info@erotic-chocolates.de

www.erotic-chocolates.de
Liebe geht bekanntlich durch den Magen, hier kann man sich erotische Lebensmittel und Süßwaren bestellen, vom Schoko-Popo über Penis-Nudeln bis hin zu Nougat-Brüsten, Marzipan und Fruchtgummi in erotischen Motiven. Zudem leckere Drinks, Marzipan, Pasta und Schokolade zu vielen Anlässen.
(Siehe Abbildung)

Lustkueche
kundenservice@lustkueche.de

www.lustkueche.de
Cocktail-Rezepte, Salate, Vor- und Hauptspeisen, Desserts und Snacks, die das Liebesleben anregen sollen.

Hostessen, Dressmen & Begleitservice

Agency-VIP-Escort
info@agency-vip-escort.de

www.agency-vip-escort.de
Escortservice - Begleitungen für die gehobene Klientel durch Erotikmodelle, Fotomodelle, Hostessen und Male-Models.

Go2-Escort.de
info@go2-escort.de

www.go2-escort.de
Exklusiver Begleitservice für Damen und Herren für private Aktivitäten, Geschäftstermine, Reisen oder offizielle Anlässe.

Marbella Escorts
info@marbella-escort.com

www.marbella-escort.com
Weiblicher und männlicher Begleitservice weltweit.

erotic-chocolates   www.erotic-chocolates.de

Erotik

● **Noblesse Escort**
info@noblesse-escort.de

www.noblesse-escort.de
Exklusiver und diskreter First-Class-Escort für den Herren mit gehobenen Ansprüchen, deutschland- und europaweit: Wochenendreisen, Geschäftsreisen, Dinner, Musical, Theater, Oper, Konzert, offizielle Anlässe und erotische Begleitung. **(Siehe Abbildung)**

Target Export
info@targetescorts.com

www.target-escort.de
Vorstellung der Escort Models in persönlichen Portfolios. Ausführliche Beschreibung mit Bild und Anregungen für das perfekte Date.

Venus Escort
venus@venusescort.com

www.venusescort.com
Internationale Escort-Agentur.

Kunst/Aktfotografie

Aktgalerie, Die
info@aktgalerie.de

www.aktgalerie.de
Die Aktgalerie stellt Künstler aus aller Welt aus und ist eine Anlaufstelle für Fotografen, Aktmodelle und Betrachter.

Aktpaare.de
webmaster@aktpaare.de

www.aktpaare.de
Große Online-Galerie mit über 80 nationalen, aber auch internationalen Fotografen und weit über 1.000 Aktfotografien.

arsch.de
info@arsch.de

www.arsch.de
Verschiedene Ansichten von hinten. Sehr anspruchsvolle Aufmachung und Bilder, darunter vieles aus der klassischen Kunst.

Fotostudio D. Bauer
info@daniel-bauer.com

www.daniel-bauer.com
Öffentliche Fotogalerie mit Originalfotos und Postern sowie Bildbände internationaler Fotografen im Online-Buch-Shop.

Glauwitz.de
info@s69.de

www.glauwitz.de
Über 110.000 kostenlose, erotische Bilder von privaten Amateurmodellen.

Noblesse Escort www.noblesse-escort.de

Erotik

● **Martin Krake: erotische Fotografie**

www.martin-krake.com
Der professionelle Aktfotograf Martin Krake führt seine Models an die schönsten Außenlocations Südeuropas. Seine Web-Seite zeigt Fotos und Videos aus sechs Jahren, ergänzt durch ausführliche Hintergrundinformationen über die Entstehung dieser außergewöhnlichen Arbeiten. **(Siehe Abbildung)**

Paul Himmel
info@paul-himmel.de

www.paul-himmel.de
Der international anerkannte Fotokünstler präsentiert seine anspruchsvollen erotischen Arbeiten. Mit Poster-Shop.

PFEFFERscharf.DE
info@pfefferscharf.de

www.pfefferscharf.de
Online-Portal für Künstler und Modelle aus diversen Bereichen. Mit Fotogalerie, Buch-Shop und Events.

Pomykalski
jacek@pomykalski.com

pomykalski.com
Sehr stilvolle Schwarzweiss-Fotos, die auch beim Künstler direkt bestellt werden können.

The Voyeurweb

www.voyeurweb.com
Erotische Fotos von Amateuren.

Kunst/Aktmalerei

Erotische Malerei
webmaster@erotischemalerei.com

www.erotischemalerei.com
Galerie mit Werken der Malerin Anke Meier, die in Bleistift, Kohle und Kreide gezeichnet sind. Diese können online erworben werden.

Sugar7.de
webmaster@sugar7.de

www.sugar7.de
Aktmalerei in fünf Galerien. Die Bilder können als Drucke bestellt und einige als E-Cards verschickt werden.

Anzeige

EROTIK

Kunst/Bücher

Lustwandel
kontakt@lustwandel.de

www.lustwandel.de
Hier findet man erotische Lektüre: Sinnlich erotische Belletristik, Sach-, Comic- und Kunstbücher sowie DVDs und Videos.

Liebeslexikon

Liebeslexikon
team@liebeslexikon.de

www.liebeslexikon.de
In diesem Lexikon werden Begriffe von A wie Abtreibung bis Z wie Zungenkuss erklärt sowie verschiedene Stellungen beschrieben.

Sexlexikon
roland@sexlex24.de

www.sexlex24.de
Lexikon über Liebe, Sex und Zärtlichkeit wie Abtreibung, Verhütung, Homo-Ehe, Stellungen, Geschlechtsverkehr und Aufklärung.

Online-Magazine

Blitz-Illu Online
webmaster@coupe.de

www.blitz-illu.de
Bilddatenbank, kostenlose Kontaktanzeigen, Foto-Story und eine Sexberatung.

Club69.de
mail@club69.de

www.club69.de
Portal mit über 1.070 erotischen Angeboten und einem übersichtliches Link-Verzeichnis aus allen Bereichen der Erotik.

Coupé.de
webmaster@coupe.de

www.coupe.de
Der Coupé-Surfer kann sich die ganze heiße Themenvielfalt der jungen Illustrierten ansehen, viele tausend private Aktfotos.

erotik für frauen
postmaster@frauengefluester.de

www.frauengefluester.de
Erotik-Web-Seite mit Fotogalerie, erotischen Geschichten, Literaturtipps, Rezepten und Informationen über Aphrodisiaka.

Fundorado.com   www.fundorado.com

EROTIK

erotische Sekretariat, Das

www.das-erotische-sekretariat.de
Das erotische Lexikon gibt Auskunft über die verschiedenen Begriffe. Empfehlenswert ist vor allem das erotische Horoskop.

● **Fundorado.com**
info@fundorado.com

www.fundorado.com
FunDorado.com ist die gigantische Erotik Internet-Welt zum Power Festpreis. Für eine niedrige Pauschale erhält der Nutzer hier LIVE-Cams, Videos, Galerien, Amateure u.v.m. Leser des Web-Adressbuches erhalten bei der Anmeldung zusätzlich einen Tag gratis, bei Eingabe dieser Vorteilsnummer: WAX94. **(Siehe Abbildung)**

Hotjoy.de
redaktion@hotjoy.de

www.hotjoy.de
Das Erotikportal hotjoy.de bietet Bildergalerien, Videos, Nacktbilder-Voting, Live-Cams, Sex-Storys und einen Clubbereich.

● **Lemonpool**
info@lemonpool.de

www.lemonpool.de
Lemonpool - die Lustmarke, ist ein Online-Magazin zu Partnerschaft, Sexualität und Fetisch. Das integrierte Forum ist mit über 10.000 Mitgliedern eine der größten Communities in Deutschland zu diesem Themenbereich. Auf den regelmäßigen Treffen, können sich die Mitglieder sogar real kennenlernen. **(Siehe Abbildung)**

Männer-Lifestyle

www.justbeman.de
Ein Lifestyle-Magazin für Männer mit Aktfotografien und einem Sex-Guide.

Playboy
team@playboy.de

www.playboy.de
Der Lifestyle-Titel mit dem legendären Rabbit Head. Erotische Fotografie, spannende Reportagen, interessante Interviews.

praline interaktiv
info@praline.cam.de

www.praline.de
Viele prickelnde Bilder, Privatfotos, Chat, Kleinanzeigen, Erotik-TV, Video, Live-Show und ein großes Sexlexikon.

Lemonpool   www.lemonpool.de

EROTIK

Sadomasochismus

Datenschlag
webmaster@datenschlag.org

www.datenschlag.org
Datenschlag ist eine deutschsprachige Gruppe, die Informationen über sadomasochistische Themen zusammenträgt und aufbereitet.

Lustschmerz
redaktion@lustschmerz.com

www.lustschmerz.com
Das große, kostenlose SM und Fetisch Online-Magazin mit Niveau! Kolumnen, Artikel, Stories, Praxistipps und erotische Kunst. Mit angeschlossenem SM-Online-Shop und einer garantiert fakefreien, mitgliedergeprüften Kontakt-Community. (2.500 private Frauen und Männer aller Neigungen mit Fotoprofilen). **(Siehe Abbildung)**

Selbstbefriedigung & Masturbation

lovetoytest.de
info@lovetoytest.de

www.lovetoytest.de
Niveauvoller Erotikratgeber zum Thema Masturbation: Informationen sowie interessante Tipps. Außerdem zahlreiche Testberichte von Toys, Vibratoren, Drogerie-Artikeln, erotischen Naschereien, Elektro-Sex-Geräten und Zubehör. In der Rubrik „Ratgeber" werden Fragen rund um Erotik beantwortet. **(Siehe Abbildung)**

Sexuallockstoffe/Pheromone

Pherolife.de
mail@pherolife.de

pherolife.de
Das neue, hochdosierte Pheromonparfüm PHEROMAX soll Herren und Damen unwiderstehlich machen. Es duftet zwar nicht nach Rosen, dafür verführt es die Instinkte, was durch wissenschaftliche Studien und Presseberichte belegt wird. **(Siehe Abbildung)**

Lustschmerz   www.lustschmerz.com

EROTIK

lovetoytest.de

www.lovetoytest.de

Pherolife.de

pherolife.de

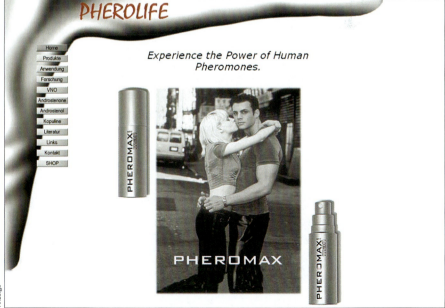

EROTIK

Lockduft
kontakt@lockduft.de

www.lockduft.de
Pheromone sind Sexual-Lockstoffe für beide Geschlechter. Hier erhält man Infos und kann die Produkte gleich bestellen.

Pharmazie Deutschland

www.pharmaziedeutschland.de
Versand von Pheromon-Produkten für Männer und Frauen. Mit Testergebnissen verschiedener Experimente.

Phero.de

www.phero.de
Eine große Auswahl an verschiedenen Pheromon-Produkten: Parfüm, After Shave, Parfümstifte sowie Massage-Öl.

Swinger/Clubs

augenweide.com
webmaster@augenweide.com

www.augenweide.com
Kostenlose Domains für Swingerpaare, Kontaktbörse, Forum und ein Chat. Bundesweite Datenbank für Swingerclubs.

swingerclubs.de
info@swingerclubs.de

www.swingerclubs.de
Community für Swinger und Clubbetreiber. Mit Swinger-Suchmaschine, Forum und kostenlosen Kontaktanzeigen.

Swinger/Reisen

Swingerreisen
info@swingertoern.de

www.swingertoern.de
Swingerreisen für Singles und tolerante Paare zu Swingerclubs. Segeltörns und Urlaubsreisen für Pärchen und Soloherren.

TV/Erotikmagazine

Liebe Sünde
redaktion@liebesuende.de

www.liebesuende.de
Das Journal zur Sexualität bei Pro Sieben: Sexstellungen, Liebeskunst, Psychotest, Rätsel, Videos und Chat.

EROSPA-SHOP Versand   www.erospa-shop.de

EROTIK

Wa(h)re Liebe Online
lilo@wahreliebe.de

www.wahreliebe.de
Die Erotiksendung mit Lilo Wanders. Gute Surf-Tipps, Liebeslexikon, eine Aktgalerie und Berichte rund um das Thema Erotik.

Versand

Adultshop.de
info@adultshop.de

www.adultshop.de
Großer Erotik-Online-Shop: Sexspielzeug, Dessous, Erotikdrogerie, Schmuck, Videos, Bücher, CD-ROMs und DVDs.

Beate Uhse
info@beate-uhse.com

shop.beate-uhse.de
Alles, was die Liebe schöner und aufregender macht. Die aktuelle Kollektion des Beate-Uhse-Sortiments.

● **EROSPA-SHOP Versand**
service@erospa-shop.de

www.erospa-shop.de
Erotik-Shop für Sie und Ihn. Große Auswahl, günstige Preise, versandkostenfrei ab 35 EUR, 14 Tage Geld-zurück-Garantie, gratis Batterien zu allen elektronischen Artikeln, wertvolle Punkte sammeln bei jedem Einkauf, Kauf auf Rechnung, 100% Diskretion, neutrale Verpackung, schnelle Lieferung. **(Siehe Abbildung)**

Blacktoys.de
versand@blacktoys.de

www.blacktoys.de
SM-, Fetisch- und Bondage-Shop mit zahlreichen Angeboten.

Condomia.de
info@condomia.de

www.condomia.de
Kondome verschiedener Marken und die Anleitung zu deren Nutzung. Zudem Gleitgel, Liebeskugeln, Vibratoren und Phallus-Fesseln.

● **Sabasin**
info@sabasin.com

www.sabasin.com
Sabasin ist der Versand für Erotik- und Wellnessprodukte im Netz. Der Online-Shop bietet nur getestetes Sexspielzeug mit Gebrauchsanweisung. Zusätzlich bietet die Online-Boutique viel Informatives wie das Eroskop, Lexikon der Lustmittel, erotische Bücher und Lovecards. **(Siehe Abbildung)**

Sabasin
www.sabasin.com

EROTIK

Cosmorotix.de
service@cosmorotix.de

www.cosmorotix.de
Der Online-Shop für Erotikartikel hat sexy Toys, Dessous für Männer und Frauen, SM-Artikel und Aphrodisiaka im Programm.

erotocom.de
mail@erotocom.de

www.erotocom.de
Vibratoren, Dildos, Dessous, Schnäppchen und SM-Artikel. Über 1.900 Artikel mit Bild.

Evas Paradies
info@evas-paradies.de

www.evas-paradies.de
Erotische Artikel aus den Bereichen: Spiel und Spaß, Unterhaltung, Nützliches, Wellness und Beauty, Bekleidung und Kunst.

Intimo
info@erotikmoebel.com

www.e-intimo.com
Exklusive Erotikmöbel online bestellbar.

Orion Erotikversand
service@orion.de

www.orion.de
Online-Shop mit über 6.000 Erotikartikeln. Gratisspiele, Cover-Girls, Chats, Kontaktanzeigen sowie heiße Live-Cam-Girls.

purejoy.de
info@purejoy.de

www.purejoy.de
Erotikartikelversand mit umfangreicher Auswahl rund um die Erotik. Für Damen und Herren.

terso.de
info@terso.de

www.terso.de
Erotikspielzeuge, Unterwäsche, Lack, Latex, Leder und alles was noch dazu gehört.

toyattack
shop@toyattack.de

www.toyattack.de
Online-Shop mit erotischer Bekleidung und Dessous in Lack, Leder und Latex, Nylons und Strümpfe sowie Sex-Toys.

Wet Wild World Shop
info@wetwildworld.de

www.wetwildworld.de
Die unterschiedlichsten Kondome, Gleitmittel und weitere spezielle Artikel für das Liebesleben.

Versand/DVD-Verleih

newdvdfun.com
kontakt@newdvdfun.com

www.newdvdfun.com
Erotik-CD-ROMs und DVDs geordnet nach verschiedenen Themenbereichen.

private69.de
info@kirchberg-logistik.de

www.private69.de
DVD-Online-Videothek. Übersichtlich sortiert nach Filmtitel, Darsteller, Produzent, Label oder Top 100.

Versand/Frauen

InsideHer
info@erotischesfuerfrauen.de

www.erotischesfuerfrauen.de
Der Erotikladen bietet ein hochwertiges, speziell auf die Bedürfnisse der Frauen abgestimmtes Sortiment, mit Forum.

Vibrator - P.l.e.a.s.u.r.e
kontakt@vibrator-pleasure.de

www.vibrator-pleasure.de
Dieser spezialisierte Internet-Versand bietet die Möglichkeit, Vibratoren, Dildos oder Vibrator-Sets aus einer umfangreichen und ansprechenden Auswahl diskret online zu bestellen. Alle Versandpakete werden natürlich neutral verpackt.

Essen & Trinken

4

Essen & Trinken

ESSEN & TRINKEN

www.lebensmittellexikon.de

Lebensmittellexikon.de

Eminciertes Gemüse, legierte Suppe und leckeres Confit? Wenn Sie kein Gourmet sind, der in diesem Fachchinesisch bereits bewandert ist, können Sie es dank dieser Seite noch werden. Neben Erklärungen zu Anbau-, Gar- und Konservierungsmethoden finden Sie zu jedem Nahrungsmittel Angaben zu Herkunft und Verwendung. Oder kennen Sie den Unterschied zwischen nativem Olivenöl extra, nativem Olivenöl und gewöhnlichem nativem Olivenöl? Auch können Sie zu einzelnen Lebensmitteln eine Nährwertberechnung durchführen. Und wer gern im Ausland schlemmt, findet hier Wörterbücher mit Vokabeln rund ums Essen.

www.food-x.de

food-x.de

Ihr Magen knurrt und bettelt, es soll nicht wieder die billige Tiefkühlpizza von gestern sein? Gönnen Sie sich und Ihren Freunden doch mal was Feines, indem Sie selbst zum Kochlöffel greifen: Das Ebi-Oshi-Sushi, der gratinierte Hummer oder ein Avocado-Salat gelingen mit Hilfe der großen Rezeptsammlung sicherlich auch Ihnen. Zur Verdauung werfen Sie einen Blick auf die Drink-Rezepte: Mixen Sie einen leckeren Coffee Tonic oder einen starken weißen Russen! Sollten Sie doch zu faul sein und es bevorzugen, bedient zu werden, finden Sie Adressen von Restaurants und Lieferservice in Ihrer Stadt, die Ihren Gaumen ebenfalls verwöhnen können.

www.fruitlife.de

Fruitlife

Es müssen nicht immer nur Äpfel und Birnen sein. Etwas mehr Pepp für Ihren Obstsalat gefällig? Wie wär's zur Abwechslung mal mit Quitten, Sternfrucht oder Boto? Hier finden Sie zu gängigen Früchten und vielen Exoten bebilderte Infos zu Zusammensetzung, Herkunft, Verzehr und Zubereitung. Litchis beispielsweise lassen sich hervorragend für Cocktails verwenden und helfen obendrein gegen Geschwüre! Auch eine Nuss gilt als Frucht – wussten Sie, dass Pistazien unter allen Nüssen den größten Eisengehalt liefern oder dass die Kokosnuss zur Palmenfamilie gehört? Und wie man am geschicktesten eine Kaktusfeige verspeist, sehen Sie hier.

www.deutscheweine.de

Deutsches Weininstitut

Weiß oder Rot? Trocken oder lieblich? Zu einem erlesenen Menü gehört auch immer der passende Wein. Nur welcher Wein ist der richtige? Ob Spätburgunder oder Riesling, ob Baden oder Rheinhessen: Die Seiten des Deutschen Weininstituts informieren übersichtlich und umfassend über die deutsche Weinwirtschaft. Neben den unterschiedlichen Weinklassifikationen, Rebsorten und Anbaugebieten finden Sie praktische Tipps zu Einkauf und Lagerung sowie Rezepte mit und zu Wein. Drehen Sie am Weinaroma-Rad, schmökern Sie im Weinglossar und lassen Sie sich zum Winzer Ihrer Wahl führen – hier wird reiner Wein eingeschenkt!

Essen & Trinken

www.chefkoch.de

Chefkoch.de

Gehören Sie auch zu den Kochmuffeln unserer Nation? Dabei ist es doch so einfach. Verwöhnen Sie Ihre Lieben doch einmal mit einem brasilianischen Tiramisu oder einem pikanten Tomaten-Pfirsich-Chutney. Diese und tausend weitere leckere Rezepte gibt es auf Chefkoch.de. Sollen Spaghetti und Hackfleisch in Ihrem Rezept vorkommen? Kein Problem mit der internen Rezeptsuchmaschine. Wenn Sie trotz Ihres prall gefüllten Kühlschrankes keine Idee haben, dann geben Sie Ihre gewünschten Zutaten ein und die Resteverwertung sucht nach Rezepten, die nur Ihre Zutaten enthalten. Liebe geht durch den Magen – probieren Sie es aus.

www.varta-guide.de

Varta Hotel- und Restaurantführer

So einfach war die Reiseplanung für Feinschmecker noch nie. Nun müssen Sie im Urlaub oder unterwegs nicht mehr in irgendeinem Restaurant einkehren. Mehr als 7.000 Restaurants und 20.000 Hotels sind in der umfangreichen Datenbank des Varta-Hotel- und Restaurantführers aufgenommen worden. Ein eigenes Sternesystem weist den Weg zu gut ausgewählten Restaurants, Gaststätten und Hotels. Ob heimische oder internationale Küche, ob in der oberen oder unteren Preislage, in Wohnortnähe oder in Ihrem Urlaubsort, ob ein oder drei Sterne... Egal, welche Ansprüche Sie an ein Restaurant stellen, hier werden Sie sicher fündig.

www.pizza.de

Pizza.de

Sie sind auf der Suche nach Abwechslung im Pizza-Alltag oder mit knurrendem Magen in einer fremden Stadt unterwegs? Die Pizzasuchmaschine hilft Ihnen per Internet, bequem und schnell zu jeder bundesdeutschen Postleitzahl passende Pizzerien mit Lieferdienst, Restaurants mit Take-Away-Service, Supermärkte, Tankstellen-Shops oder Tiefkühl-Lieferdienste zu finden. Zu jedem Eintrag erhalten Sie neben der Adresse und Telefonnummer eine Entfernungsangabe in Kilometern, eine Bewertung des Service und zusätzliche Angaben wie Öffnungszeiten oder Speisekarten. Aber die Pizza bestellen und essen müssen Sie jetzt schon noch selber!

www.zusatzstoffe-online.de

Zusatzstoffe online

E – wie essbar?! Ob E 160, E 322 oder E 511, Zusatzstoffe und E-Nummern findet man heute auf fast jeder Lebensmittel-Verpackung. Aber mal ehrlich, können Sie sich unter Emulgatoren oder Stabilisatoren etwas vorstellen? Für alle, die es wissen wollen, gibt es die Online-Datenbank der Verbraucherinitiative e.V. Hier finden Sie zu jedem der knapp 300 in der EU zugelassenen Zusatzstoffe verständliche Informationen zu Eigenschaften, Herstellung, Zulassung, Verwendung und Sicherheit sowie zu deren Kennzeichnungspflichten. Endlich können Sie so manches Fragezeichen vom Tisch fegen. Sie wissen ja jetzt, dass E 300 lebensnotwendig ist!

Essen & Trinken

Ernährung

aid infodienst
aid@aid.de

www.aid.de
Wissenschaftlich fundierte Informationen und Medien für die Bereiche Verbraucherschutz, Ernährung, Landwirtschaft und Umwelt.

Debinet
info@ernaehrung.de

www.ernaehrung.de
Lexika zur Ernährung, Berechnung des Energiebedarfs und Body-Mass-Indexes sowie Adressen von Ansprechpartnern für Ernährungsfragen.

designB Ernährungsforum
info@kalorien-tabelle.de

www.kalorien-tabelle.de
Ausführliche Kalorientabelle, Kochsalzgehalt von Lebensmitteln, Broteinheiten-Tabelle, Herstellerpalette und Ernährungstipps.

EUFIC
eufic@eufic.org

www.eufic.org
Verbraucherinformationen über fundierte, wissenschaftliche Erkenntnisse aus dem Bereich Ernährung und Lebensmittelsicherheit.

Novamex
info@novamex.de

www.novamex.de
Informationen über Ernährung und Nahrungsergänzung. Neues aus der Ernährungsforschung. Mit einem Nährstofflexikon.

Was-wir-essen.de
aid@aid.de

www.was-wir-essen.de
Alles über Lebensmittel „vom Acker bis zum Teller". Infos und News rund um Verbraucherschutz, Ernährung und Landwirtschaft.

Ernährung/Diät

● **Diaeko**
infos@diaeko.de

www.diaeko.de
Diäko-Journal: Informationen über gesunde Ernährung mit der Möglichkeit, die Angebote direkt online zu bestellen.
(Siehe Abbildung)

Diaeko   www.diaeko.de

Anzeige

ESSEN & TRINKEN

Du darfst

www.du-darfst.de
Tipps, wie man sich schön isst und sich dabei wohl fühlt. Produktpalette, Rezepte, Online-Ernährungsberatung und Body-Check.

Foodplaner.de
info@foodplaner.de

www.foodplaner.de
Nährwert-, Wissens- und Aktivitätendatenbank sowie präzise Ernährungsanalysen. Der „Diet Watcher" hilft beim Abnehmen.

Slim Fast
allpharm@t-online.de

www.slimfast.de
Alles zum Thema „Unkompliziert und erfolgreich abnehmen", Infos zu Slim Fast sowie leckere und leichte Rezepte zum Nachkochen.

Treffpunkt Wunschgewicht
info@treffpunktwunschgewicht.de

www.treffpunktwunschgewicht.de
Produktinformationen, die zur gesunden Ernährung beitragen. Außerdem Tipps und Tricks, um das Gewicht zu reduzieren.

🔴 **Weight Watchers**
info@weight-watchers.de

www.weightwatchers.de
Abnehmen ist nicht leicht, aber mit Weight Watchers ist es leichter. Das Weight Watchers Ernährungskonzept für langfristiges Abnehmen ist flexibel und leicht zu integrieren in Freizeit, Familie und Beruf. Neben den Treffen und Fernprogrammen steht ab sofort ein Online-Produkt zur Verfügung. **(Siehe Abbildung)**

Ernährung/Trennkost

Trennkostclub
info@trennkost-club.de

www.trennkost-club.de
Tipps zu einer gesunden Trennkosternährung mit Erläuterungen, den „Zehn Geboten" und einem Gesundheits-Check.

Weight Watchers   **www.weightwatchers.de**

ESSEN & TRINKEN

Gastronomieführer/Hotels & Restaurants

A la Carte
info@alacarte.de

alacarte.de
Genuss und Lebensart im Internet. Neben einem umfangreichen Restaurant- und Hotelführer bietet diese Web-Seite Informationen über verschiedene Kreuz- und Zugfahrten. Für jede Jahreszeit findet man leckere Rezepte zum Ausprobieren. Mit einem Shopping-Guide für Deutschland, Frankreich und Spanien.
(Siehe Abbildung)

Bookatable.de
info@bookatable.de

www.bookatable.de
Tischreservierung für Küchen aus aller Welt. Gastronomen können sich anmelden und so ihre Reservierungen verwalten lassen.

Guide Gault Millau
leserservice@gaultmillau.de

www.gaultmillau.de
Guide Gault Millau ist der renommierte Restaurant- und Hotelführer für Genießer. Standardwerk zum deutschen Wein.

Schlemmerregion
info@gastromedien.net

www.schlemmerregion.de
Suchmaschine zu regionaler Gastronomie mit kulinarischen Veranstaltungen und Volltextsuche über Speise- und Getränkekarten.

Varta Hotel- und Restaurantführer
varta-fuehrer@mairs.de

www.varta-guide.de
Hotels und Restaurants in Deutschland, Österreich, Italien und der Schweiz werden nach verschiedenen Suchkriterien aufgelistet.

Gastronomieführer/Kneipen

Kneipenführer Deutschland
info@kneipenfuehrer.de

www.kneipenfuehrer.de
Verzeichnis von Kneipen, Cafés, Bars und Restaurants, die meist von Gästen eingetragen und ausführlich beschrieben werden.

A la Carte   alacarte.de

Essen & Trinken

Getränke/Apfelwein

Apfelwein Pur
postmaster@apfelwein-pur.de

www.apfelwein-pur.de
Hier erfährt man alles rund um den „Bembel" und das „Deckelchen" und erhält eine Anleitung, wie man Apfelwein selbst keltern kann.

Stoeffche.de

www.stoeffche.de
Geschichte des Apfelweins und Infos zur Herstellung sowie eine Suchmaschine mit Apfelweinwirtschaften im Rhein-Main-Gebiet.

Getränke/Bier

Bier online
info@haus-der-131-biere.de

www.biershop.de
Bestellung von Bieren aus aller Welt - von Australien bis Zypern. Bierpräsente, Bierposter und Bücher rund ums Bier im Shop.

Bier und Wir

www.bierundwir.de
Sehr ausführliche und informative Seite zum Thema Bier: Geschichtliches, Brauvorgang und Rezepte zum Thema Kochen mit Bier.

Bierclub.de
info@bierclub.de

www.bierclub.de
Alles für den Bierfan: vom virtuellen Stammtisch, über Bierseminare bis hin zum Bierlexikon sowie die „Bier des Monats"-Wahl.

Deutscher Brauer-Bund e.V.
info@brauer-bund.de

www.deutsches-bier.net
Brauprozess, Kochrezepte mit Bier, Branchenstatistik, Reinheitsgebot, Tag des Deutschen Bieres, Biergeschichte, Sortenvielfalt.

● **Guinness**

www.guinness.de
Das irische Guinness-Bier stellt sich vor. Aktuelle Infos, wo gute Events stattfinden. Der Guinness-Pub-Guide verrät, welche Kneipen dieses Bier führen. **(Siehe Abbildung)**

Guinness   www.guinness.de

Anzeige

Essen & Trinken

Getränke/Cocktails

Cocktails & Dreams
info@cocktaildreams.de

www.cocktaildreams.de
Cocktail-Rezepte mit Bildern, Lexikon für Fachausdrücke, Barkeeper-Tipps und Secrets.

● **cocktails.de**

www.cocktails.de
Cocktails, Long-, Tropical-, Sekt- und Fitness-Drink-Rezepte. Rezepte von A-Z, ein Barlexikon mit Fachbegriffen und Getränkekunde sowie nützliches Zubehör und hilfreiche Tipps, um den richtigen Cocktail zu mischen. **(Siehe Abbildung)**

Cocktailbase
info@cocktailbase.de

www.cocktailbase.de
Zahlreiche Cocktail-Rezepte sowie weitere Informationen rund um Cocktails und Barzubehör.

Cojito.de
info@cojito.de

www.cojito.de
Darstellung zahlreicher Clubs, Bars, Cafés, Kneipen und Biergärten in Deutschland und weltweit. Cocktail-Rezepte und Bar-Shop.

eCocktail
kontakt@ecocktail.de

www.ecocktail.de
Cocktail-Datenbank mit über 13.000 Rezepten. Vieles rund um die Gastronomie sowie zahlreiche Infos über das Cocktail-Mixen.

Nice Cocktails
webmaster@nice-cocktails.de

www.nice-cocktails.de
Für alle, die Cocktails in Kneipen unerschwinglich finden, gibt es hier einen Online-Mix-Kurs, Tipps sowie leckere Rezepte.

Getränke/Energy-Drinks

burn

www.burn-passion.de
Kultige Inhalte zu den Themen Leidenschaft und Power sowie zum Energy-Drink „burn" aus dem Hause Coca-Cola.

cocktails.de   **www.cocktails.de**

ESSEN & TRINKEN

flyinghorse.de
info@flyinghorse.de

www.flyinghorse.de
Alles über Inhaltsstoffe und Wirkung des Energy-Drinks. Die Flying Horse-Collection bietet das passende Outfit zum Getränk.

Gatorade

www.gatorade.de
Informationen rund um den Energy-Drink „Gatorade". Clevere Tipps für einen „coolen" Tag.

Isostar

www.isostar.de
Informationen zu den verschiedenen Isostar-Produkten sowie zu Grundlagen der Sporternährung und zur Isotonie.

Redbull

www.redbull.de
Nicht nur Infos zum Energy-Drink, sondern auch über Jobmöglichkeiten und internationale Veranstaltungs-Highlights von Red Bull.

Getränke/Kaffee/Allgemein

Bohne24.de
info@bohne24.de

www.bohne24.de
Aromen-, Roh- oder Röstkaffee aus der ganzen Welt sowie Süßigkeiten und Sirup. Wissenswertes über die Herkunft des Kaffees.

Classic-Caffee
info@classic-caffee.de

www.classic-caffee.de
Über 100 Kaffeespezialitäten: feine Sorten und Mischungen sowie exotische Raritäten wie Jamaica Blue Mountain und St.Helena.

🔴 **Espresseria**
info@espresseria.de

www.espresseria.de
Espresseria.de verrät Kniffe und Tipps für die Zubereitung von leckerem Kaffee, bietet Entscheidungshilfen für den Kauf der „richtigen" Kaffeemaschine und liefert jede Menge Hintergrundinfos zum Thema Kaffeegenuss und -geschichte, mit Lexikon und Bücher-Shop. **(Siehe Abbildung)**

Espresseria   www.espresseria.de

175

Essen & Trinken

CoffeeShop.de
info@coffeeshop.de

www.coffeeshop.de
Sortenreine und aromatisierte Spitzenkaffees, Espresso, stilvolle Accessoires sowie hochwertige Kaffee- und Espresso-Maschinen.

Deutscher Kaffee-Verband
info@kaffeeverband.de

www.kaffeeverband.de
Dieser Interessenverband bietet Infos zur Wirtschaft und Geschichte des Kaffees, zu den Inhaltsstoffen und zur Zubereitung.

● **Gourvita.com**
service@gourvita.com

www.gourvita.com
Genuss-Versandhaus für anspruchsvolle Gourmets. Das Sortiment umfasst mehr als 900 Produkte, z.B. Kaffee und Espresso, Saeco und Jura-Geräte sowie elegante Accessoires. Gourvita.com ist ein Unternehmen der Firmengruppe J.J.Darboven und führt weltbekannte Marken wie Alfredo Espresso und IDEE Kaffee. **(Siehe Abbildung)**

Kaffee Zentrale
info@kaffeezentrale.de

www.kaffeezentrale.de
Kaffeemarken und -sorten sowie die verschiedenen Zubereitungsarten. Außerdem alles zum Kaffeeanbau und zur Verarbeitung.

KaffeeShop 24
info@kaffeeshop24.de

www.kaffeeshop24.de
Spezialitätenversand: aromatisierter und entkoffeinierter Kaffee, Bio- und Rohkaffee, Espresso, Kakao, Sirup und Schokolade.

Melitta

www.melitta.de
Kaffee, Filtertüten und Kaffee-Automaten. Informationen über die Kaffeekultur in verschiedenen Ländern sowie über den Anbau.

MondoGusto
info@mondogusto.de

www.mondogusto.de
Die Welt des Geschmacks von MondoGusto bietet Espresso, Schokolade, Grappa, Antipasti, Accessoires und einen Geschenkservice.

Nuss24
info@nuss24.de

www.nuss24.de
Edle Sorten, ausgesuchte Mischungen, langsam und schonend geröstet. Wer guten Kaffee liebt, wird hier fündig. Dazu Nüsse und Kerne, Gebäck, Cräcker, Süßes und Gewürze. Breites Sortiment für Privathaushalte, Gastronomie und Großhandel in Nuss24-Qualität. Sonnenallee 73, 12045 Berlin, Tel: (030) 62727797.

Getränke/Kaffee/Espresso

Busonero Caffé
info@busonero.de

www.busonero.de
Busonero Caffé aus der Toskana: verschiedene Kaffeesorten, Tassen und Sets sowie Geschenkgutscheine und Kostproben.

Espresso direkt
info@espresso-direkt.de

www.espresso-direkt.de
Verkauf von Espresso-Maschinen, Mühlen, Accessoires, Pflegemitteln, Filtern und Tassen. Rezepte und eine kleine Kaffeekunde.

Espresso.de
info@espresso.de

www.espresso.de
Hier wird man nicht nur in das Geheimnis der Herstellung eingeweiht, sondern kann sich auch gleich eine Maschine bestellen.

EspressoShop
info@espressoshop.de

www.espressoshop.de
Der Spezialist für Espresso-Maschinen mit einem großen Angebot an Ersatzteilen und Zubehör.

Espresso-Store.de
info@espresso-store.de

www.espresso-store.de
Dieser Shop hält alles für das Espressovergnügen bereit: Espresso-Maschinen, Kaffee, klassische und ausgefallene Rezeptideen.

ESSEN & TRINKEN

Nespresso.de

www.nespresso.de
Hier erfährt man alles über das Nespresso-System, die Maschinen aus dem Nespresso-Sortiment und die zwölf Kaffeevariationen.

Piacere Espresso
piacere@piacere-espresso.de

www.piacere-espresso.de
Espresso- und Kaffeemaschinen, Kaffeemühlen, Milchaufschäumer, Kakao, Bücher, Zubehör und Feinkost.

Getränke/Kaffee/Hersteller

Dallmayr
bestellservice@dallmayr.de

www.dallmayr.de
Informationen rund um den Dallmayr-Kaffee: seine Herkunft, Geschichte und Produktion sowie die Raritäten unter den Kaffees.

Hochland Kaffee
info@hochland-kaffee.de

www.hochland-kaffee.de
Wissenswertes über Kaffee und Tee, mit Confiserie, Geschenken und Accessoires.

Jacobs Kaffee
jacobs@krafteurope.com

www.jacobs.de
Alles rund um Jacobs-Kaffee: Produkte und Geschichte, außerdem nützliche Tipps für die Zubereitung dieses Genussgetränkes.

Kaffeerösterei Willy Hagen
info@hagenkaffee.de

www.hagenkaffee.de
Kleine Kaffee- und Teekunde, Rezepte, Kaffee- und Teeseminare sowie ein Online-Shop.

Nescafé
nescafe@nestle.de

www.nescafe.de
Die Welt von Nescafé, Zahlen und Fakten zum Kaffeegenuss weltweit, alles über Kaffee, Produkte, Bildschirmschoner, Gewinnspiel.

Gourvita.com

www.gourvita.com

Essen & Trinken

Getränke/Kaffee/Kaffeeautomaten

Best-in-Coffee
info@best-in-coffee.de

www.best-in-coffee.de
Jura und Saeco Vollautomaten für Gastronomie oder privat: Kaffee, Accessoires, Zubehör und Pflegesets.

Ginex Shop
info@ginex-shop.de

www.ginex-shop.de
Der Online-Shop bietet Kaffee- und Espressomaschinen, Kaffeemühlen, Tassen, Pflegemittel, Süßwaren, Feinkost und Küchengeräte.

Getränke/Kakao

● **Nesquik**

www.nesquik.de
Spiele und Abenteuer mit Quicky, dem lustigen Nesquick Hasen. Individuelle Gestaltung eines Baumhauses, unterschiedliche und wechselnde Spiele, Sammelalbum für virtuelle Sticker mit Tauschmöglichkeiten, Gewinnspiele. **(Siehe Abbildung)**

Ovomaltine

www.ovomaltine.ch
Produktinformationen zum gesunden Getränk. Die Seite beschäftigt sich ansonsten intensiv mit Wintersport wie z.B. Snowboarden.

Getränke/Limonaden

● **Ahoj-Brause**
info@katjes.de

www.ahoj-brause.de
Web-Seiten voll prickelndem Brausespaß und brausigem Prickelspaß, frischzinierenden Rezepten und zischigen Experimenten. **(Siehe Abbildung)**

Bluna
info@bluna.de

www.bluna.de
Sind wir nicht alle ein bisschen Bluna? Mit Poster-Download, TV-Spots und Historie-Tour.

Nesquik   www.nesquik.de

ESSEN & TRINKEN

Coca-Cola

www.coca-cola.de
Coke Gateway mit Fun-Inhalten wie Cover-Designer und Starporträt, Unternehmensinfos, Gewinnspiele und andere Aktionen.

Fanta
webmaster@fanta.de

www.fanta.de
Die Fanta-Produktpalette, Wissenswertes aus der Fanta-Welt, eine Fanta-Zeitreise, Gewinnspiele und aktuelle TV-Spots.

Orangina
info@orangina.de

www.orangina.de
Werbe-Highlights aus über 70 Jahren Markengeschichte und die schräge Schüttologie illustrieren, was Orangina einmalig macht.

Schweppes
info@schweppes.de

www.schweppes.de
Alle fünf Getränkesorten und deren Zusammensetzung auf einen Blick. Die Schweppes-Werbekampagnen und Longdrink-Rezepte.

Sprite

www.sprite.de
Hier dreht sich alles um die Dirk Nowitzki Basketball Academy (DNBA), präsentiert von Sprite. Infos zu Anmeldung und Programm.

Getränke/Mineral- & Tafelwasser

Bonaqa

www.bonaqa.de
Tipps zum Thema Trinken und Ernährung sowie fundiertes Wissen über Wasseraufbereitung.

evian
info@evian.de

www.evian.de
Evian präsentiert hier seine Geschichte und Produkte mit Wasseranalysen. Außerdem gibt es Tipps zum täglichen Wasserbedarf.

Natürlich Mineralwasser
idm@mineralwasser.com

www.mineralwasser.com
Infos, Daten und Fakten über das Mineralwasser. Verbraucherinfos, Trinktipps, Cocktail-Rezepte mit und ohne Alkohol.

Ahoj-Brause   www.ahoj-brause.de

Essen & Trinken

Selters
info@selters.de

www.selters.de
Kurze Beschreibung der Produktpalette von Selters sowie Herkunft, Alter, besondere Merkmale und Kohlensäuregehalt.

● **Volvic**
info@volvic.de

www.volvic.de
Hier erhält man aktuelle Infos über Volvic naturelle, die Volvic Fruchtvarianten Orange, Zitrone und Apfel sowie die Volvic tee création Produkte. Auskünfte über die Ursprungsregion von Volvic - die Auvergne und den Abfüllprozess sind ebenfalls enthalten. Dazu Trink- und Sporttipps. **(Siehe Abbildung)**

Getränke/Sekt

● **Deinhard**
info@deinhard.de

www.deinhard.de
Leidenschaft für Sekt und Wein: Die Geschichte der Familie Deinhard von 1794 bis heute, Infos zu Sekt- und Weinmarken mit sensorischen Kurzbeschreibungen und zur Kellerei, das interaktive Deinhard Kellermuseum, passende Accessoires wie Geschenk-Sets und Sektgläser im Online-Shop und Gewinnspiele. **(Siehe Abbildung)**

● **Freixenet**
info@freixenet.de

www.freixenet.de
Prickelnde Flirt-Community mit Chat, Sternzeichenvergleich und Flirtfaktor-Anzeige. Außerhalb des Flirtbereichs gibt es Produktinformationen und Cocktail-Rezepte sowie die „Magic Coin Promotion" mit Gewinnspielaktionen. **(Siehe Abbildung)**

Gräflich von Kageneck'schen Wein- und Sektkellerei
info@kageneck.de

www.kageneck.de
Für die klassische Marke „Schloss Munzingen" werden nur edle Grundweine verwendet. Badische Weinbrände runden das Angebot ab.

Volvic www.volvic.de

ESSEN & TRINKEN

Deinhard www.deinhard.de

Freixenet www.freixenet.de

Essen & Trinken

Fürst von Metternich
info@fürstvonmetternich.de

www.fuerst-von-metternich.de
Die Geschichte des Fürsten von Metternich und der Riesling Sekttradition auf Schloss Johannisberg, Produktinformationen zu den drei verschiedenen Cuvées, ein Aktivitätenkalender und ein digitaler Restaurantführer mit über 800 Restaurantempfehlungen und Szene-Tipps für Fein- und Weinschmecker. **(Siehe Abbildung)**

Henkell Trocken
henkell-trocken@hs-kg.de

www.henkell-trocken.de
Die Geschichte der Sektkellerei, ein virtueller Kellerrundgang, die Produktpalette, eine Werbe-Chronik und eine kleine Sektkunde. Magnum- und Doppelmagnum-Flaschen können online bestellt werden. Dazu gibt es Informationen zur Kellereiführung und zu klassischen Konzerten im Hause Henkell. **(Siehe Abbildung)**

Jules Mumm
info@jules-mumm.de

www.jules-mumm.de
Infos rund um das Thema Sekt, Cocktail-Rezepte und zahlreiche Anregungen zur Freizeitgestaltung sowie ein Fun-Planner.

Kurpfalz-Sektkellerei

www.kurpfalz-sekt.de
Sekt mit eigenem Etikett entwerfen und online bestellen, Sekt-Shop, Kellereirundgang, Informationen zur Sektherstellung.

Mumm
info@mumm-sekt.de

www.mumm-sekt.de
Mehr als nur Sektinformationen: ausgewählte Designerobjekte, Ausstellungs-News, exklusive Grußkarten, Sekt-Genießer-Typ-Test.

sekt.de

www.sekt.de
Sekt und Spaß, Sektinfos, Sektgeschichten, Sektrezepte, Sektcocktails, Sektbowlen, Sektlexikon, Sektherstellung, Sektlagerung oder Sektlinks. Der Sekt-Knigge beantwortet alle Fragen über den richtigen Umgang mit Sekt. **(Siehe Abbildung)**

Fürst von Metternich   www.fuerst-von-metternich.de

ESSEN & TRINKEN

Henkell Trocken — www.henkell-trocken.de

sekt.de — www.sekt.de

Essen & Trinken

Rotkäppchen Sekt
info@rotkaeppchen.de

www.rotkaeppchen.de
Hier erfährt man alles über die Geschichte der Rotkäppchen Sektkellerei, die prickelnde Sektvielfalt und das phantasievolle Sektival.

Rüttgers Medium Dry

www.ruettgers.de
Sektkellerei Rüttgers und Rüttgers Medium Dry, Rüttgers-Launeforum, prickelnde Gewinnspiele, Sekttipps.

Schlumberger
services@schlumberger.at

www.schlumberger.at
Sektsorten und Weine des Hauses liebevoll vorgestellt. Ein Weinlexikon beantwortet offene Fragen. Virtuelle Kellerführung.

Sekt.com
infos@firstlevel.de

www.sekt.com
Ausführliche Informationen rund um Schaumwein, Sekt und Champagner.

Sektkellerei Lutter & Wegner
lutter-wegner@hs-kg.de

www.lutter-wegner.de
Infos zu dem Berliner Traditionssekt und dem Restaurant am Gendarmenmarkt, Zeitreise zum Gendarmenmarkt und „Kultur-Oskar".

● **Söhnlein Brillant**

www.soehnlein-brillant.de
Vorstellung der vier Sorten von Söhnlein Brillant, Informationen zur Geschichte des Unternehmens sowie Rezepte für Sektdrinks, Partygetränke und Bowlen. In der Rubrik „Tipps" werden die häufigsten Fragen zum Thema Sekt beantwortet. Auch Grußkarten können verschickt werden. **(Siehe Abbildung)**

● **Yello Prosecco**
yello@hs-kg.de

www.yello.de
Informationen zum Anbaugebiet des Proseccos im Herzen des Veneto. Die Yello Prosecco Expertise klärt über Alkoholgehalt, Restzucker, Säure und die optimale Serviertemperatur auf. Im Yello-Shop können Designer-Prosecco- und Weingläser bestellt werden. Mit Tour d'Italia-Gewinnspiel. **(Siehe Abbildung)**

Söhnlein Brillant   www.soehnlein-brillant.de

184

ESSEN & TRINKEN

Getränke/Säfte

Capri Sonne
info@capri-sonne.de

www.capri-sonne.de
Infos über die Produkte, deren Zusammensetzung und Herstellung. Des weiteren gibt es einen Shop und eine Fun-World.

FruchtTiger
verbraucher-service@eckes-granini.de

www.fruchttiger.de
Infos zu den Sorten von FruchtTiger, E-Cards, im Fun-Bereich gibt es Spiele, Downloads und etwas zum Basteln.

Früwe
info@fruewe.de

www.fruewe.de
Säfte aus heimischen, südlichen und exotischen Früchten sowie Informationen zum Hersteller.

Granini
service-granini@eckes-ag.de

www.granini.de
Wissenswertes über die Zutaten, Nährwerte, die Zusammensetzung und Herstellung der Fruchtgetränke. Allergiespezifische Infos.

hohes C
verbraucher-service@eckes-ag.de

www.hohes-c.de
Rezepte, Vitaminberatung und Mineralstoffkunde, hohes C-Magazin, Getränkekunde, Produktübersicht, Historie sowie Family-Shop.

Punica

www.punica.de
Die Säfte von Punica sind nach Varianten sortiert. Außerdem: Punica-Werbe-Clips zum Herunterladen.

Verband der deutschen Fruchtsaft-Industrie e.V.
info@fruchtsaft.org

www.fruchtsaft.org
Alles rund um den Fruchtsaft: Daten, Fakten, ernährungswissenschaftliche Hintergründe und Presseservice sowie Cocktail-Rezepte.

Yello Prosecco   www.yello.de

Essen & Trinken

Getränke/Sherry

Bodega Andaluza
info@bodega-andaluza.com

www.bodega-andaluza.com
Neben Sherry, Brandy, Wein, Essig und Accessoires werden hier auch Sherry-Seminare und Reisen nach Andalusien angeboten.

Sherry Info

www.sherry-info.de
Wenn Sherry bisher ein Fremdwort war, lohnt sich ein Klick auf diese Seite: alles über Herstellung, Sorten sowie leckere Rezepte.

Getränke/Spirituosen

● **BACARDI GmbH**
info-deutschland@bacardi.com

www.bacardi-deutschland.de
Informationen über das Unternehmen, wie Umsatz- und Absatzzahlen, Produkt-Portfolio und die Geschichte der BACARDI GmbH sowie eine Jobbörse mit aktuellen Stellenangeboten. Produktbilder und Logos können bezogen werden. **(Siehe Abbildung)**

Berentzen
berentzen@berentzen.de

www.berentzen.de
Berentzen Markenspirituosen: Spirituosenführer zum Herunterladen, Trink- und Cocktail-Ideen sowie ein Online-Shop.

Eckes Spirituosen und Wein

www.eckes-spirituosenundwein.de
Infos zum Unternehmen. Ausführliche Erläuterungen mit Bildern zum großen Sortiment aus Spirituosen-, Wein- und Sektmarken.

● **Martini**
info-deutschland@bacardi.com

www.martini.de
Auf Martini.de erhält der User Informationen zu und über MARTINI. Cocktail-Rezepte zeigen, wie man einen perfekten MARTINI Cocktail mixt. Mit dem Location-Guide findet man die Szenebar in jeder Stadt und im MARTINI Online-Shop kann man bequem online einkaufen. **(Siehe Abbildung)**

pitu.de
services@underberg.de

www.pitu.de
Infos zu PITÚ, Mixtipps, Events, ein PITÚ-Shop und Gewinnspiel.

BACARDI GmbH — www.bacardi-deutschland.de

ESSEN & TRINKEN

Spirituosen World
info@spirituosenworld.de

www.spirituosenworld.de
Der Online-Shop für Spirituosen aus aller Welt informiert zusätzlich über Herstellung und Herkunft der angebotenen Waren.

Getränke/Spirituosen/Absinth

absentas.com
info@absentas.com

www.absentas.com
Shop mit wichtigen Infos über Absinth und seine Geschichte. Der Lieferant von Teichenné-Absinth für Gastronomie und Handel.

Absinth Online
info@absinthonline.de

www.absinthonline.de
Versand von Absinth, Zubehör sowie Medien zum Thema. Außerdem Bitterspirituosen mit höchstem Thujongehalt und Komplett-Sets.

Absinth und Absinthprodukte
info@absenta.de

www.absinthhandel.de
Wiederentdeckung der „Grünen Fee". Im Shop gibt es Absinth mit und ohne Anisgeschmack sowie Geschenk- und Einsteiger-Sets.

Absinth.de
infos@absinth.de

www.absinth.de
Wissenswertes über den Absinth, Trinkrituale und Rezepte. Im Shop findet man eine große Auswahl an Absinthen und Accessoires.

eAbsinth-Shop
info@eabsinth.de

www.absinth-shop.de
Ursprung, Kunst und Wirkung von Absinth werden im Lexikon erklärt. Im Shop findet man alles für diesen besonderen Genuss.

Getränke/Spirituosen/Aquavit

Linie Aquavit
linie@mprdrmuth.de

www.linie.de
Alles über den norwegischen Premium Aquavit: von der Legende der Entdeckung bis hin zur Herstellung dieser Spirituose.

Martini   **www.martini.de**

Anzeige

ESSEN & TRINKEN

V&S Deutschland
post@vsdeutschland.de

www.vsdeutschland.de
Der Spezialist für deutsch-dänische Aquavite gibt einen Einblick in seine Produktpalette. Umfangreiches Rezeptarchiv.

Getränke/Spirituosen/Cachaça

Cachaca

www.cachaca-mangaroca.de
Rezepte und Informationen zu Cachaça, virtuelle Reise zu den Ursprüngen von Mangaroca Cachaça.

Canario

www.canario.de
Canario Cachaça, Basis für aufregende Caipirinha- und Batida-Kreationen. Online-Shop, Rezepte, Spiele und viele Partytipps.

Getränke/Spirituosen/Cognac

Chantré
info@chantre.de

www.chantre.de
Wissenswertes rund um den weichen Weinbrand Chantré. Die Rubrik „savoir vivre" bietet zahlreiche Anregungen zum Thema Genießen.

Getränke/Spirituosen/Grappa

Grappanet
vertrieb@grappanet.de

www.grappanet.de
Der Grappa-Laden im Internet: Ein reichhaltiges Sortiment erlesener Grappasorten. Infos über Anbaugebiete, Herstellung, Rezepte, Lieferanten (Berta, Bocchino, Andrea da Ponte, Walcher, Francoli, Pircher, Levi, Brotto, Unterthurner, Terre Antiche, Alexander, Franciacorta, Sibona, Nonino, Negroni). **(Siehe Abbildung)**

Grappashop.de
vertrieb@grappashop.de

www.grappashop.de
Im Sortiment sind 150 verschiedene Grappasorten enthalten; dazu eine Auswahl an Obstbränden, Accessoires und Delikatessen.

Grappanet

www.grappanet.de

188

Essen & Trinken

Getränke/Spirituosen/Korn

Echter Nordhäuser
info@echter-nordhaeuser.de

www.echter-nordhaeuser.de
Infos rund um die Marke Echter Nordhäuser und ein Einblick in die Brennerei. Das Huhn Henriette führt durch die Seite.

Echter Nordhäuser Eiskorn

www.eiskorn.de
Hintergrundinformationen zum Produkt aus reinem Eiszeitwasser. Außerdem ein schnelles „Neandertaler-Jump and Run-Spiel".

Nordhäuser Traditionsbrennerei
info@traditionsbrennerei.de

www.traditionsbrennerei.de
Rundgang durch die Nordhäuser Traditionsbrennerei, Infos über die Produkte sowie Rezepte und die zehn wichtigsten Mixtipps.

Getränke/Spirituosen/Kräuterbitter

Kuemmerling
info@kuemmerling.de

www.kuemmerling.de
Spiel, Spaß und Geselligkeit mit Kuemmerling: die zehn Trinkgebote, Shop, Bundesliga Tipp-Kick-Spiel.

Underberg
services@underberg.de

www.underberg.de
Produktinformationen, Informationen zu Wohlbefinden und Ernährung sowie interessante Links rund um Getränke und Gastronomie.

Getränke/Spirituosen/Likör

🔴 **Batida de Coco**

www.batida.de
Hier findet man nicht nur Cocktail-Rezepte für diesen Kokoslikör, es wird einem auch die Lebensart seines Heimatlandes Brasilien nahe gebracht. Infos zu Samba und Voodoo, den Stränden Copacabana und Ipanema, zu Sport und Körperkult. Das Batida Video und die Batida Songs können heruntergeladen werden.
(Siehe Abbildung)

Batida de Coco   **www.batida.de**

ESSEN & TRINKEN

Baileys
contact@baileys.de

www.baileys.de
TV-Spots, E-Cards, Cocktail-, Koch- und Backrezepte, Tipps rund um Lifestyle und Sinneslust sowie zur Partyvorbereitung.

Licor 43
info@licor43.de

www.licor43.de
Der spanische Premium-Likör mit Online-Shop, Rezeptsammlung und Eventkalender.

Getränke/Spirituosen/Kräuterlikör

Amaro Ramazzotti
info@ramazzotti.de

www.ramazzotti.de
Die Seite für den Kurzurlaub in Italien.

Hierbas Tunel
info@tunel.de

www.hierbas-tunel.de
Informationen rund um den Kräuterlikör Hierbas Tunel und seine Herkunftsinsel Mallorca. Insel-Insider-Tipps und Dolmetscher.

Jaegermeister
webmaster@jaegermeister.de

www.jaegermeister.de
Die wilde Bar im Internet: Mixen, Erfahren, Kaufen, Rocken, Erleben und Wildern.

Getränke/Spirituosen/Rum

● **Bacardi**
info-deutschland@bacardi.com

www.bacardi.de
„Discover the BACARDI World". Unter diesem Moto erhält man Informationen über die verschiedenen Produkte, Drinks (Cocktail-Rezepte zum Download), einen nationalen Barfinder und kann Mitglied im BACARDI BATclub werden. Zusätzlich kann man im BACARDI BATshop bequem online einkaufen.
(Siehe Abbildung)

Kölner Rum Kontor
info@koelnerrumkontor.de

www.koelnerrumkontor.de
Über 300 Sorten Rum aus aller Welt. Darüber hinaus gibt es noch weitere hochwertige Spirituosen sowie Infos zur Herstellung.

Bacardi   www.bacardi.de

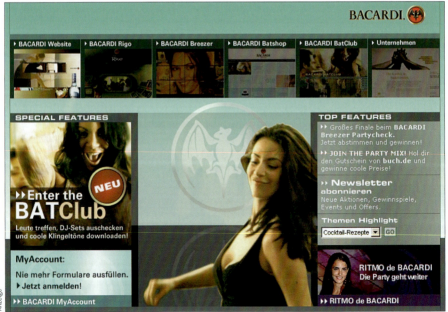

ESSEN & TRINKEN

Getränke/Spirituosen/Schnaps

Bärwurzland
info@penninger.de

www.penninger.de
Bayerische Schnapsspezialitäten wie Bär- und Blutwurz. Wissenswertes über die Geschichte der Herstellung und Schnapsmuseen.

Dracula
info@dracula.de

www.dracula.de
Aktuelles zum Thema Dracula, Rezepte mit dem Schnaps, Partytermine und Shop mit Getränken und Dekoration für die Party.

Getränke/Spirituosen/Tequila

Craig's Tequila
info@craigs.de

www.craigs.de
Craig's Szene-Drinks sowie 100% Agave Tequila. Der Spezialist für gute und seltene Spirituosen.

El Corazon de Mexico
info@tequila-shop.de

www.tequilashop.de
Der original mexikanische Agaven-Tequila kann hier vom Importeur direkt bezogen werden.

Sierra Tequila
info@sierratequila.de

www.sierratequila.de
Sierra Tequila - innen gut, außen mit Hut. Diese kultigen Seiten beinhalten Rezepte, Gewinnspiele und viele Partytipps.

Getränke/Spirituosen/Weinbrand

🔴 **Metaxa**
services@underberg.de

www.metaxa.de
Die Welt von Metaxa entdecken: Historisches, die Herstellung, das Sortiment, Rezepte, Griechenland-Wetter und ein Online-Shop. **(Siehe Abbildung)**

Asbach
info@asbach.de

www.asbach.de
Berühmte deutsche Spezialität aus Rüdesheim am Rhein mit zahlreichen Rezepten für Drinks, einem Asbach-Lexikon und Online-Shop.

Metaxa    **www.metaxa.de**

Essen & Trinken

Obstbrand-shop.de
info@obstbrand-shop.de

www.obstbrand-shop.de
Über 200 Obstbrände von Destillerien aus Deutschland, Frankreich, Österreich und der Schweiz.

🔴 **Obstlernet**
vertrieb@obstlernet.de

www.obstlernet.de
Das Portal der Edelobstbrände: Fragen rund um die Herstellung und die Geschichte. Im Shop können die Spitzenprodukte der Destillerien Pircher, Unterthurner, Walcher, Scheibel, Etter, Humbel, Ziegler, Gobetti und Jacopo Poli bestellt werden. Lieferung in 48 Std. **(Siehe Abbildung)**

schnapsler.de
info@schnapsler.de

www.schnapsler.de
Feine Obstler, edle Obstbrände von Apfelbrand bis Zwetschgenwasser aus kleinen Brennereien.

Getränke/Spirituosen/Whisky

Classic Malts

www.classic-malts.de
Antworten zu Herstellung, Herkunft und Charakter schottischer Malt Whiskys. Zudem ein Whisky-Lexikon und wöchentliches Quiz.

Glenfiddich
info@glenfiddich.de

www.glenfiddich.com
Distillery Online Tour; Datenbank mit Preisen vieler Whiskyraritäten, die bei Auktionen erzielt wurden; ein Online-Shop.

House of Whisky
info@whiskymail.de

www.houseofwhisky.de
Das Angebot erstreckt sich auf die Bereiche Whisky, Rum, Absinthe, Cognac und Liköre. Infos zu Destillerien und Abfüllungen.

Jack Daniel's

www.jackdaniels.de
Alles rund um Jack Daniel's: Events, Produkte, Herkunft, Gewinnspiele, der Online-Store und Specials wie z.B. das Lagerhaus-Game.

Obstlernet www.obstlernet.de

ESSEN & TRINKEN

Johnnie Walker
info@johnniewalker.de

www.johnniewalker.de
Lexikon rund um Whisky und Johnnie Walker, Gewinnspiele sowie Mitgliedschaft im Johnnie Walker Black-Label-Club.

Whisky Corner
info@whisky-corner.de

www.whisky-corner.de
Single Malt Whisky, Irish Whiskey, Literatur und Zubehör. Wissenswertes zu Whisky-Regionen, Herstellung und Abfüllung.

Whisky Depot
holger@whiskydepot.com

www.whiskydepot.com
Online-Bestellung von Whisky und Rum mit Angeboten aus verschiedenen Ländern. Auch Cognac, Gin, Wodka und Tequila.

Whisky Net

www.whiskynet.de
Das Whiskyportal. Datenbanken, Informationen und Foren rund um Whisky: Destillen, Clubs und Vereine, Fan-Pages und Marken.

WhiskyWizard.de
info@whiskywizard.de

www.whiskywizard.de
Über 500 Single Malt Whiskys und zahlreiche Whiskys aus aller Welt, Spirituosen, Liköre und Zubehör.

whiskyworld.de
info@whiskyworld.de

www.whiskyworld.de
Whiskyworld.de bietet verschiedene Produkte rund um den Whisky an - vom Whisky über Zigarren und Spirituosen bis hin zu Büchern.

Getränke/Spirituosen/Wodka

● **Wodka Gorbatschow**
info@wodka.de

www.wodka.de
Die Geschichte zu Wodka Gorbatschow; eine kleine Cocktailkunde mit Rezepten, Informationen zur Ausrüstung, den wichtigsten Shaker-Regeln, speziellen Wodka-Kreationen; E-Cards, Wallpaper und Spiele rund um des Wodkas reinste Seele.
(Siehe Abbildung)

Wodka Gorbatschow   www.wodka.de

Anzeige

Essen & Trinken

Puschkin info@team.puschkin.de	www.puschkin.de Der Puschkin-Wodka mit Online-Shop, Rezeptsammlung und Eventkalender.
Sex on the Beach info@sexonthebeach.de	www.sexonthebeach.de „Sex on the Beach" - Wodka, Cranberry und Soda - mit einer Loveline, Partybildern, E-Cards und einer Eventdatenbank.
Simex info@simex.de	www.simex.de Verschiedene Wodka-Sorten aus Russland sowie Krimsekt Krimskoye aus der Ukraine.
Smirnoff Ice info.germany@smirnoff-ice.de	www.smirnoff-ice.de Informationen zu Smirnoff Ice™, Smirnoff Black Ice™ sowie Bildergalerie, Gewinnspiele und Termine der Smirnoff Experience™.

Getränke/Tee

Deutscher Teeverband tee@wga-hh.de	www.teeverband.de Informationen aus der Tee-Welt für Schulen: Geschichte, Geographie und Teehandel. Teeartikel für Journalisten.
ganze Welt des Tees, Die info@teekanne.de	www.tee.de Informationen über Tee: Geschichte, Anbau, Verarbeitung, Warenkunde, Tea Taster, Wirtschaftsfaktor Tee, Genuss und Gesundheit.

Getränke/Tee/Hersteller

Messmer info@messmer.de	www.messmer.de Einladung zu einer zweisprachigen Reise in die Welt des Tees. Mit Teefibel. Im Teesalon erhält man Einblicke in die Teekultur.

Paul Schrader & Co.   www.paul-schrader.de

Essen & Trinken

Milford
info@milford.de

www.milford.de
In der Milford-Erlebniswelt lernt man die vielen Teesorten kennen und kann sich als Musik-Mixer oder Video-Maker versuchen.

Teekanne
info@teekanne.de

www.teekanne.de
Die vielfältige Produktpalette wird vorgestellt; dazu Rezepte. Außerdem kann man sich umfassend rund um den Tee informieren.

Getränke/Tee/Online-Shops

● **Paul Schrader & Co.**
info@paul-schrader.de

www.paul-schrader.de
Teetradition seit 1921 im Dienste anspruchsvoller Teegenießer, nach dem Motto „Bewährtes beibehalten, ständig weiterentwickeln und noch verbessern". Ein Teeparadies mit über 300 Teesorten aus aller Welt, Teelexikon und Teezubehör. **(Siehe Abbildung)**

Tee und Gewürzversand Naturideen
kundendienst@naturideen.de

www.naturideen.de
Online-Shop mit über 11.000 Teesorten. Gewürze, Naturprodukte, Kaffee und Esoterikartikel runden das Angebot ab.

Teeblätter Versand
info@teeblaetter.amsee.de

www.teeblaetter.de
Shop mit 300 Sorten Tee, Grünteespezialitäten und Raritäten, über 90 Sorten Grüntee und viele Tees aus biologischem Anbau.

● **TeeGschwendner**
shop@teegschwendner.de

www.teegschwendner.de
Über 350 Tees können deutschlandweit versandkostenfrei bestellt werden: Klassiker, Exoten, Bio-Tees, Kräuter und Früchtetees sowie Ayurveda; dazu Convenience-Produkte wie RatzFatz (Tassenportionen), MasterBag (Kannenportionen), alles zur Zubereitung, Präsentideen und viele Infos. **(Siehe Abbildung)**

TeeGschwendner — www.teegschwendner.de

ESSEN & TRINKEN

Venalicia Tee
service@venalicia.de

www.venalicia.de
Verschiedenste Teesorten, Tee-Accessoires auch für die russische und japanische Teezeremonie sowie Relevantes über Tee.

Getränke/Wein/Allgemein

Best-of-wine.com
info@degustation.de

www.best-of-wine.com
Informationen über die Geschichte des Weinanbaus, über Degustation und Jahrhundertweine. Dazu gibt es einen Weinkompass.

🔴 **Deutsches Weininstitut**
info@deutscheweine.de

www.deutscheweine.de
Die Informationsseiten zum deutschen Wein. Das Angebot umfasst beispielsweise eine Auflistung der deutschen Weinköniginnen seit 1949, Informationen zu Weinarten, Rebsorten, Rebsortenverteilung, Weinseminaren, Weinempfehlungen, ein ausführliches Wein-Glossar und Rezepte mit Wein. **(Siehe Abbildung)**

Wein-Plus
info@wein-plus.de

www.wein-plus.de
Weinportal mit Buchtipps, einer Weindatenbank, Stellenangeboten für Weinjobs, vielen Infos rund um den Wein und einem Glossar.

Getränke/Wein/Deutschland

🔴 **Badischer Winzerkeller Breisach**
info@badischer-winzerkeller.de

www.badischer-winzerkeller.de
Informationen zur Geschichte des Badischen Winzerkellers und zum badischen Weinland. Vorstellung der Produkte im Online-Shop. **(Siehe Abbildung)**

deutscher-wein.biz
info@deutscher-wein.biz

www.deutscher-wein.biz
Online-Shop für deutschen Wein aus Erzeuger-Abfüllung. Wissenswertes zu Güterklassen, Qualitätsstufen und deutschen Rebsorten.

Deutsches Weininstitut   www.deutscheweine.de

Essen & Trinken

Moselwein24.de
kundenbetreuung@moselwein24.de

www.moselwein24.de
Über 1.200 Weine von Mosel, Saar und Ruwer. Auch Winzersekt, Traubensaft, Weinbrand, Weintraubenlikör und eine Raritätenliste.

Wein.de
info@dlg-frankfurt.de

www.wein.de
Informationen über deutsche Spitzenweine, Qualitätssiegel und Weingüter, dazu gibt es ein Weinglossar und einen Wein-Check.

Weingut Hauck
vinum@weingut-hauck.de

www.weingut-hauck.de
Charaktervolle, bekömmliche und lagerfähige Weine durch naturnahe Pflege im Weinberg.

Winzers
info@winzers.de

www.winzers.de
Informationen rund um Weingüter und deren Weine. Im Online-Shop findet man auch Raritäten, Accessoires und Weingutscheine.

Getränke/Wein/Europa

Frick-Wein.de
info@frick-wein.de

www.frick-wein.de
Frick vertreibt eigenen Pfälzer Wein sowie importierte Weine aus Italien, Frankreich und Spanien.

Mederaño de Freixenet
info@eckes-ag.de

www.mederano.de
Informationen zum neuen spanischen Wein Mederaño de Freixenet. Passend zu den einzelnen Weinsorten gibt es auch Tapas-Rezepte.

Rouge & Blanc
info-de@rouge-blanc.com

www.rouge-blanc.com
Europäischer Online-Weinversand: Geschenkideen und Probierpakete für jeden Geschmack und Geldbeutel.

Weinhaus Dörflinger

www.weinhausdoerflinger.de
Weine aus Deutschland, Frankreich, Italien und Spanien. Darüber hinaus gibt es Champagner und Spirituosen.

Badischer Winzerkeller Breisach   **www.badischer-winzerkeller.de**

Anzeige

Essen & Trinken

Getränke/Wein/International

● eWorld24
service@eworld24.de

www.eworld24.de
Champagner, Whiskey, Wein, Spirituosen und Feinkost findet man bei eWorld24.de - dem Spezialitätenshop der EDEKA Südwest. Mit dem Gutschein-Code QBVD-CC7K-Q73Q-CLVE kann man bei einem Mindesteinkauf von 50,- Euro gleich 5,- Euro zum Einstieg sparen. (Gültig bis 31.03.05) **(Siehe Abbildung)**

Genussreich
mail@genussreich.de

www.genussreich.de
Internationale Weine aus Australien, Italien, Kalifornien, Spanien und Südafrika. Weiterbildung durch Weinkurse und -berater.

suedwein.de
info@suedwein-shop.de

www.suedwein.de
Weine aus aller Welt. Große Bordeaux- und Raritätenauswahl, Südweinclub-Bonus und Weinproben. Weinfachhändler des Jahres 2003.

● Tirebouchon
info@tirebouchon.com

www.tirebouchon.com
Der mehrfach prämierte „Insider-Tipp" - Attraktive Preise, ausgezeichnete Auswahl - insbesondere Frankreich und Italien - Probierpakete, Geschenke, Zubehör sowie Rezepte. **(Siehe Abbildung)**

Vino24.de
info@vino24.de

www.vino24.de
Weingenuss aus ganz Europa, den USA, Südafrika, Australien und Südamerika sowie Probierpakete und Accessoires rund um den Wein.

viva-vinum.de
info@viva-vinum.de

www.viva-vinum.de
Weine aus Europa und Übersee. Auch Einzelflaschen können bestellt werden. Jeder Wein wird mit Bild und Expertise vorgestellt.

eWorld24   www.eworld24.de

ESSEN & TRINKEN

Weinhalle
info@weinhalle.de

www.weinhalle.de
Zahlreiche Weine und Spezereien aus konsequent nicht-industrieller, handwerklicher Herstellung werden ausführlich und kritisch kommentiert. Daneben werden umfangreiche Informationen, leichte Navigationsmöglichkeiten und originelle Suchkriterien geboten.

Weinschmecker 24
service@weinschmecker24.de

www.weinschmecker24.de
Erlesene Weine, Spirituosen, Champagner und Feinkostpakete. Wein-Accessoires und Gläser, Zigarren und Präsentideen.

Weinwerk
info@weinwerk.de

www.weinwerk.de
Hier können Weine nach bestimmten Kriterien z.B. Geschmacksvorlieben ausgesucht werden. Außerdem im Angebot: Weinaromen-Sets.

Wein-Wiessner.de
info@wein-wiessner.de

www.wein-wiessner.de
Weine, Spirituosen oder Sekt übersichtlich nach Herkunftsland sortiert.

Getränke/Wein/Öko-Weine

oekowein-team.de
info@oekowein-team.de

www.oekowein-team.de
Ob aus Deutschland, Griechenland oder Italien, hier gibt es ein großes Sortiment an Öko-Weinen, außerdem: Probierpakete.

Öko-Weine, Bio-Weine
mail@biovinum.de

www.biovinum.de
Großes Angebot an Weinen aus kontrolliert biologischem Anbau für jeden Geldbeutel. Außerdem Speiseöle, Aceto und Spirituosen.

Tirebouchon www.tirebouchon.com

Anzeige

ESSEN & TRINKEN

Getränke/Wein/Zeitschriften

Alles über Wein
info@alles-ueber-wein.de

www.alles-ueber-wein.de
Wissenswertes über Weine, Rebsorten und die Produktion. Vor allem werden jede Menge Weine zuverlässig und unabhängig bewertet.

Vinum
info@vinum.de

www.vinum.info
Online-Ausgabe des Magazins Vinum mit einem Weinlexikon, Terminkalender, Tipps zum Umgang mit Wein und einer Trinkreifetabelle.

Weinwelt
weinwelt@info.de

www.weinwelt.info
Das Magazin testet Weine auf Ihre Qualität, hat ein Weinhändlerverzeichnis und bietet eine Weindatenbank der Verkostungen an.

Kochen & Haushalt

Kochshop.com
info@kochshop.com

www.kochshop.com
Umfangreiche Auswahl an Koch- und Küchenzubehör aus Edelstahl. Von Besteck über Töpfe und Rührgeräte bis hin zu Textilien.

Küchentipps

www.kuechentipps.de
Tipps zum Einkauf, Lagern, Säubern, Vor- oder Zubereiten von Obst, Gemüse und anderen Lebensmitteln sowie Kochbuch-Rezensionen.

● **Manni's Laden**
shop@mannis-laden.com

www.mannis-laden.com
Spezialversand für Hobbyköche und -bäcker, mit einer großen Auswahl an Schokoladensorten. **(Siehe Abbildung)**

Toppits
arm@mh.melitta.de

www.toppits.de
Neben zahlreichen Kochrezepten können hilfreiche Tipps und Tricks rund um das Einfrieren von Lebensmitteln nachgelesen werden.

Siehe auch Essen & Trinken

Rezepte

Kochen & Haushalt/Zeitschriften

kochen & genießen online

www.kochen-und-geniessen.de
Forum, Ratgeber, Rezepte und Warenkunde vom Herausgeber der Zeitschrift „Kochen und Genießen".

meine Familie und ich
info@tomorrow-focus.de

www.meine-familie-und-ich.de
Viele Rezepte, ein Online-Shop und das aktuelle Heft sorgen für Genuss im Internet.

Kraftnahrung

Mega Vital Shop
info@megavitalshop.de

www.megavitalshop.de
Beauty- und Wellnessurlaub, Ernährung, Körperpflege und Fitness. Vitalität und Gesundheit für Mensch und Tier.

Lebensmittel/Allgemein

Food Students
info@foodstudents.org

www.foodstudents.net
Interessante Geschichten über Lebensmittel, deren Produktion und Herkunft. Im Mittelpunkt stehen dabei moderne Technologien.

Lebensmittellexikon.de

www.lebensmittellexikon.de
Hintergrundinformationen zu alltäglichen und exotischen Lebensmitteln mit Zubereitungstipps sowie kulinarische Wörterbücher.

ESSEN & TRINKEN

Lebensmittel/Ausland

Gourmondo Feinkost-Versand
info@gourmondo.de

www.gourmondo.de
Feinkost-Lebensmittel aus Italien, China, Japan, Indien und Südostasien.

Gustonarium
aichberger@gustonarium.de

www.gustonarium.de
Kulinarische Köstlichkeiten und erlesene Weine aus Österreich, wie Grüner Veltliner, Marillennektar und Kürbiskernprodukte.

Kaliorexi
webmaster@kaliorexi.de

www.kaliorexi.de
Griechische Feinkost-Lebensmittel: von Kaffee, Wein und Brotaufstrich bis hin zur Babynahrung.

Lebensmittel/Ausland/Asien

Asia Mahal
info@asiamahal.de

www.asiamahal.de
Großer Online-Shop für asiatische Produkte aller Art: mit detaillierter Produktbeschreibung, kleiner Warenkunde und Kochbuch.

Asiashop Mai Mai
info@maimai.de

www.maimai.de
Alles rund um die asiatische Küche: Lebensmittel, Kochzubehör und Accessoires. Wissenswertes zur Asien-Küche und Kochrezepte.

Asiatempel
kontakt@asiatempel.de

www.asiatempel.de
Elen's Asia Shop bietet asiatische Lebensmittel, Geschenkartikel und Haushaltsware mit 1.600 Möglichkeiten im „Big Shop".

Lebensmittel/Ausland/Frankreich

Paniers.com
contact@paniers.com

www.paniers.com/de
Online-Shop mit allerlei französischen Delikatessen sowie Geschenke, Rezepte und Weine. Über 100 typisch französische Rezepte.

Manni's Laden   **www.mannis-laden.com**

Essen & Trinken

Sopexa

www.sopexa.de
Infos über die französischen Lebensmittel sowie regelmäßige Tipps und jahreszeitliche Rezepte zu französischen Produkten.

Lebensmittel/Ausland/Italien

Italien Online-Shop
mailbox@internetto.de

www.internetto.de
Hier kann man sich mit italienischen Spezialitäten eindecken: von Espresso-Maschinen bis hin zu Nudeln, Reis und Olivenöl.

Superiore.de
kontakt@superiore.de

www.superiore.de
Über 400 Spitzenweine aus Italien und Weinzubehör. Das schöne Sortiment wird übersichtlich und umfassend präsentiert. Dazu gibt es monatlich wechselnde Angebote, Sparpakete und ein Magazin. Alle Weine und Jahrgänge sind sofort lieferbar. Ab 90 EUR Warenwert versandkostenfrei innerhalb Deutschlands.

Lebensmittel/Ausland/Japan

Japanische Lebensmittel im Direktversand

www.otsumami-land.com
Hier kann man in die japanische Esskultur eintauchen: von Sushi-Sets über Reis, Seetangblätter, Fertiggerichte und Spirituosen.

Lebensmittel/Ausland/Kanada

Canadian-Store.de
info@canadian-store.de

www.canadian-store.de
Umfangreicher Shop mit Kanada-Spezialitäten, darunter Ahorn-Creme, Bier, Bison-Schinken, Cranberries sowie Wildlachs.

Feinschmeckerei Gareis
info@gareis.de

www.gareis.de
Kanadischer Wildlachs, Bisonfleisch, Wein und Whisky bringen die kanadische Genusswelt nach Europa.

Lebensmittel/Ausland/Spanien

Jamon.de
info@jamon.de

www.jamon.de
Online-Shop für Spezialitäten aus Spanien. Hochwertige Delikatessen für Gourmets und Liebhaber der spanischen Küche: Serrano Schinken, Pata Negra, Wurstwaren, Manchego Käse, Tapas, Paella, Oliven, Pasteten, Meeresfrüchte, Gebäck und Olivenöl. Umfangreiches Rezeptarchiv sowie Geschenkservice.
(Siehe Abbildung)

Tu y Yo
info@tuyyo.de

www.tuyyo.de
Typische spanische Produkte: von Wein und Sherry über Schinken und Oliven bis hin zu Süßigkeiten.

Weinfleck, Der
info@weinfleck.de

www.weinfleck.de
Feine Weine und Spezialitäten aus Spanien; interessante Infos und Links rund um Spanien.

Lebensmittel/Ausland/Südamerika

Tacoweb
info@tacoweb.de

www.tacoweb.de
Tacos, Burritos oder Enchiladas: über 200 Rezepte, Cocktails, Esskultur, Warenkunde mexikanischer Zutaten und Bezugsquellen.

Lebensmittel/Ausland/USA

Hunter und Hilsberg
direkt@hunterhilsberg.com

www.hunterhilsberg.de
Feinkostartikel, Küchenzubehör und Weine aus den USA. Dazu Infos zur Ahornsirup-Herstellung und Qualitätsstufe sowie Rezepte.

ESSEN & TRINKEN

Toms Food Shop
info@american-food.com

www.american-food.com
Amerikanische Lebensmittel: Süßwaren, Getränke, Barbecue-Saucen, Gewürze und Backwaren.

Lebensmittel/Babynahrung

Alete

www.alete.de
Umfangreiche Informationen zur Entwicklung und Ernährung von Babys und Kleinkindern und eine Hebammen- und Kinderarztsuche.

Beba

www.beba.de
Infos rund um die Ernährung von Babys und Schwangeren. Hilfreiche Tipps zur Ernährung bei Allergierisiko und Allergien.

Hipp Babynahrung
information@hipp.de

www.hipp.de
Informationen zur Produktpalette, Ratgeber mit hilfreichen Tipps rund ums Baby und Schwangerschaft; Kinderarzt-Suchmaschine.

Milupa
pr@milupa.de

www.milupa.de
Infos zu Schwangerschaft und Babyernährung, Versand von Infomaterialien und Proben, Ernährungspläne zum Herunterladen.

Lebensmittel/Backwaren

Backimpuls.de
christensen@backimpuls.de

www.backimpuls.de
Backimpuls.de ist der Treffpunkt für Bäcker und Verbraucher. Mit ausführlichen Verbraucherinformationen über Lebensmittel.

Brandt Zwieback

www.brandt-zwieback.de
Informationen rund um den Zwieback. Raffinierte Rezeptideen und ein Shop zum Bestellen von Brandt Merchandising Artikeln.

Jamon.de **www.jamon.de**

ESSEN & TRINKEN

butterbrot.de
webmaster@butterbrot.de

www.butterbrot.de
Die Geschichte des Butterbrotes, Brettchenmuseum und Butterbrot-Präferenzen sollen das Butterbrot vor dem Aussterben bewahren.

Dinghartinger Apfelstrudel
info@apfelstrudel.de

www.apfelstrudel.de
Ob würzig oder süß - auf diesen Seiten kommt jeder auf den Strudelgenuss.

Knack & Back
pillsbury.gmbh@pillsbury.com

www.knackundback.de
Infos und Rezepte mit den gekühlten Backwaren: Croissants, Brötchen und Pizzateig.

Leicht & Cross
info@leicht-und-cross.de

www.leicht-und-cross.de
Das leichte Knusperbrot. „Rezepte gegen Kalorien" und Tipps zur Ernährung mit Hilfe der Ernährungspyramide.

Lebensmittel/Backwaren/Kuchen & Torten

Conditorei Coppenrath & Wiese
info@coppenrath-wiese.de

www.coppenrath-wiese.de
Leckere Köstlichkeiten für alle Anlässe und Gelegenheiten aus der Konditorei „Coppenrath & Wiese".

Konditorei Kreipe
konditorei.kreipe@t-online.de

www.konditorei-kreipe.de
Die Spezialitäten der Konditorei Kreipe: Baumkuchen, Torten, Trüffel, Süßwaren und Spezialitäten für Diabetiker.

send-a-cake.de
kundenservice@sendacake.de

www.send-a-cake.de
Der Kuchenversand im Internet. Zu Anlässen wie Geburtstag, Geburt und Jubiläen können hier Motivkuchen verschickt werden.

Werntges Traumtorten.de
info@traumtorten.de

www.traumtorten.de
Herstellung und Versand individuell beschrifteter Torten mit Wunschfüllung - zu jedem Anlass.

Das Bio-Siegel www.bio-siegel.de

Anzeige

ESSEN & TRINKEN

Lebensmittel/Backwaren/Pfefferkuchen & Lebkuchen

Nürnberger Lebkuchen Versand
info@lebkuchenversand.de

www.lebkuchenversand.de
Handwerkliche Herstellung und weltweiter Versand original Nürnberger Lebkuchenspezialitäten.

Pfefferküchlerei E.C.Groschky
info@groschky.de

www.groschky.de
Im Pulsnitzer Pfefferkuchenladen können Pfefferkuchen und Makronen online bestellt werden.

Pulsnitzer Pfefferkuchen
info@pfefferkuchen-pulsnitz.com

www.pfefferkuchen-pulsnitz.com
Pulsnitzer Pfefferkuchen bietet Stollen, Lebkuchen, Geschenkideen aus Lebkuchen sowie Lebkuchen für Diabetiker.

Lebensmittel/Bioprodukte

amorebio
info@amorebio.de

www.amorebio.de
Der bundesweit tätige Naturkostspezialist versendet Lebensmittel, Frischeartikel sowie Körperpflege- und Kosmetikprodukte.

● **Bio-Siegel, Das**
info@bio-siegel.de

www.bio-siegel.de
Das Info-Portal zum staatlichen Bio-Siegel richtet sich an Erzeuger, Hersteller, Handel und Verbände des Lebensmittelmarktes sowie an Verbraucher und Presse. Es enthält einführende Informationen zum Siegel, zu gesetzlichen Grundlagen und zu den Kontrollen von ökologisch erzeugten Lebensmitteln.
(Siehe Abbildung)

● **oekolandbau.de**
info@oekolandbau.de

www.oekolandbau.de
Diese Seite richtet sich an Hersteller, Verarbeiter, Händler und Verbraucher von Öko-Produkten mit praxisnahen Informationen: Was ist Öko-Landbau, wie kann ich einsteigen, wo kann ich die Produkte kaufen? Kinder bekommen einen spielerischen Zugang. Unterhaltsam und informativ, also für jeden etwas.
(Siehe Abbildung)

oekolandbau.de   www.oekolandbau.de

ESSEN & TRINKEN

Gemüsekiste
info@gemuesekiste.de

www.gemuesekiste.de
Wer frisches Gemüse sucht, wird hier fündig: eine Datenbank mit Anbietern aus der eigenen Region.

mein-naturshop.de
post@mein-naturshop.de

www.mein-naturshop.de
Breites Sortiment an Naturkost, -kosmetik, und -heilmitteln, Gewürzen, Gebäck, Babypflege, Tiernahrung und Reinigungsmitteln.

Natura
info@natura.de

www.natura.de
Infos zu den natürlichen Produkten für das Reformhaus, Bio-Rezepte zum Ausprobieren und Produktinformationen für Allergiker.

naturkost.de
info@naturkost.de

www.naturkost.de
Adressen von Naturkostläden, Verbänden, Anbietern und Herstellern. Daneben aktuelle Nachrichten aus der Öko-Szene und Rezepte.

Seitenbacher Naturkost
mail@seitenbacher.de

www.seitenbacher.de
Informationen über die gesunden Produkte von Seitenbacher.

Lebensmittel/Brotaufstrich

Meggle
info@meggle.de

www.meggle.de
Kochen und Backen mit Meggle: Auf diesen Seiten findet man leckere Rezepte.

nutella

www.nutella.de
Aus der Geschichte von Nutella, Rezepte, Tauschbörse, Galerie und E-Cards für Nutella-Fans.

Lebensmittel/BSE

BSE-Info

www.bse-info.de
Aktuelle Nachrichten und Reportagen zum Thema BSE.

BSE-Infohotline
inhalt@bse-infohotline.de

www.bse-infohotline.de
Hier werden die wichtigsten Fragen zu BSE beantwortet und die Hintergründe der Creutzfeldt-Jakob-Krankheit erklärt.

Lebensmittel/Cerealien

Kellogg's
verbraucher@kelloggs.de

www.kellogg.de
Informationen zu allen Kellogg's-Produkten mit Tipps zur gesunden Ernährung und vielen Spielen, Aktionen und Rezepten.

Koelln

www.koelln.de
Frühstückscerealien, wie Hafer-Vollkornflocken, Müsli und Haferkekse. Zusätzlich: Ernährungsberatung und -empfehlungen.

Lebensmittel/Eier

Freiheit schmeckt besser
info@freiheit-schmeckt-besser.de

www.freiheit-schmeckt-besser.de
Das Bundesministerium für Verbraucherschutz informiert über die neue Kennzeichnungsverordnung bei Hühnereiern.

Lebensmittel/Essige & Speiseöle

Aceto
info@aceto-essig-oel.de

www.aceto-essig-oel.de
Eine Auswahl an Essigen, Speiseölen und Feinkostartikeln sowie zahlreiche Rezepte.

Essig & Öl
info@essigundoelnet.de

www.essigundoelnet.de
Über 60 verschiedene Essig- und Ölprodukte, die das Essen verfeinern. Wissenswertes über die Geschichte und die Herstellung.

ESSEN & TRINKEN

Knossos Olivenöl
info@knossos-olivenoel.de

www.knossos.de
Knossos Olivenöl mit 4.000 Jahre alter Tradition: Produktinfos, Olivenöl und Gesundheit, Rezepte sowie die „Kreta-Diät".

Oliven und Olivenöl
info@olivenmarkt.de

www.olivenmarkt.de
Hintergründe über die Herstellung von Olivenöl. Buchtipps und Aufschlussreiches über den Beitrag des Öls zur Gesundheit.

Lebensmittel/Feinkost

Dallmayr
bestellservice@dallmayr.de

www.dallmayr-versand.de
Dallmayr bietet ein überwältigendes Angebot an feinsten Delikatessen und Weinen zu den verschiedensten Anlässen.

Delicates.de
order@delicates.de

www.delicates.de
Köstlichkeiten vom Lande: Weine, Essig, Öl, handgeschöpfte Schokolade und handgemachte Nudeln. Dekorationen im Landhausstil.

Dinses Culinarium Feinkost & Küchenbedarf
service@dinsesculinarium.de

www.dinsesculinarium.de
Hier vereinen sich Genuss und Qualität. Neben Delikatessen werden auch Küchenzubehör und Geschenk-Sets angeboten.

eWorld24
service@eworld24.de

www.eworld24.de
Zahlreiche Feinkostspezialitäten, Spirituosen und breites Weinangebot. Besonderheit: Weinlexikon und Geschenkservice.

Feinkost Online
vertrieb@feinkostonline.com

www.feinkostonline.com
Ausgewählte spanische Delikatessen: Luftgetrockneter Schinken, Pata Negra-Edelsalamis, Muscheln, Pulpo und Olivenspezialitäten.

Lebensmittel/Fisch

Aal- und Lachs-Räucherei Wortberg
info@lachs-raeucherei.de

www.lachs-raeucherei.de
Versand von Räucherlachs, Gravedlachs, Striemenlachs, Aalen, Forellen, Gambas, Garnelen, Matjes und anderer Fisch-Feinkost.

Fisch aus Norwegen
info@norwegenfisch.de

www.norwegenfisch.de
Umfangreiche Infos zur norwegischen Fischwirtschaft: Termine, Publikationen, Gewinnspiele, ein Fischlexikon und Rezepte.

Gosch Sylt
info@gosch-sylt.de

www.gosch-sylt.de
Der Delikatessenversand bietet Krustentiere, Kaviar, Lachs, Muscheln, Zander, Dorade oder Wolfsbarsch, Saucen und Gewürze.

Lachs 2000
info@lachs2000.de

www.lachs2000.de
Lachs- und Räucherfisch, Gambas, Scampi, Garnelen, Krabben.

Lachskontor GmbH
mail@lachskontor.de

www.lachskontor.de
Online-Shop für fangfrischen und geräucherten Fisch, Austern, Hummer.

Nordland-Lachs
mail@nordland-lachs.de

www.nordland-lachs.de
Nordland-Lachs aus den Atlantikgewässern für die festlichen Anlässe.

Lebensmittel/Fleischwaren

Charoluxe
charoluxe@charoluxe.de

www.charoluxe.de
Wissenswertes rund um das Thema Charolais-Rindfleisch aus Frankreich und Tipps für die Zubereitung.

Fleisch 24
info@fleisch24.de

www.fleisch24.de
Infos über Fleisch, von Herkunft über Rezepte bis hin zum Zubehör für die Verarbeitung. Online-Fleischbestellung.

ESSEN & TRINKEN

Fleischwirtschaft.de
info@fleischwirtschaft.de

www.fleischwirtschaft.de
Aktuelle Nachrichten aus der Fleischindustrie, alphabetisches Verzeichnis mit Begriffen rund um das Fleisch.

Herta
verbraucherservice@de.nestle.com

www.herta.de
Herta gibt Antworten und verrät alles über den Schinken und die Wurst.

Lutz Fleischwaren
info@lutz-fleischwaren.de

www.lutz-fleischwaren.de
Herstellung und Vertrieb von Wurst-, Schinken- und Convenience-Produkten. Das Besondere ist die Joghurtwurst im Sortiment.

schinken 2000
kontakt@schinken2000.de

www.schinken2000.de
Der Versand bietet norddeutsche Delikatessen und Holsteiner Spezialitäten, vor allem Wurst- und Schinken-Spezialitäten.

Wiehenkamp
info@wiehenkamp.de

www.wiehenkamp.de
Wurstwaren vom Lande. Schinken- und Wurstwaren, Konservenwurst und Fertiggerichte.

Lebensmittel/Frühstück

Frühstückstreff
redaktion@fruehstueckstreff.de

www.fruehstueckstreff.de
Organisation von Frühstücks-Treffen für alle, die mit anderen frühstücken und sich in netter Gesellschaft unterhalten möchten.

Lebensmittel/Geflügel

Deutsche Puten
vdp@zdg-online.de

www.deutsche-puten.de
Alles rund um die deutsche Pute: Haltung, Tierschutz, Puten-ABC, Rezepte mit Tipps zur richtigen Zubereitung.

Friki-Frisch
info@friki.de

www.friki.de
Infos über Frischgeflügel. Mit Rezeptvorschlägen, dem Funky-Chicken-Club und Hygienetipps.

Wiesenhof Geflügelkontor
service@wiesenhof.de

www.wiesenhof.de
Geflügel und eine breite Auswahl an Spezialitäten.

Lebensmittel/Gemüse

bonduelle
info-deutschland@bonduelle.com

www.bonduelle.de
Die ganze Welt des Zartgemüses von Bonduelle, ob in der Dose, im Glas, tiefgekühlt oder ganz neu in der Trendbox.

Chicorée
info@chicoree.com

www.chicoree.com
Tipps und Tricks rund um das gesunde Gemüse Chicorée, mit zahlreichen Rezepten, die schnell und leicht zuzubereiten sind.

Lebensmittel/Gemüse/Kürbisse

Kürbis-Company
info@kuerbis-company.de

www.kuerbis-company.de
Das Portal mit Infos zur Geschichte, Herkunft und Anbau des Kürbises. Es gibt ein Kürbismuseum, Rezepte und Basteltipps.

Mini Kürbis Farm
info@kuerbisfarm.de

www.kuerbisfarm.de
Diese Seite ist für diejenigen gemacht, die großen Gefallen an der Kürbisfrucht gefunden haben: Rezepte, Anbau und Sorten.

Lebensmittel/Gemüse/Pilze

Edelpilzzucht Breck
info@edelpilzzucht-breck.de

www.edelpilzzucht-breck.de
Hier kann man frische oder getrocknete Zuchtpilze bestellen; für Hobbyzüchter gibt es auch Pilzbruten und Fertigkulturen.

ESSEN & TRINKEN

Pilzbuch	**www.pilzbuch.de** Aussehen, Geschmack, Essbarkeit, Ort und Zeit des Vorkommens der Pilze werden detailliert beschrieben.
Pilze von A-Z	**www.pilzfinder.de** Damit das Pilze-Sammeln nicht zum Albtraum wird, lohnt sich ein Klick auf diese Seite: genaue Infos und Fotos zu allen Arten.
Pilze, Pilze, Pilze	**www.pilzepilze.de** Übersicht der wichtigsten Pilzvergiftungstypen und der sie verursachenden Pilze. Wörterbuch der botanischen Namen der Pilze.
pilzshop.de info@pilzshop-online.de	**www.pilzshop.de** Pilzbrut für strohbewohnende Pilze, Pilzkulturen für Haus und Garten und getrocknete Pilze aus biologischem Anbau.

Lebensmittel/Gemüse/Spargel

Spargelseiten.de webmaster@spargelseiten.de	**www.spargelseiten.de** Umfassende Informationen rund um das feine Stangengemüse Spargel: Rezepte, Hintergründe zum Spargelanbau und zu der Ernte.
spargeltreff.de info@faris.de	**www.spargeltreff.de** Über 600 Spargelrezepte, Hintergründe zu 4.000 Jahren Spargelgeschichte und Außergewöhnliches wie das „Spargeltröpfchen".

Lebensmittel/Gewürze & Kräuter

Fuchs Gewürze info@fuchs-gewuerze.de	**www.fuchs-gewuerze.de** Die Gewürz-Produktwelt von Fuchs stellt sich vor: Gewürzlexikon, Würzplaner und Tipps zur Haltbarkeit und optimalen Lagerung.
gewuerzschaefer.de info@gewuerzschaefer.de	**www.gewuerzschaefer.de** Über 1.500 Produkte: Vom „Amerikosteak"-Gewürz über Ayurveda-Tee bis zur Duftkerze und Produkten zur Körperpflege.
Gewürzdealer, Der gewuerzdealer@darmstadt-online.de	**www.gewuerzdealer.de** Der Gewürz-Shop mit umfangreichem Angebot an Gewürzen sowie Rezeptvorschlägen.
Grubauer's Gewürze info@grubauer.de	**www.grubauer.de** Gewürze, Gewürzmischungen, Tee, Duft- und ätherische Öle, Tello-Fix, Soßen, Teezubehör bis hin zu traditionellen Marktbonbons.
HeBo info@hebo-gewuerze.de	**www.hebo-gewuerze.de** Geführt werden Gewürze und Kräuter, Tee, Öle, Trockenfrüchte. Außerdem spezielle saisonale Zutaten fürs Backen oder Braten.
Ostmann Gewürze info@ostmann.de	**www.ostmann.de** Alles aus der Welt der Gewürze: Herkunft und Herstellung. Ein Gewürz-1x1 erklärt, welches Gewürz zu welcher Speise passt.
Pepperworld Hot Shop shop@pepperworld.com	**www.pepperworldhotshop.de** Peperoni, Chili und Co.: Eingelegt, getrocknet, als Sauce oder zur Selbst-Aussaat gibt es die scharfen Schoten zum Bestellen.
Spice-Up info@spice-up.de	**www.spice-up.de** Gewürzlexikon und Rezepte, sowohl für leckere Speisen oder Drinks als auch für kleine Hausmittelchen.
Ubena info@ubena.de	**www.ubena.de** Informationen zu den Qualitätsgewürzen von Ubena. Darüber hinaus findet man ausgefallene Rezeptideen.

ESSEN & TRINKEN

Lebensmittel/Hersteller

Becel
becel.beratungsservice@unilever.com

www.becel.de
Rezepte und Tipps für die cholesterinbewusste Ernährung, ein Herz-Kreislauf-ABC und interaktive Gesundheits-Checks.

● **Dr. Oetker**
service@oetker.de

www.oetker.de
Großer Fundus gelingsicherer Back- und Kochrezepte aus der Dr. Oetker Versuchsküche. Wissenswerte Produktinformationen, umfangreicher Shop mit aktuellen und historischen Artikeln, Unternehmensprofil, Karriereinfos, ständig wechselnde Promotions. **(Siehe Abbildung)**

Knorr
knorr.beratungsservice@unilever.com

www.knorr.de
Leckere Rezepte, Tipps und viele Ideen rund ums Essen und Genießen. Außerdem aktuelle Specials und Aktionen.

Kraft Online-Küche
feedback@kraft.de

www.kraft.de
Die Kraft-Marken werden ausführlich mit Nährwertinformationen beschrieben. Außerdem ein Body-Check und raffinierte Rezepte.

● **Maggi Kochstudio**
kontakt@maggi.de

www.maggi.de
Mehr als 3.500 Rezeptideen. Dazu viele interessante Informationen zu den Themen Kochen und Genießen. Umfangreiche Sortimentinformationen, Rezeptfilme sowie die Möglichkeit, sein ganz persönliches Kochbuch zu gestalten, komplettieren das Angebot. **(Siehe Abbildung)**

● **Nestlé Deutschland**
verbraucherservice@de.nestle.com

www.nestle.de
Die umfassende Corporate Web-Seite von Nestlé mit Ernährungswissen, Informationen zu allen Marken und Produkten, dem Online-Magazin „Caleidoscope", Verbraucher-Service, Stellenangeboten, Presseinfos und einem Medien-Center mit downloadbaren Broschüren. **(Siehe Abbildung)**

Dr. Oetker www.oetker.de

Anzeige

ESSEN & TRINKEN

Maggi Kochstudio www.maggi.de

Nestlé Deutschland www.nestle.de

Essen & Trinken

Kraftfoods
feedback@krafteurope.com

www.kraftfoods.de
Informationen rund um den Nahrungsmittelhersteller: zur Unternehmensgeschichte, zu Marken wie Jacobs, Milka und Kraft.

Schneekoppe
info@schneekoppe.de

www.schneekoppe.de
Natürlich-gesunde Lebensmittel und Diabetikerspezialitäten.

● **Schwartau**
info@schwartau.de

www.schwartau.de
Darstellung der verschiedenen Marken. Große Rezeptsammlung und Brunch-Location-Datenbank. **(Siehe Abbildung)**

Unilever

www.unilever.de
Unilever bietet einen Überblick über die bekannten Produkte aus den Bereichen Nahrungs-, Reinigungs- und Körperpflegemittel.

Lebensmittel/Honig

Blütenland Bienenhöfe
mail@bio-honig.de

www.bio-honig.de
Die ökologische Imkerei führt verschiedene Honig- und Met- (Honigwein) sorten sowie handgezogene Bienenwachskerzen.

Honig-aus-aller-welt.de
info@honig-aus-aller-welt.de

www.honig-aus-aller-welt.de
Für Liebhaber ausgesuchter Honigspezialitäten: seltene Honigsorten aus Europa, Neuseeland oder Südamerika.

● **Langnese Honig**
info@langnese-honig.de

www.langnese-honig.de
Alles zur Geschichte des Honigs, über die verschiedenen Honigsorten, Qualitätsindikatoren, Rezepte und Wellness mit Honig. Die Geschichte des Honigs und das Leben der Bienen. Bienen Web-Cam online. **(Siehe Abbildung)**

Lebensmittel/Knabbereien

● **Katjes**
info@katjes.de

www.katjes.de
Neue Produkte werden hier vorgestellt: Lakritz, Fruchtgummis, Sallos sowie Hustelinchen. **(Siehe Abbildung)**

Schwartau
www.schwartau.de

ESSEN & TRINKEN

Langnese Honig　　　　　　　　　　　　　　　　　www.langnese-honig.de

Katjes　　　　　　　　　　　　　　　　　　　　　www.katjes.de

Essen & Trinken

Bahlsen
bahlsen@bahlsen.com
www.bahlsen.de
Eine Produktübersicht der Marken Leibniz und Bahlsen mit Spielen, E-Cards und Magazin.

Griesson - de Beukelaer
info@griesson-debeukelaer.de
www.griesson-debeukelaer.de
Das Unternehmen, seine Marken und Produkte werden vorgestellt. Außerdem: Ausbildungsplätze und Jobangebote.

Lambertz
info@lambertz.de
www.lambertz.de
Die süßen Produkte der Lambertz-Gruppe.

Mr. Sweet
info@lakritz.de
www.lakritz.de
Lakritz- und Schoko-Shop sowie zuckerfreie Süßigkeiten.

Nuss24
info@nuss24.de
www.nuss24.de
Orientalische Verführung. Nuss24 lockt mit Nüssen und Kernen jeder Art - roh, geröstet oder gesalzen. Dazu: Gebäck, Cräcker, Süßes, Kaffeespezialitäten und Gewürze. Breites Sortiment für Privathaushalte, Gastronomie und Großhandel in Nuss24-Qualität. Sonnenallee 73, 12045 Berlin, Tel: (030) 62727797.
(Siehe Abbildung)

ültje
info@ueltje.de
www.ueltje.de
Hier bekommt man alle Infos über ültje und seine Produkte, die man immer schon gesucht hat - sogar bis hin zum ültje-Lied.

Lebensmittel/Knabbereien/Chips

funny-frisch
funny@funny-frisch.de
www.funny-frisch.de
So schmeckt das Leben: Informationen rund um das funny-frisch Sortiment, attraktive und regelmäßig wechselnde Gewinnspiele, Newsletter-Abonnement, Rezepte, Grußkarten, TV-Spots.
(Siehe Abbildung)

Nuss24 www.nuss24.de

ESSEN & TRINKEN

Lorenz Bahlsen Snack-World **www.lorenz-snackworld.de**
Von Crunchips bis Erdnußlocken, von Saltletts bis NicNac's, von Clubs bis zu den Nüssen der World Selection.

Pringles **www.pringles.de**
Alle sechs Chips-Sorten auf einen Blick, nach Geschmacksrichtungen sortiert. Online-Spiele zum Austoben in der Pringles-Zone.

Lebensmittel/Kartoffeln & Pommes Frites

Pommeswelt.de **www.pommeswelt.de**
info@pommeswelt.de
Hier kann man kulturhistorische Theorien über den Ursprung der Kartoffelstäbchen lesen und wird über die Fritte aufgeklärt.

Lebensmittel/Lieferservice

bringdienst.de **www.bringdienst.de**
info@bringdienst.de
Über dieses Portal kann man bequem Essen von Zuhause aus bestellen. Die Städtelisten erfassen gleich mehrere Lieferanten.

Lebensmittel-Lieferservice **www.lila-se.de**
info@lila-se.de
Hier kann man über 3.200 Produkte, die es im Supermarkt gibt, weltweit online bestellen und sich nach Hause liefern lassen.

Lebensmittel/Milchprodukte

Bauer online **www.bauer-milch.de**
info@bauer-milch.de
Produktinformationen zum großen Joghurt- und Käsesortiment. Außerdem Wissenswertes zum Unternehmen und ein Händlerforum.

funny-frisch **www.funny-frisch.de**

Anzeige

ESSEN & TRINKEN

Campina
kundenservice@campina.com

www.campina.de
Die Welt von Campina - alles rund um das Thema Milch und gesunde Ernährung. Wissenswertes zu den Marken wie Puddis oder Südmilch, zu den Produkten von Butter über Käse bis hin zu Sauermilchprodukten und zur schrittweisen Verarbeitung der Milch vom Bauernhof bis hin zu den fertigen Milchprodukten. **(Siehe Abbildung)**

Danone
kontakt@danone.de

www.danone.de
Infos zum Unternehmen, zum Forschungsinstitut, zu den Engagements und zu den Produkten von Danone.

Exquisa
info@exquisa.de

www.exquisa.de
Erläuterungen zu den Produkten Exquisa, Karwendel und den mi-ree-Sorten. Wissenswertes über die Milch und deren Herstellung.

Milch-Marketing.de
redaktion@milch-marketing.de

www.milch-marketing.de
Die Infoquelle für Milch, Butter, Käse und andere Milcherzeugnisse. Vorstellung von neuen Produkten im Kühlregal.

Molkerei Alois Müller
kontakt@mueller-milch.de

www.muellermilch.de
Die Müller Milch & Bar. Komplett illustrierter Pausen-Spaß in der Szene-Bar mit mehreren Stockwerken: Ob Online-Spiele, super Gewinne oder Unternehmens- und Produktinformationen inklusive Nährwertangaben - MÜLLER hat den optimalen Mix aus Entertainment und Informationen. **(Siehe Abbildung)**

Lebensmittel/Milchprodukte/Joghurt & Dessert

Landliebe
kundenservice@campina.com

www.landliebe.de
In der Landliebe-Welt gibt es alles Wissenswerte zu den Milchprodukten von Landliebe, zahlreiche Rezeptideen, einen Landliebe-Online-Shop, ein Milchlexikon und attraktive Gewinnspiele. **(Siehe Abbildung)**

Campina   www.campina.de

ESSEN & TRINKEN

Molkerei Alois Müller www.muellermilch.de

Landliebe www.landliebe.de

Essen & Trinken

Ehrmann

www.ehrmann.de
Der Hersteller von Joghurt-, Quark- und Dessertspezialitäten bietet Erläuterungen zu den Produkten sowie leckere Rezepte an.

FruchtZwerge.de
info@fruchtzwerge.de

www.fruchtzwerge.de
Alles über die Produkte und zur gesunden Ernährung. Tolle Spiele und ein Video „Wie kommt der FruchtZwerg in den Becher".

Fruttis
kundenservice@campina.com

www.fruttis.de
Viele Informationen und ein attraktives Gewinnspiel rund um die lecker-erfrischenden Fruchtjoghurts und Drinks von Fruttis.

Milchschnitte

www.milchschnitte.de
Allgemeiner Ernährungsratgeber und ein Lexikon rund um die Zwischenmahlzeit.

Onken Genusswelt

www.onken.de
Die Onken-Genusswelt lädt ihre Besucher ein, die Marke kennen zu lernen und gibt Fitness-, Ernährungs sowie Wellnesstipps.

● **Optiwell**
kundenservice@campina.com

www.optiwell.de
Optiwell sind leckere, leichte Milch- und Joghurt-Produkte - optimal für den unbeschwerten Genuss zwischendurch. Hier findet man nützliche Informationen über Nährwerte, Tipps zu Fitness und Ernährung sowie attraktive Gewinnspiele. **(Siehe Abbildung)**

● **Zott**
info@zott.de

www.zott.de
Infos zur Molkerei und zu 75 Jahren Milchverarbeitung, zu den Marken von Zott, Rezepte, Gewinnspiel, Artikel-Shop, Jobangebote und Ausbildungsstellen. **(Siehe Abbildung)**

Optiwell www.optiwell.de

ESSEN & TRINKEN

Lebensmittel/Milchprodukte/Milch

Bärenmarke
service@allgaeuer-alpenmilch.de

www.baerenmarke.de
Bären(marke)freunde finden hier einen Shop mit dem Bärenmarke-Bär, Grußkarten und Rezepte sowie Infos über die Produkte.

BDVM
information@milch-und-mehr.de

www.milch-und-mehr.de
Der Bundesverband der Vorzugsmilcherzeuger und Direktvermarkter gibt Infos rund um die Vorzugsmilch und ihre Vorteile.

Hochwald
info@hochwald.de

www.hochwald.de
Breites Angebot im Sektor Milchprodukte: Kondensmilch, H-Milch, Molkereifrischprodukte, Sprühsahne, Käse. Außerdem: Wurstwaren.

Milch & Markt
info@milch-markt.de

www.milch-markt.de
Daten und Fakten rund um die Milch. Der Presse-Online-Service der deutschen Milchindustrie bietet Hintergrundmaterial.

Lebensmittel/Milchprodukte/Käse

Hochland

www.hochland.de
Firmenprofil, Marken- und Produktübersicht (Almette, Hochland, Patros und Valbrie) sowie Rezeptvorschläge von Hochland.

Käse Schuster
info@kaese-schuster.de

www.kaese-schuster.de
Internationales Rohmilch-Käseangebot mit besonderen Käsespezialitäten aus bäuerlicher Herstellung. Versand und Hauslieferservice.

Käserei Champignon
info@champignon.de

www.champignon.de
Die Käserei Champignon präsentiert ihre Käsevielfalt. Alles über die Käse-Herstellung und seine Tradition.

Zott   **www.zott.de**

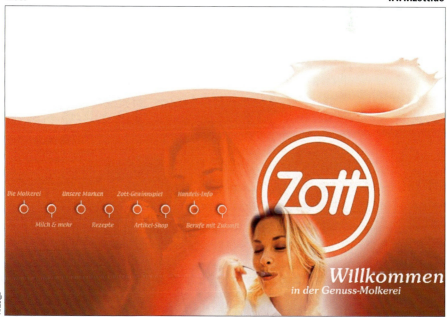

ESSEN & TRINKEN

Rotkäppchen
info@rotkaeppchen.com

www.rotkaeppchen.com
Die Käserei informiert über die Marken Rotkäppchen, Rügener Badejunge, Altenburger, Domédictin. Dazu viele Tipps und Rezepte.

● **Käse aus Frankreich**
info@kaese-aus-frankreich.de

www.kaese-aus-frankreich.de
Käselexikon, Rezepte und Weintipps, Käseporträts und Gewinnspiele. **(Siehe Abbildung)**

Lebensmittel/Nahrungsergänzung

Energia Vital
info@energiavital.de

www.energiavital.de
Versand von Nahrungsergänzungen und Natur-Arzneimitteln. Aloe Vera, Muschelextrakt, Enzyme, Lachsöl, Selen, Vitamine und Zink.

Pektine
info@herbstreith-fox.de

www.herbstreith-fox.de
Herstellung und Vertrieb von Pektinen, Süßungsmitteln und Ballaststoffen aus Früchten.

Perfect Nutrition Center Europe
info@pnce.de

www.naehrstoffe.com
Nahrungsergänzungen für Athleten, Kraftsportler und den kompletten Sportbereich.

Vital Trend Shop
info@vitaltrendshop.com

www.vitaltrendshop.de
Großes Angebot an Vitaminen, Mineralstoffen, Tees, Sportlerernährung, Präparaten zur Nahrungsergänzung, Kosmetika, Diättipps.

Vitaver.de
office@vitaver.de

www.vitaver.de
Erläuterungen zu Chlorella, C.G.F. ® und Omega-3 mit der Möglichkeit, diese natürlichen Nahrungsergänzungsmittel zu bestellen.

Käse aus Frankreich www.kaese-aus-frankreich.de

ESSEN & TRINKEN

Lebensmittel/Nudeln & Pasta

Pastaweb
info@pastaweb.de

www.pastaweb.de
Rezepte und Wissenswertes rund um die Nudel und viele weitere italienische Gerichte. Tipps zum Selbermachen von Pasta-Teig.

spaetzle.de
info@spaetzle.de

www.spaetzle.de
Anleitung zum Spätzleschaben, Spätzlerezepte und andere schwäbische Rezepte. Info zu Herstellern und Hintergrundwissen.

Lebensmittel/Obst

Äpfel aus Frankreich
sopexa.deutschland@sopexa.com

www.aepfel-aus-frankreich.de
Französische Apfelsorten, Rezepte, Nährwerte, Information über die Produktion in Frankreich.

🔴 **Canellas**
info@canellas.de

www.canellas.de
Der 24 Stunden-Frucht-Online-Shop: bundesweite Direktlieferung von frischem Obst und Gemüse - sowohl für Händler, Gastronomie, Großküchen und Event-Catering als auch für den privaten Haushalt. Außerdem „fruchtige" Präsente zum Geburtstag, Jubiläum oder Gratifikation in der Rubrik „Obstkörbe".
(Siehe Abbildung)

Fruitlife
contact@fruitlife.de

www.fruitlife.de
Ausführliche Infos über einheimische und exotische Früchte und Nüsse mit Tipps zum Einkauf, zur Lagerung und Verzehr.

Canellas   **www.canellas.de**

Anzeige

ESSEN & TRINKEN

Lebensmittel/Pizza

Call a Pizza
info@call-a-pizza.de

www.call-a-pizza.de
Pizza-Lieferservice in den Städten Altenmark an der Alz, Berlin, Bruckmühl, Chemnitz, Dresden, Erfurt, Germering, Halle, Hamburg, Ingolstadt, Kiefersfelden, Leipzig, München, Potsdam, Regensburg und Rosenheim. **(Siehe Abbildung)**

Joey's Pizza
info@joeys.de

www.joeys.de
Bei Joey's kann man in verschiedenen deutschen Städten Pizza, Pasta, Croques und Salate online bestellen. Franchise-Infos.

Pizza Top-Pizza
info@top-pizza.de

www.top-pizza.de
Deutschlands Pizza-Suchmaschine mit Pizzeria-Hitparade und Pizza-Grußkarten.

Pizza.de
redaktion@pizza.de

www.pizza.de
Die Pizza-Suchmaschine: Städte-Verzeichnis mit Lieferservice von knusprigen Pizzas oder leckeren Nudeln.

Pizzatest
pizzateam@pizzatest.de

www.pizzatest.de
Bis zum Zeitpunkt unserer Recherche wurden insgesamt 356 verschiedene Sorten von Pizzen gestestet und 978 Testberichte erfasst.

Lebensmittel/Reis

Basmatireis
office@basmatireis.at

www.basmatireis.at
Basmati-Reis-Impoteur für Österreich, Deutschland und Italien. Persische Rezepte mit Basmati-Reis.

Oryza

www.oryza.de
Interessantes nicht nur zum Sortiment, sondern auch zur Reispflanze und dem Anbau. Darüber hinaus findet man noch leckere Rezepte.

Call a Pizza   www.call-a-pizza.de

ESSEN & TRINKEN

Lebensmittel/Soßen/Senf

Born Feinkost
info@born-feinkost.de

www.born-senf.de
Historie des Unternehmens, das Rezept für die original Thüringer Rostbrätel und die Produkte von Born werden vorgestellt.

Löwensenf
info@loewensenf.de

www.loewensenf.de
Alles Wissenswerte über Senf - von der Geschichte über Anbau und Botanik bis hin zur Herstellung. Dazu Rezepte mit Senfprodukten.

Lebensmittel/Suppen

Deutsches Suppeninstitut
info@suppeninstitut.de

www.suppeninstitut.de
Internationale Suppenrezepte, eine kleine Kulturgeschichte der Suppe sowie die ernährungsphysiologische Bedeutung der Suppe.

Nudelsuppen
webmaster@nudelsuppen.de

www.nudelsuppen.de
Auf diesen Seiten findet man eine unabhängige Testplattform für Fertigsuppen mit rund 250 Suppenkritiken.

Wela
privatkunden@wela-suppen.de

www.wela-suppen.de
Suppen, Brühen, Soßen, Würzen, Feinkost und Desserts. Im Online-Shop kann man die Produkte bequem bestellen.

Lebensmittel/Süßwaren

● **Candy And More**
shop@candyandmore.de

www.candyandmore.de
Der Shop für Naschkatzen: Bonbons, Lutscher, Fruchtgummis, Schokolade, englische Weingummis, Jelly Bellys und Diätprodukte. **(Siehe Abbildung)**

Candy And More　　　　　　　　　　　　www.candyandmore.de

ESSEN & TRINKEN

Bundesverband der Deutschen Süßwarenindustrie
bdsi@bdsi.de

www.bdsi.de
Was man schon immer über Schokolade, Kakao, Zucker- oder Backwaren wissen wollte.

Hussel
info@hussel.com

www.hussel.com
Das Unternehmen für Süßwaren erklärt die Geschichte des Kakaos und präsentiert seine Produkte von Pralinen bis zum Kaffee.

Viba sweets
info@viba-online.de

www.viba-sweets.de
Neben der ausführlichen Vorstellung der Produktpalette findet man hier auch Rezepte sowie einen Online-Shop.

● **World of Sweets**
info@worldofsweets.de

www.worldofsweets.de
World of Sweets bietet ca. 1.000 internationale Süßwaren: u.a. Schokoriegel aus Amerika, Toffees aus England, Kekse aus Schweden, exklusive Präsentkörbe und Süßwaren Arrangements, deutsche Leckereien von „A" wie Ahoj Brause bis „Z" wie Zuckerstangen. Lakritz Liebhaber finden über 100 Produkte.
(Siehe Abbildung)

Lebensmittel/Süßwaren/Eis

Ben & Jerry's Deutschland
info@benjerrys.de

www.benjerrys.de
Witzige Seite der amerikanischen Kult-Eismarke: Bei Sorten wie Schoko-Eiscreme mit Marshmellow-Sauce bekommt man sofort Appetit.

Langnese
verbraucherinfo@langnese-iglo.de

www.langnese.de
Verschiedene Eissorten, Collection Shop, Summer Club, Flirting Community, Happynese Partys und Summer Lounge.

World of Sweets

www.worldofsweets.de

Essen & Trinken

Schöller
info@schoeller.de

www.schoeller.de
Infos zu Events, Freizeitparks, Sponsorings, Gewinnspielen, Downloads und natürlich eine Übersicht über die Eiscreme Produkte.

Lebensmittel/Süßwaren/Gummibärchen

Gummibären-Forschung
joachim.funke@psychologie.uni-heidelberg.de

www.gummibaeren-forschung.de
Spaßige Seite, auf der man sich Infos über die Tiefenpsychologie der Gummibärchen oder ihre sexuellen Phantasien holen kann.

Gummibärenladen, Der
mail@m-d-c.de

www.gummibaerenladen.de
Der Schleckereienkiosk im Internet. Großes Sortiment an Fruchtgummis mit natürlichen Farbstoffen und auch ohne Gelatine.

🔴 **Haribo**
info@haribo.de

www.haribo.de
Der Goldbär führt durch die Haribo Produkte, deren Herstellung und Geschichte, zu News, Unterhaltung und durch den Shop. **(Siehe Abbildung)**

Sweetshop24.de
info@suesse-werbung.de

www.sweetshop24.de
In diesem Online-Shop gibt es zahlreiche Sorten Fruchtgummis: von Eis-, über Pfefferbärchen bis hin zu Sauren Fritten.

Lebensmittel/Süßwaren/Kaugummi

kaugummi

www.kau-gummi.de
Von dem klassischen Spearmint bis zum Ginseng, als Zahnpflege oder gegen Reisekrankheit, ob mit oder ohne Zucker.

Wrigley
info@wrigley.de

www.wrigley.de
Produktseiten und das Wrigley-Portal für medizinische Fachkreise.

Haribo www.haribo.de

Essen & Trinken

Wrigley's Extra

www.wrigleys-extra.de
Die verschiedenen Sorten von Wrigley´s Extra Zahnpflegekaugummis und -bonbons sowie Studien zur Zahngesundheit werden vorgestellt.

Lebensmittel/Süßwaren/Lakritze

kadó
info@kado.de

www.kado.de
Über 200 Lakritz-Sorten aus Europa. Eine besonders große Auswahl an originalen Produkten aus den Niederlanden.

Lakritz-Onlineshop

www.la-kido.de
Lakritzsorten für jeden Geschmack: süß oder salzig, auch für Diabetiker geeignet. Fruchtgummis sind ebenfalls im Sortiment.

Lebensmittel/Süßwaren/Marzipan

Carstens Marzipan Lübeck
kontakte@carstens-marzipan.de

www.carstens-marzipan.de
Die Geschichte des Unternehmens, Lübeck und das Marzipan, über 150 Artikel umfassendes Marzipanangebot und Saisonartikel.

Niederegger
info@niederegger.de

www.niederegger.de
Einblick in die Herstellung des weltbekannten Marzipans mit einer Chronik des Hauses Niederegger. Produkt-Shop.

Lebensmittel/Süßwaren/Schokolade

Bounty-Insel
contact.de@masterfoods.com

www.bounty-insel.de
Die exotische Bounty-Insel, z.B. mit verschiedenen Spielen und auch E-Cards zum Verschicken.

Choco Crossies
info@choco-crossies.de

www.choco-crossies.de
Vorstellung der Choco Crossies Produkte mit aktuellen Infos. Gewinnspiel mit lustigem Comic-Suchspiel und E-Cards zum Versenden.

Chocoinvest
info@chocoservice.com

www.schocoleum.de
Originelle Geschenke gesucht? Hier kann man Fotos oder andere Motive auf Schokolade drucken lassen und diese dann genießen.

Feodora
info@feodora.de

www.feodora.de
Edle Schokoladen und Pralinen von Feodora.

Ferrero-kinder

www.ferrero-kinder.de
Von kinder-Schokolade über kinder-Überraschung, kinder-Riegel, kinder-Schoko-Bons, kinder-Pingui bis zum kinder-Prof.Rino.

Hachez
info@hachez.de

www.hachez.de
Feine Chocoladen und edle Pralinés vom Chocolatier Hachez.

Info-Zentrum Schokolade
contact@infozentrum-schoko.de

www.infozentrum-schoko.de
Diese Seite informiert über die Geschichte und die Entstehung der Schokolade und führt Interessenten auf die Kakaoplantagen.

Lindt & Sprüngli
konsumentenservice-de@lindt.com

www.lindt.de
Klassiker, Kinderprodukte, Diätprodukte sowie Saisonangebote. Zusätzlich auch Produkte fürs feine Backen.

m&m´s

www.m-ms.de
Yellow und Red laden in die Welt der M&M's ein. Hier gibt es Backideen, Spiele, TV-Spots, Hintergrundbilder und Icons.

Milka

www.milka.de
In der lila Alpenwelt kann man viel über Schokolade lernen, Fanartikel erwerben oder leckere Rezepte mit Milka ausprobieren.

ESSEN & TRINKEN

Milky Way
contact.de@masterfoods.com

www.milkyway.de
Die Online-Präsentation der Milky Way-Produkte, mit besonderen Hinweisen für Eltern.

Ritter Sport Schokolade
info@ritter-sport.de

www.ritter-sport.de
Beschreibung der Produktion in kleinen Schritten sowie viele interessante Fakten rund um die süße Versuchung.

Sarotti
info@sarotti.de

www.sarotti.de
Der Genuss-Bazar läd ein, in die Sarotti Schokoladenwelt einzutauchen. Die 1.001 interaktive Nacht bietet Spiele und TV-Spots.

Schokolade und Kakao
webmaster@theobroma-cacao.de

www.theobroma-cacao.de
Infos zum Thema Kakao und Schokolade mit historischen Rezepten. Hilfe für Schüler, Studenten, Hersteller und Genießer.

Snickers
contact.de@masterfoods.com

www.snickers.de
Im Snickers-Action-Park gibt es Gewinnspiele, E-Cards, einen Eventkalender und regelmäßig wechselnde Schwerpunktthemen.

Sollwerck AG
info@stollwerck.de

www.stollwerck.de
Erläuterungen zur Herstellung von der Kakaopflanze bis zum fertigen Schokoladenprodukt. Präsentation des Marken-Portfolios.

🔴 **Super Dickmann`s**
dickmann@de.storck.com

www.super-dickmanns.de
Produktinformationen und dicke Partytipps rund um den Schokoladenkuss. **(Siehe Abbildung)**

Süsse Seiten
kontakt@suesse-seiten.de

www.suesse-seiten.de
Informationen aus der Welt der Schokolade: Wissenswertes aus dem Süßwarenmarkt, alles über den Kakaobaum und seine Früchte.

Toblerone

www.toblerone.com
Informationen rund um die Toblerone: alles über das Erfolgsrezept dieser „spitzen" Schokolade.

Super Dickmann`s www.super-dickmanns.de

ESSEN & TRINKEN

Twix.de
contact.de@masterfoods.com

www.twix.de
Für alle Twix-Genießer: CD-Shop, E-Cards, Klingeltöne sowie ein Gewinnspiel.

Lebensmittel/Tiefkühlkost

Bofrost
service@bofrost.de

www.bofrost.de
Das Bofrost-Bestellsystem im Internet. Tiefkühlprodukte online bestellen und nach Hause liefern lassen.

Eismann
info-em@eismann.de

www.eismann.de
Der Tiefkühl-Heimservice mit einer umfangreichen Produktpalette.

Frosta
info@frosta.de

www.frosta.de
Tiefkühlkost in den Bereichen Fertiggerichte, Fisch, Gemüse und Obst.

Iglo
verbraucherinfo@langnese-iglo.de

www.iglo.de
Ob Gemüse, Fisch, Fertiggerichte oder weitere Leckereien - Informationen über Iglo-Produkte.

Salomon
salomon-hit@salomon-mail.de

www.salomon-hit.com
Kreative Finger Food und Hand Held Snacks - tiefgekühlte Rinderhackfleischprodukte und Bio Finger Food.

Lebensmittel/Trockenfrüchte & Nüsse

Dryfruit
info@dryfruit.de

www.dryfruit.de
Biologisch angebaute Trockenfrüchte aus der Türkei, Iran, Tunesien, Thailand oder Sri Lanka. Mit Vitamin- und Mineralienlexikon.

Nuss24
info@nuss24.de

www.nuss24.de
Nüsse und Kerne vom Feinsten - roh, geröstet oder gesalzen. Dazu orientalische Köstlichkeiten: Gebäck, Cräcker, Süßes, Kaffeespezialitäten, Gewürze. Breites Sortiment für Privathaushalte, Gastronomie und Großhandel in Nuss24-Qualität. Sonnenallee 73, 12045 Berlin, Tel: (030) 62727797.

Tali
kontakt@tali.de

www.tali.de
Online-Shop mit großer Auswahl an Nüssen und Trockenfrüchten, exotischen Gewürzen und persischen Spezialitäten.

Trockenfruechte
info@howa.de

www.howa.de
Informationen über Trockenfrüchte und Nüsse mit der Möglichkeit, online zu bestellen.

Lebensmittel/Zucker & Süßstoffe

Kölner Zucker
info@pfeifer-langen.com

www.koelner-zucker.de
Alles über den Zucker, die verschiedenen Sorten und seinen Einsatz im Haushalt. Außerdem: zahlreiche Rezepte und Warenkunde.

Natreen
info@natreen.de

www.natreen.de
Der Kalorien-Kalkulator berechnet, wie viele überflüssige Kalorien man beim Süßen des täglichen Kaffees oder Tees aufnimmt.

Südzucker
info@suedzucker.de

www.suedzucker.de
Lebensmittelkonzern mit den Bereichen Zucker, Süßungsmittel und Tiefkühlkost.

ESSEN & TRINKEN

Lebensmittelmärkte

Aldi Märkte

www.aldi.com
Die Nord- und Südkette informiert hier über die Angebote der kommenden Woche und über berufliche Perspektiven bei Aldi.

Edeka Zentrale AG & Co. KG
info@edeka.de

www.edeka.de
Rezeptdatenbank, Warenkunde, Ernährungstipps und Marktauswahl.

● **Edeka24**
edeka24@edeka.de

www.edeka24.de
Bei edeka24.de findet man alles rund um den Haushalt und Hobby. Natürlich findet man auch Lebensmittel und Drogerieartikel - Mit dem Gutscheincode MNFG-WGBM-QP9V-3DKD kann man auch gleich 5,- Euro sparen - Um den Gutschein einlösen zu können beträgt der Mindestbestellwert 50,- Euro. (Gültig bis 31.03.05) **(Siehe Abbildung)**

Kaiser's
kontakt@ktag.de

www.kaisers.de
Rezepte, Online-Shopping sowie Infos zu Tengelmann-Marken Birkenhof, Naturkind, A&P und Kaiser's Kaffee.

Lidl

www.lidl.de
Informationen über das Unternehmen und die Angebote der Woche.

Metro Cash & Carry Deutschland GmbH
kontakt@metro24.de

www.metro24.de
Web-Seiten der Cash-and-Carry-Märkte für Gewerbetreibende. Online-Aufnahmeantrag für Neukunden.

Plus
kontakt@plus.de

www.plus.de
Hier erfährt man die aktuellen Angebote, außerdem Infos über die einzelnen Produkte des Geschäftes mit den „kleinen Preisen".

Edeka24

www.edeka24.de

229

Essen & Trinken

real,-
www.real.de
Nicht nur aktuelle Angebote, sondern auch praktische Tipps, Kochrezepte und Infos zum Payback-System werden hier geboten.

Spar Handels AG
info@spar.de
www.spar.de
Informationen über die Handels-Aktiengesellschaft Spar und das Sortiment.

tegut... gute Lebensmittel
info@tegut.com
www.tegut.com
tegut... informiert über gute Lebensmittel und Bio-Produkte. Rezepte sowie Stellenangebote komplettieren das Angebot.

Wal-Mart Germany
kontakt@wal-mart.com
www.walmartgermany.de
Aktionsangebote, Produktvielfalt, Wal-Mart Magazin, Events, Rezepte, Supercenter-Finder, Presseservice, Qualitätssicherung.

Restaurantketten

Mövenpick
info@moevenpick.com
www.moevenpick.com
Vorstellung der Produkte, ausführliche Beschreibung jedes Restaurants, Wein-Shop und Rezepte.

Nordsee
nordsee@nordsee.com
www.nordsee.com
Vielfalt in Sachen Fisch: Gerichte, Snacks, Delikatessen und alle Nordsee-Adressen. Außerdem Tipps und Fun rund um den Fisch.

Restaurantketten/Fastfood

Burger King
bkkundenservice@whopper.com
www.burgerking.de
Burger King stellt sich mit seinem Restaurant-Guide, einer Produktgalerie, Angaben zur Unternehmenskette und News vor.

McDonald's
www.mcdonalds.de
Alles über aktuelle Aktionen, eine virtuelle Tour durch eine Filiale, eine Nährwertanalyse und ein Tagesernährungsplan.

Restaurantketten/Steakhäuser

Maredo
info@whitbread.de
www.maredo.de
Hier gibt es die Speisekarten, aktuelle Angebote sowie weitere Extras, wie z.B. Online-Reservierung und Extraseiten für Kids.

Rezepte

Chefkoch.de
info@chefkoch.de
www.chefkoch.de
Hier findet man alles zum Thema Kochen und Ernährung. Über 20.000 Rezepte mit einer Suchfunktion nach Zutaten.

Kochbuch Online System
heinz@cuisine.at
www.cuisine.at
Dieses Verzeichnis beinhaltet an die 150.000 Rezepte, die systematisch nach Titeln oder Stichwörtern durchsucht werden können.

kochen und schlemmen
bine@kochen-und-schlemmen.de
www.kochen-und-schlemmen.de
Deutsche und internationale Rezepte von A bis Z, auch vegetarische Küche. Außerdem Rezepte rund ums Backen und für Cocktails.

Kochen-International
info@schlueter.biz
www.kochen-international.de
Rezepte aus über 60 Ländern bringen Abwechslung in die Küche. Auch Ausgefallenes wie die Zubereitung von Emu oder Krokodil.

Kochfeuer
redaktion@kochfeuer.de
www.kochfeuer.de
Auch bei wenig Zeit muss kein Fertiggericht auf den Tisch. Kochfeuer bietet Schnellrezepte für jeden Geschmack.

Essen & Trinken

Kochrezept, Das
redaktion@daskochrezept.de

www.daskochrezept.de
Rezepte und Drinks. Ein Lebensmittelschlüssel und eine Kalorientabelle helfen bei der gesunden Ernährung.

Kochrezept.de
info@cynobia.de

www.kochrezept.de
Datenbank mit über 4.200 Kochrezepten, Diättipps mit einer Brennwerttabelle und ein Lexikon mit Erklärung der Fachbegriffe.

Maggi Kochstudio
kontakt@maggi.de

www.maggi.de
Mehr als 3.500 Rezeptideen. Umfangreiche Infos zum Sortiment und die Möglichkeit, sein ganz persönliches Kochbuch zu gestalten.

Marions Kochbuch
info@f-knieper.de

www.marions-kochbuch.de
In „Marions Kochbuch" finden sich jede Menge Koch- und Backrezepte mit Foto und Kalorienangaben, sortiert nach verschiedenen Rubriken.

● **webkoch.de**
info@webkoch.de

www.webkoch.de
Sucht man Rezepte, Anregungen oder hat man Fragen rund ums Kochen? Dann ist man bei www.webkoch.de - dem Kochforum mit vielen raffinierten Rezepten, Ideen und Tipps - genau richtig. Für jeden (Hobby-) Koch eine echte Schatztruhe. Jetzt Mitglied werden und 100 Bonuspunkte erhalten. Code: webadrb8 **(Siehe Abbildung)**

Tabak/Blättchen

Gizeh
info@gizeh-online.de

www.gizeh-online.de
Hier „dreht" sich alles um die Blättchen von Gizeh. Mit Anleitungen zum Drehen und Stopfen von Zigaretten.

webkoch.de   www.webkoch.de

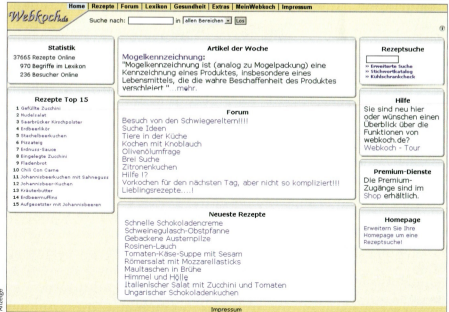

Essen & Trinken

Tabak/Drehtabak

● **Drum online**

www.drum.de
Der kultige Tabak zum Drehen stellt sich vor. Die Seite bietet einen gut sortierten und umfangreichen Festivalguide für das ganze Jahr inklusive der von Drum gesponserten Musikveranstaltungen. Zusätzlich bietet die Seite zahlreiche Gewinnmöglichkeiten in Form von Online-Spielen und Preisausschreiben.
(Siehe Abbildung)

Tabak/Pfeifen

Pfeifenshop24.com
info@pfeife.de

www.pfeifenshop24.com
Online-Versand von Pfeifen, Zigarren, Tabak, Zigarillos, Zigaretten und Zubehör.

Tabak/Zigaretten

● **Davidoff Cigarettes**
impressum@davidoff-cigarettes.de

www.davidoff-cigarettes.de
Die Marke für Genießer präsentiert sich auf exklusiven Seiten mit Infos zum Unternehmen und Namensgeber sowie der Herstellung der Zigaretten, einem Quiz und Gastro-Guide und Events wie die exklusiven Bar Nights in Szene-Metropolen wie Hamburg, München, Frankfurt oder Düsseldorf. **(Siehe Abbildung)**

● **West**
west@west.de

www.west.de
Täglich aktualisierte Entertainment- und Kommunikationsplattform mit wechselnden Gewinnspielen, Sound-Bereich, Chats, Boards, moderierten Live-Shows, Shop, Free E-Mail und Free SMS. Ein Dating-Bereich und verschiedene weitere Services vervollständigen das umfangreiche Angebot der Marke.
(Siehe Abbildung)

Drum online www.drum.de

ESSEN & TRINKEN

Davidoff Cigarettes www.davidoff-cigarettes.de

West www.west.de

Essen & Trinken

Tabakland
info@tabakland.de

www.tabakland.de
Verkauf von umfangreichem Raucherbedarf: von Zigaretten über Tabak bis hin zu Pfeifen.

Tabak/Zigarren & Zigarillos

cigarrenversand.de
info@cigarrenversand.de

www.cigarrenversand.de
Online-Bestellung von Zigarren aus Kuba, Deutschland und der Dominikanischen Republik. Wissenswertes über die Zigarre.

cigarworld.de
info@cigarworld.de

www.cigarworld.de
Breites Angebot an Zigarren, Zigarillos, Pfeifen sowie Tabak. Außerdem jede Menge News, Gewinnspiele und ein Restaurant-Guide.

Dannemann
info@dannemann.de

www.dannemann.com
Kostenlose Rauchprobe, großes digitales Zigarrenlexikon, monatliches Kreuzworträtsel, Genuss-Shop und aktuelle Stellenangebote.

Habana Tabacos
info@habana-tabacos.de

www.habana-tabacos.de
Spezialist für kubanische Zigarren.

Humidor Disccount
info@humidordiscount.de

www.humidordiscount.de
Humidore, Zigarren und -zubehör.

zigarrenwelt.de
archi@zigarrenwelt.de

www.zigarrenwelt.de
Die Schaltung von Kleinanzeigen, die Möglichkeit, sich mit anderen auszutauschen und an lang ersehnte Utensilien zu gelangen.

Vegetarier & Veganer

alles-vegetarisch.de
info@alles-vegetarisch.de

www.alles-vegetarisch.de
Versandhandel für vegetarische Köstlichkeiten mit großem Sortiment, wertvollen Informationen und komfortablem Online-Shop.

Vegetarier-Bund Deutschlands e.V.
info@vegetarierbund.de

www.vegetarierbund.de
Kontaktadressen für Ernährungsbewusste, eine Suchmaschine für vegetarische Gaststätten, Infomaterial und Literaturhinweise.

vegetarisch-einkaufen.de
info@vegetarisch-einkaufen.de

www.vegetarisch-einkaufen.de
Das vegetarische Internet-Magazin informiert über das Sortiment an veganen und vegetarischen Produkten und nennt Bezugsquellen.

Vitamine & Mineralien

Vitamin Shop
info@handelsversand.de

www.vitamine4me.de
Ausführliche und übersichtlich gegliederte Informationen über Nahrungsergänzungs-, Vitamin-, Diät- und Hautpflege-Produkte.

Vitamine, Vitalstoffe und Mineralien
info@greenvitamins.com

www.greenvitamins.com
Große Auswahl an Vitaminen in pflanzlichen Kapseln. Für Diabetiker, Vegetarier und Veganer geeignet, hypoallergen.

VitaminExpress

www.vitaminexpress.de
Großes Sortiment an Vitaminen aus den Bereichen Wellness, Sport, Fitness sowie Diät und Beauty mit ausführlicher Beschreibung.

Zusatzstoffe & E-Nummern

Zusatzstoffe online
mail@verbraucher.org

www.zusatzstoffe-online.de
Alle Lebensmittelfarbstoffe, Geschmacksverstärker, Süß- und Zuckeraustauschstoffe und Konservierungsmittel auf einen Blick.

Freizeit & Hobby

5

Freizeit & Hobby

Freizeit & Hobby

www.burgen-und-schloesser.net

Burgen und Schlösser

Burgen, Schlösser und Ruinen galten schon immer als Zeugen der Geschichte und ziehen seit jeher Besucher an. Diese Seite zeigt zu über 400 historischen Bauten in ganz Deutschland jeweils digitale Fotos sowie Infomaterial zum geschichtlichen Hintergrund. Über eine Komplettübersicht oder nach Bundesländern sortiert lassen sich die Bauwerke aufrufen. Touristen erfahren, ob und wann eine Besichtigung möglich ist, ob besondere Angebote (wie begehbare Türme) bestehen, Übernachtungen angeboten, interessante Restaurants und Cafés von der Burg beherbergt werden oder ob man dort gar seine Hochzeit in der Kapelle oder im Bankettsaal feiern kann.

www.nachtagenten.de

Nachtagenten

Nachtschwärmer aufgepasst: Dieses Eventportal liefert Berichte angesagter Partys der Großstädte Hamburg, Berlin, Frankfurt und München. Zu jeder Metropole werden interessante Locations vorgestellt und Sie erhalten – vor allem durch stets aktuelle Partybilder – einen umfassenden Einblick in das großstädtische Nachtleben aller möglichen Szenen und Musikrichtungen. Im Chat können Sie über die letzten gefeierten Peinlichkeiten lästern und sich in der Rubrik „Infos" gezielt über kommende Events informieren. Um auch modisch ganz in zu bleiben, finden Sie zudem pfiffige Trends zum Thema Mode und anderen Party-Accessoires.

www.saunasauna.de

SaunaSauna.de

Saunaliebhaber kommen hier sicherlich allein schon beim Durchklicken ins vorfreudige Schwitzen. In der Rubrik „Rund ums Saunieren" erfährt der Saunafan genau, wie man richtig sauniert, welche Saunatypen es gibt, was Frauen insbesondere wissen sollten und wo diese Schwitzkultur entsprungen ist. In der Community können Sauna-Erfahrungen ausgetauscht und persönliche Lieblingssaunen weiterempfohlen werden. Ein netter Saunameister beantwortet Ihre Fragen. Sie wollen nicht alleine schwitzen? Finden Sie einen Saunapartner in der Mitsaunzentrale! Wenn Sie eine bestimmte Sauna bevorzugen, wenden Sie sich einfach an die Saunasuchmaschine.

www.michas-spielmitmir.de

Spiel mit mir

Sie wollen Ihrem Kind ein Gesellschaftsspiel kaufen, möchten aber nicht, dass es sich nach kurzer Zeit langweilt oder vor Wut das Spielbrett zerschmettert? Informieren Sie sich daher vor dem Kauf auf dieser praktischen Seite, die zu über 150 getesteten Spielen eine ausführliche Beschreibung sowie eine Rezension bereithält und lernen Sie neue Spielideen kennen. Sie finden die Spiele alphabetisch oder nach Karten- und Brettspielen geordnet. Bewertet wird nach Kriterien wie Strategie, Glück oder Zufall, Spielspaß und Preis-Leistungsverhältnis mit 1 bis 6 Sternen. So treffen Sie bei der undurchschaubaren Auswahl die richtige Entscheidung.

FREIZEIT & HOBBY

www.parkscout.de

Parkscout.de

Ist Ihnen die Dorfkirmes zu langweilig geworden? Dann besuchen Sie einen der vielen Freizeitparks in Deutschland und testen Sie den Nervenkitzel von Achterbahnen mit einer Geschwindigkeit von bis zu 130 km/h und Loopings in 30 Metern Höhe oder rasante Abschüsse abenteuerlicher Wildwasserbahnen! Bundesweit finden Sie hier zu Zoos, Wasser-, Ferien- oder Indoor-Parks Beschreibungen zu den jeweils interessantesten Attraktionen. Anhand von Foto-Shows können Sie schon mal Einblick in die Erlebniswelten nehmen. Zudem erfahren Sie hier Eintrittspreise, Adressen und Öffnungszeiten der Parks und können gleich online Tickets bestellen.

www.yellopet.de

Yellopet.de

Für Tierliebhaber! Im Anzeigenmarkt finden Sie neben Hunden und Katzen auch Zierfische, Aquarien sowie Zubehör, Papageien, Kaninchen oder Frettchen! Herrchen und Frauchen finden zudem alles Wissenswerte rund um seinen bzw. ihren Liebling. Das Haustier-Portal bietet zu Hund, Katze und Pferd spezielle Suchmaschinen und Web-Kataloge, die kein Thema zu kurz kommen lassen. Wo finde ich einen Hunde-Sitter, wo kann Bello Sport treiben? Wo gibt es das richtige Futter für meine heilige Birma-Katze und welcher Kratzbaum ist gut genug für sie? Wo ist die nächste Katzenpension und wann findet das Pferderennen statt? Yellopet weiß es.

www.noeastro.de

Winfried Noé Astrostologie

Wollen Sie nach den Sternen greifen? Auf dieser ausführlichen und umfangreichen Seite über Astrologie erhalten Sie die ersten Tipps, wie bei Ihnen die Sterne stehen. Aktuelle Tages-, Wochen- und Monatshoroskope stehen genauso kostenlos zur Verfügung wie der Mondkalender oder Rezeptideen für jedes Tierkreiszeichen. Wie küsst ein Widder, ein Steinbock oder eine Jungfrau? Antworten auf diese Fragen sowie Liebeshoroskope für Paare und einsame Herzen finden Sie unter der Rubrik „Liebe und Erotik". Der Partnertest verrät, mit wem Sie am besten harmonieren. Hier können Sie sich selbst die Sterne vom Himmel holen!

www.benimm-dich.info

Benimm Dich

„Ob der Philip heute still wohl bei Tische sitzen will?" Auch 160 Jahre nach dem Struwwelpeter sollte man auf bestimmte Normen und Verhaltensregeln nicht verzichten. Hier wird jungen Menschen das nötige Rüstzeug für den sicheren Umgang auf jedem Parkett vermittelt – ob im Job, in der Freizeit, im Ausland oder Zuhause. Wer reicht wem zuerst die Hand, welche Kleidung sollte man zu welchem Anlass tragen oder wie verhält man sich beim Bewerbungsgespräch? Schon mal voll ins Fettnäpfchen getreten? Die Rubrik „Faux Pas" weiß, wie Sie diese in Zukunft umgehen. Wie Knigge-fest Sie sind, erfahren Sie im Test – aber bitte nicht spicken!

FREIZEIT & HOBBY

Ahnenforschung

Ahnenforschung.net
kontakt@ahnenforschung.net

www.ahnenforschung.net
Hilfe bei der Ahnenforschung durch Links, Diskussionsforen, einen Genealogie-Shop, Anfängertipps, Wissensdatenbanken.

Amateur- & CB-Funk

Deutscher Amateur-Radio-Club
darc@darc.de

www.darc.de
Der Deutsche Amateur-Radio-Club bietet: Ausbildung zum Funkamateur, Ortsverbände, Amateurfunk-Software und Technik.

Funkamateur
info@funkamateur.de

www.funkamateur.de
Aktuelle Informationen über die technische Entwicklung, Tipps für Neueinsteiger und ein Link zum Funkamateur-Online-Shop.

Astronomie

Astronomie.de
webmaster@astronomie.com

www.astronomie.de
Infos zum Sonnensystem, Lexikon der Astronomie-Begriffe, Diskussionsforen, Bildergalerie, Termine und Hilfen für Einsteiger.

Guforc
info@guforc.com

www.guforc.com
Informationen über das Sonnensystem, Mondphasen, Tracking-Bilder sowie über außerirdische Signale und deren Studium.

Mars Society Deutschland e.V
sven.knuth@marssociety.de

www.marssociety.de
Nachrichten, Hintergrundinfos und Links zum Thema Mars. Alles über die bemannte und unbemannte Erforschung dieses Planeten.

Mond.de
info@mond.de

www.mond.de
Mondbilder, Mondphasen und ein Mondlexikkon.

Space-Odyssey.de
hal@space-odyssey.de

www.space-odyssey.de
Astrolexikon, Informationen zu verschiedenen Raumfahrtbehörden, Bilder, Daten und Fakten zum Sonnensystem, Sternen, Galaxien.

Badeseen

Badesee-Temperaturen

www.donnerwetter.de/badeseen
Anzeige der Wassertemperaturen deutscher Badeseen.

Basteln

Dreimark.de
vertrieb@dreimark.de

www.dreimark.de
Online-Shop für zahlreiche Bastelprodukte, Holzspielzeuge, Spiele, Modellbau sowie Trendartikel und Bücher.

Hobbyparadies
info@kui.de

www.hobbyparadies.de
Der Internet-Vertrieb für Hobby- und Bastelartikel mit dem Schwerpunkt Gießen bietet ein umfangreiches Sortiment an Gießformen und Zubehör für Gips, Seifen, Kerzen, Zinn sowie Gießharze, Modelliermaterial und Produkte für den Formenbau an. **(Siehe Abbildung)**

Origami
webmaster@origami.ch

www.origami.ch
Infos zu Falttechniken und Papierqualitäten. Grundformen und die darauf basierenden Figuren werden schrittweise erklärt.

Patch Com
bklein@patchcom.de

www.patchcom.de
Hier findet man Stoffe jeden Materials oder Musters für Patchwork und Quilten sowie Schnittmuster, Anleitungen und Lehrbücher.

FREIZEIT & HOBBY

Perlen-paradies.de
s-info@perlen-paradies.de

www.perlen-paradies.de
Online-Shop für kreatives Gestalten. Anleitung, Beschreibung und Technik zu Perlenbasteln, Seidenmalerei, Serviettentechnik.

Benimm-Regeln

Benimm Dich
mail@benimm-dich.info

www.benimm-dich.info
Online-Knigge für junge Menschen: Gesten der Höflichkeit, Kleidungs-ABC, „Andere Länder, andere Sitten", Essen und Feiern.

Freiherr-von-Knigge.de

www.freiherr-von-knigge.de
Hier erfährt man alles über den Verfasser der Benimm-Regeln und seine Bücher, die es heute für die verschiedensten Bereiche gibt.

Ratgeber für Stil & Etikette

www.benehmen-sie-sich.de
Ein Ratgeber-Knigge in Lexikonform mit über 400 Stichwörtern zu gutem Benehmen, perfekter Etikette und stilsicherem Auftreten.

Brieffreundschaften

Brieffreunde Internet-Service
info@brieffreunde.de

www.brieffreunde.de
Formular ausfüllen - und ab geht die Post. Brieffreundschaften werden hier kostenlos vermittelt.

Mailfriends.de
info@mailfriends.de

www.mailfriends.de
Hier suchen etwa 20.000 Mitglieder nach Brieffreundschaften per E-Mail für die Freizeit oder auch für eine Partnerschaft.

Briefmarken

Michel
info@michel.de

www.michel.de
Hier findet man Michel-Kataloge, Alben und Software sowie Messetermine und aktuelle Meldungen aus der Welt der Philatelie.

Hobbyparadies   **www.hobbyparadies.de**

Anzeige

239

FREIZEIT & HOBBY

Philalex.de
philalex@sammelleidenschaft.de

www.philalex.de
Philatelielexikon mit zahlreichen erläuterten Fachbegriffen, einem Wörterbuch, aktuellen Nachrichten und Buchtipps.

Burgen, Festungen & Schlösser

Burgen und Schlösser
info@burgen-und-schloesser.de

www.burgen-und-schloesser.net
Diese Seite bietet eine Entdeckungsreise durch deutsche Schlösser mit geschichtlichen und touristischen Informationen.

Burgenwelt

www.burgenwelt.de
Die Web-Seite von und für Liebhaber von Burgen, Festungen und anderen Wehrbauten mit Tourenangeboten und Veranstaltungen.

Disco & Partys

Disco 4u
kontakt@disco4u.de

www.discofuehrer.de
Deutscher Disco-, Club- und Partyführer mit umfangreicher Beschreibung zu den einzelnen Lokalen.

Future4
info@future4.de

www.future4.de
Bilderarchiv für Partyfotos aus Deutschland und der ganzen Welt, mit Extraabteilungen für Popkomm, Mayday und Love Parade.

Nachtagenten
info@nachtagenten.de

www.nachtagenten.de
Die Nachtagenten recherchieren, fotografieren und berichten über die aktuellen Trends von ausgesuchten Events und Partys.

Party.de
info@party.de

www.party.de
Party.de bietet ausgesuchte Szeneveranstaltungen aus ganz Deutschland sowie die Möglichkeit, Reisen und Tickets zu buchen.

Esoterik

Lichtinfo
info@lichtinfo.net

www.lichtinfo.net
Lichtinfo bietet Spirituelles im Internet: Reiki, Farbtherapie und Kinesiologie sowie eine reichhaltige Esoterik-Link-Sammlung.

Numerologie-online.de
pks@numerologie-online.de

www.numerologie-online.de
Numerologie, die Faszination von Zahlen: Informationen, Zahlenspiele, Download und Bestellmöglichkeit von Numerologie-Software.

Shakti.de
info@shakti.de

www.shakti.de
Beratungs- und Informationsservice zu Astrologie, Ayurveda, Feng Shui und Yoga, mit Einstiegsinformationen sowie Buchtipps.

Expertenwissen

Expertenseite.de
info@expertenseite.de

www.expertenseite.de
Hier kann man aus 16 Themengebieten kostenlosen Rat von Experten einholen oder sein eigenes Wissen weitergeben.

Wer-weiss-was
info@wer-weiss-was.de

www.wer-weiss-was.de
Wer-weiss-was versteht sich als kostenloses Netzwerk zum Austausch von Wissen. Themengebiet eintippen und „Experten" befragen.

Feuerwerk

Feuerwerk Kalender
feuerwerk@feuerwerk-kalender.de

www.feuerwerk-kalender.de
Hier findet man Termine von Festen und Veranstaltungen sowie Highlights in ganz Deutschland für Feuerwerk-Begeisterte.

FREIZEIT & HOBBY

Feuerwerk.net
info@feuerwerk.net

www.feuerwerk.net
Informationsportal für Pyrotechniker und Fans mit Video- und Literatur-Shop. Digitale Feuerwerkpostkarten zum Versenden.

Flohmärkte

Markt Com
info@marktcom.de

www.marktcom.de
Floh-, Trödel- und Sammlermarkt-Termine in Deutschland. Direkter Kontakt zum Veranstalter und kostenloser Online-Marktplatz.

Zum-Flohmarkt.de
webmaster@zum-flohmarkt.de

www.zum-flohmarkt.de
Der virtuelle Flohmarkt bietet die Möglichkeit, einen eigenen Stand im Internet zu errichten. Das Sortiment ist nach Kategorien von Antiquitäten bis hin zu Videos durchsuchbar, bietet eine Rubrik für Kostenloses und informiert über Wohnungsauflösungen. Mit kostenlosen Kleinanzeigen und Inseraten.

Fossilien, Bernstein & Repliken

Fossilien.de
info@fossilien.de

www.fossilien.de
Online-Shop für Fossilien, Repliken und Rekonstruktionen, Bernstein mit Einschlüssen und Ammoniten sowie Sammlungszubehör.

Fotografie

● **bilderservice.de**
support@bilderservice.de

www.bilderservice.de
Im Fotoalbum können digitale Bilder abgespeichert werden, um sie später nachzubestellen oder Bekannten zugänglich zu machen. Neben Abzügen in Posterformat werden auch Mauspads, T-Shirts und Tassen bedruckt. Mit Hilfe der Fotobuch-Software können persönliche Fotobücher am eigenen PC erstellt werden.
(Siehe Abbildung)

bilderservice.de   www.bilderservice.de

Anzeige

FREIZEIT & HOBBY

Fotoblick.de
info@fotoblick.de
www.fotoblick.de
Mehrteilige Fotoschule, Fotogalerien, digitale Postkarten, Hintergrundbilder sowie ein kommentiertes Portal zu Fotoseiten.

Fotobuch24
www.fotobuch24.de
Vom digitalen Foto zum gedruckten Buch, ist auf dieser Seite nur ein kurzer Weg. Die Software für die Gestaltung privater Fotobücher sowie das Bedienhandbuch stehen als kostenloser Download zur Verfügung. Fotobuch24 bietet für jeden Geschmack eine große Auswahl von Umschlag-Grafiken und Layouts an.
(Siehe Abbildung)

Fotolehrgang
striewisch@gmx.de
www.fotolehrgang.de
Filme selbst entwickeln: Erklärung von verschiedenen Kameras und Objektiven, von der Belichtung bis hin zur Arbeit im Labor.

Foto-Magazin
bild@fotomagazin.de
www.fotomagazin.de
Internet-Auftritt des Foto-Magazins für Amateure, Profis, Industrie und Handel. Infos in den Rubriken Bild, Technik und Praxis.

Photographie Online
redaktion@photographie.de
www.photographie.de
Photographie-Online informiert auf mehr als 900 redaktionellen Seiten umfassend über die Themen Fotografie und Digital Imaging. Eine Online-Galerie mit Bildern von Hobby- und Profifotografen und ein Kleinanzeigenmarkt runden das Profil der Seiten ab.
(Siehe Abbildung)

Freizeitparks

Centerparcs
kundenservice@centerparcs.com
www.centerparcs.de
Präsentation der - von der Natur umgebenen - Ferienparks in Deutschland, Holland, Großbritannien, Belgien und Frankreich.

Freizeit-und-Erlebnisparks
info@vdfuev.de
www.freizeit-portal.info
Beschreibung fast aller Freizeitparks in Deutschland und einiger Parks in Europa.

Fotobuch24   www.fotobuch24.de

FREIZEIT & HOBBY

Parkscout.de
info@parkscout.de

www.parkscout.de
Beschreibung von Freizeit-, Wasser- und Ferienparks in Deutschland, Europa und weltweit. Ausführliche Darstellung der Attraktionen.

Themenpark.de
info@themenpark.de

www.themenpark.de
Informationen zu Freizeit- und Themenparks aus Deutschland, den Niederlanden und Belgien mit ausführlichem Online-Park-Guide.

Gedächtnistraining

Memory XL
office@memoryxl.de

www.memoryxl.de
Plattform für Gedächtnistraining. Lernsysteme zum Merken von Zahlen, Wörtern, Gesichtern. Gedächtnistrainer zum Downloaden.

Gespenster, Geister & Hexen

Geisterarchiv, Das
info@geisterarchiv.de

www.geisterarchiv.de
Das große Archiv von Zaubersprüchen, Geistern und Ritualen mit umfangreichem Lexikon.

Reich der Geister und Gespenster, Das
mail@gespensterweb.de

www.gespensterweb.de
Bilddokumente und Berichte über Spuk- und Geistererscheinungen sowie paranormale Phänomene, Gespensterforum und ein Chat.

Grußkarten

Edgar Medien
edcards@edgar.de

www.edgar.de
Zahlreiche flash-animierte E-Cards, unterteilt in 13 Rubriken. Außerdem ein Online-Gastro-Führer für deutsche Städte.

Photographie Online www.photographie.de

FREIZEIT & HOBBY

Flizz.de
info@flizz.de

www.flizz.de
Viele Grußkarten zu den unterschiedlichsten Anlässen wie Liebe und Freundschaft, Geburtstag, Führerschein und Weihnachten.

Magic-Like
arndt@magic-like.de

www.magic-like.de
Kostenloser Grußkartenservice für alle Anlässe. Fun-Seiten mit Downloads von Witzen und Videos.

Humor/Ausreden

ausreden.de
info@ausreden.de

www.ausreden.de
Kostenlose Community mit einer beträchtlichen Auswahl an guten Ausreden. Insgesamt 700 Ausreden zu über 120 Themenbereichen.

Humor/Beschwerden

Beschwerdezentrum
editor@beschwerdezentrum.de

www.beschwerdezentrum.de
Ärger mit Behörden, Justiz oder Unternehmen? Hier kann man erlittenes Unrecht anprangern und Hilfe erhalten.

Du nervst
master@du-nervst.de

www.du-nervst.de
Entnervte Verbraucher, Wähler und User können sich hier zu den Themen Einkaufen, Politik und nervende Web-Seiten abreagieren.

Humor/Witze

Joke World
info@jokeworld.de

www.jokeworld.de
Redaktionell ausgewählte Witze in Form von Programmen, Videos, Audios oder Texten sowie ein großes Angebot im JokeWorld-Shop.

Witzcharts.de
webmaster@witzcharts.de

www.witzcharts.de
Übersichtlich sortierte Sammlung an Witzen mit Top-Charts, Zufallswitz, Stichwortsuche und der Möglichkeit, eigene Witze einzusenden.

Witze AG
hallo@witze.ag

www.witz-des-tages.de
Die Witze AG präsentiert rund 10.000 Witze in diversen Kategorien und bietet eine morgendliche Gratis-Witz-Mail per Newsletter.

Indianer

Indianer
indianer@indianer.de

www.indianer.de
Umfangreiche Berichte über Indianer: indianische Küche und Geschichte, Spiele, Weisheiten, Erziehung, Mythologien, Heilkräuter.

Welt der Indianer
info@welt-der-indianer.de

www.welt-der-indianer.de
Wissenswertes zur indianischen Geschichte, Kultur, Medizin, Legenden und Weisheiten, zur Sprache und Namensgebung.

Karneval & Fastnacht

Fasnet-Forum
juergen@fasnet-forum.de

www.fasnet-forum.de
Verzeichnis von Narren- und Fanfarenzügen, Guggenmusiken, Lumpenkapellen und Schalmeiengruppen aus Süddeutschland.

Festkomitee Kölner Karneval
info@koelnerkarneval.de

www.koelnerkarneval.de
Veranstaltungsüberblick über den Kölner Karneval mit allen Veranstaltungen des Festkomitees, den Wagen und den Zugweg.

FREIZEIT & HOBBY

Kamelle.de
kamelle@kamelle.de

www.kamelle.de
Die Karnevalsseite für Bonn und die Region: Termine, Adressen von Vereinen, Liedertexte und Sprüche.

Kölle Alaaf
info@karneval.de

www.karneval.de
Geschichte des Kölner Karnevals, Links zu Vereinen, Karnevalsbegriffe und Karnevalstermine.

Mainzer Fastnacht
inet@info-mainz.de

www.mainzer-fastnacht.de
Termine und die Route des Rosenmontagsumzugs in Mainz. Außerdem Links zu Vereinen und ein Lexikon mit närrischen Begriffen.

Karneval & Fastnacht/Kostüme & Masken

Ceno.com
info@ceno.com

www.ceno.com
Auswahl an Horror- und Fun-Masken (Comic-Figuren und Prominente), Links in alle Welt und Games.

maskworld.com
contact@maskworld.com

www.maskworld.com
Alles fürs Verkleiden: Kostüme aus verschiedenen Jahrhunderten und Kontinenten sowie Bärte, Masken und Make-up.

Pierros Karnevalsdiscounter
info@pierros.de

www.pierros.de
Karnevalsdiscounter mit Kostümen und Zubehör zu verschiedenen Themen, Stoffen und einer Abteilung speziell für Halloween.

Waldi W. Diecks
zentrale@waldi.com

www.faschingskostueme.de
Herren-, Damen-, Partner- und Kinderkostüme, Masken, Perücken, Hüte und Mützen sowie Horror- und Geisterkostüme.

Kornkreise

Kornkreise.de
info@kornkreise.de

www.kornkreise.de
Portal zum Phänomen Kornkreise mit Hintergründen und einer Fotogalerie zum Thema mit Betonung des künstlerischen Aspekts.

Lotterien & Wetten

ARD-Fernsehlotterie
info@ard-fernsehlotterie.de

www.ard-fernsehlotterie.de
Spielregeln, Gewinnzahlen und Losbestellung. Außerdem die Möglichkeit, Gewinndaten online zu prüfen.

Deutscher Lotto und Toto Block
webmaster@toto-lotto-nds.de

www.lotto.de
Verzeichnis der offiziellen Internet-Annahmestellen der deutschen Lotto- und Toto-Gesellschaften. Infos zum Spielangebot.

Faber Lotto-Service
info@faber.de

www.faber.de
Die Tippgemeinschaft informiert über das System 49, Lotto-Power-008, die NKL und die NKL-Cyber-Lotterie. Anmeldung auch online.

jaxx.de
info@jaxx.de

www.jaxx.de
Lotto, GlücksSpirale, Oddset und Pferdewetten einfach per Internet. Bonuspunkte sammeln und gegen Wunschprämien eintauschen.

NKL-Cyberlotterie
info@nkl-cyberlotterie.de

www.nkl-cyberlotterie.de
Die NKL bietet die erste virtuelle Klassenlotterie an. Die gesamte Spielteilnahme wird über das Internet abgewickelt.

Nordwestdeutsche Klassenlotterie (NKL)
info@nkl.de

www.nkl.de
Informationen zur NKL. Alle Gewinnzahlen der Lotterie und das Gewinnangebot mit Gewinnplan, Chancen und Spielbedingungen.

Freizeit & Hobby

Petra-Stock Lotto-Service
info@petrastock.de

www.petrastock.de
Der Petra Stock Lotto-Service präsentiert sein Spielsystem „SystemTipp49": 320 Tippreihen Lotto am Mittwoch und 320 Tippreihen Lotto am Samstag; inklusive Spiel 77. Zu den Ziehungen kann man sich gleich anmelden und online mitspielen. **(Siehe Abbildung)**

skl
info@skl.de

www.skl.de
Die Lotterie online. Mit direkter Losbestellung, den aktuellen Gewinnzahlen und weiteren Infos zum Spielmodus.

Staatliche Lotterie-Einnahme Neugebauer OHG

www.neugebauer.de
Lotterie und Gewinnspiele. Geld-, Sach- und Rentengewinne von der Nordwestdeutschen (nkl-service@neugebauer.de) und der Süddeutschen (skl-service@neugebauer.de) Klassenlotterie. Außerdem ein Ergebnisservice, Gratisgewinnspiele und Online-Losbestellung sowie den JOKER-Club als zusätzlichen Kundenservice. **(Siehe Abbildung)**

Tipp24.de
service@tipp24.de

www.tipp24.de
Der kostenlose Internet-Annahmeservice für Lotto, NKL/SKL und die Sportwette Oddset.

Toto-Lotto Niedersachsen
webmaster@toto-lotto-nds.de

www.niedersachsenlotto.de
Alle Produkte, Zahlen und Quoten, Archive und eine virtuelle Verkaufsstelle: Lotto, GlücksSpirale, Bingo, Oddset und Rubbellose.

Malen & Zeichnen

STABILO.com
info@stabilo.com

www.stabilo.de
Präsentation des breiten Sortiments an Stiften. Dazu gibt es einen E-Card-Designer und das „Jump & Run-Game" BOSSMANIA.

Petra-Stock Lotto-Service   www.petrastock.de

Anzeige

FREIZEIT & HOBBY

Zeichenclub.de
mitglieder@zeichenclub.de

www.zeichenclub.de
Hier werden Grundlagen vermittelt und Werke in der Online-Galerie ausgestellt. Daneben kann man an Wettbewerben teilnehmen.

Mittelalter

MaBib
webmaster@mabib.de

www.mabib.de
Die Mittelalter-Bibliothek bietet eine Link-Sammlung zum Mittelalter für Historiker, Studenten und interessierte Laien.

Mittelalter.de
info@mittelalter.de

www.mittelalter.de
Gewandung und Zubehör für große und kleine Ritter sowie für holde Maiden: Schwerter, Taschen, Schuhwerk, Schmuck und Met.

Modellbau

1zu160
info@1zu160.net

www.1zu160.net
1zu160 ist das Internet-Portal für alle Modelleisenbahn-Freunde der Spurweite N. Neuigkeiten, Bau- und Literaturtipps.

Carrerashop, Der
andreas@duefel.de

www.der-carrerashop.de
Autorennbahnen von Carrera: Grundsortimente, Autos, Zubehör und Ersatzteile, alle Neuheiten und ständig tolle Angebote.

Circus Journal
info@circus-journal.de

www.circus-journal.de
Die Online-Ausgabe des „Circus Journals" mit Leseproben aus aktuellen Artikeln. Zirkus-Modellbaupläne zum Downloaden.

Märklin
info@maerklin.de

www.maerklin.de
Informationen rund um die elektrische Modelleisenbahn, die neue digitale Steuerung, zum Museum und den verschiedenen Produkten.

Staatliche Lotterie-Einnahme Neugebauer OHG — www.neugebauer.de

FREIZEIT & HOBBY

Model Car.de
info@modelcar.de

www.modelcar.de
Online-Versand für handgearbeitete Modellautos und ausgefallene Geschenkideen sowie Accessoires für Technik begeisterte Autofreunde. Jedes Modellauto wird ausführlich beschrieben - sowohl mit den Modell-Daten als auch mit Angabe der technischen Daten des Original-Fahrzeuges. **(Siehe Abbildung)**

modellautohaus.de
info@modellautohaus.de

www.modellautohaus.de
Fertigmodelle, Bausätze, Rennbahnen und Aufbewahrungszubehör. Hier findet der Automodell-Liebhaber alles, was das Herz begehrt.

modellbahn-links.de
info@modellbau-links.de

www.modellbahn-links.de
Ein innovatives Portal zu den Themen Modellbau, Modellbahn, Dioramen und Eisenbahn mit Linkdatenbanken, Surftipps, Awards, Messeberichte, Vereins- und Anlagenvorstellungen, Gewinnspiele, Neuheiten, Termine, TV-Tipps, Tipps und Tricks, Buchvorstellungen, Downloads, Software, 3D-Bilder und mehr.

Revell
contact@revell.de

www.revell.de
Der Modellbau-Spezialist präsentiert hier das gesamte Sortiment: von Plastik- und Metallmodellen bis zur Airbrush-Pistole.

Sammlermodell.de
info@sammlermodell.de

www.sammlermodell.de
Shop mit Beschreibungen und Fotos der Auto-, Motorrad- und Lkw-Modelle. Klassiker, aktuelle Modelle sowie Sondermodelle.

Orden, Abzeichen & Medaillen

Carl Poellath
info@poellath.de

www.poellath.de
Individuelle Münzen, Orden, Broschen, Ehrennadeln, Manschettenknöpfe, Pins und Schlüsselanhänger werden von Poellath geprägt.

orden24.de
info@orden24.de

www.orden24.de
Schützenorden, Karnevalsorden, Pins, Abzeichen, Uniformzubehör, Fahnen, Degen und Medaillen.

Pfadfinder

Deutsche Pfadfinderschaft St. Georg
bundesleitung@dpsg.de

www.dpsg.de
Infos zu diesem Pfadfinderverband: Geschichte und Pädagogik, Beschreibung und Erklärung aller Stufen und Referate.

Prominente, Stars & Biografien

Nachrufe prominenter Persönlichkeiten
redaktion@nekrolog.info

nekrolog.info
Täglich sterben Personen des öffentlichen Lebens, die oft erst dann wiedererkannt werden, wenn ein Foto gesehen wird. Nekrolog.info setzt all den bekannten und weniger bekannten Größen - übersichtlich gelistet, gut recherchiert und dokumentiert - ein würdevolles Denkmal.

rasscass
redaktion@rasscass.com

www.rasscass.com
Archiv für Biografien von bedeutenden Persönlichkeiten. Suchoptionen über einen Zeitstrahl nach Themen oder Jahreszahlen.

Starindex
kontakt@starindex.de

www.starindex.de
Über diese spezialisierte Suchmaschine findet man Fanseiten, Promi-News, Autogrammadressen und Starporträts.

VIP-Visit
info@vip-visit.com

www.vip-visit.de
Suchmaschine zu Prominenten aus TV, Kino, Sport, Mode, Musik und Politik. Web-Seiten und Geburtstage werden angezeigt.

Freizeit & Hobby

Sammlungen/Autogramme

Autogramminsel.de
info@autogramminsel.de

www.autogramminsel.de
Shop für Originalautogramme aus allen Bereichen. Außerdem rund 25.000 Autogrammadressen kostenlos aus der Datenbank.

Markus Brandes Autographs
brandes@autogramme.com

www.autogramme.com
Professioneller An- und Verkauf von originalen Autogrammen aus diversen Bereichen.

Sammlungen/Kotztüten & Spuckbeutel

Jablos Kotztüten-Museum
brechreiz@kotztueten-museum.de

www.kotztueten-museum.de
Dass nicht jedes Land den gleichen „Spuckbeutel" hat, sondern jedes seine Eigenheiten, erfährt man hier. Außerdem: Tauschbörse.

Sammlungen/Mineralien & Fossilien

Mineralienatlas - Fossilienatlas
kontakt@mineralienatlas.de

www.mineralienatlas.de
Austauschplatz für Mineralien und Fossilien. Mit zahlreichen Fotos, nützlichen Tipps und umfangreicher User-Enzyklopädie.

Sammlungen/Münzen

MDM Münzhandelsgesellschaft mbH Deutsche Münze
service@mdm.de

www.mdm.de
Aktuelle Kurs- und Gedenkmünzen, Raritäten, Profi-Zubehör, originelle Geschenkideen sowie ein guter Download-Bereich.

Muenzen.net
service@muenzenfachhandel.de

www.muenzen.net
Im Deutschen Münzenforum findet man alles über Münzen: eine Literaturliste rund um Münzen und ein Forum für Sammler.

Model Car.de   www.modelcar.de

Freizeit & Hobby

Münzhandlung Hendrik Eichler
info@muenzladen.de

www.muenzenladen.de
Von den Follis der Antike über die Taler Altdeutschlands bis hin zu den neuesten Euro-Gedenkprägungen.

Sammlungen/Spielzeug & Puppen

Internet Teddybären Museum
internet@teddybaerenmuseum.com

www.teddybaerenmuseum.com
Wissenswertes rund um den Teddybären: Künstlerbären und Bären von Markenfirmen, Termine von Bärenbörsen und Bärenmessen.

Puppen & Spielzeug
info@wohlfarth.de

www.puppen-und-spielzeug.com
Infos zur Kreativ- und Sammlerszene. Mit Adressen von Firmen, Händlern, Künstlern und Museen sowie einem Kleinanzeigenmarkt.

Tina's Puppenhaus
info@tinas-puppenhaus.de

www.tinas-puppenhaus.de
Der Puppen-Shop für Künstlerpuppen, Designerpuppen, Bären, Pupenwagen, Puppenzubehör, Kinderfahrzeuge und Geschenkartikel.

Sammlungen/Überraschungseier

Eierlei.de
kontakt@eierlei.de

www.eierlei.de
Wie muss ein Ü-Ei beim Schütteln klingen? Hier gibt es alle Details zu einzelnen Serien, Tauschbörsen und Fälschungswarnungen.

Sammlungen/Verschiedenes

Historische Wertpapiere
mail@sammleraktie.de

www.sammleraktie.de
Über 2.000 historische Wertpapiere aus aller Welt sind hier übersichtlich in Kategorien eingeteilt und können bestellt werden.

Parfum Flacons
parfumflacons2@t-online.de

www.parfumflacons.de
Internationaler Versandhandel von Parfüm-Miniaturen sowie Zubehör, um die kleinen Flacons richtig in Szene zu setzen.

Sammeln mit Sammelleidenschaft
info@sammelleidenschaft.de

www.sammelleidenschaft.de
Autogramme, Telefonkarten, Stofftiere, Eisenbahnen und Comics sind im Sortiment. Sammler jeder Art werden hier fündig.

Weinetiketten-Galerie
mabweb@gmx.de

www.kwagga.de/mab/weinet.htm
Riesige Sammlung internationaler Weinetiketten, nach Ländern sortiert.

Saunen & Thermen

SaunaSauna.de

www.saunasauna.de
Über 2.200 Saunen in ganz Deutschland werden hier vorgestellt. Dazu gibt es viele Tipps, wie man richtig sauniert.

Saunaseite
info@saunaseite.de

www.saunaseite.de
Wer sich für das Saunabaden interessiert, ist hier genau richtig: Viele nützliche Informationen zum „richtigen Saunabaden", ein Saunalexikon, Adressen von Saunabädern und Saunaherstellern in Deutschland sowie Links zu Sauna-Shops im Internet.

Thermen in Deutschland
info@thermen-deutschland.de

www.thermen-deutschland.de
Nach Bundesländern geordnet, findet man hier Links zu Thermen und Saunalandschaften.

Freizeit & Hobby

Schatzsuche

Abenteuer Schatzsuche

www.abenteuer-schatzsuche.de
Von der Ausrüstung bis hin zu den zehn Geboten der Schatzsuche, hier werden Schatzsuchende gründlich informiert.

Goldsucher.de
info@andorf.de

www.goldsucher.de
Zahlreiche und ausführliche Informationen und Links für Gold- und Schatzsucher. Mit Bildern, Karten sowie Adressen und Terminen.

Spiele/Allgemein

AK Klassische Spiele
info@akspiele.de

www.akspiele.de
Exklusives Spiel-Equipment: Billard, Kicker, Boule, Boccia, Carrom, Taktik- und Strategiespiele, Spielkarten und Casinospiele.

Spiel mit mir
michas-spielmitmir@gmx.de

www.michas-spielmitmir.de
Kritiken zu über 300 Gesellschaftsspielen und umfangreiche Übersicht zu Brett- und Kartenspielen, die man online spielen kann.

Spielbox-online
nostheide@nostheide.de

www.spielbox-online.de
Spielbesprechungen, News, Messeberichte, Neuheitenübersichten, Spieletipps, Veranstaltungskalender und Kleinanzeigen.

spieldeal.de
hallo@spieldeal.de

www.spieldeal.de
Internet-Shop für Spiele aller Art. Brettspiele, Kartenspiele, Puzzles und Experimentierkästen.

Spielpalast
team@spiel-palast.de

www.spiel-palast.de
Spiel-Charts, Tipps, Kritiken, Suchanfragen für Spiele und Veranstaltungen, die sich mit Gesellschaftsspielen beschäftigen.

Spiele/Brettspiele

Spielenet.de
office@spielenet.de

www.spielenet.de
Der Online-Shop für Gesellschaftsspiele, Brettspiele, Familien-, Lern- und Kinderspiele.

Spiele/Casinos & Spielbanken

Casino-Club
kundendienst@casino-club.com

www.casinoclub.com
Hier können beliebte Casino-Spiele online gespielt werden. Für Rückfragen und Probleme steht der Hilfe-Index zur Verfügung.

Anzeige: Reiseinfos, Reiseführer, Reiselinks: www.erfolgreich-reisen.de

FREIZEIT & HOBBY

ISA CASINOS Presseagentur
info@isa-casinos.de

www.isa-casinos.de
Das Informationsportal für Casinos und Spielbanken präsentiert Nachrichten, Veranstaltungshinweise, Turnierpläne, Reportagen, Spielregeln, Online-Spiele, Länderinformationen sowie eine Übersicht aller Casinos weltweit. In der Rubrik „Recht" findet man Casino-relevante Gesetzestexte und aktuelle Urteile.
(Siehe Abbildung)

Spielcasinos
dirschl@spielbanken-und-casinos.de

www.spielbanken-und-casinos.de
Vollständige Liste deutscher Spielbanken im Internet. Alles Wissenswerte über Spielregeln und -verordnungen sowie Aktuelles.

Spiele/Freeware

GamezWorld.de
info@gamezworld.de

www.gamezworld.de
Hier gibt es kostenlose Spiele - kategorisiert, bewertet und beschrieben. Spiele-Vollversionen und Freeware-Spiele zum Download.

Moorhuhn.de
info@phenomedia.com

www.moorhuhn.de
Hier geht es zu den Moorhuhn-Kultspielen mit Download-Möglichkeit.

OnlineSpiele.org
kontakt@onlinespiele.org

www.online-spiele.org
Deutschsprachiges Archiv und Portal für kostenlose Online-Spiele. (Vorwiegend Java-, JavaScript- und Flash-Spiele).

Playit-online.de
webmaster@playit-online.de

www.playit-online.de
Kostenlose Sammlung von Online-Spielen zum Herunterladen oder zum direkten Spielen im Internet.

Schleudereuter
silke@kowalewski.net

www.schleudereuter.de
Bei diesem Spiel wird mit Kuhmilch auf Fliegen geschossen.

ISA CASINOS Presseagentur   **www.isa-casinos.de**

FREIZEIT & HOBBY

Spiele/Gewinnspiele

Gewinnspiel.de
gewinnspiel@vipex.de

www.gewinnspiel.de
Gewinnspiele sortiert nach verschiedenen Preisen (Autos, Reisen, Freikarten, Computer, Schmuck).

Gewinnspiele und Lösungen
gewinnspielloesungen@fw-newmedia.de

www.gewinnspielloesungen.de
Sammlung von Internet-Gewinnspielen inklusive der dazugehörigen Lösungen.

Gewinnspiele.com
infos@gewinnspiele.com

www.gewinnspiele.com
Eine Redaktion prüft, bewertet und aktualisiert täglich die Gewinnspiele. Börsenspiele und Wettanbieter runden das Angebot ab.

● **rtv**
info@rtv.de

www.rtv.de
Auf rtv.de kann der User das wöchentliche Kreuzworträtsel lösen oder die Gewinnspielfrage beantworten und mit rtv jede Woche super Preise gewinnen: Autos, Reisen, Computer oder Elektrogeräte und andere tolle Dinge. **(Siehe Abbildung)**

Top51.de
webmaster@top51.de

top51.de
Kostenlose Internet-Gewinnspiele, nach Spieltypen sortiert und jeden Tag aktualisiert.

Spiele/Hersteller

Hasbro Deutschland
info@hasbro.de

www.hasbro.de
Produktwelten von Hasbro: Spielzeug, Spiele, Disney. Die FunZone bietet Online-Spiele, Gewinnspiele und E-Cards zum Versenden.

Jumbo Deutschland

www.jumbo-spiele.de
Spiele für Groß und Klein sowie Puzzles aller Arten. Der JumboElefant hilft, ein individuell passendes Geschenk zu finden.

rtv www.rtv.de

FREIZEIT & HOBBY

Noris Spiele
info@noris-spiele.de

www.noris-spiele.de
Spielangebot für Jung und Alt: Quiz-, Kinder-, Lern-, Würfel- oder Kartenspiele mit Spielbeschreibung.

Ravensburger
internetredaktion@ravensburger.de

www.ravensburger.de
Spiele, Bücher, Puzzles mit bis zu 18.240 Teilen und Bastelartikel. Außerdem Ersatzteilservice und eine Community für Puzzler.

Schmidt Spiele
info@schmidtspiele.de

www.schmidt-spiele.de
Präsentation der Produkte mit Extra-Seiten für Kinder, Familien und Erwachsene. Infos zu den wichtigsten Neuheiten und Messen.

Spiele/Kartenspiele

Kartenspiele
webmaster@kartenspiele.net

www.kartenspiele.net
Spielanleitungen zu allen gängigen Kartenspielen, Tipps und Tricks, Adressen von Vereinen, Turnierkalender und Lexikon.

Spiele/Online

Funnygame.de
axev@gmx.de

www.funnygame.de
Online-Spiele aus den Kategorien Ballerspiele, Brett und Karten, Geschicklichkeit, Merken und Denken.

Spiele/PC & Video

CubeFever.de
info@cubefever.de

www.cubefever.de
Seite zum Nintendo Game Cube - News, Spielevorstellungen, Cheats, Previews und Game Cube-Shop mit Preisvergleich.

Nintendofans.de

www.consolorama.de
Hier dreht sich alles um Nintendo 64, Game Cube oder Game Boy und die dazugehörigen Spiele. Es gibt jede Menge News zum Thema.

● **Pokémon**
info@nintendo.de

www.pokemon.de
Wie fing alles an? Welche Spiele für welche Konsole gibt es schon? Hier findet man die Antwort auf alle Fragen zum Thema Pokémon. In der Galerie werden die Lieblings-Pokémons vorgestellt und der Trainer-Bereich verrät einige Tipps zur Pokémon-Jagd. Online-Spiele runden das Angebot ab. **(Siehe Abbildung)**

Spiele/PC & Video/Cheats

Cheating.de

www.cheating.de
Lösungen und Cheats zu vielen Spielen, ob auf PC oder Konsole. Alles, was das Zockerherz begehrt.

Cheats.de
info@cheats.de

www.cheats.de
Cheats, Codes, Tipps, Lösungen für PC- und Videospiele. Spiele-News, Gratis-Games und Spiele-Demos runden das Angebot ab.

Cheatz.de
cheatz@spieletips.de

www.cheatz.de
100.000 Cheats, Codes, Lösungen, Patches, Spieletests, Gewinnspiele, Downloads und Game-Charts.

GameScan.de
webmaster@gamescan.de

www.gamescan.de
Suchmaschine, die andere Web-Seiten nach Cheats und Lösungen zu Computer- und Videospielen beinahe aller Systeme durchsucht.

FREIZEIT & HOBBY

Mogel-Power
info@mogelpower.de

www.mogelpower.de
Spielhilfensammlung: Für Systeme wie PC, PlayStation, Dreamcast, N64, Game Boy und Amiga werden Cheats und Lösungswege angeboten.

Spieletipps
info@spieletips.de

www.spieletipps.de
Im Magazin gibt es Testberichte und Vorschauen zu PC- oder Konsolenspielen. Außerdem eine umfangreiche Liste an Cheats.

Spielewiese
webmaster@spielewiese.de

www.spielewiese.de
Cheats, Lösungen, zahlreiche Links zu Magazinen und Spiele-Herstellern im Internet, News, Online-Shop und Diskussionsforen.

Spiele/PC & Video/Hersteller

Acclaim
info@acclaim.de

www.acclaim.de
Topspiele mit Beschreibung und Tracklist. Suche nach Spielen in verschiedenen Kategorien. Wallpapers und Trailer zum Downloaden.

Atari Deutschland

www.atari.de
Spieleinfos zu Neuerscheinungen (alle gängigen Plattformen), Support, Lösungen sowie ausführliche Firmendarstellung.

Blizzard Entertainment
direktkundenservice@vup-interactive.de

www.blizzard.de
Deutsche Web-Seite der Entwickler der Diablo-, Starcraft- und der Warcraft-Serie.

Eidos Germany
info@eidos.de

www.eidos.de
Infos und schöne Animationen gibt es hier von Eidos, die unter anderem Tomb Raider, Final Fantasy und Resident Evil vertreiben.

Pokémon **www.pokemon.de**

Freizeit & Hobby

Electronic Arts
de-login@ea.com

www.electronicarts.de
Portal des führenden Herstellers interaktiver Unterhaltungssoftware für PC und Konsolen. Hier findet man detaillierte Infos zum gesamten Angebot wie z.B. Sims, Harry Potter, Battlefield oder FIFA Football. Gewinnspiele, Events und Szene-News runden die Web-Seite neben Webshop und Customer Support ab.
(Siehe Abbildung)

Nintendo
info@nintendo.de

www.nintendo.de
Der Konsolen- und Spielehersteller präsentiert auf übersichtlich gestalteten Web-Seiten seine Spielsysteme und seine neuesten Spiele aus der Welt von Pokémon und Super Mario.
(Siehe Abbildung)

PlayStation.de

www.playstation.de
Infos zu den wichtigsten Spielen der Konsolen. Foren zum Tipps- und Meinungsaustausch. Support-Bereich mit 24-Stunden-Hilfe.

Sierra
direktkundenservice@vup-interactive.de

www.sierra.de
PC-Spielehersteller Sierra bietet Infos zum Produktsortiment, Tipps und Tricks, technische Hilfen sowie Updates und Downloads.

Spiele/PC & Video/Magazine

Gamesweb.com
info@gamesweb.com

www.gamesweb.com
Hier finden Gamer alles für PC und Konsolen: News, Reviews, Demos, Tipps und Tricks, Komplettlösungen, Movies und Screenshots.

Ghome.de
redaktion@ghome.de

www.ghome.de
Spieleportal für PC und alle gängigen Konsolen. News-Meldungen, Testberichte, Forum und eine große Bibliothek.

Electronic Arts www.electronicarts.de

FREIZEIT & HOBBY

Spiele/PC & Video/Versand

Game World Shop
info@gameworld.de

www.gameworld.de
Dieser Shop bietet auch News aus der Spielebranche und die Verkaufs-Charts sowie An- oder Verkauf von gebrauchten Spielen.

Joysoft
service@joysoft.de

www.joysoft.de
Neben dem PC- und Videospiele-Versand findet man hier Schnäppchen, die Top 10, PC-Zubehör und einen Familienspiele-Bereich.

Spiele55.de
info@spiele55.de

www.spiele55.de
Online-Shop mit über 7.000 verschiedenen Spielen für PC oder Konsolen mit umfangreicher Produktauswahl und Gutscheinservice.

Wolfsoft
info@wolfsoft.de

www.wolfsoft.de
Der Spezialist für Video-Games: Produkte von Amiga, Megadrive, PlayStation, Game Boy und Super Nintendo.

Spiele/PC & Video/Zeitschriften

Game Star
brief@gamestar.de

www.gamestar.de
Die Online-Ausgabe von Game Star. Aktuelles, Downloads, Hardware sowie Tipps und Tricks sind nur einige der Rubriken.

PC Action.de
redaktion@pcaction.de

www.pcaction.de
Das Magazin für Action-Gamer berichtet jeden Monat über die ganze Welt der PC-Spiele. Außerdem Demos und Videos zum Downloaden.

PC Games online
redaktion@pcgames.de

www.pcgames.de
Das Neueste aus der Welt der PC-Spiele: Heftinhalt der aktuellen Ausgabe, Charts, Hersteller- und Spieledatenbank und Downloads.

Nintendo   www.nintendo.de

Freizeit & Hobby

Spiele/PC/Adventure

Adventure-archiv.de
webmaster@adventure-archiv.com

www.adventure-archiv.de
Vorstellung aktueller Adventure-Spiele. Download-Bereich mit Freeware, Shareware und Demos. Links zu Herstellern und Fan-Pages.

Spiele/PC/Shooter

Counter-strike.de
news@counter-strike.de

www.counter-strike.de
Portal zum PC-Spiel Counter-Strike. Skins, Tutorials, Maps, Tools, Demos, Downloads und ein Shop stehen hier zur Verfügung.

Planet Wolfenstein
webmaster@planetwolfenstein.de

www.planetwolfenstein.de
Alles zum populären Shooter Wolfenstein: Szene-Sektion, Forum, Tipps und Tricks, Filebase, Editing und Planet Wolfenstein.

Spiele/PC/Strategie

Broodwar.de
webmaster@inbroodwar.de

www.broodwar.de
Plattform für die deutsche Starcraft/Broodwar-Gemeinde mit großer Szene-Sektion, Kolumnen, Spielberichten und Interviews.

Spiele/Puzzles

McPuzzle
service@mcpuzzle.de

www.mcpuzzle.de
Riesige Auswahl an Puzzles und Spielen für Kinder oder für Sammler, vom einfachen Spiel bis hin zum 18.000-teiligen Puzzle.

Spiele/Rätsel

Sherlock-Holmes.de
feedback@thomasholz.de

www.todesursachemord.de
Ein Mord ist geschehen. Hobbydetektive können hier versuchen, dem Mörder auf die Schliche zu kommen und ihn zu entlarven.

Spiele/Rollenspiele

Drosi
dogio@drosi.de

www.drosi.de
Überblick über nahezu alle erhältlichen Rollenspiele und die Rollenspielszene mit genauen Beschreibungen und Rezensionen.

Legende, Die
info@dielegende.de

www.dielegende.de
Gemeinnütziger Verein, der Mittelaltermärkte veranstaltet, Fantasy-Rollenspielabende organisiert und Jugendarbeit leistet.

New Worlds
versand@rollenspiel-shop.de

www.rollenspiel-shop.de
Rollenspiel-Shop mit deutsch- und englischsprachigen Katalogen verschiedener Spielsysteme und weiterem Rollenspielmaterial.

Spiele/Spielanleitungen

spielanleitung.com
mail@spielanleitung.com

www.spielanleitung.com
Spielanleitungen aller möglichen Brett- oder Kartenspiele zum Downloaden.

Tanzen

Siehe Kunst & Kultur

Theater & Tanz

Siehe Sport

Tanzen

Freizeit & Hobby

Tattoo & Piercing

Deutschlands Organisierte Tätowierer e.V. www.dot-ev.de
Infos zu Hygienebestimmungen, Auswahl des richtigen Tattoo-Studios, Termine und Treffen sowie ein Mitgliederverzeichnis.

Laxodrom Tattoo Berlin www.tattoo-loxodrom.de
Hier findet man nicht nur eine Fotogalerie mit Tattoos und Piercings, sondern auch Tipps zur Pflege und Infos zu „Biotattoos".

Nightliner Tattoo und Piercing www.tattoo-nightliner.de
nightliner@onlinehome.de
Fotogalerien zu Piercings und Tattoos, ein Forum und wichtige Infos zur Pflege des Schmucks sowie eine hilfreiche Link-Liste.

Tiere/Accessoires

Pat's pets www.pats-pets.de
info@pats-pets.de
Geschenkartikel für Tierfreunde: Figuren, Plüschtiere und Aufkleber. Motive von Hunde- und Katzenrassen, Pferden, Wildtieren.

Tiere/Allgemein

● **Yellopet.de** www.yellopet.de
info@yellopet.de
Großes Haustier-Portal mit Suchmaschine für Web-Seiten rund um Hunde, Katzen und Pferde. Die besten Links werden im Web-Katalog vorgestellt. Kleinanzeigen in den Rubriken Haustiere sowie Tierbedarf und Zubehör können inklusive Foto kostenlos eingestellt werden. **(Siehe Abbildung)**

enimal.de www.enimal.de
Portal rund um das Tier. Hier kann man ein neues Zuhause für Tiere suchen und Händler für Tierfutter und Tierzubehör finden.

Yellopet.de  www.yellopet.de

259

Freizeit & Hobby

Mypetstop.de
contact.de@masterfoods.com

www.mypetstop.de
Tipps zur Pflege und Ernährung, zu Rassen, Tierheimsuchen und Kontaktadressen zu Züchtern. Zusätzlich interessante Tierberichte.

Natur-Lexikon
mail@natur-lexikon.com

www.natur-lexikon.com
Ein Lexikon rund um die Natur mit Darstellung einiger hundert Tierarten.

Tiere/Aquaristik

Aquaristic.net
info@aquaristic.net

www.aquaristic.net
Große Auswahl an Qualitätsprodukten für Aquarien, Terrarien und den Gartenteich. Guter Servicebereich mit Nachzuchtenbörse.

Aquaristik Shop
info@aquaristikshop.com

www.aquaristikshop.de
Versand von Beleuchtung, Filtern, Pumpen und Futter. Außerdem werden Sparpakete, Schnäppchen und Geschenkgutscheine angeboten.

Docslaw Seaworld
webmaster@seahorses.de

www.seahorses.de
Faszinierende Fotos beeindrucken den Besucher, der fachmännisch über das Leben von Seepferdchen und Seenadeln aufgeklärt wird.

guppy.de
info@guppy.de

www.guppy.de
Kommentierte Links zum Thema, Infos zur Zucht, Galerie und eine Züchterkartei machen Lust auf die farbenfrohe Welt der Guppys.

Marinshop
info@westaqua

www.marinshop.de
Aquariumzubehör. Die Produkte - von Abdeckleuchten bis Steckfittings - werden kurz erläutert und sind mit Bildern versehen.

Zoo-Erlebnis
zoo.reisen@freenet.de

www.aquaristikseite.de
Artikel rund um die Aquaristik und den Gartenteich: Pflanzen, Filter, Belüftungstechnik, Fischfutter, Beleuchtung, Meersalz.

Tiere/Bienen, Hummeln, Wespen & Hornissen

Bienen.de
webmaster@bienen.de

www.bienen.de
Praktische Seite für Imker: Forum, Kleinanzeigen und Hintergründe zur Imkerei.

Hornissenschutz.de
webmaster@hornissenschutz.de

www.hornissenschutz.de
Bericht über die Lebenszyklen eines Hornissenstaates, Reaktionen auf Hornissenstiche sowie Filme und Fotos.

Hymenoptera.de
webmaster@hymenoptera.de

www.hymenoptera.de
Infos rund um Hummeln, Bienen, Wespen und Hornissen. Hilfe bei Konflikten und Problemen. Mit bundesweiter Beraterdatenbank.

Tiere/Hunde

Fit4Dogs.de
norma@fit4dogs.de

www.fit4dogs.de
Informationen rund um arbeitende Retriever, z.B. darüber, wie man so ein Tier zu einem brauchbaren Jagdbegleiter ausbildet.

Hundewelt.de
info@hundewelt.de

www.hundewelt.de
Großes Informationsangebot über Hunderassen, Ernährung und Gesundheit. Viele Links zu Vereinen, Züchtern und Verbänden.

Hundezubehoer.de
info@kynocom.ch

www.hundezubehoer.de
Der Online-Shop für Hundebücher, Videos und Hundezubehör.

FREIZEIT & HOBBY

Pedigree.de
contact.de@masterfoods.com

www.pedigree.de
Hunderatgeber, nützliche Hilfen zum Thema Ernährung, Gesundheit sowie Welpenentwicklung. Außerdem Produktbeschreibungen.

Tiere/Hunde/Rettungshunde

Rettungshundeforum.de
info@rettungshundeforum.com

www.rettungshundeforum.de
Diskussionsforum zum Thema Rettungshunde, deren Ausbildung und Ausrüstung.

Rettungshunde-Portal, Das
redaktion@rettungshund.de

www.rettungshund.de
Alles über Rettungshunde für Interessierte, Hundeführer und Ausbilder. Außerdem ein Bücher-Shop, Link-Sammlung und Forum.

Suchhunde und Rettungshunde
info@suchhunde.de

www.suchhunde.de
Info-Portal mit Datenbank zu Rettungs- und Suchhunden und deren Einsatz bei Vermissten-, Verschütteten- und Ertrunkenensuchen.

Tiere/Hunde/Urlaub

Bello's Welcome
info@bellos-welcome.de

www.bellos-welcome.de
Hier findet man hundefreundliche Hotels im deutschsprachigen Raum. Dazu gibt es Reisetipps und eine Hundenamen-Liste.

Ferien mit Hund
webmaster@ferien-mit-hund.de

www.ferien-mit-hund.de
Bundes- und europaweites Angebot an Ferienwohnungen, in denen Hunde willkommen sind sowie Tipps zu Flug- und Autoreisen.

Flughund
info@flughund.de

www.flughund.de
Spezialreisebüro für den Urlaub mit und ohne Hund: Feriendomizile für Hundebesitzer, Pauschalreisen und eine Hundepension.

Tiere/Käfer, Larven & Ameisen

Antstore
info@antstore.de

www.antstore.de
Europäische und exotische Ameisenarten, Ameisenfarmen, Formicarien, Dekorationen und Nahrung sowie Fanartikel und Spiele.

Coleoptera XXL
info@coleoptera-xxl.de

www.coleoptera-xxl.de
Verkauf von Käfern und Larven aus aller Welt. Beschreibung exotischer Arten und Hinweise für die Zucht und Pflege der Käfer.

Tiere/Katzen

Catlike
arendt@catlike.de

www.catlike.de
Katzentüren, Kratzbäume, Katzenmöbel, Transportboxen und Futternäpfe. Interessante Infos und Foren helfen jedem „Dosenöffner".

Freizeit & Hobby

katzeninformation.de
webmaster@katzeninformation.de

www.katzeninformation.de
Hier erfährt man alles über Katzen: Rassen, Erziehung, Fell- oder Zahnpflege. Es gibt auch Katzenbilder und Kleinanzeigen.

Katzenrevier.de

www.katzenrevier.de
Rassebeschreibungen, Züchterverzeichnis, Diskussionsforum, Vereinsinfos, Ausstellungstermine.

Katzenwelt-Online.de
martina.rueger@katzenwelt-online.de

www.katzenwelt-online.de
Tipps und Informationen zur Aufzucht, Ernährung, Gesundheit, Pflege, Verhalten und Herkunft der Katze.

Tiere/Nagetiere

Deutsche Meerschweinchen Liste
webmaster@dmsl.de

www.dmsl.de
Mailing-Liste, die zum Informationsaustausch über Krankheit, Haltung, Verhalten und Zuchtmethoden der kleinen Nager dient.

Nagetiere-Online.de
heike@nagetiere-online.de

www.nagetiere-online.de
Detaillierte Infos zu Hausnagern und Kaninchen mit vielen Bereichen wie z.B. Haltung, Zucht oder Krankheiten.

Rattenzauber.de
rattau@rattenzauber.de

www.rattenzauber.de
Domestikation, Haltung, Integration, Krankheiten und deren Behandlung, Physiologie, Farbbilder und auch Humorvolles zur Ratte.

World Wide Rat
info@vdrd.de

www.vdrd.de
Der Verein der Rattenliebhaber in Deutschland e.V. berät hier über Haltung, Verhalten, Krankheiten und Zucht von Ratten.

Tiere/Nagetiere/Präriehunde

Präriehunde4u
info@praeriehunde4u.de

www.praeriehunde4u.de
Infos zu Herkunft und Haltung des Schwarzschwanz-Präriehundes sowie Erfahrungsforum. Aufnahme und Vermittlung von Notfalltieren.

Tiere/Pferde

Koppel, Die
redaktion@koppel.de

www.koppel.de
Reiterferien weltweit, Steckbriefe von gestohlenen Pferden, Pferdeversicherungen und ein virtuelles Reiterstübchen als Forum.

Pferd24.de
infopost@pferd24.de

www.pferd24.de
Auf der Börse für Ross und Reiter finden sich Pferde und Zubehör im Angebot.

Pferdekauf-Online
email@pferde.biz

pferdekauf-online.de
Aktuelle Pferdeangebote aus Deutschland, Österreich und den Nachbarstaaten. Kostenlose Veröffentlichung privater Verkaufsangebote.

Tiere/Reptilien & Amphibien

Amphibien in Deutschland
webmaster@kaulquappe.de

www.kaulquappe.de
Bestimmungsschlüssel für Amphibien mit Bildern zu Larvenstadien und ausgewachsenen Tieren sowie Arbeitsblätter für die Schule.

Boa-Constrictor.de

www.boa-constrictor.de
Seiten für Liebhaber der Riesenschlange und alle Terrarianer. Infos zur Haltung, Züchterliste, Literatur und Kleinanzeigen.

Faszination Schildkröten
s.kundert@kundert.ch

www.carbonaria.ch
Erklärungen zu Zucht, Haltung und Artenschutz der Schildkröten. Herkunft, Verbreitung und Lebensweisen werden dargestellt.

FREIZEIT & HOBBY

Tiere/Tierbedarf

Animalia.de
info@animalia.de

www.animalia.de
Hunde- und Katzenladen sowie eine Pinnwand für Kleinanzeigen: Wer nimmt Welpen ab? Wohin mit dem Tier in der Urlaubszeit?

Schecker.de
info@schecker.de

www.schecker.de/wb
In diesem übersichtlichen Online-Shop findet der Besucher alles für den Hund: über 100 verschiedene Snacks, Dosennahrung, Trockenfutter-Spezialitäten, Outdoor-Zubehör, Erziehungshilfen, Spielzeug, Bücher, Pflegeartikel, Geschenkideen, Leinen, Liegeplätze, immer neue Schnäppchen, Restposten und mehr.
(Siehe Abbildung)

Tierbedarf
info@tierservice.com

www.tierservice.com
Informationsservice und Online-Shop für Tierbesitzer. Außerdem gibt es eine Tierärztedatenbank.

Zoo Com
info@moons-tierparadies.de

www.zoocom.de
Futter, Spielzeug, Hygieneartikel und allerlei Zubehör für Hunde, Katzen, Vögel, Fische, Nager und Frettchen.

Tiere/Tierbedarf/Hundebrillen

dog-goes hund
info@dog-goes.com

www.dog-goes.de
Ob Cabriofahrten oder Lawineneinsätze, auch Hundeaugen müssen geschützt werden. Hier kann man die Hundebrillen erwerben.

Tiere/Tiernahrung

Petsnature - Tiernahrung
petsnature@petsnature.de

www.petsnature.de
Tiernahrung und Zubehör für Hunde und Katzen. Mit großem Forum und Chat-Room.

Schecker.de  www.schecker.de/wb

Freizeit & Hobby

Whiskas® Katzenwelt
info@whiskas.de

www.whiskas.de
Ausführliche Produktvorstellung und Katzenrassen-Porträts. Wissenswertes zu Entwicklung, Pflege, Ernährung und Gesundheit.

Tiere/Tiervermittlung

Animals for People
info@animals-for-people.com

www.animals-for-people.com
Informationsseite für Tierschutz und tiergestützte Therapie. Datenbanken zur Suche und Vermittlung herrenloser Tiere.

Tiervermittlung.de
webmaster@tiervermittlung.de

www.tiervermittlung.de
Kostenlose Inserate mit Bild, Tipps zu Tierheimen in der Nähe mit Anfahrtsplan und nützliche Infos zur artgerechten Haltung.

Tiere/Verschiedenes

Deutscher Tierschutzbund e.V.
bg@tierschutzbund.de

www.tierschutzbund.de
Der Tierschutzbund bietet Infos zu Forschung ohne Tierversuche, Recht auf Unversehrtheit und Adressen von Tierschutzvereinen.

Holiday Petcare
webmaster@holiday-petcare.de

www.holiday-petcare.de
Haustierbetreuung auf Gegenseitigkeit, bundesweit und kostenlos.

Tierflohmarkt
info@tierflohmarkt.de

www.tierflohmarkt.de
Tiere, Tierschutzfälle, Tierschutzvertrag, Forum, Chat und Kleinanzeigen zu Haus- und Stalltieren.

Tiermedizin in Deutschland
info@tiermedizin.de

www.tiermedizin.de
Informationen aus der Tiermedizin, Tierhaltung und Tierzucht für Veterinäre, Tierzüchter und Tierfreunde.

Tiernamen
webmaster@tiernamen.de

www.tiernamen.de
Nachschlagewerk mit über 4.000 Namen für alle, die einen Namen für ihr Haustier suchen. Man kann auch den Namenstag erfahren.

vetvita
info@vetvita.de

www.vetvita.de
Portal rund um die Tiergesundheit: Expertenauskünfte für Haustiere, Pferde, Schafe und Terrarientiere.

Tiere/Vögel

● **Bird Box**
verkauf@bird-box.de

www.bird-box.de
Der Versandhandel für Vogelzubehör bietet in seinem Online-Shop zahlreiche Produkte aus der Vogelwelt wie Käfige und Volieren, Futtermittel, Transportboxen, Zuchtzubehör oder Elektroartikel sowie Geschenkartikel, Bücher und CDs zum Thema an. Ein Teil des Sortiments ist auch für Nagetiere verfügbar.
(Siehe Abbildung)

Vogelforen.de
info@vogelfreund.de

www.vogelforen.de
Forensystem zur Vogelhaltung, -zucht, -bestimmung und -beobachtung. Moderatoren sorgen für einen reibungslosen Ablauf.

Vogelnetzwerk.de
info@vogelfreund.de

www.vogelnetzwerk.de
Infos über Vogelarten auf der ganzen Welt. Fotos, Artikel, ein Vogellexikon, Rätsel sowie ein Suchdienst für entflogene Vögel.

Vogelruf.de
info@vogelruf.de

www.vogelruf.de
Das Portal für Vogelbeobachter und Ornithologen bietet News, ein Lexikon, interessante Berichte und ein Voice-Quiz.

Wildvogelhilfe
wildvogelhilfe@netscape.net

www.wildvogelhilfe.org
Altvögel richtig pflegen, Jungvögel aufziehen, Fütterung im Winter, Nistmöglichkeiten und Bilder einheimischer Vogelarten.

FREIZEIT & HOBBY

Tiere/Vögel/Papageien

Arbeitsgemeinschaft Papageien-Netzwerk
info@papageien.org

www.papageien.org
Einführung in die Papageienkunde, Darstellung der verschiedenen Arten, Tipps zur Haltung und Zucht und ein Anzeigenmarkt.

Papageien-Page
webmaster@papageien.com

www.papageien.com
Berichte über die Haltung von Papageien: Tipps über Kauf, Ernährung, Lebensraum, Zucht und Infos über den Artenschutz.

Tiere/Vögel/Pinguine

Anjas Pinguin-Homepage
info@anjaspinguine.de

www.anjaspinguine.de
Hier findet man eine reichhaltige Sammlung an Informationen über alle 18 Pinguinarten und deren Lebensräume.

Tiere/Vögel/Sittiche

Birds Online
webmaster@birds-online.de

www.birds-online.de
Hier geht es um artgerechte Haltung, Verhalten und Pflege kranker Wellensittiche. Außerdem gibt es eine Namensstatistik.

Katharinasittiche.de
webmaster@katharinasittiche.de

www.katharinasittiche.de
Seite für Liebhaber der Katharinasittiche. Mit wertvollen Tipps zur Haltung, Ernährung, Zucht und Erklärungen zum Verhalten.

Sittichpower
info@sittiche.de

www.sittiche.de
Auf diesen Seiten erfährt man einiges über Pflege, Haltung, Nahrung und Tipps für den täglichen Umgang mit dem Wellensittich.

Welliworld
info@welliworld.de

www.welliworld.de
Informationen zu Herkunft und Haltung der beliebten Ziervögel mit Problembehandlung, Vogelsuche und -vermittlung.

Bird Box   www.bird-box.de

Anzeige

Freizeit & Hobby

Tiere/Zeitschriften

Datz
datzred@t-online.de

www.datz.de
Aquaristische, fischkundliche, terraristische und herpetologische Berichte. Außerdem: Lexikon, Buch-Shop, Archiv und Gewinnspiel.

Gefiederte Welt
gefiedwelt@aol.com

www.gefiederte-welt.de
Fachzeitschrift für Vogelfreunde, Vogelpfleger und Vogelzüchter mit einer breiten Vielfalt an Spezialwissen und Informationen.

● **Herz für Tiere**
redaktion@herz-fuer-tiere.de

www.herz-fuer-tiere.de
Die Zeitschriften für Haustierfreunde „Ein Herz für Tiere", „Partner Hund" und „Geliebte Katze" bieten jeweils eine Themenübersicht zum aktuellen Heft sowie ausführliche Artikel rund ums Thema Tier. Auch Artikel, die aus Platzgründen oder technischen Gründen nicht ins Heft passen, sind einsehbar. **(Siehe Abbildung)**

Hundetitel des Bauernverlages
info@bauernverlag.de

www.derhund.de
Online-Auftritt der Zeitschriften „Der Hund", „Mein Hund" und „Hunde Revue" mit vielen Infos und Terminen rund um den Hund.

Traumdeutung

Online Lexikon für Traumdeutung
webmaster@deutung.com

deutung.com
Umfangreiches Lexikon zur Traumarbeit mit über 3.000 Traumsymbolen und Deutungen sowie ein Traumdeutungs-Assistent.

TV, HiFi, Video & DVD/Informationsportale

DigitalVD
info@digitalvd.de

www.digitalvd.de
Alles zum Thema Home Entertainment. Infos und Tipps zu DVD-Playern, Ländercodes, DVD-Typen, Ton- und Bildformaten und Technik.

DVD Center
redaktion@dvd-center.de

www.dvd-center.de
Informationen rund um die DVD: ausführliche DVD-Besprechungen, Flohmarkt, Preisinformationen, Verlosung und Hilfestellungen.

Slash Cam
slashcam@slashcam.de

www.slashcam.de
Hier werden Grundlagen zum digitalen Video vermittelt und man erfährt alles über Soft- und Hardware und die Filmpraxis.

Veranstaltungen/Kalender

Freizeit 2000

www.freizeitnetz.de
Informationen und Tipps zur Freizeitgestaltung sowie nach Bundesländern und Rubriken geordnete Veranstaltungshinweise.

Veranstaltungen/Tickets

Eventim.de
kundenservice@eventim.de

www.eventim.de
Ticketvertriebssystem für die Veranstaltungsbereiche Concerts, Musicals, Sports und Comedy. Suche nach Interpret, Ort und Datum.

Getgo.de
serviceteam@getgo.de

www.getgo.de
Unter den Rubriken Konzerte, Klassik und Kultur, Sport, Musical und Eventreisen findet man alle wichtigen Veranstaltungen.

Primus Tickets
info@ticketorder.de

www.ticketorder.de
Tickets für Veranstaltungen in Deutschland und weltweit: Ballett, Konzerte, Musicals, Revue, Sport, Operette oder Festival.

FREIZEIT & HOBBY

Ticket Online.de
info@ticketonline.de

www.ticketonline.de
Ticket Online bietet Kartenvorverkauf im Internet. Das Angebot an Karten umfasst Rock und Pop, Theater, Sport und Klassik.

Ticket-Point
info@ticket-point.de

www.ticket-point.de
Kartenreservierungen für Top-Sport-Acts, Rock- und Popkonzerte, Shows, Musicals und Festspiele. Sehr übersichtlich gestaltet.

Vereine

Nonprofit.de
info@nonprofit.de

www.nonprofit.de
Informationen für Vereine, Verbände und soziale Einrichtungen zum Management, Öffentlichkeitsarbeit und Spendenbeschaffung.

Nonprofit-Management

www.nonprofit-management.de
Know-how für Vereine und andere Nonprofit-Organisationen.

Vereinsportal
anfrage@designb.de

www.vereinsportal.de
Das Portal für Vereine, Clubs oder Stiftungen: Eine kostenlose Anmeldung oder eine Suche sind auf dieser Seite möglich.

Verschiedenes

testedich.de
info@testedich.de

www.testedich.de
Von Sprach- und Intelligenztests über Persönlichkeits- und Liebestests bis hin zu Einstellungstests kann man hier alles üben.

Titanic-Deutschland.de
webmaster@titanic-deutschland.de

www.titanic-deutschland.de
Alles über ihre Geschichte, Konstruktion und Ausstattung, die Reise und die darauf folgende Katastrophe der Titanic.

Zwanziger-Jahre
webmaster@zwanziger-jahre.de

www.zwanziger-jahre.de
Informationen über das Leben, den Sport, Kunst, verschiedene Stilrichtungen, Autos und Theater in den Zwanziger Jahren.

Herz für Tiere www.herz-fuer-tiere.de

Freizeit & Hobby

Weihnachten

Weihnachtsmann-Service
info@weihnachtsmann-service.de

www.weihnachtsmann-service.de
Weihnachtsmänner und -kostüme kann man hier mieten oder sich zur Weihnachtsmannschulung anmelden.

Weihnachtsmarkt-Deutschland.de
redaktion@weihnachtsmarkt-deutschland.de

www.weihnachtsmarkt-deutschland.de
Portal zu schönen, traditionellen, romantischen, beliebten und außergewöhnlichen Weihnachtsmärkten in Deutschland.

● **Weihnachtsmaus, Die**
post@weihnachtsmaus.de

www.weihnachtsmaus.de
In den Wintermonaten präsentiert die Weihnachtsmaus witzige digitale Grußkarten, die per E-Mail oder Post versendet werden können. **(Siehe Abbildung)**

Zauberei

Zauberbücher Zaubervideos Zaubertricks
info@zauberbuch.de

www.zauberbuch.de
Online-Zaubertricks, die verblüffen. Darüber hinaus echte Zaubertricks, die in Zauberbüchern und -videos erklärt werden.

Zauberersuche
info@gr-webdesign.de

www.zauberersuche.de
Suchmaschine nach Zauberern für Veranstaltungen. Hierfür kann gezielt nach bestimmten Auftrittsarten gesucht werden.

● **Zauberkiste.com**
admin@hitzel.com

www.zauberkiste.com
Das notwendige Zauberzubehör sowie diverse Zauberartikel, die Anfänger, Geübte, Könner und Profis für ihre Zaubertricks benötigen, können direkt online bestellt werden. Auch Geschenkartikel und Scherzartikel sind über den Online-Shop der Zauberkiste zu beziehen. **(Siehe Abbildung)**

Die Weihnachtsmaus   www.weihnachtsmaus.de

FREIZEIT & HOBBY

Zukunftsdeutung/Allgemein

Voraussagen.de
info@voraussagen.de

www.voraussagen.de
Eine Kurzübersicht über die großen Propheten, die Schamanen, die Geheimlehren und über Nostradamus.

Zukunftsdeutung/Horoskope & Astrologie

Astrologie.de

www.astrologie.de
Informationen zu Astrologie, Esoterik und Horoskopen. Außerdem Bücher zum Thema und Geschenkideen in der Rubrik „Shopping".

Astrologiezentrum Freiburg
info@astrologiezentrum.de

www.astrologiezentrum.de
Internet-basiertes Fernstudium für die Ausbildung zum Berufsastrologen. Forschungszentrum des Deutschen Astrologen-Verbandes.

Fireball Astro-Guide
info@fireball.de

astroguide.fireball.de
Hier kann man sich Tages- oder Flirthoroskope, Partner- oder Berufsanalysen erstellen lassen oder einen Astrokurs belegen.

Horoskop
info@gamegroup.de

www.horoskop-online.com
Kostenloses Tageshoroskop und Wissenswertes für jedes Sternzeichen sowie weitere Orakel und Konfuzius-Weisheiten.

Winfried Noé Astrostologie
noe@noeastro.de

www.noeastro.de
Persönliches Tageshoroskop, Kurzhoroskope zu Persönlichkeit, Liebe, Sex und Partnerschaft. Tipps für ein ganzheitliches Leben.

Zeitschrift, Astrowoche Online
service@astrowoche.de

www.astrowoche.de
Online-Auftritt der Astrowoche mit News, Tages-, Wochen- und Jahreshoroskop, Mondkalender und individuellen Online-Analysen.

Zauberkiste.com   www.zauberkiste.com

Freizeit & Hobby

Zukunftsdeutung/Nostradamus

Nostradamus heute

www.nostradamus-heute.de
Informationsseiten zum Leben des Nostradamus und den Erfolgen und Schwierigkeiten bei der Entschlüsselung seiner Prophezeiungen.

Nostradamus-dimde.de

www.nostradamus-dimde.de
Die Prophezeiungen des Nostradamus, aktuell gedeutet.

Nostradamus-Prophezeiungen
info@nostradamus-prophezeiungen.de

www.nostradamus-prophezeiungen.de
NOSTRADAMUS – seine kompletten Centurien und aktuellen Prophezeiungen. Die Autorenseite von Ray O. Nolan („Der Seher"), der sich auch kritisch mit dem Thema ‚Prophezeiungen' auseinandersetzt. Mit aktuellen Voraussagen und interessanten Themen quer durch den Garten der Grenzwissenschaften.

Zukunftsdeutung/Tarot

Aleph-tarot.de
feedback@aleph-tarot.de

www.aleph-tarot.de
Erklärung der Tarot-Karten. Seine persönliche Tarot-Tages-Karte kann man sich kostenlos per E-Mail zusenden lassen.

Tarot.de
hajo.banzhaf@tarot.de

www.tarot.de
Die Karten und Legesysteme werden erklärt. Man kann online Karten legen lassen und weitere esoterische Voraussagen durchführen.

Geld & Finanzen

6

Geld
& Finanzen

Geld & Finanzen

www.eurobilltracker.com

Eurobilltracker.com

Wo fließt mein ganzes Geld eigentlich hin? Verfolgen Sie Euro-Scheine auf ihrer Reise durch Europa: Nach einer kostenlosen Anmeldung geben Benutzer u.a. die Seriennummer ihres Geldscheins ein und können dann online beobachten, wo dieser hinwandert. Mit etwas Glück landen „deutsche" 5 Euro dann irgendwo bei einem Benutzer in Skandinavien! Grafiken zeigen, wie sich die Banknoten in Europa durchmischen. Je mehr Scheine eingegeben werden, desto mehr Bedeutung erlangen natürlich die Grafiken. Besonders interessant: Unter „Statistiken" finden sich Karten und Tabellen mit den Orten, wo Scheine eingegeben wurden und wo Treffer stattfanden.

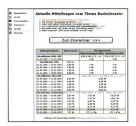

www.basiszinssatz.info

Basiszinssatz.info

Wieder mal einen Artikel online versteigert, eine Wohnung vermietet oder einen Computer repariert, aber Ihre Käufer zahlen nicht? Was tun? Nach § 286 BGB kommt der Schuldner einer Geldforderung spätestens 30 Tage nach Erhalt der Rechnung automatisch in Verzug. Wenn Sie kein Geld verschenken wollen, nutzen Sie den Zinsrechner auf diesen Seiten, mit dem Verzugszinsen über die Geltungsperioden unterschiedlicher Basiszinssätze hinweg berechnet werden. Dazu gibt es aktuelle Mitteilungen zum Thema und eine historische Zeitreihe zum Basiszinssatz seit Inkrafttreten des BGBs im Jahr 1900.

www.bankenverband.de

Bundesverband deutscher Banken

Wer die Kreditwirtschaft in Deutschland in all ihren Facetten verstehen will, wird hier bestens bedient. Der Bankenverband bietet Nachrichten aus der Finanzwelt, Analysen und Stellungnahmen zu wirtschafts- und gesellschaftspolitischen Themen sowie Verbraucher-Specials rund ums Geld. Für Schüler und Lehrer stehen speziell zugeschnittene Infomaterialien zur Verfügung. Und Datenbanken ermöglichen die gezielte Suche nach volkswirtschaftlichem Zahlenmaterial, Banken und Kursen sowie nach Publikationen zu Finanzmärkten. Hier werden Informationen schlicht auf den Punkt gebracht – nicht nur für Besucher vom Fach!

www.steuerzahler.de

Bund der Steuerzahler

Wussten Sie, dass die Bundesschuldenuhr mittlerweile mit 2.534 Euro pro Sekunde tickt? Nein? Höchste Zeit, sich mal mit der Steuer- und Finanzpolitik und den Themen Verschwendung und Haushaltspolitik auseinanderzusetzen. Sie fragen sich, wieso der Staat mit seinen Steuereinnahmen nicht auskommt? Weil er z.B. rund dreißig Milliarden Euro jährlich verschwendet! Anhand der Deutschlandkarte in der Unterrubrik „Schwarzbuch" sehen Sie, ob und wie in Ihrer Region öffentliche Steuergelder verschwendet wurden. An Problembewusstsein jedenfalls kann es nach dem Besuch dieser Seiten nicht mehr mangeln!

GELD & FINANZEN

Finanztreff.de

Was ist eine Option? Wo steht der Dax? Wie sicher sind Investmentfonds? Hier finden Sie schnell die wichtigsten Infos. Die Telekom-Aktie stand bei 14,42 Euro und Sie wussten von nichts? Mit der Limit-Überwachung und den kostenlosen Realtime-Kursen passiert Ihnen das nie wieder! Börsenberichte, Wirtschaft-News und Indexkurslisten sind übersichtlich zusammengestellt. Fundierte Finanzinformationen und Tools zur Analyse und Verwaltung von Watch-Listen und Portfolios erweitern das Angebot. Und als Neueinsteiger sollten Sie unbedingt die Rubrik „Börsenwissen" von A bis Z besuchen, damit Ihnen niemand einen Bären aufbindet!

www.finanztreff.de

Termingeld-vergleich.de

Sie wollen Ihr Geld anlegen und möglichst viele Zinsen bekommen? Ob Tagesgeld, Festgeld oder Sparbuch, die unabhängige Finanzseite zum Vergleich von Geldanlagen verschiedener Laufzeiten und Modalitäten vergleicht die Konditionen von über 220 Anbietern im deutschen Internet. Finden Sie heraus, welche Geldanlage für Ihre persönlichen Bedürfnisse und Anforderungen die günstigste ist. Einfach Anlagehorizont und Anlagebetrag wählen und rechnen lassen. Sie erhalten geprüfte Erfahrungsberichte und Informationen zu einzelnen Anbietern, zu Zinssätzen, Konditionen, Sicherung und Zinsbindung. So einfach gibt's mehr Zinsen fürs Geld!

www.termingeld-vergleich.de

Deutsche Bundesbank

Geld muss knapp sein, wenn es stabil sein soll. Warum das so ist und welche Rolle die Deutsche Bundesbank dabei spielt, erfahren Sie hier. Ob Monatsberichte, statistische Daten, Informationen zur volkswirtschaftlichen Lage Deutschlands oder Veröffentlichungen der Europäischen Zentralbank, wer sich über Geld- und Währungspolitik sowie über finanz- und konjunkturpolitische Themen informieren möchte, kommt an den Seiten der Bundesbank nicht vorbei! Sie wollen mehr über Geld und Geldgeschichte erfahren? Im virtuellen Geldmuseum finden Sie Antworten auf die wichtigsten Fragen zum Geld und erhalten Einblicke in einzelne Museumsbereiche.

www.bundesbank.de

Bundesministerium der Finanzen

Wer immer schon einmal wissen wollte, warum von seinem Gehalt so viele Steuergelder abgezogen werden, der sollte die Internet-Seite des Bundesfinanzministeriums besuchen. Aktuelle Nachrichten aus der Finanz- und Wirtschaftspolitik sind hier abrufbar und man kann neue Steuergesetze nachlesen. Hilfreiches versteckt sich hinter der Rubrik „Service". Hier findet man neben Formularen zum Downloaden auch das ABC der deutschen Steuer und ein Lexikon mit ausführlicher Begriffsbeschreibung. Hinzu kommt ein Steuerrechner, mit dessen Hilfe man seine persönliche Einkommens-, Lohn- und Öko-Steuer berechnen kann.

www.bundesfinanzministerium.de

Geld & Finanzen

Aktiengesellschaften

moreir - IR Center
info@equitystory.com

www.more-ir.de
Investor Relations-Plattform, auf der man alle relevanten Informationen über Aktiengesellschaften und Branchen-Nachrichten findet.

So Many Companies
companies@somany.de

www.somany.de
Web-Verzeichnis mit über 7.500 Links zu Aktiengesellschaften. Schwerpunkt: Nasdaq, amerikanische, englische und deutsche Börse.

Allgemein

Banken.de
info@banken.de

www.banken.de
Übersichtliches Internet-Portal zu Themen rund um Banken, Börsen und Immobilien mit Wertung der angegebenen Links.

Metafinanzen

www.metafinanzen.de
Die Meta-Suchmaschine bietet die Möglichkeit, sich über verschiedene Finanzprodukte zu informieren. Mit Preis-Leistungsvergleich.

Banken

Aareal Bank AG
aareal@aareal-bank.com

www.aareal-bank.com
Der internationale Immobilienspezialist ist in Immobilienfinanzierungen, Consulting sowie Immobilien Asset Management tätig.

Allgemeine Beamten Kasse
info@abkbank.de

www.abkbank.de
Kreditangebote, Geldanlagemöglichkeiten sowie Immobilienfinanzierungen mit Online-Formular-Center.

banktip
kontakt@banktip.de

www.banktip.de
Anbieterübersicht und Preisvergleiche für Ratenkredite, Giro- und Depotkonten, Termingelder und Kreditkarten.

CC-Bank
kontakt@cc-bank.de

www.cc-bank.de
Zu den Dienstleistungen der CC-Bank gehören Finanzierung, Versicherung, Geldanlagen und Bausparen sowie eine Online-Filiale.

Citibank Privatkunden AG & Co. KGaA

www.citibank.de
Versicherungs-, Investment-, Festgeld-, Devisen- sowie Finanzierungsrechner, ein Formular-Center und Online-Anträge.

Commerzbank AG
info@commerzbank.com

www.commerzbank.de
Informationen zum Konzern, Produkten und Leistungen, Investor-Relations, Karriere und Realtime-Börsenkursen plus Banking-Service.

Deutsche Genossenschafts-Hypothekenbank AG
mail@dghyp.de

www.dghyp.de
Hypothekenbank, die Immobilienkredite für Wohn- und Gewerbeobjekte sowie Kommunalkredite vergibt.

Dresdner Bank AG

www.dresdner-bank.de
Informationen und Tools für Privat- und Firmenkunden. Investment-Banking, Vermögensanlagen, Finanzierung, Marktgeschehen.

Gruppe der Sparda-Banken
info@verband.sparda.de

www.sparda.de
Breites Spektrum an Finanzdienstleistungen - u.a. gebührenfreies Girokonto, Baufinanzierung, Geldanlage, Wertpapiergeschäft.

GELD & FINANZEN

HypoVereinsbank AG
info@hypovereinsbank.de

www.hypovereinsbank.de
Überblick zum Angebot der HypoVereinsbank für Privat-, Geschäfts-, Firmen- oder Immobilienkunden. Seiteninterne Suchmaschine.

Kreditanstalt für Wiederaufbau
info@kfw.de

www.kfw.de
Ein Förderberater und ein Tilgungsrechner bereichern die Informationen zu Kredit- und Beteiligungsfinanzierung.

Postbank
direkt@postbank.de

www.postbank.de
Produkte mit günstigen Internet-Konditionen, Online-Banking und -Brokerage, Online-Ratenkredit und Mobile-Services.

SEB
info@seb.de

www.seb.de
Hinweise zum Bezahlen, Handeln, Vorsorgen und Finanzieren. Eingehende Informationen über Konditionen und Diebstahl-Notfalltipps.

Sparkasse.de
service@sparkasse.de

www.sparkasse.de
Die Sparkasse bietet Finanzinfos, Aktionen, Umzugsservice sowie einen Filial-Finder für die örtlichen Sparkassen.

WestLB AG
info@westlb.de

www.westlb.de
Die WestLB AG steht ihren Kunden mit maßgeschneiderten Finanzlösungen für verschiedene Produktbereiche zur Seite.

Banken/Bankleitzahlen

Bankleitzahlen, DKIS

dkis.de/BLZ/
Hier findet man die richtige Bankleitzahl zu seiner Bank und die richtige Bank zur Bankleitzahl.

Bankleitzahlen.de
bankleitzahlen@aiacs.de

www.bankleitzahlen.de
Suchmaschine für bundesweite Bankleitzahlen.

Banken/Direktbanken

1822direkt
info@1822direkt.com

www.1822direkt.com
1822direkt - Tochtergesellschaft der Frankfurter Sparkasse - mit umfangreichem Produktangebot ist Testsieger bei Tagesgeld- und Girokonten (Finanzen 5/2004). Neben komfortablem Online-Banking bietet die 1822direkt Beratung in der Vermögensanlage, Altersvorsorge und Finanzierungen.

American Express Bank
info@amexbank.de

www.amexbank.de
Verschiedene Service-Center und Assistenten zu den Themen Finanzen, Fonds, Online-Banking, Service, Konto und Kredit.

Audi Bank direct
audibankdirect@vwfsag.de

www.audi-bankdirect.de
Produktinformationen zu Tagesgeld- und Festgeldkonten, Sparplänen, Sparbriefen, Investmentfonds, Extra Rente, Hypothekenservice.

comdirect bank AG
info@comdirect.de

www.comdirect.de
Kompetenzfelder: Online-Invest, Direct Banking, Finanz- und Vermögensberatung. Freier Zugang zu Kursen und Wertpapierdaten.

DAB bank AG
information@dab.com

www.dab-bank.de
Spezialbank für Privatkunden mit einer breiten Dienstleistungspalette zum Thema Vermögensaufbau. Praktische Kurs-Schnellsuche.

Deutsche Bank AG
deutsche.bank@db.com

www.deutsche-bank.de
Bankdienstleistungen für Privat- und Firmenkunden, Tagesausblick, Echtzeit-Indizes sowie die Möglichkeit zum Online-Banking.

DiBa
info@diba.de

www.diba.de
Verbrauchertipps zu Geldanlagen, Sparen und Vorsorge, Kredite und Immobilien. Weitere Infos zu Vorsorgeversicherungen.

Geld & Finanzen

Ethik Bank eG
hallo@ethikbank.de

www.ethikbank.de
Direktbank für ethische und ökologische Geldanlagen mit Services wie E-Banking und Brokerage.

Netbank
info@netbank.de

www.netbank.de
Europas Internet-Bank: Quick-Banking mit Zugriff auf die Konten, Depot und Fonds. Ausführliche Börseninformationen.

Santander Direkt Bank
service@santander.de

www.santander.de
Kreditkarten, Kredite und weitere Finanzdienstleistungen der Santander Direkt Bank. Mit Zinsübersicht und Formular-Center.

Volkswagen Bank
vwbank@vwfsag.de

www.volkswagenbank.de
Online-Banking, Giro-, Tages- und Festgeldkonten, Spar- und Anlageprodukte, Kredite, Wertpapiere und automobile Finanzdienstleistung.

Banken/Geschäftsbanken

● **IKB Deutsche Industriebank AG**
info@ikb.de

www.ikb.de
Neben der Darstellung des Unternehmens gibt es Informationen zur Unternehmens-, Eigenkapital- und Immobilienfinanzierung sowie zur strukturierten Finanzierung. Analysen zu Branchen, Märkten und Ländern. **(Siehe Abbildung)**

Banken/Verbände

Bundesverband der Deutschen Volks- und Raiffeisenbanken
info@bvr.de

www.bvr.de
Aktuelle wirtschaftspolitische Themen und Entwicklungen des genossenschaftlichen Finanzverbundes.

IKB Deutsche Industriebank AG   www.ikb.de

GELD & FINANZEN

● **Bundesverband deutscher Banken**
bankenverband@bdb.de

www.bankenverband.de
News, Statistiken, Analysen, Fachinformationen und Standpunkte rund um die Themen Banken, Finanzen, Wirtschaft und Gesellschaftspolitik. Wissenswertes über den Verband, seine Aufgaben und Mitglieder. **(Siehe Abbildung)**

Bundesverband Öffentlicher Banken Deutschlands, VÖB
postmaster@voeb.de

www.voeb.de
Aktuelle bankwirtschaftliche und bankpolitische Themen sowie Pressemitteilungen und Redemanuskripte.

Ostdeutscher Bankenverband e.V.
info@bankenverband-ost.de

www.bankenverband-ost.de
Informationen zu regionaler Wirtschaft, Unternehmensfinanzierung, Stadtumbau Ost und Innovationsstandort Ostdeutschland.

Banken/Verzeichnisse

Allebanken.de
info@allebanken.de

www.allebanken.de
Dieser Branchendienst für Banken bietet Finanz-Links, Materialien für Auszubildende im Finanzsektor und eine Bankensuchfunktion.

online-banking-test.de
info@online-banking-test.de

www.online-banking-test.de
Praktischer Bankenvergleich: Übersicht zum Thema Online-Banking sowie Zins- und Leistungsvergleiche.

Sparkassen im Internet
kontakt@snet.de

www.snet.de
Gute Übersicht, der im Internet präsenten Sparkassen sowie Links zu Unternehmen der Sparkassen-Finanzgruppe.

VR-NetWorld
info@vr-networld.de

www.vr-networld.de
Ausführliche Informationen über Banking, Brokerage, Bauen und Wohnen, Geldanlage sowie Vorsorge und Versicherung.

Bundesverband deutscher Banken — www.bankenverband.de

Anzeige

Geld & Finanzen

Banken/Zentralbanken

● **Deutsche Bundesbank**
presse-information@bundesbank.de

www.bundesbank.de
Die Bundesbank ist Teil des europäischen Zentralbanksystems mit vielfältigen nationalen und internationalen Aufgaben. Sie hält umfangreiche wirtschafts- und währungspolitische Daten sowie Informationen zu Euro-Bargeld, Zahlungsverkehr und Bankenaufsicht bereit. Zusätzlich Schülerecke sowie Geldmuseum.
(Siehe Abbildung)

Bausparen & Immobilienfinanzierung

Aachener Bausparkasse Aktiengesellschaft
service@aachener-bausparkasse.de

www.aachener-bausparkasse.de
Praktischer Mietrechner und ein Bausparlexikon. Weitere Infos zu Festgeld, Sparbriefen und zu Geschenk-Sparverträgen.

Allianz Dresdner Bauspar AG
service@adbag.de

www.adbag.de
Bedarfsanalyse, Infos und Konditionen zu Vorsorge und Sparen sowie einen Produktberater für individuelle Wünsche.

● **BHW Bausparkasse AG**
info@bhw.de

www.bhw.de
Private Altersvorsorge, Tipps und Tricks zur Optimierung der staatlichen Förderungen, Bausparen und Baufinanzierung, Immobilienbörse, Lebens- und Rentenversicherungen, Geldanlage in Fonds. **(Siehe Abbildung)**

● **Deutsche Bank Bauspar AG**
bauspar.line@db.com

www.deutsche-bank-bauspar.de
Alles zum Thema Bausparen, Wohnen, Altersvorsorge und staatliche Förderung. Mit umfangreichen Rechen-Tools können Angebote selbst berechnet werden. Ein Lexikon steht ebenso zur Verfügung wie unterschiedliche Möglichkeiten der Kontaktaufnahme. **(Siehe Abbildung)**

Deutsche Bausparkasse Badenia AG
service@badenia.de

www.badenia.de
Bausparen und Finanzierung, Geldanlageformen, Festgeldanlagen, Sparbriefe, Spareinlagen sowie staatliche Sparförderung.

Deutsche Bundesbank   **www.bundesbank.de**

GELD & FINANZEN

BHW Bausparkasse AG   www.bhw.de

Deutsche Bank Bauspar AG   www.deutsche-bank-bauspar.de

GELD & FINANZEN

Deutscher Ring Bausparkasse AG
bausparservice@deutscherring.de

www.deutscherring.de
Wichtige Informationen und aktuelle Konditionen zum Thema Bausparen und Baufinanzierung, Bausparvertrag Online-Abschluss.

● **DSL Bank**
marketing@dslbank.de

www.dslbank.de
Ein Geschäftsbereich der Deutschen Postbank AG. Im Rahmen der privaten Baufinanzierung bietet die DSL Bank Finanzdienstleistern wie Maklern, Versicherungs- und Bausparkassenaußendiensten, Bauträgern und Banken maßgeschneiderte Produkte für ihre Kunden. **(Siehe Abbildung)**

● **easyhyp**
info@easyhyp.de

www.easyhyp.de
Darlehen, Ratenkredite, Geldanlagen und Baudarlehen. Preiswerte Baufinanzierung durch Online-Abschluss. Mit Mietrechner und einem Lexikon für ökologisches Bauen und Baufinanzierung. Eine Übersicht der verfügbaren KfW-Darlehen. **(Siehe Abbildung)**

● **Interhyp AG**
info@interhyp.de

www.interhyp.de
Interhyp, der größte unabhängige Immobilienfinanzierer für den Privatkunden in Deutschland, bietet tagesaktuelle Baugeldkonditionen von mehr als 30 Finanzierungspartnern, vielfältige Zinsrechner und Informationen zur Baufinanzierung sowie umfassende Beratung via Telefon an. **(Siehe Abbildung)**

Baugeld-vergleich.de
info@baugeld-vergleich.de

www.baugeld-vergleich.de
Die besten Konditionen zur Baufinanzierung durch den Vergleich vieler Anbieter; dazu Erfahrungsaustausch im Forum.

LBS
sei@lbs.de

www.lbs.de
Informationen und hilfreiche Tipps zu Baufinanzierung, Altersvorsorge sowie Immobilienkauf im In- und Ausland.

Quelle Bausparkasse
beratungscenter@quelle-bausparkasse.de

www.quelle-bausparkasse.de
Quelle Bausparkasse, der Internet-Baufinanzierer. Online-Vertragserstellung und Bausparabschluss.

DSL Bank www.dslbank.de

GELD & FINANZEN

easyhyp www.easyhyp.de

Interhyp AG www.interhyp.de

GELD & FINANZEN

Schwäbisch Hall
service@schwaebisch-hall.de

www.schwaebisch-hall.de
Umfassende Informationen zum Bausparen, Finanzieren, Bauen, Kaufen, Modernisieren und der Altersvorsorge. Die Online-Vertragsauskunft gibt aktuelle Informationen zum Bausparvertrag. Der InfoFuchs beantwortet alle Fragen rund um das Bauen und Wohnen. **(Siehe Abbildung)**

Signal Iduna Bauspar AG
info@si-bausparen.de

www.signal-iduna-bauspar.de
Das Magazin „freiRaum" liefert hilfreiche Tipps zu Geld und Recht, Bauen und Kaufen sowie Umwelt.

Wüstenrot & Württembergische
info@wuestenrot.de

www.wuestenrot.de
Produktinfos, Online-Berater, Auskunft über Investmentfonds und Immobilien sowie eine Online-Schadensmeldung.

Börsenplätze

Börse Berlin Bremen
info@boerse-berlin-bremen.de

www.boerse-berlin-bremen.de
Die Berliner Börse ist der Handelsplatz mit dem größten Angebot ausländischer Aktien, unter anderem alle NASDAQ-Titel.

Börse Düsseldorf
kontakt@boerse-duesseldorf.de

www.boerse-duesseldorf.de
Für Mitglieder, Einsteiger und Anleger. Zehn Tipps zum erfolgreichen Handeln, eine Wertpapiersuche und ein Börsen-ABC.

Börse Hamburg - Börse Hannover
info@boersenag.de

www.boersenag.de
Ermittlung der Tagesgewinner und -verlierer. Das amtliche Kursblatt zum Downloaden und Seminarangebote für Privatanleger.

Börse München
info@boerse-muenchen.de

www.boerse-muenchen.de
Realtime-Kurse, verbindliche Quotes und handelbare Stückzahlen. Außerdem: umfassende Informationen zum Handelssystem MAX-ONE.

Börse Stuttgart
anfrage@boerse-stuttgart.de

www.boerse-stuttgart.de
Die Börse Stuttgart hält das aktuelle Kursblatt und Börsen-News sowie Veranstaltungen rund um die Börse Stuttgart bereit.

Schwäbisch Hall — **www.schwaebisch-hall.de**

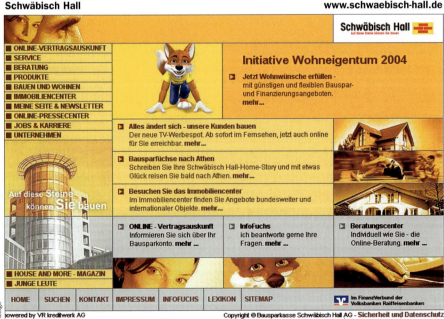

GELD & FINANZEN

Gruppe Deutsche Börse
info@deutsche-boerse.com

www.deutsche-boerse.com
Deutschlands führende Börse: XETRA-/Parkett-Kurse (15 Min. verzögert) für Aktien und Exchange Traded Funds; Realtime Kurse für Aktien- und Rentenindizes; Realtime Quotes für Optionsscheine, Zertifikate. Extrabereich für Privatanleger: Marktüberblicke, Statistiken, Hintergrundwissen und Aktuelles.

Warenterminbörse Hannover
info@wtb-hannover.de

www.wtb-hannover.de
Informationen über die Produkte der WTB, Charts für Heizöl, Kartoffeln, Schweine, Rapssaat und Rapsöl sowie Weizenfutures.

Börsenspiele

3sat Börsenspiel
3satboerse@zdf.de

www.3satboerse.de
Erfahrungen für das eigene Aktiendepot gewinnen. Alle halbe Jahre versuchen zwei Finanzexperten, mehr Renditen zu erzielen.

FAZ Börsenspiel
boersenspiel@faz.net

boersenspiel.faz.net
Über 200.000 Spieler kämpfen hier um einen Platz in den Top Ten. Die Anmeldung zur Teilnahme ist kostenlos.

Factoring

● **Eurofactor**
info@eurofactor.de

www.eurofactor.de
Eurofactor schützt den Mittelstand vor Forderungsausfall. Der übersichtliche Auftritt beleuchtet anschaulich, wie moderne Unternehmensfinanzierung mit Factoring funktioniert. Mit Skontorechner und Fragebogen zur Analyse des eigenen Factoring-Bedarfs. **(Siehe Abbildung)**

BFM Bundesverband Factoring für den Mittelstand
info@bundesverband-factoring.de

www.bundesverband-factoring.de
Unternehmen können ihre Außenstände zu Geld machen und das Risiko des Forderungsausfalles absichern.

Eurofactor   www.eurofactor.de

GELD & FINANZEN

Falschgeld

Falschgeld Infopoint
webmaster@falschgeld-infopoint.de

www.falschgeld-infopoint.de
Hintergrundinformationen zur Falschgelderkennung und Falschgeldprävention sowie zur Geschichte und Entstehung des Geldes.

falschgeld-forum.net

www.falschgeld-forum.net
Woran man Falschgeld erkennt, die Echtheitskriterien des Euros oder aktuelle News zum Thema Falschgeld. Hier sind die Fakten.

Finanz- & Börsenmagazine

boerse.de
kontakt@boerse.de

www.boerse.de
Eines der ersten Finanzportale Europas (seit 1994) - aktuelle Informationen zu allen in Deutschland gehandelten Wertpapieren.

● **boersenwelt**
info@boersenwelt.de

www.boersenwelt.de
Service- und Informationsportal zum Börsengeschehen. Hinweise zu kostenlosen Börsenbriefen und ein Erscheinungskalender.
(Siehe Abbildung)

BörsenMan
info@boersenman.de

www.boersenman.de
Internet-Portal mit Aktientipps und Anlagestrategien. Marktberichte, Ad-Hocs, Lexikon, Kurse und Märkte sowie ein Gewinnspiel.

FAZ Börsenlexikon
info@myfaz.net

www.boersenlexikon.de
Über 700 Begriffe aus der Sprache der Börsianer mit Querverweisen und Erklärungen.

boersenwelt   www.boersenwelt.de

GELD & FINANZEN

● **financialport.de**
info@financialport.de

www.financialport.de
Ein Leitfaden für Finanzen: FINANCIALPORT bietet völlig kostenlos verschiedene Angebote aus allen Finanzsparten. Über das Internet-Portal FINANCIALPORT kann über das entsprechende Anfrageformular ein Angebot in der gewünschten Finanzsparte angefordert werden. Individuelle Finanzberatung von Experten.
(Siehe Abbildung)

Finanzen.net
info@finanzen.net

www.finanzen.net
Internet-Service für Kapitalanleger mit Börsendaten, Realtime-Kursen, aktuellen Wirtschaftsmeldungen und Depotverwaltung.

Finanztreff.de
ccc@gatrixx.com

www.finanztreff.de
Börsenportal zu den Themen private Geldanlage, Aktien und börsennotierte Unternehmen. Aktuelle Kurse und Depotverwaltungs-Tools.

Gelon
service@gelon.de

www.gelon.de
Informationen zu Home-Banking, Giro-Konten, Depotkonten, Kreditkarten, Baugeld, Raten-, Auto- sowie Dispo-Krediten.

Stock-World
info@stock-world.de

www.stock-world.de
Aktuelle Börsennachrichten, Kurse und Charts, Empfehlungen, Marktberichte, Expertenkommentare und Börsenbriefe.

wallstreet:online AG
info@wallstreet-online.dc

www.wallstreet-online.de
Alles über Aktien, kostenlose Depotverwaltung, die Börse, Studien und Analysen, Nachrichten sowie ein Diskussionsforum.

Finanzbehörden

Bundesamt für Finanzen
poststelle@bff.bund.de

www.bff.bund.de
Infos und Hinweise mit Schwerpunkt auf steuerliche Themen und Kindergeld sowie andere Aufgaben des Bundesamts für Finanzen.

financialport.de   **www.financialport.de**

Geld & Finanzen

Bundesanstalt für Finanzdienstleistungsaufsicht (BaFin)
poststelle@bafin.de

www.bafin.de
Auskünfte für Verbraucher, Anbieter und Anleger sowie Verlinkung zu Bankenaufsicht, Versicherungsaufsicht, Wertpapieraufsicht.

Bundesministerium der Finanzen
poststelle@bmf.bund.de

www.bundesfinanzministerium.de
Mit dem interaktiven Steuerrechner lässt sich die Lohnsteuer selbst berechnen. Ein Steuerlexikon und neue Steuergesetze.

Bundeswertpapierverwaltung

www.bwpv.de
Infos zu kostenfreier Verwaltung und gebührenfreiem Erwerb von Bundeswertpapieren sowie Vertrieb von Gedenkmünzen des Bundes.

Finanzberatung

FinanceScout24
info@financescout24.de

www.financescout24.de
Persönliche Beratung, Vergleich und Abschluss bei Versicherungen, Vorsorge, Geldanlagen, Baufinanzierungen und Ratenkrediten.

MLP AG
info@mlp-ag.com

www.mlp.de
Unterschiedliche Bank- und Versicherungsdienstleistungen in einem auf den Kunden zugeschnittenen individuellen Finanzkonzept.

Finanzberatung/Frauen

finesse
finesse@frauen-finanzberatung.de

www.frauen-finanzberatung.de
Finanzberatung für Frauen. Maßgeschneidertes für Berufsanfängerinnen, Selbstständige, Erziehende, Rentnerinnen und Angestellte.

Frauenfinanzseite
info@frauenfinanzseite.de

www.frauenfinanzseite.de
Frauen-Finanz-Community: ein ABC der Börse, aktuelle Nachrichten aus der Wirtschaft und Finanzwelt sowie Investmentclubs.

FrauenFinanzTreff
info@frauenfinanztreff.de

www.frauenfinanztreff.de
Gesprächskreise, Veranstaltungshinweise, Seminare und Infoabende, Fachartikel, Literatur und ein Fachlexikon.

Finanzdienstleistungen

🔴 **Delta Lloyd Deutschland**
info@deltalloyd.de

www.deltalloyd.de
Wertvolle Tipps und Informationen für den sicheren Umgang mit den Themen Vermögensanlage, Fonds, Altersvorsorge, Berufsunfähigkeit, Baufinanzierung und Kinderabsicherung. Spezielle Unterlagen für Presse, Kunden und Jobsuchende runden das Web-Angebot ab. **(Siehe Abbildung)**

Deutsche Finanzberatung
info@deutsche-finanzberatung.de

www.deutsche-finanz.de
Informationen und Vergleiche zu Versicherungen, Finanzierungen, Kapitalanlagen, Steuern, Immobilien und Investmentfonds.

portfolio-concept
info@portfolio-concept.de

www.portfolio-concept.de
Tipps und Marktberichte zu Investmentfonds und Aktien, dazu Informationen über Vermögensverwaltung und Derivate.

Forderungsmanagement & Inkasso

Allcredo Inkasso
info@allcredo.de

www.allcredo.de
Der Anbieter von Inkassodienstleistungen, Factoring und Forderungsmanagement. Inkassoaufträge online.

GELD & FINANZEN

BDIU
bdiu@inkasso.de

www.inkasso.de
Wissenswertes über den Bundesverband Deutscher Inkasso-Unternehmen e.V. und Inkasso. Links zu ausländischen Inkasso-Verbänden.

Dr. Duve Inkasso GmbH
info@drduve-inkasso.de

www.drduve-inkasso.de
Die Seite informiert zum Thema Inkasso, liefert Inkasso-News und bietet Mahnaufträge zum Herunterladen.

Eurosolvent
info@eurosolvent.de

www.eurosolvent.de
Das Material zu Inkasso kann online bestellt werden und der Inkassoauftrag kann online aufgegeben werden.

Exgo Inkasso
info@exgoinkasso.de

www.exgoinkasso.de
Das komplette Forderungsmanagement, angefangen vom Mahnverfahren bis zur gerichtlichen Geltendmachung einer Forderung.

Letzte-Mahnung.de
hallo@judico.de

www.letzte-mahnung.de
Um Schuldner zur Zahlung zu bewegen, kann man hier das gerichtliche Mahnverfahren kostenlos selbst online durchführen.

Portal Forderungsmanagement.com
info@forderungsmanagement.com

www.forderungsmanagement.com
Gesetzestexte können eingesehen, Fachbeiträge gelesen und ein Online-Übersetzer bemüht werden, der Fachliches übersetzt.

Zyklop Inkasso Deutschland AG
inkasso@zyklop.de

www.zyklop.de
Forderungsmanagement, Anwaltsdatenbank und aktuelle Rechtstipps werden geboten.

Geld & Zahlungsmittel

Moneymuseum
direktor@moneymuseum.com

www.moneymuseum.de
Das virtuelle Museum bietet Infos zu Geld im Altertum, Mittelalter und Neuzeit, virtuelle Führungen durch das Museum.

Delta Lloyd Deutschland **www.deltalloyd.de**

Geld & Finanzen

Kredite

Creditplus Bank AG
info@creditplus.de

www.creditplus.de
Sofortkredit, Autokredit, Kreditablösung. Die Kreditanfrage kann schnell und unkompliziert online getätigt werden.

● **easyzins**
info@easyzins.de

www.easyzins.de
Verschiedene günstige Privat-Darlehen und hochverzinsliche Geldanlagen können Schritt für Schritt online beantragt werden. Informationen zu Konditionen und ein Darlehensrechner. **(Siehe Abbildung)**

Schufa
info@schufa.de

www.schufa.de
Informationen und Services für die kreditgebende Wirtschaft. Mit Schuldenkompass und Online-Formular für eine Selbstauskunft.

SWK-Bank
kundenservice@swk-bank.de

www.onlinekredit.de
Spezialgebiet: Vergabe von Barkrediten zur freien Verfügung für den Privatkunden. Komplette Online-Abwicklung.

Kreditkarten

American Express
info@amexbank.de

www.americanexpress.de
Neben den aktuellen Konditionen für die Kreditkarte, gibt es Notfallnummern und eine Geldautomatensuche.

● **Barclaycard**
service@barclaycard.de

www.barclaycard.de
Darstellung der verschiedenen Kreditkarten: Barclaycard Classic, Gold, Barclaycard for Students sowie Barclaycard Business mit Online-Antragsformular. **(Siehe Abbildung)**

MasterCard Deutschland
frankfurt@mastercard.com

www.mastercard.de
Informatives zur Eurocard. Neben Tipps zum Thema Reisen und Bezahlen gibt es den SOS-Dienst bei Kartenverlust.

easyzins   www.easyzins.de

GELD & FINANZEN

Visa
www.visa.de
Übersicht über die kartenausgebenden Visa-Partnerbanken, Informationen zum sicheren Bezahlen im Internet. Online Kartenanträge.

Leasing

Albis Leasing AG
info@albis-leasing.de
www.albis-leasing.de
Finanzierung von Mobilien (z.B. Kraftfahrzeuge, Flugzeuge, Maschinen, Bürokommunikation) und die Rubrik „Investor Relations".

techno Rent
info@technorent.de
www.technorent.de
Kostenlose und individuelle Beratung, die Leasing-Anfrage kann online aufgegeben werden, Infos zu Leasing.

vr leasing
www.vr-leasing.de
Leasing im Bereich der Immobilien, Medizintechnik, Mobilien oder IT. Individuelle Vertragsarten wie Restwertvertrag.

Lohnabrechnung & Buchhaltung

officeportal24.de
info@officeportal24.de
www.officeportal24.de
Dienstleistungsportal für Lohnabrechnung und Buchhaltung mit Formularen und vielen Mustertexten zum Herunterladen.

Barclaycard
www.barclaycard.de

Anzeige

GELD & FINANZEN

Rente & Altersvorsorge

 Bahnversicherungsanstalt
pressestelle@bahnva.de

www.bahnva.de
Die Bahnversicherungsanstalt (BVA) ist Trägerin der gesetzlichen Rentenversicherung und einer Zusatzversorgung des öffentlichen Dienstes für die Arbeiter und Angestellten der Deutschen Bahn AG. **(Siehe Abbildung)**

Bundesversicherungsanstalt für Angestellte (BfA)
bfa@bfa.de

www.bfa.de
Die Hauptaufgaben der BfA sind die Berechnung und Zahlung von Renten. Informationen zu Versicherung, Rehabilitation und Rente.

Deutsches Institut für Altersvorsorge
info@dia-vorsorge.de

www.dia-vorsorge.de
Verschiedene Online-Rechner, Infos und Fachliteratur zur Altersvorsorge können bestellt werden.

 Ihre-Vorsorge.de
redaktion@ihre-vorsorge.de

www.ihre-vorsorge.de
Das Portal zur gesetzlichen, betrieblichen und privaten Altersvorsorge. Tagesaktuelle Meldungen, verbraucherorientierte Themen-Specials, Förderrechner und Finanz-Tools. Expertenforum zu allen Fragen der Altersvorsorge. Ausführliche Suchfunktionen. **(Siehe Abbildung)**

infonetz-altersvorsorge

www.infonetz-altersvorsorge.de
Übersichtliche Grundinformationen zur Altersvorsorge mit Download-Möglichkeit, auch von Gesetzestexten und Broschüren.

Rente.com
info@rente.com

www.rente.com
Unabhängiger Informationsservice zu Rente und Altersvorsorge von Wirtschaftsjurist Axel Lehmann.

Renteninformation, Die

www.renteninfo-online.de
Der Verband Deutscher Rentenversicherungsträger bietet Informationen und persönliche Prognosen zur Rente.

Bahnversicherungsanstalt   **www.bahnva.de**

GELD & FINANZEN

Steuern/Allgemein

Bund der Steuerzahler
info@steuerzahler.de

www.steuerzahler.de
Hinweise zur Steuer- und Finanzpolitik, die Schuldenuhr, Steuertipps, Staatsverschuldung und Steuergeldverschwendung.

Steuern/Steuerberater

STB Web
info@stb-web.de

www.stb-web.de
Portal für Kanzleien im Internet, Artikel zahlreicher Fachautoren, Online-Steuerberatersuche und kostenloser Newsletter.

Steuerberater-in.de

www.steuerberater-in.de
Steuerberatersuche, Stellenangebote und -gesuche sowie Steuerberaterschulen und Kammern.

Steuerberater-suchservice.de
dstv.berlin@dstv.de

www.steuerberater-suchservice.de
Steuerberatersuche nach PLZ, Fachbereich, internationalem Steuerrecht, Branche sowie Fremdsprache.

Steuern/Steueroasen

Andorra-Intern
delegat.cedi@andorra-intern.com

www.andorra-intern.com
Fachinformationen und Know-how zur wirtschaftlichen Nutzung der Steueroase Andorra, Check-Listen und Beratung.

Steueroasen
w.reich@afu-net.de

www.afu-net.de
Infos zu Steueroasen, ungewöhnliche Steuertipps, Einkommensteuertabellen 1998 bis 2005 im Vergleich.

Steuern/Tipps

Steuer-Office
redaktion@steuer-office.de

www.steuer-office.de
Portal für alle Informationen, Dienstleistungen und Datenbanken rund um das Steuerrecht.

Ihre-Vorsorge.de **www.ihre-vorsorge.de**

Anzeige

GELD & FINANZEN

Steuerrat24
info@steuerrat24.de

www.steuerrat24.de
Das zeitgemäße Informations- und Nachschlagewerk im Internet zu Steuerfragen und zum Steuern sparen. Aktuell und leicht verständlich. Mit ausführlichen und fundierten Informationen, monatlichem SteuerSparbrief, aktuellen Steuertipps, komfortabler Hilfe zur Steuererklärung und vielen nützlichen Tools.

steuerspar-urteile.de
kontakt@taxandmore-online.de

www.steuerspar-urteile.de
Steuern sparen: kostenlose, verständliche Kommentierung aktueller Urteile. Suche nach Datum, Aktenzeichen und Schlagwörtern.

Valuenet Recht & Steuern
info@valuenet.de

www.valuenet.de
Wichtige Steueränderungen, Steuer- und Rechtstipp sowie ein hilfreiches Lexikon zu diesen Themen.

Venture Capital

eurovence.com
info@eurovence.com

de.eurovence.com
Unter „Kapitalgesuche" finden Investoren Beteiligungsprojekte, die Rubrik „Kapitalangebote" listet potentielle Investoren auf.

Netventures.de
kontakt@netventures.de

www.netventures.de
Unternehmen, die Kapital suchen, werden nach Branchen aufgelistet und Kapitalangebote der Investoren ebenfalls.

TFG Venture Capital

www.tfg.de
Die TFG stellt sich als Venture-Capital-Gesellschaft vor. Kursverlauf der Aktie, Entstehungsgeschichte und aktuelle Meldungen.

WGZ Venture-Capital Gesellschaft
info@wgz-venture-capital.de

www.wgz-venture-capital.de
Die WGZ Venture-Capital-Gesellschaft präsentiert sich mit Hilfe von Branchenfokus, Kriterienkatalog, Beteiligungsablauf sowie Portfolio.

Aspecta   **www.aspecta.de**

GELD & FINANZEN

Verbände

**BV deutscher Kapitalbeteiligungs-
gesellschaften e.V.**
bvk@bvk-ev.de

www.bvk-ev.de
Wissenswertes wie Aufgaben und Ziele des Bundesverbandes, Statistiken z.B. zu Portfolio-Bewegungen sowie Publikationen.

Versicherungen/Gesellschaften

Aachener und Münchener Versicherungen

www.amv.de
Infos zum Versicherungsangebot, Schadensmeldungen können online aufgegeben werden, Bußgeldrechner und Versicherungsglossar.

Allianz Gruppe Deutschland
info@allianz.de

www.allianz.de
Anbieter von Schadens- und Unfallversicherungen, Lebensversicherungen, Bausparen, Baufinanzierung sowie Krankenversicherungen.

ALTE LEIPZIGER
service@alte-leipziger.de

www.alte-leipziger.de
Versicherungen, Kapitalanlagen, Investmentfonds, Bausparen. Online-Abschluss, Tarifrechner und Online-Schadensmeldungen.

● **Aspecta**
info@aspecta.de

www.aspecta.de
Umfangreiche Produktpalette mit Schwerpunkt fondsgebundene Lebensversicherungen, Fonds-Informationsdienst von Morningstar, Aktuelles für jede Zielgruppe, ob Presse oder Job-Suchende, zahlreiche Zusatzleistungen im Service-Bereich. **(Siehe Abbildung)**

● **CosmosDirekt**
info@cosmosdirekt.de

www.cosmosdirekt.de
Produkte rund um die Person, rund ums Auto, ums Haus und ums Geld. Tarifrechner, Angebotsanforderung und Sofortanträge online. Kostenloser Rückruf-Service rund um die Uhr bei Deutschlands größtem Direktversicherer. **(Siehe Abbildung)**

CosmosDirekt   **www.cosmosdirekt.de**

GELD & FINANZEN

AMB Generali Holding AG
presse@amb.de

www.amb.de
Das gesamte Spektrum von Versicherungs-, Vorsorge- und Finanzprodukten aus einer Hand.

Asstel Versicherungsgruppe
info@asstel.de

www.asstel.de
Auswahl der richtigen Versicherung, Formulare und ein Rechner für die Beitragsanpassung.

AXA
service@axa.de

www.axa.de
Bei AXA ist die Tarifberechnung und der Online-Abschluss vieler Versicherungsprodukte möglich. Professionelle Beratungs-Tools, detaillierte Produktinformationen, nützliche Services rund um das Thema Versicherung und Finanzen sowie das Kundenportal „My AXA" runden das Online-Angebot von AXA ab.

Barmenia Versicherungen
info@barmenia.de

www.barmenia.de
Detaillierte Versicherungsinformationen, ein Gesundheitsportal, ein Bußgeldkatalog und Infos zur Naturheilkunde.

Basler Versicherungen
info@basec.de

www.basler.de
Produktübersicht mit Tarifinformationen. Außerdem kann man sein persönliches Versicherungsprofil ermitteln lassen.

BGV Badische Versicherungen
ksc@bgv.de

www.bgv.de
Ausführliche Produktinformationen, Service, Angebotsberechnung mit Online-Abschluss für Kfz-, Hausrat-, Haftpflicht-, Wohngebäude-, Unfall-, Rechtsschutz- oder Krankenversicherungen. Über Ansprechpartner findet man Vermittler in der Nähe, Schadenmeldungen online, Kundenportal, Stellenangebote.

DBV-Winterthur Deutschland
info@dbv-winterthur.de

www.dbv-winterthur.de
Informationen zu Finanzierungslösungen, Geldanlagen und Versicherungsprodukten. Beratersuche zu Ansprechpartnern vor Ort.

Debeka
kundenservice@debeka.de

www.debeka.de
Schadensmeldung online, Suchmaschine nach Debeka-Filialen in der Nähe, Stellenangebote und Infos für Berufseinsteiger.

Deutscher Herold www.herold.de

Anzeige

GELD & FINANZEN

Deutscher Herold
webmaster@herold.de

www.herold.de
Umfassende Informationen zu Versicherungen, betrieblicher Altersvorsorge und Finanzdienstleistungen. Über den Online-Berater des Deutschen Herold kann man Informationsmaterial bestellen, Termine vereinbaren und persönliche Daten ändern. **(Siehe Abbildung)**

Deutscher Ring
service@deutscherring.de

www.deutscherring.de
Informationen über das Leistungsspektrum, welches neben Versicherungen auch Bausparen und Kapitalanlagen umfasst.

DEVK
info@devk.de

www.devk.de
Versicherungsschutz für das exquisite Eigenheim oder den schnuckeligen Kleinwagen gewünscht? Ein breites Spektrum nützlicher Schutz- und Vorsorgeangebote finden User im übersichtlich gestalteten Auftritt der DEVK Versicherungen. Mit Angebotsrechnern und Möglichkeiten zum Online-Abschluss. **(Siehe Abbildung)**

Ergo Versicherungsgruppe AG
info@ergo.de

www.ergo.de
Die Ergo Versicherungsgruppe bietet auf ihren Seiten Nachrichten aus der Branche sowie Infos für Journalisten und Aktionäre.

Europa Versicherungen
info@europa.de

www.europa.de
Per „Tracking" lässt sich der Bearbeitungsstand eines Antrages feststellen. Versicherungsverträge können online geändert werden.

Gen Re
askgenre@genre.com

www.genre.com
Gen Re handelt global in über 70 Büros, Produkte und Leistungen sind Rückversicherungen und Dienstleistungen.

Generali Versicherungen
service@thuringia-generali.de

www.generali.de
Produkte für Privat- sowie Firmenkunden, Online-Rechner und Online-Formulare zum Downloaden.

DEVK   www.devk.de

GELD & FINANZEN

Gerling Versicherungen
onlineservice@gerling.de

www.gerling.de
Infos zu Vorsorge und Versicherungen. Tarifrechner, Online-Abschluss, Kundenkonto und Schadensmeldung.

Gothaer Versicherungen
info@gothaer.de

www.gothaer.de
Versicherungen, Kontaktadressen, Online-Schadensmeldung, Download von Formularen.

Haftpflichtkasse Darmstadt VVaG
info@haftpflichtkasse.de

www.haftpflichtkasse.de
Haftpflicht- und Unfallversicherungen für Privat- und Firmenkunden mit speziellen Deckungskonzepten. Online-Angebotsrechner.

● **Hamburg-Mannheimer**

www.hamburg-mannheimer.de
Informationen zu allen Fragen der Vorsorge und Vermögensbildung sowie Karrierechancen. Außerdem bleibt man auf der speziellen FIFA-Fußball-WM-Homepage „Immer auf Ballhöhe", denn die Hamburg-Mannheimer ist der einzige und der offizielle Versicherer der FIFA Fußball WM 2006 (™). **(Siehe Abbildung)**

● **KarstadtQuelle Versicherungen**
info@kqv.de

www.kqv.de
Der sichere Klick: www.kqv.de wurde mit dem begehrten Gütesiegel s@fer-shopping ausgezeichnet! Für die Kunden bedeutet das: Übersichtlichkeit, umfassender Datenschutz und hervorragende Qualität. Für Online-Abschlüsse gibt es HappyDigits. Außerdem: Infos zur Gesundheits-Vorsorge! **(Siehe Abbildung)**

● **Neckermann Versicherungen**
info@neckermann-versicherungen.de

www.nv-direkt.de
Der Familienversicherer Neckermann Versicherungen bietet Rundum-Schutz für die ganze Familie: Lebensversicherungen, Zusatz-Krankenversicherungen und Sachversicherungen. Online-Tarifrechner und fundierte Produkt-Informationen bieten Sicherheit beim Online-Abschluss – für den es auch HappyDigits gibt!
(Siehe Abbildung)

Hamburg-Mannheimer — www.hamburg-mannheimer.de

GELD & FINANZEN

KarstadtQuelle Versicherungen www.kqv.de

Neckermann Versicherungen www.nv-direkt.de

Geld & Finanzen

R+V Versicherung
ruv@ruv.de

www.ruv.de
Umfangreiches Versicherungs- und Serviceangebot u.a. mit Tarifrechnern, Online-Schadensmeldung, Lexikon und Jobbörse. Außerdem Tipps und Infos in Form eines Online-Magazins mit Diskussionsforen, interaktiven Check-Listen, Newsletter und Downloads. **(Siehe Abbildung)**

SIGNAL IDUNA Gruppe
info@signal-iduna.de

www.signal-iduna.de
Hier ist Online-Service kein leeres Wort: Ob Rentenschätzer oder Schadensmeldung; ob Hausratrechner oder Kfz-Kaufvertrag. Dazu gibt es Infos rund um die SIGNAL IDUNA Gruppe, ihre Produkte und ihre Leistungen sowie Aktuelles aus Unternehmen und Politik. **(Siehe Abbildung)**

Stuttgarter Versicherung
info@stuttgarter.de

www.stuttgarter-versicherung.de
Hier kann man seinen Versicherungstyp herausfinden und auf einer Landkarte die Filiale in seiner Nähe finden.

VHV Versicherungen
info@vhv.de

www.vhv.de
Kfz-Versicherungen, Privathaftpflicht, Lebensversicherung, Hausrat, Wohngebäude, Unfall, Rechtsschutz. Teilweise Beitragsberechnung und Online-Abschluss. Betriebshaftpflicht. Spezielle Versicherungen für die Bauwirtschaft. Bürgschaftsservice und Kautionsversicherung. **(Siehe Abbildung)**

Mannheimer Versicherungen
service@mannheimer.de

www.mannheimer.de
Markenprodukte, Versicherungen, Investmentfonds und Dienstleistungen der Mannheimer werden auf diesen Seiten vorgestellt.

Hannoversche Leben
service@hannoversche-leben.de

www.hannoversche-leben.de
Versicherungen, ein Tarifrechner mit Online-Antrag sowie ein Renten- und Budget-Rechner helfen, passende Angebote auszuwählen.

R+V Versicherung   **www.ruv.de**

GELD & FINANZEN

SIGNAL IDUNA Gruppe   www.signal-iduna.de

VHV Versicherungen   www.vhv.de

GELD & FINANZEN

Huk 24
info@huk24.de

www.huk24.de
Huk 24 bietet Versicherungen von Kfz und Rechtsschutz bis Risikoleben und Berufsunfähigkeit.

Huk-Coburg
info@huk-coburg.de

www.huk.de
Versicherungsratgeber, interne Stellenangebote, Kfz-Versicherung online, aktuelle Meldungen aus der Versicherungsbranche.

Ineas
info@ineas.de

www.ineas.de
Kfz-, Unfall-, Haftpflicht- und Hausratversicherung mit Prämienrechner und Versicherungsabschluss. Schadensmeldung und -bearbeitung.

Itzehoer Versicherungen
service@itzehoer.de

www.itzehoer.de
Standard-Versicherungen und Spezialprogramme für Kinder, Musiker oder bestimmten Altersstufen. Mit Online-Abschluss.

Optima Pensionskasse
kontakt@optima-pensionskasse.de

www.optima-pensionskasse.de
Wer spezielle Informationen zum Durchführungsweg der betrieblichen Altersversorgung sucht, wird hier fündig.

Optima Versicherung
kontakt@optima-versicherungen.de

www.optima-versicherungen.de
Das Angebot der Optima bietet eine Übersicht rund ums Thema Kfz-Versicherungen.

Provinzial Versicherungen
service@provinzial.com

www.provinzial.com
Die Versicherung der Sparkassen bietet ihren Kunden in Nordrhein-Westfalen und Rheinland-Pfalz einen umfassenden Versicherungsschutz.

Victoria
info@victoria.de

www.victoria.de
Die VICTORIA Versicherung bietet einen Versicherungsschutz, der auf individuelle Ansprüche zugeschnitten ist.

vpv versicherungen
info@vpv.de

www.vpv.de
Übersichtliche Rubriken: Singles, Ruhestand, Reise und Urlaub, Haus und Hof, Motorwelt, Gesundheit, Familie und Berufsstarter.

● **Zürich Gruppe**
service@zuerich.de

www.zuerich.de
Die Zürich Gruppe bietet Privatkunden, Firmenkunden und Industriekunden innovative Lösungen zur individuellen Risikoabsicherung, Vorsorge und zum Vermögensaufbau aus einer Hand. Praktisch: Schadensmeldungen können online abgegeben werden.
(Siehe Abbildung)

Versicherungen/Kfz-Versicherung

Siehe Verkehr

Auto/Kfz-Versicherungen

Versicherungen/Kirche

Bruderhilfe Pax Familienfürsorge
info@bruderhilfe.de

www.bruderhilfe.de
Partner aller Mitarbeiter in Kirchen, Caritas, Diakonie und freier Wohlfahrtspflege.

www.ecclesia.de
info@ecclesia.de

www.ecclesia.de
Leistungen für das Versicherungswesen von Kirchen, Orden, Einrichtungen der Diakonie und der Caritas sowie deren Mitarbeitern.

Versicherungen/Krankenversicherung

Siehe Gesundheit

Krankenversicherungen

GELD & FINANZEN

Versicherungen/Kreditversicherung

Allgemeine Kredit Coface
info@ak-coface.de

www.ak-coface.de
Warenkreditversicherung, Ausfuhrkreditversicherung, Factoring, Inkasso, Rating-Dienstleistungen und Bürgschaften.

Euler Hermes Kreditversicherungs-AG
info.de@eulerhermes.com

www.eulerhermes.de
Euler Hermes bietet seinen Kunden den Schutz vor Forderungsausfall, den Schutz vor Veruntreuung sowie den Avalkredit an.

Zürich Versicherung AG
info@zuerich-kredit.de

www.zuerich-kredit.de
Die Kreditversicherung schützt vor größeren Verlusten. Zum Service gehören: Schadenverhütung, Schadenminderung, Schadenvergütung.

Versicherungen/Lebensversicherung

cash.life AG
office@cashlife.de

www.cashlife.de
cash.life kauft Kapitallebens- und Rentenversicherungen von stornierungswilligen Versicherungsnehmern.

Condor Versicherungen
kontakt@condor-versicherungen.de

www.condor-versicherungen.de
Informationen und Service für Endverbraucher und Vermittler, mit Formularen zum Download sowie aktuelle Stellenausschreibungen.

Dialog Lebensversicherungs-AG
info@dialog-leben.de

www.dialog-leben.de
Spezialist für biometrische Risiken, wie Risikolebensversicherung oder Berufsunfähigkeitsversicherung.

Hamburger Lebensversicherung
info@hamburger-leben.de

www.hamburger-leben.de
Ganz Eilige finden hier die Lebensversicherungen pur und können sich direkt online ein Angebot anfordern.

Zürich Gruppe   www.zuerich.de

Geld & Finanzen

Lebensversicherung von 1871 a.G. München
info@lv1871.de

www.lv1871.de
Produktinformationen, Tarifrechner, Anträge, Druckstücke, Pressestimmen, Präsentationen, bAV-Handbuch, Musterbriefe online.

Versicherungen/Rechtsschutzversicherung

AdvoCard Rechtsschutzversicherung AG
nachricht@advocard.de

www.advocard.de
Online-Rechtsschutz mit Antragstellung und die Rubrik „von A bis Z", eine Liste der Fachbegriffe im Rechtsschutz.

● **Allrecht Rechtsschutzversicherung AG**
service@allrecht.de

www.allrecht.de
Rechtsschutz für Selbstständige und Nichtselbstständige, Maßgeschneidertes für Familien, Singles, Berufsstarter oder Senioren, dazu wichtige Urteile den Rechtsschutz betreffend, eine Prozesskostenübersicht sowie Schadensbeispiele aus der Praxis.
(Siehe Abbildung)

● **ARAG Versicherungen**
service@arag.de

www.arag.de
Versicherungsberatung, eine Sammlung von Rechtstipps und Urteilen, ein aktueller Bußgeldkatalog und ein EU-Unfallbericht.
(Siehe Abbildung)

● **Badische Rechtsschutzversicherung AG**
ksc@bgv.de

www.badische-rechtsschutz.de
Ein Tarifrechner mit Online-Abschluss, kundennaher Service mit mehr als 2.000 Beratern in ganz Baden und telefonische Beratung durch qualifizierte Juristinnen und Juristen.
(Siehe Abbildung)

Allrecht Rechtsschutzversicherung AG www.allrecht.de

GELD & FINANZEN

ARAG Versicherungen — www.arag.de

Badische Rechtsschutzversicherung AG — www.badische-rechtsschutz.de

GELD & FINANZEN

D.A.S. Versicherungen
info@das.de

www.das.de
Ausführliche Informationen zu Rechtsschutz und weiteren Versicherungsprodukten, umfassende Tarifberechnungen sowie Online-Abschlüsse möglich. Umfangreicher Servicebereich mit Schadensbearbeitung, Vertragsänderung und Download-Center.
(Siehe Abbildung)

Deurag
info@deurag.de

www.deurag.de
Möglichkeit zum Online-Abschluss - auch über geführte Navigation, zahlreiche weitere Informationen zum Thema „Rechtsschutz".

Örag Rechtsschutz
info@oerag.de

www.oerag.de
Rechtsschutzpartner der öffentlichen Versicherer. Bedarfs-Check, Infotel und Anti-Bußgeldkatalog.

Rechtsschutz Union Versicherungs-AG
kundendienst@r-u.de

www.rechtsschutzunion.de
Rechtsschutzangebote für Privatpersonen, Landwirtschaft, Gewerbe und Ärzte. Zahlreiche Informationen zum Downloaden.

Versicherungen/Reiseversicherung

Siehe Reise   Reiseversicherungen

Versicherungen/Versicherungsmakler

IAK GmbH
info@vergleichen-und-sparen.de

www.vergleichen-und-sparen.de
Hier kostenlos die Tarife von 183 Versicherungen vergleichen und aus der Ergebnisansicht unkompliziert online abschließen. Man findet exklusive Makler-Konzepte mit Rabatten und Leistungserweiterungen gegenüber den Normaltarifen. Es wird eine Online-Beratung für Fragen und im Schadensfall geboten.
(Siehe Abbildung)

D.A.S. Versicherungen   www.das.de

GELD & FINANZEN

kuenzig.de
versicherungsmakler@kuenzig.de

www.kuenzig.de
Informationen über Versicherungen mit Vergleichsprogrammen und Tarifrechnern. Module zur Berechnung der Versorgungslücken.

Versicherungsmakler.de
vm@versicherungsmakler.de

www.versicherungsmakler.de
Übersicht über die Formen und Themen der privaten und gewerblichen Absicherung sowie eine Online-Versicherungsvermittler-Suche.

Versicherungen/Versicherungsvergleiche

aspect online AG
webmaster@aspect-online.de

www.aspect-online.de
Kostenloser Online-Vergleich von Finanzdienstleistungsprodukten. Informationen zu Kfz-, Kranken- und Lebensversicherungen.

asuro
info@asuro.de

www.asuro.de
Versicherungsplattform mit über 170 Versicherungsgesellschaften. Versicherungen vergleichen und online abschließen.

clevercheck
info@clevercheck.de

www.clevercheck.de
Haftpflicht-, Vorsorge-, Kranken-, Kfz-, Hausrats-, Unfall- oder Rechtschutzversicherungen können hier verglichen werden.

Finanzpilot
info@finanzpilot.de

www.finanzpilot.de
Sämtliche Versicherungsarten im Vergleich, unter anderem Kranken-, Sach- und Betriebsversicherungen.

forum.de
info@forum.de

www.forum.de
Vergleich von Finanzdienstleistungen wie Kreditkarten und Geldanlagen, Versicherungen, Darlehen, Banken, Kredite oder Vorsorge.

ino24 - insurance online
info@ino24.de

www.ino24.de
Informationen und Vergleiche von Versicherungs- und Bankprodukten sowie die Möglichkeit, online Verträge abzuschließen.

IAK GmbH   **www.vergleichen-und-sparen.de**

GELD & FINANZEN

KEY COMPARE
info@info-finanzvergleiche.de

www.info-finanzvergleiche.de
Unabhängige Plattform für den kostenlosen und individuellen Vergleich von Versicherungen, Finanzierungen und Kapitalanlagen. Im Vorfeld einer Finanzentscheidung finden Endkunden bei KEY COMPARE aufklärende Informationen und werden bei Bedarf an kompetente Partner in der jeweiligen Region vermittelt. **(Siehe Abbildung)**

meta-versicherung.de
info@meta-versicherung.de

www.meta-versicherung.de
Suchmaschine für sämtliche Kategorien und Stichwörter zum Thema Versicherungen. Von Berufsunfähigkeitsversicherung bis zur Unfallversicherung. Auch Versicherungsmakler und -agenturen. **(Siehe Abbildung)**

Tarifcheck24
info@schust-media.de

www.tarifcheck24.de
Info-Portal zu Versicherungen verschiedener Art. Kostenlose Versicherungsvergleiche für Kranken-, Lebens-, Renten- und Berufsunfähigkeitsversicherung sowie Hausratversicherung, Haftpflicht und Kfz. Verschiedene Online-Rechner und die Möglichkeit, alle Versicherungen sofort online abzuschließen. **(Siehe Abbildung)**

Top Scout
service@topscout.de

www.topscout.de
Der „Pfadfinder" für Versicherungen aller Arten; auch in verschiedenen Sprachen. Mit einigen Versicherungstipps und -infos.

Versicherungsvergleich und Versicherungen
info@versicherungsvergleich.org

www.versicherungsvergleich.org
Aus der Auflistung der günstigsten Anbieterangebote auswählen und unkompliziert online beantragen.

Versicherungsvergleiche
info@deutsche-finanzberatung.de

www.versicherungsvergleiche-im-netz.de
Autoversicherung, Baufinanzierung, Haftpflicht, Hausrat, Krankenversicherung, Investmentfonds und Altersvorsorge.

KEY COMPARE   **www.info-finanzvergleiche.de**

Anzeige

306

GELD & FINANZEN

meta-versicherung.de   www.meta-versicherung.de

Tarifcheck24   www.tarifcheck24.de

GELD & FINANZEN

Währungen/Euro

Eurobilltracker.com
contact@eurobilltracker.com

www.eurobilltracker.com
Anhand der Banknotennummern geben die Mitglieder dieser Community einander Rückmeldungen über den innereuropäischen Geldfluss.

my Euro.info
info@myeuro.info

www.myeuro.info
Wer seinen Geldfluss nachverfolgen will, kann hier die Seriennummer des Geldscheins eintragen und benachrichtigt werden.

Währungen/Euro/Eurorechner

Eurorechner.de

www.eurorechner.de
Wer sich immer noch nicht ganz sicher ist, kann hier seine Euros in alte Währungen sämtlicher Euro-Länder umrechnen lassen.

Währungen/Währungsumrechner

fxtop.com

fxtop.com/de
Rechnet den eingegebenen Betrag sekundenschnell in 20 verschiedene Währungen gleichzeitig um.

Reise Bank AG
info@reisebank.de

www.reisebank.de
Informationen zu Reisen und Flügen, Währungsrechner und Währungen bestellen oder reservieren.

Währungen

www.oanda.com/converter/classic
Hier gibt es die Wechselkurse für 164 Währungen. Schnell und unkompliziert.

Wertpapiere/Analysen

Aktien- und Optionsscheine-Börsenbrief
boersenbrief@muster-aktien.de

www.muster-aktien.de
Kostenloser Aktienbörsenbrief zum Downloaden und Probelesen. Konkrete Aktien- und Optionsschein-Analysen.

Godmode Trader
info@boerse-go.de

www.godmode-trader.de
Portal für technische Analyse und professionelles Trading. Außerdem Finanz-News und Marktstudien.

zertifikateweb.de
mail@fww.de

www.zertifikateweb.de
Alles Wissenswerte und Wichtige über Zertifikate im Internet.

Wertpapiere/Anleihen

bondboard.de
post@bondboard.de

www.bondboard.de
Corporate Bonds, Bundesanleihen, Währungsanleihen, Genuss-Scheine, Jumbo-Anleihen, Aktienanleihen und Neu-Emissionen.

Wertpapiere/Broker

Brokertest.de
info@ernsting-enterprises.de

www.brokertest.de
Mit dem Transaktionskostenrechner lassen sich die Transaktionskosten fast aller deutschen Broker vergleichen.

Cortal Consors
infoservice@cortalconsors.de

www.cortalconsors.de
Realtime-Kurse, Mobile- und Future-Broking, Watch-Lists und E-Mail-News für Kunden.

fimatex.de
info@fimatex.de

www.fimatex.de
Online-Broker für Privatanleger und Vermögensverwalter. Professionelle Handels-Software „GTS" und Web-Trading.

MWB Wertpapierhandelshaus
info@mwb.de

www.mwb.de
Kurse, Devisen, Indizes, Zinsen, Charts, Marktberichte, Einzelkursabfragen.

Geld & Finanzen

sbroker.de
service@sbroker.de

www.sbroker.de
Der Online-Broker der Sparkassen Finanzgruppe. Wertpapierhandel an allen inländischen und an 23 ausländischen Börsenplätzen.

Wertpapiere/Fonds

eFonds24 GmbH
service@efonds24.de

www.efonds24.de
Der Marktplatz für geschlossene Fonds. Infos über Immobilien-, Medien-, Schiffs- und sonstige, geschlossene Fonds.

fondsweb.de
info@fww.de

www.fondsweb.de
Nachrichten und Berichte rund um das Thema Fonds, Neu-Emissionen, historische Preisentwicklungen.

Morningstar

www.morningstarfonds.de
Informationen über Aktienfonds, Anleihefonds, Mischfonds und Hedge-Fonds mit einem Fonds-Quickrank. Anlage-ABC und Glossar.

● **Profi Fonds-Discount**
info@profi-fonds-discount.de

www.profi-fonds-discount.de
Profi Fonds-Discount - Die Nr. 1 der Discounter für geschlossene Fonds (laut Studie Analysehaus FMG Fonds Media GmbH - April 2004). Investoren erhalten hohe, individuelle Discount-Vorteile und einen überzeugenden Informations- und Betreuungsservice.
(Siehe Abbildung)

Rothmann & Cie. AG
info@rothmann.de

www.rothmann.de
Emissionshaus für geschlossene Fonds in Wachstumsmärkten, LeaseFonds, LogisFonds und TrustFonds. Dazu ein Lexikon und Web-TV.

StarCapital AG
info@starcapital.de

www.starcapital.de
Sämtliche Transaktionen und Einzelpositionen des internationalen Aktienfonds „DG Lux Starpoint" werden tagesaktuell veröffentlicht.

Profi Fonds-Discount   www.profi-fonds-discount.de

Geld & Finanzen

XTF Exchange Traded Funds
xtf@deutsche-boerse.com

www.deutsche-boerse.com/xtf
Das Marktsegment der Deutschen Börse für börsengehandelte Index-Fonds und aktiv gemanagte Fonds.

Wertpapiere/Hauptversammlungen

Hauptversammlung

www.hauptversammlung.de
Hauptversammlungstermine deutscher Aktiengesellschaften, Tagesordnungen und kritische Berichterstattung der DSW-Sprecher.

HV-Info.de
hv-info@wai-gmbh.de

www.hv-info.de
HV-Termine und Tagesordnungen für Hauptversammlungen börsennotierter deutscher Aktiengesellschaften.

Wertpapiere/Hebelzertifikate

🔴 **ABN AMRO Zertifikate**
zertifikate@de.abnamro.com

www.abn-zertifikate.de
Vorstellung der international tätigen Großbank mit detaillierter Übersicht verschiedener Anlagezertifikate wie zum Beispiel Hebel-, Index- oder Zinszertifikate. Ausführliche Informationen und aktuelle Kurse zu jedem einzelnen Aktienprodukt. **(Siehe Abbildung)**

Hebelzertifikate-Trader Börsenbrief
info@hebelzertifikate-trader.de

www.hebelzertifikate-trader.de
Hebel- und Turbozertifikate, Börsenbrief mit Turbo-Musterdepot. Eine Alternative zu Optionsscheinen.

Wertpapiere/Investmentfonds

Aalto
aalto@aalto.de

www.aalto.de
Das Investmentfonds-Informationssystem: Fonds-News, Topfonds, Fondssuche, Glossar und ein Modellrechner.

ABN AMRO Zertifikate   www.abn-zertifikate.de

GELD & FINANZEN

Activest
info@activest.de

www.activest.de
Die aktive Fondsgesellschaft mit Tipps zu Strategie und Anlage von Investmentfonds.

● **ADIG-Investment**
info@adig.de

www.adig.de
Über die Web-Seite der Marke ADIG können Fonds schnell, bequem und rund um die Uhr gehandelt und verwaltet werden. Detaillierte Rubrik zur Altersvorsorge, Berechnungs-Tools und täglich aktuelle Produkt- und Marktinformationen. **(Siehe Abbildung)**

Deka Investmentfonds
service@deka.de

www.deka.de
Direkter Zugang zum DekaBank Depot mit der Möglichkeit, Fondsanteile online zu kaufen, zu verkaufen und zu tauschen.

Deutscher Investment-Trust
info@dit.de

www.dit.de
Markt-, Börsen- und Wertpapierinfos mit Preis, Wertentwicklung und Top-Ten-Holdings. Fonds-Banking, Fondsrechner und Börsenlexikon.

dima24.de
infoservice@dima24.de

www.dima24.de
Beratung zu geschlossenen Fonds, Investmentfonds und Hedge-Fonds. Anlagerechner und Formular-Center mit Download-Funktion.

DWS Investment GmbH
info@dws.de

www.dws.de
Deutsche Gesellschaft für Wertpapiersparen. Alles rund um das Thema Fonds.

Finanzpartner.de
info@finanzpartner.de

www.finanzpartner.de
Private Vermögensbildung, Altersvorsorge mit Aktienfonds, Investmentfonds, Hypothekenkonditionen für Immobilienfinanzierung.

investmentfonds.de
info@investmentfonds.de

www.investmentfonds.de
Umfangreiche Seite mit Einführung in das Prinzip der Investmentfonds. Aktuelle Marktkurse und Nachrichten.

ADIG-Investment www.adig.de

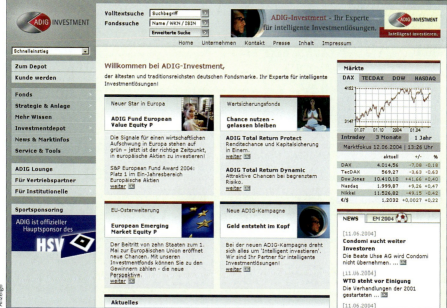

311

Geld & Finanzen

maxblue
maxblue.de@db.com

www.maxblue.de
Online-Investment-Center der Deutschen Bank mit Anlage- und Buchtipps.

Pioneer Investmentfonds
info@pioneerinvest.de

www.pioneerinvestments.de
Marktberichte, Fondskommentare, Anlage- und Entnahmeplan, Altersvorsorge-Rechner und Info-Download von Berichten und Broschüren.

Wertpapiere/Kurse & Indizes

b.i.s.
info@bis.de

www.bis.de
Börseninformationssysteme mit professionellem Chart-Analyse-Tool für Realtime-Kurse auch von internationalen Märkten.

Wertpapiere/Tipps

Aktienboard.com
info@aktienboard.com

www.aktienboard.com
Diskussionen auf hohem Niveau: Foren zu den Themen Trading-Strategien, Europäische- und US-Börsen, Blue Chips und Fonds.

Wirtschaftsnachrichten/Online-Ticker

Deutsche Gesellschaft für Ad-hoc-Publizität mbH
marketing@dgap.de

www.dgap.de
Ad-hoc- und Corporate-News, WpÜG- und Directors-Dealings-Meldungen sowie Pressemeldungen.

vwd.de
feedback@vwd.de

www.vwd.de
News-Seite für Finanz- und Business-Profis. Neben den Börsenmeldungen werden Unternehmens- und Branchenmeldungen angeboten.

GeldKarte im Internet   **www.geldkarte.de**

GELD & FINANZEN

Zahlungssysteme

Firstgate Internet AG
info@firstgate.de

www.firstgate.de
„Firstgate click & buy" ist ein Internet-basiertes Zahlungssystem für das Bepreisen und Abrechnen von Internet-Inhalten.

🔴 **GeldKarte im Internet**
info@geldkarte.de

www.geldkarte.de
Umfangreiches Portal mit Informationen rund um die GeldKarte-Funktion der Bank- und SparkassenCards. Die Guided Tour führt schnell durch die Anwendungsgebiete des Chips als bequemer Bargeld-Ersatz am Automaten. Außerdem: Hintergrundinformationen zur Funktionsweise und praktische Marketing-Tipps. **(Siehe Abbildung)**

paysafecard.com
info@paysafecard.com

www.paysafecard.com
Prepaid-Karte zum Shoppen im Internet. Sie ermöglicht das sorglose Einkaufen im Internet: sicher, unkompliziert und anonym.

Zeitungen, Zeitschriften, Magazine & Verlage

🔴 **die bank**
die-bank@bdb.de

www.die-bank.de
Zeitschrift für Bankpolitik und Bankpraxis, herausgegeben vom Bundesverband deutscher Banken. Themen von Management und Marketing über Banking und Börse bis hin zu IT und Kommunikation. **(Siehe Abbildung)**

Börse Online
info@boerse-online.de

www.boerse-online.de
Aktuelle und hilfreiche Analysen, nützliche Tools, Expertenmeinungen und Hintergrundberichte zum Thema Aktien und Finanzen.

Börsen-Zeitung Online
redaktion@boersen-zeitung.com

www.boersen-zeitung.com
Berichte, Analysen und Hintergründe sowie ein Wertpapier-Informationssystem. Infos zu Politik, Banken, Unternehmen und Branchen.

die bank   www.die-bank.de

Geld & Finanzen

Capital
online@capital.de

www.capital.de
Artikel zu Geldanlagen, Börse, Steuern, Versicherungen und Immobilien. Außerdem: Versicherungsvergleiche und Börsenseminare.

Euro
euro@vhb.de

www.dmeuro.com
Informationen rund um Geld, Wirtschaft und Hightech. Tipps, Nachrichten und Tools zur Optimierung der persönlichen Finanzen.

Financial Times Deutschland
info@ftd.de

www.ftd.de
Informationen, Nachrichten und exklusive Berichte zu Wirtschaft und Finanzen, Politik und Gesellschaft, Technik und Medien.

Geldidee

www.geldidee.de
Aktuelle Meldungen und Wissenswertes rund um das Thema Finanzen.

Handelsblatt.com
handelsblatt@vhb.de

www.handelsblatt.com
Nachrichten, Kurse, Charts sowie Hintergrundartikel und Analysen aus den Bereichen Wirtschaft, Politik und Gesellschaft.

impulse
info@guj-wpo.de

www.impulse.de
Ausblick auf das aktuelle Heft. Außerdem: Managementtipps sowie Finanz- und Steuerhinweise.

manager-magazin.de
redaktion_mm_online@manager-magazin.de

www.manager-magazin.de
Berichte zu Konjunktur, Börse, Finanzen, Recht, Aktienkursen (Realtime), Unternehmen, E-Business und Karriere.

Platow Online

www.platow.de
Börsen-News mit Kauf- und Verkaufsempfehlungen, kostenlose Probe-Downloads der Produkte wie Platow Brief und Platow Immobilien.

STIFTUNG WARENTEST/FINANZtest
email@stiftung-warentest.de

www.finanztest.de
Fundierte und gut recherchierte Artikel, Programme und Musterformulare zum Thema Finanzen als Download.

wiwo.de
wiwo-online@vhb.de

www.wiwo.de
Kolumnen, Foren und Umfragen. Persönliches Wertpapierdepot und Analysen aus Unternehmen, Technologie, Geld und Politik.

Zinsen

Basiszinssatz.info

www.basiszinssatz.info
Aktuelle Mitteilungen zum Thema Basiszinssatz und ein Zinsrechner für Verzugszinsen.

Termingeld-vergleich.de
info@baugeld-vergleich.de

www.termingeld-vergleich.de
Wo bekomme ich die meisten Zinsen? Dieses Portal vergleicht die besten Angebote der Banken. Für Einsteiger und Fortgeschrittene.

Zins Zertifikate

www.zins-zertifikate.de
Zinszertifikate sind börsengehandelte Zinsanlagen. Das Konzept wird hier transparent gemacht und ausführlich beschrieben.

Zinsentwicklung.de

www.zinsentwicklung.de
Das Forum rund um Zinsen mit Jahres- und Monatswerten zur Zinsentwicklung. Kurzfristige und langfristige Zinsprognosen.

7

Gesundheit

GESUNDHEIT

www.medicine-worldwide.de

Medicine-Worldwide

Neben allseits bekannten Erkrankungen wie Diabetes, AIDS oder BSE können Sie sich hier über zahlreiche wichtige Krankheiten ausführlich informieren. Symptome, Ursachen, Therapiemöglichkeiten, Prognosen sowie Vorbeugungstipps werden beschrieben und Abbildungen veranschaulichen komplexe Themengebiete. Für die Reise finden Sie hilfreiche Ratschläge, um beispielsweise Flugangst zu überwinden, mit dem so genannten „Jet Lag" besser umzugehen oder Seekrankheiten zu vermeiden. Ebenso gibt es bezüglich Sexualität Wissenswertes zu Verhütung, Potenzstörungen, Schwangerschaft oder Liebeskummer.

www.meine-gesundheit.de

Meine Gesundheit

Den Weg zum Doc kann diese Seite nicht ersparen, aber in der Datenbank können Sie fundierte Informationen zu verschiedenen Krankheitsbildern und Gesundheitsbereichen finden. Auch Fragen zu Medikamenten werden bei „Meine Gesundheit" beantwortet. Interessant ist das Portal jedoch auch für Gesunde: Bevor Sie die Tipps für eine gesunde Ernährung anklicken, können Sie mit Hilfe eines Vitamin- und Gesundheits-Checks prüfen, ob Sie Ihre Essgewohnheiten besser ändern sollten. Fühlen Sie sich fit und möchten ferne Länder bereisen? Dann machen Sie sich hier über Impfungen und die nötige Reiseapotheke kundig.

www.medizinische-
abkuerzungen.de

Beckers Abkürzungslexikon

ACE? BPH? CSF? Und keinen Pschyrembel zur Hand? Das Online-Abkürzungslexikon medizinischer Fachbegriffe schafft Abhilfe und erspart obendrein das zeitaufwendige Nachschlagen im Lexikon. In der Sammlung aus über 75.000 Abkürzungen, Akronymen und Symbolen einschließlich angloamerikanischer, französischer und lateinischer Abkürzungen werden Sie mit Sicherheit schnell fündig. Auch die Kennzeichnung unterschiedlicher Bedeutungen und der entsprechenden Fachgebiete sowie die deutsche Übersetzung bei fremdsprachigen Abkürzungen wurden nicht vergessen. Eine wahre Abkürzung durch den Buchstabendschungel!

www.aponet.de

aponet.de

Welches Arzneimittel hilft bei welcher Krankheit? Informieren Sie sich hier über Symptome und Folgeschäden der häufigsten Krankheiten sowie über (Wechsel-) Wirkungen von Arzneien und nutzen Sie die Möglichkeit, sich diese zur Abholung in eine Apotheke Ihrer Wahl zu bestellen oder im Einzelfall nach Hause bringen zu lassen. Einfach die Postleitzahl eingeben und der Apotheken-Finder weist Ihnen den Weg. Über die Notdienst-Suche können Sie rund um die Uhr alle Apotheken abrufen, die Notdienst haben. Und mit Hilfe des Zuzahlungsrechners können Sie feststellen, ob Sie sich von Medikamentenzuzahlungen befreien lassen können.

GESUNDHEIT

www.by-choice-not-chance.com

By-Choice-Not-Chance

Aufgeklärt? Pille vergessen? Die Seiten bieten einen umfassenden Überblick über die Methoden der Empfängnisverhütung bezüglich Zuverlässigkeit sowie Vor- und Nachteile hormonaler und nicht-hormonaler Kontrazeptiva. Auch zur Pille danach und zur Verhütung auf Reisen bzw. bei Zeitverschiebung gibt es Informationen. Welche Veränderungen vollziehen sich im Laufe des Lebens? Der Blick in den Körper erklärt das weibliche Reproduktionssystem – interaktiv und anhand farbiger Abbildungen und multimedialer Dateien. Neben der richtigen Verhütung geht es um Sexualhormone, Geschlechtskrankheiten und Safer Sex. Sicher ist sicher!

www.agz-rnk.de

Arbeitsgemeinschaft Zahngesundheit

Gut, Sie wissen, dass Zähneputzen wichtig für die Gesundheit ist, aber wissen Sie auch, aus was Zahnstein besteht? Die Arbeitsgemeinschaft Zahngesundheit bietet Verbraucher- und Patientenberatung rund um Zähne und Zahngesundheit an. Hier bekommen Sie Antworten und Informationen zum Aufbau des Gebisses, zu zahnärztlichen Diagnose- und Behandlungsmöglichkeiten, Behandlungsalternativen und Möglichkeiten der Vorbeugung von Zahn- und Mundkrankheiten sowie zu neuen Therapieverfahren. Die Zahnarztdatenbank hilft, den richtigen Ansprechpartner vor Ort zu finden. Beißen Sie sich nicht länger die Zähne aus; informieren Sie sich hier!

www.arzt-auskunft.de

Die Arzt-Auskunft

Das endlose Suchen nach einem Arzt in Telefonbüchern hat ein Ende! Mit Hilfe des kostenlosen Services der Stiftung Gesundheit findet man schnell und einfach den passenden Mediziner für jegliche Beschwerden. Unter "Arzt Auskunft" lassen sich anhand von 1.000 Diagnose- und Therapieschwerpunkten die entsprechenden Spezialisten in Wohnortnähe herausfiltern. Die Details geben Auskunft über Anfahrtsweg und Sprechstundenzeiten, Adresse und Telefonnummer. Jetzt müssen Sie nur noch einen Termin vereinbaren. Nach dem Besuch kann man dem Arzt in Form eines Fragebogens ein anonymes Feedback zukommen lassen.

www.leichterabnehmen.de

leichter abnehmen

Fast jede(r) zweite Deutsche hat Übergewicht. Auch Sie wollen abnehmen und Ihr Wunschgewicht halten? Dann lassen Sie sich per E-Mail begleiten! Das wissenschaftlich entwickelte Trainingsprogramm für Menschen mit Übergewicht kann im Rahmen einer medikamentösen Therapie kostenlos in Anspruch genommen werden. Nachdem Sie von Ihrem Arzt rund ums Abnehmen und Gewicht halten beraten wurden, genießen Sie eine detaillierte und individuelle Expertenberatung: Rezepte zum Ausdrucken und Nachkochen, einen „Fett-Finder" zur Lebensmittelbewertung und Tipps, wie Sie Ihre Pfunde richtig bewegen. Starten Sie jetzt durch!

GESUNDHEIT

Allgemein

● Beckers Abkürzungslexikon
arztinf@web.de

www.medizinische-abkuerzungen.de
Umfangreiche Nachschlagemöglichkeit für medizinische Fachbegriffe und Sonderzeichen mit derzeit 75.000 Einträgen.
(Siehe Abbildung)

best-MED-Link
webmaster@bestmedlink.de

www.best-med-link.de
Das medizinische Link-Wörterbuch liefert Quellen zu medizinischen Themen wie z.B. Erkrankungen, Diagnostik oder Therapien.

Medinfo
info@medinfo.de

www.medinfo.de
Medinfo bietet eine von einem Redaktionsteam handverlesene Sammlung der besten Web-Adressen rund um das Thema Gesundheit.

Medivista
info@medizin-forum.de

www.medivista.de
Der Such-Robot erlaubt eine Stichwortsuche auf 80.000 medizinischen Seiten.

mycare.de
info@mycare.de

www.mycare.de
mycare.de - die günstige Versandapotheke mit Preisvorteil bis zu 30%. Das Angebot umfasst neben Arzneimitteln auch Produkte für Gesundheit, Pflege, Fitness und Diabetikerbedarf.

Apotheken

ApoIndex
info@apoindex.de

www.apoindex.de
Apotheken- und Notdienstsuche, Pressemitteilungen, Statistiken, Wissenswertes und Interessantes rund um deutsche Apotheken.

Beckers Abkürzungslexikon   **www.medizinische-abkuerzungen.de**

Beckers Abkürzungslexikon medizinischer Begriffe

Das umfangreichste medizinische Abkürzungslexikon
Jetzt über 75.000 Abkürzungen, Akronyme und Symbole
Ständig aktualisiert !

einschl. Randgebiete unter Berücksichtigung von angloamerikanischen und französischen Abkürzungen

Startseite
Vorwort
Copyright
Hilfe
Sonderteil
Bestellung Abkürzungslexikon
Unterstützung durch
Neue Abkürzungen mitteilen
Kommentar
Impressum

SOS Kinderdorf e.V.

Seite weiterempfehlen

Ihr Suchargument: HH   Suchoption: genaue Suche / beginnt mit ... / ist enthalten (wildcard) / Volltextsuche (keywords)   [Suche]

Anzahl der gefundenen Abkürzungen: 19   Seite 1

Kürzel	Beschreibung
HH	▶ ① haemochromatosis homozygote [A] · ② hereditäre Hämochromatose
	hard of hearing [A] (schwerhörig)
	Hargraves-Haserick [-Zelle]
	healthy homosexual [A]
	Heilhypnose [Ehk]
	Hemmhormon
	hemopoietic histocompatibility [A]
	Henderson-Haggard [-Inhalator]
	hereditäre Hämodermatose
	Hiatushernie (hiatal hernia [A], hernie hiatale [F])
	Hinterhorn
	▶ ① home help [A] · ② home hospital [A] · ③ home hyperalimentation [A]
	Hornhaut
	Hydroxyhexamid

Anzeige

GESUNDHEIT

apotheke.com
info@apotheke.com

www.apotheke.com
Apotheken- und Gesundheitsportal mit Apotheken- und Notdienstsuche, Arzneimittelvorbestellung und Gesundheitsinformationen.

Apotheken/Apothekennotdienste

apotheken.de
portal@apotheken.de

www.apotheken.de
Deutschlandweiter und tagesaktueller Notdienstplan.

Apothekennotdienst
info@aponodie.de

www.apothekennotdienst.de
Der Notdienstkalender der Apotheken.

Apotheken/Verbände

● **ABDA-Bundesvereinigung Deutscher Apothekerverbände**
pressestelle@abda.aponet.de

www.abda.de
Die ABDA stellt Informationen für Apotheker, Journalisten und alle, die sich für das Thema Apotheke und Arzneimittel interessieren, bereit. Aktuelle Zahlen, Termine und Gesundheitstipps sowie ein Bildarchiv runden das Angebot ab. **(Siehe Abbildung)**

Ärzte

Arzt-Auskunft, Die
sg@arztmail.de

www.arzt-auskunft.de
Kostenlose Möglichkeit für Patienten, nach Ärzten, Zahnärzten und Kliniken anhand von über 1.000 Therapieschwerpunkten zu suchen.

Arztdatei.de
info@arztdatei.de

www.arztdatei.de
Die bundesweite Ärztesuchmaschine ermöglicht, Ärzte nach Fachrichtung, Therapie und Diagnoseschwerpunkten zu finden.

ABDA-Bundesvereinigung Deutscher Apothekerverbände   www.abda.de

GESUNDHEIT

Ärzte/Verbände

Berufsverband der Frauenärzte e.V.
bvf@bvf.de

www.bvf.de
Der Berufsverband der Frauenärzte präsentiert sein Leistungsspektrum und gibt zudem Tipps für Frauen.

Bundesärztekammer
info@baek.de

www.baek.de
Seite der Bundesärztekammer mit aktuellen Meldungen und Auskünften zur Organisation sowie Informationen für Patienten.

Deutscher Hausärzteverband
bda-bv@hausarzt-bda.de

www.hausaerzteverband.de
Hausärzteportal mit aktuellen Verbands-News, Pressemitteilungen und Terminen sowie Tipps zu Abrechnung und Finanzen.

Hartmannbund
hb-info@hartmannbund.de

www.hartmannbund.de
Der Hartmannbund vertritt die beruflichen, wirtschaftlichen und sozialen Interessen aller Ärzte in Deutschland.

Kassenärztliche Bundesvereinigung
info@kbv.de

www.kbv.de
Interessenvertretung der Kassenärzte auf Bundesebene.

Ärzte/Zeitungen & Zeitschriften

ARZT SPEZIAL
info@arzt-spezial.de

www.arzt-spezial.de
Monatliches Online-Journal für Mediziner und Apotheker sowie medizinische Fach-Interessenten.

Ärzte Zeitung online
info@aerztezeitung.de

www.aerztezeitung.de
Tageszeitung für Ärzte mit Beiträgen zu Medizin und Gesundheit, Diskussionsforum, Suchmaschine und Links zum Thema Medizin.

Ärztliche Praxis
aep@efi-re.de

www.aerztlichepraxis.de
Online-Magazin für Ärzte und Patienten mit wissenschaftlichen Beiträgen und Neuigkeiten für Fachmediziner und Patienten.

Beauty Hotels

www.beauty-hotels.com

Park Hotel Waldhaus
Delight-Spa
Schnuppertage

Golf- und Wellnesshotel
Schloss Teschow
Romantik für Zwei

Albergo Giardino
ROSA WOLKEN

Hotel Traube Tonbach
Wellness- und Aktivwochen

Zuflucht für die Sinne
Stress im Büro, Ärger mit den Handwerkern, Familienzwist? Höchste Zeit, sich wieder einmal Gutes zu gönnen. Abseits von der Hektik und dem Lärm des Alltags neue Energien tanken.
Wellness-Oasen

Weit über dem Alltag
Verwöhnen Sie Ihren Körper und auch die Seele in der einzigartigen Wellness-Oase „SanaMontana". Entfliehen Sie dem Alltag und tauchen Sie ein in die große Welt der Düfte & Öle und entspannen Sie von Kopf bis Fuß.

GESUNDHEIT

Deutsches Ärzteblatt
aerzteblatt@aerzteblatt.de

www.aerzteblatt.de
Einige Ausgaben der Zeitschrift stehen online zur Verfügung und bieten Wissenswertes aus Forschung, Wirtschaft und Politik.

MMW
verlag@urban-vogel.de

www.mmw.de
Wissenschaftliches Fortbildungsmagazin für Hausärzte, Allgemeinärzte und Internisten mit medizinischen Informationen.

Augenheilkunde & Augenoptik

Kuratorium Gutes Sehen e.V.
info@sehen.de

www.sehen.de
Für den Spaß am Brilletragen: aktuelle Brillentrends, Typ-Beratung und eine virtuelle Brillenanprobe.

Augenheilkunde & Augenoptik/Augen-Laser

FreeVis Lasik Zentren
mail@eyes.de

www.freevis.de
FreeVis Lasik Zentren in Deutschland, Österreich und der Schweiz. Lehrreiches zum Lasik-Verfahren und zum menschlichen Auge.

Beauty & Wellness

● **Beauty Hotels**
info@beauty-hotels.com

www.beauty-hotels.com
Der Weg zu Schönheit und Wellness im Internet. Die besten Beauty-Hotels in Deutschland, Europa und weltweit. Berichte über die neuesten Trends und Produkte. **(Siehe Abbildung)**

● **Beauwell.com**
info@beauwell.com

www.beauwell.com
Eines der exklusiven Wellnessportale im Internet. Hier präsentieren sich ausschließlich hochwertige Schönheitsfarmen, Wellnesshotels sowie Kur- und Spezialanbieter. Der Wellnessfreund wählt, welches Infomaterial er bestellt, um ganz entspannt seinen nächsten Wellnessurlaub zu planen. **(Siehe Abbildung)**

Beauwell.com   www.beauwell.com

GESUNDHEIT

beauty24.de
service@beauty24.de

www.beauty24.de
Dieser Online-Shop hat Wellnessreisen und Kosmetikartikel für Pflege und Schönheit im Angebot.

Relax Guide

www.relax-guide.com
Informationen und Adressen von über 1.700 Hotels für Wellness, Kur und Beauty-Urlaub in Deutschland, Österreich und Bali.

Wellnesfinder
info@wellnessfinder.com

www.wellnesfinder.com
Mit Hilfe präziser Suchkriterien kann man sein passendes Wellnesshotel finden.

womensnet
kontakt.team@womensnet.de

www.womensnet.de
Kompetente Informationen, aktuelle Tipps und individuelle Beratung über Kosmetik, Beauty und Lifestyle.

Beschneidung

männliche Beschneidung, Die
statueofliberty@gmx.de

members.aol.com/pillcock
Hintergründe zum archaischen Ritual der männlichen Beschneidung, psychische Folgen und Erfahrungsberichte von Männern.

Chirurgie

Ärzte für Mund-Kiefer-Gesichtschirurgie
postmaster@mkg-chirurgie.de

www.mkg-chirurgie.de
Informationen der „Deutschen Gesellschaft für Mund-, Kiefer- und Gesichtschirurgie e.V.".

Berufsverband der Deutschen Chirurgen e.V.
info@bdc.de

www.bdc.de
Information und Service des Berufsverbandes der Deutschen Chirurgen für Chirurgen und Patienten. Große deutsche Datenbank chirurgischer Kliniken und Praxen, Stellenmarkt, Assistentenaustausch, Termine, Online-Weiterbildung. Portal my.BDC für Mitglieder.

eCME-Center.org

www.ecme-center.org

GESUNDHEIT

● **eCME-Center.org**
info@ecme-center.org

www.ecme-center.org
Online-Learning-System für die chirurgische Weiter- und Fortbildung. Über 120 Kurse, 2.000 Bilder/Tabellen, OP-Videos, Fachvorträge, Diskussionen, Chat, Jahres-Update „Was gibt es Neues in der Chirurgie?". **(Siehe Abbildung)**

Chirurgie/Plastische Chirurgie

Chirurgencheck.com

www.chirurgencheck.com
Chirurgen- und Kliniksuche zum Thema Schönheits-OPs nach „Problemzonen" und Postleitzahlen.

Plastische-kliniken.de
info@medfuehrer.de

www.plastische-kliniken.de
Informationen über Behandlungsarten und OP-Eingriffe ästhischer und plastischer Chirurgie mit einer Liste von Fachkliniken.

Vereinigung der Deutschen Plastischen Chirurgen
info@plastische-chirurgie.de

www.vdpc.de
Die VDPC hält ausführliche Informationen zu ästethischer und rekonstruktiver Chirurgie sowie eine Ärztedatenbank bereit.

Diät/Übergewicht

● **leichter abnehmen**
grenzach.allgemein@roche.com

www.leichterabnehmen.de
Hier findet man nützliche Tipps, um sein gesetztes Ziel zum individuellen Wunschgewicht zu erreichen. Nach einer Anmeldung erhält man uneingeschränkten Zugriff auf alle Funktionen des Beratungsdienstes, wie z.B.: Datenbank mit Fettspartipps, Infos zu Genuss mit Lust oder Tipps für Bewegungseinsteiger.
(Siehe Abbildung)

Low Fett 30
info@lowfett.de

www.lowfett.de
Informationen zum Abnehmen und Genießen bei maximal 30% der Kalorien aus dem Fett.

leichter abnehmen   www.leichterabnehmen.de

Gesundheit

Lust auf abnehmen

www.lust-auf-abnehmen.de
Alles zu Übergewicht und Abnehmen. Tipps zur erfolgreichen Gewichtsabnahme, Motivationstrainer, Rezepte, Bewegungsberater, Forum.

Pfundsweib.de
webmistress@pfundsweib.de

www.pfundsweib.de
Die Seite von, mit und für extrem übergewichtige Frauen bietet Diättipps, Kalorien- und Nährwerttabellen sowie Rezepte.

Gesundheitsportale

● **AOK online**
info@bv.aok.de

www.aok.de
Das große Gesundheitsportal bietet Ratgeber-Foren, Tests, News und viel Service – wissenschaftlich überprüft und aktuell. Informationen findet der User unter anderem zu Gesundheit, Vorsorge, Ernährung, Wellness, Partnerschaft, Sport und Reisemedizin. **(Siehe Abbildung)**

● **aponet.de**
pressestelle@abda.aponet.de

www.aponet.de
Das offizielle Gesundheitsportal der deutschen ApothekerInnen. Eine deutschlandweite Apotheken- und Apothekennotdienst-Suchmaschine, ein Arzneimittel-Bestellsystem und Heilpflanzenlexikon sowie aktuelle Informationen rund um das Thema Arzneimittel sind auf diesem Portal zu finden. **(Siehe Abbildung)**

● **Boehringer Ingelheim - medworld**
webmaster.bipd@boehringer-ingelheim.com

www.medworld.de
Umfassendes Informationsportal für Ärzte, Apotheker und Gesundheitsinteressierte: ausgewählte Krankheitsbilder, Krankheitsursachen, Therapieformen, Selbsthilfegruppen, Infos zu Präparaten. Außerdem viele nützliche Services wie Shop, Newsletter oder Kongresskalender. **(Siehe Abbildung)**

Deutsches Medizin Forum
info@medizin-forum.de

www.medizin-forum.de
Portalseite für Medizin und Gesundheit: Aktuelles, Foren, Newsletter, Recherche, Links, E-Commerce, Veranstaltungskalender.

AOK online   www.aok.de

aponet.de
www.aponet.de

Boehringer Ingelheim - medworld
www.medworld.de

GESUNDHEIT

gesundheit.de
kontakt@anzag.de

www.gesundheit.de
Umfangreiche Infos zu Krankheiten, Ernährung, Fitness, Wellness, Lexika, Heilpflanzendatenbank, Gesundheit, Selbsthilfegruppen, Apotheken-Finder, Biowetter.

Gesundheit-Pro.de
gesundheitpro@wortundbildverlag.de

www.gesundheit-pro.de
Online-Service der „Apotheken-Umschau" mit kostenfreien Gesundheitslexika, Rezepten, Arzt- und Klinikadressen.

Gesundheitsportal der VitaNet GmbH
info@virtuelle-apotheke.de

www.virtuelle-apotheke.de
Gesundheitsinfos für jedermann mit Selbsttests und umfangreichen Services, Partner-Apotheken mit Online-Shops.

Medicine-Worldwide
info@medicine-worldwide.de

www.medicine-worldwide.de
Alles über Medizin und Gesundheit. Umfassende Informationen über Krankheiten und aktuelle medizinische Neuerungen.

Meine Gesundheit
mg.kontakt@medimedia.de

www.meine-gesundheit.de
Gesundheitsratgeber von A-Z, Medikamentendatenbank, Gesundheits-Newsletter, Rehaklinikendatenbank.

Zentrum der Gesundheit
info@zentrum-der-gesundheit.de

www.zentrum-der-gesundheit.com
Infos über Cellulite, Haarausfall, Darmerkrankungen, Pilzinfektionen, Übersäuerung sowie ein Gesundheits-Shop und vegane Rezepte.

Gesundheitsreform

Gesundheitsreform, Die
redaktionsbuero@die-gesundheitsreform.de

www.die-gesundheitsreform.de
Das Bundesministerium für Gesundheit und Soziale Sicherung informiert ausführlich über die Gesundheitsreform und aktuelle Änderungen.

Gynäkologie

Frauenärzte

www.frauenaerzte.de
Suchmaschine für gynäkologische Praxen. Praktisch: Es kann auch nach Ärzten mit Fremdsprachenkenntnissen gesucht werden.

frauenarzt-infos.de
info@frauenarzt-infos.de

www.frauenarzt-infos.de
Rund um das Thema „Frau und Gesundheit": Verhütung, Schwangerschaft, Pränatale Diagnostik, Geburt. Moderierte Online-Foren.

Haare

Alopezie.de
info@alopezie.de

www.alopezie.de
Zahlreiche Informationen zu Haarwuchs, Haarausfall, Behandlungsmöglichkeiten, deren Finanzierung, Links und Betroffenenforum.

Haut

diane.de
sdg.gynaekologie@schering.de

www.diane.de
Informationen über das Krankheitsbild Akne, verschiedene Aknetherapien und Alltagstipps für Betroffene.

Hautstadt.de
redaktion@hautstadt.de

www.hautstadt.de
Große Dermatologendatenbank mit über 4.000 Adressen und Informationen zu Haut und Allergie.

Informationszentrale Haut
info@informationszentrale-haut.de

www.informationszentrale-haut.de
Wissenswertes über Erkrankungen der Haut und Auskunft über Hautpflege und Beratungsmöglichkeiten bei Hautproblemen.

GESUNDHEIT

Sonnen-Portal
info@wolffsystem.de

www.sonnen-portal.de
Alles über Sonne und Haut, sonnenbezogene Hautpflegetipps, Hauttypen und Sonnenglossar.

unserehaut.de

www.unserehaut.de
Ausführliche Auskünfte über Hautkrebsprävention sowie Tipps zum Sonnenbaden, Solariumbesuch und Hauttypbestimmung.

Hörgeräte & Gehörschutz

Forum Besser Hören
info@forumbesserhoeren.de

www.forumbesserhoeren.de
Spannendes Portal: Informatives und Spielerisches zum Thema Hören, Hörprobleme und Hörsysteme, Hörtest und Links.

Geers Hörakustik
info@geers.de

www.hoeren.de
Informationen rund um das Hören, Adressen der Geers Fachgeschäfte, Auskünfte und Tipps zur Handhabung von Hörgeräten.

hören heute
willkommen@context.euerle.de

www.hoeren-heute.de
Plattform für Betroffene, potentiell Betroffene und Interessierte rund ums Hören und Verstehen, Tinnitus, mit Online-Hörtest.

Sonicshop

www.sonicshop.de
Informationen zum Thema Gehörschutz mit fachspezifischer Auswahl an Earplugs für Musiker, Sportschützen oder Lärmarbeiter.

Impfschutz

● **Chiron Vaccines Impfstoffe**
com.service-center@chiron.com

www.impfen.de
Aktuelle Impfinformationen zu Kinder-, Erwachsenen- und Reiseimpfungen. Alles zum Thema „Rund ums Impfen", u.a. Reiseimpfempfehlungen, Impfplan und Impflexikon. Umfassendes Informations-Serviceangebot. Pressebereich und Fotogalerie.
(Siehe Abbildung)

Chiron Vaccines Impfstoffe   **www.impfen.de**

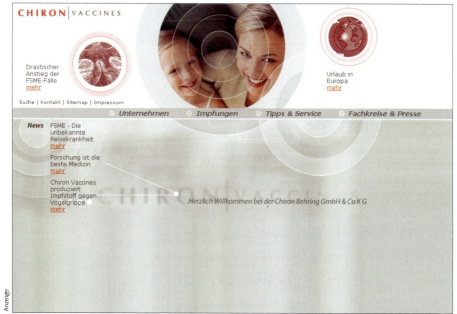

GESUNDHEIT

Gesundes Kind
gesundeskind.info@gsk.com

www.gesundes-kind.de
Eltern können hier alle Informationen zum Thema Impfschutz einsehen: Impfpass, Empfehlungen, Nebenwirkungen und Krankenkassenleistungen. Die Kinderklinik Mainz beantwortet online Fragen zur Kindergesundheit. **(Siehe Abbildung)**

Service Impfen Aktuell
info@impfen-aktuell.de

www.impfenaktuell.de
Diese Verbraucherberatung informiert über Infektionskrankheiten und deren Symptome, über Schutzimpfungen und die angewandten Impfstoffe. Außerdem gibt es einen kostenlosen Impfpass-Check. **(Siehe Abbildung)**

Td-Virelon

www.tetanus.de
Aufklärung über Tetanus, Polio und Diphtherie, deren Verbreitungsgebiete und den dazu passenden Impfschutz.

Kinderheilkunde

Kinder- & Jugendärzte im Netz
redaktion@kinderaerzteimnetz.de

www.kinderaerzteimnetz.de
Zahlreiche Gesundheitsinformationen und -tipps für Säuglinge bis hin zu Teenagern mit Klinik-, Ärzte- und Notdienstverzeichnis.

Kinderheilkunde/Aufmerksamkeits-Defizit-Syndrom

ADS - ADHS
lernstudio@ludewig.de

www.adhs.de
Hilfestellungen für Eltern und Lehrer im Umgang mit betroffenen ADHS-Kindern, Symptome, Therapien und Erziehungsprinzipien.

Ag-adhs.de
kontakt@ag-adhs.de

www.ag-adhs.de
Arbeitsgemeinschaft von Ärzten, die Kinder und Jugendliche mit ADHS betreuen. Antworten auf häufige Fragen und Literaturtipps.

Gesundes Kind   www.gesundes-kind.de

GESUNDHEIT

Kinderheilkunde/Bettnässen

Piesel-piepser.de
info@piesel-piepser.de

www.piesel-piepser.de
Der Piesel-Piepser soll Kindern das Bettnässen abtrainieren. Hintergründe zum Bettnässen sowie Bestellmöglichkeit.

Stero-med.de

www.stero-med.de
Die STERO Enurex Klingelhose hilft Kindern, nachts auf ihren Harndrang zu achten und rechtzeitig auf die Toilette zu gehen.

Kliniken & Krankenhäuser/Verzeichnisse

Hospital ABC
info@hospital-abc.de

www.hospital-abc.de
Täglich aktualisierte Datenbank aller Akut- und Reha-Kliniken Deutschlands mit über 60.000 Kontaktdaten leitender Mitarbeiter.

Kliniken.de
info@kliniken.de

www.kliniken.de
Über 4.000 Adressen von deutschen Kliniken und Krankenhäusern, umfangreiche Jobbörse zu allen Branchen des Gesundheitswesens.

Krankenversicherungen/Gesetzlich

AOK online
info@bv.aok.de

www.aok.de
Ratgeberforen, Tests, News sowie umfassende Informationen für ein gesundes Leben – wissenschaftlich überprüft und immer aktuell.

BKK
info@bkk.de

www.bkk.de
Informationen über das Leistungsspektrum der BKK und umfassende Datenbank mit allen Adressen der Betriebskrankenkassen.

Service Impfen Aktuell www.impfenaktuell.de

Home | Infektionen | Impfungen | Service | Selbst-Tests | Kontakt | Newsletter | Glossar

Service *Impfen* Aktuell

Service *Impfen* Aktuell
Impressum
Datenschutzbestimmungen
Nutzungsbedingungen

Impfungen fürs Leben

Herzlich Willkommen auf den Internet-Seiten des Service *Impfen* Aktuell! Wir sind eine Verbraucherberatung, die Informationen rund um die Themen Infektionskrankheiten und Schutzimpfungen anbietet. Wollen Sie sich über wichtige Impfungen für Ihr Baby informieren? Planen Sie eine Reise oder wollen Sie Ihren Impfstatus testen? Dann sind Sie bei uns genau richtig!

letzte Aktualisierung am 11.06.2004

Impfstatus TÜV mit wenigen Klick's zum persönlichen Impfplan

Baby-Bildergalerie und Grußkarten jetzt mit neuen Motiven

SIA-Service für Ärzte: zertifizierte Impfbroschüre

"Fit und geimpft" So bleiben Sie gesund und rundum geschützt

Telefonsprechstunde jeden Montag von 14.00 bis 17.00 Uhr
0 61 51 / 13 6 99 25

Anzeige

Gesundheit

● BARMER
service@barmer.de

www.barmer.de
Kompetentes Gesundheits-, Präventions- und Serviceangebot. Exklusiv für Mitglieder: „Meine Seite" mit vorausgefüllten Formularen, Erinnerungsdienst an wichtige Untersuchungen/Impfungen/Fitness-Termine, Gesundheits-Checks und Expertenrat per E-Mail. **(Siehe Abbildung)**

Deutsche Angestellten-Krankenkasse
service@dak.de

www.dak.de
Serviceleistungen der DAK, hilfreiche Auskünfte über Ernährung, Fitness, Wellness, Asthma, Akupunktur und Naturheilverfahren.

Gmünder Ersatzkasse
info@gek.de

www.gek.de
Ratschläge zur gesunden Ernährung und Fitness sowie Aktuelles rund um das Leistungs- und Beitragsrecht der Gmünder Ersatzkasse.

Hamburg Münchener Krankenkasse
mail@hmk.info

www.hmk.info
Gesundheits-Informationszentrum. Themen: Gesundheit, Arbeit, Veranstaltungen und Leistungen. Praktisch: Online-Formularservice.

Innungskrankenkasse
ikk-online@bv.ikk.de

www.ikk.de
Die IKK informiert zu allen Fragen rund um Gesundheit und Krankenversicherung und bietet attraktive Serviceangebote wie die IKK Arztsuche und Online-Beratung IKKmed. Darüber hinaus findet der Nutzer ausführliche Informationen zur IKK vor Ort.

sancura BKK
info@sancura-bkk.de

www.sancura-bkk.de
Umfassende Informationen für Interessenten, Kunden und Arbeitgeber. Durch Barrierefreiheit ist der Service für alle nutzbar.

● SEL Betriebskrankenkasse
service@sel-bkk.de

www.sel-bkk.de
Info-Portal für Versicherte, Firmenkunden und Interessierte, Kundenbetreuung und -service auch online, Leistungen, Beiträge berechnen lassen und Mitglied werden. Außerdem monatliche Themenschwerpunkte und tägliche TV-Tipps zu Gesundheitsthemen.
(Siehe Abbildung)

BARMER www.barmer.de

GESUNDHEIT

Techniker Krankenkasse
service@tk-online.de

www.tk-online.de
Informationen zu Leistungen und Services der TK sowie zu Medizin und Gesundheit. Online-Geschäftsstelle für TK-Versicherte.

Krankenversicherungen/Privat

Central Krankenversicherung AG
info@central.de

www.central.de
Umfangreiche Tarifinformationen der Central, Prämienrechner für den passenden Versicherungsschutz.

DKV Deutsche Krankenversicherung
kunden-center@dkv.com

www.dkv.com
Aspekte der finanziellen Absicherung im Krankheitsfall, umfassende Gesundheitsberatung und DKV-Online-Kundenservice.

Hallesche Krankenversicherung
service@hallesche.de

www.wechselnsiejetzt.de
Informationen zu den Leistungen der Halleschen Krankenversicherung plus Vergleichs- und Tarifrechner.

Union Krankenversicherung
service@ukv.de

ukv.de
Die private Krankenversicherung der öffentlichen Versicherer und Sparkassen mit Tarifrechner und umfangreicher Betreuersuche.

Verband der privaten Krankenversicherung e.V.
postmaster@pkv.de

www.pkv.de
Informationen über die Möglichkeiten und Angebote der privaten Krankenversicherung.

Krankenversicherungen/Vergleich

Krankenkassensuche
info@krankenkassensuche.de

www.krankenkassensuche.de
Suche nach der geeigneten Krankenkasse: Leistungsbeurteilung privater Kassen und Preisvergleich der Gesetzlichen.

SEL Betriebskrankenkasse　　　　　　　　　　　　　　　**www.sel-bkk.de**

GESUNDHEIT

● **Infodienst zu den gesetzlichen Krankenkassen**
info@gesetzlichekrankenkassen.de

www.gesetzlichekrankenkassen.de
Der unabhängige Infodienst rund um die gesetzlichen Krankenkassen mit umfassenden Beitrags- und Leistungsvergleichen sowie Hintergrundinformationen. Direkte Kontaktmöglichkeiten zu den Krankenkassen und Online-Mitgliedsanträge.
(Siehe Abbildung)

Krankenversicherung-Direkt.de
info@deutsche-finanzberatung.de

www.krankenversicherung-direkt.de
Beitragsvergleiche aller Krankenversicherungen mit Online-Tarifrechner der günstigsten Tarife.

Krankenversicherung-info24.de
info@pkv-info24.de

www.krankenversicherung-info24.de
Informationen und Vergleiche privater Krankenversicherungen.

Private Krankenversicherung Vergleich

www.private-krankenversicherung-top.de
Krankenversicherung, Rente, Berufsunfähigkeit, Beihilfe, betriebliche Altersversorgung oder britische Lebensversicherung.

Krankheiten/Allgemein

Gesundheit und Medizin Suche
spider@narres.com

medical-info.de
Medical-Info: Suche nach Krankheiten, Medikamenten und Arzneimitteln. Mit Verzeichnis und Forum für Mediziner, Ärzte und Laien. Über 500.000 Server und mehrere Millionen Dokumente.

Kompetenznetze in der Medizin

www.kompetenznetze-medizin.de
Internet-Portal mit 18 vom BMBF geförderten Großforschungsprojekten, die sich mit spezifischen Krankheitsbildern beschäftigen.

Krankheiten
info@medicine-worldwide.de

www.medicine-worldwide.de/krankheiten
Hier findet man Wissenswertes über alle möglichen Krankheiten mit farbigen Abbildungen und entsprechenden Foren.

Infodienst zu den gesetzlichen Krankenkassen **www.gesetzlichekrankenkassen.de**

GESUNDHEIT

Krankheiten/Aids

Deutsche AIDS-Gesellschaft e.V.

www.daignet.de
Allgemeines zu HIV und Erläuterungen zur HIV-Therapie, Termine von Fachkongressen und Pressemeldungen zum Thema.

Deutsche Aids-Hilfe
dah@aidshilfe.de

www.aidshilfe.de
Links zu allen regionalen Aids-Hilfen im Internet, Suchmaschine für Fachbegriffe und viele Hintergrundinformationen.

🔴 **HIV-Info**
hiv.info@gsk.com

www.hiv-info.de
Wissenswertes zum Thema HIV und AIDS mit aktuellem News-Ticker, Infomaterial, Veranstaltungskalender und Literaturverzeichnis. **(Siehe Abbildung)**

HIVlife
redaktion@hivlife.de

www.hivlife.de
Aktuelles zum Thema HIV - sortiert nach Medizin, Politik, Lifestyle, dazu Magazine, Lexikon und Wissenswertes zu HIV und Recht.

machsmit.de

www.machsmit.de
Die Seite bietet Infos über die bekannte „mach´s mit-Kampagne", Safer-Sex und Kondome, Spiele und Mitmach-Aktionen.

Virawoche
webmaster.bipd@boehringer-ingelheim.com

www.virawoche.de
Informationsportal zum Thema HIV und AIDS: Infektionswege, Krankheitsbild, Behandlungsmöglichkeiten, Ratgeber.

Krankheiten/Allergie

Allergie-forum.de
info@allergopharma.de

www.allergie-forum.de
Ein Ratgeber für Allergiker mit großer Allergendatenbank.

HIV-Info   www.hiv-info.de

Gesundheit

- **Allergie-Info.de**
  allergie.info@gsk.com

  www.allergie-info.de
  Interessierte und Betroffene erhalten Tipps, wie man im Alltag mit Auslösefaktoren wie Pollen, Schimmelpilzen, Milben oder spezifischen Nahrungsbestandteilen umgeht bzw. diese gezielt vermeidet. Die Pollenflugvorhersage kann per SMS oder per E-Mail regional und kostenfrei abonniert werden. **(Siehe Abbildung)**

Allergieportal vom Symptom zur Diagnose
info@medhost.de

www.allergie.medhost.de
Allergieportal mit für Laien verständlichen Erklärungen vom Symptom über die Diagnose zur Therapie zu allen Bereichen der Allergie.

- **Deutscher Allergie- und Asthmabund e.V.**
  info@daab.de

  www.daab.de
  Der DAAB ist eine wichtige Anlaufstelle für Millionen Allergiker, Asthmatiker und Neurodermitis-Erkrankte und hat sich zum Ziel gesetzt, den Betroffenen beim alltäglichen Umgang mit der Krankheit eine wichtige Stütze zu sein. **(Siehe Abbildung)**

Lorano
service@hexal.de

www.lorano.de
Nützliche Informationen für Allergiker mit tagesaktueller Pollenflugmeldung für 104 Regionen Deutschlands sowie E-Mail-Service.

Krankheiten/Alzheimer

Alois.de

www.alois.de
Darstellung des Krankheitsbildes und Infos zur Frühdiagnose. Adressen von Alzheimergesellschaften und Selbsthilfegruppen.

- **Alzheimer und Verhaltensauffälligkeiten**
  altern@kilian.de

  www.altern-in-wuerde.de
  Häufen sich Gedächtnisstörungen, Gefühlsschwankungen, Feindseligkeit, Aggression, Unruhe, Misstrauen bei alten Menschen, kann eine Demenz bzw. die Alzheimer-Krankheit die Ursache sein. Nützliche Informationen zur Früherkennung und Behandlung. **(Siehe Abbildung)**

Allergie-Info.de   **www.allergie-info.de**

GESUNDHEIT

Deutscher Allergie- und Asthmabund e.V.   www.daab.de

Allergien | Asthma | Haut | Ernährung | Kind & Jugend | Allergie konkret | AllergieMobil

Landesverbände Lesenswertes Spenden Sitemap Kontakt

+ + DAAB startet Aufklärungskampagne „Aktion Gesunde Familie – Fokus N

Willkommen beim
Deutschen Allergie- und Asthmabund e.V.

Auf diesen Webseiten finden Sie fast alles zu den Themen Allergien, Asthma und Neurodermitis. Sollten Sie einmal Ihr spezielles Problem nicht finden, dann mailen Sie uns. Unser Expertenteam hilft Ihnen weiter.

Das aktuelle Thema

**Insektengiftallergie:
Die gelb-schwarze Gefahr**

■ Drei Millionen Menschen leiden bei uns unter einer Insektengiftallergie. Auch in diesem Sommer werden trotz guter Aufklärungsarbeit im Durchschnitt in Deutschland wieder bis zu 20 Menschen an den Folgen einer Insektengiftallergie sterben. Bienen, Wespen und Hummeln können für den Allergiker zur tödlichen Gefahr werden. Die früheste bekannteste Darstellung einer Insektengiftallergie beschreibt ein Bild auf dem Sarkophag eines ägyptischen Pharao, aus dem Jahre 2800 vor Christus.

weiter

Anzeige

Alzheimer und Verhaltensauffälligkeiten   www.altern-in-wuerde.de

Wir über uns | Kontakt | Beiräte | Forum | Presse | Adressen+Links | Sitemap | HOME

Alzheimer-Demenz
▸ Gedächtnisstörungen
▸ Verhaltensauffälligkeiten

Ursachen

Früherkennung

Behandlung

Ihre Fragen an unsere Experten

Info-Material

Journalisten

Aktuelles

[   ] Suchen

Diese Web-Seite gehört zu den 6.000 wichtigsten deutschen Internet-Adressen 2004
www.web-adressbuch.de

Aktuelle Meldungen

Das Deutsche Grüne Kreuz startet am 18. Mai 2004 eine große Aufklärungskampagne zur Früherkennung der Alzheimer-Demenz und besucht mit einem Infobus 21 Städte im gesamten Bundesgebiet. Mehr darüber lesen Sie hier

Schneeglöckchen bringt Licht in's Hirn: Alzheimer-Forscher diskutieren neue Behandlungsstrategien. Ein Bericht vom International Neuroscience Symposium am 24.Oktober 2003 in Mainz: "Nikotinische Neurotransmission bei Alzheimer-Demenz". Mehr darüber lesen Sie hier

Willkommen...

........auf den Seiten der Intitiative Altern in Würde. Wir möchten Betroffene und ihre Angehörigen durch umfangreiches Material umfassend zum Thema Alzheimer-Demenz sowie die einzelnen Merkmale Gedächtnisstörungen und Verhaltensauffälligkeiten informieren. Sie erfahren hier alles Wichtige über die verschiedenen Aspekte und Ursachen der Symptome sowie deren Therapie- und Behandlungsmöglichkeiten.

Darüber hinaus wollen wir nicht nur Patienten helfen, sondern auch den pflegenden Angehörigen Mut machen und ihnen mit Tipps für den Umgang mit Demenzkrankten

Tipps

Wie Sie dem Patienten helfen können Die wichtigsten Tipps zum Umgang mit Demenz-Kranken.

Anzeige

Gesundheit

Alzheimerforum.de
aai@alzheimerforum.de

www.alzheimerforum.de
Adressen von Selbsthilfegruppen und Beratungsstellen, Veranstaltungen, Online-Bibliothek zum Thema Demenz und Expertenforum.

memory-portal.org
info@tma-wiluda.org

www.memory-portal.org
Informationsportal für Hirnleistungsstörungen, wie z.B. Alzheimer Demenz. Hintergründe und Links zu Memory-Kliniken.

Krankheiten/Atemwege

Aufatmen in Deutschland
pcm@pharmedico.de

www.aufatmen-in-deutschland.de
Patienten mit Asthma, Bronchitis und Lungenemphysem finden hier Infos und wichtige Adressen zur pneumologischen Versorgung.

Lunge Spezial
redaktion@lungespezial.de

www.lungespezial.de
Informationen über Asthma, COPD und Allergien im Online-Journal für Patienten mit Lungenbeschwerden.

pneumologe.com
info@pneumologe.com

www.pneumologe.com
Medizinische Aufklärung im Bereich der Atemwegserkrankungen mit den Schwerpunkten: Diagnostik, Therapie und Medikation.

Krankheiten/Atemwege/Asthma

● **ASTHMA und COPD**
customerservice@altanapharma.de

www.atemwegweisend.de
Informationsseiten der ALTANA Pharma Deutschland zu Asthma und COPD für Fachkreise sowie Patienten. Daneben hochwertige Broschüren zu pneumologischen Praxen online zum Bestellen, CME-Fortbildungen und Literatur. **(Siehe Abbildung)**

GESUNDHEIT

asthma.de

www.asthma.de
Diese Seite berät über Atemwegserkrankung, Auslöser, Selbstkontrolle, Inhalationstechniken, Medikamente und Therapien.

Asthmaweb.de
info@asthmaweb.de

www.asthmaweb.de
Portal für Patienten, Ärzte und Wissenschaft. Ausführliche Informationen zum Krankheitsbild Asthma sowie ein Asthma-Check und Patienten-Hotline.

● **luft-zum-leben.de**
asthma.info@gsk.com

www.luft-zum-leben.de
Zum Thema Asthma beantworten Lungenfachärzte Fragen schnell und kostenfrei. Ein Chat lädt zum Meinungsaustausch mit Freunden und Betroffenen. Mit dem Asthma-Fon kann man sich an die regelmäßige Medikamenteneinnahme erinnern lassen oder aktuelle Pollenflugvorhersagen per SMS kostenlos abonnieren.
(Siehe Abbildung)

Krankheiten/Atemwege/Bronchitis

COPD
webmaster.bipd@boehringer-ingelheim.com

www.copd-aktuell.de
Informationen für Patienten, Ärzte und Apotheker zum Thema COPD (chronisch obstruktive Bronchitis und Lungenemphysem).

Gesundheit

Copd.com
info@copd.com

www.copd.com
Ratgeber zum Leben mit der chronisch obstruktiven Bronchitis: Infos über die Erkrankung und Behandlungsmöglichkeiten.
(Siehe Abbildung)

Krankheiten/Blase

Paruresis - Entleerungsstörung
info@paruresis.de

www.paruresis.de
Paruresis - die Angst vor dem Urinieren auf öffentlichen WCs.

Krankheiten/Cholesterin

Cholesterin.de

www.cholesterin.de
Risikofaktor Cholesterin - Infos über Fettstoffwechsel und Ernährung mit Risikotest, Rezepttipps und Fettstoffwechsel-Lexikon.

Cholesterin.hexal.de
service@hexal.de

www.cholesterin.hexal.de
Fettstoffwechsel, Cholesterin, Risiko-Check und Infos zu Blutfettwerten, Arterienverkalkung und Herz-Kreislauf-Erkrankungen.

Krankheiten/Depression

Depression
info@organon.de

www.depression.de
Ausführliche Erklärungen zum Thema Depression mit Infos zu Ursachen, Symptomen, Behandlungsmöglichkeiten und einem Expertenrat.

Depression-Diskussion
info@depression-diskussion.de

www.depression-diskussion.de
Forum zum Thema Depressionen und psychosomatische Erkrankungen mit Medikamenten- und Literaturtipps.

Copd.com   www.copd.com

GESUNDHEIT

Kompetenznetz-depression.de	www.kompetenznetz-depression.de Umfangreiches Portal zum Thema Depression: Krankheitsbild, Symptome, Selbsttest, Erfahrungsberichte, Ratschläge und Adressen.

Krankheiten/Diabetes

Deutscher Diabetiker Bund e.V. info@diabetikerbund.de	**www.diabetikerbund.de** Selbsthilfeorganisation für Diabetiker in Deutschland.
Diabetes Netzwerk Deutschland info@diabetes-news.de	**www.diabetes-news.de** Aktuelles aus Forschung und Entwicklung im Bereich Diabetes, Infos von und über Selbsthilfegruppen, Fachärzte in Deutschland.
● **Diabetes Schwerpunktpraxen** info@takeda.de	**www.schwerpunktpraxis.de** Diabetes-Arzt-Spezialisten aus ganz Deutschland können auf diesen Seiten nach Postleitzahl, Ort, Bundesland, Name oder Qualifikation gesucht werden. **(Siehe Abbildung)**
Diabetes.de	**www.diabetes.de** Hier kann man sich im Chat und im Diskussionsforum über die Krankheit Diabetes austauschen.
Diabetesgate info@diabetikerbund.de	**www.diabetesgate.de** Infos zum neuesten Forschungsstand, Reformen im Gesundheitswesen, Tipps zum richtigen Essen und Trinken.
Diabetesweb.de	**www.diabetesweb.de** Die Diabetesplattform für Praxen, Kliniken und Patienten.

Diabetes Schwerpunktpraxen   www.schwerpunktpraxis.de

Gesundheit

- **Diabetes und Insulinresistenz**
  udo.hermanns@ifem.net

  www.diabetes-und-insulinresistenz.de
  Wichtige Informationen zu Insulinresistenz und Diabetes Mellitus Typ 2. **(Siehe Abbildung)**

Krankheiten/Endometriose

Endometriose Vereinigung Deutschland e.V.
info@endometriose-vereinigung.de

www.endometriose-vereinigung.de
Infos zur Krankheit Endometriose, Übersicht von Selbsthilfegruppen und Beratungsstellen sowie aktuelle Termine.

Endometriose.de
info@endometriose.de

www.endometriose.de
Endometriose ist eine schmerzhafte Wucherung der Gebärmutterschleimhaut. Angaben zu Diagnostik und Therapie für Betroffene.

Krankheiten/Erkältung & Husten

- **Grippe Info**
  grippe.info@gsk.com

  www.grippe-info.de
  Wissenswertes zum Thema Grippe wie Ansteckungsgefahr oder Schutzmaßnahmen. Das Frühwarnsystem klärt über aktuelle Influenza-Gefahren auf. **(Siehe Abbildung)**

Husten.de
service@hexal.de

www.husten.de
Schön gestaltete Seite über Ursachen, Vorbeugung und Behandlung von Husten.

Krankheiten/Erkältung & Husten/Produkte

- **Schnupfenhilfe.de**
  selbstmedikation@merck.de

  www.schnupfenhilfe.de
  Tipps zur Vorbeugung und Behandlung von Schnupfen sowie Informationen über Ansteckungswege und die Produktpalette von Nasivin. **(Siehe Abbildung)**

Diabetes und Insulinresistenz www.diabetes-und-insulinresistenz.de

Anzeige

GESUNDHEIT

Grippe Info www.grippe-info.de

Schnupfenhilfe.de www.schnupfenhilfe.de

GESUNDHEIT

Mucosolvan.de
info@mucosolvan.de

www.erkaeltung.de
Informationen über Atemwege, Entstehung, Vorbeugung und Behandlung von Husten, dazu Produktinformationen über Mucosolvan.

Prospan
info@engelhard-am.de

www.prospan.de
Die Heilkraft des Arznei-Efeus ist in allen Prospan-Präparaten enthalten. Produktinformationen und Auskünfte über Husten.

Pulmoll.de
info@pulmoll.de

www.pulmoll.de
Internet-Angebot von Pulmoll: Bonbons, Säfte und Tee, dazu Tipps zur Linderung der Erkältungsbeschwerden.

Silomat.de
silomat-info@ing.boehringer-ingelheim.com

www.silomat.de
Wissenswertes zum Thema Husten und seinen Behandlungsmöglichkeiten. Produktinformationen zu Silomat-Präparaten.

Tempo-web.de

www.tempo-web.de
Seiten, die über die Tempo-Geschichte sowie die Produktpalette informieren und Anwendungstipps für Schnupfnasen bereit halten. Außerdem E-Cards, um Tempo-Grüße zu versenden.

Wick

www.wick.de
Wick Erkältungspräparate, Wick Bonbons und Wick Baby Balsam sowie Mundpflege der blend-a-med Forschung.

Krankheiten/Essstörungen & Magersucht

Essstoerungen
ernaehrung@bzga.de

www.bzga-essstoerungen.de
Informationen über Essstörungen und ihre Ursachen, Adressenverzeichnis, Literaturliste für Betroffene und Fachleute.

Magersucht-Online
info@hungrig-online.de

www.magersucht-online.de
Informationen zum Thema Magersucht: Behandlungsmöglichkeiten, Risiken und Hinweise für den Umgang mit Magersüchtigen.

Hepatitis-care.de **www.hepatitis-care.de**

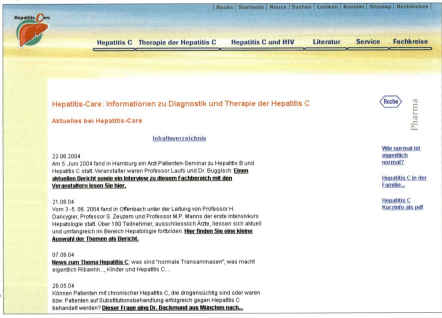

Gesundheit

Krankheiten/Hämorrhoiden

Faktu-akut
customerservice@altanapharma.de

www.faktu-akut.de
Wichtige Tipps und Infos zum Umgang mit Hämorrhoiden-Beschwerden.

Krankheiten/Hepatitis

Deutsches Hepatitis C Forum e.V.
forum@hepatitis-c.de

www.hepatitis-c.de
Was ist Hepatitis C? Welche Behandlungsmöglichkeiten gibt es? Hier gibt es Kontaktadressen, Hilfen und Unterstützung.

● **Hepatitis-care.de**
grenzach.allgemein@roche.com

www.hepatitis-care.de
Informationen zu Diagnostik und Therapie der Hepatitis C.
(Siehe Abbildung)

Leberhilfe.org
info@leberhilfe.org

www.leberhilfe.org
Beratungsstelle der Deutschen Leberhilfe e.V. mit Angaben zur Leber, Erkrankungen und Erfahrungsberichten sowie Literatur.

Krankheiten/Herpes

Herpes-info.ch
info.bern@pharma.novartis.com

www.herpes-info.ch
Infos zu Herpes genitalis: Erkrankungszeit, Langzeitfolgen, Schutz, Ausbruch und Schutz des Virus.

Krankheiten/Herz-Kreislauf

● **Bluthochdruck**
norbert.sarnes@takeda.de

www.bluthochdruck-patienten.de
Diagnose und Ursachen des Bluthochdrucks (Volkskrankheit Nr.1), Therapie und Medikamente zur Behandlung, Expertenforum, Risikokalkulator, Tipps zur Stressbewältigung und gesunden Ernährung. **(Siehe Abbildung)**

Bluthochdruck   **www.bluthochdruck-patienten.de**

Anzeige

GESUNDHEIT

Deutsche Herzstiftung
info@herzstiftung.de

www.herzstiftung.de
Informationsmaterial zu Herz- und Kreislauferkrankungen: Früherkennung, Risikotests, Forschungsberichte, Termine, Adressen.

Herz-info.de
info@pfizer.de

www.herz-info.de
Gesundheitsportal zu Themen wie Herz-Kreislauf, Bluthochdruck, Risikofaktoren oder koronare Herzkrankheiten.

Interaktives Herz-Kreislauf-Forum
info@cardiologe.de

www.cardiologe.de
In Patienten- und Arztseiten unterteilte Infos zu Funktionsweise des Herz-Kreislaufsystems, Erkrankungen und Therapien.

Morgenhochdruck
webmaster.bipd@boehringer-ingelheim.com

www.morgenhochdruck.de
Informationen für Patienten, Ärzte, Apotheker und Journalisten zum Thema Bluthochdruck sowie zum Risiko Morgenhochdruck.

Krankheiten/HNO-Erkrankungen

● **HNO-Forum**
info@hno-forum.de

www.hno-forum.de
HNO-Forum.de ist ein Online-Forum für Patienten und HNO-Ärzte. Es informiert über HNO-Erkrankungen, bietet ein Online-Diskussionsforum mit Expertenrat und verfügt über eine HNO-Arztdatenbank mit Suchfunktion. **(Siehe Abbildung)**

Hoersturz.info

www.hoersturz.info
Informationen zur Anatomie und Funktion des Ohres sowie medizinische Erläuterungen zum Hörsturz.

Tinnitus-inti.de
info@tinnitus-inti.de

www.tinnitus-inti.de
Tinnitus. Ein Informationsportal über Diagnostik, Forschung und Therapiewege mit interessantem Tinnitus-Hörbeispiel.

Tinnitus-liga.de
dtl@tinnitus-liga.de

www.tinnitus-liga.de
Ein Info-Portal der Deutschen Tinnitus-Liga für Betroffene und Fachleute.

HNO-Forum   www.hno-forum.de

GESUNDHEIT

Krankheiten/Impotenz

Ed-magazin.de
info@ed-magazin.de

www.ed-magazin.de
Impotenz bzw. Erektile Dysfunktion: Krankheitsbild, Ursachen, Behandlungsmöglichkeiten, anonyme Internet-Beratung, Dialog-Ratgeber, Arzt-Suche, ED-Spezialisten, Informationsmaterial sowie viele Tipps zum Ausgehen: Kinotipps und Restaurantsuche.

Erektile Dysfunktion
info@takeda.de

www.erektile-dysfunktion.de
Kurzberatung für Betroffene von erektiler Dysfunktion und deren Partnerinnen sowie Hintergründe und Therapiemöglichkeiten.

ImpoDoc.de
info@impodoc.de

www.impodoc.de
Impotenz und sexuelle Funktionsstörungen – Definition, Grundlagen, Diagnose und Therapie mit ärztlich moderiertem Chat und Forum.

Impotenz-loesung.de

www.impotenz-loesung.de
Hintergründe, Zusammenhänge und Links zum Thema Erektile Dysfunktion und Erektionsstörungen.

● **Impotenz-Shop**
info@impotenz-shop.de

www.impotenz-shop.de
Im Shop von ImpoDoc.de kann man nach einer kostenlosen Registrierung alle Vorteile des bequemen Online-Shoppings nutzen. Ob Mann oder Frau, hier gibt es für jeden interessante Produkte, um sein Liebesleben zu bereichern. **(Siehe Abbildung)**

Mann intakt

www.mann-intakt.de
Aufklärungskampagne gegen Erektionsstörungen mit Infos über Therapiemöglichkeiten, Medikamente und Tipps zur Risikominderung.

Potenzmittel-hilfe.de
info@potenzmittel-hilfe.de

www.potenzmittel-hilfe.de
Auskünfte über die gegenwärtig erhältlichen Potenzmittel, ihre Wirkstoffe und Wirkungsweisen sowie Bestellmöglichkeit.

Impotenz-Shop   www.impotenz-shop.de

Gesundheit

Krankheiten/Kopfschmerzen & Migräne

Kopfschmerzen.de
kopfschmerzen-info@ing.boehringer-ingelheim.com

www.kopfschmerzen.de
Infos zur Vorbeugung, Beschreibungen von Schmerzarten und deren Ursachen, Behandlung und Medikamentenempfehlungen.

● **Migraene-aktuell.de**
customercare@schwarzpharma.com

www.migraene-aktuell.de
Aufklärung über Kopfschmerzarten, Ursachen, Auslöser und Verlauf von Migräne und Behandlungsmethoden.
(Siehe Abbildung)

● **migraene-info.de**
service.info@gsk.com

www.migraene-info.de
Der Gesundheitsdienst im Internet von GlaxoSmithKline gibt Auskunft zu den Themen: Kopfschmerzen, Krankheitsbild Migräne, Diagnose Migräne und Behandlung der Migräne. Außerdem hält die Web-Seite eine Fülle von Fakten, Tipps und Hintergründen zum Thema Migräne für Ärzte und Apotheker bereit.
(Siehe Abbildung)

migraene-online.de
webmaster@pfizer.de

www.migraene-online.de
Umfangreiche Informationsseite zu Migräne. Ursachen, Untersuchungsverfahren und Behandlungsmethoden werden erörtert.

Stiftung Kopfschmerz
info@drjansen.de

www.stiftung-kopfschmerz.de
Ursachen von Kopfschmerzen und anderen Schmerzformen. Aktuelle News aus Wissenschaft und Forschung sowie Therapieempfehlungen.

Krankheiten/Krebs

● **Kraftgegenkrebs.de**
feedback@obide.jnj.com

www.kraftgegenkrebs.de
Informationen über die Symptome und Überwindung von Fatigue, der Müdigkeit und Erschöpfung von Krebspatienten.
(Siehe Abbildung)

Migraene-aktuell.de — www.migraene-aktuell.de

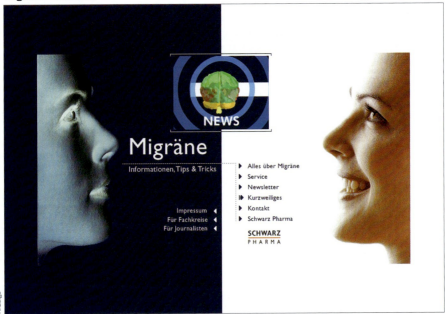

GESUNDHEIT

migraene-info.de www.migraene-info.de

Kraftgegenkrebs.de www.kraftgegenkrebs.de

GESUNDHEIT

Deutsche Krebshilfe e.V.
deutsche@krebshilfe.de

www.krebshilfe.de
Broschüren, Präventionsratgeber, Krebs-Früherkennung, familiärer Darm- und Brustkrebs, Nichtrauchen, Sonnenschutz, Online-Shop.

Krebs Webweiser

www.krebs-webweiser.de
Übersicht über verschiedene Krebsarten, Prävention, Entstehung, Diagnostik und Therapien. Links zu Selbsthilfeorganisationen.

● **Krebsarztpraxen.de**
feedback@orthobiotech.de

www.krebsarztpraxen.de
Verzeichnis von Ärzten, die eine ambulante Krebstherapie durchführen. **(Siehe Abbildung)**

Krebsinformationsdienst
kid@dkfz.de

www.krebsinformation.de
Ausführliche Informationen zu Krebserkrankungen, zu den Krebsarten und der Vorbeugung sowie Pflegetipps bei häuslicher Pflege.

Krebs-kompass.de

www.krebs-kompass.de
Im Krebs-Kompass findet man Aktuelles, Beratungsadressen, Erläuterungen zu einzelnen Krebsarten sowie Forschungsergebnisse.

Krankheiten/Krebs/Brustkrebs

● **Amoena**
amoena@amoena.com

www.amoena.de
Hersteller von Silikon-Brustprothesen für brustoperierte Frauen. Produktinfos, Brustausgleich, Spezial-Dessous und Bademode. Berichte zum Thema Brustkrebs und Diskussionsforum. Überarbeiteter Web-Auftritt jetzt auch in deutscher Sprache. **(Siehe Abbildung)**

Brustkrebs Lexikon
info@brusterkrankungen.de

www.brustkrebs-lexikon.de
Das Brustkrebs Lexikon erläutert alle Fachbegriffe zum Thema. Zusätzlich gibt es Informationen zur Diagnostik und Therapie.

Krebsarztpraxen.de   www.krebsarztpraxen.de

GESUNDHEIT

Brustkrebs-web.de
info@brustkrebs-web.de

www.brustkrebs-web.de
Ausführliches über Brustkrebs, Antworten auf allgemeine Fragen, viele Artikel und Tipps zur Prävention und Früherkennung.

Mamazone.de
info@mamazone.de

www.mamazone.de
Umfangreiches Portal für Brustkrebspatientinnen, Ärzte und Interessierte. Auskünfte über Operation, Therapie und Nachsorge.

Krankheiten/Krebs/Darmkrebs

Darmkrebs.de
kontakt@foundation.burda.com

www.darmkrebs.de
Infos zu Darmkrebstherapie und Früherkennung, Behandlungsmethoden und ein interaktiver Stammbaum zur Risikoermittlung.

Krankheiten/Krebs/Eierstock

Eierstock-Krebs.de
mail@pomme-med.de

www.eierstock-krebs.de
Alles über Eierstock-Krebs. Web-Seite der Organkommission Ovar der Arbeitsgemeinschaft Gynäkologische Onkologie (AGO). Allgemein verständliche Infos über Diagnose und Therapie. Liste aller deutschen Frauenkliniken mit Hinweis auf Qualitätskriterien und Studienteilnahme.

Krankheiten/Krebs/Hautkrebs

Hautkrebs Infoportal, Das
info@hautkrebs.de

www.hautkrebs.de
Vorbeugung, Entstehung, Arten und Behandlungsmöglichkeiten von Hautkrebs vom Verein zur Bekämpfung von Hautkrebs.

Krankheiten/Krebs/Leukämie

Kompetenznetz-leukaemie.de
info@kompetenznetz-leukaemie.de

www.kompetenznetz-leukaemie.de
Hinweise für Ärzte, Patienten und Pfleger zum Thema „Akute und chronische Leukämien".

Amoena   **www.amoena.de**

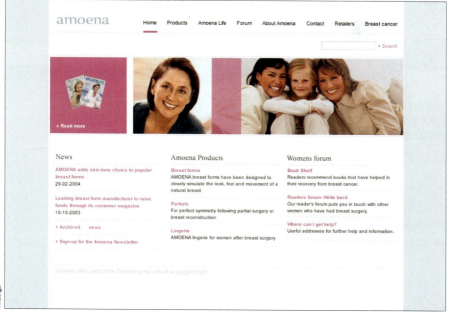

GESUNDHEIT

Leukämie und Knochenmark-/Stammzelltransplantation
info@leukaemie-kmt.de

www.leukaemie-kmt.de
Informationen über Leukämie und Knochenmark-/Stammzelltransplantation mit Fachwörterlexikon und Adressen von Selbsthilfegruppen.

Leukämie-Online
info@leukaemie-online.de

www.leukaemie-online.de
Aktuelle Nachrichten und Hintergründe über Neuigkeiten in Therapie und Forschung von Leukämie. Von Betroffenen für Betroffene.

Krankheiten/Magen-Darm

Colitis-crohn-portal.de

www.colitis-crohn-portal.de
Aktuelle Nachrichten für Patienten, Ärzte und Interessierte, Forum und weitere Links zum Thema Morbus Crohn und Colitis ulcerosa.

Magen Spezial
redaktion@magenspezial.de

www.magenspezial.de
Online-Journal für Patienten mit Magenerkrankungen, Sodbrennen und anderen Magenbeschwerden.

Magenerkrankungen.de
info.de@abbott.com

www.magenerkrankungen.de
Hilfe bei Magenerkrankungen und -beschwerden. Ein Fragebogen gibt Auskunft über das persönliche Risikoprofil.

Nutri-News
info@nutrinews.de

www.nutrinews.de
Infos zum Thema „Enterale Ernährung". Ernährung und Pflege zu Hause sowie Ernährung und Pflege in Klinik und Pflegeheimen.

Krankheiten/Magen-Darm/Produkte

Dulcolax.de
dulcolax-info@ing.boehringer-ingelheim.com

www.dulcolax.de
Ein Selbsttest hilft, Gründe und Behandlungsmöglichkeiten gegen Verstopfung zu ergründen. Angaben zur Wirkungsweise von Dulcolax.

Muko.net

www.muko.net

350

Gesundheit

Iberogast
info@iberogast.de

www.iberogast.de
Wie Magenbeschwerden entstehen und was man dagegen tun kann, wird auf übersichtliche und unterhaltsame Art dargestellt.

Krankheiten/Mukoviszidose

Christiane Herzog Stiftung

www.christianeherzogstiftung.de
Infos über Mukoviszidose und Hilfsaktionen der Christiane Herzog Stiftung für Betroffene beim Kampf gegen die Krankheit.

● **Muko.net**
info@muko.net

www.muko.net
Hintergründe über die Erbkrankheit Mukoviszidose (Cystische Fibrose) und Infos zu Therapiemöglichkeiten. Seiten für Patienten und Fachkreise. Regelmäßige CF-Reports mit Sonderthemen, Aktuelles aus der Forschung (CF-Focus), Schulungsunterlagen zum freien Download, Literatur-Service, Linkliste. **(Siehe Abbildung)**

Mukoviszidose
service@hexal.de

www.mukoviszidose.de
Erfahrungsaustausch, Informationen, Adressen von Behandlungszentren und medizinische Links zum Thema Mukoviszidose.

Krankheiten/Multiple Sklerose

Deutsche Multiple Sklerose Gesellschaft
dmsg@dmsg.de

www.dmsg.de
Die Datenbank der DMSG mit Dokumenten zu allen Themenbereichen der Multiplen Sklerose. Termine, Literatur und Adressen.

● **MS-gateway.de**
sdg.neurologie@schering.de

www.ms-gateway.de
Diskussionsforum und Information zum Thema Leben mit Multipler Sklerose. Zusätzlich ein geschlossener Bereich für Betaferon-Patienten mit Information und Services zur Therapieunterstützung und Krankheitsbewältigung. **(Siehe Abbildung)**

MS-Service-Center
info@ms-service-center.de

www.ms-service-center.de
Ein Team aus Ärzten, Pflegekräften und sozialrechtlichen Experten steht bei allen Fragen zur Multiplen Sklerose zur Seite.

MS-gateway.de   **www.ms-gateway.de**

GESUNDHEIT

Krankheiten/Neurodermitis

Deutscher Neurodermitis Bund e.V.
info@dnb-ev.de

www.dnb-ev.de
Interessenvertretung für Betroffene, Adressen von Selbsthilfegruppen und die Möglichkeit, Mitglied zu werden.

Krankheiten/Nieren

● **Dialyseauskunft.de**
feedback@orthobiotech.de

www.dialyseauskunft.de
Mit Hilfe dieses Verzeichnisses können Ärzte gefunden werden, die eine Dialyse in einem Dialysezentrum, einer Praxis oder in einem Krankenhaus durchführen. Außerdem Links zu Verzeichnissen von Dialysezentren weltweit, um auch im Urlaub oder auf Geschäftsreise eine Dialyse durchführen zu können. **(Siehe Abbildung)**

Informationsforum für Ärzte und Patienten
nephrologe@nephrologe.de

www.nephrologe.de
Medizinische Aufklärung im Bereich Nierenerkrankungen mit qualifizierten Informationen zu relevanten Themen der Nephrologie.

● **Proniere.de**
feedback@obide.jnj.com

www.proniere.de
Informationsseiten zu Nierenerkrankungen, Blutarmut und therapeutischen Maßnahmen. Darüber hinaus gibt es Tipps zur Ernährung und Bewegungstherapie für Dialysepatienten und einen Energiebedarfsrechner. **(Siehe Abbildung)**

Zystennieren.de
med.ethics@ruhr-uni-bochum.de

www.zystennieren.de
Informationen zur Krankheit Zystennieren, Hinweise für Ärzte und Patienten, Fachlexikon sowie ein offenes Diskussionsforum.

Dialyseauskunft.de

www.dialyseauskunft.de

GESUNDHEIT

Krankheiten/Osteoporose

Kuratorium Knochengesundheit e.V.
info@osteoporose.org

www.osteoporose.org
Tipps zur Prävention, Therapie und Rehabilitation von Osteoporose mit Arzt-Such-Service und Risikotest.

Osteoporose.com

www.osteoporose.com
Ausführliche Erklärungen zu Ursache, Behandlung, Diagnose und Vorbeugung von Osteoporose, einer häufigen Skelett-Erkrankung.

Initiative gegen Knochenschwund

osteoporose.msd.de
Die Initiative gegen Knochenschwund möchte mit gezielter Aufklärung über die Ursachen der Krankheit, die Risikofaktoren, die Merkmale und wie man sie lindern bzw. heilen kann, informieren. Auf der Web-Seite findet man alles rund um die Initiative selbst sowie einen Online-Fragebogen, damit man sich schnell und natürlich kostenlos über Möglichkeiten zur Früherkennung und wirksame Behandlung informieren kann.

Krankheiten/Parkinson

Deutsche Parkinson Vereinigung e.V.
info@parkinson-vereinigung.de

www.parkinson-vereinigung.de
Auskünfte der Selbsthilfevereinigung von der Entstehung der Krankheit bis zu ihrer Behandlung, Tipps für den Umgang im Alltag.

Proniere.de **www.proniere.de**

Anzeige

GESUNDHEIT

● **Parkinson-Web**
parkinson.info@gsk.com

www.parkinson-web.de
Die Informationsplattform bietet umfassende Informationen zu dem behandelbaren Krankheitsbild Parkinson. Die Deutsche Parkinson Vereinigung (dPV) sowie die Gertrudis Fachklinik unterstützt den seit 1999 bestehenden Gesundheitsdienst. Patientenfragen werden kostenfrei im Expertenforum beantwortet. **(Siehe Abbildung)**

Krankheiten/Prostata

● **Prostata Info**
prostata.info@gsk.com

www.prostata-info.de
Umfassende Informationen zur Problemzone Prostata für Patienten, Interessierte, Ärzte und Apotheker. **(Siehe Abbildung)**

prostata.de
info@prostata.de

www.prostata.de
Aktuelles zur Diagnose und Behandlung von Prostatakrebs. Die unterschiedlichen Behandlungsmethoden werden umfassend erklärt.

Krankheiten/Rheuma

Deutsche Rheuma-Liga
bv@rheuma-liga.de

www.rheuma-liga.de
Hilfs- und Selbsthilfegemeinschaft zu Rheuma (Arthrose, Arthritis, Fibromyalgie, kindliches Rheuma).

Rheuma-info
webmaster@pfizer.de

www.rheuma-info.de
Erklärungen zu den rheumatischen Krankheitsbildern und der Behandlung. Die Rückenschule bietet Übungen und einen Selbsttest.

rheuma-online
info@rheuma-online.de

www.rheuma-online.de
Tipps zu Therapien und Medikamenten für Rheuma-Patienten, außerdem Rheumalexikon und interaktive Krankheitstests.

Parkinson-Web   **www.parkinson-web.de**

GESUNDHEIT

Krankheiten/Rückenschmerzen

Bandscheibenvorfall.de

www.bandscheibenvorfall.de
Funktionsweise und Störungen der Wirbelsäule und der Bandscheiben mit Fallbeispielen, Behandlungsmethoden und Fachwörterbuch.

Finalgon.de
finalgon-info@ing.boehringer-ingelheim.com

www.finalgon.de
Wissenswertes zu Muskel-, Gelenk- und Nervenschmerzen und deren Behandlung. Informationen zur Finalgon-Creme/Salbe.

Hexenschuss
info@hexenschuss.de

www.hexenschuss.de
Das Gesundheitsportal rund um das Thema Rückenschmerz gibt Übungsanleitungen und Tipps für einen gesunden Rücken.

Krankheiten/Schilddrüse

Forum Schilddrüse e.V.
info@forum-schilddruese.de

www.forum-schilddruese.de
Aufklärende Artikel zu den verschiedenen Erkrankungen der Schilddrüse und den Behandlungsmöglichkeiten inklusive Lexikon.

Schilddruese.net

www.schilddruese.net
Überblick verschiedener Erkrankungen der Schilddrüse, Patientenratgeber sowie aktuelle wissenschaftliche Publikationen.

Krankheiten/Schlafstörungen

schlafkampagne.de
redaktion@schlafkampagne.de

www.schlafkampagne.de
Umfangreiches Link-Portal rund um die Themen: Schlafen, Träumen, Liegen und Entspannen.

Prostata Info   **www.prostata-info.de**

Gesundheit

Schlafmedizin.de
info@schlafmedizin.de

www.schlafmedizin.de
Online-Portal zum Thema Schlafen und Gesundheit mit Informationen zu Schlafstörungen, Schnarchen, Schlafwandeln, Albträume, Schlaflabor, SAS, CPAP-Therapie, Entspannung, Schlafschule, Selbsthilfe und Therapiemöglichkeiten. Der Shop enthält viele Produkte rund um das Thema Schlaf und Entspannung.
(Siehe Abbildung)

Therapie von Schlafstörungen
muellert@uni-muenster.de

www.schlafgestoert.de
Ursachen für Schlafstörungen, Therapien sowie Informationen zur Selbstdiagnose, zum Schlaflabor und Adressen von Anlaufstellen.

Krankheiten/Schlaganfall & Herzinfarkt

Deutsche Schlaganfall-Hilfe
info@schlaganfall-hilfe.de

www.schlaganfall-hilfe.de
Aufklärung zum Thema Schlaganfall: Ursachen, Warnzeichen und Risikofaktoren. Tipps zur Vorbeugung, Rat und Hilfe für Betroffene.

Krankheiten/Schmerzen

schmerz.de
service@hexal.de

www.schmerz.de
Hier kann man alles über Schmerzen erfahren, wie sie entstehen und wie man sie behandeln kann. Dazu gibt es Infos zu Arthrose.

Krankheiten/Schuppenflechte

Psoriasis-Netz

www.psoriasis-netz.de
Betroffene finden hier Informationen über die Krankheit sowie Behandlungsmethoden und Adressen von Kliniken und Kältekammern.

Schlafmedizin.de   **www.schlafmedizin.de**

GESUNDHEIT

Psoriasissupport.de
germanyinfo@biogen.de

www.psoriasissupport.de
Wissenswertes zum Thema: Arten, Schweregrade, Symptome sowie neueste wissenschaftliche Erkenntnisse.

Schuppenflechte

www.pso-online.de
Informationen für Betroffene und Interessierte zur Schuppenflechte und Vorstellung entsprechender Behandlungsmethoden.

Krankheiten/Tourette

Tourette Syndrom Homepage Deutschland
service@tourette.de

www.tourette.de
Erläuterungen zum Tourette Syndrom, einer neuropsychiatrischen Erkrankung und den Behandlungsformen.

Krankheiten/Zeckenstiche

Europäische Zeckeninformation
e.o.fischer@t-online.de

www.zeckenbiss-borreliose.de
Wichtige Hinweise zum Schutz vor Zecken, zur FSME, Borreliose und zum Krankheitsverlauf sowie weitere Hintergründe.

● **zecken.info**
com.service-center@chiron.com

www.zecken.info
Alles Wissenswerte zur Gefahr durch Zeckenstiche und zur Schutzimpfung gegen die Frühsommer-Meningoenzephaltis (FSME). Übersichtskarten zur Verbreitung des FSME-Virus in Risikogebieten (sog. Endemiegebiete). Pressebereich und Infoservice. **(Siehe Abbildung)**

Kuren

Baederkalender.de
info@baederkalender.de

www.baederkalender.de
Angebote für Erholungsurlaube und Wellnessprogramme. Suchfunktionen für Kurorte und Kliniken.

zecken.info   www.zecken.info

Gesundheit

Heilklimatische Kurorte Deutschlands
info@heilklima.de

www.heilklima.de
Direktsuche nach heilklimatischen Kurorten sowie ein Lexikon zum Thema Heilklima.

Kurortverzeichnis.de
info@margenet.de

www.kurortverzeichnis.de
Verzeichnis von Kur- und Erholungsorten mit ausführlichen Suchoptionen.

Kurreisen.de
info@reisewelten.org

www.kurreisen.de
Reiseangebote für den nächsten Kururlaub in die Tschechei, Slowakei, nach Polen, Österreich, Ungarn und Kroatien.

Männerheilkunde

Gesunde Mann, Der
info@pfizer.de

www.der-gesunde-mann.de
Wissenswertes über körperliche und seelische Gesundheitsprobleme des Mannes, wie Erektionsstörungen oder Bluthochdruck.

🔴 **Get-Back-On-Track**
info.getbackontrack@schering.de

www.get-back-on-track.com
Bei Männern kann es alters- oder krankheitsbedingt zu einem Testosteronmangel kommen. Diese Web-Seite informiert über die Möglichkeiten, durch eine Testosteron-Therapie langfristig die Lebensqualität zu erhalten. **(Siehe Abbildung)**

Testovital.de

www.testovital.de
Ausführliches zu Testosteronmangel und den möglichen Behandlungsformen. Tipps für ein gesünderes Leben und zur Vorsorge.

Vorzeitige Ejakulation
info@vorzeitige-ejakulation.de

www.vorzeitige-ejakulation.de
Alles zum Thema „vorzeitiger Samenerguss". Hier gibt es Hintergründe, Tipps, viele Auswege und Erfolgsberichte Betroffener.

Get-Back-On-Track www.get-back-on-track.com

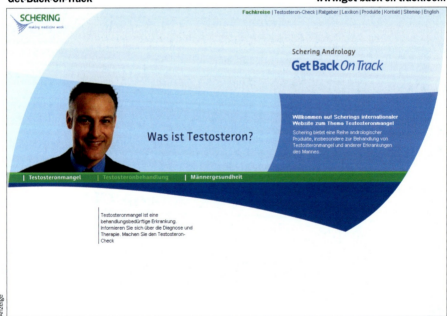

Anzeige

Massage

BesteCollection
www.beste-collection.de
Verschiedene Massagegeräte: Massagetiere, Augenmassage-Maske, Massagebürsten, Massagematten und Massagebälle mit Vibration.

Klangmassage-Therapie
info@klang-massage-therapie.de
www.klang-massage-therapie.de
Wissenswertes zu dieser Entspannungsmethode, um den Alltagsstress zu beseitigen. Dazu Termine zu Aus- und Weiterbildungsseminaren.

Massagedienst.de
info@massagedienst.de
www.massagedienst.de
Verzeichnis der Anbieter von alternativen und klassischen Massagen.

Medikamente/Online-Versand

🔴 **Deutsche Internet Apotheke**
internet@apothekeerftstadt.de
www.deutscheinternetapotheke.de
Die Deutsche Internet Apotheke bietet über 60.000 preisgünstige, rezeptfreie Originalarzneimittel an. Eine Online-Beratung und die Geld-zurück-Garantie sorgen für zusätzliche Sicherheit beim Einkauf. **(Siehe Abbildung)**

DocMorris
service@docmorris.com
www.docmorris.com
Europas große Versandapotheke bietet ein breites Sortiment an online bestellbaren Medikamenten.

Med-Markt
info@med-markt.de
www.med-markt.de
Online-Shop mit großer Produktpalette: Arzneimittel, Babyprodukte, Diabetikerbedarf, Krankenpflege und medizinische Geräte.

Deutsche Internet Apotheke   www.deutscheinternetapotheke.de

Gesundheit

mycare.de
info@mycare.de

www.mycare.de
mycare.de - die günstige Versandapotheke mit Preisvorteil bis zu 30%. Das Angebot umfasst neben Arzneimitteln auch Produkte für Gesundheit, Pflege, Fitness und Diabetikerbedarf.
(Siehe Abbildung)

Versandapo.de
post@versandapo.de

www.versandapo.de
Die Versand-Apotheke mit über 40.000 Artikeln, wie Diabetikerbedarf, Kosmetik und verschiedenste Medikamente.

Medizinbedarf

medishop.de
info@medishop.de

www.medishop.de
Produkte für den Bereich Ärzte- und Pflegebedarf: medizinische Geräte, Artikel zur Praxiseinrichtung sowie Pflegeartikel.

Med-Shopping
info@med-shopping.de

www.med-shopping.de
Shopping-Portal für Mediziner, Physiotherapeuten, Pflegeberufe und Gesundheitsbewusste.

Naturheilkunde

Deam
info@deam.de

www.deam.de
Ständig weiterentwickelte Online-Datenbank zu fast allen Bereichen der Naturheilkunde und Volksmedizin.

Naturheilkunde/Akupunktur

Akupunktur.de
info@akupunktur.de

www.akupunktur.de
Informationen zu Wirkungsweisen und Behandlungsfeldern der Akupunktur.

akupunktur-aktuell.de

www.akupunktur-aktuell.de
Allgemeine Informationen zu Wirkung und Anwendungsbereichen der Akupunktur sowie eine Adressenliste praktizierender Ärzte.

DÄGfA
info@daegfa.de

www.daegfa.de
Deutsche Ärzte-Gesellschaft für Akupunktur. Umfangreiche Adressliste von Akupunkturärzten sowie Kongress- und Kurstermine.

Naturheilkunde/Arzneimittel

Klosterfrau
postoffice@klosterfrau.de

www.klosterfrau.de
Neben Unternehmens- und Produktinformationen findet man hier ein Magazin, Gesundheitstipps und Online-Spiele.

Kneipp
info@kneipp.de

www.kneipp.de
Informationen zu pflanzlichen Inhaltsstoffen der Kneipp-Produkte und Geschichtliches zur Kneipp-Philosophie.

Pflüger
info@pflueger.de

www.pflueger.de
Allgemeines zur Homöopathie mit Patientenforum, Ratgebern und Fachinformationen.

Phytopharmaka
info@medizin-foren.de

www.phyto-forum.de
Pflanzliche Arzneimittel zur Selbstmedikation.

Sidroga GmbH
vertrieb@sidroga.de

www.sidroga.com
Apothekenexklusive Arzneitees und pflanzliche Arzneimittel zur Selbstmedikation.

WALA Arzneimittel
info@wala.de

www.walaarzneimittel.de
Infos über WALA Arzneimittel und anthroposophische Medizin. Auskünfte über Beschwerden von A bis Z, Anwendungshinweise, Präparateverzeichnis.

GESUNDHEIT

Naturheilkunde/Atemtherapie

Atemtherapie.com

www.atemtherapie.com
Interessantes über die Atemtherapie. Fachartikel, Kursangebote, Behandlungsformen und Atemübungen.

Atemtherapie-karlsruhe.de
atemtherapie@web.de

www.atemtherapie-karlsruhe.de
Neben einem breiten Kursangebot erhält man eine kurze Einführung in die Atemwegstherapie sowie Übungen zur Selbsttherapie.

Erfahrbarer-atem.de
helge.langguth@t-online.de

www.erfahrbarer-atem.de
Seminarangebote sowie ausführliche Hinweise über die Behandlungsmethoden des Erfahrbaren Atems nach Prof. Ilse Middendorf.

Naturheilkunde/Ayurveda

Awakening Ayurveda
info@awakening-ayurveda.de

www.awakening-ayurveda.de
Geschichtliche und medizinische Informationen und Produkte zu Ayurveda.

Ayurveda Portal
kontakt@ayurveda-portal.de

www.ayurveda-portal.de
Eine umfassende Plattform mit Informationen und Austauschmöglichkeiten für Ayurveda-Interessierte.

Deutsche Gesellschaft für Ayurveda e.V.
info@ayurveda.de

www.ayurveda.de
Ayurveda-Grundlagen, medizinische Artikel, Adressen von Ärzten, Kurhäusern sowie Ayurveda-Produkte und Fachliteratur.

Maharishi Ayurveda
mtc@ayurveda-produkte.de

www.ayurveda-produkte.de
Praktische Tipps für das innere Gleichgewicht. Shop mit umfangreichem Sortiment original ayurvedischer Produkte.

GESUNDHEIT

Naturheilkunde/Bachblüten-Therapie

Bachblueten-versand.info
info@ms-naturprodukte.de

www.bachblueten-versand.info
Naturmittel wie Blütenmittel-Grundstoffe, aus denen Salben, Kosmetika oder Aromamittel hergestellt werden können.

Bachblüten-Therapie
bach-blueten@gwx.de

www.bach-blueten-therapie.de
Interessantes rund um die Bachblüten-Therapie, Bachblüten und ihre Wirkungsweise sowie ein Forum zum Erfahrungsaustausch.

Naturheilkunde/Biophysikalische Informationstherapie

Internationale Ärzte-Gesellschaft für BIT
info@bit-org.de

www.bit-org.de
Medizingeschichtliche Hintergründe der Biophysikalischen Informationstherapie, Diagnostik und therapeutisches Vorgehen.

Naturheilkunde/Heilkräuter

● **Bad Heilbrunner Gesundheitsdatenbank**
info@tee.org

www.tee.org
Informationen zu über 200 Heilpflanzen, wichtigen Vitaminen, Mineralstoffen und Spurenelementen. Über die alphabetische Reihenfolge oder eine Schlüsselwortsuche findet man schnell das helfende Kraut, das ausführlich beschrieben wird.
(Siehe Abbildung)

Heilkräuter
info@heilkraeuter.net

www.heilkraeuter.de
Kräuterlexikon mit Steckbrief zu jeder Pflanze über Heilwirkungen und Inhaltsstoffe sowie Rezepte für Tees, Öle und Salben.

Heilpflanzen-Welt
webmaster@heilpflanzen-welt.info

www.heilpflanzen-welt.de
Informationen rund um Heilpflanzen, Naturheilkunde und Phytotherapie für Interessierte, Heilpraktiker, Apotheker und Ärzte.

Bad Heilbrunner Gesundheitsdatenbank   **www.tee.org**

GESUNDHEIT

Naturheilkunde/Heilpraktiker

Fachverband Deutscher Heilpraktiker e.V.
fdh-bonn@t-online.de

www.heilpraktiker.org
Fachartikel, Therapeutensuche, Bibliothek, Ausbildung und Fortbildung sowie Mitglieder-Web-Seiten.

Freie Heilpraktiker e.V.
brsfh@t-online.de

www.freieheilpraktiker.com
Fragen zu Naturheilkunde, natürlicher Lebensweise, Gesundheit, Krankheit, Diagnostik, Therapie sowie Ausbildungskurse.

Praktische-Medizin.de
info@praktische-medizin.de

www.praktische-medizin.de
Heilpraktiker-Portal, in dem naturheilkundliche Therapien erläutert werden.

🔴 **ProVital® Gesundheits- und Naturheilzentrum**
praxis@provital-online.de

www.provital-online.de
Auf dieser Seite finden sich zahlreiche Informationen über Naturheilverfahren und natürliche Behandlungsmöglichkeiten vieler „Volkskrankheiten" sowie Ratgeberbücher. **(Siehe Abbildung)**

Union Deutscher Heilpraktiker e.V.
u.d.h@t-online.de

udh-bundesverband.de
Berufsordnung für Heilpraktiker und Infos zu Aus- und Weiterbildung.

ProVital® Gesundheits- und Naturheilzentrum   **www.provital-online.de**

Anwendungsbereiche

für die im ProVital Gesundheits- und Naturheilzentrum Stromberg (Hunsrück) angebotenen Kur- und Therapiemaßnahmen:

- Schmerzhafte Erkrankungen aller Art
- Abnutzungsbedingte (degenerative) oder entzündliche Erkrankungen des Bewegungsapparates
- Rheumatische Erkrankungen
- Gelenkentzündungen (Arthritis) und Gelenkabnutzung (Arthrose)
- Erkrankungen der Wirbelsäule wie Bandscheibenveränderungen, Wirbelschiefstand, Osteoporose (Knochenentkalkung) usw.
- Neuralgien (Nervenschmerzen) in Armen und Beinen (z. B. Ischias)
- Gesichtsneuralgien (z. B. Trigeminus)
- Kopfschmerz und Migräne
- Vorzeitige Alterungsprozesse
- Allgemeine Leistungsschwäche körperlicher und geistiger Art

- Verdauungsstörungen
- Erkrankungen innerer Organe wie z.B. Galle.
- Folgen übergroßer Stressbelastungen
- Nervöse Störungen
- Allgemeine Abwehrschwäche
- Infektanfälligkeit
- Allergische Erkrankungen
- Schilddrüsenstörungen
- und vieles Andere

Links im Überblick
Für Text und Inhalt aller verlinkten Seiten übernehmen wir keine Haftung!

Therapievorschläge

- Homöopathie
- Sauerstofftherapie
- Organextrakte
- Chiropraktik
- Neuraltherapie
- Ozon-Therapie

Anzeige

GESUNDHEIT

Naturheilkunde/Heilpraktiker/Heilpraktikerschulen

Akademie für Ganzheitsmedizin Heidelberg
info@a-f-g.de

www.a-f-g.de
Intensiv-Ausbildungen zum Heilpraktiker und Fachausbildungen in Anthroposophischer Heilkunde, Klassische Homöopathie, Psychotherapie-HPG und mehr an der Akademie für Ganzheitsmedizin Heidelberg. Dieses Konzept bietet eine Verbindung von Schulmedizin und Naturheilverfahren in Theorie und Praxis.
(Siehe Abbildung)

Deutsche Paracelsus Schulen

www.paracelsus.de
Heilpraktikerschule, Schule für Fachtherapeuten, Psychotherapie und naturheilkundliches Seminarzentrum.

Naturheilkunde/Homöopathie

Homöopathie-Forum
info@homoeopathie-forum.de

www.homoeopathie-forum.de
Bundesweites Therapeutenverzeichnis, Fachfortbildungskalender, Praxistipps und eine Patientenzeitschrift.

WalaVita
info@walavita.de

www.walavita.de
WalaVita steht für Präparate zur natürlichen Gesundheitspflege, z.B. Zahnpflege. Denn Krankheit zu vermeiden, indem man seiner Gesundheit mehr Fürsorge widmet, wird immer wichtiger. WalaVita ergänzt ideal die beiden bewährten Marken der WALA: Dr.Hauschka Kosmetik und WALA Arzneimittel.
(Siehe Abbildung)

Naturheilkunde/Hypnose

Hypnose-lernen.de

www.hypnose-lernen.de
Hypnoseforum mit Angaben zu Voraussetzungen, Gefahren und Arten der Hypnose, dazu Bilder und Seminarangebote.
(Siehe Abbildung)

Akademie für Ganzheitsmedizin Heidelberg　　　　　　　　　**www.a-f-g.de**

GESUNDHEIT

WalaVita   www.walavita.de

Hypnose-lernen.de   www.hypnose-lernen.de

GESUNDHEIT

Deutsche Gesellschaft für Hypnose e.V.

www.hypnose-dgh.de
Fragen und Antworten zu Anwendungsgebieten der Hypnose im psychotherapeutischen und medizinischen Bereich, Therapeutenliste.

Hypnopower
info@web-karten.de

www.hypnopower-seminare.de
Mit Hypnose ein für allemal zum Nichtraucher werden oder überflüssige Pfunde verlieren. Hier erfährt man die Seminartermine.

Hypnose-shop.de
info@hypnose-shop.de

www.hypnose-shop.de
Fachversand für Hypnose-CDs zur Selbsthypnose, dazu ätherische Öle, Räucherstäbchen, Nebelbrunnen und Pendel.

Naturheilkunde/Kinesiologie

Kinesiologen.de

www.kinesiologen.de
Informationen und Adressen zur Kinesiologie.

● **Kinesiologie-Akademie**
info@kinesiologie-akademie.de

www.kinesiologie-akademie.de
Die Internationale Kinesiologie Akademie - IKA bietet Seminare und Ausbildungen in klassischen Richtungen an sowie „Spezialisierte Kinesiologie", „Feinenergetische Testmethoden" namhafter Referenten (anerkannte, internationale Standards mit Zertifikat). **(Siehe Abbildung)**

LightEye
elke@lighteye.de

www.lighteye.de
LightEye - ganzheitlich denken und handeln: Infos über angewandte Kinesiologie - Methode, Ausbildung, Erfahrungen und Adressen.

Naturheilkunde/Verbände

Deutscher Naturheilbund e.V.
info@naturheilbund.de

www.naturheilbund.de
Dachverband von ca. 80 örtlichen Naturheilverbänden mit ausgewählten Gesundheitstipps.

Zentralverband der Ärzte für Naturheilverfahren
zaen-freudenstadt@t-online.de

www.zaen.org
Portal für ärztliche Naturheilverfahren und Komplementärmedizin. Informationen, Kongresse, ärztliche Fort- und Weiterbildung.

Organisationen

Bundeszentrale für gesundheitliche Aufklärung
poststelle@bzga.de

www.bzga.de
Aufklärungskampagnen zur Suchtvorbeugung, Sexualleben, Familienplanung, Nichtraucherschutz, Aids, Blut- und Organspende.

Deutsches Grünes Kreuz e.V.
dgk@kilian.de

www.dgk.de
Elterninformationen des Deutschen Grünen Kreuzes über das Problem Bettnässen; mit Kontaktadresse für ärztlichen Rat.

Robert Koch-Institut
zentrale@rki.de

www.rki.de
Infos zu Infektionskrankheiten, biologischer Sicherheit, Gesundheitsberichterstattung und Impf-Prävention.

Anmeldung Ihrer Web-Seite für das Web-Adressbuch: www.mw-verlag.de

GESUNDHEIT

Organspende

Deutsche Stiftung Organtransplantation
presse@dso.de

www.dso.de
Die Deutsche Stiftung Organtransplantation ist die bundesweite Koordinierungsstelle für Organspende und -transplantation.

Organspende Kampagne
info@bzga.de

www.organspende-kampagne.de
Informationen zur Organspende, Broschüren zum Bestellen, der Organspendeausweis zum Ausdrucken sowie weiterführende Links.

Pflegedienst

Online Netzwerk
info@onlinenetzwerk.de

www.onlinenetzwerk.net
Die Spezialsuchmaschine für Pflege, Soziales und Gesundheit.

Pflegedienst.de
info@unfallopfer-hilfswerk.de

www.pflegedienst.de
Online-Datenbank mit über 6.000 Pflegediensten in ganz Deutschland.

Pflegedienstfuehrer.de
info@pflegedienstfuehrer.de

www.pflegedienstfuehrer.de
Pflegedienstführer, Pflegehilfsmittel, Lexikon, Tipps und Links.

Pflegeheim.de
info@pflegeheim.de

www.pflegeheim.de
Umfassende Datenbank mit über 7.000 Pflegeheimen in ganz Deutschland, aktuelle News und ausführliche Beiträge für Betroffene und pflegende Angehörige.

Pharmazie & Chemie/Hersteller

Abbott GmbH & Co. KG
info.de@abbott.com

www.abbott.de
Vorstellung des Unternehmens und seiner Bereiche sowie pharmazeutischer Produkte und Informationsbroschüren zum Downloaden.

Kinesiologie-Akademie   **www.kinesiologie-akademie.de**

Anzeige

GESUNDHEIT

Altana Pharma
customerservice@altanapharma.de

www.altanapharma.de
Der Konzern präsentiert sich und seine Erfolgsgeschichte und hält Informationen zur Vorbeugung und Therapie unterschiedlicher Therapiefelder für Patienten und Ärzte bereit. Außerdem eine Adressenliste verschiedener Selbsthilfegruppen in Deutschland. **(Siehe Abbildung)**

Amgen
info@amgen.de

www.amgen.de
Informationen von AMGEN für Patienten, Ärzte und Apotheker sowie aktuelle Links zu medizinischen und pharmazeutischen Seiten.

AstraZeneca GmbH
info@astrazeneca.de

www.astrazeneca.de
Diskussionsfragen zu diversen medizinischen Themen.

Aventis Pharma
callcenter@aventis.com

www.aventis.de
Auskunft über das Unternehmen, Forschung und Entwicklung sowie aktuelle Jobs. Foren zu Krankheitsbildern und Therapieformen.

Bayer
info@bayer.de

www.bayer.de
Informationen über den Konzern sowie Aktuelles zu Sport, Fun, Gesundheit, Landwirtschaft, Polymere und Chemie.

Bayer Vital
bayer-vital@bayer-ag.de

www.bayervital.de
Umfangreiche Informationen des forschenden Healthcare-Unternehmens mit Wissenswertem über Gesundheitsprodukte aus den Bereichen Medizin, Tiergesundheit und Diagnostik. Ergänzt durch ein hochwertiges Serviceangebot für Ärzte, Apotheker und Patienten. **(Siehe Abbildung)**

Boehringer Ingelheim Deutschland
presse@boehringer-ingelheim.de

www.boehringer-ingelheim.de
Kerngeschäfte von Boehringer Ingelheim sind Humanpharma mit den Segmenten Praxis, Klinik, Selbstmedikation, Biopharmazeutika, Chemikalien und Tiergesundheit. **(Siehe Abbildung)**

Altana Pharma — www.altanapharma.de

GESUNDHEIT

Bayer Vital — www.bayervital.de

Boehringer Ingelheim Deutschland — www.boehringer-ingelheim.de

GESUNDHEIT

Dr. Mann Pharma
dmp@bausch.com

www.mannpharma.de
Das Gesundheitsportal des Pharmaunternehmens, spezialisiert auf Augenheilkunde, befasst sich mit Themen rund ums Auge.

Duopharm

www.duopharm.de
Aktuelle Servicemeldungen, Möglichkeit zur Bestellung von Broschüren und Informationen zum Unternehmen.

Engelhard Arzneimittel
info@engelhard-am.de

www.engelhard-am.de
Philosophie, Firmenchronik, Stellenangebote und die gesamte Produktpalette von Engelhard Arzneimitteln werden präsentiert.

Essex Pharma GmbH
info@essex-pharma.de

www.essex.de
Produkt-, Fach- und Grundinformationen der Firma Essex Pharma.

Fumedica Arzneimittel
fumedica@fumedica.de

www.fumedica.de
Pressemitteilungen und Firmenporträt von Fumedica sowie Erläuterungen zur Medizintechnik und Ratgeber zur Schuppenflechte.

● **GlaxoSmithKline**
service.info@gsk.com

www.glaxosmithkline.de
GlaxoSmithKline - eines der weltweit führenden forschungsorientierten Arzneimittel- und Healthcare-Unternehmen - engagiert sich für die Verbesserung der Lebensqualität, um Menschen ein aktiveres, längeres und gesünderes Leben zu ermöglichen.
(Siehe Abbildung)

Heumann Pharma
info@heumann.de

www.heumann.de
Vorstellung der Produkte von Heumann mit Erläuterungen für Ärzte, Apotheker und Patienten.

GlaxoSmithKline   www.glaxosmithkline.de

GESUNDHEIT

● **HEXAL AG** service@hexal.de	**www.hexal.de** Übersichtliche und interessante Seiten mit medizinischen Links, Stellenangeboten, Medizin-Nachrichten, nützlichen Tipps zur Gesundheit und eigener Vorstellung des Unternehmens sowie viele Gesundheitsbroschüren zur kostenlosen Bestellung. **(Siehe Abbildung)**
Janssen Cilag jancil@jacde.jnj.com	**www.janssen-cilag.de** Allgemeines zum Unternehmen, Produktübersicht, Fach- und Presseservice sowie Patientenforum.
Jenapharm info@jenapharm.de	**www.jenapharm.de** Angaben für Verbraucher und Fachkreise über das Unternehmen.
kohlpharma	**www.kohlpharma.com** Informationen von kohlpharma zu importierten Arzneimitteln, den sogenannten „Euro-Arzneimitteln", für Patienten und Experten.
Lichtenstein Pharmazeutica	**www.lichtenstein-pharma.de** Vorstellung von Produkten, Serviceangebote, wie der BMI-Calculator und Informationen für Fachleute und Laien.
Lichtwer Pharma AG info@lichtwer.de	**www.lichtwer.de** Übersicht über die Tätigkeitsbereiche des Unternehmens.
Lundebeck	**www.lundbeck.de** Das Unternehmen forscht zur Behandlung von Krankheiten des Zentralen Nervensystems und bietet viele Infos für Betroffene.
madaus.de info@madaus.de	**www.madaus.de** Informationen über Philosophie und Produkte des Phyto-Pharmaherstellers mit Pflanzendatenbank und Pflanzengalerie.
Merck KGaA service@merck.de	**www.merck.de** Wissenswertes über die Merck Gruppe: Informationen für Ärzte, Apotheker, Patienten, Laboratorien, Aktionäre und Journalisten.

HEXAL AG www.hexal.de

Anzeige

Gesundheit

Lilly Pharma

www.lilly-pharma.de
Informationen zu Diabetes, Osteoporose, Krebs, Erektionsstörungen, ADHS, Harninkontinenz und psychiatrischen Erkrankungen. Fachinformationen zu Lilly-Medikamenten für Ärzte, Apotheker und Medizin-Journalisten. **(Siehe Abbildung)**

Merz + Co. GmbH & Co.
merzpr@merz.de

www.merz.de
Forschendes Health-Care Unternehmen mit den Kernkompetenzen: Zentrales Nervensystem, Stoffwechsel und Selbstmedikation.

Mundipharma
info@mundipharma.de

www.mundipharma.de
Ausführliche Informationen zu den Produkten, Aktivitäten und Serviceangeboten von Mundipharma.

Novartis
novartis.online@pharma.novartis.com

www.novartis.de
Portal für Patienten und Fachpublikum zu Gesundheit und Pharmazie.

Novo Nordisk Pharma GmbH
KD_Service@novonordisk.com

www.novonordisk.de
Firmenporträt von Novo Nordisk und Informationen zu Diabetes mit ergänzenden Links. **(Siehe Abbildung)**

Organon Deutschland
info@organon.de

www.organon.de
Angaben zum Unternehmen, seinen Produkten und aktuellen Veranstaltungen.

Pascoe Naturmedizin
webmaster@pascoe.de

www.pascoe.de
Patienten-Handbuch und Nachschlagewerk der Naturheilmittel. In der entsprechenden Rubrik werden aktuelle Thematiken behandelt.

Pfizer GmbH
info@pfizer.de

www.pfizer.de
Unternehmen, Stellenbörse, Gesundheitsdienste zu Herz-Kreislauf, Cholesterin, Rheuma, Schmerz, Epilepsie, Depression, Alzheimer, HIV, Infektionen, Erektionsstörungen, Expertenprogramme für Ärzte und Apotheker. **(Siehe Abbildung)**

Lilly Pharma www.lilly-pharma.de

GESUNDHEIT

Novo Nordisk Pharma GmbH   www.novonordisk.de

Pfizer GmbH   www.pfizer.de

GESUNDHEIT

Ratiopharm GmbH
info@ratiopharm.de

www.ratiopharm.de
Umfangreiche News, Foren, ein Lexikon zu verschiedenen Krankheiten und Informationen zu den Produkten von Ratiopharm.

● **Roche Deutschland Holding GmbH**
grenzach.allgemein@roche.com

www.roche.de/pharma
Beschreibung der Krankheitsbilder (Patientenbereich) und Therapien (Arztbereich) mit Schwerpunkt Krebsforschung, Nieren- und Herzerkrankungen, Infektionskrankheiten (Deutschland-Grippekarte), Neurologie, Übergewicht, Organtransplantation.
(Siehe Abbildung)

● **Sandoz Pharmaceuticals GmbH**
info@sandoz.de

www.sandoz.de
Sandoz bietet interessante Informationen zu vielen Krankheitsbildern und zu den rund 120 Wirkstoffen des Generika-Anbieters. **(Siehe Abbildung)**

Schering AG

www.schering.de
Wissenswertes über das Unternehmen und seine Schwerpunkte sowie Stellenausschreibungen, Investorenforum und Presse-News.

Schwarz Pharma
service@schwarzpharma.com

www.schwarzpharma.de
Hintergründe für Patienten, Fachkreise, Presse und Investoren zum Unternehmen und seinen Präparaten.

● **STADA Arzneimittel AG**
info@stada.de

www.stada.de
Unternehmensprofil, Investoren- und Presse-Service, Produkt- und Gesundheitsinfos, Broschüren und Ratgeber, englischer Bereich, Service für Fachkreise. **(Siehe Abbildung)**

Steigerwald Arzneimittelwerk GmbH
info@steigerwald.de

www.steigerwald.de
Informationen über pflanzliche Arzneimittel und Heilpflanzen sowie Gesundheitstipps.

Strathmann AG
info@strathmann.de

www.strathmannag.de
Aktuelle Meldungen zu Gesundheitsthemen, Firmenporträt und Stellenbörse.

Roche Deutschland Holding GmbH www.roche.de/pharma

GESUNDHEIT

Sandoz Pharmaceuticals GmbH **www.sandoz.de**

STADA Arzneimittel AG **www.stada.de**

Gesundheit

TAD Pharma
info@tad.de

www.tad.de
TAD gibt Auskunft über das Unternehmen, Produkte und deren Anwendungsgebiete.

● **Takeda Pharma**
info@takeda.de

www.takeda.de
Informationen über die Indikationsgebiete Bluthochdruck, Diabetes, Prostatakarzinom, Endometriose und über das Unternehmen. **(Siehe Abbildung)**

Ursapharm Arzneimittel GmbH & Co. KG
impressum@ursapharm.de

www.ursapharm.info
Angaben zum Unternehmen, zur Produktpalette und zu allgemeinen Gesundheitsthemen.

Wala Heilmittel GmbH
info@wala.de

www.wala.de
Infos zur WALA Heilmittel GmbH: Hersteller der WALA Arzneimittel, Dr.Hauschka Kosmetik und WalaVita zur Gesundheitspflege.

● **Whitehall-Much GmbH**
mumsinfo@wyeth.com

www.whitehall-much.de
Informationen zu den rezeptfreien Arznei- und Nahrungsergänzungsmitteln von Whitehall-Much für Patienten und Fachkreise. **(Siehe Abbildung)**

Wyeth Pharma
info@wyeth.de

www.wyeth.de
Unternehmensprofil, Gesundheitslexikon und Fachinformationen.

Psychiatrie

● **Psychiatrie aktuell**
kontakt@psychiatrie-aktuell.de

www.psychiatrie-aktuell.de
Einstiegsportal in die Welt der Psychiatrie. Umfassende aktuelle, wissenschaftlich fundierte Informationen zu Ursache und Therapie psychiatrischer Erkrankungen für Betroffene, Angehörige, Ärzte, med. Personal und Studenten. Viele nützliche Services. **(Siehe Abbildung)**

Takeda Pharma www.takeda.de

GESUNDHEIT

Whitehall-Much GmbH www.whitehall-much.de

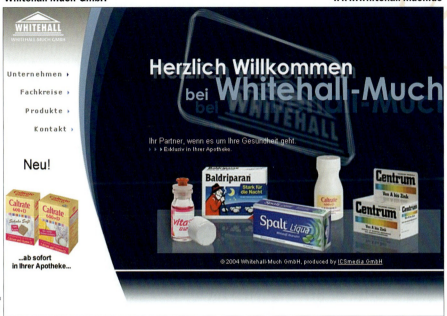

Psychiatrie aktuell www.psychiatrie-aktuell.de

Gesundheit

Borderline-plattform.de
webmasterin@borderline-plattform.de

www.borderline-plattform.de
Plattform mit vielen Informationen und Tipps zu Borderline-Störungen und Übersicht über Fachkliniken und Ansprechpartner.

Psychotherapie

Psychotherapie
redaktion@psychotherapie.de

www.psychotherapie.de
Zeitschrift zur Psychotherapie, Psychoanalyse und Verhaltenstherapie.

therapie.de
info@therapie.de

www.therapie.de
Portal mit spezieller Psychotherapeuten-Suche und vielen Informationen über Therapieformen und Links zu Selbsthilfen.

Selbstmedikation

BAH
bah@bah-bonn.de

www.arzneimittelscout.de
Übersichtliche Infos zu Krankheiten und den dazugehörigen Arzneimitteln, Tipps zur Selbstmedikation und zu Heilpflanzen.

Kytta
www@kytta.de

www.kytta.de
Umfassende Aufklärung zu pflanzlichen Arzneimitteln, den sogenannten Phytopharmaka.

Umweltmedizin

Umweltmedizin.de
info@promedico.de

www.umweltmedizin.de
Hintergrundartikel, Studien, Termine, Links, Suchmaschinen, Adressen von Ärzten, Literaturtipps und Produkte für Allergiker.

Unfälle

Johanniter, Die
info@johanniter.de

www.johanniter.de
Internet-Präsentation der Johanniter mit Adressen, Fachdiensten, Jugendarbeit und „Johanniter International".

Prävention Online
info@praevention-online.de

www.praevention-online.de
Der unabhängige Marktplatz für Arbeitsschutz, Gesundheitsschutz, Umweltschutz und Qualität.

Unfallopfer-Hilfswerk
info@unfallopfer-hilfswerk.de

www.unfallopfer-hilfswerk.de
Unterstützung für behinderte Menschen, die durch Unfälle in Not geraten sind. Plus: Handicap-Reisebörse und Fahrzeugvermietung.

Unfälle/Erste Hilfe

Erstehilfeonline.de
info@erstehilfeonline.de

www.erstehilfeonline.de
Erkennen, Überlegen, Handeln. Hier erhält man Tipps und wichtige Informationen für ein schnelles Helfen in Notfällen.

Unfälle/Gift

Giftinformationszentralen

www.giftinfo.de
Übersicht über Giftinformationszentralen, Gifte und Antidote. Beschreibung giftiger Pflanzen und Hausmittel zur Erstversorgung.

Unfälle/Produkte

Hansaplast.de
hansaplast@beiersdorf.com

www.hansaplast.de
Neben Auskünften über die Produktpalette gibt es Tipps zur Behandlung von Verletzungen sowie Informationen zur Vorbeugung.

Gesundheit

Hartmann online
info@hartmann.info

www.hartmann.info
Medizin- und Hygieneprodukte von Hartmann sowie ein Ratgeber zum Thema Gesundheit und Online-Bestellservice für Großkunden.

Urologie

Urologe online
info@urologe-online.com

www.urologe-online.com
Informationen über urologische Erkrankungen, Diagnosen und Behandlungen. Antworten auf häufige Fragen und Urologendatenbank.

Urologenportal.de
info@urologenportal.de

www.urologenportal.de
Aktuelles, Urologensuche, Selbsthilfegruppen, Lexikon, Buchempfehlungen, Patientenratgeber, Vorstellung des BVDU und der DGU.

Verhaltensauffälligkeiten

Altern in Würde
altern@kilian.de

www.altern-in-wuerde.de
Nützliche Informationen zu Ursachen und Behandlung der Verhaltensauffälligkeiten einer Demenz bzw. der Alzheimer-Krankheit.

Verhütung

3-Monats-Verhütung von Schering
sdg.gynaekologie@schering.de

www.noristerat.de
Hier gibt es alle wichtigen Informationen rund um das Thema 3-Monats-Verhütung wie Erläuterungen zur Wirkweise und Anwendung.

● **By-Choice-Not-Chance**
info.by-choice-not-chance@schering.de

www.by-choice-not-chance.com
Diese Seite bietet einen umfassenden Überblick über die verschiedenen Methoden der Verhütung und erläutert die Vor- und Nachteile hormonaler und nicht-hormonaler Kontrazeptiva.
(Siehe Abbildung)

By-Choice-Not-Chance — **www.by-choice-not-chance.com**

Anzeige

Gesundheit

Verhütung/Verhütungsmittel/Kondome

Billy Boy
info@condome.de

www.billy-boy.com
Condom-Vielfalt, Anwendungstipps, Online-Games, Handylogos und Bildschirmschoner zum Downloaden. Mit Condom-Führerschein.

● **Condome.de**
info@condome.de

www.condome.de
Hier wird das gesamte Sortiment der Mapa-Condome (BILLY BOY & Co.) vorgestellt, welches man im Shop gleich online bestellen kann. Außerdem gibt es Infos zu Herstellung, Geschichte und Anwendung von Condomen. **(Siehe Abbildung)**

condomi
info@condomi.com

www.condomi.com
Alles Wissenswerte über das Kondom, seine Geschichte und die Produktpalette von condomi zum Online-Bestellen.

● **Durex.de**
info@durex.de

www.durex.de
Infos über das Unternehmen und die Durex-Kondome, monatliches Gewinnspiel, Tipps zur Kondomanwendung und Umfrageergebnisse. **(Siehe Abbildung)**

Kondomberater
team@kondomberater.de

www.kondomberater.de
Der virtuelle Kondomberater hilft, in Ruhe und anonym ein maßgeschneidertes Kondom zu finden.

Ritex Kondome
ritex@ritex.de

www.ritex.de
Alles zu den Produkten von Ritex. Gebrauchsanweisung, Pannenhilfe und Infos zur Latex-Allergie bei Verwendung von Kondomen.

Verhütung/Verhütungsmittel/Pille

● **yasmin.de von Schering**
sdg.gynaekologie@schering.de

www.yasmin.de
Grundlegende Fakten zum Umgang mit der Pille, ein umfassendes Lexikon und themenverwandte Links. **(Siehe Abbildung)**

Condome.de   www.condome.de

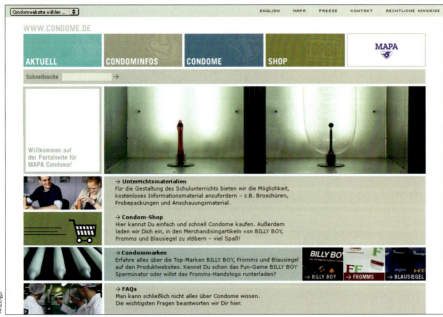

GESUNDHEIT

Durex.de — www.durex.de

yasmin.de von Schering — www.yasmin.de

GESUNDHEIT

Die Pille danach
sdg.gynaekologie@schering.de

www.die-pille-danach.com
Ungeschützter Geschlechtsverkehr oder Kondom gerissen – hier hilft die Pille danach. Infos zu Sicherheit und Wirkung.

Pille
info@organon.de

www.pille.de
Ausführliche Beratung zum optimalen Empfängnisschutz. Rat und Hilfe bei allen Fragen zum Thema Sexualität und Verhütung.

Pille.com von Schering
sdg.gynaekologie@schering.de

www.pille.com
Seite für Jugendliche: Virtuelle Ratgeber beantworten Fragen zu Verhütung, Liebe und Sexualität.

Verhütung/Verhütungsmittel/Spirale

● **Mirena.de von Schering**
sdg.gynaekologie@schering.de

www.mirena.de
Infos zur Hormonspirale. Die Seite informiert über die Verhütung mit der Hormonspirale (oder Intrauterin-System) und beantwortet Fragen rund um die Verhütung. **(Siehe Abbildung)**

Verhütung/Verhütungsmittel/Vaginalring

● **Nuvaring.de**
info@organon.de

www.nuvaring.de
Detaillierte Informationen und Serviceangebote zum Vaginalring, die erste hormonelle Verhütungsmethode, die nur einmal im Monat angewendet werden muss. Die Seiten richten sich an Interessierte und Anwenderinnen, an Ärzte, Apotheker und an die Medien. **(Siehe Abbildung)**

Mirena.de von Schering　　　　　　　　　　　　　　　www.mirena.de

Gesundheit

Veterinärmedizin

Deutsche Veterinärmedizinische Gesellschaft
info@dvg.net

www.dvg.net
Zweck der DVG e.V. ist satzungsgemäß die Förderung und Nutzung der tierärztlichen Wissenschaft.

Tierärzte-Verzeichnis
redaktion@tiermedizin.de

www.tierarzt.org
Suche nach Veterinären oder Spezialisten in bestimmten Fachdisziplinen der Tiermedizin.

Tiermedizin
redaktion@tiermedizin.de

www.tiermedizin.de
Diese Seiten enthalten Informationen für Tierärzte, Tierbesitzer, Tierzüchter und über das Studium der Tiermedizin.

Wechseljahre

Climodien.de von Schering
sdg.gynaekologie@schering.de

www.climodien.de
Diese Seite informiert über das körperliche und seelische Befinden während der Wechseljahre und zeigt Wege in die Harmonie auf.

Wechseljahre, Die

www.wechseljahre.com
Informationen rund um die Wechseljahre, deren Ursachen und ihre Behandlungsmöglichkeiten - sowohl für die Patientin als auch für Ärzte.

Wechseljahre des Mannes

www.wechseljahre-des-mannes.de
Beschreibung der Symptome bei den Wechseljahren des Mannes.

Nuvaring.de

www.nuvaring.de

GESUNDHEIT

● **Menopause-Infoline**
info.menopause-infoline@schering.de

www.menopause-infoline.com
Die Wechseljahre sind ein natürlicher Bestandteil des weiblichen Lebenszyklus. Dennoch kann die Hormonumstellung in dieser Zeit Beschwerden verursachen und Krankheiten begünstigen. Diese Seite informiert, wie auch in den Wechseljahren das körperliche und seelische Wohlbefinden erhalten werden kann. **(Siehe Abbildung)**

Yoga

Transzendentale Meditation
info@meditation.de

www.meditation.de
Wissenswertes zur Transzendentalen Meditation, die ihren Ursprung in der Vedischen Tradition Indiens hat.

Yoga
presse@yoga-yoga.de

www.yoga-yoga.de
Dieses Info-Portal bietet Anleitungen zu Yoga-Übungen, Berichte zu verschiedenen Yoga-Stilen und Termine für Kurse.

Yoga.de
info@yoga.de

www.yoga.de
Der Berufsverband der Yogalehrenden stellt sich und seine Arbeit vor.

Zahnmedizin

● **DeguDent GmbH**
info@degudent.de

www.degudent.de
Informationsportal für Zahntechniker und Zahnärzte. Umfangreiche Informationen zum Unternehmen und seiner Dentalprodukte. Großes Angebot an Online-Services und Internet-Shop für Online-Bestellungen. **(Siehe Abbildung)**

DentraNet
info@dentranet.de

www.dentranet.de
Informations-, Kommunikations- und Handelsportal von der Praxis für die Praxis.

Menopause-Infoline   www.menopause-infoline.com

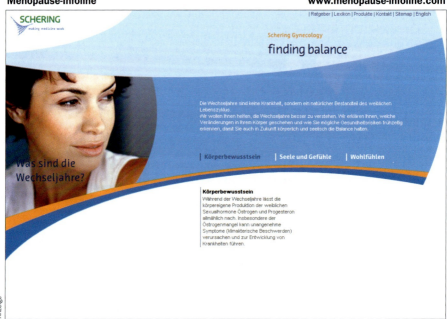

Anzeige

384

GESUNDHEIT

Implantologie online
meddentorg@aol.com

www.meddent.org
Informationen für Patienten und Ärzte zu Zahnimplantaten. Online-Beratung seit 1996. Wissenschaftliche Beiträge für Zahnärzte.

Zahnarzt-sucher.de
zahnmaster@zahn-online.de

www.zahnarzt-sucher.de
Hier sind Zahnärzte aus Deutschland, Österreich, Spanien, Griechenland, Schweiz und den USA gelistet.

Zahnmedizin/Kieferorthopädie

Infosystem Kieferorthopädie
webmaster@kfo-online.de

www.kfo-online.de
Links zu Kieferorthopäden nach Städten geordnet, Hintergrundinfos zu Kieferorthopädie und Orthodontie.

Zahnmedizin/Verbände

Berlin, Zahnärztekammer
info@zaek-berlin.de

www.zaek-berlin.de
Fach- und Patienteninformationen, Versorgungswerk und Angaben zur Kammer.

BNZ
info@bnz.de

www.bnz.de
Der Bundesverband der naturheilkundlich tätigen Zahnärzte informiert über Seminare und bietet eine Arztsuchfunktion.

Brandenburg, Landeszahnärztekammer
info@lzkb.de

www.lzkb.de
Patientenservice und Praxen im Überblick. Fortbildung für Zahnärzte und Mitarbeiter.

Bundeszahnärztekammer
presse@bzaek.de

www.bzaek.de
Die Bundeszahnärztekammer hält Informationen für Patienten, Ärzte, Praxispersonal und die Presse bereit.

DeguDent GmbH   **www.degudent.de**

Anzeige

Gesundheit

Freier Verband Deutscher Zahnärzte e.V.
info@fvdz.de

www.fvdz.de
Verband Deutscher Zahnärzte mit über 22.000 Mitgliedern.

● **Bayerische Landeszahnärztekammer**
blzk@blzk.de

www.blzk.de
Patientenberatung, Zahnarzt-Suchservice, Patientenforum, Infos für Patienten und Praxispersonal, Links zu zahnmedizinischen Institutionen und Printmedien, Rubrik für Studenten mit Diskussionsforum, Stellenanzeigen, Forum für Zahnärzte, Praxistipps.
(Siehe Abbildung)

Kassenzahnärztliche Bundesvereinigung
post@kzbv.de

www.kzbv.de
Die Kassenzahnärztliche Bundesvereinigung gibt Tipps und Infos zu Erkrankungen, Prävention und Leistungen der Krankenkassen.

● **Landeszahnärztekammer Sachsen**
inge_sauer@kzv-sachsen.de

www.zahnaerzte-in-sachsen.de
Patientenberatung, Notfalldienst, Formularbestellung, Stellenbörse, gesundheitspolitische News, Fortbildungen, Kleinanzeigen, Infos von der Zahnärztekammer und Kassenzahnärztlichen Vereinigung, Adressen von Zahnärzten in Sachsen.
(Siehe Abbildung)

Mecklenburg/Vorpommern, Zahnärztekammer
sekretariat@zaekmv.de

www.zaekmv.de
Patientenberatung, Notfalldienst, Fortbildung. Datenbank aller Zahnärzte in Mecklenburg-Vorpommern.

Niedersachsen, Zahnärztekammer
keigner@zkn.de

www.zkn.de
Erklärung der Aufgaben der Zahnärztekammer, ein Zahnarztsuchservice sowie eine Jobbörse.

Schleswig-Holstein, Zahnärztekammer
central@zaek-sh.de

www.zahnaerztekammer-sh.de
Gesundheitstipps, Liste aller Zahnarztpraxen in Schleswig-Holstein und Links.

Bayerische Landeszahnärztekammer www.blzk.de

GESUNDHEIT

Westfalen, Kassenzahnärztliche Vereinigung
webmaster@zahnaerzte-wl.de

www.zahnaerzte-wl.de
Infos für Patienten, Aktuelles von der Zahnärztekammer und der Kassenzahnärztlichen Vereinigung Westfalen-Lippe.

Zahnärztekammer Hamburg
info@zaek-hh.de

www.zahnaerzte-hh.de
Zahnarztsuche, Notdienst, Links, geschlossene Benutzergruppe (GBG) für Hamburger Zahnärzte sowie dentale News.

Zahnärztekammer Nordrhein
info@zaek-nr.de

www.zaek-nr.de
Ausbildungsinfos, Termine und Zahnarztpraxen im Raum Nordrhein.

Zahnmedizin/Zahnersatz

Gesunder Zahnersatz
patientenhilfe@gmx.de

www.gesunder-zahnersatz.de
Wissenswertes zu gesundem Zahnersatz ohne Metalle sowie die Gendiagnostik. Außerdem die Geschichte der Kunstzähne.

McZahn Online
info@datext.de

www.mczahn.de
Patienten können sich hier über Zahnersatz, Inlays und Kronen informieren und nach Zahnarztpraxen suchen.

Landeszahnärztekammer Sachsen   **www.zahnaerzte-in-sachsen.de**

Gesundheit

Vollkeramikbruecke.de
info@degudent.de

www.vollkeramikbruecke.de
Wissenswertes zur „High-Tech-Vollkeramik" sowie zu der Qualität, der Verträglichkeit und der Ästhetik des Materials. **(Siehe Abbildung)**

Zahnmedizin/Zahnpflege

Arbeitsgemeinschaft Zahngesundheit
info@agz-rnk.de

www.agz-rnk.de
Informationen rund um den Zahn und die Zahngesundheit. Wissenswertes zu Therapien, Diagnostik und Technik sind hier ebenso einzusehen wie weiterführende Links, ein Zahnlexikon und eine Mediensammlung. **(Siehe Abbildung)**

Kariesvorbeugung.de
daz@Kariesvorbeugung.de

www.kariesvorbeugung.de
Informationsseiten über Kariesprophylaxe mit Beiträgen aus Wissenschaft und Praxis.

Zahnarzt-Angst-Hilfe
info@zahnarzt-angst-hilfe.de

www.zahnarzt-angst-hilfe.de
Anlaufstelle für Menschen mit Angst vor dem Zahnarzt, mit großem Forum, Chat und Zahnarztdatenbank.

Zahnwissen
info@ziis.de

www.zahnwissen.de
Informationen zur täglichen Zahnpflege und Mundhygiene. Ein Lexikon erklärt alle zahnärztlichen Begriffe.

Zeitungen & Zeitschriften

MEDIZIN ASPEKTE
redaktion@medizin-aspekte.de

www.medizin-aspekte.de
Medizin, Gesundheitspflege und viele andere aktuelle Themen findet man im monatlichen Journal-Portal MEDIZIN ASPEKTE. Mit praktischen Ratschlägen zu verschiedensten Krankheiten sowie Beschwerden im täglichen Leben. Kostenloser Newsletter-Service für Patienten, Angehörige und medizinische Fachkreise. **(Siehe Abbildung)**

Vollkeramikbruecke.de   **www.vollkeramikbruecke.de**

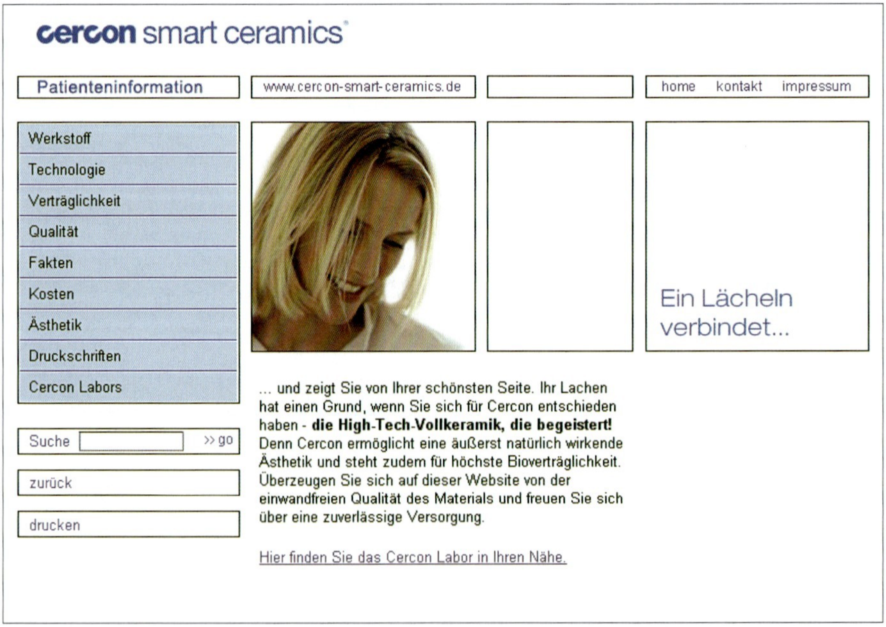

Anzeige

GESUNDHEIT

Arbeitsgemeinschaft Zahngesundheit — www.agz-rnk.de

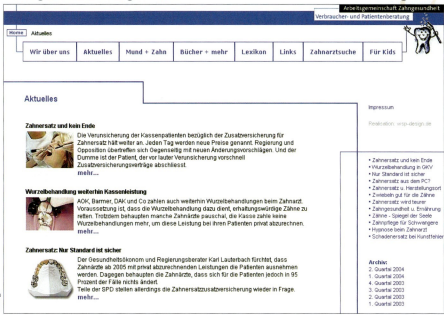

MEDIZIN ASPEKTE — www.medizin-aspekte.de

GESUNDHEIT

Medical Tribune Online
online@medical-tribune.de

www.medical-tribune.de
Online-Portal der medizinischen Wochenzeitung mit zahlreichen medizinischen Artikeln auch für medizinische Laien, mit Lexikon.

● **Natur & Heilen**
info@naturundheilen.de

www.naturundheilen.de
Monatszeitschrift für naturgemäßes Leben und ganzheitliches Heilen. Klassische Homöopathie und seelische Gesundheit.
(Siehe Abbildung)

Promedico Verlag für Wissenschaft und Medizin
info@promedico.de

www.promedico.de
Die Fachzeitschriften „Der niedergelassene Chirurg", „Privatärztliche Praxis" und „Zeitschrift für Umweltmedizin" im Internet.

● **Gesund & Vital Online**
info@gesund-vital-online.de

www.gesund-vital-online.de
Gesund & Vital Online ist ein Portal rund um Gesundheit, Naturheilkunde, Fitness und Beauty, Reisen und Wellness, Ernährung und Rezepte, EDV und Buchtipps, Wissenswert und aktuell sowie attraktive Gewinnspiele. Das Online-Magazin ergänzt das monatlich erscheinende Print–Magazin „Gesund & Vital".
(Siehe Abbildung)

Natur & Heilen   www.naturundheilen.de

GESUNDHEIT

Zahnmedizin/Zeitungen & Zeitschriften

Zahnarzt Woche, Die
redaktion@dzw.de

www.dzw-online.de
Die Zahnarztwoche informiert über die Seminare und Fortbildungen. Infos zu den Inhalten der DZW Spezial und Zahntechnik.

ZM-Online.de
zm@kzbv.de

www.zm-online.de
Archiv der Zeitschriften mit allen Artikeln, Datenbank mit Repetitorien-Beiträge zu mehr als 70 Themen und Fahndungsmeldungen.

Gesund & Vital Online   **www.gesund-vital-online.de**

Anzeige

GESUNDHEIT

Haus & Garten

8

Haus & Garten

Haus & Garten

www.wg-gesucht.de

WG gesucht

Das ständige Geigenquietschen Ihres einen WG-Mitbewohners raubt Ihnen den Schlaf und der andere will nur über Fußball und Weiber reden? Zeit für die Suche nach einem neuen WG-Zimmer! Als Wohnraumsuchender können Sie die kostenfreie Immobilienbörse sogar über die deutschen Grenzen hinaus nach WG-Zimmern, Wohnungen oder Häusern zur (Zwischen-) Miete durchforsten. Neben Infos zum Mietrecht finden Sie in der Rubrik „Umzugsservice" praktische Check-Listen, damit der Umzug glatt läuft. Und wenn Sie wieder erfolgreich einen Mieter rausgeekelt haben, können Sie den freien Wohnraum gleich hier anbieten.

www.der-umzugsratgeber.de

Der Umzugsratgeber

Umziehen kann ganz schön stressig sein. Was muss an der alten Bude noch repariert, was ab- oder umgemeldet werden und was ist beim Einzug zu beachten? Mit Hilfe dieser Seite meistert mit Sicherheit sogar der größte Chaot seinen Raumwechsel: Ein Timer im Check-Listen-Format begleitet Sie in der Vorbereitungsphase und der Umzugskalkulator errechnet Ihnen Umfang und Kosten. Damit Sie die armen Möbelpacker im neuen Heim nicht umher scheuchen müssen, gibt es einen Raumplaner, mit dem Sie Ihre Möbel vorher am Bildschirm optimal platzieren können. Und der Steuerrechner verrät Ihnen, ob Sie beim Umzug sogar sparen werden!

www.bau-gewerbe.de

Bau-Gewerbe

Bauklötze und Legosteine unterfordern Sie schon lange? Ob es nun um Baumaterial, Finanzierung, alternative Energien, Gärten oder Haustechnik geht – als Bauherr, Planer oder Architekt können Sie hier nach Informationen und Firmen in Ihrer Nähe suchen, die sich mit diesen Themen auskennen. Zudem gibt es einen Immobilienmarkt und ein Baulexikon, das Ihnen erklärt, wozu ein Bautagebuch oder ein Aufmaß gut ist. Sie wollen Ihre Inneneinrichtung in 3D planen, als Vermieter die Energiekosten vorausschauend berechnen oder für die Baufinanzierung Kalkulationen durchführen? Laden Sie die passenden Programme hier runter!

www.bahr.de

Bahr Online Baumarkt

Heimwerker aufgepasst! Das Samstags-stundenlang-im-Baumarkt-Anstehen hat jetzt ein Ende. Nun können Sie vom eigenen Hobbykeller aus Ihre Ausrüstung und Arbeitsmaterialen bestellen. Im Online-Portal von Bahr findet man neben einer großen Auswahl an Produkten Arbeitsanleitungen zu Themen wie Tapezieren, Holzflächen veredeln oder Fliesen legen. Alle benötigten Artikel werden vom virtuellen Fachmann zusammengestellt. Die Arbeitsvorgänge werden verständlich, detailliert und mit Hilfe von Zeichnungen erklärt. Und wer trotz des guten Sortiments lieber in realen Märkten einkauft, findet eine Karte mit Standorten der Bahr Baumärkte.

Haus & Garten

www.livingathome.de

livingathome.de

Tapetenwechsel gefällig? Ob Haus, Garten, Küche oder Gastlichkeit, die Online-Ausgabe der gleichnamigen Zeitschrift bietet seitenweise Tipps, Ideen, Ratschläge und Inspirationen für Wohnung, Haus und Garten in fünf übersichtlichen Themenbereichen. Von der Gestaltung Ihrer Wohn(t)räume über das Blumenbeet für Balkonien bis hin zum asiatischen 3-Gänge-Menü, der mexikanischen Tischdekoration oder dem praktischen Fest-Einmaleins; mit einfachen Tricks für drinnen und draußen bringen Sie schnell frischen Wind in die eigenen vier Wände. Lust aufs Aufmöbeln bekommen? Dann bummeln Sie über den Marktplatz und richten Sie sich auf Schönes ein!

www.immozv.de

ImmoZv

Immobiliensuchende können sich mit einem Klick den Makler sparen. Hinter der Abkürzung ImmoZv verbirgt sich das Wort Immobilien-Zwangsversteigerungen und hinter Objektsuche auf dieser Seite ein zuverlässiger Terminkalender für eben diese. Hier kann sich jeder ausführlich über Objekte, Termine und Orte von Versteigerungen informieren und findet vielleicht das gesuchte Traumobjekt. Außerdem können Mieter und Bieter sich mit nützlichen Hinweisen auf eine Immobilienversteigerung vorbereiten. Ergänzt wird das Angebot durch Tipps zur Online-Recherche sowie Auszügen aus Gesetzestexten des Mietrechts.

www.haus.de

Haus und Garten Online

Wenn Sie es satt haben, in Ihren eigenen vier Wänden tagtäglich neben Omas morscher Eichenkommode aufzuwachen und Sie frischen Wind in Ihre Bude bringen wollen, dann lassen Sie sich hier von modernen Einrichtungstipps inspirieren. Man wird Sie um die japanischen Schiebefenster und die italienischen Palazzo-Wände beneiden! Mit dem Mietrechner haben Sie herausgefunden, dass ein Hausbau sich lohnen würde? Bevor Sie irgendwelche Luftschlösser bauen, lesen Sie hier, wie man das eigene Haus am besten finanziert und wann der Staat Sie fördert. Der Baukosten-Rechner hilft beim Planen!

www.mein-schoener-garten.de

Mein schöner Garten Online

Damit Sie im Frühjahr mit dem Gartenspaß erfolgreich durchstarten können, gibt es hier Ideen und Tipps für die Gestaltung Ihres Gartens. Wie plane ich meinen Wassergarten? Welche Blumen kommen dieses Jahr in den Ziergarten? Wie pflege ich Hydrokulturen? Die Pflanzenporträts informieren auch über Blütezeit und den richtigen Standort und Boden für Gewächse jeder Art. Sollte es den zarten Pflänzchen doch mal schlecht gehen, wenden Sie sich an den Pflanzendoktor. Der steht Ihnen und Ihrer Blume mit einer Online-Diagnose und Heiltipps bei. Wenn Ihnen noch Gartengeräte fehlen, finden Sie hier über 200 passende Adressen.

Haus & Garten

Bauen/Allgemein

Bauen
info@bauen.de

www.bauen.de
Informations- und Beratungsplattform für Baufamilien und private Bauinteressenten mit einem Baukostenkalkulator und Auktionen.

bauen.info
epost@vihome.de

www.bauen.info
Das Bauherrenportal: Umfassendes Informationsangebot über alles, was mit dem Bauen zusammenhängt - inklusive Traumhausplaner.

● **Bau-Gewerbe**
service@bau-gewerbe.de

www.bau-gewerbe.de
Dieser Dienst steht Bauherren, Planern und Architekten kostenfrei zur Recherche nach aktuellen Informationen und Handwerksfirmen rund ums Planen, Bauen, Wohnen und Renovieren zur Verfügung. **(Siehe Abbildung)**

baulex
redaktion@baulex.de

www.baulex.de
Das Magazin für Bauen und Architektur liefert zahlreiche informative Artikel zum Thema. Ein Lexikon erläutert Fachbegriffe.

Baumesse.de
info@baumesse.de

www.baumesse.de
Umfangreiches Portal für Bauen, Wohnen und Immobilien. Datenbanken, Infos und Unternehmenskontakte für den privaten Bauherrn.

BauNetz Online-Dienst
kundenservice@baunetz.de

www.baunetz.de
Der Online-Dienst für Architekten, TGA-Fachplaner und Facility-Manager, Bauunternehmer und Handwerker sowie Bauherren.

Suchbagger
info@suchbagger.de

www.suchbagger.de
Fachspezifische Suchmaschine rund um Bauen, Heimwerken, Handwerk, Wohnen, Garten und das Baugewerbe.

Bau-Gewerbe   www.bau-gewerbe.de

HAUS & GARTEN

Bauen/Baumärkte

Bahr Online Baumarkt
bob@bahr.de

www.bahr.de
Online-Bestellungen aus einem umfangreichen Produktangebot für Haus, Wohnung und Garten. Informationen zu Serviceleistungen und den jeweiligen Bahr Baumärkten in der Umgebung. **(Siehe Abbildung)**

BAUHAUS AG
info@bauhaus-ag.de

www.bauhaus-ag.de
Aktuelle Angebote, Profitipps für Werkstatt, Haus und Garten, Vorführungen und Informationen rund um „Bauhaus" auf einen Blick.

hagebau
info@hagebau.de

www.hagebau.de
Umfangreiche und ansprechend visualisierte Tipps und Tricks für den Heimwerker sowie ein Bau- und Modernisierungsratgeber.

Hornbach Baumarkt
info@hornbach.com

www.hornbach.de
Ob Gartenteich anlegen oder Renovierungsarbeiten durchführen, der Baumarkt weckt Ideen und unterstützt mit Arbeitsanleitungen.

Obi
info@obi.de

www.obi.de
Der Häuslebauer findet hier Angebote zu Heizung, Fassade, Licht, Küche, Bad und Möbeln sowie Tipps und Tricks beim Heimwerken.

Praktiker
kontakt@praktiker.de

www.praktiker.de
Tipps und Anregungen in den Rubriken Werkstatt und Technik, Garten und Freizeit sowie Wohnen und Renovieren. Mit Online-Shop.

toom Bau Markt online
kontakt@toom-baumarkt.de

www.toom-baumarkt.de
Die „Rat und Tat"-Broschüren im PDF-Format liefern viele schlaue Tipps und Tricks zum Handwerken im eigenen Heim und Garten.

Bahr Online Baumarkt www.bahr.de

HAUS & GARTEN

Bauen/Denkmalschutz

Deutsche Stiftung Denkmalschutz
info@denkmalschutz.de

www.denkmalschutz.de
Wissenswertes über den Denkmalschutz, Projekte und Fördermöglichkeiten für alle Interessierten.

Bauen/Farbe & Anstrich

● **Alles zum Thema Farbe**
lkueper@rohmhaas.com

www.farbqualitaet.de
Tipps und Tricks zum Thema Farbe, dekorative Effekte, neueste Farbtrends, Thema des Monats, typische Farbprobleme und deren Lösungen. Außerdem verschiedene Streichtechniken und Effekte mit Rezepturangaben. **(Siehe Abbildung)**

CAPAROL Farben Lacke Bautenschutz GmbH
info@caparol.de

www.caparol.de
Vorstellung der Produktpalette mit technischen Informationen, Referenzobjekten und Gestaltungsbeispielen.

Bauen/Häuser

Bauen mit Icon-haus

www.icon-haus.de
Icon-Musterhäuser können virtuell besucht und der Festpreis gleich online berechnet werden. Baubeschreibungen zum Herunterladen.

BauPraxis Online-Magazin
redaktion@baupraxis.de

www.baupraxis.de
Das Portal für Bauherren und Profis mit Informationen rund um den soliden Hausbau: Tipps zur cleveren Bauplanung und zum schadenfreien Hausbau, aktuelle Bautrends, neue Bauprodukte und Verarbeitungstechniken Schritt für Schritt. Lexikon der Bautechnik und bundesweites Firmenverzeichnis.

Alles zum Thema Farbe — www.farbqualitaet.de

HAUS & GARTEN

Boston Haus
info@bostonhaus.de

www.bostonhaus.de
Landhäuser im amerikanischen Stil: Fotos, Grundrisse und architektonische Daten vermitteln dem Bauherren erste Eindrücke.

Debeka Bauwelt
bausparservice@debeka.de

www.debeka-bauwelt.de
Infos zu Hausplanung und -bau, zu Umbau und Renovierung sowie über Finanzierung und Versicherung. Dazu gibt es ein Baulexikon.

Umwelthaus, Das
info@dasumwelthaus.de

www.dasumwelthaus.de
Online-Magazin mit Live-Projekten für zeitgemäßes Bauen, Wohnen und Leben. Nachrichten rund um das umweltgerechte Bauen.

Bauen/Häuser/Fachwerkhäuser

Fachwerkhaus.de
info@pw-internet.de

www.fachwerkhaus.de
Fachwerkhersteller, -handwerker und -architekten, Anleitungen zur Sanierung sowie ein Verzeichnis von Fachwerkhotels.

Huf Haus
info@huf-haus.de

www.huf-haus.de
Informationen und Bildimpressionen zur HUF Fachwerkarchitektur und den Serviceangeboten. Übersicht über die Musterhaus-Standorte.

Bauen/Häuser/Fertighäuser

● **Bautipps**
info@bautipps.de

www.bautipps.de
Bauherren, Modernisierer und Selbermacher erhalten hier regelmäßig neue Meldungen aus der Baubranche. Dazu eine große Fertighausdatenbank mit über 650 Fertighäusern und Massivhäusern von 250 Fertighausherstellern. Mit Bildern, Grundrissen, Daten, Infos und Preisen. **(Siehe Abbildung)**

Bautipps   www.bautipps.de

HAUS & GARTEN

3 S Fertighäuser
info@3s-fertighaus.de

www.3s-fertighaus.de
Konzeptvorstellung der 3 S Fertighäuser, Garagen, Gartenhäuser, Vereinshäuser. Infomaterial kann per E-Mail angefordert werden.

Fertighaus.de
info@fertighaus.de

www.fertighaus.de
Alles über das Fertig-, Ausbau-, Holz-, Block- und Bausatzhaus: Hersteller, Musterhausadressen, Hypotheken und Bausparkassen.

Mega Haus Deutschland
info@megahaus-deutschland.de

www.megahaus.de
Planung von Wohnhäusern und Gewerbeobjekten mit einer Übersicht der Modelle. Häuserprospekte zum Downloaden.

Bauen/Materialien

Baukreis
info@baukreis.de

www.baukreis.de
Hier findet man ein Sortiment an rund 18.000 Produkten aus den Bereichen Werkzeuge, Baugeräte, Baumaschinen und Arbeitsschutz.

Bauportal der Transportbetonindustrie
info@beton.org

www.beton.org
Dieser Verband bietet ein Forum für Bauherren, Architekten, Unternehmen und alle, die sich fürs Bauen mit Beton interessieren.

Fliesenhandel.de
info@fliesenhandel.de

www.fliesenhandel.de
Verzeichnis von Fliesenherstellern und Zulieferern. Das 1x1 der Fliesen gibt Tipps und Hilfestellungen zum Selberverlegen.

Holzmann-Bauberatung
info@baubedarfhandel.com

www.baubedarfhandel.com
Dachbegrünung, Messtechnik, Bodenbeläge und Spielplatzgeräte werden angeboten. Zusätzlich gibt es Infos und Musterverträge.

naturbaudirekt
info@naturbaudirekt.de

www.naturbaudirekt.de
Ob Garten, Boden, Decke, Dach oder Wand, in jeder Rubrik stehen zahlreiche ökologisch verträgliche Baustoffe zur Auswahl.

Bauen/Materialien/Holz

Gesamtverband Deutscher Holzhandel e.V.
info@gdholz.de

www.holzhandel.de
Suche nach Holzhändlern, nationalen Holz-Exporteuren oder Rohholz-Händlern in Datenbanken nach Name, Postleitzahl oder Produkt.

Holz im Internet
holz@holz.de

www.holz.de
Nachrichten aus dem Holzhandel, Holzbau und Holzhandwerk mit Stellenbörse, Marktplatz, kostenlosem Katalog-Shop und Branchenbuch.

Holz.net

www.holz.net
Holz.net - Suchmaschine rund ums Holz. Suche nach Web-Seiten, Holzprodukten (z.B. Parkett, Laminat, Gartenholz und Möbel), Firmen (Schreiner, Zimmerer, Parkettleger, Architekten, Sachverständige), Nachrichten, Dokumenten und Fachbüchern. Ein Fachwörterbuch und ein Lexikon ergänzen das Angebot.

musterkiste.de
service@musterkiste.de

www.musterkiste.de
Verzeichnis für Holzarten und Holzwerkstoffe: Eigenschaften, technische Daten, Anwendungsgebiete, Verarbeitung und Hersteller.

weka Holzbau
info@weka-holzbau.com

www.weka-holzbau.com
Do-It-Yourself-Bausätze für Saunen, Infrarot-Wärmekabinen und Dampfduschen, Carports sowie Gartenhäuser und -lauben aus Deutschland.

HAUS & GARTEN

Bauen/Schwimmbäder, Saunen & Whirlpools

AH Baddesign GmbH
info@ah-baddesign.de

www.ah-baddesign.de
Ausführliche Informationen über Saunen, Whirlpools, Schwimmbäder und deren Technik mit Komplettangeboten in jedem Bereich.

Aqua-Whirlpools
info@aqua-whirlpools.de

www.aqua-whirlpools.de
Außen-Whirlpools und American Spa. Produktdetails und alles zur richtigen Wasserpflege sowie Wellness- und Gesundheitstipps.

B+S Finnland Sauna
info@bs-finnland-sauna.de

www.welt-der-sauna.de
Die Welt der Sauna. Echt finnische Blockbohlen-Saunas und nützliche Tipps rund um das Saunabaden.

🔴 **Poolpowershop.de**
info@poolpowershop.de

www.poolpowershop.de
Über 2.500 Produkte für Schwimmbad und Sauna: Filter, Pumpen, Leitern, Duschen sowie Produkte für die Pool-Pflege. Whirlpools, Fitnessgeräte und Zubehör, Holzbäder, Pflanzkübel, Solarien, Teiche und ein Schnäppchenmarkt. Der Finanzierungsrechner erstellt einen persönlichen Tilgungsplan. **(Siehe Abbildung)**

schwimmbad.de
schwimmbad@fachschriften.de

www.schwimmbad.de
Infos und Marktübersichten zu Schwimmbädern, Whirlpools, Dampfbädern und Saunen sowie weitere Themen aus dem Wellnessbereich.

Teka Saunabau GmbH
info@teka-sauna.de

www.teka-sauna.de
Massivholz- und Elementanlagen wie Whirlpools, Saunen, Dampfbäder und Dampfduschen mit verschiedenen Ausstattungsvarianten.

Wellnesstotal
info@wellnesstotal.de

www.wellnesstotal.de
Whirlpools, Außenspas, Dampfbäder, Dampfgeneratoren, Saunen, Rollenmassage- und Wellnessgeräte sowie Zubehör.

Poolpowershop.de   www.poolpowershop.de

401

Haus & Garten

Bauen/Schwimmbäder, Saunen & Whirlpools/Zubehör

BIRKE-Wellness
info@birke-wellness.de

www.birke-wellness.de
Dieser Shop bietet alles zum Verwöhnen und Entspannen. Zahlreiche Saunaprodukte: Aufgusskübel und -kellen, Saunatücher und Bademäntel, Aufgüsse aller Art, Saunahonig sowie Saunawaschlappen aus natürlicher finnischer Birkenrinde. Außerdem auch Produkte aus dem Bereich Kosmetik oder Sport und Fitness. **(Siehe Abbildung)**

Bauen/Solarien

Solariumshop.de

www.solariumshop.de
Heim- und Profigeräte zum Bräunen sowie Tiefenwärme- und Infrarotgeräte. Außerdem Infos zu mehr Sicherheit auf der Sonnenbank.

sunside.de

www.sunside.de
Tipps zum gesunden Bräunen. Der Online-Shop bietet Solarien für Heim und Gewerbe, immer mit ausführlicher Produktbeschreibung.

Suntec Solarienhandel
kontakt@suntec-solarien.info

www.suntec.cc
Solarien namenhafter Hersteller, Zubehör wie z.B. Schutzbrillen, Filtermattensysteme, Desinfektionsmittel sowie Kosmetik. **(Siehe Abbildung)**

Bauen/Treppen

Treppenportal, Das
info@treppen.de

www.treppen.de
Hier findet man Treppenanbieter deutschlandweit nach PLZ sortiert. Treppen aller Art: Holz-, Stein- und Metalltreppen, Treppensanierung und -zubehör. Ein Basiseintrag einer erfolgreichen Präsentation von Web-Seiten zum Thema Treppen. **(Siehe Abbildung)**

BIRKE-Wellness www.birke-wellness.de

HAUS & GARTEN

Suntec Solarienhandel www.suntec.cc

Das Treppenportal www.treppen.de

HAUS & GARTEN

Bauen/Türen & Fenster

Adrik Haustuer-Finder
adrik@adrik.de

www.adrik.de
Für Neubau und Renovierung: Fenster, Türen und Wintergärten. Der Haustür-Finder macht individuelles „Ausprobieren" möglich.

Biffar

www.biffar-shop.de
Im Shop werden Ausstellungs- und Zweite-Wahl-Türen angeboten. Außerdem Briefkästen, Klingeln, Wandleuchten und Schlüsselborde.

● **fenster1.de**
info@fenster1.de

www.fenster1.de
Ein Informationsportal für Architekten und Bauherren zu den Themen Fenster, Türen, Sichtschutz und Wintergärten. Aktuelles zu Gestaltung und Technik, ein Rentabilitätsrechner und ein Fenster-Fachlexikon. Dazu eine Suchmaschine für regionale Fensterbau-Fachbetriebe. **(Siehe Abbildung)**

Fensterplatz.de
info@fensterplatz.de

www.fensterplatz.de
Ausführliches Info-Portal für Bauherren, Architekten und Fachwelt mit Produktinformationen, Herstellerdatenbank und Redaktion.

Tuerenshop24.de
info@rfe.de

www.tuerenshop24.de
Über 50 verschiedene Haustür-Modelle sowie das wichtigste Zubehör können hier im Online-Shop bestellt werden.

Bauen/Verschiedenes

Baulabel.de
info@baulabel.de

www.baulabel.de
Unabhängige Hintergrundinformationen und Entscheidungshilfen zu vielen Labels, Zertifikaten oder Pässen rund um den Hausbau.

Bauen/Wintergärten

Wintergarten-Portal
info@solis-marketing.de

www.wintergarten-portal.de
Wissenswertes rund um den Wintergarten (Konstruktion, Beschattung, Klima) und eine Liste der Fachbetriebe in ganz Deutschland.

Bauen/Zeitschriften

AIT
info@ait-online.de

www.ait-online.de
AIT - Zeitschrift für Architektur, Innenarchitektur, technischer Ausbau. Zusätzlich gibt es zahlreiche Veranstaltungshinweise.

Bauherr.de
info@bauherr.de

www.bauherr.de
Die Seiten für den Bauherrn. Umfangreiche Fachinformationen rund ums Bauen, Finanzieren, Sanieren und Modernisieren.

Baumeister
info@baumeister.de

www.baumeister.de
Kritische Beiträge zum aktuellen nationalen und internationalen Baugeschehen sowie technisch-baukonstruktive Reportagen.

BM-online
bm.anzeigen@konradin.de

www.bm-online.de
Fachzeitschrift für Holz-, Kunststoff- und Leichtmetallverarbeitung in den Bereichen Innenausbau, Möbel und Bauelemente.

Haus & Markt Online
info@haus-und-markt.de

www.haus-und-markt.de
Artikel und Berichte aus den Bereichen: Bad und Sanitär, Einrichten und Wohnen, Sicherheit, Wintergarten und Garten.

HAUS & GARTEN

Haus & Wohnung Sonderpublikationen
hw.redaktion@hussberlin.de

www.h-u-w.de
Alles zum Thema Bauen in den Rubriken Häuser, Heizung, Baufinanzierung und Recht. Das Branchenbuch bietet nützliche Adressen.

Skyline
skyline@tagesspiegel.de

www.sky-line.de
Das Magazin für Architektur informiert über die Themen der aktuellen Ausgabe und archiviert alle alten Artikel.

Wohnidee online
leserdienst@wohnidee.de

www.wohnidee.de
Plattform mit kreativen Einrichtungsideen, Farbberatung, Vorher-Nachher-Vergleichen und großer Bezugsquellendatenbank.

Einrichtung/Accessoires

Avalon shop
info@avalonshop.de

www.avalonshop.de
Großes Angebot an Hängematten, Hängesitzen, Zimmerbrunnen, Neblern, Wasserwänden, Yogamatten, Meditationskissen und Salzleuchten.

Brigitte von Boch
onlineteam@brigittevonboch.de

www.brigittevonboch.de
Elegantes für Wohnung und Kleiderschrank gibt es bei Brigitte von Boch. Im Shop können Hochzeitslisten angelegt werden.

dekoidee GmbH
info@dekoidee.de

www.dekoidee.de
Dekoration, Deko-Ideen, Geschenke und Floristik für Hotels, Gaststätten, Schaufenster, Verkaufsräume, Messen, Praxis, Haus, Garten und Büro.

Design-3000.de
info@design-3000.de

www.design-3000.de
Schön designte Accessoires der Firma Koziol für Küche, Bad, Büro und Freizeit.

fenster1.de   **www.fenster1.de**

405

Haus & Garten

● **Impressionen**
info@impressionen.de

www.impressionen.de
Lust auf Lebensart. Der IMPRESSIONEN-Katalog ist ein Lifestyle-Katalog, dessen Sortiment von trendiger Mode, Designerstücken bis hin zu exklusiven Produkten für das Wohnambiente reicht. Ein Muss für alle, die das Außergewöhnliche suchen und dabei Wert auf Komfort legen. **(Siehe Abbildung)**

intersaxonia
einkauf@intersaxonia.de

www.intersaxonia.de
Geschenke für die Kleinen und Großen: Glas- und Holzdesign, Spielzeug, Keramik, Porzellan sowie Schmuck und Accessoires.

sora.de
info@sora.de

www.sora.de
Innovative Acrylprodukte: Wassersäulen, Vitrinen, Leuchtschilder, Blumenständer, dekorative Accessoires für Privat und Gewerbe.

Wohnfreude.de
info@wohnfreude.de

www.wohnfreude.de
Hier findet man Adressen rund ums Wohnen. Der Schwerpunkt liegt auf Wohntextilien und Möbeln. Suche nach Wohnberatern.

Einrichtung/Bad

bad24.com
balneum@bad24.com

www.bad24.com
Im Shop gibt es Mobiliar, sanitäre Anlagen, Zubehör und Komplettangebote. Der individuelle Badplaner beugt Fehlkäufen vor.

Badboerse24.de
info@badboerse24.de

www.badboerse24.de
Ausstellungsstücke wie Badewannen, Duschen, Whirlpools und andere exklusive Badeinrichtungen kann man hier günstig erwerben.

Megabad.com
info@megabad.com

www.megabad.com
Hier kann man in den Produktserien namhafter Hersteller für Dusche, Bad und WC stöbern und auch gleich online bestellen.

Villeroy & Boch AG
info.b@villeroy-boch.com

www.villeroy-boch.com
Badkeramik, Bade- und Duschwannen, Badmöbel, Accessoires und Fliesen. Viele Infos, aktuelle Badtrends und Online-Badplanung.

Einrichtung/Bad/Zubehör

Hamam Store
info@hamam-store.de

www.hamam-store.de
„Haman" bezeichnet die türkische Badekultur und hier gibt es das Zubehör: Seifen und Öle, Tücher, Accessoires.

handtuchprofi.de
info@handtuchprofi.de

www.handtuchprofi.de
Vier verschiedene Handtuchserien in unterschiedlichen Farben und Größen, Handtücher mit Kindermotiven und Spannbett-Tücher.

WC Design Studio Braun
braun@wc-sitze.de

www.wc-sitze.de
Witzige WC-Sitze, Toiletten, Toilettendeckel mit Design und individuelle Toilettendeckel können hier bestellt werden.

Einrichtung/Beleuchtung & Lampen

Iqlight
info@iqlight.de

www.iqlight.de
Dänisches Design in Perfektion: 30 Teile aus speziellem Kunststoff können zu 15 verschiedenen Designerlampen kombiniert werden.

KBS Technik
info@kbs-technik.de

www.kbs-technik.de
Einbaustrahler, Designerleuchten, Leuchtmittel, Transformatoren sowie Schienen- und Strahlersysteme sind übersichtlich sortiert.

HAUS & GARTEN

Kinderlampe.de
info@kinderlampe.de

www.kinderlampe.de
Über 300 bunte Wand-, Tisch-, Decken- und Deko-Lampen für Kinder.

Leuchten-Werksverkauf.de
hallo@leuchten-werksverkauf.de

www.leuchten-werksverkauf.de
Küchen-, Unterbau-, Bad-, Kinder-, Außen-, Decken- und Wandleuchten. Außerdem Leuchten für Büro, Messe oder Ladenbau.

Licht Italien
info@licht-italien.de

www.licht-italien.de
Homepage der italienischen Designerleuchten.

Lichtkaufhaus.de
info@lichtkaufhaus.de

www.lichtkaufhaus.de
Umfangreiches Angebot an Leuchten und Lampen für Drinnen und Draußen sowie das nötige Zubehör findet man in diesem Shop.

Lichtshop24.de
info@lichtshop24.de

www.lichtshop24.de
Reichhaltiges Sortiment an Arbeitsplatz-, Innen-, Außen-, Einbau-, Kinder- und Wandleuchten sowie Seilsysteme und Zubehör.

Milano
info@milano.de

www.milano.de
Exklusives Lampenhaus mit einem Angebot an zahlreichen Designerlampen für Wohnung und Büro. Mit individueller Lichtplanung.

on-light
info@on-light.de

www.on-light.de
Das Informationsportal rund um das Thema Licht, Leuchten, Leuchtenhersteller, Lampen und Lichttechnik im Internet. Forum und Talk-Runde sowie alle bekannten Messetermine und Pressemitteilungen sind tagesaktueller Bestandteil. Integriert ist auch der Wettbewerb www.leuchte-des-jahres.de für 2005.

Einrichtung/Betten

bettcompany.de
service@bettcompany.de

www.bettcompany.de
Sofas, Schlafsofas, Betten, Kommoden, Schränke und Matratzen. Die attraktive Gestaltung der Seite lädt zum Shopping ein.

Impressionen　　　　　　　　　　　　　　　　　　　　**www.impressionen.de**

HAUS & GARTEN

Betten und Himmelbetten
info@cherubino.de

www.cherubino.de
Betten und Himmelbetten aus Schmiedeeisen. Betten im Landhausstil, Tradition oder Modern. Sonderanfertigungen sind möglich.

Futonetage
info@futonetage.de

www.futonetage.de
Betten, Kindermatratzen und Naturmatratzen sowie Regal- und Schranksysteme und eine Auswahl an „Bretz-Cultsofas".

Futonworld
service@futonworld.de

www.futonworld.de
Große Auswahl an Futonbetten, Matratzen, Möbeln und Schlafsofas. Besonders hervorhebenswert sind die Tatamis und Paravents.

Traum Station
info@traumstation.de

www.traumstation.de
Traum Station präsentiert seine Produkte: Betten, Schlafsofas, Matratzen, Kissen, Decken und Kleinmöbel.

Einrichtung/Betten/Decken & Textilien

Bett und so
anuns@bettundso.de

www.bettundso.de
Bettwäsche, Bademäntel, Handtücher und Decken mit Kindermotiven wie Biene Maja, Ernie und Bert, Janosch oder auch Coca Cola.

Erwin Müller
service@erwinmueller.de

www.erwinmueller.de
Bettwäsche, Bettwaren, Matratzenschutz, Küchen-Accessoires, Handtücher, Tischwäsche und ein Monogramm- und Sondergrößenservice.

Interbett
info@interbett.de

www.interbett.de
Vertrieb von hochwertigen Bettwaren. Das Sortiment reicht von Spannbettbezügen über Decken und Kissen bis hin zu Bettwäsche.

Leuberberg
service@leuberberg.de

www.leuberberg.de
Nach dem Motto „Shopping zum Wohlfühlen" findet man hier Bettwäsche-Kollektionen, Tischdecken, Wohndecken und Frottierwaren.

Stoffkontor
info@stoffkontor-hamburg.de

www.stoffkontor-hamburg.de
Bettwäsche, Nachtwäsche, Handtücher, Hauskleider, Bademäntel und Wolldecken bilden das Sortiment des Stoffkontors.

Einrichtung/Betten/Kinderbetten

Babys Bettenparadies
bbs-shop@onlinehome.de

www.babys-bettenparadies.de
Babybettchen und Stubenwagen in vielen verschiedenen Ausführungen und Farben mit kompletter Ausstattung.

Billi-Bolli
billi-bolli@t-online.de

www.billi-bolli.de
Spielspaß, Sicherheit, Ökologie und Vielseitigkeit sind die Eigenschaften dieser Kinderabenteuerbetten.

Mobilo Abenteuerbetten
r.rickert@mobilo-abenteuerbetten.de

www.mobilo-abenteuerbetten.de
Piraten-, Abenteuer- und Hochbetten aus Holz werden hier angeboten. Außerdem Schranksysteme und spezielles Zubehör für Betten.

Einrichtung/Betten/Matratzen

● **allnatura**
service@allnatura.de

www.allnatura.de
Schadstoffgeprüfte Artikel: Naturmatratzen, Steppwaren, Schlafzimmer- und Einzelmöbel, Heimtextilien und Kindersortiment. Umfangreiches Sortiment, das direkt online bestellt werden kann. Zudem kompetente Tipps und Informationen rund um den gesunden Schlaf. **(Siehe Abbildung)**

HAUS & GARTEN

Matratzen Concord
info@matratzen-concord.de

www.matratzen-concord.de
Hier gibt es Matratzen, Rahmen und Betten. Wer lieber erst Probe liegt, kann sich die Filiale in seiner Nähe anzeigen lassen.

Mk Matratzen
info@mk-matratzen.de

www.mk-matratzen.de
Matratzen aller Art, Lattenroste, Bettwaren, moderne Polster- und Futonbetten, Verwandlungsmöbel und Wasserbetten.

Einrichtung/Betten/Wasserbetten

AquaDirect
info@aquadirect.de

www.aquadirect.de
Übersicht über die Produkte. Mit einer Aufbauanleitung und der Möglichkeit, den Katalog online zu bestellen.

kretschmar-wasserbetten
info@kretschmar-wasserbetten.de

www.kretschmar-wasserbetten.de
Infos zum Wasserbett von Kretschmar. Planung des individuellen Wasserbetts. Tipps beim Kauf und Beschreibung des Aufbaus.

liquidream
service@marcedo.de

www.liquidream.de
Wasserbetten, Bettgestelle, Sockel, Pflegemittel, Auflagen, Spannbetttücher und Kissen.

Wasserbetten
info@wasserbetten-team.de

www.wasserbetten-team.de
Wasserbetten-Shop mit Aktionspaketen sowie ein Wasserbetten-Lexikon, Gesundheitstipps, Aufbauanleitung und technische Details.

Waterdream Wasserbetten
willkommen@waterdream.de

www.waterdream-wasserbetten.de
Softside- und Hardside-Wasserbetten plus Zubehör, vom Conditioner bis zur Wasserbett-Heizung. Mit Montageanleitungen.

Einrichtung/Bilder

Digitale Kunstwerke
info@digitalartwork.de

www.digitalartwork.de
Kleine virtuelle Galerie mit limitierten und individualisierbaren Kunstdrucken sowie Geschenkideen.

allnatura www.allnatura.de

Anzeige

409

HAUS & GARTEN

Wooop
info@wooop.de

www.wooop.de
Über 6.500 Bilder aller bedeutenden Stilepochen: Ölgemälde, Reproduktionen, Poster und Kunstdrucke.

Einrichtung/Bilder/Bilderrahmen

Bilderrahmenshop.de
info@rahmen-shop.de

www.bilderrahmenshop.de
Bilderrahmen aus Holz, Aluminium und Kunststoff, Display-Rahmen wie z.B. Kundenstopper sowie Poster und Kunstdrucke.

Rahmen Kunst
baier@rahmen-kunst.de

www.rahmen-kunst.de
Hier zu bestaunen und zu bestellen: eine Neuheit bei Bilderrahmen - Unikatrahmen als plastisches Kunstobjekt.

rahmenversand.com
info@rahmenversand.com

www.rahmenversand.com
Rahmen aus Holz, Kunststoff, Aluminium sowie rahmenlose Bildhalter. Anfertigung von individuellen Rahmen und Passepartouts.

www.alben-rahmen.de
info@alben-rahmen.de

www.alben-rahmen.de
Bilderrahmen, Puzzle-Rahmen, Anlassalben wie z.B. exklusive Hochzeitsalben sowie Buchstützen, Gruß- und Danksagungskarten.

Einrichtung/Bilder/Poster

Kunstdrucke
info@kunstkopie.de

www.kunstkopie.de
Über 20.000 Motive bekannter Künstler als Drucke. Alle Motive nach Museen sortiert. Dazu gibt es Rahmen und Passepartouts.

Kunstdrucke.de
service@kunstdrucke.de

www.kunstdrucke.de
Grafiken, Öl-Kopien, Kunstdrucke, Poster, gerahmte Bilder und Skulpturen zur Verschönerung der eigenen vier Wände.

poster.de
postmaster@poster.de

www.poster.de
Hier werden 30.000 Artikel aus den Produktgruppen Kunstdrucke, Grafiken, Museums- und Star-Shop angeboten.

poster-shop.com
service@poster-shop.com

www.poster-shop.com
Poster aus Bereichen wie abstrakte, zeitgenössische und amerikanische Malerei, Pop-Art, asiatische Kunst, Werbebilder und Tiere.

Einrichtung/Brunnen & Zimmerbrunnen

Bonvida.de
service@marcedo.de

www.bonvida.de
Stand- oder Tisch-Zimmerbrunnen aus Edelstahl, Keramik, Marmor, Glas oder Metalloptik sowie Feng Shui-Brunnen und Salzvernebler.

Brunnen, Der
info@der-brunnen.de

www.der-brunnen.de
Informationen rund um den Gartenbrunnen sowie zu Bohrwerkzeug, Installationsmaterial, Bauanleitungen und Wasserinhaltsstoffen.

● **Designerbrunnen, Zimmerbrunnen und Gartenbrunnen**
info@delphin-brunnen.de

www.delphin-brunnen.de
Mehr als 300 verschiedene Designerbrunnen aus Edelstahl, Keramik, Naturstein und anderen Materialien: Tischbrunnen, Standbrunnen, Feng Shui-Brunnen, schwimmende Kugeln, Gartenbrunnen und Wandbrunnen. Sonderanfertigungen, 30 Tage Rückgaberecht, 3 Jahre Garantie und Lieferung frei Haus!
(Siehe Abbildung)

zimmerbrunnenshop.de
info@zimmerbrunnenshop.de

www.zimmerbrunnenshop.de
Große Auswahl an Zimmerbrunnen, Luftbefeuchtern und Wasserobjekten mit vielen Geschenkideen.

Haus & Garten

Einrichtung/Design

Accento
service@accento.de

www.accento.de
Unter anderem führt der Accento-Shop Schreibgeräte, Leuchten, Bilder und Haushaltsartikel.

Ars Habitandi
post@ars-habitandi.de

www.ars-habitandi.de
Design-Accessoires für sich und andere. Geschenke, die Spaß machen. Von A wie Absinth bis Z wie Zeppelinpfeife. Praktisches, witziges, ausgefallenes. Klassiker wie die „Aalto Vase" und einzigartiges wie der „Eierschalensollbruchstellenverursacher". Flexible Suchfunktion. Bereich mit reduzierten Artikeln.

Designheizkörper der besonderen Art
info@designheizkoerper.com

www.designheizkoerper.com
Kreative Heizkörper in besonderen Formen und Farben. Motivgestaltung per Digitaldruck oder Effekt-Pulverbeschichtungen.

interiorforum
info@interiorforum.de

www.interiorforum.de
Shop für Design- und Lifestyle-orientierte Produkte für Wohnkultur, Accessoires und Geschenke.

Torquato
info@torquato.de

www.torquato.de
Der Online-Shop bietet Klassiker und zeitloses Design rund um Wohnen, Büro, Küche und Outdoor.

Einrichtung/Designermöbel

Grüner Krebs GmbH
contact@gruenerkrebs.de

www.gruenerkrebs.de
Originelle Designermöbel und Wohn-Accessoires. Bereiche: Wohnen, Schlafen, Bad, Büro, Garten, Küche, Geschenke.

Markanto GbR
info@markanto.de

www.markanto.de
Designklassiker, Re-Editionen und Neuheiten von renommierten Herstellern und Designern nach Jahrzehnten geordnet.

Designerbrunnen, Zimmerbrunnen und Gartenbrunnen   www.delphin-brunnen.de

Anzeige

Haus & Garten

Einrichtung/Hauselektronik

BinTin OcTavo
contact@bintin.com

www.haustuerklingel.de
Endlich gibt es eine wohlklingende Alternative zu den herkömmlichen Türklingeln. Infos und Bestellmöglichkeiten gibt es hier.

Came
info@came.de

www.torantrieb.de
Garagen-, Schiebe-, Schwing- und Drehtorantriebe, Schranken und komplette intelligente Park- und Zufahrts-Kontrollsysteme.

Lifta Treppenlifte
lifta@lifta.de

www.lifta.de
Zahlreiche Informationen zum bekannten Lifta Treppenlift bekommt man auf den übersichtlichen Web-Seiten von Lifta geliefert.

Novoferm GmbH
vertrieb@novoferm.com

www.novoferm.com
Infos zu Innen-, Feuerschutz-, Sicherheits- und Mehrzwecktüren sowie zu verschiedenen elektrisch betriebenen Garagentoren.

Secplan.de
info@secplan.de

www.secplan.de
Secplan.de bietet Online-Planung für Alarm- und Videoanlagen mit vielen hilfreichen Tipps und einen Online-Shop.

Einrichtung/Haushaltswaren

Börner-Germany

www.boerner-germany.de
In den Kategorien „Obst und Gemüsehobel", „Pfannen, Töpfe, Bräter" und „Küchenhelfer" findet man alles für den Haushalt.

Filtermax.de
info@filtermax.de

www.filtermax.de
Zahlreiches Angebot an Staubsaugern, Filtern, Staubsaugerbeuteln und verschiedenen Haushaltsgeräten von A bis Z.

Souk El Web
info@souk-el-web.de

www.souk-el-web.de
Geschirr, Keramikprodukte, Fliesen, Wasserpfeifen, Gläser, Korbwaren und Olivenholz-Artikel aus dem fernen Orient.

Tableware24
info@tableware24.com

www.tableware24.com
Umfangreiches Sortiment an Porzellan, Glas, Besteck und Haushaltsgeräten namhafter Hersteller.

toepfe.de
info@toepfe.de

www.toepfe.de
Online-Shop für Haushaltswaren und Küchenzubehör der Hersteller Silit, Berndes, Justinus und Zwilling.

WMF
info@wmf.de

www.wmf.de
Bestecke, Kochgeschirre, Tafelgeräte, Schneidwaren und Kaffeemaschinen werden von WMF auf diesen Seiten präsentiert.

Einrichtung/Haushaltswaren/Besteck & Messer

Gehring
info@gehring-schneidwaren.de

www.gehring-shop.de
Im Online-Shop des traditionsreichen Herstellers werden Solinger Bestecke, Messer, Küchenhelfer und Geschenkartikel angeboten.

Laubmann
info@laubmann.de

www.laubmann.de
Bestecke, Porzellan und zahlreiche andere Küchenartikel namhafter Hersteller.

● **Schleifer, Der**
kontakt@der-schleifer.de

www.der-schleifer.de
Koch-, Haushalts-, Taschen-, Sammlermesser und Windmühlenmesser von der Robert Herder Manufactur. Daneben das passende Zubehör zur Pflege oder zum Schärfen. **(Siehe Abbildung)**

Haus & Garten

Einrichtung/Jalousien

JalouCity
info@jaloucity.de

www.jaloucity.de
Jalousien, Rollos, Markisen, Lamellenvorhänge, Plissees und Dachfensterlösungen sind hier mit vielen Infos vorgestellt.

Sonnenschutz24
info@sonnenschutz24.de

www.sonnenschutz24.de
Jalousien, Plissees, Lamellenvorhänge oder Rollos nach Maß. Mit einfacher interaktiver Online-Bestellmöglichkeit.

Einrichtung/Kachelöfen & Kamine

Kachelofenbauer Roter Hahn
info@der-rote-hahn.de

www.der-rote-hahn.de
Vorstellung der verschiedenen Ofensysteme. Mit Händlersuche, Messeterminen und einem Ofenlexikon.

Kaminofen-Shop.de
info@kaminofen-shop.de

www.kaminofen-shop.de
Kamine und Öfen im südländischen oder nordischen Stil. Gesondert aufgeführt sind Angebote, die Verkaufs-Top Ten und ein Ofen-ABC.

Ofen Mosmann
postmaster@ofenmosmann.de

www.mosmann-kaminoefen.de
Kaminöfen, Kachelöfen, Kamine als Bausatz, elektrische Kaminfeuer, Ofenrohre, Ölöfen, Dauerbrandöfen, Ersatzteile und Zubehör.

Einrichtung/Küchen

Ab-Werk-Küchen
info@abwerkkuechen.de

www.ab-werk-kuechen.de
Mehr als 500 Markenküchen direkt ab Werk.

discountkuechen.de
kueche@discountmoebel.de

www.discountkuechen.de
Discount-, Exclusiv- und Modulküchen. Unter Berücksichtigung individueller Wünsche wird eine persönliche Küchenplanung geboten.

Der Schleifer www.der-schleifer.de

Haus & Garten

Gelectra
internet@gelectra.de

www.gelectra.com
Große Küchenauswahl mit einem individuellen Küchenplanungsprogramm sowie praktischen Haushaltsgeräten.

kuechenboerse.de
info@kuechenboerse.de

www.kuechenboerse.de
Unabhängige Plattform zur Vermarktung von Ausstellungsware des Küchenhandels. Küchen, Module, Elektrogeräte und Küchensanitär.

musterhaus küchen
info@mhk.de

www.musterhauskuechen.de
Weit über 1.000 Küchen, Elektrogeräte und Zubehörteile. Als besonderes Highlight: ein Internet-Küchenplaner und Händleradressen.

musterkauf.de
info@musterkauf.de

www.musterkauf.de
Küchenportal. Großes Angebot an Küchen und Musterküchen, welche von Küchenfachhändlern aus ganz Deutschland angeboten werden.

Picobello Küchen
info@picobello-kuechen.de

www.picobello-kuechen.de
Italienische Designerküchen, die auch online planbar sind, zudem noch ein Umzugsservice und kleine Küchen-Accessoires.

Vogt Küchentechnik
info@vogtkuechentechnik.de

www.vogtkuechentechnik.de
Produkte wie Geschirrspüler, Mikrowellengeräte, Gefriergeräte, Herde und Kochfelder sind direkt online bestellbar.

Einrichtung/Möbel

● **Polsterland.de**
info@polsterland.de

www.polsterland.de
Angeboten werden Polster- und Ledermöbel renommierter Hersteller ab Werk und inklusive Aufbau, die online bestellt werden können. Die Möbel, Sofas und Sessel in den Rubriken „Klassische Polstermöbel" und „Junges Wohnen" werden mit Bild und weiteren Informationen zu Hersteller und Bezügen vorgestellt.
(Siehe Abbildung)

Polsterland.de www.polsterland.de

HAUS & GARTEN

Schaffrath
info@schaffrath.com

www.schaffrath.com
Eine ausführliche Darstellung der Schaffrath-Unternehmensgruppe. Angeboten werden u.a. die Bestellung von Geschenkgutscheinen, alle aktuellen Prospekte, ein Online-Küchenplaner, Gewinnspiele und die Möglichkeit, Preisgutscheine für den ermäßigten Einkauf in den Einrichtungshäusern auszudrucken.
(Siehe Abbildung)

Dänisches Bettenlager

www.daenischesbettenlager.de
Vom kompletten Schlafzimmer, über Küchenmöbel bis hin zum Wohnzimmer - hier kann man rund um die Uhr shoppen und bestellen.

Englische Möbel
f.zittlau@gmx.de

www.klassische-englische-moebel.de
Klassische englische Stilmöbel sowie traditonelle englische Polstermöbel aus Perioden wie Chippendale, Hepplewhite und Sheraton.

ikarus
info@ikarus.de

www.ikarus.de
Ikarus bietet schöne und hochwertige Accessoires und Möbel für alle Wohnbereiche. Designerstücke aber auch günstigere Modelle.

Ikea Deutschland
ausk@memo.ikea.com

www.ikea.de
Ikea listet und illustriert alle Produkte und bietet Raumbeispiele. Man kann online kaufen oder die Filiale in der Nähe suchen.

meine4waende.de
service@meine4waende.de

www.meine4waende.de
Möbel, Heimtextilien, Leuchten. Modernes Wohnen und Wohnen im Landhaus-Stil für Wohn-, Schlaf- und Speisezimmer, Küche, Bad.

Möbelführer
info@moebelfuehrer.de

www.moebelfuehrer.de
Der Möbelführer bietet wertvolle und verlässliche Informationen und Adressen, um das richtige Möbelhaus zu finden.

Schaffrath   **www.schaffrath.com**

Haus & Garten

Möbelshop 24
service@moebelshop24.de

www.moebelshop24.de
Dieser Online-Shop hat sich auf Büro-, Phono-, Computer- und Badmöbel spezialisiert und präsentiert diese in attraktivem Design.

Moebel.de
info@moebel.de

www.moebel.de
Online-Shop für Möbeleinkauf rund um die Uhr. Eine große Auswahl in den herkömmlichen Möbelkategorien und eine Schnäppchenecke.

octopus
info@octopus-versand.de

www.octopus-versand.de
Für alle, die es öfters in die Ferne zieht: Möbel und Accessoires aus 24 Ländern für die Haus- und Gartengestaltung.

Tremolo Möbel GmbH
info@tremolo.de

www.tremolo.de
Schrankwand-Systeme, Regale, Vitrinen, Kommoden, Tische, Stühle und Bänke. Die Möbel kann man heranzoomen und drehen.

Trend Design
info@trend-design.de

www.trend-design.de
Wer den Trend nicht verpassen möchte, sollte auf diese Seiten schauen: Große Auswahl an Trendmöbeln und Einrichtungsdesign.

Einrichtung/Möbel/Sofas

● **Bretz Wohnträume GmbH**
cultsofa@bretz.de

www.cultsofa.com
Seit 1895 steht BRETZ in Gensingen für exklusive Polstertradition made in Germany. In kunstfertiger Handarbeit werden feinste Materialien zu den begehrten Objects of Desire geformt. Alle Cultmöbel sind in 2D & 3D anzuschauen und designbar. So kann man sein Zuhause zur Bühne seines Herzens machen.
(Siehe Abbildung)

Sofas And More
kontakt@sofasandmore.de

www.sofasandmore.de
Sofas, Sessel, Schlafsofas und Stühle in unterschiedlichem Design. Außerdem Hinweise zur Pflege von Leder und Stoffen.

Einrichtung/Porzellan

Porzellantreff.de
info@porzellantreff.de

www.porzellantreff.de
Dieser Online-Shop offeriert Porzellan, Bestecke, Gläser und Geschenkartikel. Außerdem kann man einen Hochzeitstisch anlegen.

Einrichtung/Tapeten

berlintapete.de
produktion@berlintapete.de

www.berlintapete.de
Ausgefallene Tapeten fertigt dieses Unternehmen auf Wunsch der Kunden. Dazu gibt es Infos zur Technik und Produktion.

bigpictures
info@bigpictures.de

www.bigpictures.de
Großformatige Tapeten und Poster mit Preiskalkulation. Man kann ein Motiv aus dem Katalog auswählen oder ein eigenes einreichen.

Jadecor
info@jadecor.de

www.jadecor.de
Natur-, Wand- und Deckenbeschichtung für ein gesundes Raumklima, Wohlbehagen und vielseitige, exklusive Raumgestaltung.

Tapetenwechsel
cmalz@cmalz.de

www.tapetenagentur.de
Entweder aus dem Sortiment an außergewöhnlichen Tapeten wählen oder sich seine eigene Tapete erstellen und liefern lassen.

Tapezieren.com
info@tapezieren.com

www.tapezieren.com
Schritt für Schritt wird hier erklärt, wie man tapeziert und welche Fehler es zu vermeiden gilt. So wird man zum Tapezierprofi.

HAUS & GARTEN

Einrichtung/Teppiche & Bodenbeläge

ARO
zentrale@aro.de

www.aro.de
ARO-Teppichböden, Orient-Teppiche, moderne Teppiche, Läufer, elastische Bodenbeläge, Laminat, Parkett, Kork und Tapeten.

Carpet24
info@carpet24.com

www.carpet24.com
Informationen über die Teppichherstellung und die Qualitätsmerkmale des Orient-Teppichs. Der „Basar" bietet Teppiche aus aller Welt.

Dingo Bamboo
parkett@dingo-bamboo.de

www.dingo-bamboo.de
DINGO Bambusparkett „Bambuswald" von Bamboo Concepts ist härter als Eiche und liefert die zeitgemäße Definition für den Wohn- und Objektbereich.

Fantasy Carpet
info@fantasy-carpet.de

www.fantasy-carpet.de
Moderne Designer-, Künstler- und Badteppiche, fantasievoll präsentiert und online erhältlich.

Fußmatte, Die
die_fussmatte@dreckstueckchen.de

www.dreckstueckchen.de
In diesem Online-Shop kann man sich die eigene Fußmatte nach individuellen Vorstellungen entwerfen lassen.

Kibek
info@kibek.de

www.kibek.de
Orient-, China- und Marokko-Teppiche sowie Designerteppiche, Parkettböden und Fußmatten, Badtextilien und Wohn-Accessoires.

Teppich-direkt.de
info@teppich-direkt.de

www.teppich-direkt.de
Bodenbeläge online bestellen. Teppichboden, Laminat, Parkett, PVC, Musterservice für alle Bodenbeläge.

Bretz Wohnträume GmbH　　　　　　　　　　　　　　　　　　www.cultsofa.com

Haus & Garten

Einrichtung/Ventilatoren

CASAFAN
info@casafan.de

www.ventilator.de
Decken-, Fenster- und Wandeinbauventilatoren. Außerdem individuelle Anfertigung und Erläuterung der Vorteile eines Ventilators.

Garten/Allgemein

dorfscheune.de
info@dorfscheune.de

www.dorfscheune.de
Die komplette Gartengestaltung auf einen Blick zum Bestellen: Gartenzäune, Gartenmöbel, Gartengeräte, Grills, Garten-Deko.

Gardena
servicecenter@gardena.com

www.gardena.de
Wichtige und hilfreiche Ratschläge für die Gartenpflege. Außerdem: Vorstellung des Sortiments und eine Händlersuche.

Garten und Zoo 24
info@sagaflor.de

www.gartenundzoo24.de
Hier findet man alles über Garten- und Zimmerpflanzen, Deko-Artikel sowie Expertentipps zur Gestaltung und Pflege.

Gartenbedarf Richard Ward
info@gartenbedarf-versand.de

www.gartenbedarf-versand.de
Produkte für die Gartengestaltung sowie eine ausführliche Anleitung zu vielen Produkten und eine individuelle Kaufempfehlung.

Gartenfreunde.de
info@gartenfreunde.de

www.gartenfreunde.de
Wissenswertes zum Kleingartenwesen wie das Bundes-Kleingarten-Gesetz sowie Adressen von Gartenakademien und Tipps zum Gärtnern.

Gartentechnik.de
info@gartentechnik.de

www.gartentechnik.de
Kommentiertes Verzeichnis, das Links zu Pflanzen, Dünger, Schädlingen, Obst- und Gemüseanbau, Behörden und Vereinen bietet.

gartenwelt-natur.de
redaktion@gartenwelt-natur.de

www.gartenwelt-natur.de
Gartenkalender mit Terminen zum Säen oder Unkrautjäten, Bauernregeln und zahlreiche Tipps und Tricks den Garten betreffend.

Ulmer GartenWebShop
info@ulmer.de

www.gartenbuchhandlung.de
Online-Buchhandlung mit Büchern, Zeitschriften und CD-Roms rund um den Garten. Daneben ein Garten- und Pflanzenschutzkalender.

WOLF-Garten
info@de.wolf-garten.com

www.wolf-garten.de
Umfassendes Online-Gartenmagazin mit vollständigem Produktkatalog des großen Komplettanbieters im europäischen Gartenmarkt.

Garten/Garten- & Gewächshäuser

Dr. Jeschke Gartenholz
jeschke@drjeschke.de

www.drjeschke.de
Wohn-, Block-, Ferien- und Gartenhäuser, Pavillons, Car-Ports, Saunen, Gartenholz und Strandkörbe mit weltweiter Lieferung.

Gartenhaus-online.de
info@gartenhaus-online.de

www.gartenhaus-online.de
Große Auswahl an Garagen, Blockbohlen-, Garten-, Kinderspiel- und Gerätehäusern. Mit Montageanleitung oder Aufbauservice.

Hunecke GmbH
info@hunecke-zubehoer.de

www.gewaechshaeuser.de
Alu-Gewächshäuser mit grüner Pulverbeschichtung und das richtige und aktuelle Gewächshaus-Zubehör. Alles im Internet-Shop.

HAUS & GARTEN

Garten/Gartengeräte

Dolmar GmbH
service@dolmar.com

www.dolmar.com
Vorstellung sämtlicher Dolmar-Produkte für Haus und Garten. Dazu Tipps und Tricks zu Umgang und Bedienung der Geräte.

Gartenshop.net
info@gartenshop.net

www.gartenshop.net
Großes Angebot an Gartengeräten: von A(ufsitzmäher) bis W(iesenmäher). Alle Produkte mit Bild und detaillierten Informationen.

Herkules Gartengeräte
info@herkules-garten.de

www.herkules-garten.de
Vorstellung der Gartengeräte nach den verschiedenen Jahreszeiten. Verschiedene Tipps und Tricks zur optimalen Gartenpflege.

Honda Power Equipment
info@honda.de

www.honda.de/pe/
Power Equipment von Honda: Rasenmäher und -traktoren, Freischneider, Motorhacken, Schneefräsen, Wasserpumpen und Stromerzeuger.

Mantis.de
info@mantis-europe.de

www.mantis-europe.de
Der Hersteller bietet Gartengeräte zur Beet- und Rasenpflege, zum Gehölzschnitt und zum Reinigen von Wegen und Fugen.

MotorLand.net
verkauf@motorland.net

www.motorland.net
Motorgeräte für den Garten. Eine wertvolle Hilfe bei der Produktauswahl ist das „MotorLand-Qualitätsurteil".

Rasenmaeher.de
shopmail@der-rasenmaeher.de

www.der-rasenmaeher.de
Großer Online-Shop für Gartengeräte namhafter Hersteller. Infos über die Eigenschaften von Benzin- und Elektrorasenmähern.

STIHL
info@stihl.de

www.stihl.de
Motorsägen, -geräte und Zubehör von STIHL. Viele nützliche Infos für Privat- und Profianwender, zum Beispiel ein Baumlexikon.

Garten/Gartenteiche

Alles für den Gartenteich
info@gartenteich.de

www.gartenteich.de
Eine Anleitung zum Teichbau, Wasserpflanzen-Infos und ein Teich-Shop lassen weder Fragen noch Wünsche zum Gartenteich offen.

Hobbygartenteich
webmaster@tommis-page.de

www.hobbygartenteich.de
Sehr gut gegliedertes Informationsportal über Gartenteiche mit Garten- und Pflanzenlexikon sowie Buch- und Link-Tipps.

Re-natur GmbH
info@re-natur.de

www.re-natur.de
Fragen rund um Teiche, bewachsene Dächer und den biologischen Pflanzenschutz werden hier beantwortet. Mit einem Online-Shop.

Garten/Gartenzwerge

100% Zwergen-Power
kundenservice@zwergen-power.com

www.zwergen-power.de
Hier gibt es klassische, erotische, makabere, lustige und Sportler-Gartenzwerge sowie passende Schneewittchen, Tiere und Pilze.

Philipp Griebel GmbH
reinhard.griebel@zwergen-griebel.de

www.zwergen-griebel.de
Im „Zwergenshop" gibt es Zwerge und Keramikartikel aus den Rubriken: Freches und Erotisches, Weihnachtliches und Sparschweine.

HAUS & GARTEN

Garten/Grillen

Grillen.net
info@meggle.de

www.grillen.net
Zahlreiche Grillrezepte für Fleisch und Geflügel, Gemüse und Beilagen, Dips und Soßen sowie Vorbereitungs-Check-Listen.

Hoku Design
info@gartengrill.de

www.gartengrill.de
Grills und Grillroste aus rostfreiem Edelstahl in Handarbeit gefertigt direkt online beziehbar.

Weber-grillshop
info@weber-grillshop.de

www.weber-grillshop.de
Hier findet man alles für die Grillparty: Gasgrills, Holzkohlegrills und nützliches Grillzubehör.

Weststyle
information@weststyle.de

www.weststyle.de
Weststyle bietet für Amerika-Fans hochwertiges Zubehör für den Haushalt: Weber Grills mit Zubehör und Pushboy-Abfallsammler.

Garten/Möbel & Accessoires

Gartenmöbel aus Teakholz
teak@teakforyou.de

www.teakforyou.de
Wissenswertes über Teakholz. Im Shop werden Gartentische, -bänke und -stühle angeboten. Die Schränke und Kommoden sind Unikate.

Gartenmöbel Discount
kontakt@gartenmoebel-discount.de

www.gartenmoebel-discount.de
Gartenmöbel aus Kunststoff, Alu und Teak.

Klinker-Freizeitmoebel
info@klinker-freizeitmoebel.de

www.klinker-freizeitmoebel.de
Ein umfangreiches Angebot an Strandkörben und zahlreiche Accessoires für den Garten bringen den Urlaub in den eigenen Garten.

Garten/Möbel/Strandkörbe

Sylt Strandkörbe
sylt-strandkoerbe@t-online.de

www.sylt-strandkoerbe.de
Mit einer großen Auswahl an Stoffen und Geflechten kann man sich hier seinen individuellen Strandkorb anfertigen lassen.

Garten/Wintergärten

Wintergarten
info@wintergarten-ratgeber.de

www.wintergarten-ratgeber.de
Planung und Bauausführung eines Wintergartens bzw. Glashauses. Themen sind z.B. Beschattung, Belüftung, Konstruktion und Glas.

Wintergarten.de
info@teb.de

www.wintergartenpark.de
Know-how und viele Artikel zu praktisch allen Themen im Bereich Wintergarten.

Zitzmann Wintergartenbau
info@zitzmann-wintergarten.de

www.zitzmann-wintergarten.de
Beratung, Planung, Verkauf, Montage und Service von Holz- und Alu-Wintergärten deutschlandweit.

Hängematten

A la Siesta e.K.
info@alasiesta.com

www.alasiesta.com
Hängematten und -sitze, Strohhüte, Mützen, Sorgenpüppchen, Tücher, Modeschmuck, Jonglierbälle, Kleidung und Regenmacher.

Hängematte, Die
service@die-haengematte.de

www.die-haengematte.de
Der Hängemattenspezialist präsentiert Hängematten für ein bis zwei Personen, Hängematten für Babys und Kinder sowie Hängesitze.

HAUS & GARTEN

Hängematten
service@haengematten-shop.de

www.haengematten-shop.de
Großes Sortiment an Hängematten und -stühlen für Groß und Klein sowie Gestelle und Zubehör.

Hängematten-Versand.de
heynlife@t-online.de

www.haengematten-versand.de
Ausgewähltes Sortiment an (Luxus-) Hängematten, pfiffigen Hängesesseln, stabilen Gestellen sowie Baby- und Kinderhängematten.

Leguana
service@leguana.net

www.leguana.net
Riesenauswahl an Hängematten, Hängesofas und Zubehör. Möbel und Wohn-Accessoires aus Bambus, Rattan, Rivergras und Balsa.

Haus & Garten/Zeitschriften

● **wohnbuch.de**
info@wohnbuch.de

www.wohnbuch.de
Ausgewählte Bücher rund um die Wohn- und Gartenkultur. Online-Shop für Bücher und Bildbände mit den Themenschwerpunkten Wohnen, Einrichten, Garten, Blumen, Häuser, Dekoration, Stoffe, Textilien, Design und Möbel. Die Bücher werden auf Wunsch auch als Geschenk verpackt und mit Grußkarte verschickt.
(Siehe Abbildung)

Country Style
info@country-style.de

www.country-style.de
Das Magazin für Wohnkultur und Lebensart stellt Artikel aus der aktuellen Ausgabe vor. Inklusive eines Shopping-Guides.

Gartenpraxis
gartenpraxis@ulmer.de

www.gartenpraxis.de
Die Zeitschrift bietet fundierte Informationen über Pflanzen für Haus und Garten und stellt beispielhafte Gartengestaltungen vor.

wohnbuch.de

www.wohnbuch.de

HAUS & GARTEN

GartenZeitung online
gartenzeitung@bauernverlag.de

www.gartenzeitung.de
Ratgebermagazin mit Ratschlägen für den Zier- und Nutzgarten, Gestaltungsideen, Trends und Neuheiten rund um das Hobby Garten.

Haus und Garten Online
info@haus.de

www.haus.de
Die Zeitschrift „Das Haus" bietet umfassende Berichte zu den Themen Wohnen, Garten, Bauen, Kaufen, Mieten und Vermieten.

livingathome.de
info@livingathome.de

www.livingathome.de
Tipps, Informationen und Online-Shopping rund um die Themenbereiche Wohnen und Einrichten, Essen und Trinken, Planen und Bauen.

Mein schöner Garten Online
garten@senatorverlag.burda.com

www.mein-schoener-garten.de
Ideen und Trends für alle Gartenbereiche. Mit ausführlichen Pflanzenporträts, einem Pflanzendoktor und der Wetterprognose.

Selbst online
selbst@selbst.de

www.selbst.de
Heimwerkermagazin mit Technik- und Heimwerkerlexikon und Infos zu Garten, Freizeit und Basteln.

Heimwerken

Deutsche Heimwerker Akademie
info@dha.de

www.dha.de
Umfangreiche Infos zum Thema Heimwerken, eine Kurs- und Mediendatenbank, kostenlose Online-Beratung und ein Heimwerkerlexikon.

EP-Tools Bau- und Heimwerkerbedarf **www.akku-schrauber.com**

HAUS & GARTEN

🔴 **EP-Tools Bau- und Heimwerkerbedarf**
info@akku-schrauber.com

www.akku-schrauber.com
Dieser Shop bietet für alle Heim- und Handwerker die richtige professionelle Ausstattung. Elektrowerkzeuge wie Akkuschrauber und Bohrer, Druckluftwerkzeuge, Sägen, Holzspalter, Reinigungsgeräte sowie Haus- und Gartentechnik, Werkstattausstattung und natürlich auch den richtigen Arbeitsschutz. **(Siehe Abbildung)**

hobbyweb.de
info@knauber.de

www.knauber.de
Hier erhältlich: Werkzeug zum Basteln, Gärtnern, Malen, Schrauben, Sägen und Kochen.

KursWerkstatt.de
info@kurswerkstatt.de

www.kurswerkstatt.de
Kurse, News, Bauanleitungen, Know-How, Praxistipps, Shop-Angebote, Projekte, Service, Newsletter für Heimwerker und Holzwerker.

Immobilien

blue Homes
info@bluehomes.com

www.bluehomes.de
Landhäuser, Bauernhöfe, Villen und Schlösser in Europa mit einer Dia-Show für jedes Angebot und detaillierten Beschreibungen.

DIB Deutsche Immobilienbörse AG
info@deutsche-immobilienboerse.de

www.deutsche-immobilienboerse.de
Ständig aktualisierte, kostenlose Immobiliendatenbank. Gewerbe- und Wohnimmobilien sowie Zwangsversteigerungsobjekte.

🔴 **ImmobilienScout 24**
info@immobilienscout24.de

www.immobilienscout24.de
Deutschlands großes Immobilienportal - über 380.000 aktuelle Immobilien (Wohn-, Gewerbe-, Auslandsimmobilien), Services und Downloads rund um die Themen Bauen, Finanzieren, Wohnen und Umziehen. **(Siehe Abbildung)**

Immonet.de
info@immonet.de

www.immonet.de
Großer Immobilienmarktplatz mit attraktiven Wohnungen und Häusern zum Finden und Anbieten.

ImmobilienScout 24   **www.immobilienscout24.de**

Haus & Garten

Immoportal.de
info@immoportal.de

www.immoportal.de
Die Immobilienwirtschaft im Internet. Hier können gleichzeitig sechzehn Immobilienbörsen im Internet durchsucht werden.

Immowelt.de
info@immowelt.de

www.immowelt.de
Themen wie Lifestyle, Umziehen und Bauen umrahmen die umfassende Immobiliensuchmaschine, die Objekte aus ganz Deutschland führt.

Planet Home
info@planethome.com

www.planethome.de
Immobiliendienstleister off- und online: Im Angebot sind rund 70.000 Immobilien deutschlandweit sowie Online-Finanzierung.

Wohnanzeiger.de
info@wohnanzeiger.de

www.wohnanzeiger.de
Wohn- und Immobilienbörse für Deutschland und Europa mit kostenloser privater Suche, Inseraten und einem Branchenverzeichnis.

Wohnfinder.de
info@wohnfinder.de

www.wohnfinder.de
Kostenlose Suche von Kauf- und Mietobjekten nach Kriterien wie Ort, Größe und Preis. Anzeige der Objekte mit Foto und Grundriss.

Wohnpool
info@wohnpool.de

www.wohnpool.de
„Wohnpool" listet Wohnungsbörsen, Makler, Mitwohnzentralen, Ferienwohnungen und Mietspiegel. Jobbörse für Immobilienberufe.

Immobilien/Gewerbe

Ascado.de
info@ascado.de

www.ascado.de
Professioneller Marktplatz und Info-Pool für die gewerbliche Immobilienwirtschaft mit zahlreichen Produkt- und Serviceangeboten.

Landimmo.de
info@landimmo.de

www.landimmo.de
Landimmo.de präsentiert eine spezielle Agrar-Immobilienbörse für Objekte wie Bauern- und Reiterhöfe, Acker- und Grünland.

Immobilien/Mieter

Deutscher Mieterbund
info@mieterbund.de

www.mieterbund.de
Die Interessen der Mieter werden hier vertreten. Politische und rechtliche Infos, Literatur und Liste der Mietervereine.

● **Mieterschutzportal**
info@mieterschutzportal.de

www.mieterschutzportal.de
Überregionales Informationsportal in Sachen Mietrecht, Mieterschutz und Wohnen. Mietrechtsthemenbeschreibungen, Datenbanken, Forum für individuelle Fragen, Anwalt- und Handwerkersuchdienst. **(Siehe Abbildung)**

mietrechtsfragen.de
anwalt@mietrechtsfragen.de

www.mietrechtsfragen.de
Check-Liste für den Mietvertrag, Mietmängeltabelle, Gesetze zum Mietrecht und aktuelle Themen aus der Rechtsprechung.

Immobilien/Mitwohnzentralen

Home Company

www.homecompany.de
Der Verband der Mitwohnzentralen vermittelt bundesweit möblierte Zimmer, Appartments und größere Wohnungen auf Zeit.

Ring Europäischer Mitwohnzentralen

www.mitwohnzentrale.de
Ein breites Angebot für Zimmersuchende - bundes- und europaweit. Außerdem Tipps für Mieter und Vermieter.

HAUS & GARTEN

Immobilien/Raumvermittlung

Raumvermietung.de
info@raumvermietung.de

www.raumvermietung.de
Portal für Raumvermittlung: Party-, Event-, Seminar-, Schulungs- und Gastronomieräume.

Immobilien/Tipps

Immobilienbetrug in Deutschland?

www.immobetrug.de
Infos und Berichte über betrügerische Praktiken im Anlagegeschäft. Außerdem ein Forum und Links zu anderen Seiten zum Thema.

Immobilien/Zeitschriften

Bellevue
info@bellevue.de

www.bellevue.de
Das Immobilienmagazin bietet eine Datenbank mit Bildern und ausführlicher Objektbeschreibung sowie aktuelle Artikel zum Thema.

Immobilien Zeitung
info@immobilien-zeitung.de

www.immobilien-zeitung.de
News rund um die Immobilienwirtschaft. Daneben gibt es eine Datenbank für Versteigerungen und die Hypothekenzinsen.

Immobilien/Zimmervermietung & WG

Studenten WG

www.studenten-wg.de
Wohnungsmarkt für WGs, eine Mitfahrbörse für die Bahn und andere Verkehrsmittel sowie eine Börse für einen Studienplatztausch.

WG gesucht
kontakt@wg-gesucht.de

www.wg-gesucht.de
Die Seite für Wohnraumsuchende und -bietende klärt zusätzlich Fragen zum Mietrecht und bietet Check-Listen für den Umzug.

Mieterschutzportal   **www.mieterschutzportal.de**

Haus & Garten

Immobilien/Zwangsversteigerungen

ImmoZv
info@immozv.de

www.immozv.de
Datenbank mit Immobilien in der Zwangsversteigerung. Angezeigt werden Versteigerungsgericht, -termin, -ort und Verkehrswert.

Pflanzen/Allgemein

Bepa direkt
info@bepa-direkt.de

www.bepa-direkt.de
Shop für den Gartenliebhaber und professionellen Gartenbau. 4.000 Sorten Saatgut, Samen und Blumenzwiebeln sind online verfügbar.

Botanikwelt
post@botanikwelt.de

www.botanik-welt.de
Ein Pflanzenlexikon und eine Enzyklopädie vermitteln Wissen über Bäume, Blumen, Bonsai-Bäume, Heil- und Giftpflanzen.

Compo
info@compo.de

www.compo.de
Pflegetipps zur Rasen- und Pflanzenpflege im Haus und Garten. Informationen zu Kulturen und Produkten für den Erwerbsgartenbau.

Pflanzenbuch.de

www.pflanzenbuch.de
Pflanzendatenbank mit einer ausführlichen Beschreibung fast jeder Pflanze. Außerdem: Darstellung der aktuellen Mondphase.

Pflanzen/Blumen & Sträucher

Bambuswald.de
trade@bambuswald.de

www.bambuswald.de
Shop mit Informationen, Pflegetipps und einer Bildergalerie über Bambus, Palmen, Dachstauden und mediterrane Pflanzen.

Blumensamen.de
info@blumensamen.de

www.blumensamen.de
Hier kann man Blumen, Kräuter, Samen, Töpfe, Dünger und weiteren Gärtnerbedarf bestellen. Außerdem gibt es ein Pflanzenlexikon.

Blüten Blatt
info@bluetenblatt.de

www.bluetenblatt.de
Nicht nur über 1.000 Gartenstauden, Ziergräser, Teichpflanzen, Gewürzkräuter und Farne, sondern auch Gartentipps und Grußkarten.

flora toskana
info@flora-toskana.de

www.flora-toskana.de
Das umfangreiche Sortiment bringt die Pflanzenwelt des Südens in das eigene Heim. Dazu gibt es Pflege- und Gestaltungstipps.

Garten- und Pflanzen-Shop
service@baumschule.de

www.baumschule.de
Pflanzen aus deutschen Qualitätsbaumschulen, dazu der passende Dünger und Rasensamen. Außerdem Teak-Möbel und Hängematten.

Palme per Paket
mail@palmeperpaket.de

www.palmeperpaket.de
Tropische und winterharte Palmen, Palmfarne, Bananen, Heliconien, Bambus, Ingwer, Pandanus, Agaven sowie Zubehör und Bücher.

Pflanzenverkauf24
info@pflanzenverkauf24.de

www.pflanzenverkauf24.de
Laub-, Nadel- und Moorbeetpflanzen, Hecken und Rosen. Dazu Anleitungen zum Pflanzen sowie Tipps und Infos rund um Gartenpflege.

plantarara
westphal@plantarara.com

www.plantarara.com
Ein großes Angebot an fleischfressenden Pflanzen mit Zubehör im Online-Shop und viele Informationen zum Thema.

HAUS & GARTEN

Plantasia.de
info@plantasia.de

www.plantasia.de
Im Online-Shop der Internet-Gärtnerei Plantasia.de sind über 2.000 Gartenpflanzen und viele Pflanzenraritäten vertreten.

Pflanzen/Dünger

Dünger-Online-Shop
kontakt@duenger-shop.de

www.duenger-shop.de
Rubriken wie Düngung, Pflanzenschutz, Kompost, Baumpflege und Technik beinhalten Produkte, um den Garten in Schuss zu halten.

Euflor
info@euflor.de

www.euflor.de
Pflanzenratgeber und Tipps für Hobbygärtner zu Balkon- und Kübelpflanzen bietet dieser Shop sowie hochwertige Düngeprodukte.

Floragard.de
info@floragard.de

www.floragard.de
Hier erfährt man alles über die richtige Pflege von Garten- und Zimmerpflanzen. Tipps zum Umtopfen, zur Düngung oder zum Gießen.

Scottsco.de
info@scotts.com

www.scottsco.de
Infos über Substral-Produkte oder auch über Balkon-, Zimmer- und Gartenpflanzen. Es gibt auch einen Pflanzendoktor.

Seramis
contact.de@masterfoods.com

www.seramis.de
Seramis ist ein komplettes Pflegesystem für Pflanzen. Im Shop gibt es Ton-Granulat, Dünger, Gießanzeiger und seltene Pflanzen.

Pflanzen/Kakteen

Kakteen Haage
info@kakteen-haage.com

www.kakteen-haage.de
Im Shop sind mehrere tausend Kakteen bestellbar. Außerdem: Kakteengeschichten und als Besonderheit die Rubrik „Kakteen essen".

Pflanzen/Kräuter & Gewürze

Kräuter Almanach
anfrage@kraeuter-almanach.de

www.kraeuter-almanach.de
Infos über Kräuter in den Rubriken Anbau, Rezepte, Zubereitung, Kräuter und Magie, Ernte, Tipps und Literatur.

Kräuterei, Die
kraeuterei@t-online.de

www.kraeuterei.de
Großes Sortiment an Heil-, Duft- und Gewürzkräutern sowie Duftpelargonien, die in der Kräuterei biologisch angebaut werden.

Pepperworld
info@pepperworld.com

www.pepperworld.com
Wissenswertes zu Chilis, Paprika und Co.: Geschichte, Botanik, Anbautipps, Kulinarisches, Nutzen für Medizin und Gesundheit.

Pflanzen/Obst & Obstbäume

Artländer Pflanzenhof
info@pflanzenhof-online.de

www.pflanzenhof-online.de
Spezialversand für Obst- und Wildfruchtgehölze mit ausführlichen Beschreibungen der Arten und Sorten, um Fehlkäufe zu vermeiden.

Pflanzen/Pflanzenschutz

Kleine Nützlingsberater, Der
info@nuetzlingsberater.de

www.nuetzlingsberater.de
Geplagte Gärtner können sich hier über Schädlinge und deren biologische Bekämpfung informieren und Nützlinge bestellen.

Pflanzendoktor, Der
pdok@stephan-grass.de

www.zimmerpflanzendoktor.de
Diagnose von Pflanzenkrankheiten, Übersicht über Schädlinge, Pilze und Mangelerscheinungen, Pflegetipps und Literaturvorschläge.

Haus & Garten

Pflanzen/Rasen

Deutsche Saatveredelung AG
info@dsv-saaten.de

www.rasen.de
Vorgestellt werden Sport-, Golf-, Zier-, Landschafts- und Gebrauchsrasen. Daneben Infos zu Rasenkrankheiten mit Heilmethoden.

Rasenland
info@rasenland.de

www.rasenland.de
Hier bekommt man Pflegetipps, eine detaillierte Krankheitsübersicht und eine Anleitung zum Verlegen von Rollrasen.

Pflanzen/Saatgut

Bio-Saatgut
ulla.grall@bio-saatgut.de

www.bio-saatgut.de
Saatgut aus kontrolliert biologischem Anbau für ambitionierte Hobbygärtner: Raritäten, Spezialitäten und alte Sorten.

Connatur GbR
anfrage@connatur.de

www.connatur.de
Gemüsesaatgut, Saatgutmischungen und Pflanzenpakete. Außerdem: Gartenkalender für allgemeine Arbeiten, Garten und Küche.

Exotische Sämereien Sascha Stindt
info@exotische-saemereien.de

www.exotische-saemereien.de
Versandhandel von Pflanzensamen aller Art sowie Palmen, tropische Pflanzen, Dünger und Zubehör für eine erfolgreiche Aussaat.

Tropica Online-Shop
support@tropica.de

www.tropica.de
Tropische und subtropische Samen-Raritäten, vorgestellt mit Bildern und genauer Beschreibung. Daneben Tipps zur Aufzucht.

Pflanzen/Verschiedenes

natürlich pflanzlich
info@natuerlich-pflanzlich.de

www.natuerlich-pflanzlich.de
Solitärpflanzenvermittlung, Begrünungskonzept für den Innenraum sowie Dekorations- und Pflegeartikel für grüne Zimmerpflanzen.

Ortmann-Kapillarbewässerung
ortmann-hilden@t-online.de

www.kapillar-ortmann.de
Infos zur umweltfreundlichen Pflanzenbewässerung durch Kapilarität ohne Druckwasser und elektrischen Strom. Mit Bauanleitungen.

pflanzenbild

www.pflanzen-bild.de
Wer wissen möchte, welche Pflanze wie aussieht, wird hier fündig: Fotos von Pflanzen, Blumen, Kräutern und Bäumen.

Reinigungs- & Waschmittel

Ariel.de

www.ariel.de
Präsentation des Produktsortiments. Darüber hinaus gibt es Tipps zu Waschsymbolen, Dosierung und Fleckenentfernung.

Bounty.de

www.bounty.de
Häufig gestellte Fragen rund um das Haushaltstuch, die Designs, eine Produktvorstellung und Tipps für den Umgang mit Bounty.

Coral
lever-faberge.beratung@unilever.com

www.coral.de
Informationen rund um die perfekte Kleiderpflege, Modetipps und Wissenswertes zu den Coral-Produkten und der Firmengeschichte.

Domestos
lever-faberge.beratung@unilever.com

www.domestos.de
Neben Produktvorstellungen und Online-Shop bietet diese Internet-Seite als Besonderheit ein Hygienelexikon und Hygienetipps.

HAUS & GARTEN

● **Henkel KGaA**

www.henkel-waschmittel.de
Neben Informationen zu den Henkel-Produkten aus den Bereichen Waschen, Spülen und Reinigen bietet die Rubrik „Tipps, Hilfen, Service" professionelle Alltagshilfen. Hier hilft z.B. der Fleckenratgeber mit einer Schritt-für-Schritt-Fleckentfernung. **(Siehe Abbildung)**

Mikla
vertrieb@mikla.de

www.mikla.de
Im Online-Shop von Mikla können Produkte aus den Kategorien „Küchenhelfer", „Blitz und Blank" und „Haushalt" bestellt werden.

Mr Proper

www.meisterproper.de
Infos über Produkte und Umwelt. Dazu Wasch- und Putztipps. Die Fun-Welt enthält ein Mr. Proper Spiel, Handylogos, E-Cards.

Persil.de
info.waschmittel@denotes.henkel.de

www.persil.de
Alle Produkte im Überblick mit Waschtipps und Hinweisen. Außerdem Neuigkeiten aus dem Bereich Waschen und ein Fleckenratgeber.

Putz Atelier
info@wohnatelier.de

www.putzatelier.de
Tipps und Tricks zu Säuberungsarbeiten in Haus und Garten: Gerätewartung, Möbelpflege, Schimmelbekämpfung, Heimtextilienpflege.

Viss
lever-faberge.beratung@unilever.com

www.viss.de
Überblick über die Viss-Produktwelt: Scheuer- und Aktivmilch, Active Gel, Glas- und Badreiniger und deren Anwendungsgebiete.

Schädlingsbekämpfung

schaedling24

www.schaedling24.de
Ob Käfer, Motten oder Ungeziefer, hier erfährt man alles über Schädlinge und wie man sie erfolgreich bekämpfen kann.

Henkel KGaA   **www.henkel-waschmittel.de**

Haus & Garten

Schimmelpilz

Infoforum Schimmelpilz
info@schimmelpilz.de

www.schimmelpilz.de
Was ist ein Schimmelpilz? Was kann man dagegen unternehmen? Hier gibt es Antworten und Adressen von Beratungsstellen.

Umzüge/Umzugsservice

ich-zieh-um.de

www.ich-zieh-um.de
Dieser kostenlose Service hilft nach dem Umzug, Behörden und Firmen über die neue Adresse zu benachrichtigen.

moving24
info@moving24.de

www.moving24.de
Vermittlung der günstigsten Spedition für den Privat- oder Firmenumzug weltweit. Ein kostenloser und unverbindlicher Service.

Picobello OHG
info@picobello-ohg.com

www.picobello-ohg.com
Umzugsservice nah und fern. Bundesweite Umzüge für Privat aber auch Objektumzüge für Behörden und Institutionen.

PROGEDO relocation
duesseldorf@progedo.de

www.progedo.de
Relocation-Service: Von der Suche der Immobilie, über die Umzugskoordinierung bis hin zur Erledigung von Formalitäten.

Ummelden.de
feedback@ummelden.de

www.ummelden.de
Den Umzug stressfrei im Internet organisieren: Lkw mieten, Nachsendeantrag stellen sowie Telefon und GEZ ummelden.

umzuege.de
info@dmg-ag.com

www.umzuege.de
Spediteursuche in einer Datenbank mit mehr als 1.000 Firmen, Umzugs-Check-Listen und Tipps rund um den Umzug.

Umzugsratgeber, Der
info@probypro.info

www.der-umzugsratgeber.de
Zahlreiche praxisnahe Infos und Tipps rund um den Umzug mit Umzugskalkulator, Raumplaner sowie Check-Listen zum Download.

Umzugsratgeber.net
info@pronto-online.de

www.umzugsratgeber.net
Was man beim Umzug beachten muss: Kündigung des Mietvertrages, Auswahl der Spedition, Umzug mit Kindern und Halteverbotszonen.

Internet & Computer

9

Internet & Computer

Internet & Computer

onlinekosten.de

Keinen Durchblick im Tarifdschungel? Lohnt sich ein Handy-Vertrag oder ist Prepaid eine kostengünstigere Alternative? Informieren Sie sich über Internet-by-call-Tarife oder Online-Dienste und wann sich eine Flatrate rentiert. Mit dem praktischen Tarifrechner finden Sie den optimalen Provider, indem Sie Ihre monatliche Online-Zeit und eine regelmäßige Uhrzeit, zu der Sie surfen wollen, angeben. Für das Breitband-Internet gibt es den Tarifvergleich verschiedener Anbieter für den T-DSL-Anschluss mit Tipps für passende Hard- und Software. Das gern genutzte Forum ermöglicht den Austausch mit Usern und der Redaktion.

www.onlinekosten.de

Dr. Tips Computerwelt

Die elektronische Datenverarbeitung ist für Sie ein unendliches Wirrwarr an XML-Tools, Debuggern und E-Shops? Dr. Tips verschafft Überblick. Die Datenbank beherbergt zahlreiche Links zu informativen Seiten zum Thema Computer und Internet. Verzweifeln Sie an etwas Bestimmten? Dann können Sie durch die Eingabe eines Stichworts nach entsprechender Hilfe suchen. Unter Download-Tipps kann aktuelle Shareware kostenfrei heruntergeladen werden. Auch detaillierte Beschreibungen zu branchenspezifischer Software werden teilweise mit einem Demo-Download bereitgestellt! Sie kennen eine tolle Seite? Geben Sie hier Ihren Tipp ein!

www.computer.de

Dr. Web Magazin

Die eigene Web-Seite erstellen – aber wie? Das Magazin für Web-Designer und solche, die es werden wollen, bietet Hilfe rund um Web-Design, Coding, Suchmaschinen, HTML, Flash und Online-Marketing sowie Tipps zur webgerechten Grafikbearbeitung. Was Sie als Einsteiger über HTML und Co. oder den richtigen Umgang mit Tabellen wissen müssen, wird Ihnen im Online-Grundkurs Schritt für Schritt vermittelt. Besonders hilfreich ist der kopierbare Quellentext, mit dem man die theoretischen Erläuterungen, wie z.B. zur Erstellung von Tabellen mit runden Ecken, gleich selbst in die Praxis umsetzen kann. So werden Sie zum Homepage-Künstler!

www.drweb.de

Die Suchfibel

Wie findet man Informationen im Internet? Die in der Suchfibel integrierten 2.700 Suchmaschinen finden, was Sie wirklich suchen. Ausführlich und leicht verständlich wird die Bedienung und Nutzung von Suchmaschinen erklärt. Erfahren Sie, welche Suchmaschinen es gibt, welche Möglichkeiten sie bieten, und wie man sie nutzt. Lernen Sie, welche Suchkriterien man anwenden kann, wo und wie man eine Suche beginnt. Suchgeschichten, ein Glossar, Informationen für Webmaster und zur Technik der Suchmaschinen sowie eine Sammlung freier Suchmaschinen-Software runden das Angebot ab. Hier gilt: Suchen leicht gemacht!

www.suchfibel.de

INTERNET & COMPUTER

www.vivisimo.com

Vivisimo

Aus für Google? Zumindest dürfte diese Meta-Suchmaschine mit ihrer neuartigen „Clustering Engine" und der durchdachten Ergebnis-Navigation eine ernstzunehmende Konkurrenz darstellen! Vivisimo fasst die Ergebnisse einer Suchanfrage automatisch in Untergruppen zusammen. Bei Bedarf können Sie die Suche auch schon im Vorfeld auf bestimmte Bereiche des Webs wie z.B. Nachrichten oder Sport eingrenzen. Ähnlich komfortabel ist die integrierte Vorschau-Funktion. Hier können Sie sich jeden gefundenen Link als Fenster im Fenster ansehen, ohne dabei Ihre ursprüngliche Suchanfrage aus den Augen zu verlieren. Das spart Zeit und damit Online-Kosten!

www.heise.de

heise online

Gebündelte Kompetenz der Zeitschriften c't und iX! Heise setzt Maßstäbe, wenn es um IT-Nachrichten geht. Neben den Meldungen des Tages, die auch für mobile Dienste zur Verfügung stehen, wird den aktuellen Telefon- und Internet-Tarifen viel Platz gewidmet. Im Download-Bereich für Free- und Shareware finden Sie kommentierte Links zu kostenlos verfügbaren Programmen. Übersichtlich sortiert nach Kategorie, Betriebssystem, Lizenz und inklusive Leserwertung. Und wer Links zu Download-Adressen von Treibern diverser Hersteller, einen Job in der IT-Branche oder Online-Leseproben sucht, wird ebenfalls fündig. Eine echt heis(s)e Quelle!

www.dsl-magazin.de

DSL-Magazin.de

DSL? Schon mal gehört... Gut zu wissen, dass es eine Seite gibt, die alle Fragen rund um DSL schnell und kompetent beantworten kann. DSL steht für "Digital Subscriber Line" und ermöglicht Internet-Surfen im Highspeed-Verfahren. Anbieter, aktuelle Flatrate-Angebote, die wichtigsten Tarife im Vergleich, Modem- und Router-Suche und, und, und… Neben Nachrichten aus den Bereichen DSL, Internet und Telekommunikation, erfahren Sie alles über die Technik und Entwicklung von DSL sowie über Varianten und Alternativen, falls es an Ihrem Wohnort (noch) kein DSL gibt. Hier ist die Straßenkarte zur Datenautobahn: Für alle, die es ganz eilig haben!

www.gmx.de

GMX

„Mail, Message and More!" Die Internet-Plattform gehört mit über 18 Millionen Accounts zu einem der meist genutzten Web-Mail-Dienste Deutschlands. Das Angebot umfasst einen kostenlosen E-Mail-Dienst, redaktionelle Themenbereiche rund um Shopping und Freizeit sowie Internet- und Service-Dienste für private Endanwender wie SMS, MMS, Faxversand und -empfang, Viren- und Spam-Schutz. Mit der kostenfreien Basisversion erhalten Sie Zugang zur Fotogalerie und zum Media Center. Hier können Sie Bilder oder Daten abspeichern, um sie Freunden und anderen Nutzern (auch Nicht-GMX-Mitgliedern) zugänglich zu machen.

Internet & Computer

Allgemeine Hilfen, Tipps & Tricks

Computer-tipps.net
webmaster@computer-tipps.net

www.computer-tipps.net
Tipps zum Thema Windows und Web-Design sowie aktuelle Computer-Nachrichten und ein ausführliches PC-Lexikon.

● **Dr. Tips Computerwelt**
tips@computer.de

www.computer.de
Seit 1996 handverlesen: Mehr als 3.000 persönlich nachrecherchierte Links, Tipps und Tricks rund um den Computer. PC-Händlersuche, Shopping-Mall, Download-Tipps, private Kleinanzeigen für gebrauchte Hard- und Software, Profi-Software-Führer, Musik Charts, IT-Checkliste, Stellensuche im IT-Bereich.
(Siehe Abbildung)

Auszeichnungen & Awards

Columbus Award Index
info@awardindex.de

www.awardindex.de
Riesige Datenbank mit eingetragenen Award-Verleihern aus dem ganzen deutschsprachigen Netz mit integrierter Suchfunktion.

Online Star
redaktion@com-online.de

www.onlinestar.de
In elf Rubriken können Internet-Surfer die besten Web-Seiten des Jahres vorschlagen und jeweils bis Oktober wählen.

Web-Awards-Datenbank
info@datarent.de

www.awards.de
Awards.de ist eine Datenbank für Web-Awards. Die Datenbank kann nach verschiedenen Kriterien durchsucht und geordnet werden.

CD- & DVD-Brennen

CD-Brenner Info Portal
info@hardwarejournal.de

www.hardwarejournal.de
Tests von CD- und DVD-Brennern, Download von Firmware und Brenn-Software, Anleitungen und Workshops sowie Diskussionsforum.

CopyIsRight.de
christian@s-a-d.de

www.copyisright.de
Aktueller Stand der Gesetze zur Privatkopie von Musik, Video, Audio, Wort und Computerprogrammen in Deutschland.

Datensicherheit/Datenlöschung

blancco
info@blancco-ce.de

www.blancco.com/deutsch/
Hier finden sich Lösungen zur sicheren Datenlöschung, die modernsten Sicherheitsstandards entsprechen.

Datensicherheit/Datenrettung & -wiederherstellung

Datenrettung
info@krollontrack.de

www.ontrack.de
Services und Software in den Bereichen Datenverfügbarkeit, Datenrettung und elektronische Beweissicherung.

Datenrettung
info@data-recovery.de

www.data-recovery.de
Datenrettung mit kostenloser Diagnose bei Daten-Crashs.

Ibas Datenrettung
mail@datenrettung.de

www.datenrettung.de
Hilfe bei Datenverlusten. In professionellen Labors werden alle Speichermedien, Betriebssysteme und Schäden bearbeitet.

Datensicherheit/Dialer

0190-Telefonnummern

bo2005.regtp.de/prg/srvcno/srvcno.asp
Welcher Anbieter steckt hinter der teuren 0190-Telefonnummer? Die Anschrift erfährt man in dieser Datenbank.

INTERNET & COMPUTER

0900-Telefonnummern
bo2005.regtp.de/prg/srvcno/srvcno900.asp
Erreichbar ist hier eine datenbankbasierende Suchmaschine für 0900-Telefonnummern.

Dialerhilfe.de
info@dialerhilfe.de
www.dialerhilfe.de
Diese Seiten wollen über die Hintergründe, die Gefahren und die Schutzmöglichkeiten bezüglich teurer Web-Dialer informieren.

Dialerschutz
webmaster@dialerschutz.de
www.dialerschutz.de
Deutsche Infoseite zum Thema Missbrauch von Web-Dialern und Servicenummern, Tricks unseriöser Anbieter und Schutzprogramme.

Dialerundrecht.de
mail@dialerundrecht.de
www.dialerundrecht.de
Rechtliche Beurteilung der 0190-Dialer, eine Urteilsdatenbank und ein Musteranschreiben an den Netzbetreiber zum Download.

Datensicherheit/Spam

Antispam.de
www.antispam.de
Was ist Spam überhaupt? Neuigkeiten aus der Welt des Spams und dessen Bekämpfung. Mit Anti-Spam-Forum.

Datensicherheit/Verschlüsselung

GNU Privacy Guard, Der
webmaster@gnupg.org
www.gnupg.org
Die Open-PGP-Seite stellt ihr „Pretty Good Privacy"-Nachfolgeprojekt der Allgemeinheit als Download zur Verfügung.

Datensicherheit/Viren & Trojaner

Antivirus online
help@antivirus-online.de
www.antivirus-online.de
News zur aktuellen Virensituation, Hersteller-Link-Liste für Antiviren-Programme, Virendatenbank und Top Ten-Virenliste.

Dr. Tips Computerwelt
www.computer.de

Internet & Computer

free-av.de virus@free-av.de	**www.free-av.de** Kostenlose Antiviren-Software für den Privatgebrauch.
McAfee Security info_deutschland@nai.com	**www.mcafee.de** McAfee bietet Antiviren-, Sicherheits-, Verschlüsselungs- und Optimierungs-Software an.
Symantec Deutschland dewebmaster@symantec.com	**www.symantec.de** Einer der führenden Anbieter von Internet-Sicherheitstechnologien.
Trojaner-board.de webmaster@trojaner-board.de	**www.trojaner-board.de** Diskussionsseite über Trojaner und Viren, deren Arbeitsweise und Beseitigungsbeschreibungen.

Eigene Homepage/Allgemein

Grammiweb.de info@grammiweb.de	**www.grammiweb.de** Kostenloses Online-Magazin für alle Webmaster mit Workshops, Kursen, Tipps und Tricks, Grafiken und Homepage-Vorlagen.
Morpheuz.Net info@morpheuz.net	**www.morpheuz.net** Ratgeber, Anleitungen und Hinweise für angehende und fortgeschrittene Webmaster finden sich auf dieser Wissensdatenbank.
Webmasterplan support@webmasterplan.com	**www.webmasterplan.de** Webmasterplan optimiert Homepages für Suchmaschinen, berechnet die Ladezeit und findet tote Links auf den Seiten.

Eigene Homepage/All-in-One-Anbieter

1und1.de	**www.1und1.de** Produkte mit leistungsfähigen und innovativen Internet-Applikationen wie DSL-Zugänge, Webhosting, 0700er Nummer und E-Shops.
Domainfactory	**www.domainfactory.de**

436

INTERNET & COMPUTER

Domainfactory
support@domainfactory.de

www.domainfactory.de
Die Domainfactory bietet Domainservice, Webspace und Internet-Dienstleistungen an. Premium-Hosting-Angebote für Einsteiger, Profis und Reseller mit Tarifvergleich, Domain-Check, übersichtlicher Gesamtpreisliste und Supportforum. **(Siehe Abbildung)**

domaingo
support@domaingo.de

www.domaingo.de
Domaingo bietet mit seinem Konzept „pauschalpreis hosting" volle Kostenkontrolle für die eigene Homepage. In den online zu bestellenden Angebotspaketen sind Leistungen wie Traffic, E-Mail-Accounts oder Sub-Domains enthalten. **(Siehe Abbildung)**

easyMX
info@netghost-solutions.de

www.easymx.de
Professionelle Mail- und Webhosting-Produkte für die eigene private oder gewerbliche Homepage mit Anleitungen zum Webhosting.

FreeCity
info@freecity.de

www.freecity.de
Webspace-, Domain- und Web-Mail-Anbieter, sowohl kostenlos werbefinanziert als auch kostenpflichtig werbefrei.

Schlund + Partner
kontakt@schlund.de

www.schlund.de
Großer Internet-Provider, der von Webspace über DSL-Zugang, Root-Server bis zum E-Shop alles bietet.

Strato
info@strato.de

www.strato.de
Strato vermarktet u.a. Domain-Komplettpakete und Internet-Breitbandzugänge.

Tiscali Deutschland
info@de.tiscali.com

www.tiscali.de
Provider-Dienste, Suchmaschine, persönliche E-Mail-Adresse, News, Chat, Entertainment, Games, Auto, Jobs, Finanzen, Shopping.

domaingo　　　　　　　　　　　　　　　　　　　　www.domaingo.de

Internet & Computer

Domainprovider.de mail@gerwan.de	**www.domainprovider.de** Bei Domainprovider können Domains mit über 80 Endungen auf Verfügbarkeit überprüft und bestellt werden. EU-Domain Vormerkung. **(Siehe Abbildung)**
united-domains support@united-domains.de	**www.united-domains.de** Günstige Domain-Registrierung für über 50 Endungen, kostenloses online basiertes Software-Tool „Domain-Portfolio 2.0" zur Verwaltung aller Domains unabhängig davon, bei welchem Anbieter diese registriert wurden. Darüber hinaus Handelsbörse zum Kauf und Verkauf sowie Bewertungen von Domains.
Webprovider.net mail@gerwan.de	**www.webprovider.net** Provider mit Schwerpunkten im Bereich Hosting und der Entwicklung individueller E-Commerce-, Content- und Datenbank-Lösungen.

Eigene Homepage/Anleitungen & Hilfen

Dr. Web Magazin	**www.drweb.de** Das Online-Magazin für Webmaster mit Tipps, Tricks und Know-how sowie aktuellem Newsletter.
HTMLWorld emails@html-world.de	**www.html-world.de** Ein deutsches Portal zum Thema Web-Design, mit Dokus zu HTML, CSS, XML, JavaScript und PHP.

Eigene Homepage/Bannertausch

Hitglobus.de info@hitglobus.de	**www.hitglobus.de** Hitglobus bietet qualitativ hochwertigen Seiten einen 1:1 Bannertausch an.

Domainprovider.de — www.domainprovider.de

Internet & Computer

Linktausch
webmaster@linktausch.de

www.linktausch.de
Plattform, auf der Webmaster Link-Partnerschaften schließen können, um den Bekanntheitsgrad der eigenen Web-Seite zu erhöhen.

Eigene Homepage/Bilder, Buttons & Clipart

● **Clipart Archiv**
info@mccrazy.de

www.clipartarchive.de
Hier findet man eine Vielzahl kostenloser Grafiken und Cliparts aus den Bereichen Architektur, Essen und Trinken, Menschen, Partys und Feiertage, Sport und Freizeit, Technik und Verkehr, Tiere und Natur und Webmaster mit zahlreichen Unterkategorien. Shop mit Produkten, die das Thema Cliparts vertiefen.
(Siehe Abbildung)

Dreamcodes Codearchiv
info@dreamcodes.biz

www.dreamcodes.com
Buttons, Hintergrundbilder, Smilies, Templates, Scripte und Banner und massig GIFs für den Einbau in die eigene Homepage.

mehrwegfoto.de
webmaster@papparallo.de

www.mehrwegfoto.de
Lizenzfreie und kostenlose Fotos für nicht-kommerzielle Web-Seiten.

Eigene Homepage/Counter

Counter Webstatistik
info@stats4free.de

www.stats4free.de
Kostenloser Web-Counter mit umfassender Besucherstatistik, die Aufschluss über das Surf-Verhalten der Besucher gibt.

Counter-Service.de
info@counter-service.de

www.counter-service.de
Kostenloser Zugriffszähler für die eigene Homepage mit umfangreicher Statistikauswertung.

Clipart Archiv www.clipartarchive.de

Internet & Computer

Eigene Homepage/Domain-Abfragen

DENIC eG
info@denic.de

www.denic.de
Zentrale Registrierungsstelle für .de-Domains. Wissenswertes über Domains, Suchmöglichkeit und Hinweise zur Registrierung.

Eigene Homepage/Domain-Anbieter

AlpenNIC
info@alpennic.com

www.alpennic.com
AlpenNIC vergibt kostenlose, werbefreie Domains für Deutschland, Österreich und die Schweiz in der Form: www.ihrname.de.tf

● **Key-Systems GmbH**
info@key-systems.de

www.key-systems.de
Webhosting und direkte Registrierung von internationalen Domainnamen in Echtzeit, wie z.B. .com, .net, .de, .info, .biz, .us, u.v.m. Einrichtung und selbständige Verwaltung der Domains in einem persönlichen Kunden-Online-Interface. Mit Online-Shop für individuell gestaltete Werbegeschenke. **(Siehe Abbildung)**

US-Domains
helm@united-domains.de

united-domains.us
Die Registrierung einer Internet-Adresse für die USA gibt es hier auch für deutsche Unternehmen.

webwide.de
info@webwide.de

www.webwide.de
Prüfung und Registrierung aller verfügbaren Internet-Domains. Professionelles Webhosting und Shop-Systeme.

Eigene Homepage/Domain-Börsen

domain-handel
helm@united-domains.de

domain-handel.de
Die Domain-Börse zum An- und Verkauf von Domains.

nicit Mail- und Domainbörse
info@nicit.de

www.nicit.de
Muntere Domain-Handelsbörse mit Online-Ratgeber, Mustervertrag für die Domain-Übertragung und moderiertem Forum.

Key-Systems GmbH   **www.key-systems.de**

INTERNET & COMPUTER

Suchedomain.de
info@suchedomain.de

www.suchedomain.de
Domain-Börse, Domain-Registrierungsstelle und Webhosting.

Eigene Homepage/Newsletter, Foren & Gästebücher

domeus
team@domeus.de

www.domeus.de
Community für Gruppenkommunikation: Kostenlose Einrichtung von Newslettern oder Mailing-Listen.

ForumRomanum
info@forumromanum.de

www.forumromanum.de
ForumRomanum stellt dem Homepage-Betreiber schnell und kostenfrei ein eigenes Forum zur Verfügung.

OneTwoMax

www.onetwomax.de
Kostenlose Foren, Gästebücher, Ticker, Votes und Form-Mailer und weitere Tools für die eigene Web-Seite.

topwebmaster.net
support@topwebmaster.net

www.topwebmaster.net
Kostenlose Tools für Webmaster wie Bannertausch, Counter, Gästebuch, Forum und Umfragen.

Webmart
info@tcs.de

www.webmart.de
14 verschiedene Homepage-Tools wie Foren, Newsletter, Shops und News-Systeme sind hier umfangreich und kostenlos im Angebot.

Eigene Homepage/Partnerprogramme

● **TradeDoubler GmbH**
info.de@tradedoubler.com

www.tradedoubler.de
TradeDoubler, europäischer Marktführer für erfolgsbasierte Marketinglösungen und Affiliateprogramme, bietet ein umfangreiches KnowHow im Bereich Online-Marketing aus insgesamt 16 europäischen Ländermärkten. Über 130 Mitarbeiter in elf Ländern betreuen ein Netzwerk von 700 Kunden und 450.000 Affiliates.
(Siehe Abbildung)

TradeDoubler GmbH   www.tradedoubler.de

Internet & Computer

AffiliWelt.net
info@affiliwelt.net

www.affiliwelt.net
Hier findet man mehr als 290 Partnerprogramme in über 35 Rubriken mit 3.400 Affiliates.

geldgeier.de
info@geldgeier.de

www.geldgeier.de
Alles für den Webmaster: Geld verdienen, Promotion, Tipps und Tricks sowie Kostenloses.

Partnerprogramme
support@pay-by-click.de

www.pay-by-click.de
Das Partnerprogramm-Netzwerk für erfolgreiches Marketing; kostenlose Registrierung für Webmaster.

Partnerprogramme.de
info@aardon.de

www.partnerprogramme.de
Darstellung der verschiedenen Möglichkeiten, mit einer eigenen Web-Seite Geld zu verdienen.

Sponsornetz
info@sponsornetz.de

www.sponsornetz.de
Werbeverbund, der freie Werbeflächen auf der Homepage vermarktet. Jeder Klick auf den Sponsor-Banner wird vergütet.

Superclix
superclix@dmk-internet.com

www.superclix.de
Webmaster können mit der eigenen Homepage Geld verdienen, wenn auf Web-Seiten gelinkt wird, die hier aufgelistet sind.

zanox.de
info@zanox.de

www.zanox.de
Wer als Vermarkter oder Webmaster auf der Suche nach Möglichkeiten ist, online Einnahmen zu generieren, ist hier richtig.

Eigene Homepage/Promotion

● **Hab8.de Web-Seiten-Promotion**
redaktion@hab8.de

www.hab8.de
Auf hab8.de finden sich kostenlose Promotion-Ideen für die eigene Web-Seite. Der kostenlose Newsletter, die hab8-news, gibt weitere Promotion-Ideen und im hab8-Marketingshop finden sich Soft- und Hardware, Tools, Folienbeschriftung und vieles mehr für das eigene erfolgreiche Web-Seiten-Marketing.
(Siehe Abbildung)

Hab8.de Web-Seiten-Promotion   **www.hab8.de**

INTERNET & COMPUTER

Eigene Homepage/Verschiedenes

baseportal
info@baseportal.de

baseportal.de
Web-Datenbank, ohne Programmierkenntnisse über den Browser nutzbar und für anspruchsvolle Web-Auftritte beliebig anpassbar.

Traum-projekt.com
info@traum-projekt.com

www.traum-projekt.com
Professionelle Web-Design-Community in den Bereichen Dreamweaver, Fireworks, Photoshop, Flash, sowie PHP.

Eigene Homepage/Webspace

Lycos Tripod
webmaster@tripod.de

www.tripod.de
Als Mitglied des Lycos-Networks stellt Tripod kostenlos Speicherplatz und Tools für den Bau privater Homepages zur Verfügung.

● **provider-domain-webspace.de**
info@provider-domain-webspace.de

www.provider-domain-webspace.de
Das private Portal bietet eine Übersicht und einen Preisvergleich deutscher Provider für Domains, Webspace, Webhoster, Webhosting, Homepages, Domain-Provider, Web-Seiten, Internet, Speicherplatz, Root-Server und Web-Traffic. Alle Homepagekosten im Leistungsvergleich. **(Siehe Abbildung)**

Webhostlist
info@netscouts.de

www.webhostlist.de
Übersicht der Anbieter im Bereich Webhosting und Server-Providing mit Tests, Reportagen, Vergleichen und monatlichen Top Ten.

Yahoo! GeoCities

geocities.yahoo.de
Hier gibt es die Möglichkeit, eine eigene kostenlose Homepage zu erstellen.

443

INTERNET & COMPUTER

E-Mail/Allgemeine Hilfen, Tipps & Tricks

Mailhilfe.de
webmaster@mailhilfe.de

www.mailhilfe.de
Hier findet man alles zum Thema elektonische Post: E-Mail-Anbieterübersicht und Hilfestellungen zu fast jedem E-Mail-Programm.

E-Mail/Dienste

ePOST

www.epost.de
Portal der Deutschen Post mit E-Mail-Services, digitalen Fotoalben, „FunCards" und Abo-Service für Zeitschriften.

GMX
gmx@gmx.net

www.gmx.de
E-Mail- und Messaging-Kommunikationsdienste: Kostenlose und kostenpflichtige E-Mail-Accounts mit extragroßer Mailbox, Viren- und Spamschutz, Adressbuch, Multimedia-Datenspeicher mit Online-Fotogalerie. Leistungsfähige, günstige Internet-Zugangstarife. Umfangreiche Inhalte und E-Commerce-Angebote.
(Siehe Abbildung)

Hotmail

www.hotmail.de
Kostenlose E-Mail-Adressen gibt es bei Hotmail, auf Wunsch werden E-Mails sogar vorab auf Viren geprüft.

Lycos Mail
webmaster@lycos.de

mail.lycos.de
Kostenloser E-Mail-Dienst der bekannten Suchmaschine Lycos mit Spam- und Virenschutz sowie ein SMS-Manager.

WEB.DE Freemail
freemail@web.de

freemail.web.de
Kostenlose E-Mail-Adresse mit Zusatzfunktionen wie Spam-Filter, Virenschutz, Video-Mail, POP3/IMAP, SMS-, MMS- und Faxversand.

E-Mail/Verzeichnisse

DeTeMedien
kundenservice@teleauskunft.de

www.email-verzeichnis.de
Hier kann nach persönlichen E-Mail-Adressen gesucht werden. Angezeigt wird auch der Wohnort des E-Mail-Inhabers.

Fernsehsendungen

c't magazin.tv
ctmagazin@hr-online.de

www.ctmagazin.tv
Die Web-Seite zur TV-Sendung bietet weiterführende Infos zu den Themen der aktuellen und der vorangegangenen Ausstrahlungen.

NBC Giga
team@giga4u.de

www.giga.de
Interaktive Homepage für die Zuschauer und Community-Mitglieder der TV-Sendung mit Web-Cams, Games, Star-Infos und Fun.

Hardware/BIOS

BIOS Kompendium
info@bios-kompendium.de

www.bios-kompendium.de
Umfassende Informationen zum BIOS, von der idealen Konfiguration über Master-Passwörter bis zum Update.

Hardware/Case-Modding

Caseking.de
info@caseking.de

www.caseking.de
Modding, CPU-Kühler, Lüfter, Gehäuse und Netzteile.

Silent systems
info@silentmaxx.de

www.silentmaxx.de
Lästige Geräuschkulisse am PC? Der Dämmberater bietet per Online-Shop lärmverringernde Komponenten an.

INTERNET & COMPUTER

Hardware/Gebrauchte Geräte

Omnico
info@omnico.de

www.omnico.de
Zuverlässiger Wiedervermarkter und Dienstleister rund um gebrauchte PC-Systeme, Monitore und Notebooks.

PC-Bewertung.de
info@pc-bewertung.de

www.pc-bewertung.de
Unabhängige Quelle zur Bewertung gebrauchter Computer im Internet.

Hardware/Händler/Komplett-PCs & Notebooks

ALLAGO.de
service@allago.de

www.allago.de
Computer, Software, Tinte und Toner, Büromöbel, Bürobedarf sowie Artikel aus den Bereichen Datentechnik und Netzwerke.

Alternate Computerversand GmbH
kontakt@alternate.de

www.alternate.de
Neben dem Angebot an Hard- und Software gibt es noch Fachinformationen sowie Jobangebote.

Atelco Computer
callcenter@atelco.de

www.atelco.de
Großes Sortiment inklusive Online-PC-Konfigurator, der Computer nach Wunsch und Bedarf zusammenstellt.

cyberport.de
info@cyberport.de

www.cyberport.de
Computer- und Technik-Shop mit über 8.000 Produkten von Camcordern, Digitalkameras über PC- und Netzwerkprodukte bis zu DVDs.

Gravis
info@gravis.de

www.gravis.de
Große deutsche Apple-Handelskette mit vielen besonderen Angeboten.

Mindfactory Aktiengesellschaft
endkundenbetreuung@mindfactory.de

www.mindfactory.de
Großer Internet-Versandhandel für Computer Hard- und Software, Telekommunikation und Unterhaltungselektronik.

GMX

www.gmx.de

Internet & Computer

Misco
bestellinfo@misco.de

www.misco.de
MISCO-EDV ist ein Versandhandel für gewerbliche Kunden. Produkte aus der EDV von A bis Z.

Notebookinfo.de
info@notebookinfo.de

www.notebookinfo.de
Individuelle Kaufberatung, Testberichte, Notebook TV-Archiv, Notebook-Lexikon, Hersteller- und Shop-Informationen.

Vobis Microcomputer
service@vobis.com

www.vobis.de
Das Angebot des Vobis Online-Shops umfasst neben den Eigenmarken Highscreen und Highpaq auch PC-Zubehör und Software.

Hardware/Händler/Komponenten & Zubehör

Avitos
kontakt@avitos.com

www.avitos.com
Avitos ist ein Online-Shop für Hard- und Software, Telekommunikation und Unterhaltungselektronik.

computeruniverse.net
info@computeruniverse.net

www.computeruniverse.net
Riesige Auswahl an PC-Hardware, PC-Software, Digital Imaging, DVDs, Games und Unterhaltungselektronik zu günstigen Preisen.

Computist
info@computist.de

www.computist.de
Forum und Tests für Supermarktcomputer und Notebooks mit Online-Shop für dazu passendes Zubehör und Ausbauelemente.

Hantz + Partner
info@hantz.com

www.notebookdrives.de
Upgrades für alle gängigen Notebooks. Die Festplatten-Kits können entweder selbst oder von Hantz und Partner eingebaut werden.

inkpool.de
info@inkpool.de

www.inkpool.de
Online-Shop für Druckerpatronen, Toner, Drucker, Computerzubehör und Software. Mit Druckerpatronen-Assistent.

mitundohnekabel.de
vertrieb@idnt.net

www.mitundohnekabel.de
Online-Shop für Computerprodukte mit Schwerpunkt auf der Netzwerktechnologie und der kabellosen Anbindung ans Internet.

Monitore-Market Shopping
jn@pegasys-ag.de

www.monitore-market.de
Monitore namhafter Hersteller: Iiyama, AOC, BenQ, Samsung, LG. Außerdem Grafikkarten von XFX und Modems.

PC-Mäuse
info@pc-maeuse.de

www.pc-maeuse.de
Online-Shop für Computermäuse, Tastaturen und Trackballs.

repaso.de
mail@repaso.de

www.repaso.de
Kabel, Adapter, Lüfter und Zubehör aus den Bereichen Modding, SCSI, Netzwerktechnik und Telekommunikation.

Hardware/Hersteller/Komplett-PCs & Notebooks

Acer
info@acer-euro.com

www.acer.de
Informationen zum Unternehmen und dessen Produkten, wie Notebooks, PCs, Servern und Monitoren sowie Online-Händlerverzeichnis.

ASUSTek Computer

www.asuscom.de
Der Computerhersteller Asus stellt seine Produktpalette online vor.

Dell Computer
webmaster_germany@dell.com

www.dell.de
Komplett-PCs, Drucker, Speichermedien, Monitore, Notebooks, Digitalkameras, Scanner und Projektoren von Dell.

Internet & Computer

Fujitsu
webmaster@fujitsu.de
www.fujitsu.de
Alles für den Computer bietet „the world of Fujitsu".

HP Deutschland
info_link@hp.com
www.hp.com/de
HP stellt innovative Technologien für das Geschäfts- und Privatleben im IT-Bereich bereit.

IBM Deutschland
halloibm@de.ibm.com
www.ibm.com/de
Produkte und News von IBM.

● **Medionshop.de**
info@medion.com
www.medionshop.de
Im Internet-Shop von Medion gibt es Angebote aus den Bereichen PC-Multimedia, Telekommunikation, TV, DVD, Video und Hifi, Haushaltsgeräte, Sport und Wellness, Reisen und Software sowie Foto und Camcorder. Des Weiteren gibt es die Möglichkeit digitale Bilder auf Premium Fotopapier entwickeln zu lassen.
(Siehe Abbildung)

Sun Microsystems GmbH
sun-lead@sun.com
www.sun.de
Sun liefert Produkte, Technologien und Services für das Network-Computing, um mit Hard- und Software Unternehmen zu vernetzen.

Toshiba Computersysteme
info@toshibaservicecenter.de
computer.toshiba.de
Toshiba-Produkte, Suchmöglichkeiten nach zertifizierten Toshiba-Händlern und Online-Shop. Servicebereich mit Treiberdownload.

Hardware/Hersteller/Komponenten & Zubehör

Adaptec
preface_munich@adaptec.com
www.adaptec-de.com
Informationen über einzelne Produkte des PC-Herstellers Adaptec mit einer übersichtlichen Auflistung aller Produkte.

AMD
euro.web@amd.com
www.amd.de
AMD stellt Mikroprozessoren, Flash-Speicher und Chip-Sätze für Kommunikations- und Netzwerkanwendungen her.

Medionshop.de   **www.medionshop.de**

Anzeige

447

Internet & Computer

AMD Athlon Community
euro.web@amd.com

www.athlon.de
Das Web-Forum „athlon.de" ist die offizielle AMD Plattform, auf der PC-Enthusiasten technische Erfahrungen rund um AMD Prozessoren austauschen können. Weniger erfahrene Anwender oder Computereinsteiger erhalten hier wertvolle Tipps und Tricks zum Umgang mit dem PC. **(Siehe Abbildung)**

AVM
info@avm.de

www.avm.de
AVM Produkte ermöglichen einen schnellen Internet-Zugang sowie die komfortable Nutzung des PCs als Kommunikationszentrale.

Epson
info@epson.de

www.epson.de
Informationen über Drucker, Digitalkameras, Scanner, Kombinationsgeräte, Projektoren, Treiber-Download, Online-Support.

Intel
support@intel.de

www.intel.de
Hier stellt Intel seine Produkte für den Privatgebrauch wie auch für Business-Kunden vor.

Matrox Imaging
info-centraleurope@matrox.com

www.matrox.com
Visionäre Produkte für den Grafik-, Video-, Bildverarbeitungs- und Netzwerkmarkt.

Soyo
info@soyo.de

www.soyo.de
Informationen über die in Taiwan gegründete Computerfirma Soyo sowie deren Produkte.

Hardware/Netzwerke

3Com Central Europe
ceu_solutions@3com.com

www.3com.de
LAN Switching, Netzwerk-Telefonie, Wireless LANs, Firewalls, Kabel/DSL-Gateways, PC-Cards und NICs.

Netgear
netgear.germany@netgear.com

www.netgear.de
Netgear bietet Produkte und Lösungen rund um Netzwerke für Heim- und Business-Anwender an.

AMD Athlon Community **www.athlon.de**

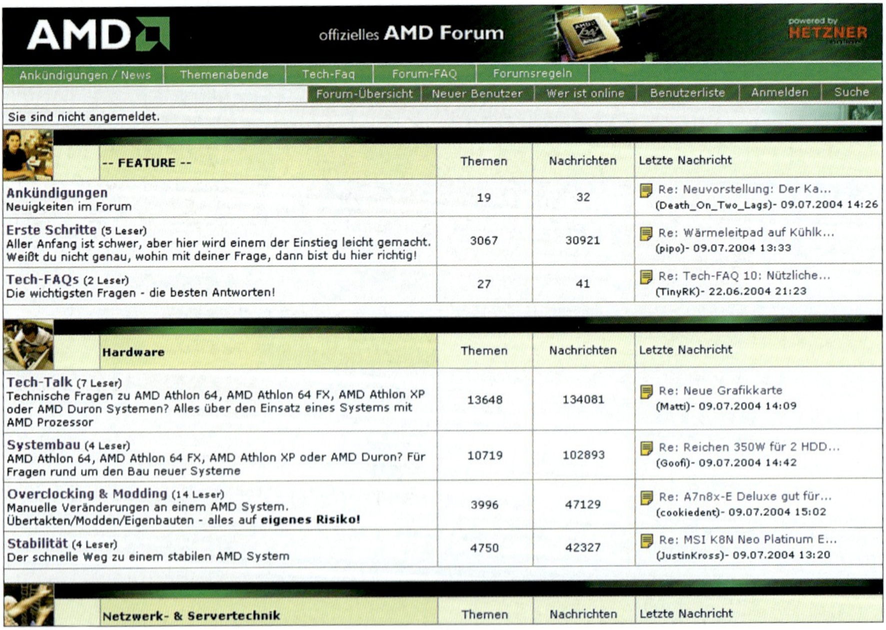

INTERNET & COMPUTER

Netzwerkforum, Das
info@ccna.de

www.ccna.de
Forum für alle Netzwerktechniker und Administratoren, die sich zum „Cisco Certified Network Associate" weiterbilden wollen.

Router-Forum.de

www.router-forum.de
Großes Forum, dessen User Fragen rund um Netzwerke und Router stellen und beantworten.

Windows-Netzwerke.de
webmaster@windows-netzwerke.de

www.windows-netzwerke.de
Tipps und Know-how für die Einrichtung eines lokalen Netzwerkes unter Windows 95/98/ME/2000 und XP.

Hardware/Reparaturen

Monitorprofis.de
info@monitorprofis.de

www.monitorprofis.de
Reparaturservice für Laptops, Monitore oder Drucker.

Info- & Servicedienste

Kostenlose Abfragen
info@abfragen.de

www.abfragen.de
Informations-Pool zu Themen wie Börse, Gebrauchtwagen, Jobs, Nachschlagewerke, Tarifrechner sowie Wettervorhersagen.

● **t-info**
t-info@telekom.de

www.t-info.de
Das Auskunftsportal der Deutschen Telekom bietet Zugang zu DasTelefonbuch, GelbeSeiten und DasÖrtliche sowie Services zu Reise und Verkehr (Stau, Fahr-/Flugpläne) sowie Wetter, Stadtpläne und Routenplaner etc. Das Portal ist sowohl am PC, per PDA oder Handy nutzbar. **(Siehe Abbildung)**

X4U
info@x4u.net

www.x4u.net
Informationsportal mit Suchmaschine und Web-Katalog, kostenlose E-Mail-Adresse und Online-Games, News, Infos sowie Tipps.

t-info   www.t-info.de

INTERNET & COMPUTER

Info- & Servicedienste/Datum & Uhrzeit

Uhrzeit.org
info@uhrzeit.org

www.uhrzeit.org
Anzeige der sekundengenauen Uhrzeit mit direkter Anbindung an die Atomuhr Braunschweig.

Webruf
contact@mediabeam.com

www.webruf.de
Hier können Anrufe erstellt werden, die zu einer gewünschten Uhrzeit dem Empfänger von einer Computerstimme vorgelesen werden.

Weltzeituhr
info@weltzeituhr.com

www.weltzeituhr.com
Weltzeituhr mit verschiedenen Suchfunktionen wie Länderinformationen, Ereignisse, Feiertage und Services.

Info- & Servicedienste/Kalender & Ferienkalender

Feiertage

www.uni-bamberg.de/~ba1lw1/fkal.html
Termine der beweglichen Feiertage von 1700 bis 2199.

Ferienkalender.com

www.ferienkalender.com
Übersicht über die Schulferien und Feiertage aller Bundesländer bis 2010.

Kalenderblatt
kontakt@kalenderblatt.de

www.kalenderblatt.de
Historische Ereignisse des Tages, Geburtstage berühmter Personen, Zitat des Tages und Gedenktage.

Kalenderlexikon
info@kalenderlexikon.de

www.kalenderlexikon.de
Kalender bis 2015 in verschieden Übersichten vom Tageskalender bis hin zum Jahreskalender.

Info- & Servicedienste/Lexika & Fachwörterbücher

Basiswissen Netlexikon.de
netlexikon@akademie.de

www.net-lexikon.de
Das Online-Lexikon enthält die gesamte Wikipedia und neben dem alphabetischen Index eine Volltextsuche über 400.000 Wörter.

Glossar.de
glossar@archmatic.com

www.glossar.de
Online-Nachschlagewerk zu Themen wie Internet, Netzwerk, IT allgemein, CAD, Grafik, Video.

Xipolis.NET
info@xipolis.net

www.xipolis.net
Online nachschlagen in über 50 namhaften Lexika, Enzyklopädien und Wörterbüchern aus unterschiedlichsten Wissensgebieten.

Info- & Servicedienste/Newsletter

Letterking

www.letterking.de
LetterKing - die Newsletter-Broker. Angeboten werden verschiedene Themenbereiche, von Auto bis Wirtschaft.

Netnewsletter.de
redaktion@netnewsletter.de

www.netnewsletter.de
Wöchentlicher Newsletter für aktuelle Nachrichten aus der Welt des Internets.

Newsflash
newsflash@newsflash.de

www.newsflash.de
Wöchentlich aktuelle Meldungen mit weiterführenden Links, die von renommierten Fachredaktionen zusammengestellt werden.

newsletter.de
kontakt@newsletter.de

www.newsletter.de
Newsletter aus verschiedenen Kategorien können abonniert und verwaltet werden.

INTERNET & COMPUTER

Newsletter-Verzeichnis.de
webmaster@newsletter-verzeichnis.de

www.newsletter-verzeichnis.de
Newsletter-Verzeichnis.de ist ein Verzeichnis, das Links zu Newslettern enthält und in verschiedene Rubriken unterteilt.

Info- & Servicedienste/Online-News

De.internet.com
info@de.internet.com

de.internet.com
Gut durchgliederter Internet-Nachrichtendienst mit den Rubriken Internet-Aktien, Marketing, Technologie und Fun.

Golem.de
redaktion@golem.de

www.golem.de
IT-News für Profis. Nachrichten aus der Welt der Computer, des Internets und der Telekommunikation.

heise online
post@heise.de

www.heise.de
Gemeinsames Angebot für Computer- und Internet-Interessierte von c't, iX, Technology Review und Telepolis.

Sternshortnews
info@shortnews.de

shortnews.stern.de
Hier kann der User selbst Nachrichten schreiben und dafür Prämien kassieren, lesen, diskutieren und Freunde treffen.

Tips & Tricks zur Internet-Praxis
info@akademie.de

www.akademie.de
Wöchentlich aktuelle Tipps zu Internet, Kommunikation, E-Commerce und Online-Marketing.

Info- & Servicedienste/PC-Notdienste

pcnotdienst.de
info@pcnotdienst.de

www.pcnotdienst.de
Für private und gewerbliche Kunden gibt es hier bundesweit über 600 mal einen PC-Notdienst in der Nähe.

Info- & Servicedienste/Telefonauskunft

DeTeMedien
info@detemedien.de

www.teleauskunft.de
Die DeTeMedien bieten hier die Möglichkeit zur Suche nach allen deutschen Telefonnummern. Auch GelbeSeiten (Branchenbuch).

GelbeSeiten
info@detemedien.de

www.gelbeseiten.de
GelbeSeiten online mit Schnellsuche, Nahbereichssuche und Branchen-Finder.

Internationale Telefonbücher

www.telefonbuch.com
Die deutschsprachige Seite listet Links zu internationalen Branchen- und Telefonbüchern auf.

Telefonauskunft
webmaster@die-telefonauskunft.de

www.die-telefonauskunft.de
Telefonauskunft national und international, Links (Bahnauskunft, Wettervorhersage, Telefon- und Stromtarife).

Telefonbuch, Das
kontaktinfo@dastelefonbuch-marketing.de

www.telefonbuch.de
Das Online-Verzeichnis der bundesweiten Telefonbücher der Deutschen Telekom AG.

Info- & Servicedienste/Telefonauskunft/Vorwahlen

vorwahl.de
webmaster@creative-workx.de

www.vorwahl.de
Nationale Vorwahlen, internationale Landes- und Städtevorwahlen.

vorwahlen.de
info@vorwahlen.de

www.vorwahlen.de
Vorwahlen.de kennt Orts-, Landes- und Netzbetreibervorwahlen.

Internet & Computer

Info- & Servicedienste/Übersetzen & Wörterbücher

● dict.cc
info@dict.cc

www.dict.cc
Das Online-Wörterbuch für die Deutsch-Englisch-Übersetzung enthält über 370.000 Einträge. Neue Deutsch-Englisch-Übersetzungen können jederzeit eingetragen werden. Alle Begriffe können vom Computer vorgelesen werden. Auch als PDA-Version verfügbar. **(Siehe Abbildung)**

FreeTranslation.com

www.freetranslation.com
Dieser Service übersetzt Texte und ganze Web-Seiten aus dem Englischen ins Deutsche oder Französische und umgekehrt.

● Langenscheidt
internet-team@langenscheidt.de

www.langenscheidt.de
Langenscheidt-Übersetzungsservice, -Korrekturservice, -Sprachberatung. Internet-Wörterbuch, Online-Sprachkalender, wechselndes Online-Wörterbuchangebot, interessante Inhalte und Links zum Thema Sprache, Produktkatalog mit Bestellmöglichkeit. **(Siehe Abbildung)**

linguadict
linguadict@linguatec.de

www.linguadict.com
Online-Wörterbuch Deutsch-Englisch/Französisch mit der Möglichkeit, Texte und Web-Seiten zu übersetzen.

Pons
info@pons.de

www.pons.de
Service und Produkte rund um das Thema Sprachen: kostenfreies Online-Wörterbuch für fünf Sprachen mit Online-Vokabeltrainer.

Systran
info@heisoft.de

www.systran.heisoft.de
Kostenlose Online-Übersetzung von Deutsch in Englisch, Französisch, Spanisch, Italienisch, Portugiesisch und umgekehrt.

Wörterbuch, Englisch
frank.richter@hrz.tu-chemnitz.de

dict.tu-chemnitz.de
Die TU Chemnitz stellt ein Wörterbuch Deutsch-Englisch und Englisch-Deutsch zur Verfügung.

dict.cc **www.dict.cc**

INTERNET & COMPUTER

Yourdictionary.com
marketing@yourdictionary.com

www.yourdictionary.com
Hier findet man ein Verzeichnis internationaler Wörterbücher.

Info- & Servicedienste/Umrechnungstabellen

Umrechnungstabelle
info@umrechnungstabelle.de

www.umrechnungstabelle.de
Umrechnungstabelle für alle bekannten Währungen, Maße, Gewichte, Volumina, Längen, Flächen und Temperaturen.

Internet/Boards & Foren

Computer Forum, Das
service@das-computer-forum.com

www.das-computer-forum.net
Ein interaktives Forum zu den Bereichen Computertechnik, Betriebssysteme, Software und Internet-Technik.

Entwickler Forum
info@entwickler.com

www.entwickler-forum.de
Forum für alle Fragen rund um Delphi, Java, C++, Datenbanken und Betriebssysteme.

gulli:world
kontakt@gulli.com

www.gulli.com
Informationen von der Szene für die Szene. Tipps und Tricks zu Sicherheit, Filesharing und Tools für Webmaster.

web-worker.de
info@web-worker.de

www.web-worker.de
News für Web-Designer und Developer, Foren und Workshops von Internet-Profis, Profi-Tools und kostenloser Stellenmarkt.

Yahoo! Groups
notify@yahoogroups.de

de.groups.yahoo.com
Kostenloser Dienst, mit dem man direkt mit Gleichgesinnten, geordnet nach Themen, Kontakt in E-Mail-Gruppen aufnehmen kann.

Internet/Chats

ICQ
aolgermany@aol.com

www.icq.de
Hier gibt es das ICQ-Programm zum kostenlosen Download.

Langenscheidt   **www.langenscheidt.de**

INTERNET & COMPUTER

Mirc
webmaster@creative-workx.de

www.mirc.de
Grundlegende Informationen zum bekannten Chat-Programm mIRC, Links zu weiteren Servern und Installationsanleitung.

Webchat.de
info@webchat.de

www.webchat.de
Verzeichnis deutschsprachiger Chats. Hier finden sowohl Neulinge als auch erfahrene Chatter alles zum Plaudern im World Wide Web.

Internet/Communities

MaxxTc´s IT-Community
webmaster@maxxtc.net

www.maxxtc.net
Community mit Nachrichten aus der IT-Welt, Foren, Chat und neuesten Downloads unter dem Motto „User 4 User".

Metropolis
info@metropolis.de

www.metropolis.de
Große virtuelle Gemeinschaft seit 1996 mit kostenlosen Chats, Homepages, E-Mails, elektronischen Postkarten und Auktionen.

Redseven
netcommunity@redseven.de

www.redseven.de
Hier kann man sich zu den Themen Computer, Freizeit, Lust und Liebe austauschen. Kostenlose E-Mail-Adresse.

Internet/DSL

DSL-Magazin.de
redaktion@dsl-magazin.de

www.dsl-magazin.de
Eine Web-Seite rund um die Zugangstechnologie DSL: Wissenswertes über Anbieter, Angebote, Tarife und Einrichtung.

DSL-Team.de
info@dslteam.de

www.dslteam.de
Informationen rund um das Thema DSL: Tarife, Anbieter, Einrichtung, DSL-Optimierung und Software zum Downloaden.

Lycos DSL
dslsupport@lycos.de

dsl.lycos.de
Lycos bietet günstige DSL-Tarife für den schnellen Internet-Zugang. Mit der Tiefpreisgarantie surfen Einsteiger sowie Profis immer zum passenden Tarif. Die einfache Bestellung macht den Start bei Lycos DSL leicht. Der kompetente Kundenservice und die ausgezeichnete Hardware runden das Angebot ab.

Internet/Internet-Cafés

● **Stiftung Digitale Chancen**
info@digitale-chancen.de

www.digitale-chancen.de
Portal zur Internet-Nutzung: Deutschlandweites Verzeichnis von Einrichtungen, die öffentlichen Zugang zum Internet anbieten. Service für die Betreiber von Internet-Cafés. Informationen zur Internet-Nutzung verschiedener Bevölkerungsgruppen.
(Siehe Abbildung)

World of Internetcafés
info@worldofinternetcafes.de

www.worldofinternetcafes.de
Verzeichnis mit über 4.200 Internet-Cafés weltweit.

Internet/Internet-Recht

domain-anwalt
wagner@united-domains.de

www.domain-anwalt.de
Abgemahnt? Grabbing-Opfer? Kostenlose Datenbank zum Finden von Domain-Anwälten.

Domain-recht
info@domain-recht.de

www.domain-recht.de
Was man bei der Registrierung von Domain-Namen unbedingt beachten sollte, um juristische Schwierigkeiten zu vermeiden.

e-Recht24.de
info@e-recht24.de

www.e-recht24.de
Online-Rechtsportal: aktuelle Urteile und News zu Domain-Recht, Urheberrecht, Datenschutz oder Strafrecht im Netz.

INTERNET & COMPUTER

Lawcommunity.de
info@lawcommunity.de

www.lawcommunity.de
Entscheidungssammlung zum Telekommunikations- und Online-Recht. Sämtliche Urteile stehen im Volltext zur Verfügung.

Internet/Newsgroups

freenet.de Newsgroups
redaktion@freenet-ag.de

newsgroups.freenet.de
Die Newsgroups von freenet dienen als großes schwarzes Brett für den Meinungsaustausch zu allen möglichen Themen.

Google Groups
deutsch@google.com

groups.google.de
Suchen und blättern in den Usenet-Groups (frühere DejaNews).

Internet/Online-Portale & Provider

AOL Deutschland
aolgermany@aol.com

www.aol.de
Neben Informationen zum Dienst sind auch Nachrichten und Surf-Tipps frei zugänglich.

Arcor
info@arcor.net

www.arcor.de
Telefon und Internet aus einer Hand für Privat- und Geschäftskunden.

CompuServe
kundenbetreuung@compuserve.de

www.compuserve.de
Portal mit redaktionellen Inhalten und Specials zu Themenbereichen wie Computer und Internet, Shopping und Reisen.

Freenet.de
marketing@freenet-ag.de

www.freenet.de
Günstige Internet-Tarife, Startportal, Wissenswertes zu Auto, Computer, Reisen, Sport und Gesundheit sowie aktuelle News.

Stiftung Digitale Chancen — www.digitale-chancen.de

Anzeige

Internet & Computer

Lycos
webmaster@lycos.de

www.lycos.de
LYCOS ist eines der führenden Internet-Portale Europas. Mit seiner Kombination aus Suche, E-Mail, Chat, News, Themen-Channels, Internet-Zugang, Homepage-Building und Online-Communities findet man hier alles, was man im Internet braucht. LYCOS ist immer topaktuell und der ideale Start ins Netz.
(Siehe Abbildung)

MSN
msndegl@microsoft.com

www.msn.de
Suchmaschine und Web-Verzeichnis. Viel Service und aktuelle Nachrichten.

T-Online
kundenservice@t-online.com

www.t-online.de
Aktuelles und Wissenswertes aus Politik, Wirtschaft, Finanzwelt, Sport, Unterhaltung, Reisen und Shopping.

WEB.DE
feedback@web.de

www.web.de
Umfangreicher Web-Katalog nach Kategorien geordnet und mit Stichwortsuche.

Internet/Tarifvergleich

onlinekosten.de
info@onlinekosten.de

www.onlinekosten.de
Tarifrechner zur Kostenkontrolle für Internet-Nutzer via Analog-Modem, ISDN, DSL oder Breitband.

SenseCom EDV Services
service@sensecom.de

www.sensecom.de
Nützliches Programm vergleicht die Tarife der deutschen Internet-by-Call-Anbieter.

Internet/Verbände

eco Forum e.V.
info@eco.de

www.eco.de
Das eco Electronic Commerce Forum e.V. ist der Verband der Internet-Wirtschaft in Deutschland.

Lycos www.lycos.de

Internet & Computer

IVEW e.V.
info@ivew.de

www.ivew.de
Der IVEW (Interessenverband europäischer Webmaster) unterstützt Webmaster bei der Erstellung und Betreuung von Internet-Angeboten in technischen, juristischen und branchenspezifischen Fragen. Es gibt eine Beschwerdestelle, an die der Nutzer unseriöse, nicht konforme Web-Angebote melden kann.
(Siehe Abbildung)

Internet/Verschiedenes

Free Office
freeoffice@cas.de

www.freeoffice.de
Kostenloser Web-Organizer mit Kalender, Adressen, Routenplanung, Dateien, Notizen und Bookmarks.

Internet-ABC
internet-abc@lfm-nrw.de

www.internet-abc.de
Internet-Ratgeber für die ganze Familie mit farblichen Animationen für Kinder und Eltern.

MyLink
kontakt@mylink.de

www.mylink.de
MyLink verwaltet kostenlos bevorzugte Internet-Adressen. Jeder Link kann mit beliebigen Kommentartexten versehen werden.

News.de
info@news.de

www.news.de
Stets aktuelle Meldungen in den Rubriken Nachrichten, Wirtschaft, Sport, Computer, Auto und Reise, Entertainment und Lifestyle.

Organizer, Palm & Pocket PCs

dragiton.com
info@dragiton.com

dragiton.com
Alles für PalmOS und PocketPC: Über 2.500 Artikel und 10.000 Programme, Forum, Produktbesprechungen, FAQ und Seminare.

Mobile2Day.de
info@mobile2day.de

www.mobile2day.de
Internet-Portal rund um die Themen PDA und Smartphone für Anwender der mobilen Computer.

IVEW e.V.   **www.ivew.de**

Anzeige

Internet & Computer

Palm Software
info@pdassi.de

www.pdassi.de
Palm-Software direkt aus dem Internet zum PDA sowie Artikel und FAQ rund um das Thema Mobile Computing.

Palmandmore.de
info@palmandmore.de

www.palmandmore.de
Der Online-Shop für Handhelds und Palmtops.

palmOne

www.palmone.com/de/
Produktbeschreibungen der Handhelds und Smartphones sowie der darauf basierenden mobilen Lösungen für Business- und Privatanwender.

PDA-Forum.de
feedback@pdaforum.de

www.pdaforum.de
Foren, Infos, News und Software für PalmOS Handhelds.

SMS

Sms.de
kontakt@sms.de

www.sms.de
Kostenfreier Versand von Kurzmitteilungen auf Mobilfunktelefone. Anmeldung erforderlich.

VLF.net
info@fichera.de

www.vlf.net
Kostenlose Nachrichten an alle Handys, Faxgeräte und Piepser innerhalb Deutschlands und weltweit.

Software/Betriebssysteme/Amiga

amiga-news.de
team@amiga-news.de

www.amiga-news.de
Infos aller Art zum Amiga-Betriebssystem sowie das umfangreiche „Amiga Link Directory".

Software/Betriebssysteme/Apple MacOS

Apple

www.apple.com/de
Die deutschsprachige Seite mit Informationen zu Hard- und Software von Apple, Quicktime-Download und Support.

MacGadget
info@macgadget.de

www.macgadget.de
Mehrfach täglich News über Apple und Mac-Produkte. Dazu Forum, Kleinanzeigen, Interviews, Händlerverzeichnis und Kolumnen.

Macinfo.de
info@macinfo.de

www.macinfo.de
Informationen und aktuelle Nachrichten rund um Macintosh mit Benchmarks, Tests und Infos zu Hardware, Tuning und Emulation.

Macnews.de
info@macnews.de

www.macnews.de
Großes deutsches Macintosh-Portal mit News, Tests, Archiv, Specials, Bücherecke, Chat, Forum und Link-Liste.

Software/Betriebssysteme/Atari

atari-home.de
info@atari-home.de

www.atari-home.de
Gute Informationen über die ATARI-Systeme mit Links und Community.

Software/Betriebssysteme/BeOS

BeOS Online

www.beosonline.com
BeOS-Forum, FAQ, Support, Downloads und eine BeOS-Suchmaschine warten auf die Anhänger des alternativen Betriebssystems.

BeZip
webmaster@bezip.de

www.bezip.de
Umfassendes Software-Archiv für alle Anwendungsbereiche unter BeOS.

INTERNET & COMPUTER

BZGames

www.beosspiele.de
Auf BZGames findet man Infos rund um Spiele und Multimedia-Anwendungen für BeOS und Zeta.

Software/Betriebssysteme/Commodore

C64 Emulatoren und Spiele
snoopy@c64games.de

www.c64games.de
Seite rund um Spiele und Emulatoren des C64.

Software/Betriebssysteme/DOS

DOS-Software.de
andre@olejko.de

dosware.de
Downloads, Tipps und Tricks zum Betriebssystem DOS, das hier in einer weiterentwickelten Version zur Verfügung steht.

Software/Betriebssysteme/Linux & Unix

K Desktop Environment
www-de@mail.kde.org

www.kde.de
Seite der Windows-ähnlichen Benutzeroberfläche für alle Linux-Versionen mit zahlreichen Anwendungen.

Linux Verband e.V.
info@linux-verband.de

www.linux-verband.de
Ziel des Verbandes LIVE ist es, den professionellen Einsatz von Linux zu fördern und dessen freie Verfügbarkeit zu erhalten.

Linux.de
redaktion@linux.de

www.linux.de
Hier findet man allgemeine Infos zu Linux, sowie Berichte über das Engagement an Schulen, News und eine Link-Liste.

Linux-community.de
info@linux-community.de

www.linux-community.de
Forum für Linux-User, in dem eigene Artikel und Kommentare mit Bezug zu Linux veröffentlicht werden können.

Pro-linux.de
info@pro-linux.de

www.pro-linux.de
Aktuelle Nachrichten mit Newsletter, Tipps, Anleitungen und Foren rund um Linux, Open Source und alternative Systeme.

Red Hat Linux
info@redhat.de

www.redhat.de
Red Hat ist ein Anbieter von Open Source- und Linux-Produkten und bietet Support, Training und Consulting Services.

rpmseek.com
info@rpmseek.com

www.rpmseek.com
rpmseek.com ist eine umfangreiche Suchmaschine für Linux rpm-Pakete und ein Verzeichnis für Linux Software inklusive Forum.

SUSE
suse@suse.de

www.suse.de
Populärer deutscher Linux-Distributor mit Software-Lösungen vom Server bis zum Desktop für Unternehmen und Endkunden.

Software/Betriebssysteme/MS Windows

Access-Paradies
webmaster@access-paradies.de

www.access-paradies.de
Hier bekommt der Besucher kostenlose Tipps und Tricks sowie Downloads für Microsoft Access, VBA und Visual Basic.

MS-Office-Forum
forum@ms-office-forum.net

www.ms-office-forum.net
In diesem Forum kann man seine Fragen zu Microsoft Office loswerden und erhält kostenlose Hilfe. Außerdem Downloads zum Thema.

Tuning-Freeware
info@tuning-freeware.de

www.tuning-freeware.de
Umfangreiche und aktuelle Link-Sammlung der wichtigsten Programme und Tools zur Wartung und Tuning aller Windows-Versionen.

WINLOAD.de
feedback@winload.de

www.winload.de
Über 10.000 deutschsprachige Free- und Shareware-Programme in ca. 100 Rubriken. Diese werden getestet und bereitgestellt.

Internet & Computer

Winsoftware.de
info@winsoftware.de

www.winsoftware.de
Großes Download-Archiv von Software für MS Windows sowie eine umfangreiche Sammlung von Gratisangeboten aus dem Internet.

WinTotal
pcdmicha@wintotal.de

www.wintotal.de
Windows-Portal mit Berichten, Tipps, Downloads, Testberichten und Forum.

XP Archiv
xparchiv@xparchiv.de

www.xparchiv.de
Win 9x/ME/NT/2k/XP-Freeware und Shareware-Download sowie Treiberarchiv, mit Beschreibungen der Programme.

Software/Betriebssysteme/Novell

Novell
informationen@novell.com

www.novell.de
Lösungen für Netzwerke aller Art bietet Novell mit verschiedenen Software-Anwendungen.

Software/Betriebssysteme/OS/2

OS2.org

de.os2.org
Ausführliche Informationen zu Hard- und Software rund um das System OS/2.

Software/Betriebssysteme/Sun Solaris

Sun Microsystems
sun-lead@sun.com

de.sun.com/Produkte/software/solaris/
Sun liefert Produkte, Technologien und Services für das Network-Computing, um mit Hard- und Software Unternehmen zu vernetzen.

Software/Bildschirmschoner, Icons & Wallpaper

3DWallpaper
bone@3dwallpaper.de

www.3dwallpaper.de
Knapp 22.000 Hintergrundbilder nach Themen geordnet von Autos und Computer über Filme und Natur bis zu Sport.

Hintergrundbilder-online.net
kontakt@hintergrundbilder-online.de

www.hintergrundbilder-online.net
Vorwiegend Natur- und Landschaftsfotografien stehen hier als Hintergrundbilder zur Verfügung.

Schoner.de
info@schoner.de

www.schoner.de
Aus 21 verschiedenen Rubriken den passenden Bildschirmschoner wählen. Mit Tools und der Möglichkeit, nach Neuzugängen zu suchen.

Software/Business-Software

BrassRing - HiTech Career Exchange
germany@brassring.com

www.brassring.de
BrassRing Recruitment-Software-Lösungen helfen großen Unternehmen weltweit bei der Suche nach qualifizierten Mitarbeitern.

E-commerce
info@smartstore.de

www.smartstore.de
smartstore ist eine Software, die E-Commerce-Einsteigern den sofortigen Aufbau eines Online-Stores ermöglicht.

Intershop.de
info@intershop.de

www.intershop.de
Intershop ist ein Anbieter von E-Commerce-Software für alle Online-Einkaufs- und -Verkaufskanäle.

Software/Free- & Shareware

Datatip
redaktion@pc-magazin.de

www.datatip.de
Aktuelle und umfangreiche Download-Bibilothek mit deutschsprachigen Beschreibungen.

Internet & Computer

Download-Archiv
info@download-archiv.de
www.download-archiv.de
Download-Archiv mit Spielen, Viren-Scanner, Tools, Bildschirmschoner, Treiber und Anwendungen.

Download-Tipp.de
webster@hum.de
www.download-tipp.de
Ausgesuchte Shareware und Freeware, vom Webmaster getestet und für gut befunden.

Freewaredownloads.de
info@freeware-download.com
www.freeware-download.com
Zahlreiche kostenlose Programme stehen in übersichtlichen Kategorien zum Download bereit.

Freewareloader.de
info@freewareloader.de
www.freewareloader.de
Umfangreiches Archiv mit zahlreichen Freeware-Programmen für Windows zum direkten Download. Software, Games, Top 30-Liste.

Freewarepage
info@fw-newmedia.de
www.freewarepage.de
Auswahl an Freeware mit Rezensionen und Wertung nach Rubriken geordnet. Mit Suchfunktion und Top 30-Liste.

Shareware.de
kontakt@shareware.de
www.shareware.de
Shareware- und Freeware-Programme, Spiele, Programme und Tools für Windows, Handhelds, Macintosh und Linux.

Updates.de
redaktion@updates.de
www.updates.de
Shareware, Freeware, Games, Demos - täglich aktuell für Windows, Macintosh und Organizer. Tipps und Tricks.

Software/Grafik & 3D

3D-Center
www.3dcenter.de
Übersichtlich sortiert erwarten den Surfer hier 3D-Grafikkarten-Benchmarks, Downloads, News und Reviews.

3D-Ring.de
info@3d-ring.de
www.3d-ring.de
Deutsche 3D-Community mit umfassenden 3D-Galerien, Tutorials und allem was dazu gehört.

3D-worXX
webmaster@3d-worxx.de
www.3d-worxx.de
Web-Portal für alle 3D-Grafiker mit aktiver Community und aktuellen Neuigkeiten zu Software und Grafik im Allgemeinen.

C4D-Treff
info@c4d-treff.de
www.c4d-treff.de
Community für 3D-Designer, speziell für Cinema 4D und BodyPaint3D-Anwender.

GFXArts
webmaster@gfxarts.com
www.gfxarts.de
GFXArts ist ein 3D-Online-Magazin, das vor allem 3D-Künstlern und solchen, die es mal werden wollen, Hilfestellung bietet.

Moove 3D Online Welt
info@moove.com
www.moove.de
Hier kann man sich seine ganz persönliche 3D-Welt auf dem eigenen PC erschaffen. Mitgliedschaft und Download sind kostenlos.

Software/Hersteller

aconon.de
info@absofort.de
www.aconon.de
Software-Haus für Web-Server-Software. Von Content Management-Systemen über Online-Shops bis zu E-Mail-Marketing-Software.

Adobe
info@adobe.com
www.adobe.de
Adobe bietet Software für die Bildbearbeitung.

Ahead
info@nero.com
www.nero.com
Hersteller von CD-/DVD-Brenn-Software-Programmen wie z.B. Nero Burning ROM 6 oder NeroVision Express 2.

Internet & Computer

Ashampoo
info@ashampoo.com
www.ashampoo.de
Ashampoo ist ein Software-Entwicklungshaus für Web-Portale, MP3, Audio-Brenn-Software und PC-Utilities.

Babylon
sales@ce.babylon.com
www.babylon.com
Übersetzungs-Tool mit sofortiger Wortübersetzung per Mausklick in mehr als 55 Sprachen, kostenloser Download der Testversion.

Exody
info@exody.net
www.exody.net
Software zur Analyse des Besucherverhaltens auf der eigenen Web-Seite mit kostenloser 30-Tage-Version zum Testen.

G Data Software
info@gdata.de
www.gdata.de
Software für Consumer-Markt und B2B für Datensicherheit, Sprachtechnologie, Auskunft und Routing, Tools und Office.

Hammerdeals
info@hammerdeals.de
www.hammerdeals.de
Eigens entwickelte, innovative E-Business-Lösungen: Content-Managementsysteme, Online-Shop und -Auktion, E-Procurement.

Lexware
webmaster@lexware.de
www.lexware.de
Lexware bietet Finanz-Software an.

Macromedia
germany@macromedia.com
www.macromedia.com/de
Macromedia bietet Computer-Software: HTML-, Grafik- und Audiotools, Server, Updates und Web-Anwendungen.

Magix
info@magix.net
www.magix.de
Software für die Video-, Foto- und Musikbearbeitung am PC, Audio- und Video-Konvertierung in alle Formate und CD-Brennen.

Microsoft GmbH
service@service.microsoft.de
www.microsoft.de
Aktuelle Software von Microsoft zum Download - ein ideales Angebot für alle Windows-User.

O&O Software
info@oo-software.com
www.oo-software.com
Tools für Windows zur Datenrettung, Systemoptimierung und Defragmentierung mit kostenlosen Test-Downloads.

Poet Software GmbH
info@poet.de
www.x-solutions.poet.com/de/
Katalogplattformen für das Produktdaten-Management, die Verarbeitung und die Darstellung von elektronischen Katalogen.

Quark Deutschland GmbH
custservice@de.quark.ch
euro.quark.com/de/
Der Hersteller von Layout- und Publikations-Software präsentiert sein Angebot.

S.A.D.
kontakt@s-a-d.de
www.s-a-d.de
Produkte für Foto und Video, Fun, Grafik, Office, Lernen, Spiele, Recording, Sicherheit und Utilities, TuneUp. Mit Online-Shop.

Sage
info@sage.de
www.sage.de
Kaufmännische Anwendungen für Freiberufler, kleine und mittlere Unternehmen, soziale Organisationen und öffentliche Hand.

Software/Hilfen & Schulungen

Computerhilfen.de
red@computerhilfen.de
www.computerhilfen.de
Nachschlagewerk für Computer-Begriffe mit vielen Tipps und Tricks und Hilfe-Foren bei Fragen zu Soft- und Hardware.

IT-Fortbildung
info@it-fortbildung.com
www.it-fortbildung.com
Die Suchmaschine für IT-Schulungen und Kurse für Excel, Notes, Java, DTP, SAP, AS/400.

PixelPlow!
info@pixelplow.de
www.pixelplow.de
Kostenlose, interaktive Photoshop-Community mit vielen Tutorials und Aktionen. Upload eigener Tutorials/Aktionen möglich.

Internet & Computer

Sonderhomepage.de
info@sonderhomepage.org

www.sonderhomepage.de
User helfen Usern: Die Serviceseite für Fragen rund um Lexware, Haufe und Intuit Financial-Software-Produkte.

Software/Programmierung

Tutorials.de

www.tutorials.de
User helfen Usern zu Themen, wie 3D, Photoshop, Webmaster, Flash, PHP, Java, C, Pascal, VB oder Delphi.

Software/Programmierung/Coldfusion

Cfml.de
info@cfml.de

www.cfml.de
Forum und Magazin für ColdFusion, Spectra, JavaScript und Datenbanken mit Artikeln, FAQs und Dokumenten zum Downloaden.

Software/Programmierung/Delphi

Delphi-Source.de
webmaster@delphi-source.de

www.delphi-source.de
Know-how für Delphi-Programmierer; Grundlagen und Tutorials (auch als Downloads), Tipps und Tricks und kommentierte Links.

Software/Programmierung/Flash

Flashforum
wolter@flashforum.de

www.flashforum.de
Flash-Forum rund um das Thema Web-Design, das Fragen zu Sound, Effekten, Grafik, 3D sowie Macromedia Flash beantwortet.

Flashhilfe.de
sebastian@flashhilfe.de

www.flashhilfe.de
Flash-Community mit großem Download-Bereich, Flash-Kursen, Büchern für Anfänger und Fortgeschrittene sowie moderiertem Forum.

Software/Programmierung/HTML

HTML Kurs

www.html-seminar.de
Dieser HTML-Kurs ist sowohl für Einsteiger und HTML-Neulinge als auch für Fortgeschrittene konzipiert.

SELFHTML aktuell
stefan.muenz@selfhtml.org

aktuell.de.selfhtml.org
Die allumfassende Dokumentation zu HTML, CSS, XML, XSLT, JavaScript, DOM, CGI/Perl und DHTML.

Software/Programmierung/Java

Entwickler, Der
info@entwickler.com

www.entwickler.com
Informationsangebot von den Machern der Zeitschriften „Der Entwickler" und „Java Magazin".

Scriptarchiv, Das
info@scriptindex.de

www.scriptindex.de
Beiträge, Fragen und Kommentare rund um Scripte und Programmierung (Java-Scripte und Applets, DHTML, PHP, ASP und CGI/Perl).

Software/Programmierung/Perl

Perlscripts
perlscripts@news-software.com

www.perlscripts.de
Rund 2.500 Perl-Skripte von A wie Animationen bis Z wie Zufallstexte.

Internet & Computer

Software/Programmierung/PHP

PHP-Welt.de
info@2bits.de

www.phpwelt.de
Alle wichtigen Infos, Downloads, Rezensionen, Artikel und Links zur Skriptsprache PHP.

Software/Programmierung/Visual Basic

VBArchiv
info@vbarchiv.net

www.vbarchiv.net
Mehr als 1.000 Tipps und Tricks, Befehls- und API-Referenz, sowie zahlreiche Workshops zur Visual Basic® Programmierung.

VB-Pro® Online-VB-Magazin
service@vbpro.de

www.vbpro.de
Tagesaktuelles Online-Magazin für Visual Basic Programmierer mit News, Downloads und professionellen Artikeln.

Software/Treiber

c't-Treiber-Service
treiber@ctmagazin.de

www.ctmagazin.de/treiber
Verzeichnis für Treiber, Hersteller, FAQ-Seiten und Dokumentationen.

Treiber-Archiv.de
kontakt@treiber-archiv.de

www.treiber-archiv.de
Großes Archiv für Treiber, Systemdateien und Boot-Disketten verschiedener Betriebssysteme.

Treiberupdate.de
webmaster@treiberupdate.de

www.treiberupdate.de
Treiberupdate.de bietet eine Datenbank von über 1.000 EDV-Herstellern. Diese sind direkt zum Support verlinkt, wo die aktuellen Treiber heruntergeladen werden können. Das Treiberforum hilft bei Problemen mit dem Computer. Im Bereich Treiber-Download können über 40.000 Treiber heruntergeladen werden.

Software/Vertrieb

Asknet Softwarehouse
info@asknet.de

www.softwarehouse.de
Software eingeteilt nach Produkt, Kategorie oder Hersteller. Außerdem gibt es ein Software-Portal für Forschung und Lehre.

blitzbox.de
service@blitzbox.de

www.blitzbox.de
Hier kann man Software aus Kategorien wie Büro, Internet, Sicherheit, Sprachen, Fotografie oder Bildbearbeitung downloaden.

mediakauf.de
service@mediakauf.de

www.mediakauf.de
Software-Versand für alle Arten von Programmen, vom Office-Paket bis zum Lernprogramm.

Pocketland.de
presse@pocketland.de

www.pocketland.de
Hier gibt es „Futter" für den Pocket-PC: von Nachschlagewerken über E-Books bis hin zu Spielen oder Bildbearbeitungsprogrammen.

Softline AG
info@softline.de

www.softline.de
Mehr als 5.000 Software-Produkte nach Kategorien geordnet mit ausführlicher Artikelbeschreibung und Online-Bestellmöglichkeit.

Suchen & Finden/Allgemein

Inforunner
info@inforunner.de

www.inforunner.de
Das Verzeichnis der Datenbanken und Archive im Internet stellt die direkte Abfrage zahlreicher Datenbanken zur Verfügung.

Klug suchen!
webmaster@klug-suchen.de

www.klug-suchen.de
Übersicht von ca. 1.000 deutschsprachigen, themenspezifischen Suchmaschinen.

INTERNET & COMPUTER

Searchcode.de
webmaster@searchcode.de

www.searchcode.de
Über 911 Suchmaschinen aus 74 Ländern können direkt über ein Suchformular durchsucht werden.

Suchfibel, Die
feedback@suchfibel.de

www.suchfibel.de
Detaillierte und leicht verständliche Einführung in die Nutzung und Handhabung von knapp 2.700 Suchmaschinen.

Suchmaschinen aller Welt
webmaster@suchmaschinenindex.de

www.sucharchiv.com
Suchmaschine über deutsche und weltweite Suchdienste. 4.138 Suchmaschinen von Ägypten bis Zaire.

SuchmaschinenFinden.de
info@suchmaschinenfinden.de

www.suchmaschinenfinden.de
Umfangreiches und übersichtliches Verzeichnis mit mehr als 1.200 Links zu spezialisierten Suchmaschinen aus der ganzen Welt.

Suchmaschinentricks.de
info@suchmaschinentricks.de

www.suchmaschinentricks.de
Infos über Suchmaschineneintrag, Optimierung, Anmeldung und Recherche.

Suchen & Finden/Meta-Suchmaschinen

Metacrawler
info@metacrawler.de

www.metacrawler.de
Suchmaschine, die andere Suchmaschinen nach Stichwörtern durchsucht.

Metager
wsb@rrzn.uni-hannover.de

www.metager.de
Suchmaschine, welche mehrere Suchdienste parallel nach den eingegebenen Suchworten absucht und alle Ergebnisse zusammenfasst.

Metaspinner
info@metaspinner.de

www.metaspinner.de
Suchmaschine, die mit diversen Suchoptionen andere Suchmaschinen durchsucht.

Vivisimo

www.vivisimo.com
Vivisimo gibt Anfragen an andere Suchmaschinen weiter und filtert diese Ergebnisse, so dass nur gute Treffer angezeigt werden.

Suchen & Finden/Suchmaschinen

Abacho
kontakt@abacho.net

www.abacho.de
Neben Standard-Web-Suche gibt es eine Profi-, Bilder- und Live-Suche.

AltaVista

www.altavista.de
AltaVista bietet die Möglichkeit, mit speziellen Suchfiltern oder nach Kategorien zu suchen.

Google
help@google.com

www.google.de
Google findet schnell die relevanten Seiten, Bilder und Newsgroups mit der Stichwortsuche.

HotBot
webmaster@lycos.de

www.hotbot.de
Präzisionssuchmaschine für Einsteiger und Experten mit zahlreichen Filterkombinationen.

Internet & Computer

Speider
info@speider.de

www.speider.de
Die brandneue Suchmaschine, einfach und funktionell. Alle Suchergebnisse werden übersichtlich mit Text und Grafik dargestellt. Werbefrei steht hier die reine Suche im Vordergrund.
(Siehe Abbildung)

Suchen & Finden/Web-Kataloge

allesklar.de
info@allesklar.com

www.allesklar.de
Mehr als 400.000 Web-Adressen in 20.000 Themengebieten, Suche nach Stichworten oder nach Kategorien möglich.

Deutsche Internetbibliothek
dib@bertelsmann-stiftung.de

www.internetbibliothek.de
Das Wissensportal der öffentlichen Bibliotheken. Umfasst eine kostenlose Mail-Auskunft und einen Katalog mit Qualitäts-Links.

DINO-Online
redaktion@dino-online.de

www.dino-online.de
Großer Web-Katalog nach Themenbereichen sortiert und eine redaktionell betreute Suchmaschine.

Excite
feedback@excite.de

www.excite.de
Web-Katalog und Suchmaschine, Flirt-Community, Grußkarten, Instant-Übersetzungen, Wetter und Horoskop.

Fireball
info@fireball.de

www.fireball.de
Suchmaschine für das deutschsprachige Web mit Seitenvorschau und Sortierung der Ergebnisseiten.

freenet.de
redaktion@freenet-ag.de

www.suchen.freenet.de
Suchmaschine, Web-Katalog, Link-Liste.

Lycos-Suche
webmaster@lycos.de

suche.lycos.de
Suchmaschine, die aktuelle und relevante Suchergebnisse inkl. Web-Katalog liefert. Suche nach Bildern, Musik, Videos und MP3s.

Yahoo! Deutschland
webmaster@yahoo.de

www.yahoo.de
Der legendäre Katalog, nach Kategorien geordnet, mit Aktuellem und Angeboten wie Finanzen, Shopping und News.

Suchen & Finden/Web-Ringe

Webring
support@webring.de

www.webring.de
Durch einen Web-Ring werden Seiten mit ähnlichem Inhalt durch Verlinkung in einem Ring oder Kreis zusammengefasst.

WAP

WAP-Hotline.de
info@wap-hotline.de

www.wap-hotline.de
Übersichtlich geordneter WAP-Katalog mit vielen WML-Links in zahlreichen Kategorien.

Web-Cams

City-webcams.de
info@city-webcams.de

www.city-webcams.de
Web-Cams bundesweit aus vielen Städten. Hier kann man sich einen Überblick von deutschen Städten verschaffen.

Webcam-Center.de
info@webcam-center.de

www.webcam-center.de
Eine Suchfunktion erleichtert das Finden von Web-Cams, dazu gibt es Infos zu Hard- und Software.

web-cams.de
cams@webcams-total.de

www.web-cams.de
Web-Cams.de verzeichnet mittlerweile über 3.000 deutsche und internationale Web-Cams rund um den Erdball.

INTERNET & COMPUTER

Zeitschriften/Fachzeitschriften/Allgemein

CHIP Online
ogreune@chip.de
www.chip.de
Tagesaktuelle News, Hardware- und Software-Infos, interaktive Test- und Preisübersichten, Tipps und Tricks sowie Downloads.

ComputerBild
redaktion@computerbild.de
www.computerbild.de
Das Online-Magazin der ComputerBild bietet viele interessante Links.

Computer-Intern
redaktion@computer-intern.de
www.computer-intern.de
Aktuelle Meldungen sowie Zugang zum Archiv des Magazins für Computer und Kommunikation.

Computerwoche
info@computerwoche.de
www.computerwoche.de
Computerwoche-Online richtet sich an Führungskräfte und IT-Entscheider und bietet Nachrichten aus der IT-Branche.

Computer-Zeitung
cz.redaktion@konradin.de
www.computer-zeitung.de
Alles über Informations- und Kommunikationstechnik mit technologischen und wirtschaftlichen Trends.

c't
ct@ctmagazin.de
www.ctmagazin.de
Aktuelle Meldungen im News-Ticker, Artikel und Serviceangebote, wie Treiberservice oder Online-Tarifrechner.

Groupware-Online
info@verlags.de
www.groupware-online.de
Regelmäßige Berichte über die Bereiche Groupware, Workflow, Intranet, Telekommunikation und ASP.

Internet Magazin
redaktion@internet-magazin.de
www.internet-magazin.de
Täglich aktualisierte News und Kurznachrichten, Tests, Foren und Workshops zum Heft.

Internetworld
www.internetworld.de
News aus der Welt des Internets und Specials, wie Download-Area oder Jobbörse mit Angeboten für Online-Experten.

Speider   **www.speider.de**

Anzeige

Internet & Computer

● GO64!
info@go64.de

www.go64.de
Das Magazin für Freunde des Commodore 64 bzw. 128 Computer. Einige ausgewählte Artikel der GO64!-Printausgaben sind online einsehbar. Mit Nachrichten, Terminkalender und Forum rund um den Kultcomputer. Online-Shop für den C1 und C64 mit CDs, Büchern, Spielen, Hardware, Go64!-Abo und Restposten.
(Siehe Abbildung)

iX-Magazin
post@ix.de

www.ix.de
Topaktuelle Meldungen im News-Ticker, Artikel aus dem aktuellen Heft und zahlreiche Serviceangebote.

● PC Know-How
info@pcknow-how.de

www.pcknow-how.de
Hier finden sich zahlreiche PC-Lernhefte, die man alle einzeln anklicken und so online betrachten oder direkt bestellen kann.
(Siehe Abbildung)

PC Magazin
redaktion@pc-magazin.de

www.pc-magazin.de
Täglich aktualisierte News, Tipps, Foren. Viele Testberichte, großes Download-Archiv und Workshops.

PC Praxis & PC INTERN
network@pcpraxis.de

www.pcpraxis-networld.de
Großes Angebot an Software, Treibern, Online-Spielen, Suchmaschinen, Kleinanzeigen, Jobs, Chat, News und Surf-Tipp des Tages.

PCgo
redaktion@pcgo.de

www.pcgo.de
Täglich aktuelle News, Workshops, Jahresinhalts-Datenbanken, getestete Hardware-Produkte mit Fazit, Preis, Hersteller-Link.

PC-Welt
info@pcwelt.de

www.pcwelt.de
Alles rund um den PC.

ZDNet Deutschland
de.redaktion.feedback@zdnet.de

www.zdnet.de
Nachrichten aus dem IT- und Kommunikationsbereich, Produkttests, technische Hintergrundberichte und Download-Datenbank.

GO64!   **www.go64.de**

INTERNET & COMPUTER

Zeitschriften/Fachzeitschriften/Betriebssysteme

Linux-Magazin
redaktion@linux-magazin.de

www.linux-magazin.de
Artikelarchiv, Artikelübersicht des aktuellen Heftes, Buchtipps und aktuelle Linux-News.

LinuxUser
redaktion@linux-user.de

www.linux-user.de
Die Artikel der Monatszeitschrift LinuxUser können hier online gelesen werden.

Windows 2000 Magazin
info@awi.de

www.win2000mag.de
Profi-Know-how für Windows NT, 2000 und XP.

Zeitschriften/Fachzeitschriften/E-Commerce

<e>Market
redaktion@emar.de

www.emar.de
Web-Magazin für Online-Marketing und E-Commerce mit aktuellen Nachrichten.

Business&IT
redaktion@business-und-it.de

www.business-und-it.de
Produkte und Lösungen für professionelle Büro- und Netzwerklösungen, Telekommunikation, Bürotechnik und E-Business-Lösungen.

DoQ Magazin
info@verlags.de

www.doq.de
DoQ ist das Magazin zum Thema Dokumentenmanagement, Archivierung, Scannen und Knowledge-Management.

EBanker.de
info@verlags.de

www.ebanker.de
eBanker ist ein Praxismagazin, das sowohl spezielle IT-Lösungen als auch die Firmen, die diese anbieten, präsentiert.

E-commerce
info@iwtnet.de

www.e-commerce-magazin.de
Innovative Geschäftsideen, fundiertes Know-how sowie Lösungen für die Optimierung des Internet-Handels.

PC Know-How   www.pcknow-how.de

Anzeige

471

Internet & Computer

Zeitschriften/Fachzeitschriften/Grafik

Autocad
info@iwtnet.de

www.autocad-magazin.de
Fachmagazin mit aktuellen News und User-Forum rund um CAD-Software.

Computerfoto
redaktion@computerfoto.de

www.computerfoto.de
Ebenso wie die Printausgabe gibt das Online-Magazin Tipps für digitale Bilder am PC.

Digital Engineering Magazin
hjg@win-verlag.de

www.digital-engineering-magazin.de
Engineering-Magazin, das kompetent, kritisch und entscheidungsorientiert über die CAD- und CAE-Technologien berichtet.

Digital production
info@digitalproduction.com

www.digitalproduction.com
Fachmagazin für Computergrafik, Video und Film mit aktuellen und älteren Ausgaben sowie einem Online-Shop und vielen Links.

Page online
info@page-online.de

www.page-online.de
Das Profimagazin für kreatives Medien-Design, Publishing und Trends ist Inspirationsquelle und Investitionsratgeber zugleich.

Zeitschriften/Fachzeitschriften/Mac

Maclife

www.mac-life.de
Software- und Hardware-Tests, Tipps und Tricks sowie viel Entertainment und Spiele rund um den Mac.

MACup
macup@macup.com

www.macup.com
MACup bietet dem Apple-User News, Shareware und einen Kleinanzeigenmarkt.

Macwelt
redaktion@macwelt.de

www.macwelt.de
Alles rund um den Mac.

IT-DIRECTOR   www.it-director.de

INTERNET & COMPUTER

Zeitschriften/Fachzeitschriften/Netzwerk

Computer@Produktion
info@konradin.de

www.computer-produktion.de
Computer@Produktion ist das Fachmagazin für durchgängige Computerlösungen und E-Business-Anwendungen in der Industrie.

LANline
info@awi.de

www.lanline.de
Magazin für Netze, Daten- und Telekommunikation. Tipps und Tricks, Lexikon, Online-Artikel und Volltextarchiv.

Zeitschriften/Fachzeitschriften/Software

● **IT-DIRECTOR**
info@medienhaus-verlag.de

www.it-director.de
IT-DIRECTOR ist als Business-Magazin konzipiert und berichtet über wirtschaftliche Lösungen durch den Einsatz moderner Informations- und Kommunikationstechnologien im gehobenen Mittelstand sowie in Großunternehmen und Konzernen. Der Fokus liegt auf Kosten-Nutzen-Optimierung und Investitionssicherheit. **(Siehe Abbildung)**

● **IT-MITTELSTAND**
info@medienhaus-verlag.de

www.itmittelstand.de
Das Magazin für erfolgsorientierte Unternehmen. Es adressiert ausschließlich den Mittelstandsmarkt und informiert IT-Entscheider: Geschäftsführer, IT-Chefs und Bereichsleiter. Sämtliche für den Aufbau und die Nutzung von IT-Infrastrukturen und -Ressourcen relevanten Aspekte werden beleuchtet. **(Siehe Abbildung)**

Linux Enterprise
info@linuxenterprise.de

www.linuxenterprise.de
Professional Linux und Open Source Entwicklungen.

Notes Magazin
info@iwtnet.de

www.notes-magazin.de
Grundlagen, Anwendungen und Lösungen des deutschsprachigen Fachmagazins, das sich mit Notes- und Domino-Produkten beschäftigt.

IT-MITTELSTAND   www.itmittelstand.de

Internet & Computer

Zeitschriften/Fachzeitschriften/Programmierung

Dot.net Magazin
info@dotnet-magazin.de

www.dotnet-magazin.de
Die unabhängige Quelle für .NET-Technologien.

Entwickler, Der
redaktion@derentwickler.com

www.derentwickler.de
Das Magazin für professionelle IT-Lösungen.

Java Magazin
redaktion@javamagazin.de

www.javamagazin.de
Internet und Enterprise Technology – Professionelle Software-Entwicklung in Java.

PHP Magazin
redaktion@phpmag.de

www.php-mag.de
Know-how für Web-Profis.

XML & Web Services Magazin
redaktion@xml-magazin.de

www.xml-magazin.de
XML und Web-Services-Technologien.

Zeitschriften/Fachzeitschriften/Telekommunikation

connect
redaktion@connect.de

www.connect.de
Connect.de bietet News und Testberichte aus dem Heft zu Mobilfunk, Telekommunikation sowie PC und Internet.

Zeitschriften/Online-Magazine

Intern.de Fachinformationsdienst
info@intern.de

www.intern.de
News und Reportagen über das Internet.

Netzkritik
redaktion@netzkritik.de

www.netzkritik.de
Deutsches Online-Magazin für kritische Berichterstattung, wie sie in den meisten Publikationen nicht zu finden ist.

TecChannel.de
redtecchannel@idginteractive.de

www.tecchannel.de
Aktuelle Nachrichten, Berichte zu Hard- und Software, Betriebssysteme, Internet und Multimedia.

Verkauf-aktuell
firstsurf@symposion.de

www.verkauf-aktuell.de
Das Online-Magazin informiert aktuell über interessante Surf-Tipps und berichtet über neueste Entwicklungen im Internet.

Zeitschriften/Publikumszeitschriften

CDA Verlag online
h.gutzelnig@cda-verlag.com

www.cd-info.biz
Fachzeitschrift für CD-ROMs, Hardware, Software und PC-Spiele.

● **com!**
redaktion@com-online.de

www.com-online.de
com! ist das große deutschsprachige Computer-Magazin mit aktuellen Informationen zu den Themen Internet, Computer, Geld und Unterhaltung. Die Seiten bieten eine Heftübersicht, aktuelle Heftthemen als Leseprobe, eine Vorschau auf das nächste Heft, Abo-Angebote und das com! Leser-Forum.
(Siehe Anzeige Seite 465)

Internet Professionell
redaktion_vnunet@vnu.de

www.testticker.de
Bei Internet Professionell gibt es die Informationen der Heftausgabe auch online.

Tomorrow in Kooperation mit MSN
webmaster@online.tomorrow.de

www.tomorrow.msn.com
Navigator für Internet, Computer, Telefon, Business und News, dazu ein Event-Guide und eine Top 1.000-Liste der Web-Seiten.

Kunst & Kultur

10

Kunst & Kultur

Kunst & Kultur

www.bilder-dienste.de

Bilder-Dienste Preisvergleich

Normale Fotoapparate sind längst out und die digitale Fotografie boomt. Dennoch – seine liebsten Urlaubsbilder lediglich am Computer-Bildschirm zu betrachten genügt nicht, viel schöner sind sie doch auf Papier und in der Hand. Dazu kann man seine Schnappschüsse direkt elektronisch an einen Internet-Service schicken, der die entwickelten Fotos dann per Post in den heimischen Briefkasten liefert. Aber welchem Anbieter soll man bei der Vielzahl von Online-Bilderdiensten vertrauen? Hier gibt es einen Preisrechner, der für Ihren Lieferumfang und jedes Format den günstigsten Bilderdienst samt Link zur entsprechenden Homepage ermittelt!

www.jpc.de

jpc

Egal ob Jazz-, Pop-, Rock- oder Klassik, wer eine neue CD oder den Lieblingsfilm auf DVD haben will, kann hier einfach und schnell online bestellen. Bequem nach dem begehrten Produkt stöbern: Übersichtlich geordnet nach Interpreten oder Filmsparten von Doku bis Science Fiction und Stummfilm, erreicht man mit wenigen Mausklicks sein Ziel und kann sich dazu das Cover ansehen und die Beschreibung durchlesen. Zu Alben gibt es kleine Hörproben sowie interessante Hintergrundberichte und die Hitparaden verraten, was gerade angesagt ist. Wer seinen Lieblings-Song mal selbst anstimmen will, findet hier entsprechende Musiknoten.

www.filmmusik2000.de

Filmmusik2000

Was wäre ein Horrorfilm ohne gruselige Musik oder eine Love-Story ohne die romantische Ballade zum Happy End? Oft begeistert die Musik eines Filmes so sehr, dass man sie auch ohne Fernseher genießen möchte. Hier finden Sie, sortiert nach Titeln, die Soundtracks und dazugehörigen Kritiken zu unzähligen Filmen. Ein CD-Kalender informiert über die Neuerscheinungen des Jahres. Auch wer in den letzten Jahren die Filmmusik-Awards oder den Golden Globe in der Sparte Musik abgestaubt hat, kann hier eingesehen werden. Interessante Links führen zu anderen Kritikseiten oder zu Biographien populärer Filmkomponisten.

www.golyr.de

goLyrics

Gehören Sie auch zu denjenigen, die ihre Lieblings-Songs ununterbrochen zum Besten geben müssen? Dann ist dies genau die richtige Seite für Sie: Suchen Sie nach Liedtexten diverser Interpreten und für die Gitarreneinlage am Lagerfeuer gibt es die passenden Tabs und Akkorde dazu. Sollten Sie Ihren Song-Text nicht finden, einfach im Forum melden oder eine Suchanfrage stellen und Sie bekommen alles per E-Mail zugeschickt! Sie können sogar eigene Beiträge einsenden und werden dafür noch belohnt: Für das Hinzufügen oder Auffinden eines Textes gibt es Bonuspunkte, mit denen Sie jeden Monat Sachpreise gewinnen können!

KUNST & KULTUR

www.thatsmusical.de

thatsMusical.de

Eine Fundgrube für jeden Musical-Liebhaber: Wie war die Aufführung von Miss Saigon in Stuttgart oder was sagt das Phantom der Oper in einem Interview zu seiner Rolle? Neben zahlreichen Berichten werden in der Rubrik „Die Musicals" bekannte und weniger bekannte Musicals ausführlich vorgestellt und zwar mit Infos zu Entstehung, Besetzung oder Technik. Auch zu Darstellern und Produzenten erfährt man Interessantes und das Lexikon klärt Sie über das Libretto, den Tryout oder die Swings auf. Vom Musical-Fieber gepackt? Dann schauen Sie in den Spielplan Ihrer Stadt, bestellen online Ihre Tickets und suchen sich gleich das Hotel dazu aus!

www.klassikakzente.de

KlassikAkzente

Bevorzugen Sie in der Zeit von Pop, R'n'B und Hip Hop eher Kammermusik oder Sinfonien, sind Sie nicht unbedingt gleich langweilig! Sie finden hier aktuelle News zur Klassik-Szene und erfahren anhand der Klassik-Charts, was gerade im Trend liegt. Die Rubrik „Features" bietet zu Komponisten, Auftritten und Alben interessante Hintergrundberichte. Auch zur Broadway-Musik werden Artikel geboten. Mit einer Suchmaschine finden Sie schnell und einfach Komponist, Album und Werk. Links führen Sie zu den Web-Seiten diverser Künstler, das Forum bietet Platz für Fragen und die TV-Termine machen Sie auf Klassik-Beiträge aufmerksam.

www.festivalguide.de

Festivalguide

Neugierige, die wissen wollen, ob ihre Lieblings-Band bei „Rock am Ring" oder eher bei „Rock im Vogelwald" spielt, werden hier fündig. Große, aber vor allem auch kleinere und kostenlose Festivals werden mit Bands, Ticketpreisen, Zeltplatzinfos sowie Kontakten angezeigt und unter der Rubrik „Das Beste" detailliert beschrieben. Interessiert man sich nur für bestimmte Künstler und sucht das dazugehörige Event, hilft der Künstler-Index weiter. Gehören drei Tage Zelten im Schlamm bei ohrenbetäubender Musik und mit Tausenden von Menschen zu Ihrer sommerlichen Wochenend-Planung einfach dazu? Dann sind Sie auf dieser Seite richtig.

www.webmuseen.de

WebMuseen

Sie denken, Museen sind langweilig und nichts weiter als riesige Staubfänger? In diesem Portal für Museen sind unzählige aktuelle und vergangene Ausstellungen erfasst: Das Zuckermuseum in Berlin kann den Tag versüßen und die Bananenausstellung wäre doch mal ein netter Sonntagsausflug! Oder waren Sie schon mal auf einer Parasitenausstellung? Das Archiv beherbergt Rezensionen zu diversen Themen. Die Rubrik „Highlights" zeigt, was aktuell und überregional gerade zur Schau gestellt wird. Natürlich gibt es alles auch nach Regionen geordnet mit Ausstellungszeitraum, Adresse und dem direkten Link zur jeweiligen Museums-Homepage.

Kunst & Kultur

Allgemein

Deutsche Kultur International
info@deutsche-kultur-international.de

www.deutsche-kultur-international.de
Leitsystem zu allen Bereichen und Maßnahmen der deutschen auswärtigen Kulturpolitik im In- und Ausland mit vielen Links.

Goethe-Institut
info@goethe.de

www.goethe.de
Links zu Theater, Film, Literatur, Kunst und Musik sowie zu Goethe-Instituten weltweit und Infos für Lehrende und Lernende.

Body-Painting & Theater-Make-up

schminktopf
info@schminktopf.de

www.schminktopf.de
Profi-Make-up zum online Bestellen. Ausführliche Beratung zu den Themen Face- und Body-Painting, Theater- und Film-Make-up.

Theatermakeup.de Shop
info@bodypainting.net

www.theatermakeup.de
Online-Shop für Body-Painting- und Face-Painting-Materialien. Make-up wie in Hollywood: von Beauty bis Special-Effects.

Wild Colours
service@wild-colours.com

www.wild-colours.com
Professionelle Schminkartikel. Zudem Workshops für Face- und Body-Painting, Maskenbilden und Unfalldarstellung.

Comic

Bytecomics.de

www.bytecomics.de
Comic-Verzeichnis und Infos aus den verschiedensten Bereichen der Comic-Welt, immer mit Link zur jeweiligen Homepage.

Comic Radio Show
redaktion@comicradioshow.com

www.comicradioshow.com
Umfangreiche Link-Listen zum Thema Comic, Comic-Besprechungen, Online-Galerie, News, Interviews und Veranstaltungshinweise.

Top 100 Comics

www.top100comics.com
Hier werden die 100 besten Comics aller Zeiten vorgestellt. Mit Online-Shop.

Comic/Anime & Mangas

animepro.de
support@animepro.de

www.animepro.de
Infos rund um Anime und Mangas. Einen Schwerpunkt bildet der Doujinshi-Bereich, in dem deutsche Künstler ihre Werke ausstellen.

Animewalls.de
webmaster@animewalls.de

www.animewalls.de
Hier findet der Anime-Fan über 4.000 Hintergrundbilder zu über 200 Animes und Mangas.

Comic/Asterix

Asterix
info@ehapa.de

www.asterix.de
Bestellmöglichkeit aller Bände des Comic-Helden Asterix, Zitate aus den Bänden und bisher unveröffentlichte Comics.

Deutsches Asterix Archiv
info@comedix.de

www.comedix.de
Der Asterix-Fan kommt hier auf seine Kosten: Alle Filme, Hefte und eine Suchmaschine für Namen, Daten und Fakten der Comics.

KUNST & KULTUR

Film/Festivals

Berlinale
info@berlinale.de

www.berlinale.de
Web-Seite der Internationalen Filmfestspiele in Berlin. Im Archiv finden sich alle Filme des Wettbewerbs seit 1982.

Internationale Kurzfilmtage
info@kurzfilmtage.de

www.kurzfilmtage.de
Wissenswertes rund um das Kurzfilmfestival Oberhausen, ein Filmarchiv sowie Informationen zu Filmhochschulen und Förderung.

Film/Filmproduktion & Regie

Regie.de
info@regie.de

www.regie.de
Neben internationalen Film-News und Rezensionen bekommt man hier wertvolle Informationen rund um das Thema Filmproduktion.

Film/Kinder- & Jugendfilme

Kinderfilm.online
kinderfilm@kinderfilm.info

www.kinderfilm-online.de
Etliche Kinderfilme im Film-ABC mit Kurzbeschreibung und Altersempfehlung sowie eine Liste aktueller Kinofilme für Kinder.

Film/Komparsen & Castings

CastingPartner
info@castingpartner.de

www.castingpartner.de
Castingnetzwerk mit spezialisierter Datenbank in Kooperation mit Sendern und Produktionsfirmen, Infos zu Casting, Videocasting.

easyCast.de
info@easycast.de

www.easycast.de
easyCast.de ist die Adresse für all diejenigen, die eine Karriere beim Fernsehen anstreben. Mit kostenloser Anmeldung.

Starcasting

www.starcasting.de
Aktuelle Castings und Termine der Branchen Film, TV, Musik sowie Musical. Über 1.200 Adressen von TV-Produktionsfirmen.

Film/Kritiken

filmrezension.de

www.filmrezension.de
Online-Magazin für Filmkritik, in dem die wichtigsten aktuellen Filme, aber auch Filmklassiker rezensiert werden.

Filmspiegel.de
redaktion@filmspiegel.de

www.filmspiegel.de
Unabhängiges Filmmagazin mit Filmkritiken, Bewertungen und einem Pressespiegel von Kritiken verschiedener Online-Filmmagazine.

Jump Cut Filmkritik
mail@jump-cut.de

www.jump-cut.de
Filmkritiken und Rezensionen, oft schon Monate vor dem Kinostart, dazu stets aktuelle Film-News und Festivalberichte.

Film/Organisationen

Bundesverband Deutscher Film-Autoren e.V.
info@bdfa.de

www.bdfa.de
Adressen des BDFA, Wettbewerbe, Termine, Neuigkeiten sowie Auszüge aus der aktuellen Printausgabe der Verbandszeitschrift.

Bundesverband kommunale Filmarbeit
info@kommunale-kinos.de

www.kommunale-kinos.de
Wissenswertes über die Dachorganisation der Kommunalen Kinos, Liste der Mitgliedskinos.

bvkamera
bvk@bvkamera.org

www.bvkamera.org
Verzeichnis freier Filmkameraleute im bvk mit Suchmodus, Berufsbilder, Forum, News über Filmtechnik, Veranstaltungen, Recht.

KUNST & KULTUR

Foto

Fotoinfo.de
redaktion@fotoinfo.de

www.fotoinfo.de
Alles rund um die Kunst des Fotografierens. Infos zu Workshops, Fotoreisen, Ausbildung, Wettbewerben und Fachzeitschriften.

Fotos.de

www.fotos.de
Die Link-Seite, wenn es um Fotos und Fotografieren geht: Messen, Hersteller, Vereine und Verbände sowie Online-Magazine.

Foto/Bildarchive

caro Fotoagentur
info@carofoto.com

www.carofoto.com
Die caro Fotoagentur präsentiert ihre Bilddatenbank zu vielen Themenbereichen wie Menschen, Wirtschaft, Reise oder Studio.

f1 online digitale Bildagentur
agency@f1online.de

www.f1online.de
Stock-orientierte digitale Bildagentur, Stichwort- und Themensuche, High-Res-Daten direkt verfügbar, kompetenter Support.

MEV Verlag GmbH
info@mev.de

www.mev.de
Präsentiert lizenzfreie Bild- und Filmkollektionen, die bestellt werden können sowie Praxishandbücher für Publishing-Profis.

Foto/Digitale Fotografie

Camshop-Online
info@camshop-online.com

www.camshop-online.com
Im Sortiment des Shops befinden sich digitale Kameras, Camcorder, Videoschnitt-Software, Videoprojektoren und Fotodrucker.

Digitalkamera.de
mail@medianord.de

www.digitalkamera.de
Umfangreiches Produktarchiv mit Bewertungen rund um das Thema Digitalkameras mit News, Workshops, Forum und Fotolexikon.

pixaco

www.pixaco.de

Wir fertigen Ihre digitalen Fotos.
einfach - schnell - preiswert
9x13 für **8 Cent** · **10x15** für **10 Cent** · 13x18 für **16 Cent**

Start

Kundenmeinungen
★★★★★
"... was mich aber ... überrascht hat, ist die super Qualität!"
★★★★★
"... Superschnelle Bearbeitung und Lieferung ... 140 Fotos: 3Tage!!!"
▶ Mehr lesen

Fotogeschenke

Ganz persönlich - die Fototasse mit Ihrem Lieblingsfoto
▶ Weitere Informationen

Fotoposter

Fotoposter in den Formaten 20x30 bis 50x70
- worauf warten Sie noch?

Testen Sie uns!
10 Bilder
GRATIS
für Neukunden
Bei Ihrer ersten Bestellung erhalten Sie 10 Bilder im Format 10x15 oder den entsprechenden Gegenwert gratis.

Impressum · AGBs · Preise · Häufig gestellte Fragen · Partnerprogramme · Newsletter · E-Mail an PIXACO · weitere Länder
Zum Download des Bestellformulars für CD Aufträge

KUNST & KULTUR

Powershot.de
webmaster@powershot.de

www.powershot.de
Alles über Digitalkameras, digitale Fotografie und Bilder - mit Fotowettbewerb, Fotoalbum, Galerie und Diskussionsforum.

Foto/Fotoentwicklung

Bilder-Planet
info@bilder-planet.de

www.bilder-planet.de
Bilderservice mit Kalibrierungsmöglichkeit für den Monitor, Posterdruck und professioneller Scan-Service vom Negativ.

bildpartner.de
hotline@bildpartner.de

www.bildpartner.de
Web-Album zum Hochladen der Digitalbilder. Bildpartner erstellt Fotos, Poster, Fotokalender und bedruckte Artikel.

Digitale Fotobestellung
info@euromediahouse.de

www.fotobestellung.de
Fotoentwicklung von Digitalfotos mit einer ausführlichen Anleitung bezüglich der Bildgrößen und Auflösungen für gute Abzüge.

Foto Quelle Internet Print Service
info@fotoquelle.de

www.fotoquelle.de
Digitale und analoge Fotos per Post, Foto-Puzzle, individuelle Kalender, T-Shirts, Online-Album und eine Fotobörse.

Photocolor.de
service@photocolor.de

www.photocolor.de
Hier können Bilder online hochgeladen und entwickelt werden.

● **pixaco**
info@pixaco.de

www.pixaco.de
Portal für die Digitalfoto-Entwicklung. Einfacher und unkomplizierter Upload von Bilddateien verschiedener Grafikformate, die günstig als Print-Foto verschickt werden. Fotogeschenke und Fotoposter. **(Siehe Abbildung)**

● **PixelNet**
info@pixelnet.de

www.pixelnet.de
Online Foto-Management: Bildabzüge vom Digitalfoto, persönliches Online-Fotoalbum, Filmentwicklung, Digitalisierung von Negativen, Dias und Fotos, Online-Shop sowie individuelle Fotogeschenke. Inklusive Bildbearbeitungs- und Übertragunssoftware-Download; Filmentwicklung. **(Siehe Abbildung)**

PixelNet **www.pixelnet.de**

Kunst & Kultur

Pixum
info@pixum.de

www.pixum.de/aktion/webadressbuch
Fotodruck auf Fotopapier, Aufkleber, Textilien, Tassen und Krüge, Upload-Software steht zum Download bereit.

Super Foto
info@superfoto.de

www.superfoto.de
Abzüge von digitalen und analogen Fotos, Bildoptimierung und individuelle Tassen, Shirts, Caps, Puzzles oder Mousepads.

Foto/Fotoentwicklung/Preisvergleiche

● **Bilder-Dienste Preisvergleich**
info@bilder-dienste.de

www.bilder-dienste.de
Täglich aktualisierte Übersicht von Bilderdiensten. Der Preisrechner vergleicht die Leistungen verschiedener Anbieter im Bereich der Digitalfoto-Entwicklung. Berücksichtigt werden: Anzahl der Abzüge, Zahlungsart, Bildzustellung, Upload-Variante, Dateiformat, Bildoberfläche sowie Zusatzleistungen. **(Siehe Abbildung)**

Foto/Fotomodelle, Models & Castings

Model.de
info@model.de

www.model.de
Plattform für professionelle und Newcomer-Models, für den Laufsteg oder Werbespots. Mit Agenturen- und Modeldatenbank.

Modelguide.de

www.modelguide.de
Aktuelle Castings, Ausschreibungen, Modelforum und Bewerbungsmöglichkeiten.

Hörspiele

Hoerspielland.de
info@hoerspielland.de

www.hoerspielland.de
Fanportal für Kinder-, Jugend- und Erwachsenenhörspiele mit Informationen und Rezensionen zu alten und neuen Hörspielen.

Bilder-Dienste Preisvergleich www.bilder-dienste.de

Kunst & Kultur

Institutionen & Kulturverbände

Bild-Kunst
info@bildkunst.de

www.bild-kunst.de
Der Verein für Künstler, Fotografen und Filmurheber zur Wahrnehmung ihrer Rechte stellt sich und seine Arbeit vor.

Institut für Auslandsbeziehungen e.V.
info@ifa.de

www.ifa.de
Das Institut für Auslandsbeziehungen fördert den internationalen Kulturaustausch in den Bereichen Kunst, Bildung und Medien.

Kulturdenkmäler

Schätze der Welt
schaetze-der-welt@swr.de

www.schaetze-der-welt.de
Die Seite der Fernsehreihe „Schätze der Welt" erzählt in eindrucksvollen Bildern Geschichten vom Erbe der Menschheit.

Kunst- & Kulturzeitschriften

Art
kunst@art-magazin.de

www.art-magazin.de
Das Kunstmagazin bietet neben dem aktuellen Heft einen Location- und Expo-Finder, eine Web-Galerie sowie einen Kunst-Shop.

Lettre International
lettre@lettre.de

www.lettre.de
Auf den Seiten von Lettre, der europäischen Kulturzeitschrift, findet man Projekte und das Archiv der Ausgaben seit 1988.

Kunstdrucke, Bilder & Galerien

● **ars mundi**
info@arsmundi.de

www.arsmundi.de
Ein einmaliges Spektrum aus der Welt der Kunst mit mehr als 6.600 Artikeln: Bilder, Gemälde, Grafiken und Skulpturen international bedeutender Künstler, Replikate, Museumsshop-Artikel, Kunst für den Garten, Schmuck, Uhren, Accessoires und Geschenkideen, darunter zahlreiche Exklusiv-Editionen.
(Siehe Abbildung)

ars mundi   **www.arsmundi.de**

Kunst & Kultur

Artcopy Munich
info@artcopy-munich.com

www.artcopy-munich.com
Handgemalte Reproduktionen von Gemälden berühmter Künstler und Ölbilder nach eigener Fotovorlage können hier bestellt werden.

ARTES
info@kunsthaus-artes.de

www.kunsthaus-artes.de
Sammlerraritäten sowie aktuelle Bilder, Grafiken, Skulpturen und Schmuck international renommierter Künstler.

Artgalerie-Deutschland
webmaster@artgalerie-deutschland.de

www.artgalerie-deutschland.de
Virtuelle Galerie für Deutschland mit mehreren tausend Bildern und über hundert Künstlern, Ausstellungstermine und -berichte.

Easyart
kundenservice@easyart-de.com

www.easyart-de.com
Hier kann man Kunstdrucke, limitierte Auflagen, Fotografien und Star-Fotos kaufen oder eine eigene Web-Galerie einrichten.

● **Xenia.bild-art.de**
xenia@bild-art.de

www.xenia.bild-art.de
Kunstliebhaber können sich hier einen Überblick über das Werk der Künstlerin Xenia Marita Riebe verschaffen und online Kontakt aufnehmen. Hier findet man Bilder aus den bekannten Reihen „Afrikanische Höhlenmalerei und Technik", „Weiße Fremde" und Figuren aus der Reihe „Menschliche Tierfiguren".
(Siehe Abbildung)

Kunsthandwerk

Almdorf Ammertal
contact@kunsthandwerkshop.de

www.kunsthandwerkshop.de
Kunsthandwerk und Holzschnitzereien: Kuckucksuhren, Heiligenfiguren, Krippen und Hinterglasmalerei.

Kunsthandwerkerportal
iris.willecke@kunsthandwerkerportal.de

www.kunsthandwerkerportal.de
Portal mit über 2.000 Einträgen im Verzeichnis, Terminen, Büchern, einem Shop und einer Händlerübersicht für Künstlerbedarf.

Kunst & Kultur

Volkskunst.com
info@volkskunst.com

www.volkskunst.com
Erzgebirgische Volkskunst wie Nussknacker, Räuchermänner, Pyramiden, Schwibbögen. Afrikanisches und asiatisches Kunsthandwerk.

Künstler

Europas Event Portal
info@eventagentur.com

www.eventagentur.com
Europas großes Event- und Künstlernetzwerk. Viele direkte Kontakte zu Künstlern, Agenturen und Dienstleistern.

KultNet
info@kultnet.de

www.kultnet.de
Datenbank für Agenturen, Künstler und Veranstalter mit reichhaltigem Angebot an Künstlerporträts und Veranstaltungsterminen.

Vivido
info@vivido.de

www.vivido.de
Präsentationsplattform für Künstler und Darsteller mit Künstler-Suchmaschine und Infos zu aktuellen Themen aus Kunst und Kultur.

Literatur

Leselupe
info@leselupe.de

www.leselupe.de
Große Literaturplattform mit Literatursuchmaschine. Veröffentlichung eigener Werke in den Foren sowie Texte anderer Autoren.

Literatur-Café, Das
redaktion@literaturcafe.de

www.literaturcafe.de
Umfangreiche Seiten zum Thema Literatur mit Prosa, Lyrik, Buchtipps, Berichten und literarischen Links.

● mountmedia
info@mountmedia.de

www.mountmedia.de
Das Verlagsportal Mountmedia, in dem sich Buchverlage, -händler und Leser präsentieren können: Es informiert über Neuerscheinungen und Verlagsnews und bietet für Leser die Möglichkeit, Bücher online zu bestellen, an einem Fortsetzungsroman weiterzuschreiben oder sich lyrisch im Poesiealbum zu verewigen.
(Siehe Abbildung)

mountmedia   www.mountmedia.de

Kunst & Kultur

Literatur/Abkürzungen & Akronyme

abkuerzungen.de
webmaster@abkuerzungen.de

www.abkuerzungen.de
Die Findemaschine für Abkürzungen. Hier kann man einfach eine Abkürzung eingeben und erhält bequem die Bedeutung.

Abkürzungen und Akronyme
dialog@web-akronym

www.web-akronym.de
Ein Akronym ist ein aus den Anfangsbuchstaben mehrerer Wörter gebildetes Kurzwort. Hier findet man eine große Sammlung.

Literatur/Autoren

Hermann Hesse Portal, Das
info@hermann-hesse.de

www.hermann-hesse.de
Das Hermann-Hesse-Portal bietet in neun Sprachen ausführliche Informationen über einen der weltweit bekanntesten und beliebtesten Dichter deutscher Sprache. Film- und Tondokumente ergänzen die Daten zu Leben und Werk des Nobelpreisträgers. Hesse-Freunde können seine Werke gleich online bestellen. **(Siehe Abbildung)**

Karl-May-Gesellschaft e.V.

www.karl-may-gesellschaft.de
Die Seite bietet Wissenswertes zu den einzelnen Romanen, zur Biografie des Autors und zur Forschung sowie viele Volltexte.

Kleist-Archiv Sembdner
kleist@kleist.org

www.kleist.org
Hier finden sich alle nur erdenklichen Informationen zu Heinrich von Kleist. Einige Werke sind im Volltext zu genießen.

Rilke, Rainer Maria

www.rilke.de
Die Biografie des Dichters Rainer Maria Rilke sowie seine Werke und Briefe online. Für Rilke-Fans gibt es auch noch ein Forum.

Shakespeare, William

www.william-shakespeare.de
Sämtliche Werke des großen englischen Dichters, seine Biografie, Hintergrundinformationen, die Verfilmungen sowie ein Forum.

Literatur/Balladen

Balladen.de
kontakt@balladen.de

www.balladen.de
Deutsche und internationale Balladen werden hier vorgestellt.

Literatur/Bücherdatenbank

buchhandel.de
buchhandel@msu.biz

www.buchhandel.de
Verzeichnis aller lieferbaren Bücher aus dem deutschsprachigen Raum. Bestellungen bei den angeschlossenen Buchhandlungen.

Literatur/E-Books

ciando Ebooks
info@ciando.com

www.ciando.com
Der E-Book-Shop hält über 1.800 Sach- und Lehrbücher zum Download bereit, auch englische Bücher.

Readersplanet
info@readersplanet.de

www.readersplanet.de
Unterhaltungsliteratur für PC, Palm-OS- und WindowsCE-Computer: Kinderbücher, Science-Fiction, Horror, Krimi sowie Abenteuer.

Literatur/Gedichte, Reime, Zitate & Märchen

1001 Aphorismen

www.aphorismen.de
Über 63.000 Zitate und Gedichte, geordnet nach Themen, von Abendmahl bis Zölibat, durchsuchbar nach Autor und Textinhalt.

Kunst & Kultur

Bibliothek deutschsprachiger Gedichte
service@gedichte-bibliothek.de
www.gedichte-bibliothek.de
Seiten der Bibliothek deutschsprachiger Gedichte: Info zu Wettbewerben, Fernstudium „Das lyrische Schreiben" und Werkstätten.

Deutsche Märchenstraße
tourist@kassel-tourist.info
www.deutsche-maerchenstrasse.de
Schön gestaltete Landkarte mit einer Übersicht der Mitgliedsorte der Deutschen Märchenstraße sowie deren Sehenswürdigkeiten.

Lyrikecke
info@lyrikecke.de
www.lyrikecke.de
Dichter-Community: Hier kann man Gedichte und Geschichten lesen oder selbst einreichen. Praktische Tipps und Infos zum Schreiben.

Märchen im Internet
maerchen@internet-maerchen.de
www.internet-maerchen.de
Internet-Märchenbuch mit einigen hundert Märchen aus der ganzen Welt zum online Lesen.

Reimlexikon
info@2sic.com
www.2rhyme.ch
Die Suchmaschine des deutschen Reimlexikons sucht Wörter mit gleichen Endungen. Fehlende Wörter können eingesendet werden.

Sagen.at
www.sagen.at
Sagen und Märchen von der Antike bis zur Gegenwart aus ganz Europa. Hintergrundinformationen und Nachschlagewerke.

Zitat24.de
info@zitat24.de
www.zitat24.de
Online-Datenbank aus der Welt der Zitate. Sortiert nach Themen von A bis Z kann man hier allerlei Zitate und Weisheiten finden.

Literatur/Harry Potter

Harry Potter
info@carlsen.de
www.carlsen-harrypotter.de
In die zauberhafte Welt von Harry Potter eintauchen: mit Quiz, Leseproben aller Bücher, Infos zu J.K. Rowling und E-Cards.

Das Hermann Hesse Portal   **www.hermann-hesse.de**

KUNST & KULTUR

Harry Potter Fanclub

www.hp-fc.de
Hier tauschen sich die Harry Potter Fans aus. Wenn man dem Fanclub beitreten will, muss man ein „Zauberexamen" bestehen.

Kennys Harry Potter Web-Seite
kenny@hoolt.de

www.kenny-hoolt.de
Schön animierte Web-Seiten mit kurzen Infos zu den Geschichten von Harry Potter und weiteren Links zum Thema.

Literatur/Hörbücher

Hoergold.de
info@hoergold.de

www.hoergold.de
Das Informationsportal für Hörbücher verzeichnet übersichtlich die Programme deutscher und internationaler Hörbuchverlage.

hoerothek.de
redaktion@hoerothek.de

www.hoerothek.de
News-Magazin für die Hörbuchbranche mit Rezensionen zu Hörbüchern und Hörspielen sowie einer Sprecherliste.

Literatur/Lektorat

Lektorat.de
info@lektorat.de

www.lektorat.de
Verzeichnis von Dienstleistern aus dem Publishing-Bereich: Lektorate, Korrektorate, Übersetzer, Grafik-Designer und Texter.

Literatur/Memoiren

Mein Leben GbR
info@memoirenwerkstatt.de

www.memoirenwerkstatt.de
Dieser Verlag für Memoiren hilft beim Schreiben der eigenen Lebensgeschichte.

Literatur/Mythologien

Mythentor, Das
webmaster@mythentor.de

www.mythentor.de
Einführung in die Sagenwelt der Römer, Griechen und Kelten sowie der nordischen und östlichen Völker. Lexikon der Mythologie.

Literatur/Rezensionen

All-around-new-books.de
redaktion@all-around-new-books.de

www.all-around-new-books.de
Büchermagazin mit Buchvorstellungen, Artikeln zu Autoren und Literaturpreisen, Bestsellerlisten sowie TV-Tipps und Terminen.

Perlentaucher.de
redaktion@perlentaucher.de

www.perlentaucher.de
Kulturmagazin im Internet mit täglicher Auswertung der Buchrezensionen in deutschsprachigen Zeitungen. Mit Leseproben.

Literatur/Verschiedenes

Kurzgeschichten.de
info@kurzgeschichten.de

www.kurzgeschichten.de
Plattform für Autoren und Leser von Kurzgeschichten in allen denkbaren Kategorien. Kommentare und Kurzkritiken zu den Texten.

Malerei

Salvadordali.de
info@salvadordali.de

www.salvadordali.de
Alles über den berühmten Surrealisten: Neben seiner Biografie gibt es die Möglichkeit, seine Werke online zu besichtigen.

World of Colour
jenisch@farben.com

www.paint24.de
Produkte für kreative Hobbies, Malen, Renovierung und Sanierung, Werkzeuge, Maschinen.

Kunst & Kultur

Museen & Galerien

WebMuseen
kontakt@webmuseen.de

www.webmuseen.de
Portal für Ausstellungsbesucher und Museumsprofis. Neben mehr als 10.000 Museen aller Art und einer großen Ausstellungsübersicht findet man hier die Zeitschrift Museum Aktuell, umfassende Stellenhinweise sowie die Online-Datenbanken „Europäisches Museumsbranchenbuch" und „Who is who in Museums". **(Siehe Abbildung)**

Musik/Allgemein

Deutsches Musikinformationszentrum
info@miz.org

www.miz.org
Umfangreiches Informationsportal zum Musikleben in Deutschland: Institutionen, News, Dokumente, Statistiken und Links.

Internet Musikbranchenbuch
service@musik7.de

www.musikbranchenbuch.de
Links und Kontaktadressen zu Bands, DJs, Diskotheken, Entertainern, Licht- und Tontechnik, Instrumenten und Musik-Software.

Musichits
musichits@dmk-internet.com

www.musichits.de
Eine Auswahl der besten deutschen Musik-Links: Song-Texte und Noten, Konzertagenturen, Instrumente, Charts und Downloads.

musicplasma
postmaster@musicplasma.com

www.musicplasma.com
Suchmaschine, die alle Interpreten auflistet, die ähnlichen Stilrichtungen angehören. Mit Diskografie der Bands.

schulmusiker.info
info@schulmusiker.info

schulmusiker.info
Links für Musiker und Musikpädagogen gegliedert nach Themenbereichen wie Epochen, Gattungen, Musiker, Didaktik und Ausbildung.

WebMuseen   www.webmuseen.de

Kunst & Kultur

Musik/Bücher & Noten

Musia International Musikalien
info@musia.de

www.musia.de
Großes Archiv mit 150.000 Notenausgaben: klassische Noten, Partituren, Song-Books und ein umfangreiches Zubehörsortiment.

Musik Eid
kontakt@notenbuch.de

www.notenbuch.de
Online-Shop mit großem Angebot an Noten, Lieder- und Musikbüchern sowie internationalen Song-Books.

Notanorm
support@notanorm.de

www.notanorm.de
Wer bei Notanorm nach Noten, Partituren und Song-Books sucht, der findet schnell und unkompliziert das Richtige.

Musik/CD-Besprechungen

Der Schallplattenmann sagt
info@schallplattenmann.de

www.schallplattenmann.de
Wöchentlicher, kostenloser Newsletter mit Reviews interessanter Neuerscheinungen und Wiederveröffentlichungen auf CD und LP.

Plattentests online
post@plattentests.de

www.plattentests.de
Große Sammlung von CD-Rezensionen aller nennenswerten Erscheinungen der letzten Jahre aus den Bereichen Rock und Independent.

Musik/CD-Versand & Musik-Online-Shops

Abella
office@abella.de

www.abella.de
Aktuelle Datenbank mit mehr als 150.000 Tonträgern jeder Musikrichtung. Zudem kann man eine Wunsch-CD zusammenstellen.

Alpha-Music
service@alphamusic.de

www.alphamusic.de
Umfangreiches Angebot an CDs, Platten und Musikkassetten sowie Filmen auf DVD und VHS, Spielen und Büchern.

Amazon

www.amazon.de
Online-Händler für Bücher, CDs, DVDs, Videos, Computerspiele, Software, Unterhaltungselektronik, Produkte für Haus und Garten.

● **jpc**
order@jpc.de

www.jpc.de
Online-Shop mit Angeboten von über 1,5 Millionen CDs und DVDs der Musikrichtungen Jazz, Pop und Klassik sowie Videos, Brettspiele und Bücher. Neuerscheinungen werden inklusive Coverbild und Hörproben vorgestellt. Außerdem Geschenk- und Gutscheinservice. **(Siehe Abbildung)**

PrimusMedia
service@primusmedia.de

www.primusmedia.de
CD-Musik-Versand mit großem Katalog, aktuellen Charts, Sonderangeboten und Neuheiten. Probe hören und Vorschauvideos.

World of Music
marketing@wom.de

www.wom.de
Umfangreiches Musikangebot an CDs und Platten mit jeder Menge Infomaterial sowie Filme auf DVD und VHS und Download-Shop.

Musik/Charts & Hits

Charts-surfer.de

www.charts-surfer.de
Sammlung internationaler Musik- und Kino-Charts der letzten 50 Jahre.

KUNST & KULTUR

German DJ Playlist
info@dj-playlist.de

www.dj-playlist.de
German DJ Playlist präsentiert wöchentlich die Club-Charts aus der Sicht von mehr als 1.500 DJs aus ganz Deutschland.

Musik/DJ´s

DJ-Corner
info@dj-corner.de

www.dj-corner.de
Treffpunkt für DJs zum Erfahrungsaustausch und zum Bestellen von technischem und trendigem DJ-Equipment.

DJ-Technik.de
info@dj-technik.de

www.dj-technik.de
In diesem Online-Shop gibt es alles, was das DJ-Herz begehrt: Turntables, Mixer, CD-Player, Kopfhörer und sonstiges DJ-Zubehör.

Musik/Festivals, Tourneen & Konzerte

Festivalguide
festivalguide@intro.de

www.festivalguide.de
Termine und Berichte von Festivals, News, Chat und Foren, Ticketservice sowie eine Festival- und Künstler-Suchmaschine.

Festivalplaner.de
info@festivalplaner.de

www.festivalplaner.de
Die große Datenbank im Bereich Festivals, Open-Airs und Konzerte. Mit praktischen Infos zu Line-Up, Anfahrt und Camping.

Musix
redaktion@musix.de

www.musix.de
Aktuelle Konzertübersicht mit Suche nach Künstler, Ort oder Termin und einer Club-Suchmaschine für angesagte Discotheken.

Musik/Filmmusik

Cinemusic.de
redaktion@cinemusic.de

www.cinemusic.de
Neben Rezensionen zu aktuellen Filmmusiken werden ausgewählte DVDs und Bücher vorgestellt. Außerdem gibt es eine News-Rubrik.

jpc   **www.jpc.de**

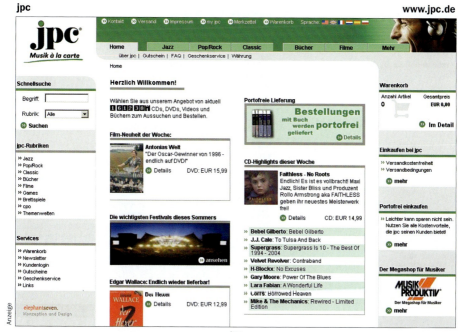

KUNST & KULTUR

Filmmusik2000

www.filmmusik2000.de
Online-Magazin für Filmmusik: Neuigkeiten sowie Rezensionen aktueller Filmmusiken aber auch Filmmusiken früherer Jahrzehnte.

TPS-MusicGroup
tpsmg@web.de

www.original-score.de
Hier geht es um Film und Filmmusik: Kritiken von aktuellen oder älteren Score-CDs und Specials zu einzelnen Filmen oder Themen.

Musik/Instrumente

Music-Store
info@musicstorekoeln.de

www.musicstore.de
Umfangreiches Versandlager für Musik-Equipment wie Gitarren, Bass, Drums, Keyboard, DJ-Equipment und Synthesizer.

Musik Produktiv Online
info@musik-produktiv.de

www.musik-produktiv.de
Der Online-Shop für Musiker: Instrumente aller Art, von Beschallungs- und Lichtanlagen bis zu kompletten Studioausrüstungen.

Musikhaus Thomann
info@thomann.de

www.thomann.de
Im Thomann Cyberstore findet man alles, was das Musikerherz höher schlagen lässt. Dazu Produktvergleiche und Schnäppchen.

Musik-Service
info@musik-service.de

www.musik-service.de
Großes Versandangebot an Instrumenten sowie dazugehörige Infos, Tipps und Tricks vor allem für Neueinsteiger.

Musik/Jukeboxen & Musikboxen

Juke-Box
info@juke-box.de

www.juke-box.de
Internet-Treffpunkt für Freunde von Juke- und Musikboxen aus den 50er bis 70er Jahren: Verleih, Verkauf und Reparaturen.

Musik/Karaoke & Playback

karaoke-germany.de
info@karaoke-germany.de

www.karaoke-germany.de
Verleih von Karaoke-Anlagen, Veranstaltungstermine, Berichte und Fotos vergangener Events sowie Downloads und Sonderangebote.

Karaoke-Verleih Berlin
info@karaoke-verleih.com

www.karaoke-verleih.com
Bundesweiter Verleih von Karaoke-Anlagen, Party- und Konferenztechnik sowie Beamer- und Projektorenverleih.

PlaybackCDs
info@playbackcds.de

www.playbackcds.de
Playback- und Karaoke-CDs aus zahlreichen Stilrichtungen wie Pop, Rock, Schlager, Country, Jazz, Gospel sowie Rhythm und Blues.

Musik/Liedertexte & Songtexte

● **goLyrics**
support@golyr.de

www.golyr.de
Große Songtext-Datenbank mit komfortabler Suchmöglichkeit nach Texten, Tabulatoren und Akkorden zu vielen Liedern. Es können Karten für Konzerte und Eventreisen bestellt werden. In der Rubrik Musik-News werden die jeweils aktuellsten Nachrichten aus der Szene mit Bildern veröffentlicht. **(Siehe Abbildung)**

Songtext.net

www.songtext.net
Songtext-Suche, Infos zu Charts, Community sowie News und Facts aus dem Musikbereich.

Kunst & Kultur

Songvista.net	www.songvista.net
	Die Informationsquelle für Liedtexte aller Art. Einfach zu durchstöbern nach Song-Texten, Übersetzungen sowie Tabs und Chords.

Musik/Midi

Classical Piano Midi Page	www.piano-midi.de
	Midi-Sequenzen klassischer Titel; einige Werke stehen auch im MP3-Format und in Streaming Technologie zur Verfügung.
Midi Hits Online.de info@midi-hits-online.de	www.midi-hits-online.de Großer Midi-Online-Shop mit Titeln aller Musikrichtungen. Software zum Thema kann sofort kostenlos heruntergeladen werden.
Midifileshop info@midi.de	www.midifileshop.de Midi-Files können hier bequem bestellt werden. Kostenlose Demos zu jedem File und ein leicht verständlicher Hilfeservice.

Musik/MP3

mp3-store.de OHG go@mp3-store.de	www.mp3-store.de Im MP3-Store findet man alles zum Abspielen dieses Dateiformats sowie Flash-, HDD- und CD-Player, Speicherkarten und Car Kits.
MP3Werk kontakt@mp3werk.de	www.mp3werk.de Portal rund um das Thema MP3 im Internet. Nutzer finden hier Infos zu Soft- und Hardware, Newcomer-Musik und News zum Thema MP3.
mp3-world webmaster@mp3-world.net	www.mp3-world.net Hier gibt es so ziemlich alles, was mit MP3 und Filesharing zu tun hat: aktuelle News, Musiktipps, Infos zu Soft- und Hardware.

goLyrics	www.golyr.de

KUNST & KULTUR

MPeX.net
staff@mpex.net

www.mpex.net
Aktuelle Infos und Anleitungen zum Thema MP3. Berichte zu Hard- und Software und die offizielle deutsche Winamp-Version.

musicload
hotline@musicload.de

www.musicload.de
Nach Anmeldung können kostenpflichtige MP3-Titel diverser Künstler legal heruntergeladen werden. Gratis-Hörprobe und Merkliste.

Tonspion
info@tonspion.de

www.tonspion.de
Die Online-Musikzeitschrift ist spezialisiert auf MP3-Titel und bietet Reviews mit direktem Weg zum Free-Download-Anbieter.

Vitaminic.de

www.vitaminic.de
Hier kann man Musik internationaler Künstler aus allen Genres im MP3-Format downloaden. Mit Backstage-Bereich für Musiker.

Musik/Musicals

Musical Ticket Shop

www.musical-ticket-shop.de
Tickets für Musical-Aufführungen in Deutschland, Wien, London und New York sowie Termine und Karten für Tourneen.

Musical-Links
mail@musical-links.de

www.musical-links.de
Musical-Link-Sammlung für den deutschsprachigen Raum: Darsteller, Komponisten, Regisseure, Bücher sowie Job und Ausbildung.

Musical-Shop.de
admin@musical-shop.de

www.musical-shop.de
Der Shop für Musical-Fans: Hier findet man CDs, Noten, Playback-CDs, Sampler-CDs, DVD, VHS und Musical-Bücher.

thatsMusical.de
info@thatsmusical.de

www.thatsmusical.de
Musical-Magazin mit aktuellen Themen, Rezensionen, News und Datenbanken, einem Ticket-Shop, Spielplänen und Forum.

Musik/Musikervermittlung

Music-for-you
info@musicforyou.de

www.musicforyou.de
Band- und Musikervermittlung im Internet. In der Datenbank sind über 5.000 Bands eingetragen. Übersichtliche Suchfunktion.

Track4

www.track4.de
Die Online-Agentur bietet vor allem Musikern Informationen und Kontakte zu Veranstaltern, Plattenfirmen, Verlagen und Studios.

Musik/Musikrichtungen/Alternative

alternativenation.de
info@alternativenation.de

www.alternativenation.de
Beschäftigt sich mit Rock und Alternativmusik. Szene-News, Tourdaten, CD-Reviews und Interviews runden das Angebot ab.

Whiskey Soda
info@whiskey-soda.de

www.whiskey-soda.de
Musikmagazin für alternativen Rock, Metal und Punk, das Rezensionen, Konzertberichte, legale MP3-Downloads und Charts bietet.

Musik/Musikrichtungen/Black Music & Soul

Jam FM
mail@jamfm.de

www.jamfm.de
Deutschlands großer Black Music-Radiosender bietet Playlists, Programmübersicht, Fan-Shop sowie CD-, Event- und Szenetipps.

KUNST & KULTUR

Musik/Musikrichtungen/Blasmusik

Blasmusik online
infos@blasmusik.de

www.blasmusik.de
Für Freunde der Blasmusik. Mit Informationen zu Verbänden und Fachhandel, Veranstaltungstipps sowie einem Blasmusik-CD-Shop.

Musik/Musikrichtungen/Blues

Blues News
redaktion@blues-germany.de

www.blues-news.de
Das Blues-News-Magazin mit Interviews und einem umfangreichen Archiv mit CD-, DVD-, Buch- und Video-Kritiken.

Blues-Germany.de
vdf@blues-germany.de

www.blues-germany.de
Das Internet-Portal des Blues-News-Magazins mit aktuellen News, Tournee- und Festivaldaten, Radiotipps und einem Online-Shop.

Bluessource
info@bluessource.de

www.bluessource.de
Die Seite von Bluesfans für Bluesfans. Mit Historie, Lexikon, Infos zu Instrumenten, Bandverzeichnis und einer Link-Sammlung.

Musik/Musikrichtungen/Country & Western

Country Jukebox
info@countryjukebox.de

www.countryjukebox.de
Online-Magazin zum Thema Country mit Infos zu aktuellen Musikern und Country-Legenden, Porträts und Albumvorstellungen.

Countrymusic Online-Magazin
info@country.de

www.country.de
Die neuesten CD-Tipps aus der Country-Szene, Künstlerbiografien, Konzertberichte, Radiotipps, Kleinanzeigen und Gewinnspiel.

Country-Online
kontakt@country-online.net

www.country-online.net
Country-Online bietet neben der zentralen Termindatenbank viele weitere Informationen zum Thema Country und Western.

Howdyall.net
redaktion@howdyall.net

www.howdyall.net
Das deutschsprachige Country und Western Network mit tagesaktuellen News, Online-CD-Shop sowie themenrelevanten Suchmaschinen.

Musik/Musikrichtungen/Elektronik

electrowahn.de

www.electrowahn.de
E-Zine rund um elektronische Musik: Kritiken, Interviews, Downloads und ausführliche Band-Infos aus der Elektro-Szene.

Musik/Musikrichtungen/Flamenco

anda
mail@anda.de

www.anda.de
Anda! Die Flamenco-Zeitschrift: Festivals, Tanz-Workshops und Flamenco-Veranstaltungen in Deutschland.

Musik/Musikrichtungen/Jazz

Jazz Diary
info@jazz-network.com

www.jazz-network.com
Hier findet man Geburts- und Todestage bekannter Jazzmusiker, Label-Infos, Web-Ring, CD-Shop und Suchmaschine rund um den Jazz.

Jazz in Deutschland
jazz@jazzpages.com

www.jazzpages.com
Umfassende Infos zum Jazz in Deutschland: Musiker- und Club-Seiten, Texte, Jazz-Zitate, CD-Versand, Termine und Festivals.

Jazz thing
redaktion@jazzthing.de

www.jazzthing.de
Detailliertes Angebot an Jazznachrichten, Worldmusic, Rezensionsarchiv, Konzerttermine, Charts und Jazz im TV und Radio.

Kunst & Kultur

JazzEcho
kontakt@jazzecho.de

www.jazzecho.de
Jazz und Blues von A bis Z: Künstlerrecherche, CD-Neuveröffentlichungen, Hörbeispiele, TV-Termine und Händlerlisten.

Jazzthetik
jazz@jazzthetik.de

www.jazzthetik.de
Musikzeitschrift mit vielen Artikeln und einem Archiv. Es kann ein kostenloses Probeexemplar bestellt werden.

Musik/Musikrichtungen/Klassik

Gesang.de
redaktion@gesang.de

www.gesang.de
Datenbanken zu Sängern, Gesangslehrern, Agenturen und Vorsingterminen. Außerdem Buch-, CD- und Software-Empfehlungen.

klassik.com
redaktion@klassik.com

www.klassik.com
Wissenswertes über klassische Musik der Vergangenheit und Gegenwart. Neueste Meldungen, Kritiken, Biografien und Künstlersuche.

KlassikAkzente
kontakt@klassikakzente.de

www.klassikakzente.de
Hier findet man Informationen zu alter und neuer klassischer Musik: Rezensionen zu aktuellen Neuerscheinungen, News aus der Welt der Klassik, Konzert-, TV- und Radio-Termine, Hörbeispiele, Klassik-Charts sowie ein Händlerverzeichnis. Alle CDs können über den KlassikAkzente-CD-Shop bestellt werden. **(Siehe Abbildung)**

Klassik-Heute
info@klassik-heute.de

www.klassik-heute.com
Portal für Fans klassischer Musik. Täglich aktualisierte News, CD-Kritiken, Porträts, Klassiklexikon und Veranstaltungstipps.

VioWorld klassik
info@vioworld.com

www.vioworld.com
Klassiksuchmaschine, Stellenmarkt für Musiker, kostenlose Kleinanzeigen sowie Orchester- und Dirigentenporträts.

Musik/Musikrichtungen/Metal

Metal Magazin
contact@metal.de

www.metal.de
Das Magazin bietet Artikel und Infos zu neuesten, beliebtesten oder besten Bands, Clubs, Labels und Magazinen sowie CD-Reviews.

Metal Online

www.metal-online.com
Kritiken von neuen Platten und DVDs, aktuelle Tourdaten sowie ein Forum, in dem man sich über die Bands austauschen kann.

Powermetal.de
weihrauch@powermetal.de

www.powermetal.de
Magazin für Rock, Metal und Gothic. Reviews, Konzertberichte, Downloads, Fotogalerie, Band-Porträts und ein Konzert-Guide.

Musik/Musikrichtungen/Rap & Hip-Hop

HipHop.de
info@hiphop.de

www.hiphop.de
Große Hip-Hop-Community. Foren, Musiktipps, MP3, Bücher und CDs, aber auch Themen wie Graffiti und Sport sind hier vertreten.

MK Zwo
info@mkzwo.com

www.mkzwo.com
Das Magazin für Hip-Hop, Dancehall und Reggae bietet aktuelle News, Termine, den Inhalt des Heftes und einen Online-Shop.

Rap.de
info@rap.de

www.rap.de
Forum für Rap und Hip-Hop. Event- und Konzerttermine, Reviews, CDs und Charts. MP3-Files und Musicstore.

KUNST & KULTUR

Musik/Musikrichtungen/Reggae

Reggaenode.de
node@reggaenode.de

www.reggaenode.de
Infos zur Reggae-Szene: Alles über Konzerte, Festivals und Dances, Bands und Soundsysteme bis hin zu Clubs und Radiostationen.

Musik/Musikrichtungen/Rock & Pop

Pop 100
pop100@pop100.com

www.pop100.com
Das Pop-Medien-Magazin mit den News aus der Pop- und Medien-Szene, Interviews, Entertainment-Aktien-Index und Charts aller Art.

Rolling Stone online
redaktion@rollingstone.de

www.rollingstone.de
Umfassende Reportagen, Konzert-Reviews, Platten- und Buchkritiken, Interviews und Porträts sowie exklusive Berichte.

WDR-Rockpalast
rockpalast@wdr.de

www.rockpalast.de
Aktuelle Infos, Sendetermine, Vorschau, Playlists und Fotos der Rockpalast-Konzerte sowie ein umfangreiches Archiv.

Musik/Musikrichtungen/Samba & Salsa

Sals@lemania

www.salsalemania.de
Salsa in Germany. Infos über Partys und Clubs mit Adressenliste, Konzerte, Bands, Midi-Files, Latin-Links und Salsa-Workshops.

Salsa.de

www.salsa.de
Eventkalender, Clubverzeichnis, Infos und Kontakt zu Salsa DJs, Fotogalerie, Salsa-Charts und CD-Besprechungen.

Salsaholic

www.salsaholic.de
Die Seite für Salsaholicer. Hier gibt es Salsa-News, eine Konzertübersicht, CD-Reviews, Infos zu Stars, Salsa-Kursen und Reisen.

KlassikAkzente www.klassikakzente.de

KUNST & KULTUR

Musik/Musikrichtungen/Swing

Swingstyle.de
the-20-2-40-style-syndicate@t-online.de

www.swingstyle.de
Alltagskultur der 20er, 30er und 40er Jahre mit Infos und Fotos zu den Themen Mode, Musik, Tanz. Interessante Extras.

Musik/Musikrichtungen/Techno & House

BeatCounter Magazine
info@beatcounter.de

www.beatcounter.de
Wissenswertes rund um House und Techno: mit Party-Finder, DJ-Interviews, Charts und Playlists und ausführlichen Serviceseiten.

Loveparade.net
infopool@loveparade.net

www.loveparade.net
Offizielle Seite der Loveparade: Alles über das Techno-Event, Partydates, CD- und Vinyl-Reviews sowie die Loveparade-Historie.

Musik/Musikrichtungen/Volksmusik

20.000 Volkslieder

www.ingeb.org
Volkslieder aus Deutschland und 40 anderen Ländern. Viele Texte, Melodien und die dazugehörigen Noten.

Volksmusik
info@volksmusik.de

www.volksmusik.de
Im großen Katalog kann alphabetisch nach Volksmusikkünstlern gesucht werden. Mit Kleinanzeigen und Agenturadressen.

Musik/Musikschulen

Musiklehrer.de
contact@musiklehrer.de

www.musiklehrer.de
Online recherchierbare Musiklehrer-Datenbank. Außerdem Infos rund um das Musizieren sowie zur Wahl des Musikinstruments.

Kunst & Kultur

Musikschulen
info@amadee.com

www.musikschule-online.com
Suchmaschine für Musikschulen sowie ein Adressenverzeichnis verschiedener Musikverbände in ganz Europa.

Verband deutscher Musikschulen
vdm@musikschulen.de

www.musikschulen.de
Der VdM informiert über die öffentlichen Musikschulen und eigene Projekte wie die Deutsche Streicherphilharmonie.

Musik/Musikzeitschriften

Intro.de
feedback@intro.de

www.intro.de
Plattform des Musikmagazins Intro mit News, Reviews, Termindatenbank, Videoclips und MP3s sowie einem Intro-Shop.

Musikexpress
redaktion@musikexpress.de

www.musikexpress.de
Online-Auftritt des Musikexpress. Neuigkeiten, Interviews, Hintergrundinfos, Konzerttipps, Newcomer und viele Hörproben.

Musikmarkt Online
redaktion@musikmarkt.de

www.musikmarkt.de
Branchen-News und Hintergrundberichte, wöchentliche Charts, Produktneuheiten von Pop bis Klassik und ein Tourkalender.

● **VISIONS**
info@visions.de

www.visions.de
Netzauftritt der Musikzeitschrift VISIONS mit News, Tourdaten, Bandvorstellungen und Plattenkritiken. Ein Forum, die Plattenbörse und das allumfassende Archiv bieten dem User besondere Features rund um den Bereich der alternativen Rockmusik.
(Siehe Abbildung)

Zillo
info@zillo.de

www.zillo.de
Leseproben der aktuellen Ausgabe des Independent-Musikmagazins, Infos und Berichte zu Festivals. Außerdem Vorab-Hörproben.

VISIONS   www.visions.de

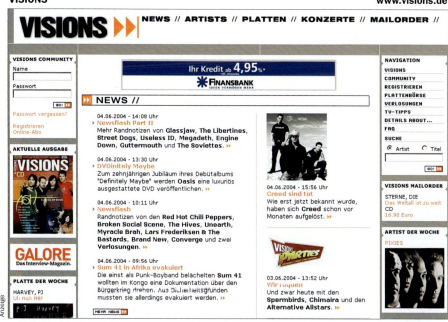

KUNST & KULTUR

Musik/Opern

Operone.de

www.operone.de
Opernhaus-Premieren, Festivals, Links zu Klassik im Internet, Opern-Stars, Opernrollen, Komponisten und Aufführungen.

Musik/Ticketservice

● **karten1.de**
info@karten1.de

www.karten1.de
Tickets und Konzertkarten für über 60.000 Events. Ob für Konzerte, Musicals, Festivals oder Sportevents - hier kann die Verfügbarkeit der Karten geprüft und gegebenenfalls gleich online bestellt werden. **(Siehe Abbildung)**

Kartenhaus
service@kartenhaus.de

www.kartenhaus.de
Tickets für Veranstaltungen aller Art. Dazugehörige CDs, DVDs und Fanartikel können auch online bestellt werden.

Karten-Vorverkauf
webmaster@tickets-konzerte.de

www.tickets-konzerte.de
Suche nach Konzerttickets aller Art über das Genre oder über den Namen der Stadt bzw. der Region. Deutschland- und europaweit.

Siehe auch Freizeit & Hobby

Veranstaltungen/Tickets

Musik/Warteschleifenmusik & Telefonanlagenmusik

bluevalley-the music company
filmmusik@bluevalley.de

www.bluevalley-filmmusik.de
Bluevalley komponiert Filmmusik, Musik für Präsentationen, Fernsehdokumentationen und Telefonanlagen.

corporate music
info@corporate-music.de

www.corporate-music.de
Komposition firmenspezifischer Musik und Erstellung individueller Sprachaufnahmen für Unternehmen.

karten1.de   **www.karten1.de**

KUNST & KULTUR

waveline-mar.com
office@waveline-mar.com

www.waveline-mar.com
Virtuelle Audio-Welt mit großer Auswahl an Warteschleifenmelodien in Kategorien wie „chillout", „inspiration" oder „space".

Theater & Tanz

Amateurtheater-Netz.de
info@amateur-buehnen.de

www.amateurtheater-netz.de
Infos für Amateur-Theatergruppen mit Theater-Links, Datenbank für Theaterstücke mit Suchfunktion sowie Aufführungstermine.

TanzNetz
redaktion@tanznetz.de

www.tanznetz.de
Das TanzNetz präsentiert Tanzkritiken, Veranstaltungs- und Fernsehtipps sowie Infos zu Ausbildung und Auditionen.

Theaterportal
zdftheaterkanal@zdf.de

www.zdftheaterkanal.de
Internet-Auftritt des digitalen Theaterkanals mit aktuellen Theater-News, TV-Programm und einem Theater-Almanach.

Theaterverzeichnis
info@theater24.de

www.theaterverzeichnis.de
Theateradressen in Deutschland, Theaterlexikon und eine Jobbörse für Theaterkünstler. Außerdem: Ticket-, Bücher- und CD-Shop.

Theater & Tanz/Organisationen

● **Deutscher Bühnenverein**
debue@buehnenverein.de

www.buehnenverein.de
Die Seiten des Deutschen Bühnenvereins bieten ausführliche Hintergrundinformationen zum Theater in Deutschland und thematisieren künstlerische, organisatorische und kulturpolitische Fragen. Außerdem: Zahlreiche Adressen der Theater und Orchester in Deutschland, eine Jobbörse und aktuelle Theaterbriefe.
(Siehe Abbildung)

Verband Deutsche Puppentheater e.V.
buero@vdp-ev.de

www.vdp-ev.de
Die berufsständische Vertretung der Puppenspieler bietet Infos für Berufseinsteiger, Archive zum Thema und Bühnenadressen.

Deutscher Bühnenverein   www.buehnenverein.de

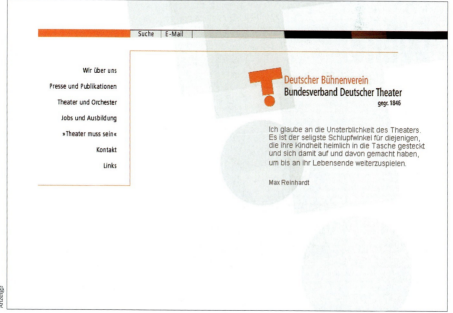

501

KUNST & KULTUR

Verband deutscher Freilichtbühnen
vdfhamm@t-online.de

www.freilichtbuehnen.de
Alle Neuheiten rund um den Verband deutscher Freilichtbühnen und seine Mitglieder. Mit Links zu aktuellen Programmen.

Theater & Tanz/Zeitschriften

● **Deutsche Bühne Online, Die**
info@die-deutsche-buehne.de

www.die-deutsche-buehne.de
Die Seiten des ältesten deutschen Theatermagazins für alle Sparten bieten Berichte, Reportagen, Essays und Interviews über das Theater auf, vor und hinter der Bühne. Kritiker rezensieren aktuelle Produktionen. Sowohl der Inhalt der Printausgabe als auch Auszüge aus früheren Ausgaben sind einsehbar. **(Siehe Abbildung)**

● **Theaterheute**
redaktion@theaterheute.de

www.theaterheute.de
Diese Theater- und Kulturzeitschrift gibt einen Überblick über den Stand des deutschsprachigen und internationalen Theaters in Reportagen und Porträts, in Gesprächen, Hintergrundberichten und Essays, mit großem Serviceteil. **(Siehe Anzeige Seite 498)**

11

Medien

Medien

www.tvtv.de

tvtv

„Schaa-haatz..! Was läuft in der Glotze?!" Wenn Sie Ihren Partner wirklich gern haben, sollten Sie bei dieser Frage um eine lückenlose Antwort bemüht sein. Daher brav das übersichtliche Fernsehprogramm von tvtv.de ansurfen, welches neben den Hauptsendern und Premiere-Kanälen auch regionale sowie ausländische Sender aufführt. Spielfilme und Serien sind nach typischen Sparten wie Action, Horror oder Drama sortiert. Und weil Sie Ihren Schatz lieben, können Sie ihm mit dieser Seite einen ganz besonderen Dienst erweisen, indem Sie seine Lieblingsprogramme über den PC verwalten und aufnehmen! Dazu einfach unter „Hilfe" nachschauen.

www.moviemaze.de

MovieMaze.de

Ein gefundenes Fressen für Filmliebhaber! Die Seite widmet sich nicht nur der Vorstellung und Bewertung aktueller Kinofilme, sondern bietet zu unzähligen Filmen Rezensionen und Hintergrundinfos. Welche Movies momentan angesagt sind, verraten die Charts und die Starporträts zeigen zu jeder Berühmtheit eine Bio- und Filmographie. Wer weiß schon, dass Brad Pitt sich vor seiner Leinwandkarriere im Hähnchen-Kostüm oder als Limo-Chauffeur durchschlug? Für einen kleinen Vorgeschmack vorab schaut man sich am besten den Trailer an, der netterweise zu fast jedem Film mitgeliefert wird. Na dann: Film ab!

www.digitalfernsehen.de

Digitalfernsehen.de

Analog ade – die Zukunft der Unterhaltungsindustrie ist digital. Spätestens 2010 soll die Digitalisierung der TV- und Radionetze in Deutschland abgeschlossen sein. Wie funktioniert die digitale Technik? Was sind die Vorteile? Was passiert mit alten Geräten? Auf dieser Seite bleibt keine Frage offen! Erfahren Sie, mit welchen Veränderungen Sie bei der Umstellung rechnen müssen oder welche digitalen Programme bereits zu empfangen sind. Informieren Sie sich, welche Empfangsgeräte es gibt und wie Digitalreceiver richtig konfiguriert werden. Die aktuellen Nachrichten und Testberichte werden Ihr Wissen stets auf dem neuesten Stand der Technik halten.

news.google.de

Google News

Die Nachrichten-Suchmaschine durchforstet 700 kontinuierlich aktualisierte Quellen und stellt die Meldungen, Reportagen und Kommentare im eigenen Portal in acht verschiedenen Rubriken zusammen. Per Mausklick lassen sich so die Berichte verschiedener Nachrichtenunternehmen zum gleichen Sachverhalt bequem miteinander vergleichen. Neben der Artikelsuche im 30-Tage-Archiv steht ein Nachrichtenüberblick zur Verfügung, der sich nach Relevanz, Aktualität oder Kategorie sortieren lässt. Google News ist in zehn verschiedenen, landessprachlichen Ausgaben verfügbar. Für oberflächliches Stöbern viel zu schade!

MEDIEN

www.rtl.de

RTL.de

Ob Sie um punkt 12 mit Katja Burkhardt zu Mittag essen oder exclusive Stunden mit Frauke Ludowig verbringen möchten, mit Hilfe der Programmsuche finden Sie sich rasch durch das Fernsehprogramm von RTL, RTL II und Vox, auf Wunsch auch nach Sendungen oder Stars und Moderatoren getrennt. Besonders praktisch ist der interaktive TV-Programmplaner. Hier können Sie sich anhand verschiedener Suchfunktionen Ihr persönliches TV-Programm zusammenstellen, Informationen über RTL-Sendungen abrufen oder auf die RTL-Moderatoren-Datenbank zugreifen. Wissen, was läuft: in guten und in schlechten Zeiten!

www.fernsehserien.de

Fernsehserien.de

Auch Seifenopern können süchtig machen. Der wahre Soap-Fan bekommt ganz blasse Gesichtshaut, schwitzige Hände und nervöse Zuckungen, sobald er fatalerweise eine Folge seiner Lieblingsserie verpasst hat und somit nicht weiß, ob Paul Petra verführt, Simon Tina betrügt oder Detlef sich geoutet hat. Um sich dieses Leid zu ersparen, sollte der Serienabhängige diese Seite ansurfen: Zu jeder erdenklichen Fernsehserie gibt es die aktuellen Sendetermine, Zuschauerkommentare und tolle Links, beispielsweise zu passenden Fanclubs. Auch kommende Serienstarts werden angekündigt und im TV-Rückblick kann man noch einmal in Erinnerungen schwelgen.

www.fr-aktuell.de

Frankfurter Rundschau

Frühstücksfernsehen mal anders! Ob Nachrichten aus Politik, Wirtschaft, Sport oder Kultur, die Online-Redaktion stellt Ihnen allmorgendlich das Tagesgeschehen der Printausgabe im Web zur Verfügung. Hinzu kommen verschiedene Dossiers und Serien aus allen Ressorts, die das Printprodukt um Online-Beiträge, Infografiken und Link-Listen ergänzen. Zur schnelleren Orientierung können Sie die Startseite unter „my fr" online nach eigenen Ressort- und Themenwünschen zusammenstellen. Das Weltgeschehen verfolgen, Bundesliga-Spielberichte nachlesen oder die Börsenkurse einsehen: Nichts was Sie online nicht finden – außer Kaffeeflecken!

www.surfmusik.de

Surfmusik

Sie hören gerne Radio? Jetzt müssen Sie im Urlaub oder auf Geschäftsreisen nicht mehr auf Ihren Lieblingssender verzichten. Denn hier gibt es über 3.000 Radiosender aus der ganzen Welt, die Sie live mit dem Real Player empfangen können! Lauschen Sie den Radioklängen der Fidschi-Inseln und wenn Sie Thai können, verstehen Sie vielleicht auch den Moderator des Radiosenders Bangkok oder entdecken Sie einfach die Chart-Ansage aus Kinshasa im Kongo. Die Sender-Homepage wird stets mitgeliefert. Oder hören Sie den Polizei- oder Flugfunk in Amerika ab und erleben Sie heiße Verfolgungsjagden!

Medien

Allgemein

Medienindex Deutschland
mail@medienindex.de

www.medien-index.de
Umfangreiches Link-Portal zu sämtlichen nationalen Radio- und TV-Stationen, Moderatoren, Sendungen und Fachzeitschriften.

Anzeigenblätter/Baden-Württemberg

Boulevard Baden
info@boulevard-baden.de

www.boulevard-baden.de
Lokale Sportnachrichten, Veranstaltungskalender für die Region Baden, das Kinoprogramm für Karlsruhe und das Regionalwetter.

Freiburger Stadtkurier
info@stadtkurier.de

www.stadtkurier.de
Kleinanzeigen in über 50 Rubriken, wöchentliches Horoskop und ein umfangreiches Link-Verzeichnis rund um das Leben in Freiburg.

Hohenlohe Live
info@hallertagblatt.de

www.hallertagblatt.de
News aus der Region, Kleinanzeigen, Szenetipps, Forum, Online-Shopping und ein umfangreiches Link-Verzeichnis.

● **Ludwigsburger Wochenblatt**
monika.bitzer@luwo.de

www.ludwigsburger-wochenblatt.de
Anzeigenblatt für Ludwigsburg und Umgebung; berichtet über regionale Themen, bringt zahlreiche Veranstaltungshinweise, Tipps für die Gastronomie, den jeweils aktuellen Besenkalender und Filmhinweise. Alle Kleinanzeigen sind übersichtlich nach Rubriken sortiert und können auch online aufgegeben werden.
(Siehe Abbildung)

Singener Wochenblatt
verlag@wochenblatt.net

www.wochenblatt.net
Wochenzeitung im Landkreis Konstanz mit Nachrichten und Veranstaltungstipps für die Region zwischen Hegau und Bodensee.

Ludwigsburger Wochenblatt — www.ludwigsburger-wochenblatt.de

MEDIEN

Sonntag, Der
redaktion@der-sonntag.de

www.der-sonntag.de
Die kostenlose Sonntagszeitung für Freiburg und Lörrach. Die Artikel können auch online nachgelesen werden.

Stuttgarter Wochenblatt
webmaster@stw.zgs.de

www.stuttgarter-wochenblatt.de
Neben Nachrichten gibt es einen Anzeigenmarkt für Kfz und Immobilien sowie einen gut sortierten Veranstaltungskalender.

Wochenblatt aktiv
wochenblatt-ravensburg.redaktion@wbrv.de

www.wobla-online.de
Kleinanzeigen können online gelesen und auch aufgegeben werden. Veranstaltungshinweise zwischen Alb und Bodensee sind abrufbar.

Wochenzeitungen am Oberrhein
verlag@wzo.de

www.wzo.de
Die Wochenzeitungen am Oberrhein veröffentlichen Termine und Veranstaltungen von Freiburg bis Basel.

● **Zypresse**
kleinanzeigen@zypresse.com

www.zypresse.de
Die Kleinanzeigenzeitung für Freiburg, Offenburg, Lörrach, Lahr und Kehl. Sämtliche Kleinanzeigen können online gelesen und aufgegeben werden. Rubriken: Stellenmarkt, Immobilienmarkt, Bekanntschaften, Automarkt, Reisen und Sport.
(Siehe Abbildung)

Anzeigenblätter/Bayern

Allgaeuer Anzeigeblatt
info@allgaeuer-anzeigeblatt.de

www.allgaeuer-anzeigeblatt.de
Anzeigenblatt für das Oberallgäu und Kleinwalsertal mit umfangreichem Veranstaltungskalender, Regionalwetter und Skilift-Daten.

Am Sonntag
service@am-sonntag.de

www.am-sonntag.de
Bilder vergangener Partys, Branchenbuch für Ostbayern und eine Veranstaltungsdatenbank für Termine in und um Passau.

Zypresse www.zypresse.de

Medien

AVP24.de
service@avp24.de

www.avp24.de
Regionale Kleinanzeigen-, Anzeigen- und Veranstaltungsplattform für den Landkreis Kronach und Umgebung mit Polizeireport, Vereinsverzeichnis und Kleinanzeigen der letzten vier Wochen. Ein Veranstaltungskalender mit ausführlichen Beschreibungen der einzelnen Events ergänzt das Angebot. **(Siehe Abbildung)**

Bayrisches Taferl
info@bayerisches-taferl.com

www.bayerisches-taferl.com
Das wöchentliche Anzeigenblatt im Landkreis Pfaffenhofen und Schrobenhausen bietet Informationen zur Anzeigenschaltung und dem Verbreitungsgebiet des Blattes. Private Kleinanzeigen können online aufgegeben werden. **(Siehe Abbildung)**

Blizz Aktuell
info@blizzaktuell.de

www.blizzaktuell.de
Die Internet-Ausgabe der Sonntagszeitung Blizz aktuell bietet Top-Themen sowie lokale und regionale Nachrichten aus Regensburg und Umgebung im Boulevard-Stil. Der Kleinanzeigenmarkt kann nach Rubriken geordnet oder per Stichwortsuche durchstöbert werden. **(Siehe Abbildung)**

echo Rosenheim
info@echo-rosenheim.de

www.echo-rosenheim.de
Wochenzeitung für Rosenheim und den Chiemgau mit wöchentlichem Veranstaltungskalender.

Haßberg-Echo
info@hassberg-echo.de

www.hassberg-echo.de
Veranstaltungskalender mit Beschreibung der einzelnen Events, Kleinanzeigen und Regionalfußball mit Spielplänen und Tabellen.

Kulmbacher Anzeiger
anzeigen@kulmbacher-anzeiger.de

www.kulmbacher-anzeiger.de
Der Kulmbacher Anzeiger ist ein Wochenblatt, das schon seit 1949 erscheint. Auf der Homepage gibt es viele Leserrezepte.

AVP24.de   www.avp24.de

MEDIEN

Bayrisches Taferl www.bayerisches-taferl.com

Blizz Aktuell www.blizzaktuell.de

Medien

● **Iller Anzeiger Online**
illeranzeiger@t-online.de

www.illeranzeiger.de
Private Kleinanzeigen online aufgeben und nach Rubriken gegliederte Anzeigen lesen, aktuelle und umfangreiche Vereinsnachrichten im Überblick. Informationen über die Historie des Verlags. **(Siehe Abbildung)**

● **Münchner Wochenblatt**
info@wobl.de

www.wobl.de
Das Anzeigenblatt für ganz München sowie den Landkreis Ebersberg. Jeden Mittwoch erscheint das Blatt neu (im Briefkasten und Internet) und bietet Münchner Themen aus den Stadtvierteln. Angebote aus dem Handel, ein Kleinanzeigenmarkt in vielen verschiedenen Rubriken und Gewinnspiele runden das Angebot ab. **(Siehe Abbildung)**

● **Online Wochenblatt**
landshut@wochenblatt.de

www.wochenblatt.de
Online-Wochenblatt für 16 Regionalausgaben. Jobbörse, Ticketservice mit Detailinformationen, meist ist ein Sitzplan verfügbar.

● **Sonntagsblitz**
nav@pressenetz.de

www.sonntagsblitz.de
In der Dia-Show werden sämtliche Ereignisse sowie Sehenswürdigkeiten der Region in Bildern festgehalten.

● **TZ online**
info@tz-online.de

www.tz-online.de
Berichte aus München und Bayern, Leserfotos, Kleinanzeigen, Eventkalender und Motormagazin.

Anzeigenblätter/Brandenburg

● **BAB.de**
info@bab.de

www.bab.de
Der Lokalanzeiger für Strausberg und Umgebung bietet neben aktueller Berichterstattung aus der Region und einer wöchentlichen Kolumne zahlreiche Veranstaltungshinweise sowie hilfreiche und nützliche regionale Links und Surf-Tipps. **(Siehe Abbildung)**

Iller Anzeiger Online   **www.illeranzeiger.de**

Anzeige

MEDIEN

Münchner Wochenblatt www.wobl.de

BAB.de www.bab.de

MEDIEN

Anzeigenblätter/Bremen

● **Bremer Anzeiger**
info@bremer-anzeiger.de

www.bremer-anzeiger.de
Zweimal wöchentlich erscheinendes und kostenlos verteiltes Anzeigenblatt. Mit Kleinanzeigen und aktuellen Nachrichten. Informationen zu zahlreichen Themen wie Kultur, Sport, Reisen, Film, Veranstaltungen oder Familie. Die Artikel der Printausgabe sind online abrufbar. **(Siehe Abbildung)**

Sonntagsjournal
redaktion@sonntagsjournal.de

www.sonntagsjournal.de
Hier können Veranstaltungen gesucht oder online kostenlos eingetragen werden. Mit Chat und Diskussionsforum.

Anzeigenblätter/Hamburg

● **Lokal-Anzeiger Hamburg**
hb@lokalanzeiger.info

www.lokal-anzeiger-hamburg.de
Aktuelle Lokalnachrichten, Auto-Infos, Reise-, Buch-, Musik-, Computer-, DVD- und Videotipps. Kleinanzeigen zu verschiedenen Rubriken können online aufgegeben wie auch gelesen werden. Nützliche Links rund um Hamburg sowie ein bundesweiter Ticket-Service. **(Siehe Abbildung)**

Anzeigenblätter/Hessen

● **Inserat, Das**
info@das-inserat.de

www.das-inserat.de
Die Zeitung für kostenlose private Kleinanzeigen mit Angeboten in über 550 Rubriken. Die Anzeigen können gleich online aufgegeben werden. Sie erscheinen sowohl im Internet als auch in der jeweils aktuellen, gedruckten Ausgabe. Auch Kaufgesuche werden kostenlos eingestellt. **(Siehe Abbildung)**

Blitztip
info@blitztip.de

www.blitztip.de
Regionale und überregionale Nachrichten aus den Bereichen Politik, Wirtschaft, Sport und Boulevard, E-Cards und Gewinnspiele.

Bremer Anzeiger   **www.bremer-anzeiger.de**

MEDIEN

Lokal-Anzeiger Hamburg   www.lokal-anzeiger-hamburg.de

Das Inserat   www.das-inserat.de

Medien

Kurier, Der
redaktion@der-kurier.de

www.der-kurier.de
Aktuelle Termine, Polizeiberichte und Kleinanzeigen aus Seligenstadt, Hainburg und Mainhausen.

● **Mittelhessische Anzeigen-Zeitung**
info@maz-verlag.de

www.maz-verlag.de
Anzeigenzeitung für Mittel- und Oberhessen mit einem umfangreichen Branchenbuch, einem Kartenshop und Reisebüro. Kleinanzeigen zu Rubriken wie Immobilien, Fahrzeuge, Stellenmarkt oder Bekanntschaften können auch online aufgegeben werden. **(Siehe Abbildung)**

Odenwälder Journal, Das
info@odw-journal.de

www.odw-journal.de
Aktuelle Veranstaltungen und Meldungen für die gesamte Odenwald-Region.

Quoka - die Sperrmüll-Zeitung
info@quoka.com

www.quoka.de
Kostenloses Inserieren und Kaufen von Produkten aus allen Bereichen - gebraucht oder neu, von Händlern und privaten Anbietern.

● **Umschau**
redaktion@blaettche.de

www.blaettche.de
Das Mitteilungsblatt informiert über aktuelle Nachrichten in und um Frankfurt. Veranstaltungshinweise für die Woche, Kinoprogramme und eine umfangreiche Datenbank zu verschiedenen Vereinen der Region. **(Siehe Abbildung)**

Anzeigenblätter/Mecklenburg-Vorpommern

● **Blitz**
blitz@blitzverlag.de

www.blitzverlag.de
Der Mecklenburger Blitz erscheint wöchentlich flächendeckend mit 19 Ausgaben in sieben Verlagen: Rostock, Schwerin, Neubrandenburg, Wismar, Güstrow, Stralsund und Greifswald. Kleinanzeigen können online aufgegeben werden.
(Siehe Abbildung)

Mittelhessische Anzeigen-Zeitung   www.maz-verlag.de

MEDIEN

Umschau www.blaettche.de

Blitz www.blitzverlag.de

Medien

doberan-web.de
post@doberan.de

www.doberan-web.de
Bereitschaftsdienste, Firmen-Index, regionale Surf-Tipps, Stadtpläne und aktuelle Nachrichten aus dem Umkreis.

RostockOnline
redaktion@rostockonline.de

www.rostockonline.de
Schlagzeilen der Woche, Lokalnachrichten aus Politik, Sport und Kultur, Event-Guide, Kinoplan, Anzeigenaufgabe, Archiv.

SchwerinOnline
redaktion@schwerinonline.de

www.schwerinonline.de
Die kostenlose Wochenzeitung Schweriner Kurier mit Tourismusattraktionen und Eventübersicht.

Anzeigenblätter/Niedersachsen

Blick, Der
info@crv.de

www.crv.de
Hintergrundberichte, aktuelle News, Termine, polizeiliche Meldungen aus Hamburgs Süden, Neu Wulmstorf und Buxtehude.

Deister aktuell
info.redaktion@deister-aktuell.de

www.deister-aktuell.de
Übergreifende Suche nach Anzeigen. Anzeigenaufgabe, elektronische Fahrplanauskunft für Niedersachsen und Bremen, Routenplaner.

extra am Mittwoch
kontakt@extra-wochenblatt.de

www.extra-wochenblatt.de
Portal mit Nachrichten, Veranstaltungshinweisen und Kleinanzeigen für die Region Goslar.

Friesländer Bote
info@friebo.de

www.friebo.de
Umfangreicher Veranstaltungsteil, Hintergrundberichte aus der Kommunalpolitik und dem Vereinsleben, Lokalsport, Kleinanzeigen.

Die Harke

www.dieharke.de

MEDIEN

hallo Sonntag
redaktion@wochenblaetter.de

www.hallo-sonntag.de
„hallo Sonntag" bietet aktuelle Lokalnachrichten für Hannover und Region rund um Sport und Kultur.

Hannoversches Wochenblatt
gesamtredaktion@wochenblaetter.de

www.wochenblaetter.de
Wochenblatt für Hannover und Region, unter anderem mit den Themengebieten Regionales, Politik, Sport und Leserreisen.

● **Harke, Die**
info@dieharke.de

www.dieharke.de
Die Harke berichtet über Neuigkeiten aus dem Mittelwesergebiet und dem Kreis Nienburg. Neben Lokalnachrichten sowie Nachrichten aus den Bereichen Politik, Wirtschaft, Kultur und Sport können private Anzeigen nach einer kurzen Registrierung sofort online geschaltet werden. **(Siehe Abbildung)**

Marktspiegel
anzeigen@marktspiegel-verlag.de

www.marktspiegel-verlag.de
Anzeigen in den Bereichen Stellenmarkt, Immobilienmarkt, Automarkt und Bekanntschaften können angesehen und aufgegeben werden.

● **neue Braunschweiger**
nb-anzeigen@nb-online.de

www.nb-online.de
Die Anzeigenzeitung in der Region Braunschweig mit Berichten zu lokalen Themen, einem wöchentlichen Veranstaltungskalender und Kleinanzeigen in den Rubriken Automarkt, Computer, Immobilien, Jobbörse, Rendezvous und Fundgrube. Die Kleinanzeigen können online aufgegeben werden. **(Siehe Abbildung)**

Osnabrücker Sonntagszeitung
info@os-sonntagszeitung.de

www.os-sonntagszeitung.de
Der Inhalt der Osnabrücker Sonntagszeitung kann auf der Web-Seite herunter geladen werden.

Sonntags Report
redaktion@sonntags-report.de

www.sonntags-report.de
Sonntagszeitung für den Landkreis Leer. Mix aus lokaler Berichterstattung, Sport, Wirtschaft und Kultur.

neue Braunschweiger   www.nb-online.de

MEDIEN

Wochenpost, Die
mail@wopo.tv

www.wopo.tv
Hier findet man aktuelle Nachrichten für die Landkreise Diepholz und Nienburg. Private Kleinanzeigen können kostenlos aufgegeben werden. Über das aktuelle Wetter im Umkreis kann man sich gleich auf der Startseite informieren. **(Siehe Abbildung)**

Anzeigenblätter/Nordrhein-Westfalen

Bielefeld-Direkt
info@direkt-bielefeld.de

www.direkt-bielefeld.de
Lokalnachrichten aus Sport und Kultur, Szene-News, Kontaktanzeigen, Stellenmarkt, Leserbriefe, Online-Archiv-Suche.

Blickpunkt Euskirchen
redaktion@blickpunkt-euskirchen.de

www.blickpunkt-euskirchen.de
Der Blickpunkt Euskirchen informiert über aktuelle Themen aus dem Großraum Köln-Bonn. Kleinanzeigen können online aufgegeben werden.

Bocholter Report
redaktion@bocholter-report.de

www.bocholter-report.de
Lokalnachrichten und Verbraucherinformationen für Bocholt und Umgebung. Mit regionaler Gebrauchtwagenbörse.

Branchenbuch Hamm
webmaster@wa-online.de

www.branchenbuch-hamm.de
Das Branchenbuch Hamm für Unternehmen aus Handel, Handwerk und Dienstleistung. Mit über 4.600 Firmeneinträgen ein Wegweiser durch die Vielfältigkeit der Gewerbelandschaft des Großraumes Hamm und Umgebung. **(Siehe Abbildung)**

Kölner Wochenspiegel
info@koelner-wochenspiegel.de

www.koelner-wochenspiegel.de
Wochenzeitung mit Infos aus der Region und einem Kleinanzeigenmarkt. Links zu 14 weiteren Regionalausgaben.

Kurier zum Sonntag
redaktion@kurier-zum-sonntag.de

www.kurier-zum-sonntag.de
Nachrichten, Veranstaltungstipps und Kleinanzeigen für den Kreis Recklinghausen und Umgebung.

Die Wochenpost www.wopo.tv

MEDIEN

Münster-am-Sonntag
muenster-am-sonntag@t-online.de

www.muenster-am-sonntag.de
Nachrichten aus dem Stadtgebiet Münster. Datenbank für Kleinanzeigen, Wirtschaft, Reise, Immobilien und Stellenmarkt.

Panorama online
info@panorama-online.de

www.panorama-online.de
Hauptseite mehrerer Anzeigenblätter im Ballungsraum Niederrhein.

Postillon, Der
info@postillon.com

www.postillon.com
Aktuelle Meldungen aus Lage und Umgebung, Kleinanzeigen und Download-Möglichkeit der einzelnen Ausgaben bilden das Angebot.

RS Anzeigenblatt
info@rs-anzeigenblatt.de

www.rs-anzeigenblatt.de
Kleinanzeigen, Notdienste, Wochenhoroskop, Regionalsport, das Kinoprogramm, Veranstaltungstipps und das bergische Wetter.

Scala Regional
info@scheidsteger.net

www.scala-regional.de
Lokalnachrichten, das Wetter, Verbrauchertipps und der Veranstaltungskalender für Velbert, Ratingen, Heiligenhaus und Wülfrath.

Schaufenster Bonn
info@schaufenster-bonn.de

www.schaufenster-bonn.de
Kostenloses Wochenblatt mit aktuellen Meldungen aus der Region und einem Kleinanzeigenmarkt für Bonn und den Rhein-Sieg-Kreis.

SWA / WWA online
info@swa-wwa.de

www.swa-wwa.de
Lokalnachrichten, aktuelle Veranstaltungen und Ausstellungen im Siegerland und Wittgenstein, Regionalsport, Kleinanzeigenmarkt.

Wochenende Frechen
info@wochenende-frechen.de

www.wochenende-frechen.de
Informationen zu aktuellen Themen aus der Region. Kleinanzeigenmarkt für Autos, Immobilien, Jobs und Kontaktanzeigen.

Branchenbuch Hamm   www.branchenbuch-hamm.de

Anzeige

Medien

Wuppertaler Rundschau
info@wuppertaler-rundschau.de

www.wuppertaler-rundschau.de
Lokales aus der Region im Nachrichtenticker, Leserbriefe, Online-Archiv, Kino-Preview, Gastro-Guide, Sportticker, Reise-News.

● **Selm Aktuell**
info@agentur-engels.de

www.die-neue-lupe.de
Das monatlich erscheinende Anzeigenblatt für Selm und Umgebung bietet neben dem Polizeibericht und Meldungen aus den Themengebieten Stadt, Tourismus und Wirtschaft das jeweils aktuelle Wetter für Selm. Private Kleinanzeigen können kostenlos aufgegeben werden. **(Siehe Abbildung)**

Sonntags-Rundblick
redaktion@sonntags-rundblick.de

www.sonntags-rundblick.de
Nachrichten aus Ahlen, Beckum und Hamm. Kleinanzeigen, Immobilien, SMS, Chat und Wetterdienst.

● **Stadtanzeiger am Sonntag**
info@stadtanzeiger-hamm.de

www.stadtanzeiger-hamm.de
Die guten Seiten in Hamm, Ahlen, Beckum, Soest und Menden bieten auf ihren Web-Seiten neben lokalen Informationen und vielen Links auch Kleinanzeigen, die online sowohl eingesehen, als auch aufgegeben werden können. **(Siehe Abbildung)**

Anzeigenblätter/Rheinland-Pfalz

Eifel Journal
info@eifeljournal.de

www.eifeljournal.de
Die Prümer Wochenzeitung liefert Informationen rund um die Eifel. Mit kostenlosem Kleinanzeigenmarkt.

eifelzeitung.de
redaktion@eifelzeitung.de

www.eifelzeitung.de
Die aktuelle Ausgabe, eine Pendler-Fahrgemeinschaftsbörse, eine Fotogalerie mit Bildern von Veranstaltungen in der Region.

Nibelungen-Kurier-Online
info@nibelungen-kurier.de

www.nibelungen-kurier.de
Lokal- und Sportnachrichten, Veranstaltungshinweise für Worms und Umgebung, Links zu Vereinen und Gewerbebetrieben in der Region.

Selm Aktuell — www.die-neue-lupe.de

MEDIEN

Verlag für Anzeigenblätter

www.vfa-online.de
Umfangreicher Kleinanzeigenmarkt in den Rubriken Autos, Immobilien, Stellen, Bekanntschaften und Schnäppchen.

Wochenblatt online
suewe@wobla.de

www.wobla.de
Nachrichten aus Baden und der Pfalz, Kleinanzeigenmarkt.

Anzeigenblätter/Saarland

SWV
redaktion@swvgmbh.de

www.swvgmbh.de
Berichte aus der Region, Veranstaltungskalender mit interaktiver Saar-Karte, Werbespots und Musik im Download-Bereich.

Anzeigenblätter/Sachsen

DAO
redaktion@doebelneranzeiger.de

www.doebelneranzeiger.de
Berichterstattung aus Döbeln und der Umgebung. Außerdem kann man hinter die Kulissen der Macher vom Döbelner Anzeiger blicken.

LAV-Online
leitung@leipziger-anzeigenblatt-verlag.de

www.leipziger-rundschau.de
Aktuelle Lokalnachrichten, Fußball-News vom FC Sachsen und VfB Leipzig, Veranstaltungskalender, Partnertreff, Reiseinfos.

Oberlausitz-Niederschlesien-Regional
redaktion@ln-verlag.de

www.on-regional.de
Großer Kleinanzeigenmarkt der Region, Bilder der Stadt Bautzen, Infos und Adressen von Gaststätten und Hotels sowie Termine.

WochenKurier
info@lwk-verlag.de

www.wochenkurier.info
Nachrichten aus Politik, Sport, Wirtschaft, Veranstaltungen in der Region, Freizeittipps, Routenplaner, Leserreisen-Angebote.

Stadtanzeiger am Sonntag **www.stadtanzeiger-hamm.de**

Medien

Anzeigenblätter/Sachsen-Anhalt

Super Sonntag
verlagsleitung@wochenspiegel-halle.de

www.supersonntag-web.de
15 Lokalausgaben bieten ihre Berichterstattung (Top-Story, Aktuelles, Aus der Region, Kleinanzeigen) an.

Anzeigenblätter/Schleswig-Holstein

mm-online
ktv-verlag@moinmoin.de

www.moinmoin.de
Veranstaltungen, Immobilienangebote, Artikel zu Arbeitsmarkt und Ausbildung, Gesundheit, Autos, Urlaub sowie Kleinanzeigen.

Umschau-Online
kaltenkirchen@umschau.de

www.umschau.com
Nachrichten für die Region, Kleinanzeigen, Online-Archiv, Abfallkalender für die Gemeinden im Kreis Segeberg.

Anzeigenblätter/Thüringen

Allgemeiner Anzeiger
service@allgemeiner-anzeiger.de

www.allgemeiner-anzeiger.de
Aktuelle Nachrichten, Anzeigen online suchen und aufgeben, das Wetter für Erfurt, Tageshoroskop, Gewinnspiel.

Archive

Bundesarchiv
koblenz@barch.bund.de

www.bundesarchiv.de
Gesichert werden Unterlagen des Deutschen Bundes, des Deutschen Reiches, der Besatzungszonen, der DDR und der Bundesrepublik.

Datenbanken/Bücher

Siehe Einkaufen

Bücher

Datenbanken/Personen & Firmen der Medienbranche

Kress.de
post@koepfe.de

www.kress.de
Datenbank mit Persönlichkeiten aus Medien, Werbung und Marketing.

Medienhandbuch
info@medienhandbuch.de

www.medienhandbuch.de
Portal für Medien, IT und Kultur mit Adressen aus verschiedenen Medienrubriken. Es gibt ein Bildungsforum und eine Jobbörse.

Datenbanken/Zeitschriften

Fachzeitung.de
anmeldung@fachzeitung.de

www.fachzeitung.com
Portal für Fachzeitungen, -zeitschriften und Magazine. In vorsortierten Fachgebieten sind Infos zu diversen Publikationen abrufbar.

Presse im Handel
pponline@presse-fachverlag.de

www.presse-portraets.de
Fast alle Publikationen Deutschlands mit Infos über Verlag, Preis, Erscheinungsweise und Leserschaft - übersichtlich sortiert.

Pressekatalog
infoservice@pressekatalog.de

www.pressekatalog.de
Meta-Suchmaschine für Fach- und Publikumspresse in thematisch gegliederten Themenwelten von A bis Z oder per Stichwortsuche.

MEDIEN

Fernsehen/Content

● **TVi Services**
kontakt@tvi-services.de

www.tvi-services.de
Der Spezialist für alle TV- und Radio-Programm-Informationen im deutschsprachigen Raum liefert Daten, Texte, Bilder in praktisch jeder gewünschten Form, vom Rohdatensatz über Listing und druckfertige Seiten bis zum kompletten TV-Magazin.
(Siehe Abbildung)

Fernsehen/Digitales Fernsehen

Digitalfernsehen.de
online@digitalfernsehen.de

www.digitalfernsehen.de
Umfassende Informationen über das Digitalfernsehen, von der Technik bis hin zu den Programmen.

ÜberallFernsehen, Das
info@ueberall-tv.de

www.ueberall-tv.de
Hier findet man viele Informationen über das neue digitale Fernsehen bezüglich Empfang, Geräte und Verfügbarkeit.

Fernsehen/Fanseiten

Fernsehserien.de
webmaster@fernsehserien.de

www.fernsehserien.de
Fernsehserien-Datenbank. Mit Sendeterminen, Episodenführern und Zuschauerkommentaren. Übersicht aktueller Serienstarts.

tv-kult.de

www.tv-kult.de
Zeitreise in die Kinderfernsehwelt der 70er und 80er Jahre. Informationen und viele Bilder rund um jede Sendung.

TV-Wunschliste
schoenfeldt@wunschliste.de

www.wunschliste.de
Wunschliste mit Fernsehserien, die nie im deutschen Fernsehen liefen oder zur Zeit nicht laufen. Mitmachen kann jeder.

Zeichentrickserien.de

www.zeichentrickserien.de
Episodenführer zu Zeichentrickserien. Die Filme sind alphabetisch aufgelistet und mit Hintergrundinfos aufgearbeitet.

TVi Services   www.tvi-services.de

Anzeige

523

Medien

Fernsehen/Satellitenempfang

Sat-aktuell.de
redaktion@sat-aktuell.de

www.sat-aktuell.de
Medien-Magazin rund um die ganze Welt der Satelliten, Sender und Medien. Mit Nachrichten und Techniktipps.

Fernsehen/Sender/Bundesweit

3sat
info@3sat.de

www.3sat.de
Inhalt, Vorschau und Zusatzinfos zu den Sendungen auf „3sat". Umfangreiche Infos zu „Kulturzeit", „Nano" und der „3satBörse".

ARTE
multimedia@arte-tv.com

www.arte-tv.com
Deutsch-französisches Angebot des europäischen Kultursenders mit Hintergrundinformationen zu den Sendungen und Reportagen.

DasErste.de
info@daserste.de

www.daserste.de
Portal des Ersten Deutschen Fernsehens mit Informationen, Nachrichten und Serviceangeboten zu den Sendungen von A bis Z.

Kabel 1

www.kabel1.de
Umfassende Informationen rund um Film und Fernsehen mit Blick hinter die Kulissen, Stars, Tipps und Gewinnspielen.

Pro Sieben

www.prosieben.de
Hintergrundinformationen zu den einzelnen Fernsehsendungen. Außerdem: Aktuelles zu Sport, Geld, Computer, Reise und Kultur.

RTL II
zuschauerredaktion@rtl2.de

www.rtl2.de
Informationen zum Programm von RTL II. Außerdem ein Musikarchiv, die aktuellen Kinoneustarts, Gewinnspiele und Infotainment.

RTL.de
userservices@rtlnewmedia.de

www.rtl.de
Entertainment, Informationen und Services rund um das RTL-Programm, interaktive Spiele, aktuelle News.

SAT.1
info@sat1.de

www.sat1.de
Multimediale Unterhaltung zu Magazinen und Sport, Flirt, Spiele und Gewinne, Comedy und Fun, Quiz, Shows und Nachrichten.

VOX
net@vox.de

www.vox.de
Programminformationen und Specials zu Themen wie Reise, Auto und Serien. Praktisch: die Kochduell-Rezeptdatenbank.

ZDFonline
info@zdf.de

www.zdf.de
Nachrichten, politische Hintergrundberichte, Unterhaltungsangebote, Ratgeber- und Servicethemen.

Fernsehen/Sender/Musiksender

MTV
info@mtv.de

www.mtv.de
Der Musikfernsehsender präsentiert Nachrichten aus der Musikszene, Events, Charts und Programminformationen.

MTV2 Pop
info@mtv2.de

www.mtv2.de
MTV2 hat sich auf die Musikrichtung „Pop" spezialisiert und präsentiert Charts, Shows, Events und einen Tour-Guide.

viva.tv
info@viva.tv

www.viva.tv
Alle Neuigkeiten über Musik, Lifestyle und Stars sowie alles Wissenswerte über das Programm, Web-Videos, MP3s und Spiele.

vivaplus.tv
info@vivaplus.tv

www.vivaplus.tv
Das TV Programm kann hier interaktiv mitbestimmt werden. Außerdem: Musikvideos, Downloads, Live-Streams und Shop-Angebote.

Fernsehen/Sender/Nachrichtensender

N24
info@n24.de

www.n24.de
Aktuelle Nachrichten und Meldungen zu Politik, Wirtschaft und Unternehmen, Börse, Wissenschaft, Gesundheit, Reise und Wetter.

n-tv
info@n-tv.de

www.n-tv.de
Rund um die Uhr berichtet eine eigenständige Redaktion über Politik, Wirtschaft, Börse, Weltgeschehen, Wissenschaft und Technik.

Fernsehen/Sender/Regional

BR
info@br-online.de

www.br-online.de
Online-Begleitung zu den Sendungen des Bayerischen Fernsehens. Die Inhalte sind nach Sendungen und Themen gegliedert.

HR
webmaster@hr-online.de

www.hr-online.de
Informationen aus Hessen zu Nachrichten, Sport, Kultur, Ratgeber und Freizeit sowie zu hr-Radiowellen und dem hessen-Fernsehen.

MDR
neue-medien@mdr.de

www.mdr.de
Fakten aus Wirtschaft, Kultur und Sport, ein medizinisches Wörterbuch, Live-Cams vom Brocken oder der Dresdner Frauenkirche.

NDR
info@ndr.de

www.ndr.de
Alle Programme, Verkehrsmeldungen und Börsendaten, Veranstaltungen, Pressemeldungen, Informationen zu Sendungen und Moderatoren.

RBB
info-berlin@rbb-online.de

www.rbb-online.de
Der Rundfunk Berlin-Brandenburg ist die ARD-Landesrundfunkanstalt mit einem Fernseh- und sieben Hörfunkprogrammen.

SWR
info@swr.de

www.swr.de
Nachrichten, Ratgeber, Fernseh- und Radioprogramm, Informations- und Serviceangebot sowie Infos zu den einzelnen Regionen.

WDR
redaktion@wdr.de

www.wdr.de/tv
Informationen zu allen Sendungen und ein Programmplan zum Herunterladen, Web-Cam von den Dreharbeiten der Lindenstraße.

MEDIEN

Fernsehen/Sender/Shopping-Sender

● **Home Shopping Europe**
service@hse24.de

www.hse24.de
Deutschlands erster TV-Sender für modernes Home-Shopping mit Angeboten zu Auto, Haus und Garten, Kosmetik, Technik oder Mode. **(Siehe Abbildung)**

QVC Deutschland GmbH
kundenservice@qvc.com

www.qvc.de
Zahlreiche Produkte aus den Bereichen Schmuck, Mode, Wohnen, Haushalt, Gesundheit, Elektronik und Küche.

● **RTL SHOP**
info@rtlshop.de

www.rtlshop.de
Viele Artikel aus den Bereichen Elektronik, Haushalt, Heimwerken, Küche, Schmuck und Sammeln sind hier zu finden. **(Siehe Abbildung)**

TV Travel Shop
urlaub@tvtravelshop.de

www.tvtravelshop.de
Flüge, Hotels, Ferienhäuser, Pauschalreisen und viele Last-Minute-Angebote einfach suchen und buchen. Mit TV-Programm.

Fernsehen/Sender/Spartenkanäle

● **Discovery Channel Deutschland**
schreiben_sie_uns@discovery.com

www.discovery.de
Lust auf Wissen: Fakten und Hintergründe aus Wissenschaft und Technik, Natur und Tierwelt, Geschichte und Gegenwart, Abenteuer und Reisen. **(Siehe Abbildung)**

Premiere
redaktion@premiere.de

www.premiere.de
Programminfos, Kinofilme und Sport (Fußball, Formel 1, Eishockey und Boxen), TV-Guide, Infos zur Technik, exklusiver Abo-Bereich.

Home Shopping Europe   www.hse24.de

MEDIEN

RTL SHOP www.rtlshop.de

Discovery Channel Deutschland www.discovery.de

Medien

Fernsehen/Sender/Spartenkanäle/Kinder

KI.KA - Kinderkanal ARD/ZDF, Der
kika@kika.de

www.kika.de
Hier ist auch Bernd, das Kult-Brot zu Hause. Sein Lieblingsspiel: das Puzzle mit der Raufasertapete. Wie es hinter den Fernsehkulissen zugeht, erklärt die Studiotour. Eine Web-Cam sendet live aus dem Studio. Jede Woche können die Zuschauer mitbestimmen, welcher Wunschfilm am Sonntag gezeigt wird.
(Siehe Abbildung)

Super RTL
zuschauerinfo@superrtl.de

www.toggo.de
Kindgerechte Games, interaktive Kreativ-Werkstatt, Basteltipps, Comics und ein TV-Guide für das Kinderprogramm von Super RTL.

ZDF tivi
tivi@zdf.de

www.tivi.de
Das Kinderangebot des ZDF bietet jede Menge Spaß, spannende Spiele, Basteltipps und mehr über Fernsehen und Internet.

Fernsehen/Sender/Sportsender

Eurosport
info@eurosport.com

www.eurosport.de
Neuigkeiten aus allen Sportbereichen, eine Game- und Shopping-Zone, der Club-Eurosport und natürlich das TV-Programm.

Sport1.de
presse@sport1.de

www.sport1.de
Umfangreiche Sport-Web-Seite und Anbieter von Multimedia-Dienstleistungen im Segment Sport.

Der KI.KA - Kinderkanal ARD/ZDF   www.kika.de

MEDIEN

Journalismus/Organisationen

Deutscher Journalisten-Verband
djv@djv.de

www.djv.de
Gewerkschaft der Journalistinnen und Journalisten. Der Deutsche Journalisten-Verband vertritt die berufs- und medienpolitischen Ziele und Forderungen der hauptberuflichen Journalistinnen und Journalisten aller Medien. **(Siehe Abbildung)**

reporter-ohne-grenzen.de
kontakt@reporter-ohne-grenzen.de

www.reporter-ohne-grenzen.de
Die internationale Menschenrechtsorganisation stellt sich vor und bietet umfassende Hintergrundinfos zur Pressefreiheit.

VG Wort
vgw@vgwort.de

www.vgwort.de
Die Gesellschaft verwaltet die Rechte an Sprachwerken aller Art und wendet sich an Autoren und Verleger.

Journalismus/Informationsdienste

Journalistenlinks.de
redaktion@journalistenlinks.de

www.journalistenlinks.de
Web-Katalog für Journalisten mit zahllosen Links zu Medienbüros, Journalisten sowie anderen medialen Einrichtungen und Personen.

Kress.de
post@kress.de

www.kress.de
Branchendienst für Medien und Kommunikation mit Nachrichten aus Print, TV, Radio, Werbung und Internet.

Pressguide.de
info@pressguide.de

www.pressguide.de
Umfangreicher, kostenfreier Branchendienst für Journalisten, Redakteure und Mitarbeiter von Presse- und PR-Abteilungen.

Deutscher Journalisten-Verband   www.djv.de

MEDIEN

journalismus.com
info@journalismus.com

www.journalismus.com
Dieses Portal bietet 4.000 Internet-Links für Journalisten, eine große Datenbank mit 1.000 Presserabatten, einen Honorarspiegel und journalistische Foren mit 24.000 Beiträgen. Infos zu Ausbildung und Fortbildung im Journalismus. **(Siehe Abbildung)**

Pressekonditionen.de
post@team-pressekonditionen.de

www.pressekonditionen.de
Diese Web-Seite informiert kostenlos über spezielle Rabatte für Journalisten, die auch als Übersicht im pdf-Format zum Download zur Verfügung stehen. Alle Einträge werden jährlich überprüft. Zusätzlich gibt es einen kostenlosen Newsletter, ein Forum und eine ständig aktualisierte „Top 10". **(Siehe Abbildung)**

Jugendmedien/Organisationen

Jugendpresse Deutschland
buero@jugendpresse.de

www.jugendpresse.de
Der Bundesverband junger Medienmacher bietet Informationen zu Ausbildung, Presserecht und Veranstaltungen der Medienbranche.

Junge Medien Deutschland
deutschland@junge-medien.de

www.junge-medien.de
Grafik-Pool, Adressen von Agenturen, ein Lexikon des Presserechts, der Pressekodex, eine Übersicht der Landes- und Medienverbände.

Kinoprogramm & Kinofilmrezensionen

kino.de
kino@e-media.de

www.kino.de
Hier findet man das bundesweite Kinoprogramm, Infos über aktuelle und demnächst anlaufende Kinofilme sowie die Kino-Charts.

journalismus.com   www.journalismus.com

530

MEDIEN

Kinoindex
redaktion@kinoindex.de

www.kinoindex.de
Kinodatenbank mit einem Kinostartplan. Die neuesten Infos aus der Kinowelt und ein Shop, in dem man Filmplakate erwerben kann.

MovieMaze.de
info@moviemaze.de

www.moviemaze.de
Infos rund ums Kino: Kino-Charts in Deutschland, in den USA, was aktuell im Kino läuft und was noch kommt, Filmarchiv und Stars.

Nachrichtenagenturen

AFP
post@afp.de

www.afp.de
Die Agence-France-Presse verbreitet in fünf Sprachen Nachrichten. Info-Grafikangebot und Nachrichtenangebote für Online-Medien.

ddp
info@ddp.de

www.ddp.de
Die Nachrichtenagentur liefert Meldungen und Zusammenfassungen und bietet einen Bilderdienst sowie Infografiken zu aktuellen Themen.

Deutsche Online Presse Agentur
info@onpra.de

www.onpra.de
Der Service soll die Arbeit der Medienschaffenden erleichtern. Texte und Fotos können auf der Plattform eingestellt werden.

Deutsches Presse Portal
info@dpp.de

www.dpp.de
Aktuelle Presseinformationen von Unternehmen und Institutionen, mit Suchmaschine und Links zu Zeitungen und Zeitschriften.

dpa Deutsche Presse-Agentur
info@hbg.dpa.de

www.dpa.de
Die Seite bietet Informationen zur dpa-Unternehmensgruppe, ihrer Arbeitsweise und Kontaktdaten von dpa-Redaktionen weltweit.

Pressekonditionen.de   **www.pressekonditionen.de**

Medien

news aktuell
info@newsaktuell.de

www.newsaktuell.de
Die dpa-Tochter news aktuell verbreitet Presseinformationen im Original. Mit Tipps zur erfolgreichen Pressearbeit.

Reuters
de.kontakt@reuters.com

www.reuters.de
Neueste Nachrichten in den Rubriken Politik, Wirtschaft, Unternehmen, Panorama und Weltnachrichten sowie Börseninformationen.

Nachrichtenticker

Google News
news-feedback-de@google.com

news.google.de
Hier kann man in über 700 aktualisierten nationalen und internationalen Nachrichtenquellen recherchieren.

NewsClub.de
web-adressbuch-kontakt@newsclub.de

www.newsclub.de
Meta-Nachrichtendienst. Die Titel werden chronologisch sortiert und mit Hilfe von Querverweisen mit Pressediensten verknüpft.

paperazzi.de
feedback@paperazzi.de

www.paperazzi.de
Artikelsuche in Zeitungen und Zeitschriften, ständig aktualisierte Schlagzeilen aus führenden Online-Publikationen.

Paperball
webmaster@paperball.de

www.paperball.de
Spezialsuchmaschine für tagesaktuelle Artikel aus über 150 deutschsprachigen Online-Zeitungen.

Pressekonferenzen

Berliner Pressekonferenz
info@berliner-pressekonferenz.de

www.berliner-pressekonferenz.de
Arbeitsgemeinschaft, deren Zweck es ist, die Presse über die Organe und Organisationen des öffentlichen Lebens zu informieren.

Surfmusik www.surfmusik.de

MEDIEN

Bundespressekonferenz e.V.
berlin@bundespressekonferenz.de

www.bundespressekonferenz.de
Zusammenschluss deutscher Parlamentskorrespondenten, die aus Berlin und Bonn für alle Medien über die Bundespolitik berichten.

Presseversicherungen

Presseversicherungen.de
info@gruppenvertrag.de

www.presseversicherungen.de
Informationen für Journalisten über den Aufbau ihrer Vorsorge, weitere Versicherungen sowie über staatliche Förderungen.

Presse-Versorgung
presse-versorgung@t-online.de

www.presse-versorgung.de
Berufsständische Versorgungseinrichtung für Kommunikationsberufe (Redakteure, Layouter, Verleger, Buchhändler).

Rundfunk/Allgemein

● **Surfmusik**
webmaster@surfmusik.de

www.surfmusik.de
Über 3.000 Radiosender aus der ganzen Welt. Ob Bayern1 oder Radio Pakistan, hier findet jeder seinen Lieblingsradiosender. **(Siehe Abbildung)**

Rundfunk/Baden-Württemberg

● **HITRADIO OHR**
info@hitradio-ohr.de

www.hitradio-ohr.de
Der Ortenauer Lokalsender in Offenburg informiert über Events, Sport, Mitarbeiter, Marketing und Jobs. Mit Fotoalbum vergangener Veranstaltungen. In der Rubrik „wünsch dir was" kann man jemanden mit einem Musiktitel überraschen. Einfach Titel, Interpret und Grußtext eingeben und abschicken. **(Siehe Abbildung)**

bigFM
info@big-fm.de

www.big-fm.de
Aktuelle Musik-News, Events und einige Gewinnspiele sind hier zu finden. Außerdem ist bigFM auch im Web zu empfangen.

HITRADIO OHR   www.hitradio-ohr.de

MEDIEN

Die Neue 107.7
info@dieneue1077.de

www.dieneue1077.de
Infos des Lokalsenders in der Region Stuttgart zu Gewinnspielen, Programm und Wissenswertes zu Events.

Donau 3 FM
info@donau3fm.de

www.donau3fm.de
Neben einem umfangreichen Eventkalender sind das Programm von Donau 3 FM sowie Infos über das Team abrufbar.

Hit 1
info@radio-karlsruhe.de

www.hit1radio.de
Bei Hit 1 kann man in Fotos von Aktionen des Radiosenders stöbern oder sich über das aktuelle Programm informieren.

Hit-Radio Antenne 1
info@antenne1.de

www.antenne1.de
Das Programm des Senders, CD-Tipp der Woche, aktuelle Blitzanlagen, das Moderatoren-Team und Veranstaltungen.

Radio 7
info@radio7.de

www.radio7.de
Porträt des Senders, der regionale Informationen für Ulm, Ravensburg, Tuttlingen, Göppingen und Aalen liefert.

Radio ENERGY
info@energy-stuttgart.de

www.energy-stuttgart.de
„Radio ENERGY Region Stuttgart" bietet eine Programmübersicht, verschiedene Hörerservices und Infos zu allen laufenden Aktionen.

Radio Regenbogen
info@radio-regenbogen.de

www.regenbogenweb.de
Alternatives Privatradio aus Freiburg mit Playlist, Ticketservice, Studio-Cam, Web-Radio, Online-Games und vielen Gewinnspielen.

Radio Ton
mail@radio-ton.de

www.radio-ton.de
Beim Heilbronner Sender kann man sich über die Moderatoren und das Programm schlau machen oder seine Wunschhits bestellen.

Südwestrundfunk
info@swr.de

www.swr.de/radio
Übersicht der Radio- und Fernsehprogramme des Südwestrundfunks mit Sendeprogramm.

Rundfunk/Bayern

Antenne Bayern
redaktion@antenne.de

www.antenne.de
Breit gefächertes Angebot: Infos über den Sender und die Musikszene, Musik- und Ticket-Shop, E-Cards, Wetter und Rezepte.

Bayerischer Rundfunk
info@br-online.de

www.br-online.de
Die Online-Begleitung der fünf BR-Radiowellen, nach Programminfos und Themen geordnet mit aktuellen Meldungen und Live-Streams.

● **CollegeRadio**
collegeradio@brnet.de

www.br-online.de/wissen-bildung/collegeradio
Das „CollegeRadio" basiert auf den Sendungen von radioWissen, dem Nachfolgeprogramm des Schulfunks des Bayerischen Rundfunks. Hier finden Pädagogen, Schüler und allgemein Interessierte ein breites Angebot an Zusatzmaterialien rund um das Hörfunkprogramm. **(Siehe Abbildung)**

Funkhaus
info@funkhaus.de

www.funkhaus.de
Senderpräsentation der fünf Funkhaussender Radio Charivari, Radio F, Radio Gong, Hit Radio N1 und Pirate Radio.

Hit Radio RT.1
feedback@rt1.de

www.rt1.de/hitradio
Playlist, Augsburg-Cam, Live-Stream, Bildergalerie, Eventkalender, Radarreport und viele Gewinnspiele.

Radio Alpenwelle
info@alpenwelle.de

www.alpenwelle.de
Die regionale Wettervorhersage für die nächsten drei Tage, Programmhinweise, Ausgehtipps und Hörproben aktueller Hits.

MEDIEN

Radio Arabella
info@radio-arabella.de

www.radio-arabella.de
Der Oldie- und Schlagersender für München und Region bietet Programminfos, Gourmetrezepte und Veranstaltungstipps.

Radio Bamberg
info@radio-bamberg.de

www.radio-bamberg.de
Aktuelle Serviceleistungen wie Radarfallenhinweise und der Polizeibericht gehen mit einem Senderporträt und Eventtipps einher.

Radio Charivari
info@charivari.fm

www.charivari.fm
Regionalnachrichten, Weltnachrichten, Veranstaltungstipps, Mainfranken-Wetter, Schneehöhen, Kinotipps und Charivari-Reisen.

Radio Charivari
charivari@charivari.com

www.charivari.com
Ostbayerns Radio im Internet mit tagesaktuellen News, Veranstaltungen, Bildergalerien, Chat und kostenloser Clubkarte.

Radio Charivari 95.5
radio@charivari.de

www.charivari.de
Programmübersicht, Senderevents, aktuelle Titelanzeige, Live-Stream, E-Card-Service und Fotos von Stars im Studio.

Radio Charivari Rosenheim
info@radio-charivari.de

www.radio-charivari.de
Nach entlaufenen Tieren suchen, Badesee-Temperaturen im Sommer und Schneeservice im Winter abfragen; Jobbörse und Nachrichten.

Radio Eins Coburg
info@radioeins.com

www.radioeins.com
Informationen über den Sender, das Team und das Sendekonzept. Überdies gibt es ein Gästebuch und ein Musikwunsch-Formular.

Radio Galaxy
feedback@radio-galaxy.de

www.radio-galaxy.de
Bildergalerien, Insider-Partytipps, Web-Charts, flippige E-Cards, Galaxy-Chat und Infos rund um Bayerns jüngsten Radiosender.

CollegeRadio

www.br-online.de/wissen-bildung/collegeradio

MEDIEN

Radio Gong 96,3
info@radiogong.de

www.radiogong.de
Der Münchner Sender gibt Hinweise zu Programm und Events und bietet ein Kauf- und Tauschforum sowie Schneeservice und Chat.

Radio gong fm
gongfm@gongfm.de

www.gongfm.de
„Spielwiese" mit Link-Room, Chat „Baggergrube", Web-Charts, Bitman-Foren und Online-Games.

Radio IN
service@radio-in.de

www.radio-in.de
Der Radiosender aus Ingolstadt präsentiert das Team, die Sendungen und das Sendegebiet sowie Veranstaltungshinweise.

Radio Mainwelle
redaktion@mainwelle.de

www.mainwelle.de
Bayreuths Lokalsender bietet einen Nachrichtenticker sowie Infos zu Neuerscheinungen im Bereich Musik und Film.

Radio Oberland
mail@radio-oberland.de

www.radio-oberland.de
Die Geschehnisse des Tages, das Radioprogramm, Veranstaltungen der Region, Radiofrequenzen und eine Fundgrube mit Flohmarkt.

Radio Ostallgäu
info@roal.de

www.roal.de
Das Agrarwetter für das Ostallgäu, aktuelle Lokalnachrichten, die Charts, eine Programmübersicht und eine Frequenzenliste.

Radio Plassenburg
dispo@radio-plassenburg.de

www.radio-plassenburg.de
Möglichkeiten, interaktiv mitzuwirken, Infos zu aktuellen Themen aus der Region. Zudem Gewinnspiele und eine Bildergalerie.

Radio Primavera
prima@primanet.de

www.radio-primavera.de
Der bayerische Lokalsender stellt sich vor. Das Programm beinhaltet Pop, Oldies und Klassik.

Radio Ramasuri
radio@ramasuri.de

www.ramasuri.de
Durch einen virtuellen Rundgang kann man direkt ins Studio gelangen. Außerdem: Sendeprogramm, Schnäppchenmarkt und Lokal-News.

unserRadio Passau www.unserradio.net

MEDIEN

Radio Regenbogen Rosenheim
info@rr-online.de

www.rr-online.de
Ein umfangreicher Kulturkalender, Programmhinweise sowie nützliche Adressen und Links zu allen möglichen Themengebieten.

Radio Trausnitz Online
info@radio-trausnitz.de

www.radio-trausnitz.de
Sende- und Programmhinweise, Musikwünsche per E-Mail und der „Verein des Monats" wird vorgestellt.

radio1064
redaktion@radio1064.de

www.radio1064.de
Frequenzen, Programm, Standorte von Blitzanlagen mit passendem Bußgeldrechner, Gastro-Guide, Regionalnachrichten und Quatscharchiv.

RSA Radio
info@rsa-radio.de

www.rsa-radio.de
Das Radio vom Allgäu bis zum Bodensee mit Programmdaten, Musikwünschen, Events und Aktionen. Außerdem: Web-Radio und Chat.

● **unserRadio Passau**
info@funkhaus-passau.de

www.unserradio.net
Lokalnachrichten, Auktionen, Gewinnspiele und jede Menge Service wie zum Beispiel ein umfangreiches Rezeptarchiv. Zudem gibt es Freizeittipps für Niederbayern, praktische Schneeservice-Links für Wintersportler und einen Online-Radio-Shop. **(Siehe Abbildung)**

Untersberg Live
redaktion@untersberglive.de

www.untersberglive.de
Nachrichten, Bergwetter oder auch Programmhinweise sind auf den Seiten des Lokalradios für das Berchtesgadener Land abrufbar.

● **vil radio - der musiksender**
info@vilradio.de

www.vilradio.de
Der Lokalsender aus Nürnberg bietet Tipps zu Konzerten, CDs, Musik, Veranstaltungen, Hotels, Frequenzen, Informationen zur Werbung sowie Programmhinweise. Außerdem ist ein Live-Chat zu finden. **(Siehe Abbildung)**

vil radio - der musiksender　　　　　　　　www.vilradio.de

Medien

Rundfunk/Berlin

94,3 r.s.2
rs2@rs2.de

www.rs2.de
Hintergrundinformationen, Free-Mail, Free-SMS, Live-Stream mit Musiktitelsuche, Ticket-Shop und Bürgerservice.

98 8 Kiss FM
redaktion@kissfm.de

www.kissfm.de
Neben Infos rund um den Sender können Tickets für Events gebucht und in Fotogalerien vergangener Partys gestöbert werden.

● 98,2 Radio Paradiso
paradiso@paradiso.de

www.paradiso.de
Präsentation des Berliner „Wellnessenders" mit der Möglichkeit, Entspannungsmusik online zu hören. Ein wöchentlicher Programmplan sowie Zusatzinformationen zu den Informationssendungen „Ratgeberparadies" und „Gesundheitsparadies" ergänzen das Angebot. **(Siehe Abbildung)**

Berliner Rundfunk 91!4
info@berliner-rundfunk.de

www.berliner-rundfunk.de
Neben dem Programm gibt es interessante Berlin-, Freizeit- und Kinotipps. Außerdem: Jobzentrale mit Lehrstellenangeboten.

Offener Kanal Berlin
info@okb.de

www.okb.de
Berliner können beim offenen Kanal Berlin eigen produzierte Sendungen ausstrahlen und sich dafür gleich hier anmelden.

● Radio HUNDERT,6
kontakt@hundert6.de

www.hundert6.de
HUNDERT,6 - Berlins erstes Privatradio - berichtet über den Sender und seine Macher. Der Service: Aktuelle Verkehrsmeldungen mit der Verkehrswacht aus der Luft, der Himmel über Berlin mit einer Web-Cam und die Gruß-Hotline vom Web direkt ins Programm. **(Siehe Abbildung)**

RTL Radio Berlin
zentrale@104.6rtl.com

www.104.6rtl.com
Mit der Wetter-Cam immer auf dem aktuellen Stand. Terminvorschau für Berlin und Brandenburg sowie Programmhinweise.

98,2 Radio Paradiso　　　　　　　　　　　　　　　　　　　　www.paradiso.de

Medien

Spreeradio 105,5
spreeinfo@spreeradio.de

www.spreeradio.de
Das Programm von Spreeradio mit Horoskop und einem Veranstaltungskalender. Das Wetter von morgen und übermorgen ist abrufbar.

Rundfunk/Brandenburg

BB Radio
schatzinsel@bbradio.de

www.bbradio.de
Moderatoren und Programme werden präsentiert, zudem gibt es Staumeldungen, eine Jobbörse, die Top 25 und einen Eventkalender.

Rundfunk/Bremen

Radio Bremen
rbonline@radiobremen.de

www.radiobremen.de
Infos zu den Radiostationen Bremen Eins, Bremen Vier, Nordwestradio und dem Funkhaus Europa.

Rundfunk/Bundesweit

DeutschlandRadio
online@dradio.de

www.dradio.de
Begleitend zu den Radiosendungen gibt es Artikel aus Politik, Wissenschaft, Bildung und Literatur. Bundesweiter Kulturkalender.

DW-World.de
info@dw-world.de

www.dw-world.de
Das informative und abwechslungsreiche Web-Angebot des deutschen Auslandrundfunks Deutsche Welle in fast 30 Sprachen.

ERF Evangeliums-Rundfunk
info@erf.de

www.erf.de
Online-Seelsorge, Jugendprogramm mit Charts und Web-Radio, Christliche Organisationen und ERF Fernsehsendungen.

Radio HUNDERT,6 www.hundert6.de

Medien

Jam FM
info@jamfm.de

www.jamfm.de
Deutschlands großer Black-Music-Radiosender bietet Chart-Listen, Programmübersicht, Kleinanzeigen, CD-, Event- und Szene-tipps.

● **Klassik Radio**
info@klassikradio.de

www.klassikradio.de
Neben verschiedenen News sind eine Playlist, das Klassik-Radio-Programm, Frequenzen und Stellenangebote des Senders abrufbar. Über den Livestream ist Klassik Radio auch im Internet zu hören. Im Online-Shop können ausgewählte und empfohlene CDs oder DVDs direkt bestellt werden. **(Siehe Abbildung)**

Radio Energy
webmaster@energy.de

www.energy.de
Web-Portal aller Radio Energy Sender in Deutschland mit Musik- und Entertainment-News. Star-Archiv mit Bildern der Musiker.

● **sunshine live**
radio@sunshine-live.de

www.sunshine-live.de
„radio sunshine live" - der Dancesender Deutschlands. In Baden-Württemberg über UKW, bundesweit im Kabel, europaweit über Satellit und weltweit im Internet. Alles rund um Dance, Partys, Veranstaltungen und den legendären Merchandising-Shop. **(Siehe Abbildung)**

Rundfunk/Hamburg

Alster Radio
info@alsterradio.de

www.alsterradio.de
Neben Sender- und Programminfos gibt es einen Radarfallen-Service und eine Übersicht ausgewählter Veranstaltungen in Hamburg.

Norddeutscher Rundfunk
info@ndr.de

www.ndr.de
Der „NDR" bietet acht verschiedene Programme, die alle auch im Internet zu hören sind.

Klassik Radio   www.klassikradio.de

Medien

Oldie 95
info@oldie95.de

www.oldie95.de
Das Oldie-Radio mit Hits der 60er, 70er und 80er für Hamburg präsentiert ausführliche Star-Biografien von Stars dieser Zeit.

Radio Hamburg
service@radio-hamburg.de

www.radiohamburg.de
Musiktitel recherchieren, Stauplan samt Blitzern in Hamburg und eine steuerbare Web-Cam, die die Stadt von oben zeigt.

Rundfunk/Hessen

Hessischer Rundfunk
webmaster@hr-online.de

www.hr-online.de
Informationen aus Hessen zu Nachrichten, Sport, Kultur, Ratgeber und Freizeit sowie zu hr-Radiowellen und dem hessen-Fernsehen.

Planet Radio
info@planetradio.de

www.planetradio.de
Infos zum Programm, Flirt und Chat, Trend-Scout-Partytipps, Web-Cam, Blitzer-Warnung und Ticketkontrollen.

Radio Darmstadt
info@radiodarmstadt.de

www.radiodarmstadt.de
Internet-Auftritt von Radio Darmstadt mit Programm, Redaktions-News und allerlei Interessantem rund um das Medium.

Radio FFH
hitradio@ffh.de

www.ffh.de
Aktuelle Nachrichten aus dem Umkreis, Infos zu neuen Hits im Programm und dem neuesten Klatsch und Tratsch aus der Musikszene.

Radio Rheinwelle 92,5
info@radio-rheinwelle.de

www.radio-rheinwelle.de
Porträt des Lokalsenders für Wiesbaden, Mainz und Umgebung mit Programm-Übersicht, Pressestimmen und Terminkalender.

Rundfunk Meissner
mail@rundfunk-meissner.org

www.rundfunk-meissner.org
Aktuelles Programm und Informationen zu den Sendungen des nichtkommerziellen Regionalradios im Werra-Meißner-Kreis.

sunshine live   www.sunshine-live.de

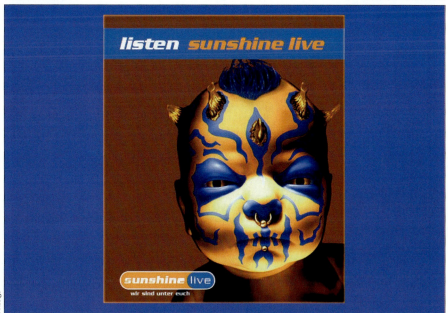

MEDIEN

Sky Radio Hessen
sky@skyradio.de

www.skyradio.de
Der private Radiosender aus Kassel informiert über Programm, Zielgruppe, Frequenzen und Jobangebote.

Rundfunk/Internet

Chart Radio
info@chart-radio.de

www.chart-radio.de
Das Internet-Radio bietet 26 Live-Channels und viele Hits auf Klick in voller Länge. Mit aktuellen Musiktiteln im Download-Shop.

Hit Mix FM
info@hitmixfm.de

www.mixfm.de
Bundesweiter Radiosender mit Nonstop-Musik-Mixen aus den Hits der letzten 40 Jahre, den aktuellen Charts sowie Dance und Crossover.

HitRadio Antenne100
studio@daswebradio.de

www.daswebradio.de
Musikstation für Pop und RnB im Internet. 24 Stunden live moderiertes Vollprogramm im Internet.

Rundfunk/Mecklenburg-Vorpommern

Ostseewelle
info@ostseewelle.de

www.ostseewelle.de
Aktuelles Seewetter, Verkehrsinformationen, Ticket-Shop, Veranstaltungskalender für Mecklenburg-Vorpommern, Jobbörse.

Rundfunk/Niedersachsen

NDR 1 Niedersachsen
info@ndr1niedersachsen.de

www.ndr1niedersachsen.de
Nachrichten, Programminformationen, Sendungen, Moderatoren, eine Suchmaschine und das Programm live auf der Web-Seite.

radio ffn
radio@ffn.de

www.ffn.de
Comedy Beiträge downloaden, E-Cards und Online-Spiele, ein virtueller Funkhausrundgang und Programmhinweise.

Rundfunk/Nordrhein-Westfalen

Antenne Münster
info@antennemuenster.de

www.antennemuenster.de
Im virtuellen Studio kann man einen eigenen Mix aus Lokalnachrichten, Münster-Wetter oder Verkehrsmeldungen des Tages abspielen.

Audio Media Service
info@ams-net.de

www.ams-net.de
Informationen zu den sieben von AMS betreuten Lokalradios in Ostwestfalen-Lippe und dem Kreis Warendorf.

Eins Live
einslive@wdr.de

www.einslive.de
O-Ton-Charts mit den lustigsten Versprechern der Woche, Infos über das Team und natürlich „Eins Live" zum Reinhören.

Radio Lippe-Welle Hamm
redaktion@lippewelle.de

www.lippewelle.de
Ein großer Servicebereich gibt Auskunft über Veranstaltungen, Wetter, Verkehr und Tageshoroskop. Außerdem: „Hammer-News".

Radio NRW
info@radionrw.de

www.radionrw.de
Rahmenprogramm für den Lokalfunk in Nordrhein-Westfalen. Hier sind Links zu den einzelnen Lokalstationen aufgeführt.

Rheinlandkombi
info@hsg-koeln.de

www.hsg-koeln.de
Links zu allen Sendern der „Rheinland Kombi Köln" wie Radio Köln, Radio Leverkusen, Radio Bonn/Rhein-Sieg, Radio Erft.

Westdeutscher Rundfunk
radio@wdr.de

www.wdr.de/radio
Programm-Zusatzinformationen zu „WDR"-Hörfunksendungen, Nachrichten, Verbraucherservice, Verkehrsinformationen.

MEDIEN

Westfunk
a.kaufmann@waz.de

www.westfunk.de
Links zu den Sendern: Radio Hagen, Radio Duisburg, Radio Essen, Radio en, Antenne Ruhr, Radio Sauerland, Radio 98,5 und weiteren.

Rundfunk/Rheinland-Pfalz

Radio RPR 1
info@radio-rpr.de

www.radio-rpr.de
Angebot von RPR und RPR eins. Neben Senderinfos können hier Tickets bestellt und Musiktitel gesucht werden.

Rundfunk/Saarland

Radio Salü
hotline@salue.de

www.salue.de
Der saarländische Privatsender mit Porträts von Mitarbeitern und Sendungen sowie Nachrichten, Radarfallen, Charts und Konzertterminen.

Saarländischer Rundfunk
info@sr-online.de

www.sr-online.de
Zahlreiche Programme. Hörfunk: SR1 Europawelle, SR2 KulturRadio, SR3 Saarlandwelle, UnserDing/Jugendradio, Südwest Fernsehen.

Rundfunk/Sachsen

● **Elsterwelle**
info@elsterwelle.de

www.elsterwelle.de
Die regionale Radiostation für Hoyerswerda und Umgebung informiert über das Programm des Senders aus der Mitte der Lausitz. Mit Verkehrsinformationen und Vorstellung der Moderatoren. Per Maus-Klick kann man sich auf der Homepage der Elsterwelle seinen persönlichen Musikwunsch erfüllen lassen.
(Siehe Abbildung)

Elsterwelle **www.elsterwelle.de**

Medien

Mitteldeutscher Rundfunk
neue-medien@mdr.de

www.mdr.de
Infos zu mehr als 40 Fernsehsendungen und sechs Radioprogrammen sowie Regionales für Sachsen, Sachsen-Anhalt und Thüringen.

R.SA
service@rsa-sachsen.de

www.rsa-sachsen.de
RSA Sachsen sendet Hits der 60er, 70er und 80er und informiert über das Programm sowie die Moderatoren.

Radio Chemnitz
mail@radiochemnitz.net

www.radiochemnitz.net
Nachrichten aus Chemnitz und der Region, Geldtipps sowie eine aktuelle Chart-Liste sind abrufbar.

Radio Leipzig
mail@radioleipzig.net

www.radioleipzig.net
Charts sowie Musiktipps, News und Aktuelles sind auf den Web-Seiten von Radio Leipzig zu finden.

Radio PSR
info@radiopsr.de

www.radiopsr.de
Radio PSR Super-Hits für Sachsen präsentiert die Morning-Show und Radio PSR Moderatoren.

● Vogtlandradio
kontakt@vogtlandradio.de

www.vogtlandradio.de
Aktuelle Nachrichten aus der Region, Programminformationen, Sendefrequenzen, ein Musikwunsch- und Grußformular, ein persönliches Tageshoroskop sowie die Veranstaltungstermine des lokalen Radiosenders aus dem Vogtland. **(Siehe Abbildung)**

Rundfunk/Sachsen-Anhalt

Freies Radio Naumburg
info@radio-frn.de

www.radio-frn.de
Auf der Homepage kann man einen Rundgang durch das Studio machen, aktuelle Nachrichten und Charts abrufen.

Radio Brocken
info@brocken.de

www.brocken.de
Fahrgemeinschaftsbörse, bundesweiter Wohn-Finder, Lottozahlen-Generator, Musiktitel-Suche, Verkehr- und Blitzerreport.

Radio SAW
info@radiosaw.de

www.radio-saw.de
Veranstaltungstipps für Sachsen-Anhalt, Gewinnspiele, Infos zum aktuellen Programm, Kleinanzeigen und Background zum Sender.

Rundfunk/Schleswig-Holstein

delta radio
delta@deltaradio.de

www.deltaradio.de
Programminfos, Tickets für angesagte Konzerte, Chats mit den Kultmoderatoren des Radiosenders und der delta radio-Online-Shop.

Radio Schleswig-Holstein
redaktion@rsh.de

www.rsh.de
Aktuelle Nachrichten über Musik, Sport und Verkehr. Auch gibt es Gewinnspiele, Eventtipps und einen Online-Club.

Rundfunk/Thüringen

Antenne Thüringen
kontakt@antennethueringen.de

www.antennethueringen.de
Nachrichten und Infos rund um Thüringen, Aktionen, Gewinnspiele, Wetter, Shop und Reise-Center sowie Live-Stream und Web-Cam.

LandesWelle Thüringen
landeswelle@landeswelle.de

www.landeswelle.de
Eine Studio-Web-Cam, aktuelle Verkehrs- und Blitzmeldungen aus Thüringen und ein Kulturkalender.

MEDIEN

Rundfunk/Verschiedenes

Bundesverband Freier Radios
bfr@freie-radios.de

www.freie-radios.de
Übersicht über alle Freien Radios in Deutschland mit Querverweisen, Adressen und Frequenzen.

Radiopannen.de
info@radiopannen.de

www.radiopannen.de
Versprecher, Chaos im Studio und immer wieder Ärger mit der Technik. Diese Seite soll Radiomachern und Hörern Spaß bereiten.

Stadtmagazine

Bewegungsmelder
info@bewegungsmelder.de

www.bewegungsmelder.de
Portal für weit über 50 Stadtmagazine. Termine für Kino, Konzerte und Partys können städtebezogen abgefragt werden.

Blitz Stadtmagazin
info@blitz-world.de

www.blitz-world.de
Terminkalender, Kleinanzeigen und Veranstaltungtipps für die Städte Leipzig, Dresden, Chemnitz, Halle, Erfurt, Jena und Weimar.

piste.de
webmaster@piste.de

www.piste.de
Städtemagazin für Norddeutschland mit folgenden Städten: Hamburg, Hannover, Lübeck, Neubrandenburg, Rostock und Schwerin.

Prinz
redaktion@prinz.de

www.prinz.de
Veranstaltungskalender für alle größeren deutschen Städte wie Berlin, Hamburg, Bremen, Hannover, Köln und Frankfurt.

Smag
info@smag.tv

www.smag.tv
Partyfotos, Ausgehtipps, Clublife-News, Clubprogramme und nützliche Ausgehinfos liefert das bundesweite Clublife Magazin.

Vogtlandradio　　　　　　　　　　　　　　　www.vogtlandradio.de

MEDIEN

Stadtmagazine
info@hannover.stadtmagazine.de

www.stadtmagazine.de
Umfangreicher City- und Regionenführer für Oldenburg, Bremen und Hannover mit Infos über Live-Events sowie Lifestyle-Infos.

● **Sub Culture**
info@subculture.de

www.subculture.de
Subculture liefert Veranstaltungsinfos für Rhein-Neckar, Ulm, Stuttgart, Koblenz, Köln, Basel, Bielefeld und Freiburg. Infos rund um Musik, Fashion und Nightlife. Umfangreiche Event-Kalender, die nach den verschiedensten Suchkriterien durchstöbert werden können. Links zu den einzelnen Magazinen.
(Siehe Anzeige)

Top Magazin
tott@top-magazin.de

www.top-magazin.de
Lifestyle-Magazin in 24 deutschen Städten mit ausführlichen Informationen zu regionalen aber auch internationalen Themen.

Stadtmagazine/Bayern

!Szene
redaktion@szene-magazin.de

www.szene-magazin.de
Das Stadtmagazin für Bayreuth und Region mit Veranstaltungskalender und kleinen Artikeln zu Musik und Film.

Brennessel online
info@brennessel.com

www.brennessel.com
Das Monatsmagazin für die gesamte Region Neuburg-Schrobenhausen, Rain, Pöttmes und das Donaumoos mit Terminen und Kleinanzeigen.

● **megazin**
info@megazin.de

www.megazin.de
Die Online-Ausgabe des Lifestyle Magazins „megazin" für Ingolstadt und Umgebung ist ein Zusatzangebot zur Printausgabe. Neben Event- und Szeneinfos aus den Diskotheken, Cafés und Kneipen und einer Veranstaltungsübersicht stehen ein Monatshoroskop sowie Interviewvideos bekannter Stars zur Verfügung.
(Siehe Abbildung)

megazin   www.megazin.de

Medien

go muenchen
go@gomuenchen.com

www.gomuenchen.com
Infos rund um München: Kultur und Events, Essen und Trinken, Shopping und Style, Sport und Wellness.

In München
redaktion@in-muenchen.de

www.in-muenchen.de
Ausstellungen, Kino, Theater-, Kabarett- und Konzerttermine sind hier online abrufbar; auch Tipps für Kids.

Ludwig Magazin
info@ludwig-magazin.de

www.ludwig-magazin.de
Beiträge zu Kino, Büchern oder Sport. Ein Archiv mit Partyfotos aus dem Nachtleben im Ludwigsland.

Plärrer
info@plaerrer.de

www.plaerrer.de
Die Seiten des Plärrer Stadtmagazins für Erlangen, Nürnberg und Fürth führen den Besucher durch das kulturelle und politische Leben in der Region. Mit Veranstaltungsterminen, Adressen und Tipps zu Freizeit und Kultur, Kleinanzeigen und Gastronomieempfehlungen. **(Siehe Abbildung)**

Stadtmagazine/Baden-Württemberg

ka-news.de
info@ka-news.de

www.ka-news.de
Umfangreiches Nachrichtenportal, das auch viele Infos zum Stadtgeschehen (Kinotipps, Veranstaltungshinweise) bietet.

Lift
info@lift-online.de

www.lift-online.de
Das Magazin bietet eine Datenbank mit Terminen zu Konzerten, Partys, Theater, Kino und Kleinkunst für Stuttgart und Region.

Meier
info@meier-online.de

www.meier-online.de
Hier kann man in einem Veranstaltungskalender und im Kleinanzeigenmarkt ebenso stöbern wie im Kultur- und Gastro-Planer.

Moritz
redaktion@moritz.de

www.moritz.de
Berichte aus der aktuellen Ausgabe, Kleinanzeigen und Terminkalender mit Suchmaschine.

Plärrer www.plaerrer.de

Medien

Plan 14
redaktion@plan15.de

www.plan14.de
Stadtmagazin für Freiburg mit Terminen für 14 Tage und Nächte, Kino-, Film- und Theater-ABC sowie Flohmarkttermine.

Szene-Kultur
redaktion@szene-kultur.de

www.szene-kultur.de
Das Magazin für den Bodenseeraum bietet Ausgehtipps für jede Tages- und Nachtzeit. Kostenlose Kleinanzeigen und Monats-Highlights.

Stadtmagazine/Berlin

Leonce
leonce@leonce.de

www.leonce.de
Beiträge zu den Themen Kunst, Mode, Architektur, Lifestyle und Bühne. Zudem gibt es eine Berliner Suchmaschine.

Nightlife
null30@berlin030.de

www.berlin030.de
Szene-Guide, Nightlife-Tipps, Galerien, Filmschau und viele Links rund um Berlin. Eine Suchmaske hilft bei der Zimmersuche.

TIP BerlinMagazin
online@tip-berlin.de

www.tip-berlin.de
Durch den Suchkalender macht es das Online-Portal des Stadtmagazins möglich, sich in der Hauptstadt zurechtzufinden.

Zitty
redaktion@zitty.de

www.zitty.de
Eine „Findmaschine", Programmhinweise und ein großer Registerteil mit Bühnen-, DJ-, Musik-, Film- und Kunst-ABC.

Stadtmagazine/Bremen

● **Bremer**
info@bremer.de

www.bremer.de
Die Stadtillustrierte für Bremen und den Norden mit umfangreichem Veranstaltungskalender, Party-Tipps, einer Job-Suchmaschine, der Kinovorschau, einer Mitfahrbörse und Nachrichten aus der Kulturszene. **(Siehe Abbildung)**

Bremer   www.bremer.de

Medien

Mix

www.mix-online.de
Mix bietet eine umfangreiche Datenbank, in der Veranstaltungen nach Kategorien wie Kino, Party, Musik oder Sport angeboten werden. Citynews und das persönliche Horoskop sind abrufbar. In der Flirt-Zone kann man seinen Traumpartner nach Stichworten suchen. **(Siehe Abbildung)**

Stadtmagazine/Hamburg

Hamburg Pur
hamburg-pur@hamburg-pur.de

www.hamburg-pur.de
Auf einen Klick gibt es die aktuellen Events, Filmtipps oder Musikveranstaltungen in der Region.

Oxmox online
info@oxmoxhh.de

www.oxmoxhh.de
Das Stadtmagazin bietet neben der größten Terminübersicht (Konzerte, Partys, Theater) der Hansestadt, Film-Tipps, Kleinanzeigen, einen kleinen Einblick in die aktuelle Printausgabe sowie Hamburg-News. **(Siehe Abbildung)**

Stadtmagazine/Hessen

Wildwechsel
homepage@wildwechsel.de

www.wildwechsel.de
Das Magazin für die Region Paderborn, Kassel und Marburg mit lokalen Infos, großem Veranstaltungskalender und Szene-News für Ostwestfalen und Nordhessen. Ebenso Gewinnspiele, Party-Fotos, Kleinanzeigen, Charts, Grußkarten, Musik- und Kino-Tipps. **(Siehe Abbildung)**

Express Online
feedback@marbuch-verlag.de

www.marbuch-verlag.de
Infos zu Veranstaltungen aus Marburg, Gießen und Wetzlar und Nützliches, wie z.B. der wöchentliche Speiseplan der Mensa.

Mix www.mix-online.de

MEDIEN

Oxmox online www.oxmoxhh.de

Wildwechsel www.wildwechsel.de

MEDIEN

Hai-Lights
info@hailights.de

www.hailights.de
Das Stadtmagazin für Wiesbaden und Mainz mit Veranstaltungskalender, Kleinanzeigen, Routenplaner, Job-, Auto- und Reisebörse.

Journal Frankfurt
journal@mmg.de

www.journal-frankfurt.de
Shopping-, Ausflugs- und Veranstaltungstipps sowie Zugang zu themenspezifischen Sonderheften.

Strandgut
info@strandgut.de

www.strandgut.de
Die monatlichen Highlights aus Film, Musik, Literatur und Theater werden rezensiert, viele Ausgehtipps für Frankfurt.

Stadtmagazine/Niedersachsen

Deldorado
info@deldorado.de

www.deldorado.de
Lokalnachrichten, Veranstaltungen in Delmenhorst, CD-Tipps, regionaler Gastro-Guide, Kinovorschau, Singlebörse mit Fotos.

Diabolo
diabolo@olis.de

www.diabolo-digital.de
Das Magazin aus Oldenburg informiert über Veranstaltungstermine und bietet einen Kleinanzeigenmarkt an.

Schädelspalter
redaktion@schaedelspalter.de

www.schaedelspalter.de
Hannovers Stadtillustrierte mit Kleinanzeigen und Kontaktanzeigen. Im Archiv sind über 25 Jahre Stadtgeschichte dokumentiert.

SOLsnap.com
info@solsnap.com

www.solsnap.com
Städtemagazin für Hameln, Pyrmont, Lippe, Detmold, Hildesheim, Hannover und Umgebung mit verschiedenen Rubriken.

Subway
subway@subway.de

www.subway.de
Das Braunschweiger Stadtmagazin mit allen Veranstaltungen der Region. Außerdem: Konzerttipps sowie Klein- und Kontaktanzeigen.

Stadtmagazine/Nordrhein-Westfalen

Bonnaparte.de
info@bonnaparte.de

www.bonnaparte.de
Stadtmagazin für Bonn und Umgebung. Kinoprogramm, großer Event- und Konzertkalender, Gastronomietipps und Location-Guide.

coolibri

www.coolibri.de
Im „Inhaltsverzeichnis" können sich Leser einen Überblick über die Themenschwerpunkte der aktuellen Ausgabe(n) verschaffen.

Gig
office@gig-online.de

www.gig-online.de
Umfangreicher Terminkalender und Kleinanzeigenmarkt. Ausführliche Rezensionen aus dem Multimedia- und Kulturbereich.

Heft, Das
mail@heft.de

www.heft.de
Das Paderborner Stadtmagazin bietet Veranstaltungstipps aus der Region, Kleinanzeigen, Adressen, Buch- und CD-Rezensionen.

Klenkes
redaktion@klenkes.de

www.klenkes.de
Die Stadtillustrierte Aachens gibt Auskunft über Unterhaltungsmöglichkeiten und Services der Stadt.

Kölner Illustrierte
online@koelner.de

www.koelner.de
Zahlreiche Artikel, ein Gastronomieführer, ein Veranstaltungskalender mit Tagestipp sowie Kleinanzeigen und Gewinnspiele.

Kult
redaktion@kulturraum-niederrhein.de

www.kulturraum-niederrhein.de
Kulturmagazin für Düsseldorf und Umgebung mit Artikeln und Termintipps für die Bereiche Kunst, Literatur, Tanz und Musik.

MEDIEN

Marabo
redaktion@marabo.de

www.marabo.de
Veranstaltungskalender, Kultur- und Gastronomieadressen für das Ruhrgebiet, Artikel aus dem Marabo-Magazin, Abo-Bestellung.

Schnuess
schnuess@schnuess.de

www.schnuess.de
Das Stadtmagazin für Bonn mit Themenübersicht aus dem aktuellen Heft, Veranstaltungskalender, Titelbild-Archiv, Verlosungen.

Stadt-Revue
verwaltung@stadtrevue.de

www.stadtrevue.de
Ein Kinokalender, eine Veranstaltungsdatenbank mit verschiedenen Kategorien, Köln-Links und ein Kleinanzeigenmarkt.

● **Szene Online**
redaktion@szeneonline.de

www.szeneonline.de
Video-, DVD-, CD-, Bücher-, Konzert- und auch Kinotipps zu allen Filmen, die bundesweit im Kino kommen. Informationen zu aktuellen Software-Produkten, Shareware-Neuigkeiten und neuen PC-Spielen. Gewinnspielseite mit zahlreichen Gewinnspielen, die vom Magazin selbst veranstaltet werden. **(Siehe Abbildung)**

Take!
redaktion@take-online.de

www.take-online.de
Das Magazin für junge Leute in Bonn/Rhein-Sieg stellt sich mit einem bunten Themenspektrum, z.B. mit einer Azubibörse, vor.

Ultimo auf draht
ultimo@teuto.de

www.ultimo.devcon.net
Party- und Theaterkalender für Münster und Bielefeld. Kinotipps, Ausstellungen sowie ein Filmarchiv.

Wildwechsel
homepage@wildwechsel.de

www.wildwechsel.de
Das Magazin für die Region Paderborn, Kassel und Marburg mit lokalen Infos, großem Veranstaltungskalender und Szene-News für Ostwestfalen und Nordhessen. Ebenso Gewinnspiele, Party-Fotos, Kleinanzeigen, Charts, Grußkarten, Musik- und Kino-Tipps.

Szene Online www.szeneonline.de

MEDIEN

Stadtmagazine/Saarland

L!VE
live@live-magazin.de

www.live-magazin.de
Aktuelle Ausgabe des Magazins mit Titelstory, einem umfangreichen Veranstaltungskalender sowie Film- und CD-Kritiken.

Stadtmagazine/Sachsen

Cybersax
service@cybersax.de

www.cybersax.de
Das Dresdner Stadtmagazin bietet Termine und Veranstaltungen aus allen Kulturbereichen sowie Kleinanzeigen an.

Kreuzer
info@kreuzer-leipzig.de

www.kreuzer-leipzig.de
Kreuzer - das Leipziger Stadtmagazin präsentiert Nachrichten und Veranstaltungshinweise aus der sächsischen Messestadt sowie Kleinanzeigen, Rezensionen zu Filmen, Musik, Theater und Lesungen oder Ausgeh-Tipps. **(Siehe Abbildung)**

Zeitpunkt
kultur@zeitpunkt-kulturmagazin.de

www.zeitpunkt-kulturmagazin.de
Umfangreicher Veranstaltungskalender und ein Gastronomieführer für Leipzig sowie Reise- und Film-News.

Stadtmagazine/Schleswig-Holstein

Partout Online
partout-fl@t-online.de

www.partout-online.de
Tipps und Hinweise zu Theater, Film, CD und Buch. Außerdem wird man über alle Neuigkeiten aus dem Umkreis informiert.

Stadtmagazine/Thüringen

t.akt Magazin
info@takt-magazin.de

www.takt-magazin.de
Das Kultur- und Freizeitmagazin für Thüringen präsentiert sich mit dem Monatsprogramm der Region, Chat und einem Gewinnspiel.

Verschiedenes

Deutscher Presserat
info@presserat.de

www.presserat.de
Hier kann man sich über redaktionelle Veröffentlichungen und journalistische Verhaltensweisen beschweren.

FSM-Freiwillige Selbstkontrolle und Jugendschutz
office@fsm.de

www.fsm.de
Bei der freiwilligen Selbstkontrolle Multimedia können strafbare und jugendgefährdende Inhalte im Netz gemeldet werden.

Werbung

Agentur.de
info@agentur.de

www.agentur.de
Agenturdatenbank mit den Rubriken Werbeagenturen, Neue Medien, Marketing, Freelancer, Model, Promotion und Werbepartner.

Deutscher Werberat
werberat@werberat.de

www.werberat.de
Anlaufstelle für alle Werbetreibenden mit Informationen zum Werberecht und zur Beschwerde gegen unlautere Werbung.

Horizont.net
info@horizont.net

www.horizont.net
Für Entscheider in Marketing, Werbung und Medien: Branchen-News, Hintergrundberichte, Charts, Rankings, großer Stellenmarkt.

Kontakter, Der
kontakt@kontakter.de

www.kontakter.de
Meldungen über das Agentur-, Medien- und Online-Business weltweit. Serviceangebot: Recherche nach Werbespots.

MEDIEN

Media und Marketing
mediaundmarketing@efv.de

www.mediaundmarketing.de
Der Media-Consultant mit Daten und Studien zu Zielgruppen, Märkten, Werbeträgern und Werbewirkung.

werben & verkaufen
redaktion@wuv.de

www.wuv.de
Die wichtigsten Meldungen für Marketing, Werbung, Medien und E-Business mit weiterführenden Hintergrundinformationen.

Zeitungs Marketing Gesellschaft
zentrale@zmg.de

www.zmg.de
Informationsdienst für Verlage, Werbe- und Mediaagenturen. Außerdem: Anzeigentarife, IVW-Quartalsauflagen, ZMG-Anzeigenstatistik.

Werbung/Werbemessung

IVW
ivw@ivw.de

www.ivw.de
Die Informationsgemeinschaft zur Feststellung der Verbreitung von Werbeträgern e.V. stellt ihre Tätigkeitsbereiche vor.

Werbung/Werbespots

Funkwerbung.de
kontakt@funkwerbung.de

www.funkwerbung.de
Datenbank für die Suche nach Radiospot-Sprechern und Tonstudios. Suche nach Alter, Geschlecht, Dialekt, Kosten oder Postleitzahl.

Werbepauke
kontakt@werbepauke.de

www.werbepauke.de
Die besten Kino-Werbespots können hier angeschaut werden. Suche nach Unternehmen, Erscheinungsjahr und Land möglich.

Kreuzer   **www.kreuzer-leipzig.de**

MEDIEN

Zeitschriften/Allgemein

ABOs-online
service@burdadirect.de

www.abos.de
Der virtuelle Zeitschriftenkiosk. Die schönsten Zeitschriften jetzt einfach, schnell und bequem per Mausklick bestellen. Natürlich gibt es neben den Jahresabos auch Probe-, Schnupper- oder Geschenkabos. **(Siehe Abbildung)**

Fachzeitung.de
anmeldung@fachzeitung.de

www.fachzeitung.com
Portal mit verschiedenen Fachzeitschriften und -zeitungen aus 50 Themengebieten mit Adressen der Verlage.

Hobby + Freizeit
service@hobby-freizeit.de

www.hobby-freizeit.de
Über 200 Zeitschriften lassen sich online abonnieren; von A wie „Abenteuer und Reisen" bis Z wie „Zuhause wohnen".

WinAbo.de
info@winabo.de

www.winabo.de
Verschiedene Abonnement-Angebote inklusive vielfältiger Prämienauswahl zum Bestellen. Man kann aus über 200 diversen Zeitschriften und Zeitungen, die nach Themen sortiert sind, wählen. Zusätzlich können Fortsetzungsromane zum Thema Liebe, Leidenschaft und Intrigen online geordert werden. **(Siehe Abbildung)**

Zeitschriften/Fernsehprogramm

rtv
info@rtv.de

www.rtv.de
Der umfangreiche TV-Guide präsentiert das Programm von über 100 europäischen Sendern, übersichtlich sortiert nach Sparten und Genres. Neben Gewinnspielen, Promi-, Kino- und DVD-News und Stararchiv erinnert der persönliche TV-Guide per E-Mail an Lieblingssendungen. **(Siehe Abbildung)**

Hörzu
online@hoerzu.de

www.hoerzu.de
Das aktuelle Fernsehprogramm mit Tagestipp sowie ein Web-Guide, ein Forum, Gewinnspiele und die Umfrage der Woche.

ABOs-online   **www.abos.de**

MEDIEN

WinAbo.de www.winabo.de

rtv www.rtv.de

MEDIEN

Klack
redaktion@klack.de

www.klack.de
TV-Programm, Programm-Finder, Vorschau auf Spielfilme, Serien oder Sport sowie ausführliche Beschreibungen der Sendungen.

Prisma Online
info@prisma-redaktion.de

www.prisma-online.de
Prisma, das wöchentliche Supplement zu 62 Tageszeitungen, steht für Fernsehen, Kultur, Wellness, Sport und Reisen.

tv Hören und Sehen
service@tv-hoeren-und-sehen.de

www.tvhus.de
Hinweise auf Radiofrequenzen, Versicherungsvergleiche und Gewinnspiele. Des Weiteren gibt es ein Archiv und einen Abo-Service.

TV Movie online
userservice@tvmovie.de

www.tvmovie.de
TV-Service mit ausführlichen Infos zum deutschen und europäischen Fernsehprogramm, Infos zu Kino, Musik und Multimedia.

TV-Spielfilm
tvspielfilm@milchstrasse.de

www.tvspielfilm.de
Die TV-Highlights werden, sortiert nach Sparten wie Spielfilme, Sport und Reportagen, vorgestellt und stündlich aktualisiert.

TV-Today
service@tvtoday.de

www.tvtoday.de
Das aktuelle Fernsehprogramm mit Programmwähler, Tagestipps sowie News und kurzen Reportagen.

tvtv
info@tv-server.de

www.tvtv.de
Übersichtliche Darstellung des Fernsehprogramms, einschließlich einer Suchmaschine und einem Katalog für Spielfilme und Serien.

Zeitschriften/Buchhandel

Buchjournal

www.buchjournal.de
Viele ausführliche Buchrezensionen und Themenvorstellung der aktuellen Ausgabe des Buchjournals.

BuchMarkt
redaktion@buchmarkt.de

www.buchmarkt.de
Internet-Präsenz der Zeitschrift BuchMarkt. Adressen und Links von Buchhandlungen, Verlagen und Verbänden des Buchhandels.

Zeitschriften/Frauen

Allegra
allegra@asv.de

www.allegra.de
Reportagen zu Mode, Beauty, Job, Kultur und Reise. Für Interaktion sorgen Diskussionsforen, eine Singlebörse und ein Chat.

Amica
amica@milchstrasse.de

www.amica.de
Reportagen zu Themen, die Frauen interessieren: Mode, Medien, Fitness, Reisen, Shopping und Sex.

Bild der Frau
bilderfrau-service@asv.de

www.bildderfrau.de
Neben Leseproben und Cover-Abbildung des aktuellen Hefts werden ein Strom-, Telefon- und Internet-Tarifrechner geboten.

Brigitte online
service@brigitte.de

www.brigitte.de
Frauentreffpunkt mit Jobbörse, Rezepten, Reise-, Geld-, Berufs- und Gesundheitsinfos, Psychotests und Kennenlerndatenbank.

Cosmopolitan.de
info@cosmopolitan.de

www.cosmopolitan.de
Alles über Beauty, Mode, Astro, Sex und Liebe, Food und Living, Reise, Wellness und Kultur.

Elle-Online
stefan.skiera@elle.burda.com

www.elle.de
News aus Mode, Beauty, Lifestyle und Kultur. Experten-Chat und moderierte Foren. Im Shop: Fashion- und Lifestyle-Produkte.

Freundin
freundin.mail@freundin.de

www.freundin.com
Themen rund um Fashion, Beauty, Jobs, Food und Travel.

MEDIEN

fuer-sie.de
redaktion@fuer-sie.de

www.fuer-sie.de
Neben der aktuellen Ausgabe gibt es praktische Tipps, wie man sich seine eigene Homepage bastelt. Horoskop und Rezept des Tages.

Gala
redaktion@gala.de

www.gala.de
„Gala" veröffentlicht die Topartikel der kommenden Ausgabe und informiert ausführlich über die verschiedenen Abo-Varianten.

Glamour
feedback@glamour.de

www.glamour.de
Infos über die neuesten Modetrends. In der Dating-Area und in den Foren können sich Gleichgesinnte treffen und austauschen.

Joy.de
online@joy-mag.de

www.joy.de
Das Trendmagazin für Frauen mit Highlights zu Fashion und Beauty sowie exklusiven Stories aus der Welt der Stars.

Madame
info@madame.de

www.madame.de
Ausgewählte Themen der aktuellen Ausgabe können direkt online gelesen werden. Zudem gibt es Abo-Angebote und den Madame-Shop.

Petra
kd@cynobia.de

www.petra.de
Magazinthemen, kostenlose SMS, E-Mail und digitale Grußkarten.

Shape.de
online@shape.de

www.shape.de
Web-Seite für Frauen, die sich in Form klicken wollen. Mit aktuellem Expertenrat zu Fitness, Ernährung, Beauty und Gesundheit.

Vogue
feedback@vogue.de

www.vogue.de
Neben den neuesten Trends findet man hier auch großformatige Bildstrecken im Bereich „Impressionen".

wellfit
freundin@freundin.burda.com

www.freundinwellfit.de
„Wellfit" interaktiv mit Themen wie Fitness, Beauty, Fashion, Liebe und Sex, Ernährung sowie Travel.

Woman-magazin.de
service@woman-magazin.de

www.woman-magazin.de
Von Beruf bis Beauty, von Leute bis Living. Außerdem: Günstiger Flohmarkt zum Kaufen und selbst Anbieten.

Zeitschriften/Journalismus

Journalist
info@rommerskirchen.com

www.journalist.de
Das Branchenmagazin des Deutschen Journalisten-Verbandes.

Zeitschriften/Jugend

Bravo.de
impressum@bravo.de

www.bravo.de
Die Jugendzeitschrift mit den Themenwelten: Musik, Stars, Lifestyle, Dr. Sommer, Games, Handy und Community.

Brigitte Young Miss
mail@youngmiss.de

www.youngmiss.de
Infos für Mädchen und junge Frauen, Jobtipps, City- und Reisetipps, Lifestyle-Foren, Wettbewerbe und Chat.

Dinocomics.de
info@panini-dino.de

www.dinocomics.de
Hier sind Star Wars, die Simpsons, Digimon und MAD zu Hause. Im Shop kann man Comics, Magazine und Bücher erwerben.

Mädchen
team@maedchen.de

www.maedchen.de
Eine breite Themenvielfalt liefert Orientierung in allen Lebensbereichen. Mode, Kosmetik, Liebe, Sexualität und Freizeit.

yam
team@yam.de

www.yam.de
Beiträge über Stars, Handy, Internet, Liebe, Kinofilme und Musik. Dazu kostenlose SMS und E-Mail, Chat und Flohmarkt.

MEDIEN

Zeitschriften/Kino

Cinema
cinema@milchstrasse.de

www.cinema.de
Bundesweite Auskunft über das Kinoprogramm in jeder Stadt. Außerdem: Filmtipps der Woche und Interviews mit Schauspielern.

KinoNewsOnline
redaktion@kinonews.de

www.kinonews.de
Kinoprogramm, VIP-News, Tipps und Infos über Musik, Multimedia und Events.

Zeitschriften/Kunst & Kultur

Siehe Kunst & Kultur

Kunst- & Kulturzeitschriften

Zeitschriften/Männer

GQ
feedback@gq.de

www.gq-magazin.de
Hier finden Männer alles rund um Lifestyle, Mode und Technik. „Girls Gallery" mit erotischen Bildern von Topmodels und Newcomern.

Maxim
redaktion@maximonline.de

www.maximonline.de
Magazin mit Nachrichten und Reportagen rund um das Thema Mann, erotische Hintergrundbilder für den Bildschirm und E-Cards.

Men's Health
usermail@menshealth.de

www.menshealth.de
Männermagazin mit News und Infos aus den Rubriken Fitness, Gesundheit, Ernährung, Sex, Technik, Mode, Beruf und Surf-Tipps.

Zeitschriften/Musik

Kunst und Kultur

Musik/Musikzeitschriften

Zeitschriften/Nachrichtenmagazine

FOCUS Online
webmaster@focus.de

www.focus.de
„News to use" rund um Finanzen, Auto, Verkehr, Reisen, Technik, PC, Gesundheit, Wetter, Entertainment, Job und Karriere.

SPIEGEL ONLINE
spiegel_online@spiegel.de

www.spiegel.de
Das Nachrichtenmagazin bietet Debatten und Kolumnen aus Politik, Wirtschaft, Netzwelt, Panorama, Kultur, Wissenschaft und Sport.

stern.de
online@stern.de

www.stern.de
Die Seite des „stern" präsentiert die Themen des Tages, packende Reportagen, pointierte Kolumnen und brilliante Fotostrecken.

Zeitschriften/Organisationen

Verband Deutscher Zeitschriftenverleger e.V.
info@vdz.de

www.vdz.de
Der „VDZ" ist der Dachverband aller Landes- und Fachverbände der Zeitschriftenverlage und bietet Branchendaten.

Zeitschriften/Populärwissenschaft

GEO.de
webmaster@geo.de

www.geo.de
GEO - „Das neue Bild der Erde" ist ein aktuelles Magazin zu internationaler Wissenschaft, Gesellschaft, Kultur und Medizin.

Medien

National Geographic Deutschland
leserbriefe@nationalgeographic.de

www.nationalgeographic.de
Die Zeitschrift stellt die Highlights des aktuellen Magazins vor und berichtet über Neuigkeiten aus dem Bereich Geographie.

P.M. online
kontakt@pm-magazin.de

www.pm-magazin.de
P.M. stellt seine Magazine vor: „P.M. Special", „P.M. History", „P.M. Perspektive" sowie den Logik- und Intelligenz-Trainer.

Zeitschriften/Satire

Attacke
redaktion@attacke.com

www.attacke.com
Ein Satiremagazin mit witzigen und bissigen Artikeln zu aktuellen Themen.

● **Satiremagazin Eulenspiegel**
verlag@eulenspiegel-zeitschrift.de

www.eulenspiegel-zeitschrift.de
Monatsmagazin für Satire, Humor und Nonsens.
(Siehe Abbildung)

Zeitschriften/Sport

Siehe Sport
Sportzeitschriften

Zeitschriften/Umwelt

Siehe Umwelt
Umweltzeitschriften

Zeitschriften/Unterhaltung

Bunte online
bunte@burda.com

www.bunte.de
Mittwochs erscheint die aktuelle Ausgabe der Zeitschrift im Internet. Entertainment, Chat, Interviews und Promi-News.

Satiremagazin Eulenspiegel   www.eulenspiegel-zeitschrift.de

MEDIEN

Max
echo@milchstrasse.de

www.max.de
Die Fotos in Max beweisen, dass Max das Forum für die neuen, innovativen Stars der internationalen Fotoszene ist.

Reader's Digest Deutschland
verlag@readersdigest.de

www.readersdigest.de
Ohne langes Suchen auf Produkte aus der gesamten Angebotspalette (Zeitschriften, Bücher, CDs, DVDs, Hörbücher) zugreifen.

Super-Illu
kontakt@superillu.de

www.super-illu.de
Das Web-Angebot der Illustrierten mit dem Schwerpunkt „neue Bundesländer". Aktuelle Interviews und Reportagen.

Zeitschriften/Verbraucher

Guter Rat
redaktion@guter-rat.de

www.guter-rat.de
Themenschwerpunkte des modernen Ratgebermagazins sind Geld, Recht, Gesundheit, Autos sowie Bauen und Wohnen.

ÖKO-TEST
oet.verlag@oekotest.de

www.oekotest.de
Alle Tests von „ÖKO-TEST" und Sonderhefte. Datenbanken mit Inhaltsstoffen, Bio-Anbietern, Gütesiegeln und Arzneimitteln.

Stiftung Warentest
email@stiftung-warentest.de

www.test.de
Das Verbrauchermagazin bietet Meldungen aus Technik, Gesundheit, Finanzen und Tipps, worauf man beim Einkauf achten sollte.

Zeitungen

● **Junge Welt**
redaktion@jungewelt.de

www.jungewelt.de
Die „Junge Welt" bietet aktuelle Nachrichten, Hintergrundberichte und Kommentare, ein Archiv und Kleinanzeigen.
(Siehe Abbildung)

Junge Welt   www.jungewelt.de

MEDIEN

Bild.T-Online.de
info@bild.t-online.de

www.bild.t-online.de
Jede Stunde neu. Information und Unterhaltung in der bekannten BILD-Stilistik.

DIE WELT.de
redaktion@welt.de

www.welt.de
Ausführliche Berichte zu aktuellen Themen, ein Zeitungsartikel-Archiv, die Börse, viele weitere Informationen und Services.

FAZ.NET
info@myfaz.net

www.faz.net
Aktuelle Nachrichten, Hintergründe und Kommentare zu allen Themen des Tages.

Frankfurter Rundschau
redaktion@fr-aktuell.de

www.fr-aktuell.de
Nachrichten aus dem In- und Ausland, Sport, Medien, Anzeigenmarkt, Dossier, Wirtschafts- und Kulturspiegel.

● **Neues Deutschland**
redaktion@nd-online.de

www.nd-online.de
Die sozialistisch orientierte überregionale Tageszeitung aus Berlin berichtet auf ihren Seiten über politische, wirtschaftliche und kulturelle Themen. Mit Hilfe des ND-Bücher- und Videoservice können Bücher bzw. DEFA-Klassiker bequem online bezogen werden. Mit Bücher-Bestseller-Liste Ost. **(Siehe Abbildung)**

sueddeutsche.de
wir@sueddeutsche.de

www.sueddeutsche.de
Aktuelle Druckausgabe der „SZ" sowie exklusives Online-Angebot zu Politik, Wirtschaft, Karriere, Sport, Kultur und München.

TAZ
www@taz.de

www.taz.de
Komplette Ausgabe der Tageszeitung (taz) inklusive 17 Jahre Archiv sowie die deutsche Ausgabe der „Le Monde diplomatique".

Welt am Sonntag
redaktion@welt.de

www.wams.de
Wochenrückblick und Ausblick auf die kommende Woche, exklusive Reportagen und vielfältige Beiträge zu diversen Themen.

Zeitungen/Ausland

Press-guide.com
info@press-guide.com

www.press-guide.com
Auflistung von Adressen, E-Mails und Links deutschsprachiger Zeitungen im Ausland, nach Ländern geordnet.

Zeitungen/Baden-Württemberg

Badische Zeitung
online-werbung@badische-zeitung.de

www.badische-zeitung.de
Städte-, Regional-, Deutschland- und Europawetter sofort abrufbar. Außerdem: Anzeigenmarkt, Ticketservice und Stichwortsuche.

Badisches Tagblatt
info@badisches-tagblatt.de

www.badisches-tagblatt.de
Außer den täglichen, lokalen News gibt es Tipps und Termine aus der Region sowie einen Kleinanzeigenmarkt.

Bietigheimer Zeitung
info@bietigheimerzeitung.de

www.bietigheimerzeitung.de
Bereiche von Politik über Wirtschaft, Kultur, Musik und Film bis hin zu Sport. Aktuelles Wetter mit Vorhersage.

Esslinger Zeitung
online.redaktion@ez-online.de

www.ez-online.de
Lokale Berichterstattung aus der Region Esslingen/Stuttgart, Nachrichten aus Deutschland und weltweit, Veranstaltungskalender.

Fränkische Nachrichten
fn.info@fraenkische-nachrichten.de

www.fnweb.de
Nachrichten aus Tauberbischofsheim, Wertheim, Bad Mergentheim und Buchen/Walldürn. Mit Kino- und Kulturprogramm.

Gmünder Tagespost
redaktion@gmuender-tagespost.de

www.gmuender-tagespost.de
Suchmaschine für Veranstaltungen aus der gewünschten Region. Nachrichten, Hinweise zum Kino- und TV-Programm.

MEDIEN

Heidenheimer Zeitung
redaktion@hz-online.de

www.hz-online.de
Aktuelle Heidenheimer Stadt-News. Regionale und überregionale Sportnachrichten, Kino- und TV-Programm sowie Kulturinfos.

Heilbronner Stimme
info@stimme.net

www.stimme.de
Internet-Portal des Medienunternehmens Heilbronner Stimme mit Themen wie News, Sport, Finanzen, Freizeit und Multimedia.

Mannheimer Morgen
info@xmedias-gmbh.de

www.morgenweb.de
Berichterstattung aus der Rhein-Neckar-Region, ein Veranstaltungskalender sowie ein Stellen-, Immobilien- und Automarkt.

Nürtinger Zeitung
forum@ntz.de

www.ntz.de
Nachrichten aus Nürtingen, Wendlingen und Umland. Mit Sportinfos, Veranstaltungstipps, Anzeigen, Business- und Serviceadressen.

Oberbadisches Volksblatt
info@verlagshaus-jaumann.de

www.oberbadischesvolksblatt.de
Witze von A bis Z, lokale Nachrichten und Informationen aus aller Welt zu Themen wie Wirtschaft und Web, Boulevard oder Sport.

Pforzheimer Zeitung
webmaster@pz-news.de

www.pz-news.de
Zahlreiche Veranstaltungshinweise und Inseratanzeigen der Region sind online abrufbar.

Reutlinger General-Anzeiger
gea@gea.de

www.gea.de
Die übersichtlichen Seiten bieten aktuelle News, einen Veranstaltungskalender und Tipps zu Web und Wissen.

Rhein-Neckar-Zeitung
rnz-kontakt@rnz.de

www.rnz.de
Nachrichten aus Politik, Wirtschaft, Kultur und Sport. Lokale Neuigkeiten und ein Anzeigenmarkt ergänzen das Angebot.

Schwäbische Post
redaktion@schwaebische-post.de

www.schwaebische-post.de
Regionale sowie überregionale Nachrichten. Suchmaschinen für Kino, TV und Veranstaltungen.

Neues Deutschland   www.nd-online.de

MEDIEN

Schwäbische Zeitung Online
info@szo.de

www.szon.de
News aus Gesellschaft, Politik, Wirtschaft, Sport. Veranstaltungskalender für Oberschwaben, Allgäu, Bodensee und Schwarzwald.

Schwäbisches Tagblatt
online@tagblatt.de

www.tagblatt.de
Aktuelle Lokalnachrichten, Wochenchronik, Kleinanzeigen, Veranstaltungen, Sport und Kultur.

Schwarzwälder Bote
info@sw-online.de

www.sw-online.de
Welt-News und Regionales auf einen Blick. Das Serviceangebot umfasst neben dem Veranstaltungskalender auch ein Shopping-Portal.

Stuttgarter Nachrichten
leserpost@stn.zgs.de

www.stuttgarter-nachrichten.de
Tageszeitung mit vielen News aus Stuttgart und der Region, umfangreichem Veranstaltungskalender, Theater- und Musikmagazinen.

Stuttgarter Zeitung
webmaster@stz.zgs.de

www.stuttgarter-zeitung.de
Themen des Tages, Sport aktuell, Musikmagazin sowie Neues aus der Kinobranche, Veranstaltungen, Wettervorhersage.

Südwestpresse
online-dienste@swp.de

www.suedwest-aktiv.de
News aus dem Umland, der Welt und der Region, Bildergalerie, Anzeigenmarkt, Archiv und Sporttabellen. Mit Terminkalender.

● **suedkurier.de - meine homepage**
kontakt@suedkurier.de

www.suedkurier.de
Aktuelle Nachrichten, regional und aus aller Welt - Der Online-Dienst des SÜDKURIER Medienhaus für die Regionen Hochrhein, Schwarzwald und Bodensee. Politik, Wirtschaft, Kultur, Anzeigen, Auktionen, Singles, Sport, Veranstaltungen. **(Siehe Abbildung)**

Teckbote online, Der
redaktion@teckbote.de

www.teckbote.de
Lokalnachrichten für Kirchheim und Umgebung, aktuelle Lokalsporttabellen, Kulturinfos sowie ein nützliches Nachrichtenarchiv.

suedkurier.de - meine homepage   www.suedkurier.de

MEDIEN

Zeitungen/Bayern

all-in.de
info@all-in.de

www.all-in.de
Die Allgäuer Zeitung und ihre Heimatzeitungen bieten neben einer Veranstaltungs-Datenbank, einer Kino-Suchmaschine und dem Ratgeberservice viele regionale Neuigkeiten. Eine umfangreiche Sammlung an Live-Cams und Web-Cams laden zu einem virtuellen Rundgang durch das Allgäu ein. **(Siehe Abbildung)**

Augsburger Allgemeine
info@augsburger-allgemeine.de

www.augsburger-allgemeine.de
Überregionale und regionale News, Sporttabellen, Veranstaltungen, Ratgeberthemen, Branchenbuch, Archiv und Kleinanzeigen.

Bayerische Staatszeitung
redaktion@bayerische-staatszeitung.de

www.bayerische-staatszeitung.de
Infos zu Politik, Wirtschaft, Kommunalem, Kultur und Bayern. Mit Themenvorschau und Archiv.

Bayernkurier
redaktion@bayernkurier.de

www.bayernkurier.de
Wochenzeitung für Politik, Wirtschaft und Kultur mit ausgewählten Artikeln der jüngsten Ausgabe und der zurückliegenden Wochen.

Berchtesgadener Anzeiger
redaktion@berchtesgadener-anzeiger.de

www.berchtesgadener-anzeiger.de
Aktuelle Berichterstattung aus dem Berchtesgadener Land mit zahlreichen Serviceangeboten und einem Online-Archiv.

Chiemgau online
info@chiemgau-online.de

www.chiemgau-online.de
Große Lokalberichterstattung sowie Kino- und Veranstaltungshinweise. E-Cards mit Chiemgau-Motiven können verschickt werden.

Coburger Tageblatt
info@coburger-tageblatt.de

www.ct-coburg.de
Nachrichten, Veranstaltungstipps, das Coburger Amtsblatt, ein Branchenbuch, die aktuelle Ausgabe und Kulturnachrichten.

Donaukurier
online-redaktion@donaukurier.de

www.donaukurier.de
Neben lokalen News gibt es einen täglich aktualisierten Anzeigenmarkt und einen umfangreichen Entertainment-Bereich.

all-in.de   **www.all-in.de**

MEDIEN

Frankenpost
verlag@frankenpost.de

www.frankenpost.de
Lokales und Internationales, Ticket-Shop, Veranstaltungskalender, Jugendredaktion und ein ausführlicher Serviceteil.

Fränkischer Tag online
redaktion@fraenkischer-tag.de

www.fraenkischer-tag.de
Lokalnachrichten, Sporttabellen, ein News-Ticker und ein Kleinanzeigenmarkt für die Region Bamberg.

Main-Netz
info@main-netz.de

www.main-netz.de
Lokalnachrichten für die Region Aschaffenburg und Miltenberg, Sport, Kultur, Anzeigenteil und Internet-Neuigkeiten.

Mittelbayerische Zeitung
donau@donau.de

www.donau.de
Der Online-Dienst der „Mittelbayerischen Zeitung" mit News, Sport, Freizeit, Firmen-ABC, Gewinnspiele, E-Cards und SMS-Manager.

Münchner Abendzeitung
info@abendzeitung.de

www.abendzeitung.de
Münchner und überregionale Nachrichten aus den Bereichen Politik, Sport, Kultur, Boulevard und Wissenschaft. Mit Anzeigenmarkt.

Münchner Merkur
info@merkur-online.de

www.merkur-online.de
Ein aktueller News-Ticker ergänzt das Angebot an Nachrichten und Reportagen. Außerdem: Kfz-Markt, Kleinanzeigen und Jugendseiten.

Neue Presse

www.np-coburg.de
Nachrichten für Coburg, Kronach, Lichtenfels und Haßberge. Nützliche Haushaltstipps und ein Online-Knigge, der Stilfragen klärt.

Nordbayern Infonet
info@nordbayern.de

www.nordbayern.de
Portal der Nürnberger Nachrichten und Nürnberger Zeitung. Computer, Freizeit- und Eventseiten zu regionalen Veranstaltungen.

Oberpfalz Netz
info@zeitung.org

www.oberpfalznetz.de
Aktuelle Nachrichten, regionale News, Kinotipps, Zeitungsarchiv und Beschreibung sämtlicher Freizeitparks in Bayern.

ovb online
info@ovb.net

www.ovb-online.de
Aktuelle Ausgabe mit lokalen, nationalen und internationalen Nachrichten, Kinodatenbank, Party-Guide und Gewinnspielen.

Zeitungen/Berlin

B.Z.
redaktion@bz-berlin.de

www.bz-berlin.de
Boulevard-Nachrichten aus Berlin und der Welt. Infos aus der Musik-, Kino- und Kulturszene, ein Archiv und E-Cards.

Berliner Abendblatt
info@berlinonline.de

www.berliner-abendblatt.de
Aktuelle Lokalnachrichten mit Infos aus den einzelnen Bezirken. Überblick über Apotheken-Notdienste, interaktiver Stadtplan.

Berliner Kurier
berliner-kurier@berlinonline.de

www.berliner-kurier.de
Tagesnachrichten, Auto- und Reisereportagen, Musik-Charts und CD-Kritiken, Tipps zu Beruf, Computer, Freizeit und Fitness.

Berliner Morgenpost
team@berliner-morgenpost.de

www.berliner-morgenpost.de
Die Berliner Morgenpost stellt ihre Artikel vollständig ins Internet und bietet besonders aufgearbeitete Themenschwerpunkte.

Berliner Zeitung
leserbriefe@berlinonline.de

www.berliner-zeitung.de
Praktischer Berlin-Finder und Stadtplan. Themen aus Politik, Sport, Wirtschaft, Bildung, Feuilleton und Multimedia.

Tagesspiegel, Der
redaktion@tagesspiegel.de

www.tagesspiegel.de
Neben Regionalem auch Weltgeschehen. Außerdem gibt es die Community „Mein Berlin" und spezielle Online-Reportagen.

MEDIEN

Zeitungen/Brandenburg

Lausitzer Rundschau
lr@lr-online.de

www.lr-online.de
Die gesamte Lausitz im Internet verspricht dieses Online-Angebot. Aktuelle Nachrichten der Region aus fast allen Themenbereichen.

Märkische Allgemeine
kontakt@mazonline.de

www.maerkischeallgemeine.de
Lokale Informationen, Stadtpläne, Wetterdienst, Diskussionsforen, Anzeigenmarktplatz und Veranstaltungskalender.

Märkische Oderzeitung
info@moz.de

www.moz.de
Ausführliche regionale und überregionale Berichterstattung für Brandenburg.

PNN online
pnn@potsdam.de

www.pnn.de
Online-Präsenz der Tageszeitung Potsdamer Neueste Nachrichten mit allem, was auch die Printausgabe zu bieten hat.

Zeitungen/Hamburg

Hamburger Abendblatt
online@abendblatt.de

www.abendblatt.de
Der umfangreiche Serviceteil umfasst Horoskope, ein Branchenverzeichnis, einen Reisemarktplatz und ein Nachrichtenarchiv.

● **Preußische Allgemeine Zeitung**
redaktion@preussische-allgemeine.de

www.preussische-allgemeine.de
Die Preußische Allgemeine Zeitung hält ein umfassendes Archiv zur kostenlosen Benutzung per Volltext-Recherche bereit. Umfangreiche Informationen zu ostpreußischen Kreisgemeinschaften und zur Landsmannschaft Ostpreußen sowie ein Veranstaltungskalender bereichern das weitere Angebot. **(Siehe Abbildung)**

Hamburger Morgenpost

www.mopo.de
Aktuelle Berichterstattung und interaktiver Service für Hamburg(er): Nachrichten aus Hamburg und der Welt, Veranstaltungskalender.

Preußische Allgemeine Zeitung　　　　　　　　www.preussische-allgemeine.de

MEDIEN

HAN
lokales@han-online.de

www.han-online.de
Ein News-Ticker ergänzt das Angebot an regionalen und überregionalen Nachrichten. Praktisch: Wegweiser zu Behörden und Vereinen.

Zeitungen/Hessen

Echo Online
kontakt@echo-online.de

www.echo-online.de
Lokalnachrichten aus Darmstadt und Südhessen, Tipps und Termine zu Kultur und Freizeit, Anzeigenmarkt für die Rhein-Main-Region.

Fuldaer Zeitung
anzeigen@fuldaerzeitung.de

www.fuldaerzeitung.de
Überregionale und lokale Nachrichten, Kleinanzeigen, Fonds-Ranking, Kinoprogramme und Branchenverzeichnis.

● **Gießener Allgemeine Zeitung**
redaktion@giessener-allgemeine.de

www.giessener-allgemeine.de
Aktuelle Infos zur Stadt Gießen, dem Landkreis und der ganzen Welt. Weitere Themen sind Wirtschaft, Sport, Kultur und Politik. Darüber hinaus werden auch Leserreisen angeboten.
(Siehe Abbildung)

GNZ
redaktion@gnz.de

www.gnz.de
Lokalnachrichten, regionaler Sport und Fußballtabellen, Veranstaltungshinweise, Kinoprogramm der Region und Anzeigenbestellungen.

Hessisch Niedersaechsische Allgemeine
info@hna.de

www.hna.de
Lokale, regionale und internationale Nachrichten, umfangreiches Anzeigenportal, Veranstaltungstipps und regionale Sportinfos.

Maintal Tagesanzeiger
redaktion@maintaltagesanzeiger.de

www.maintaltagesanzeiger.de
Hilfreiche Links von A wie „Aktien" bis W wie „Wissenschaft" und ein Vereinsverzeichnis der Stadt Maintal.

Oberhessische Presse
info@op-marburg.de

www.op-marburg.de
Die große Tageszeitung für den Landkreis Marburg-Biedenkopf präsentiert sich als vielfältiges Nachrichtenportal.

Offenbach-Post
service@op-online.de

www.op-online.de
Aktuelle Nachrichten aus Politik, Wirtschaft und Sport. Lokales Kinoprogramm und Freizeittipps.

Rhein-Main.Net
info@rhein-main.net

www.rhein-main.net
Umfangreiches Angebot aus Politik, Sport und Kultur für Frankfurt. Veranstaltungen, Freizeit-, Gastronomie- und Einkaufsführer.

Usinger Anzeiger
redaktion@usinger-anzeiger.de

www.usinger-anzeiger.de
Lokale Nachrichten zu Sport, Wirtschaft oder Kultur sowie eine Online-Kurssuche bei der Börse.

Waldeckische Landeszeitung/ Frankenberger Zeitung
info@wlz-fz.de

www.wlz-fz.de
Lokalnachrichten, Sporttabellen, eine Veranstaltungsdatenbank und E-Cards mit wechselnden Motiven aus Waldeck-Frankenberg.

Zeitungsgruppe Lahn-Dill
anzeigen@mail.mittelhessen.de

www.mittelhessen.de
Tägliche Nachrichten, Archive, Kleinanzeigen, Gastro-Führer und zahlreiche Shopping-Tipps der Zeitungsgruppe aus Mittelhessen.

MEDIEN

Zeitungen/Mecklenburg-Vorpommern

Norddeutsche Neueste Nachrichten

www.nnn.de
Nachrichten aus Rostock und Umgebung, Online-Diskussionen, Ratgeber zu verschiedenen Themen sowie Telefon- und Internet-Tarife.

Ostsee-Zeitung
online@ostsee-zeitung.de

www.ostsee-zeitung.de
Aktuelles aus Politik, Wirtschaft, Kultur und Medien, Sport und Wetter sowie Kleinanzeigen und ein Veranstaltungskalender.

Schweriner Volkszeitung
info@svz.de

www.svz.de
Nachrichten aus Mecklenburg-Vorpommern, Veranstaltungskalender, Specials zu Ratgeberthemen und eine Kleinanzeigendatenbank.

Zeitungen/Niedersachsen

Alfelder Zeitung
info@alfelder-zeitung.de

www.alfelder-zeitung.de
Mit dem Untertitel „Niedersächsische Volkszeitung" berichtet das Blatt aus Alfeld über die aktuellen Vorkommnisse der Region.

Aller-Zeitung
az@madsack.de

www.aller-zeitung.de
Zeitung für Stadt und Landkreis Gifhorn mit Schwerpunkt Lokalnachrichten und Lokalsport.

Braunschweiger Zeitung
redaktion.newsclick@newsclick.de

www.newsclick.de
Lokale Nachrichten, Sport-News, Anzeigenmarkt, Veranstaltungskalender, Gewinnspiele und eine Ratgeberrubrik.

Cellesche Zeitung
verlag@cellesche-zeitung.de

www.cellesche-zeitung.de
Lokale News und Sportergebnisse aus der Region Celle sowie großer regionaler Kleinanzeigenmarkt.

Gießener Allgemeine Zeitung   **www.giessener-allgemeine.de**

MEDIEN

Cuxhavener Nachrichten
info@cuxonline.de

www.cuxonline.de
Außer den neuesten Nachrichten bietet diese Web-Seite auch Informationen über das Kinoprogramm oder Veranstaltungstipps.

Dewezet
mail@dewezet.de

www.dewezet.de
Lokales aus Hameln und Umgebung, überregionale Nachrichten, Kultur und Bildung, Business und Shopping sowie ein Anzeigenmarkt.

Einbecker Morgenpost
info@einbecker-morgenpost.de

www.einbecker-morgenpost.de
Terminübersicht, Ausstellungskalender, das Einbecker Kinoprogramm, Berichte aus dem Regionalsport.

Goslarsche Zeitung
info@goslarsche-zeitung.de

www.goslarsche-zeitung.de
Regionales und überregionales mit News-Ticker, Szene-News, Kleinanzeigen und vielen Serviceangeboten rund um den Harz.

Grafschafter Nachrichten
redaktion@gn-online.de

www.gn-online.de
Lokale Nachrichten aus Bentheim, Sporttabellen, Leserreisen-Angebote, Branchenverzeichnis, das Kinoprogramm der Region.

Hannoversche Allgemeine
haz@madsack.de

www.haz.de
Die Zeitung für Hannover mit Lokalnachrichten und Lokalsport sowie einem Veranstaltungskalender und dem Regionalwetter.

● **Kreiszeitung Syke**
info@kreiszeitung.de

www.kreiszeitung.de
Die Verlagsgruppe mit sieben Lokalzeitungen bietet Nachrichten mit lokalen Hintergründen und Berichte vom regionalen Sport. Ausführliche Meldungen zu Werder Bremen, Kleinanzeigen und ein Fotoalbum mit Bildern von regionalen Veranstaltungen erweitern das Serviceangebot. **(Siehe Abbildung)**

Landeszeitung für die Lüneburger Heide
info@landeszeitung.de

www.landeszeitung.de
Lokale und weltweite Nachrichten, virtueller Stadtrundgang durch Lüneburg, Veranstaltungskalender, Forum und Web-Cams.

Kreiszeitung Syke www.kreiszeitung.de

572

MEDIEN

Neue Osnabrücker Zeitung
info@neue-oz.de

www.neue-oz.de
Regionales und überregionales Nachrichtenangebot, Infos zu Computer, Sport, Wissenschaft und Kultur. Großes Archiv, Kino- und DVD-Tipps sowie das Kinoprogramm von Kinos aus dem Umkreis. Umfangreicher Serviceteil mit einer Veranstaltungsdatenbank und zahlreichen nützlichen Links. **(Siehe Abbildung)**

Neue Presse
np@madsack.de

www.neuepresse.de
Neuigkeiten aus Hannover und der Welt: Politik, Sport, Klatsch und Tratsch. Serviceteil mit Fahrplanauskunft, Stadtplan und Horoskop.

Nordsee-Zeitung
nzonline.admin@nordsee-zeitung.de

www.nordsee-zeitung.de
Boulevard-Nachrichten und News aus der Wissenschaft sind neben allgemeinen Nachrichten ebenfalls Inhalte der Zeitung aus Bremerhaven.

Nordwest-Zeitung
online@nordwest-zeitung.de

www.nwz-online.de
Politik und Weltgeschehen, Wirtschaft, Sport sowie Regional- und Lokalnachrichten aus Nordwest-Niedersachsen.

Oldenburgische Volkszeitung
info@ov-online.de

www.ov-online.de
Die Tageszeitung im Oldenburger Münsterland liefert täglich Neuigkeiten und Termine aus Vechta und der Region.

Ostfriesen Zeitung
info@ostfriesen-zeitung.de

www.ostfriesen-zeitung.de
Die Ostfriesen Zeitung mit lokalen und bundesweiten Nachrichten, einem Online-Archiv und einem News-Ticker.

Rheiderland
redaktion@rheiderland.de

www.rheiderland.de
Aktuelle regionale und überregionale Nachrichten, Fußball-Tabellen, Familiennachrichten, Kulturplaner, Ärztlicher Notdienst.

Tageblatt
webmaster@tageblatt.de

www.tageblatt.de
Nachrichten für den Landkreis Stade, Kleinanzeigenmarkt, Immobilienmarkt.

Neue Osnabrücker Zeitung — www.neue-oz.de

Medien

Weser Kurier
redaktion@weser-kurier.de

www.weser-kurier.de
Berichterstattung aus der Region, ein breitgefächertes Themenmagazin, Anzeigenaufgabe und das Regionalwetter.

🔴 **Winsener Anzeiger**
info@winsener-anzeiger.de

www.winsener-anzeiger.de
Die Tageszeitung für den Landkreis Harburg bietet eine Auswahl an lokalen Meldungen und Sportnachrichten aus dem Umkreis. Kfz- und Immobilien-Kleinanzeigen können abgerufen werden. Infos zu Leserreisen und nützliche Links. **(Siehe Abbildung)**

Wolfsburger Allgemeine Zeitung
waz@madsack.de

www.waz-online.de
Zeitung für Wolfsburg und Umgebung mit Schwerpunkt Lokalnachrichten und Lokalsport.

Zeitungen/Nordrhein-Westfalen

Aachener Nachrichten
info@an-online.de

www.an-online.de
Lokale Berichterstattung mit ausführlichem Sportteil, regionale Kulturszene und Termine des Jahres, Weltnachrichten, Wirtschaft.

Aachener Zeitung
redaktion@aachener-zeitung.de

www.aachener-zeitung.de
Umfangreiches Sortiment an Nachrichten aller Art: Lokales, Sport, Branchen- und Gastro-Guide, Hochschulnachrichten.

🔴 **Der Märkische Zeitungsverlag im Internet**
ln@come-on.de

www.come-on.de
Der Märkische Zeitungsverlag stellt lokale und deutschlandweite Nachrichten sowie aktuelle Berichterstattungen zu Themen von lokalem Interesse aus seinen Tageszeitungen online. Weltnachrichten, Informationen zu Wirtschaft und Kultur sowie ein Kleinanzeigenmarkt ergänzen das Angebot. **(Siehe Abbildung)**

Express.de
post@express.de

www.express.de
Umfangreiches Angebot des Boulevard-Blattes, das von Sport über Lokales, Anzeigen, Computer und Autos bis hin zu Reisen reicht.

Winsener Anzeiger — www.winsener-anzeiger.de

MEDIEN

General-Anzeiger
online@ga-bonn.de

www.general-anzeiger-bonn.de
Sport, Kultur, Wirtschaft, Annoncen, Veranstaltungen, Wetterberichte, Pegelstände, Stadtpläne, Chat, Web-Cams und Archiv.

Glocke, Die
postmaster@holterdorf.de

www.die-glocke.de
Lokalnachrichten im Kreis Warendorf, Beckum, Ahlen und Gütersloh, Weltgeschehen, Regio-Wetter, „Moviegator" mit Kinotipps.

Hellweger Anzeiger
info@hellwegeranzeiger.de

www.hellwegeranzeiger.de
Die Tageszeitung für Unna, Kamen, Bergkamen, Fröndenberg und Holzwickede mit Lokalnachrichten und einem Freizeitkalender.

IKZ
redaktion@ikz-online.de

www.ikz-online.de
Aktuelle Nachrichten aus Iserlohn und Umgebung sowie aus Politik, Wirtschaft, Sport und Vermischtem bietet IKZ-online.

Kölner Stadt-Anzeiger
info@ksta.de

www.ksta.de
Magazinseiten über Computer, Verkehr, Reisen und Anzeigen (Immobilien, Kfz, Bekanntschaften).

Kölnische Rundschau
info@rundschau-online.de

www.rundschau-online.de
Politik, Sport, Lokales, Kultur, Aus aller Welt, Computer, Verkehr, Reisen, Wohnen, Anzeigen.

Lippische Landes-Zeitung
webmaster@lz-online.de

www.lz-online.de
Nachrichten aus Politik, Wirtschaft, Sport und der Region sowie Veranstaltungshinweise und Kleinanzeigen.

Mindener Tageblatt
mt@mt-online.de

www.mt-online.de
Aktuelle Ausgabe mit lokalen und überregionalen Nachrichten, Anzeigenmarkt und zahlreichen Serviceangeboten.

Neue Ruhrzeitung
redaktion@nrz.de

www.nrz.de
Nachrichten, Kommentare, Sport, Kultur, Wirtschaft, Börse, Computer, Reisejournal.

Der Märkische Zeitungsverlag im Internet   www.come-on.de

MEDIEN

Neuß-Grevenbroicher Zeitung
redaktion@ngz-online.de

www.ngz-online.de
Dieser Online-Auftritt hat Journalcharakter, informiert über alles Wissenswerte aus der Region und gibt Tipps für den Alltag.

OWL-Online
info@team.owl-online.de

www.owl-online.de
Hier gibt es Nachrichten aus Ostwestfalen (Bielefeld, Gütersloh, Herford, Höxter, Lippe, Minden, Paderborn).

Rheinische Post
online@rheinische-post.de

www.rp-online.de
Hintergründe, Kommentare und Reportagen sowie umfassende regionale Berichterstattung. Außerdem: Journal mit Bildergalerie.

Westdeutsche Allgemeine Zeitung
wazonline@waz.de

www.waz.de
Lokale Neuigkeiten aus 33 Städten des Verbreitungsgebietes. Ausführlicher Ratgeberteil und umfangreicher Sporttabellen-Service.

Westdeutsche Zeitung
online-redaktion@wz-newsline.de

www.wz-newsline.de
Täglich aktualisierte Nachrichten aus Wuppertal, Krefeld, Düsseldorf und Mönchengladbach sowie Weltnachrichten.

Westfalen Blatt
wb@westfalen-blatt.de

www.westfalen-blatt.de
Hier kann man unter anderem Kleinanzeigen aufgeben oder Veranstaltungskarten für Konzerte und Theater bestellen.

Westfälische Rundschau
leserforum@westfaelische-rundschau.de

www.westfaelische-rundschau.de
Viele verschiedene Rubriken erlauben dem Surfer, auf ein informatives Potpourri von Börsenkursen bis Zeitgeschehen zuzugreifen.

● **Westfälischer Anzeiger**
webmaster@wa-online.de

www.wa-online.de
Das Zeitungsportal bietet: Ausführliche, lokale Informationen über Politik, Wirtschaft und Sport. Zudem ein breites Themenspektrum von Kleinanzeigen, Veranstaltungstipps, über Job- und Karriere- bis hin zu Computing-News inklusive Download-Möglichkeiten. **(Siehe Abbildung)**

Zeitungsverlag Neue Westfälische
redaktion@nw-news.de

www.nw-news.de
Lokale News zu verschiedenen Regionen sowie zahlreiche Infos zum regionalen und überregionalen Sport sind abrufbar.

Zeitungen/Organisationen

Bundesverband Deutscher Zeitungsverleger
bdzv@bdzv.de

www.bdzv.de
Interessenvertretung der deutschen Zeitungsverleger. Mit Links zu deutschen Zeitungen, Veranstaltungs- und Seminarkalender.

Verband Deutscher Lokalzeitungen e.V.
info@lokalpresse.de

www.lokalpresse.de
Die Interessenvertretung mittelständischer Zeitungsverlage informiert über Mitglieder, Aufgaben und Ziele, Aktivitäten und Termine.

Zeitungen/Rheinland-Pfalz

Intrinet
intrinet@volksfreund.de

www.intrinet.de
Das Online-Portal des Trierischen Volksfreunds: Regionale und überregionale Nachrichten. Mit interaktiver Wanderkarte.

Main-Rheiner
info@main-rheiner.de

www.main-rheiner.de
Seiten des „Wiesbadener Kurier", der „Allgemeinen Zeitung", des „Wiesbadener Tagblatt", der „Wormser Zeitung" und „Main-Spitze".

Pfälzischer Merkur
merkur@pm-zw.de

www.pfaelzischer-merkur.de
Tageszeitung für die Saarpfalz. Lokalnachrichten, Regionalsport, Weltnachrichten, Bäckersuche, Partybilder, Karriereportal.

MEDIEN

Pirmasenser Zeitung
verlag@pz-pirmasens.de

www.pirmasenser-zeitung.de
Aktuelle Nachrichten, Infoservice mit zahlreichen nützlichen Telefonnummern.

Rheinpfalz, Die
info@rheinpfalz.de

www.rheinpfalz.de
Weltnachrichten, Pfalzsport (Ergebnisse und Tabellen), exklusive Lokalnachrichten aus der Pfalz, Immobilien- und Kfz-Markt.

Rhein-Zeitung
onlinered@rhein-zeitung.de

www.rhein-zeitung.de
Aktuelle Nachrichten, Magazin, News-Ticker und Archiv für Mainz, Wiesbaden und Umgebung.

Zeitungen/Sachsen

Dresdner Neueste Nachrichten
info@dnn-online.de

www.dnn-online.de
Lokale Berichterstattung, Veranstaltungskalender, Anzeigenmarkt, Kinoprogramm und ein Stadtplan von Dresden.

Freie Presse Online
info@freiepresse.de

www.freiepresse.de
Nachrichten, Ratgeber, Tourismus, Chat, Firmendienstleistungen, Freizeitinfos, Kleinanzeigen, regionale Marktplätze und Surf-Tipps.

Leipziger Volkszeitung
post@lvz-online.de

www.lvz-online.de
Regionale und lokale News, Terminkalender, Rubrikenmärkte, Stadtpläne, Forum, Ticketing, Fotoservice, Gewinnspiele.

Sächsische Zeitung
postmaster@sz-online.de

www.sz-online.de
Themen-Specials, Sachsen-Chat, City-Guide, Veranstaltungsservice, Wetter, Shops, Archiv und Suchmaschine „Sachsennavigator".

Westfälischer Anzeiger   www.wa-online.de

MEDIEN

Zeitungen/Sachsen-Anhalt

Mitteldeutsche Zeitung
service@mz-sao.de

www.mz-web.de
Aktuelle Berichterstattung für Halle und Umgebung, Ausgehtipps, ein virtueller Marktplatz und umfangreiche Ratgeberseiten.

Volksstimme
online-redaktion@volksstimme.de

www.volksstimme.de
Berichterstattung aus der Stadt Magdeburg und Region, ein Kleinanzeigenmarkt, Sport-News und ein Branchenbuch.

Zeitungen/Schleswig-Holstein

Eckernförder Zeitung
info@eckerfoerder-zeitung.de

www.eckernfoerder-zeitung.de
Neuigkeiten aus Stadt und Land, Sport und Wirtschaft mit Terminkalender und Freizeitangeboten rund um die Eckernförder Bucht.

Kieler Nachrichten
net.red@kieler-nachrichten.de

www.kn-online.de
Nachrichten aus aller Welt sowie aus Kiel und Schleswig-Holstein mit einer Fülle an Sporttabellen und regionalen Kleinanzeigen.

Lübecker Nachrichten
redaktion@ln-luebeck.de

www.ln-online.de
News aus Lübeck und Umgebung, Deutschland und der Welt, Archiv, Veranstaltungshinweise, Stadtplan und ein Anzeigenmarkt.

Nordsee-Küste
redaktion@boyens-medien.de

www.sh-nordsee.de
Ausgabe der „Dithmarschen Landeszeitung" und Infos über die Region Nordseeküste sowie Ferienwohnungen und andere Unterkünfte.

Schleswig-Holsteinischer Zeitungsverlag
info@shz.de

www.shz.de
Alle 16 Publikationen des Verlages für Schleswig-Holstein zusammengefasst auf der Homepage.

Uetersener Nachrichten

www.uena.de

MEDIEN

● **Uetersener Nachrichten**
info@uena.de

www.uena.de
Die Zeitung für Uetersen, Tornesch, die Haseldorfer Marsch und Geest mit Weltnachrichten und Meldungen aus dem Kreis Pinneberg, Partner in der nordClick-Gruppe. **(Siehe Abbildung)**

Wilhelmshavener Zeitung
info@wzonline.de

www.wzonline.de
Aktuelle Nachrichten von der Küste. Der Surfer findet hier eine gut strukturierte Seite; auch mit Hinweisen zu Ebbe und Flut.

Zeitungen/Thüringen

Freies Wort Online
fwonline@freies-wort.de

www.freies-wort.de
Die unabhängige Zeitung in Südthüringen informiert über lokale und überregionale Neuigkeiten aus Politik, Kultur und Wirtschaft.

Ostthüringer Zeitung
redaktion@otz.de

www.otz.de
Lokale und regionale Nachrichten, Börsenkurse, Sporttabellen und das Kinoprogramm für Thüringen.

Südthüringer Zeitung Online
verlag@stz-online.de

www.stz-online.de
Nachrichten, interaktiver Serviceteil mit Forum, Chat, Umfragen zu brisanten Themen, Gewinnspiele und ein Ticket-Shop.

Thüringer Allgemeine
redaktion@thueringer-allgemeine.de

www.thueringer-allgemeine.de
Aktuelle Nachrichten aus Thüringen, Deutschland und der Welt. Zudem gibt es einen Sonntagsteil, Ratgeberseiten und eine Sportrubrik.

Zeitungen/Wochenzeitungen

● **Freitag**
redaktion@freitag.de

www.freitag.de
Die Ost-West-Wochenzeitung mit Artikeln zu Politik, Kultur und Literatur sowie ein umfangreiches Archiv mit guten Suchmöglichkeiten. **(Siehe Abbildung)**

Freitag www.freitag.de

579

MEDIEN

Jungle World
redaktion@jungle-world.com

www.jungle-world.com
Linke Wochenzeitung für Politik, Wirtschaft, Kultur und Sport mit dem Volltext der Printausgabe sowie mit Volltext-Archivsuche.

● **Rheinischer Merkur**
redaktion@merkur.de

www.merkur.de
Überregionale Wochenzeitung mit aktuellen Themen und Hintergründen zu Politik, Wirtschaft, Kultur, Christ und Welt, präsentiert im attraktiven Informationsdesign. Zugriff auf Merkur-Specials und -Schwerpunkte, vielfältige Interaktionsmöglichkeiten.
(Siehe Abbildung)

vdi-nachrichten.com
info@vdi-nachrichten.com

www.vdi-nachrichten.com
Aktuelles zu Technik, Wirtschaft und Gesellschaft, CE-Richtlinien, Weiterbildung und Karriere; Fachbücher und Technikgeschenke.

Zeit, Die
zeitiminternet@zeit.de

www.zeit.de
Aktuelle Artikel der Wochenzeitung, online-exklusive Kommentare, Web-Logs, Fotogalerie, Premiumbereich für Abonnenten.

Rheinischer Merkur   www.merkur.de

Politik & Behörden

12

Politik & Behörden

POLITIK & BEHÖRDEN

www.election.de

Wahlen in Deutschland

Bundestags-, Landtags- und Europawahl, neue Mehrheitsverhältnisse im Bundesrat – wie soll man da den Überblick behalten, wer zurzeit wo regiert? Der Wahlkalender sorgt zunächst dafür, dass man die nächste Wahl nicht verpasst. Anschauliche Statistiken geben die aktuellen Parlamentszusammensetzungen wieder und Wahlbilanzen dokumentieren Verluste und Gewinne. Für den, der politisch nicht ganz so fit ist, gibt es verständliche Erklärungen dazu. Auch für politische Spielchen ist gesorgt: Der Mandatrechner stellt, nachdem Sie Ihre geschätzten Stimmenanteile der Parteien eingegeben haben, das Ergebnis der Sitzverteilung grafisch dar.

www.politikforum.de

Politikforum.de

Wenn Sie Ihre Meinung zum aktuellen politischen Geschehen kundtun wollen, sind Sie auf dieser Plattform herzlich eingeladen. Zu den Themen Außen- und Innenpolitik, Wirtschaft, Wahlen, Bildung und Gesundheit oder Ökologie warten in den jeweiligen Foren rege Diskussionspartner, um auf Ihre Argumente einzugehen. Per Online-Abstimmung geben Sie Ihre eigene Meinung zu gegenwärtigen Streitfragen ab. Im Artikelarchiv können Sie sich über viel diskutierte Angelegenheiten informieren, z.B. über die Ohrfeige für den Kanzler, die Irak-Diskussion oder wie Bush und Blair gemeinsam einen Sündenbock suchen. Na dann, auf ins Gefecht!

www.kommunalweb.de

Kommunalweb

Das Portal für kommunale Forschung und Praxis des Deutschen Instituts für Urbanistik listet Links zu allen Themen rund um Stadt und Gemeinde. Zu Stadt- und Raumplanung oder Abfallentsorgung, zu kommunalen Fachinfos wie Messen und Diskussionsforen oder zu Einrichtungen wie Musikschulen oder Tierheimen. Der Terminkalender listet Veranstaltungen zu kommunalen Themen und Initiativen, wobei Sie auch selbst Termine eintragen können. Im Branchenbuch finden Sie Ansprechpartner für Recycling, Stadtmarketing oder Denkmalschutz. Zudem gibt es interessante Buch-Tipps zu Themen von A(bfall) bis Z(ivilschutz).

www.zoll.de

Zoll Infocenter

Einfuhrumsatzsteuer, Verbrauchsteuern... wer sich mit solchen Themen auseinandersetzen muss, ist mit dieser Seite gut beraten: In der Infothek erfährt man, wie viele Mengen an beliebten Reisemitbringseln wie Tabakwaren, Kaffee oder Parfüms über die Grenze abgabenfrei eingeführt werden dürfen. Im Lexikon kann man Fachbegriffe und Kürzel wie AbfSt oder TabStG nachschlagen. Auch nach regionalen Zoll-Service-Centern kann gesucht werden und aktuelle Umrechnungskurse für die Zollwert-Berechnung sind aufgeführt. Zudem gibt es im Formular-Center Merkblätter, Vorlagen und Ausfüllhinweise zu zollrechtlichen Angelegenheiten.

POLITIK & BEHÖRDEN

politik-digital

Eine Volksversammlung im Netz? Die parteienunabhängige Plattform bietet Netzbürgern die Möglichkeit der Information und Kommunikation über politische Entwicklungen im Internet. Sie haben Fragen zu Politik, Wirtschaft und Gesellschaft? Sie wollen Antworten von Volksvertretern oder Gesetzesentwürfe diskutieren? Die Internet-Auftritte von Politikern werden genau unter die Lupe genommen. Von Foren über Petitionen bis hin zu regelmäßigen Chats mit deutschen Politikern und Journalisten, aktuelle Debatten, Internet-Wahlkämpfe, Trends und politische Kampagnen im Netz; hier wird Politik (digital) gestaltet!

www.politik-digital.de

Europäisches Parlament - Dt. Informationsbüro

Wer macht was in der Europäischen Union und wie wird man eigentlich Europaabgeordneter? Das Informationsbüro des Europäischen Parlaments beantwortet Fragen zur Europapolitik und zur Arbeit des Parlaments: von gemeinsamer Agrarpolitik bis hin zu Zuständigkeiten und Subsidiarität. Grundlegendes zu Aufbau und Organisation der EU-Organe finden Sie in der Rubrik „Bürgerservice". Informieren Sie sich über den Inhalt der ersten europäischen Verfassung, über Geschichte, Politik, Land und Leute sowie über die Infrastruktur der neuen Mitgliedstaaten und Beitrittskandidaten. Die Themen sind ebenso bunt gefächert wie das Leben in Europa!

www.europarl.de

Bundesregierung

Die Bundesregierung stellt den Bürgern ein umfangreiches Informationsportal zur Verfügung, das alle wichtigen Politik- und Lebensbereiche behandelt. Hier kann man das Grundgesetz sowie Neuerungen anderer Gesetzestexte abrufen und Regierungserklärungen nachlesen. Aktuelle Nachrichten berichten von politischen Ereignissen aus dem In- und Ausland und mit einem Klick auf die Rubrik „Bundesregierung" erhält man eine Übersicht der Ministerien und erfährt mehr über Aufgaben und Arbeiten des Bundeskanzlers sowie über seine Minister. Und exklusiv für Sie spielt das Stabsmusikkorps der Bundeswehr die Nationalhymne.

www.bundesregierung.de

Das Deutschland-Portal

Deutschland von seiner schönsten Seite! Das offizielle und unabhängige Portal stellt in neun überschaubaren Kategorien Deutschland-Informationen in kommentierten Link-Listen aus Bildung, Gesundheit, Kultur, Medien, Sport, Staat, Tourismus, Wirtschaft und Wissenschaft zusammen. Neben den bisherigen Versionen in Deutsch, Englisch, Französisch, Spanisch und Russisch ist jetzt auch eine Version in arabischer Sprache verfügbar. Eine Zusammenfassung der wichtigsten Eckdaten finden sie in der Rubrik „Deutschland auf einen Blick". Haben Sie das Zeug zum Deutschland Experten? Testen Sie Ihr Wissen über Deutschland im Quiz.

www.deutschland.de

POLITIK & BEHÖRDEN

Allgemein

● Deutschland-Portal, Das

www.deutschland.de
Deutschlands Visitenkarte im Internet stellt hochwertige kommentierte Links - übersichtlich gebündelt in den Rubriken Tourismus, Wirtschaft, Wissenschaft, Sport, Kultur, Medien, Bildung, Gesundheit und Staat - in sechs Sprachen bereit. **(Siehe Abbildung)**

e-politik.de
info@e-politik.de

www.e-politik.de
Unabhängiges und überparteiliches Internet-Portal für Politik, Gesellschaft, Politikwissenschaft und öffentliches Leben.

politik-digital
redaktion@politik-digital.de

www.politik-digital.de
Politik-digital ist eine parteienunabhängige Informations- und Kommunikationsplattform zum Themenfeld Internet und Politik.

politikerscreen.de
info@politikerscreen.de

www.politikerscreen.de
Aktuelle Nachrichten und Hintergrundinformationen aus Politik, Gesellschaft und Wirtschaft sowie Auskünfte zu den Parteien.

Politische Bildung Online
jeanette.reusch@lpb.bwl.de

www.politische-bildung.de
Das Portal der Politischen Bildung mit zahlreichen interessanten Beiträgen und Links zu allen Bereichen der Politik.

Behörden

Bund.de
redaktion-portal@bva.bund.de

www.bund.de
Der schnelle Zugang zu allen Informationen und Services der Verwaltung. Hier sind alle Behörden mit Adresse und URL gelistet.

formular25
mail@formular25.de

www.formular25.de
Das Portal für Behördengänge: Formulare und Musterbriefe zu jeder Lebenslage für Kommunal-, Landes- und Bundesbehörden.

Das Deutschland-Portal www.deutschland.de

POLITIK & BEHÖRDEN

Botschaften & Konsulate

Auswärtiges Amt

www.auswaertiges-amt.de
Adressen und Telefonnummern aller Deutschen Botschaften im Ausland und aller ausländischen Botschaften in Deutschland.

erfolgreich-reisen.de
info@erfolgreich-reisen.de

www.erfolgreich-reisen.de
Auflistung der Botschaften und Konsulate aller Länder mit Öffnungszeiten, Adressen und Links zu den Web-Seiten. Rubrik: „Länder", Land auswählen, „Wichtige Adressen".

Bundestag & Bundesrat

Bundesrat
bundesrat@bundesrat.de

www.bundesrat.de
Das föderative Verfassungsorgan der Bundesrepublik berichtet über seine Arbeit, seine Strukturen und seine Aufgaben.

Deutscher Bundestag
mail@bundestag.de

www.bundestag.de
Ausführliches Informationsangebot über Aufgaben, Mitglieder und Strukturen des Bundestags. Mit Live-Übertragung der Debatten.

Bundeswehr & Militär

● **Bundeswehr**
presse.bmvg@bundeswehr.de

www.bundeswehr.de
Die Portalseite leitet zielgerichtet zu Daten, Fakten und Hintergründen rund um das Thema Bundeswehr. Aktuelle Berichterstattung sowie umfassende Informationen zu Aufgaben und Geschichte der deutschen Streitkräfte, zur Wehrpflicht und zur Bundeswehr-Karriere. Dazu Termine, Adressen und Downloads.
(Siehe Abbildung)

Bundeswehr — www.bundeswehr.de

POLITIK & BEHÖRDEN

Datenschutz

Virtuelles Datenschutzbüro
info@datenschutz.de

www.datenschutz.de
Aktuelle Meldungen sowie Fragen und Antworten zur Rechtslage, zur Technik und zu Institutionen im Bereich Datenschutz.

Entwicklungshilfe

Siehe Soziales

Entwicklungshilfe/Organisationen

Entwicklungspolitik

Entwicklungspolitik Online
redaktion@epo.de

www.epo.de
Ausgangspunkt für entwicklungspolitische Recherchen mit Specials, News und Links zu verschiedenen Entwicklungsländern.

InWEnt
info@inwent.org

www.inwent.org
Informationen, Datenbanken und Publikationen zu Entwicklungspolitik, Entwicklungsländern und internationaler Zusammenarbeit.

WEED
weed@weed-online.org

www.weed-online.org
Die Organisation informiert über Armut, Umweltprobleme und Verschuldung in Entwicklungsländern.

Europa

Bürger Europas
css-management@cec.eu.int

citizens.eu.int
Zahlreiche Tipps und Infos zu Arbeitssuche, Studium und Ausbildung sowie zum Leben in den Ländern der Europäischen Union.

EurActiv.com
info@euractiv.com

www.euractiv.com
Online-Informationsdienst zur Europapolitik: Täglich aktuelle Nachrichten aus der EU zu allen europarelevanten Themen.

Euro Info Centre Hannover
eic@eic-hannover.de

www.eic-hannover.de
Das Euro Info Centre Hannover, offizielle Beratungsstelle der EU-Kommission, bietet umfangreiche Dienstleistungen für Unternehmen.

europa-digital.de
info@europa-digital.de

www.europa-digital.de
Aktuelle Nachrichten aus Europa, die Länder Europas im Profil und Erklärungen zu den europäischen Institutionen.

Europäische Union

europa.eu.int
Informationen über die EU und ihre Institutionen, dazu Nachrichten und Pressemitteilungen der einzelnen EU-Organe.

Rat der Gemeinden und Regionen Europas
post@rgre.de

www.rgre.de
Die deutsche Sektion des RGRE vermittelt zwischen Europa und den Kommunen; mit Datenbank aller Städtepartnerschaften.

Europa/EU-Erweiterung

Europa wird bunter
info@eiz-niedersachsen.de

www.europa-wird-bunter.de
Informationen zu den neuen EU-Ländern. Mit weiterführenden Links zu den einzelnen Staaten, Gastbeiträgen und Kommentaren.

Europa/Euro

Siehe Geld & Finanzen

Währungen/Euro

POLITIK & BEHÖRDEN

Europa/Organisationen & Institutionen

Europäisches Parlament

www.europarl.eu.int
Kurzdarstellung des EU-Parlaments sowie Links zu den Informationsbüros der Mitgliedsländer und zu anderen EU-Institutionen.

● **Europäisches Parlament - Deutsches Informationsbüro**
epberlin@europarl.eu.int

www.europarl.de
Das Informationsbüro stellt die deutschen Europaabgeordneten vor, erklärt die Aufgaben des Parlaments und informiert über aktuelle europapolitische Themen sowie Veranstaltungen.
(Siehe Abbildung)

Europa-Online
eu-de-kommission@cec.eu.int

www.eu-kommission.de
Die Vertretung der Europäischen Kommission in Deutschland. Serviceleistungen und Informationen über die Europäische Union.

Europarat Portal

www.coe.int/de
Ausführliche Infos zum Europarat, seinen Aufgaben und Charakteristika der Mitgliedsstaaten, außerdem Flaggen und Hymnen.

Feuerwehr

Feuerwehr

www.feuerwehr.de
Großes, gut besuchtes Feuerwehrforum. Aktuelle Einsatzberichte und ein Feuerwehrmarkt.

Feuerwehr.Net
feuerwehr@gmx.de

www.feuerwehr.net
Weltweite Feuerwehr-Links und Ausbildungsunterlagen.

Europäisches Parlament - Deutsches Informationsbüro www.europarl.de

POLITIK & BEHÖRDEN

Geheimdienste & Nachrichtendienste

● Bundesamt für Verfassungsschutz
bfvinfo@verfassungsschutz.de

www.verfassungsschutz.de
Informationen über den gesetzlichen Auftrag, Befugnisse und Kontrolle des Verfassungsschutzes. Weiterführende Angebote zu den Arbeitsfeldern Rechtsextremismus, Linksextremismus, Ausländerextremismus, islamischer Extremismus und islamistischer Terrorismus, Spionageabwehr, Geheim- und Sabotageschutz. **(Siehe Abbildung)**

Bundesnachrichtendienst
zentrale@bundesnachrichtendienst.de

www.bundesnachrichtendienst.de
Der Auslandsnachrichtendienst informiert über seine Aufgaben, Ziele, Geschichte und Strukturen, auch als PDF-Downloads.

Informationen über Nachrichtendienste
redaktion@geheimdienste.org

www.geheimdienste.org
Überblick über die Nachrichtendienste in Deutschland und aller Welt, umfangreiche Link-Listen und Literaturempfehlungen.

Gerichte

Amtsgerichte.de
info@amtsgerichte.de

www.amtsgerichte.de
Liste aller deutschen Amtsgerichte mit Adresse, Fax- und Telefonnummer.

Bundesarbeitsgericht
bag@bundesarbeitsgericht.de

www.bundesarbeitsgericht.de
Informationen über das Gericht und seine Entscheidungen, Allgemeines zur Arbeitsgerichtsbarkeit sowie Pressemitteilungen.

Bundesgerichtshof, Der
poststelle@bgh.bund.de

www.bundesgerichtshof.de
Angaben zum Aufbau und zu den Richtern des Obersten Gerichtshofs des Bundes, dazu Gerichtsentscheidungen sowie Presseinfos.

Bundesamt für Verfassungsschutz   **www.verfassungsschutz.de**

POLITIK & BEHÖRDEN

Bundessozialgericht
presse@bsg.bund.de

www.bundessozialgericht.de
Aufgaben und Aufbau des Bundessozialgerichts; im Volltext: Presseinformationen, jährlicher Tätigkeitsbericht und die Urteile.

Bundesverfassungsgericht
bverfg@bundesverfassungsgericht.de

www.bundesverfassungsgericht.de
Aufgaben, Verfahren, Organisation sowie Pressemitteilungen und Entscheidungen des Bundesverfassungsgerichts.

Bundesverwaltungsgericht
webmaster@bverwg.bund.de

www.bverwg.de
Überblick über die Verwaltungsgerichtsbarkeit, die Geschichte des Gerichts sowie Pressemitteilungen und Entscheidungen.

**Gerichtshof der
Europäischen Gemeinschaften**
info@curia.eu.int

www.curia.eu.int
Rechtsprechung, Informationen, Veröffentlichungen und Termine des Gerichtshofes und des Gerichts erster Instanz der EG.

Globalisierung

Attac
info@attac.de

www.attac.de
Die weltweit tätige Organisation der Globalisierungskritiker informiert über Aktionen und Kampagnen.

Globalisierung-online.de
info@globlisierung-online.de

www.globalisierung-online.de
Multimedial aufbereitete Informationen zum Schlagwort „Globalisierung". Außerdem Referate, Aufsätze und Vorträge zum Thema.

Kommunen

● **Kommunalweb**
webmaster@kommunalweb.de

www.kommunalweb.de
Das Portal für kommunale Forschung und Praxis des Deutschen Instituts für Urbanistik bietet kommunal Interessierten ein umfangreiches Angebot zu allen Themen rund um die Stadt. Ein redaktionell bearbeiteter Web-Katalog, eine Termindatenbank und ein Branchenbuch runden das Angebot ab. **(Siehe Abbildung)**

Kommunalweb   **www.kommunalweb.de**

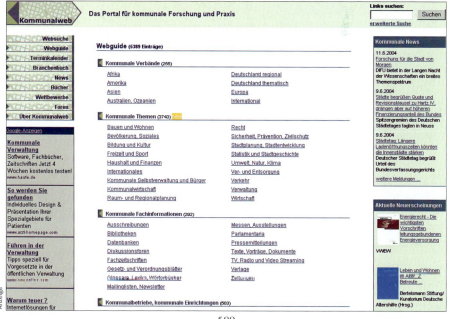

POLITIK & BEHÖRDEN

Deutscher Städtetag
post@staedtetag.de

www.staedtetag.de
Hintergrundinformationen zum Deutschen Städtetag, Schlagzeilen, Veröffentlichungen und Termine.

Ministerien

Auswärtiges Amt
poststelle@auswaertiges-amt.de

www.auswaertiges-amt.de
Länder- und Reiseinformationen, konsularischer Service und Links zu wichtigen Ämtern und Behörden im In- und Ausland.

● **BM für Wirtschaft und Arbeit**
info@bmwa.bund.de

www.bmwa.bund.de
Informationen zur Wirtschaftspolitik, Arbeitsmarktpolitik, Arbeitsrecht, Energiepolitik und zu neuen Technologien sowie Publikationen zum Bestellen und Herunterladen; Tipps für Existenzgründer, Mittelstands- und Außenwirtschaftsförderung. **(Siehe Abbildung)**

● **BMZ**
poststelle@bmz.bund.de

www.bmz.de
Das Bundesministerium für wirtschaftliche Zusammenarbeit und Entwicklung bietet ausführliche Informationen zu den Aufgaben, Schwerpunkten und Zielen deutscher Entwicklungspolitik an und berichtet über Organisationen der entwicklungspolitischen Zusammenarbeit. **(Siehe Abbildung)**

● **Bundesministerium der Verteidigung**
presse.bmvg@bundeswehr.de

www.bmvg.de
Das Ministerium liefert ausführliche Informationen zum Verteidigungsressort, seiner Organisation und Geschichte, zum Verteidigungsminister, zur deutschen Sicherheitspolitik, zu Abrüstung und Kooperation, zu NATO, UN und EU sowie aktuelle Informationen für die Presse. **(Siehe Abbildung)**

BM für Bildung und Forschung
information@bmbf.bund.de

www.bmbf.de
Informationen zur Forschungsförderung, zur Bildungs- und Hochschulpolitik und zum System der Berufsausbildung in Deutschland.

Bundesministerium für Wirtschaft und Arbeit   www.bmwa.bund.de

POLITIK & BEHÖRDEN

Bundesministerium für wirtschaftliche Zusammenarbeit und Entwicklung   www.bmz.de

Bundesministerium der Verteidigung   www.bmvg.de

Politik & Behörden

Bundesministerium der Finanzen
poststelle@bmf.bund.de

www.bundesfinanzministerium.de
Pressemitteilungen und Finanznachrichten, Infos zu Postwertzeichen, Euro, Gedenkmünzen und Steuerreform.

Bundesministerium der Justiz
poststelle@bmj.bund.de

www.bmj.bund.de
Pressemitteilungen, Reden und Vorträge, Gesetzgebungsvorhaben sowie Neuigkeiten der tagesaktuellen Rechtspolitik.

BM für Familie, Senioren, Frauen und Jugend
poststelle@bmfsfj.bund.de

www.bmfsfj.de
Gesetze, Aktionen, Publikationen und Presseinfos zur Politik für Familien, Kinder, Jugendliche sowie für Frauen und Senioren.

BM für Gesundheit und Soziale Sicherung
info@bmgs.bund.de

www.bmgs.bund.de
Informationen über Kranken- und Pflegeversicherung, Gesundheitspolitik, soziale Sicherung, Rente und behinderte Menschen.

BM für Verbraucherschutz, Ernährung, Landwirtschaft
poststelle@bmvel.bund.de

www.verbraucherministerium.de
Infos über Verbraucherschutz, Ernährung, Landwirtschaft, Welternährung, Tierschutz, Grüne Gentechnik, Forst, Jagd und Fischerei.

BM für Verkehr, Bau- und Wohnungswesen
buergerinfo@bmvbw.bund.de

www.bmvbw.de
Publikationen zu Verkehr, Transport, Bau- und Wohnungswesen. Download der Straßenverkehrsordnung oder des Bußgeldkataloges.

Bundesministerium des Innern
poststelle@bmi.bund.de

www.bmi.bund.de
Nachrichten und Pressemitteilungen zu allen Themen der Innenpolitik. Download von Publikationen, Gesetzen und Verordnungen.

Bundesumweltministerium
service@bmu.bund.de

www.bmu.de
Aktuelle Umweltthemen von A bis Z, Presseservice, Bildarchiv, Gästebuch und interaktive Link-Liste. Extra: BMU-Kids-Seite.

Parteien/Bundestag

Bündnis 90/Die Grünen
info@gruene.de

www.gruene.de
Infos zu Partei und Fraktion, Koalitionsvereinbarungen, Daten, Programme und Positionen sowie Links zu den Ortsverbänden.

CDU
info@cdu.de

www.cdu.de
Die Christdemokraten bieten Nachrichten, Hintergrundinformationen und ein Diskussionsforum zu aktuellen Themen der Politik.

CSU
landesleitung@csu-bayern.de

www.csu.de
Personen, Programm, Chronik und Struktur der CSU. Außerdem aktuelle politische Informationen, Presseerklärungen und Links.

FDP
info@fdp.de

www.fdp.de
Pressemitteilungen, Informationen aus der Liberalen Partei, Veranstaltungen und Diskussionsforen.

PDS
parteivorstand@pds-online.de

www.sozialisten.de
Das Portal der PDS. Aktuelle politische Themen und Aktionen. Adressen und URLs der Landesverbände.

SPD
parteivorstand@spd.de

www.spd.de
Aktuelles aus Politik und Partei zum Nachlesen sowie Links zur Fraktion und den Landesverbänden der Sozialdemokraten.

Parteien/Jugendorganisationen

Bundesverband Junge Liberale
info@julis.de

www.julis.de
Die Jugendorganisation der FDP versteht sich als liberale Lobby der Jugend und informiert über aktuelle Aktionen.

POLITIK & BEHÖRDEN

Grüne Jugend
buero@gruene-jugend.de

www.gruene-jugend.de
Die Grüne Jugend stellt ihr Programm vor und nimmt Stellung zu allen Bereichen der Politik.

JungdemokratInnen / Junge Linke
info@jungdemokraten.de

www.jungdemokraten.de
Der parteiunabhängige Jugendverband informiert über aktuelle Aktionen zu Themen wie Antimilitarismus oder Genetik.

Junge Union
ju@junge-union.de

www.junge-union.de
Die Junge Union informiert über ihre Grundsätze und Vorstandschaft und bezieht Stellung zu aktuellen politischen Themen.

Jungsozialisten (Jusos)
jusos@spd.de

www.jusos.de
Politische Schwerpunkte, Aktivitäten und laufende Projekte der Jusos. Aktuelle Flugblätter zum Herunterladen.

Polizei

Polizei

www.polizei.de
Links zu den einzelnen Polizeibehörden der Länder, zum Bundesgrenzschutz und zum Bundeskriminalamt.

Polizeipresse
polizeiservice@newsaktuell.de

www.polizeipresse.de
Die Datenbank für Presseberichte von deutschen Polizei-Pressestellen.

Staatsorgane

Bundeskanzler
posteingang@bpa.bund.de

www.bundeskanzler.de
Biografie des Bundeskanzlers und Darstellung der Schwerpunkte seiner politischen Arbeit sowie seiner Aufgaben.

● **Bundesregierung**
internetpost@bundesregierung.de

www.bundesregierung.de
Tagesaktuelle Nachrichten, politische Schwerpunkte, verfassungsrechtliche Grundlagen der Arbeit der Bundesregierung und Links zu allen Bundesministerien. **(Siehe Abbildung)**

Bundesregierung   www.bundesregierung.de

POLITIK & BEHÖRDEN

Bundespräsident
poststelle@bpra.bund.de

www.bundespraesident.de
Infos zum Amt des Bundespräsidenten und den Amtssitzen, dazu Galerie der ehemaligen Bundespräsidenten sowie Reden und Zitate.

Stiftungen

Breuninger Stiftung
info@breuninger-stiftung.de

www.breuninger-stiftung.de
Aufgabe der privaten Unternehmensstiftung ist die Förderung von Kultur, Wissenschaft und Forschung.

Bundesverband Deutscher Stiftungen e.V.
bundesverband@stiftungen.org

www.stiftungen.org
Der Bundesverband nimmt die Interessen der Stiftungen in Deutschland wahr. Umfangreiche Infos zum Stiftungswesen.

Friedrich Ebert Stiftung
presse@fes.de

www.fes.de
SPD-nahe politische Stiftung für politische Bildung, internationale Zusammenarbeit, Forschung und Studienförderung.

● **Friedrich Naumann Stiftung**
fnst@fnst.org

www.fnst.org
Die Friedrich-Naumann-Stiftung ist die Stiftung für liberale Politik. Im Inland ist die politische Bildung die wichtigste Aufgabe, im Ausland fördert die Stiftung den internationalen Politikdialog und berät Gruppen, Organisationen und liberale Parteien. **(Siehe Abbildung)**

Hanns-Seidel-Stiftung
info@hss.de

www.hss.de
Politische Erwachsenenbildung, Stipendiaten-Förderprogramm und internationale Entwicklungszusammenarbeit.

● **Bertelsmann Stiftung**
info@bertelsmann-stiftung.de

www.bertelsmann-stiftung.de
Die Bertelsmann Stiftung versteht sich als Förderin des Wandels für eine zukunftsfähige Gesellschaft. Sie will Reformen in den Bereichen Bildung, Wirtschaft und Soziales, Gesundheit sowie Internationale Verständigung voranbringen. **(Siehe Abbildung)**

Bertelsmann Stiftung   www.bertelsmann-stiftung.de

POLITIK & BEHÖRDEN

Hans Böckler Stiftung
oe@boeckler.de

www.boeckler.de
Mitbestimmungs-, Forschungs- und Studienförderungswerk des DGB.

Heinrich Böll Stiftung
info@boell.de

www.boell.de
Die den GRÜNEN nahe stehende Stiftung fördert die politische Bildung unter den Hauptaspekten Ökologie und Gewaltfreiheit.

Konrad-Adenauer-Stiftung e.V.
zentrale@kas.de

www.kas.de
Die christdemokratisch-orientierte Stiftung setzt sich für politische Bildung ein und informiert über aktuelle Projekte.

Rosa Luxemburg Stiftung
info@rosalux.de

www.rosalux.de
Die PDS-nahe Stiftung organisiert und fördert politische Bildungsarbeit im In- und Ausland und vergibt Studienstipendien.

Stiftungen/Allgemein

Index Deutscher Stiftungen
bundesverband@stiftungen.org

www.stiftungsindex.de
Links zu über 1.000 Homepages von Stiftungen, umfangreiche Recherchefunktion zu Zwecken und Fördermodalitäten von Stiftungen.

Vereinte Nationen

UNESCO Deutschland
info-bibliothek@unesco.de

www.unesco.de
Koordination und Erarbeitung deutscher Beiträge zu den UNESCO-Programmen: Bildung, Wissenschaft, Kultur und Kommunikation.

UNO

www.uno.de
Regionales Informationszentrum der UNO: Mitglieder und Aufbau der UNO, Charta der Vereinten Nationen und Infos zum Völkerrecht.

Friedrich Naumann Stiftung **www.fnst.org**

POLITIK & BEHÖRDEN

Verschiedenes

Perspektive-Deutschland
info@perspektive-deutschland.de

www.perspektive-deutschland.de
Die große gesellschaftspolitische Online-Umfrage will Meinungen bündeln und den Reformprozess in Deutschland unterstützen.

Politikforum.de
service@politikforum.de

www.politikforum.de
Plattform für politische Diskussionen und Informationen.

Wahlen

Bundeswahlleiter, Der
bundeswahlleiter@destatis.de

www.bundeswahlleiter.de
Offizielle Informationen vom Bundeswahlleiter über seine Aufgaben sowie zu Bundestags- und Europawahlen.

Infratest dimap
indi@tns-infratest.com

www.infratest-dimap.de
Die Seiten der Gesellschaft für Trend- und Wahlforschung mit aktuellen Wahlumfragen, Wahlberichterstattung und Wahlforschung.

Wahlen in Deutschland
feedback@election.de

www.election.de
Aktuelle Nachrichten, Ergebnisse und Archiv zu Wahlen in Deutschland und Europa.

Wahlomat

www.wahlomat.de
Bei Wahlen kann man hier ermitteln, welche Partei mit den eigenen Ansichten am meisten übereinstimmt.

Zoll

Zoll Infocenter

www.zoll.de
Wie viele Zigaretten darf ich eigentlich mitbringen? Alle Reisefreimengen auf einen Blick.

13
Reise

REISE

www.buybye.de

BUY.bye last minute und mehr

Ihnen raucht schon wieder der Schädel? Höchste Zeit für Urlaub! Wenn Sie spontan sind, surfen Sie am besten diese Web-Seite an und schnappen sich eins der Last-Minute-Angebote zu Knüllerpreisen! Ob Pauschalreise oder nur Flug – einfach Ihre Wunschtermine eingeben und schon spuckt BUY.bye Ihnen die aktuellen Preise zu den verschiedensten Traumzielen aus. Die Rubrik „Infos" bereitet Sie mit Wetterbericht und ausführlichen Tipps in punkto Essen und Trinken, Ausgehen oder Aktivitäten (z.B. Schnorcheln in Korallenriffen und zwischen tropischen Fischen!) auf jedes Urlaubsparadies vor. Eine Dia-Show vermittelt erste sonnige Eindrücke!

www.erfolgreich-reisen.de

erfolgreich-reisen

Egal, für welches Land der Erde Sie das Reisefieber packt, gut und zuverlässig informiert, wird der Urlaub sicherlich ein Erfolg. Von Afrika bis Zypern stellt diese Seite übersichtlich Wissenswertes zu Einreise, Klima, Gesundheit sowie wichtige Adressen von Botschaften und Fremdenverkehrsämtern zum jeweiligen Reiseziel zusammen. Mit Abbildungen, Beschreibungen und Preisangaben präsentiert erfolgreich-reisen.de zu jedem Land ausgewählte hochwertige Reiseführer, die online bestellt werden können. Das große recherchierte und kommentierte Link-Verzeichnis bietet die wichtigsten Internet-Adressen zum Thema Reise.

www.fit-for-travel.de

fit-for-travel.de

Den lang ersehnten Urlaub will man sich natürlich nicht durch eine Krankheit vermiesen lassen, daher ist die Gesundheitsvorsorge vor der Abreise in fremde Länder besonders zu empfehlen. Auf dieser Internet-Seite finden Sie für über 300 Reiseziele Informationen zu Malariavorkommen, Impfempfehlungen und -vorschriften sowie die Adressen der Botschaften. Zudem können Sie hier vor Reiseantritt Ihre Reiseapotheke checken oder sich über vorkommende Infektionskrankheiten informieren. Um der bei Langstreckenflügen drohenden Thrombosegefahr vorzubeugen, finden Sie hier die richtigen Tipps.

www.derreisetipp.de

derReisetipp.de

Es soll dieses Jahr nicht schon wieder Mallorca oder Ibiza sein, doch Sie wissen nicht, wo sonst auf der Welt noch was los sein könnte? Dann wird es aber höchste Zeit, dass Sie diese Seite ansurfen: Hier warten unzählige persönliche Erfahrungsberichte aus aller Herren Länder, die bei der Reiseplanung hilfreich sein werden. Verfolgen Sie, wie jemand mit dem Buschmesser den malaysischen Dschungel erkundet oder von den Bewohnern der Fidschi-Inseln mit Muschelketten begrüßt wird. Hier erfahren Sie die besten Geheimtipps aus erster Hand, die Sie nicht im Reiseführer finden!

REISE

www.mitfahrgelegenheit.de

Mitfahrgelegenheit.de

Bei den steigenden Spritpreisen ist es eine clevere Idee, sich für längere Autostrecken zusammenzutun und sich die anfallenden Fahrtkosten zu teilen. Auf dieser Seite kann man sich Mitfahrer für seine Strecke suchen oder seine geplante Fahrt einfach kostenlos inserieren und sich so mailen oder anrufen lassen. Sie möchten günstig quer durch Deutschland? Dann geben Sie einfach Abfahrt- und Zielort sowie das gewünschte Datum ein und die Suchmaschine findet den passenden Fahrer für Sie! Ein netter Nebeneffekt zur Ersparnis: Man lernt neue Leute kennen und hat Unterhaltung während der Autoreise.

www.abenteuer-reisen.de

Abenteuer und Reisen

Für alle Fernwehgeplagten: Das Reisemagazin "abenteuer und reisen" stellt in seinem World-Guide Insider-Tipps und Infos zu fernen und nicht ganz so fernen Traumzielen bereit. Beim Schmökern in der aktuellen Ausgabe, den Online-Reiseführern oder den Reportagen rückt der nächste Urlaub in greifbare Nähe. Konkrete Auskünfte zu bestimmten Reiseländern sind ebenfalls zu finden. Im Serviceteil geben Stichworte wie Geld, Fliegen, Kreuzfahrt oder Mietwagen und die Top-Links schnell Antwort auf alle wichtigen Fragen zur Urlaubsplanung. In den News kann man sich über Trends, Veranstaltungen und Angebote auf dem Laufenden halten.

www.travelmates.de

Travelmates.de

Lust auf Urlaub? Ja, aber doch nicht alleine! Wenn Sie auch noch die passende Begleitung für die nächste Urlaubsreise in die USA oder den Abenteuer-Trip quer durch Kenia suchen, besuchen Sie die Reisepartner-Börse. Nach exakten Suchkriterien wie Reiseziel, Reisestart, Geschlecht oder Wohnort grenzen Sie die Suche nach Ihrem entsprechenden Gegenstück ein. In kleinen Reiseplänen und kurzen Beschreibungen über sich selbst stellen sich die Eingetragenen aller Altersgruppen, vom Globetrotter bis zum Pauschaltouristen, vor. Wem die Suche zu mühsam ist, der gibt einfach eine eigene Anzeige auf und wartet auf E-Mails. Na dann, gute Reise!

www.cluburlaub.de

Club-Urlaub.de

Wenn Sie von Party-Spaß und Sportlerglück für die ganze Familie träumen und möchten, dass sich im Urlaub andere um Ihr Befinden kümmern, kommen Sie ins Reisebüro für Cluburlaube! Irgendwo zwischen A(egypten) und Z(ypern), Robinson, Aldiana, Club Med oder dem Clubschiff Aida liegt Ihr Traumziel. Ausführliche Beschreibungen bezüglich Zimmerausstattung (z.T. mit Grundriss), Freizeitmöglichkeiten, Verpflegung und Konditionen sollen die Wahl erleichtern. Egal, für welchen der insgesamt neun Clubbetreiber Sie sich entscheiden, hier können Sie sich auf die Anlage einstimmen und im Forum Tipps und Erfahrungsberichte anderer Cluburlauber einholen.

REISE

Allgemein

Reiselinks.de
mail@reiselinks.de

www.reiselinks.de
Über 4.000 Links zu touristischen Web-Seiten: Von Abenteuer- und Naturreisen über Fluggesellschaften bis hin zu Länderinfos.

Reiseroute.de
webmaster@reiseroute.de

www.reiseroute.de
Großes Reiseportal zur individuellen Urlaubsplanung. Links zu Länderinfos, Landkarten, Unterkünften und Online-Buchungen.

Travellinxx.de
info@travellinxx.de

www.travellinxx.de
Illustrierte und kommentierte Links zu Reisezielen und -arten von A bis Z, Servicediensten sowie zu großen Reisedatenbanken.

Urlaubsanbieter
office@urlaub-anbieter.com

www.urlaubsanbieter.com
Internationale Tourismussuchmaschine für alle Arten von Reisen in über 200 Länder und über 800 Urlaubsregionen.

Botschaften & Konsulate

erfolgreich-reisen
info@erfolgreich-reisen.de

www.erfolgreich-reisen.de
Links zu den Adressen der Botschaften und Konsulate fast aller Länder mit Öffnungszeiten und Adressen. Rubrik: Länderinfos/Land/Wichtige Adressen. Außerdem bietet diese Web-Seite Länderinfos und Reiseführer für fast jedes Land.

Busreisen

Busnetz.de
info@busnetz.de

www.busnetz.de
Online-Dienst für die Busbranche. Praktische Links, Veranstaltungskalender, Gebrauchtbusse und ein virtuelles Busmuseum.

Busreisen
info@buswelt24.de

www.buswelt.de
Über 6.400 Busreisen (Städtereisen, Rundreisen, Tagesfahrten) von mehr als 65 Veranstaltern sind direkt online buchbar.

Busreisen.de
info@busnetz.de

www.busreisen.de
Datenbank für Busreisen aller Art in Deutschland und Europa mit Preisangaben sowie aktuellen Angeboten.

Deutsche Touring GmbH
service@touring.de

www.deutsche-touring.com
Europaweite Fahrpläne und Haltestellen der Linienbusse, Städtefahrten, Hotelangebote, Gruppenreisen und Bus-Charter.

Rotel Tours
info@rotel.de

www.rotel.de
Studien- und Expeditionsreisen mit dem Bus in über 150 Länder. Detaillierte Reiseprogramme und Routenkarten.

Camping

Camping-Channel, Der
camping-channel@maxxweb.de

www.camping-channel.de
Internet-Portal für Camping, Wohnmobile und Wohnwagen mit Link-Verzeichnis, Nachrichten, Terminen, Anzeigenmarkt und Forum.

campingSuche.de
feedback@camping-suche.de

www.camping-suche.de
Hier kann man einen passenden Campingplatz in den wichtigsten europäischen Urlaubsländern suchen und online buchen.

eCamp
info@ecamp.com

www.ecamp.de
Campingführer mit über 50.000 Campingplätzen in ganz Europa. Viele Links zu den Seiten von Plätzen und Caravananbietern.

REISE

Camping- & Reisebedarf

Därr
info@daerr.de

www.daerr.de
Reiseausrüstung für Geländewagen-, Motorrad-, Fahrrad- und Rucksackreisen.

Fritz Berger
info@fritz-berger.de

www.fritz-berger.de
Spezialversandhaus für Camping, Caravaning und Freizeit mit einem reichhaltigen Angebot an Fahrzeug- und Trekking-Zubehör.

Mike's Store-House
contact@mikesstore-house.com

www.mikesstore-house.com
Zelte, Schlafsäcke, Rucksäcke, Kocher und Expeditionsnahrung.

Reisefreund, Der
info@der-reisefreund.de

www.der-reisefreund.de
Große Auswahl an interessanten und nützlichen Reiseartikeln und eine Vielzahl wertvoller Tipps zum Thema Urlaub und Reisen.

Woick
woick@woick.de

www.woick.de
Anbieter für Reiseutensilien aller Art mit Online-Bestellung. Fahrzeugbörse, Expeditionsforum und Reise-Chat.

Camping/Wohnmobile & Reisemobile

Siehe Verkehr

Auto/Lkw & Nutzfahrzeuge/Reisemobile

Cluburlaub

Club-Urlaub.de
info@club-urlaub.de

www.club-urlaub.de
Angebote für Clubreisen. Vertreten sind Robinson-Club, Club Med, Club-Aldiana, RIU-Clubhotels und Grecotel.

Fahrradreisen

Fahrradreiseführer
karl@schuwerk.net

www.fahrrad-tour.de
Fahrradtouren in ganz Europa per Internet planen und Sehenswürdigkeiten, Kultur und Gastronomie in Text und Bild erleben.

Radreisen-Datenbank, Die
info@fahrradreisen.de

www.fahrradreisen.de
Die große Suchmaschine für Radreisen liefert über 10.000 Reisetermine, Detailbeschreibungen und Informationen zu Radwegen.

rotalis.de
info@rotalis.de

www.rotalis.de
30 verschiedene Radreisetouren in Deutschland, Österreich, der Schweiz, Frankreich, Irland, Italien, Polen und Skandinavien.

velotours Radreisen
info@velotours.de

www.velotours.de
Individuelle und geführte Radreisen in Deutschland, Europa und weltweit mit Online-Beratung und kostenloser Kataloganforderung.

Fährverbindungen

DFDS Seaways Germany
post@dfdsseaways.de

www.dfdsseaways.de
Fährverbindungen für Großbritannien, Irland und Norwegen: Routenbeschreibungen, Hafenanfahrten und 360°-Bilder der Schiffskabinen.

Euronautic Tours
info@euronautic.de

www.euronautic.de
Infos über Fährverbindungen zwischen Italien und Griechenland sowie Tipps zum Thema Camping an Bord für Motorradfahrer.

faehren.info
info@euronautic.de

www.faehren.info
Plattform für die Vermittlung von Fährentickets europaweit mit Download von Prospekten der verschiedenen Fähren.

REISE

Stena Line dialog@stenaline.com	**www.stenaline.de** Infos, Fahrplan, Tarife, Reisen und Meer sowie Online-Buchung von Fähren nach Schweden, Norwegen, Großbritannien und Irland.
VFF info@faehre-vff.de	**www.faehre-vff.de** Auskünfte über zahlreiche Fährverbindungen, Start- und Zielhäfen sowie Reedereien, die im VFF vereinigt sind.
Viking Line Finnlandverkehr info@vikingline.de	**www.vikingline.de** Informative Seite über die Viking-Line Ostsee-Fähren mit 360°-Ansichten einer Fähre und Auskünften zu Fahrplänen und Preisen.

FKK

deutsche FKK-Führer, Der	**www.nacktbaden.de** Umfangreiches Register von FKK-Stränden, Bademöglichkeiten, Saunen, FKK-Campingplätzen und Hotels in Deutschland und weltweit.
FKK-Reiseführer	**www.fkk-reisefuehrer.de** FKK-Suchmaschine mit über 2.200 Angeboten.

Flughäfen

Siehe Verkehr	Flughäfen

Freizeitparks

Siehe Freizeit & Hobby	Freizeitparks

Geld

● **ReiseBank AG** info@reisebank.de	**www.reisebank.de** Weltweiter Bargeldtransfer, ausländische Währungen und Reiseschecks online bestellbar und auf Wunsch: Belieferung per Kurier, Aufladung prepaid-Telefonkarten und Calling Cards online, Währungsrechner sowie günstige Flugtickets und Last-Minute-Reisen, Mietwagen- und Hotelzimmerreservierungen. **(Siehe Abbildung)**

Haushüter

Verband Deutscher Haushüter-Agenturen info@vdha.de	**www.haushueter.org** Informationen zum Thema Haushüten und Betreuung von Heim und Tier während der Abwesenheit durch Urlaub oder Reisen.

Inseln/Deutschland

Amrum info@amrum.de	**www.amrum.de** Tipps und Hinweise von der Anreise über Unterkunft bis zu Veranstaltungen und Sehenswertem auf Amrum mit Gezeitentabellen.
Baltrum gemeinde@baltrum.de	**www.baltrum.de** Unterkünfte, Freizeitmöglichkeiten und Veranstaltungen, Badewasserqualität, Wetter sowie Bilder vom Badeparadies.
Borkum.de info@borkum.de	**www.borkum.de** Touristische Informationen zur Insel Borkum: Anreise, Strände und Freizeitmöglichkeiten.

REISE

Ferienwohnungen rund um Föhr
webmaster@foehr-ferien.de

www.foehr-ferien.com
Beschreibung der einzelnen Orte, Unterkunftsmöglichkeiten, Stadt- und Ortspläne, Fährverbindungen.

Insel Rügen
info@ruegen.de

www.ruegen.de
Übersichtliche Informationen zum Tourismus auf Rügen mit Anreisemöglichkeiten, Freizeit- und Kulturveranstaltungen.

Insel Usedom
utg.info@t-online.de

www.usedom.de
Informationen und Buchung von Urlaubsunterkünften sowie Information zu Ferienorten und Tipps zur Insel von A bis Z.

Juist Online
info@juist.de

www.juist.de
Zahlreiche detaillierte Angaben zu allen touristisch relevanten Themenbereichen für die Insel Juist.

Kaiserbaeder
info.kaiserbaeder@t-online.de

www.kaiserbaeder.de
Die Seebäder Ahlbeck, Heringsdorf und Bansin auf Usedom. Infos zur Landschaft, Geschichte, Freizeit und Unterkunft.

Nordseeinsel Spiekeroog
info@spiekeroog.de

www.spiekeroog.de
Die Auto freie Nordseeinsel wartet mit umfangreichen Infos über Spiekeroog auf. Fährplan, interaktiver Inselplan und Videos.

Ostseeinsel Fehmarn
info@fehmarn-info.de

www.fehmarn-info.de
Unterkünfte, Last-Minute-Angebote, Fährverbindungen und Veranstaltungen auf Fehmarn.

Pellworm.de
info@pellworm.de

www.pellworm.de
Informationen zu Natur, Gesundheit, Veranstaltungen, Historie und Unterkünften.

Spiekeroog
info@spiekeroog-online.de

www.spiekeroog-online.de
Touristeninformationen der Nordseeinsel Spiekeroog mit Online-Zimmeranfrage, Schnäppchenangeboten und Fahrplänen.

ReiseBank AG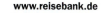

REISE

Wangerooge
service@wangerooge.info

www.wangerooge.info
Informationen über die Nordseeinsel Wangerooge, virtuelle Inseltour, Fähr- und Flugpläne, Veranstaltungen und Ferienhäuser.

Wangerooge
kuestenserver@online.de

www.insel-wangerooge.de
Schlendertour über Wangerooge, aktuelle Bilder, Tipps zu Unterkünften und Gaststätten.

Inseln/Deutschland/Sylt

Kampen auf Sylt
info@kampen.de

www.kampen.de
Anreiseinformationen mit einem Ortsplan, der Unterkünfte und Gastronomie in Kampen anzeigt, Fotogalerie und Veranstaltungen.

Kampeninfo.de
urlaub@kampeninfo.de

www.kampeninfo.de
Appartements und Ferienhäuser in Kampen auf Sylt.

Sylt-Travel
info@sylttravel.de

www.sylt-travel.de
Ferienobjekte auf Sylt: Die Fotogalerie vermittelt erste Eindrücke der Insel. Täglich aktueller Wetterbericht und viele Links.

Kreuzfahrten

A - Z Kreuzfahrten
info@a-zkreuzfahrten.de

www.a-zkreuzfahrten.de
Spezialist für Kreuzfahrt-Reisen, Flusskreuzfahrten und Touristikangebote. Selektion nach Zielgebiet, Reisedatum oder Reederei. Detaillierte Infos über die Kreuzfahrtschiffe, die Routen, aktuelle Preisangebote sowie nützliche Links zum Thema.

Frachtschiff-Touristik
info@zylmann.de

www.zylmann.de
Hier kann man sich über weltweite Frachtschiffreisen informieren und Reisen buchen.

Kreuzfahrten.cc
office@kreuzfahrten.cc

www.kreuzfahrten.cc
Kreuzfahrten weltweit: Fluss-, Segel-, Luxus- und Expeditionskreuzfahrten.

Kreuzfahrt-experten.de
service@kreuzfahrt-experten.de

www.kreuzfahrt-experten.de
Umfangreiche Kreuzfahrtseite mit Informationen und Buchungsmöglichkeiten von über 300 Kreuzfahrtschiffen von 44 Reedereien.

Kreuzfahrt-tipp.de
info@kreuzfahrt-tipp.de

www.kreuzfahrt-tipp.de
Eine Auswahl schöner Hochsee-, Expeditions- und Flusskreuzfahrten sowie Segeltörns auf der ganzen Welt.

Queen Mary 2
post@queen-mary-2.de

www.queen-mary-2.de
QM 2 - ein Ocean Liner der Superlative. Aktuelle Informationen über Preisangebote, Routen und Reisekombinationen. Virtuelle Touren ermöglichen einen ersten Eindruck. Weitere Kreuzfahrtschiffe der Reederei Cunard.

Seereisenportal.de
info@seereisenportal.de

www.seereisenportal.de
Informationen und Online-Buchung von Fähren, See- und Kreuzfahrten sowie Veranstalter für Hochseeangeln oder Tauchsafaris.

Länder/Afrika

Bwana Mitch's Safari-Seiten
bwana.mitch@bwanamitch.net

www.bwanamitch.net
Infos für Reisen nach Zentral-, Ost- und Südafrika mit Safari-Portal, Links, Shop und virtueller Safari mit Fotos und Panoramen.

Cobra Verde Afrikareisen
kontakt@cobra-verde.de

www.cobra-verde.de
Exklusivreisen nach Afrika: Naturnahe Urlaubshotels und Erlebnisreisen. Dazu nützliche Informationen zum jeweiligen Land.

REISE

Fastafrica
info@fastafrica.de

www.fastafrica.de
Der Afrika-Treff im Netz: Aktuelle Schlagzeilen aus Politik und Gesellschaft auf dem Kontinent, Länderinfos, Bräuche und Rezepte.

Länder/Afrika/Ägypten

Chufu.de
kleini@chufu.de

www.chufu.de
Geschichte und die Gegenwart Ägyptens mit ausführlichen Reiseberichten und -tipps zu Städten, Tempeln, Pharaonen und Göttern.

Reiseportal für Ägypten
best@heissinger.de

www.heissinger-aegypten.de
Adressen von Reiseagenturen und Hotels in Kairo, Alexandria oder Luxor sowie Hinweise zu Sicherheit, Visa- und Zollbestimmungen.

Länder/Afrika/Marokko

Marokko und seine Städte
service@essaouiranet.com

www.marokko-ferien.de
Informationen rund um Marokko zu Anreise, Unterkunft, Land und Leute, Sport, Nightlife, Kunst und Gesundheit.

Tourismus-in-Marokko.de
marokkofva@aol.com

www.tourismus-in-marokko.de
Offizielle Seite über Sehenswürdigkeiten in Marokko, Reiseinformationen und Wissenswertes zu Land und Leuten.

Länder/Afrika/Namibia

● **Namibia Travel Online**
natron@iafrica.com.na

www.natron.net
Eine Zusammenfassung der Tourismusangebote in Namibia: Vom Autovermieter über Gästefarmen bis zum Beherbergungsführer des Ministeriums. Die Namibiakarte bietet Übernachtungen nach Regionen und eine umfangreiche Fotogalerie.
(Siehe Abbildung)

Namibia Travel Online   **www.natron.net**

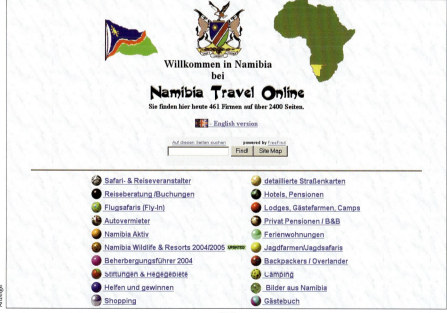

Anzeige

605

Reise

namib.de
info@namib.de

www.namib.de
Informationen zur Geografie und Geschichte, Tipps und Reiseziele sowie Hinweise zu aktuellen Fernsehsendungen über Namibia.

Länder/Afrika/Sahara

Sahara Info
info@sahara-info.ch

www.sahara-info.ch
Reiseberichte, Tipps zu Ausrüstung, Fahrzeugen und GPS, Literaturtipps, Fotogalerie und Saharaforum.

Länder/Afrika/Sao Tomé

Sao Tomé e Principe
info@e-anwalt.de

www.sao-tome.com
Informationen zu Flug, Unterkunft und Sportmöglichkeiten auf dem Inselstaat im Atlantik.

Länder/Afrika/Südafrika

Südafrika
sa-venues@icon.co.za

www.suedafrika-reise.net
Auskünfte bezüglich Unterkunft, Touren, Mietwagen und Landkarten. Informationen über Hochzeiten und Flitterwochen in Südafrika.

Südafrika Guide
info@suedafrika-guide.de

www.suedafrika-guide.de
Südafrika-Portal mit übersichtlichen Informationen zu Kultur, Geschichte und Provinzen sowie Unterkünften und Restaurants.

Südafrika.net
contact@suedafrika.net

www.suedafrika.net
Informationen zu Reisezielen, Wild- und Naturparks, Geologie und Klima, Bevölkerung und Reiserouten in Südafrika.

Länder/Afrika/Südafrika/Kapstadt

Kapstadt auf gut deutsch
info@kapstadt.com

www.kapstadt.com
Allgemeine Daten und Fakten zu Kapstadt. Infos zu Gastronomie, Hotels, Mietautos, Einwandern und Freizeit.

Kapstadt Guide
info@kapstadt-guide.de

www.kapstadt-guide.de
Alphabetisch geordnete Reiseinfos, Sehenswürdigkeiten Kapstadts, Pass- und Visa-Bestimmungen sowie Adressen, Karten und Pläne.

Kapstadt Tour
webmaster@kapstadt-tour.de

www.kapstadt-tour.de
Umfangreiche touristische Informationen zu Kapstadt und dem Western Cape. Unterkünfte und Einkaufsmöglichkeiten.

Länder/Afrika/Togo

Togo Deutschland
info@togo.de

www.togo.de
Reiseinformationen von A bis Z, Hotels und Fluggesellschaften, Übersetzungsdienst und ein Online-Visa-Antrag für Togo.

Länder/Afrika/Tunesien

Tunesien
info@tunisie.ch

www.tunisie.ch
Übersichtliche Infos zu Land und Leuten, Geschichte und Kultur, nützliche Tipps und Links zu Reiseveranstaltern.

Tunesien
fvatunesien@aol.com

www.tunesien.info
Wissenswertes über Anreise, Kulinarisches, Sportmöglichkeiten, Wetter und Ausflugsziele für den nächsten Tunesien-Urlaub.

REISE

Länder/Allgemein

Siehe Reise   **Reiseninformationen/Länder**

Länder/Amerika/Bahamas

Islands of the Bahamas   **www.bahamas.de**
bahamas@herzog-hc.de   Porträt des Urlaubsparadieses mit Karte, Reiseinfos von A bis Z, Insidertipps zu Aktivurlaub, Inselhüpfen oder Delfinen.

Länder/Amerika/Lateinamerika

Latinoportal.de   **www.latinoportal.de**
webmaster@latinoportal.de   Reiseberichte, Reportagen, Tipps, Informationen, Neuigkeiten und Diskussionen rund um die Länder Lateinamerikas.

Länder/Amerika/Lateinamerika/Argentinien

Argentinien.com   **www.argentinien.com**
info@argentinien.com   Überblick über Argentiniens Highlights, wie Buenos Aires oder die Pampa. Infos zu Sitten und Bräuchen, zu Tango und Wintersport.

Länder/Amerika/Lateinamerika/Brasilien

🔴 **Brasilien in XXL**   **www.brasilien.de**
info@brasilien.de   Brasilien hautnah erleben: Exklusive Reiseangebote, Reiseführer und Kartenmaterial. Kostenlose Beratung und Direktbuchung. Wirtschaftsinformationen und Business-Service. Geschichte und Kultur entdecken. Land und Leute kennen lernen. Fauna und Flora erforschen. Tipps und Infos zum Downloaden, usw.
                                               (Siehe Abbildung)

Brasilien in XXL   **www.brasilien.de**

REISE

Brasilien-Portal
info@sabiatravel.ch

www.brasilienportal.ch
Großes Brasilien-Forum mit umfassenden Informationen über Kultur, Land und Leute, Reisetipps, News und Nachrichten, Monatsquiz, Newsletter, aktuelles Wetter, Events sowie interessante Reiseprogramme und integrierter Reiseplaner.

Länder/Amerika/Lateinamerika/Chile

Chile-Web.de
info@chile-web.de

www.chile-web.de
Guter Anlaufpunkt für Chile-Reisen. Länderinfo, Unterkünfte, Reiseführer, Visum und praxiserprobte Chile-Tipps.

Länder/Amerika/Lateinamerika/Costa Rica

Costa Rica Travel Information
contact@fascinationcostarica.com

www.fascinationcostarica.com
Umfasender Reiseführer mit Tipps zu Anreise, Sehenswürdigkeiten, Naturparks, Kultur und Freizeit.

Länder/Amerika/Lateinamerika/Cuba

Cubanisches Fremdenverkehrsamt
info@cubainfo.de

www.cubainfo.de
Das kubanische Fremdenverkehrsamt gibt Tipps für schöne Strände und informiert von A wie Ausgehen bis Z wie Zoll in Kuba.

Santiago-de-Cuba.info
info@santiago-de-cuba.info

www.santiago-de-cuba.info
Reiseinfos zur Geschichte und Kultur Kubas, Karibikstrände, Karneval, Einkaufsmöglichkeiten mit Ausflugs-Index.

Länder/Amerika/Lateinamerika/Dom. Republik

Dominikanische Republik
webmaster@dominikanische-republik2001.de

www.dominikanische-republik2001.de
Vielfältige Informationen zum beliebten Reisegebiet in der Karibik von der Unterkunft über Ausflüge bis zu Insider-Tipps.

Länder/Amerika/Lateinamerika/Ecuador

Ecuador
info@exploringecuador.com

www.exploringecuador.com
Umfassende Auskünfte zu Ecuador, zu den Galapagos-Inseln und den Anden mit vielen detaillierten Angaben und Reisetipps.

Länder/Amerika/Lateinamerika/Mexiko

Mexico-Info
info@mexico-info.de

www.mexico-info.de
Informationen über Mexiko zu den Bereichen Kunst, Kultur, Land und Leute, Kulinarisches und Stichworte von A bis Z.

Mexikanisches Fremdenverkehrsbüro
germany@visitmexico.com

www.mexiko-reisetipps.de
Mexiko von A bis Z, Routen und Reiseziele, wie Mundo, Maya oder Mexiko-City, landestypische Feste sowie Klimatabellen.

Mexiko-Portal
webmaster@omex.de

www.mexiko-mexico.de
Die wichtigsten Infos zu Mexiko: Geschichte, Reisetipps, Landkarten, Web-Cams, dazu eine Community mit großem Forum.

Länder/Amerika/Lateinamerika/Paraguay

Paraguay Online-Magazin, Das
paraguay@telesurf.com.py

www.paraguay-online.net
Online-Magazin zu allen Lebensbereichen in Paraguay mit Reisetipps und einem Verzeichnis wichtiger Adressen.

REISE

Länder/Amerika/Lateinamerika/Peru

Peruline
info@peruline.de

www.peruline.de
Reiseauskünfte zu Peru für Individualreisen, Reiseveranstalter und Reisebüros. Reiserouten, Hotels und Sehenswürdigkeiten.

Länder/Amerika/USA & Kanada

Americandream
info@americandream.de

www.americandream.de
Infos und Anmeldemöglichkeit zur US-Greencard-Lotterie, Beratung in US-Visums- und Greencard-Angelegenheiten. Mit Buchtipps.

Canusa
ham@canusa.de

www.canusa.de
Online-Reisebüro mit Schwerpunkt Kanada und USA. Organisation von Bus-, Stadt-, Motorrad- oder Skireisen, Camping und Kreuzfahrten.

kanada-tipps.de
info@kanada-tipps.de

www.kanada-tipps.de
Über 1.000 Links zu deutschsprachigen Internet-Seiten zum Thema Kanada.

magazinUSA.com
redaktion@magazinusa.com

www.magazinusa.com
Viele nützliche, allgemeine Reiseinformationen und Reportagen. Außerdem Städteführer und Informationen über Staaten und Parks.

mein Amerika
webmaster@meinamerika.de

www.meinamerika.de
USA und Kanada: Reisetipps von A bis Z, News, Fotos und Beschreibungen der Nationalparks, Sehenswürdigkeiten und großen Städte.

Reisetasche.de
info@reisetasche.de

www.reisetasche.de
Ferienhäuser und Ferienwohnungen in den USA und Kanada sowie Flüge, Mietwagen und Hotels.

Länder/Amerika/USA & Kanada/New York

New York City Guide
redaktion@nyc-guide.de

www.nyc-guide.de
Alles Wissenswerte über den „Big Apple", Allgemeines, Leben und Arbeiten in New York, Hotels, Gaststätten und Reisetipps.

Länder/Asien/Bhutan

Bhutan Festung der Götter
ministerium@bmbwk.gv.at

www.bhutan.at
Virtuelle Ausstellung zur einzigartigen Geschichte und Kultur des letzten buddhistischen Königreichs mit umfangreichem Glossar.

Länder/Asien/China

China-Reisen und China-Hotels
karsten@chinahighlights.com

www.chinarundreisen.com
Reiseportal für China: Tipps zu Einreise, Rundreisen, Kreuzfahrten auf dem Yangtse, Wanderrouten sowie eine Fotodatenbank.

chinaweb.de
webmaster@chinaweb.de

www.chinaweb.de
Informationen zu China von A bis Z, Reiseangebote, Übersetzungen, Literatur, viele Fotos und über 1.000 Links.

DiscoverHongkong
frawwo@hktb.com

www.discoverhongkong.com
Infos und Tipps zur Metropole: Sehenswürdigkeiten, Veranstaltungen, Shopping-Guide, Landschaft, Kultur und asiatische Küche.

REISE

Länder/Asien/Indien

India Tourism
info@india-tourism.com

www.india-tourism.com
Infos zu Indienreisen, indischer Kultur (Einkaufen, Feste oder Märkte) sowie Adressen zu Reiseveranstaltern und Unterkünften.

Länder/Asien/Iran

Iran-today.net
info@true-illusions.com

www.iran-today.net
Wissenswertes zu Geschichte, Kunst, Kultur und Gesellschaft des Irans, der persischen Küche, Bildergalerie und Reiseinfos.

Länder/Asien/Japan

Japanische Fremdenverkehrszentrale
fra@jnto.de

www.jnto.go.jp
Gute Auskünfte über Japan, Reisemöglichkeiten und weiterführende Links zu Unterkünften.

Länder/Asien/Korea

Tour2Korea.com
kntoff@euko.de

german.tour2korea.com
Informationen zu Einreise, Sehenswürdigkeiten, Verkehrsmittel, Veranstaltungen, koreanischer Küche und Shopping-Tipps.

Länder/Asien/Malaysia

Malaysia Tourism Promotion Board
info@tourismmalaysia.de

www.tourismmalaysia.de
Reisetipps von Einreise bis Zeitverschiebung, Sehenswürdigkeiten, Regionen Malaysias sowie Tauchen, Rafting oder Golf.

Länder/Asien/Mongolei

Monrise
cdm@geu.de

www.monrise.com
Reiseangebote, Tipps, Berichte und ein Forum. Extraportal für Monrise-Studenten.

Länder/Asien/Nepal

dach-der-welt
info@dach-der-welt.de

www.dach-der-welt.de
Infos zu Trekking-Routen, Guides durch die verschiedenen Regionen Nepals, Reiseberichte, Übersichtskarten und Bildergalerien.

everest.cc
info@everest.cc

www.everest.cc
Mount Everest: Fakten, Zahlen, Besteigungsgeschichte, Trekking in Nepal und Tibet. Mit vielen Fotos und Videos.

Länder/Asien/Philippinen

Philippinen
jens.peters@usa.net

www.jenspeters.de
Umfassende Informationen und Links zu Reisemöglichkeiten, Aktivitäten, Übernachtung, Restaurants und Wetter.

Länder/Asien/Taiwan

Taiwan Reise
info@taiwantourismus.de

www.taiwantourismus.de
Reiseattraktionen, Informationen zu chinesischer Kultur, Medizin und Tee, praktische Hinweise zu Reisen nach Taiwan.

REISE

Länder/Asien/Thailand

Clickthai.de
info@clickthai.de

www.clickthai.de
Ausführliche Infos und Insider-Tipps über Kultur, Menschen und Leben in Thailand mit großer Bildersammlung.

Sawasdee
info@thailandtourismus.de

www.thailandtourismus.de
Infos zu traditionellen Festen, buddhistischer Meditation, Thai-Küche, thailändischen Sportarten, Einkaufstipps und Bilder.

thailandtipps.de
info@thailandtipps.de

www.thailandtipps.de
Praxiserprobte Reisetipps zu Reisevorbereitung, Anreise und Unterkunft sowie viele landesgeschichlich kulturelle Informationen.

Länder/Asien/Vietnam

Vietnam-guide.de
webmaster@vietnam-guide.de

www.vietnam-guide.de
Touristischer Guide mit Daten und Fakten rund um Land und Leute, Klima, Flora und Fauna, Sprache und Impressionen aus Vietnam.

Länder/Europa/Andorra

Fremdenverkehrsamt Andorra
info@andorra.be

www.andorratourisme.com
Informationen zu Freizeit- und Sportmöglichkeiten im Sommer und Winter, Einkaufen, Kultur und Geschichte.

Länder/Europa/Belgien

Wallonien - Brüssel
info@opt.be

www.belgien-tourismus.net
Informationen über Unterkünfte, Museen, Veranstaltungen und Freizeitaktivitäten in Brüssel und der Region Wallonien.

Willkommen in Flandern
info@flandern.com

www.flandern.com
Reiseangebote, Routenplaner und touristische Informationen zu Flanderns Küste, Kunst und Kultur.

Länder/Europa/Bulgarien

Bulgarien.info
info@triplemind.com

www.bulgarien.info
Infos zu Reise und Tourismus, Land und Leute, Städte und Regionen. Geschichte, Kultur, Essen und Trinken.

Infoportal für Bulgarien
info@bulgarien-web.de

www.bulgarien-web.de
Reiseinformationen zu Einreise, Unterkunft, Land und Leute, Kultur und Geschichte sowie Städte und Regionen.

visitBG.de
info@visitbg.de

www.visitbg.de
Reiseportal für Bulgarien: Reise, Länderinformationen, Urlaubstipps, Hotel-Finder, Sehenswürdigkeiten.

Länder/Europa/Dänemark

Dk-navigator.de
info@dk-navigator.de

www.dk-navigator.de
Links zu Tier- und Freizeitparks, Routenplaner, Bahn- und Fährverbindungen, Unterkünfte sowie Suchmaschinen zum Thema Dänemark.

Visit Denmark
daninfo@dt.dk

www.visitdenmark.com
Infos zu Dänemarks Regionen, Unterkunft, Attraktionen und Aktivitäten wie Radfahren, Urlaubsangebote und Online-Buchung.

REISE

Länder/Europa/Finnland

Finnische Zentrale für Tourismus
finnland.info@mek.fi

www.visitfinland.de
Angaben über die verschiedenen Reiseregionen Finnlands, Reiseveranstalter und Wissenswertes von A bis Z.

Länder/Europa/Frankreich

bretagne-infos.de
joern@bretagne-infos.de

www.bretagne-infos.de
Informationen rund um die Bretagne: Geschichte, Brauchtümer, Unterkünfte, Gastronomie und Gezeiten sowie Fotos und Links.

Corsica.net
corseweb@internetcom.fr

www.corsica.net
Informationen und hilfreiche Tipps zu Unterkünften und Urlaubsaktivitäten, wie Rafting, Tauchen oder Fischen auf Korsika.

France Guide
info.de@franceguide.com

de.franceguide.com
Ferienorte am Meer, Tipps zu Natur-, FKK-, Jugend- und Aktivurlaub, Festen und Sehenswürdigkeiten sowie Alltagsinformationen.

Frankreich Links
info@frankreich-links.de

www.frankreich-links.de
Gute Link-Sammlung geordnet nach Regionen und Städten Frankreichs sowie Gesellschaft, Kultur, Handel oder Verkehr.

Frankreich-Info.de
service@frankreich-info.de

www.frankreich-info.de
Neben aktuellem Frankreich-Wetter, Routenplaner und Autobahntarifrechner gibt es Infos zu Regionen, Kultur, Sport und Shopping.

Länder/Europa/Georgien

Georgienseite.de
webmaster@georgien.net

www.georgienseite.de
Das Informationsportal für Georgien. Mit täglich aktuellen Nachrichten, Diskussionsforum und einem Stadtführer.

Länder/Europa/Griechenland

Griechenland
info@in-greece.de

www.in-greece.de
Nützliche Infos zu Land und Leuten, Camping, Essen und Trinken, verschiedene Reiseziele sowie Buchungsmöglichkeiten.

griechenland.de
webmaster@griechenland.de

www.griechenland.de
Informationen zu vielen Orten und Inseln in Griechenland, Sprachführer, Götterkunde, Rezepte und 360°-Panorama-Aufnahmen.

Griechenland.net
combox@hellasproducts.com

www.hellasproducts.com
Infoangebot zu Hotels, Appartements und privaten Unterkünften, dazu aktuelle Nachrichten sowie nützliche Adressen und Links.

Kreta-Impressionen

www.kreta-impressionen.de
Über 1.000 Fotos mit ausführlichen Ortsbeschreibungen, Kreta-Links, TV-Tipps zum Thema Kreta und Griechenland sowie ein Kreta-Forum.

Länder/Europa/Großbritannien

Visitbritain.com
gb-info@visitbritain.org

www.visitbritain.com/de
Reisemöglichkeiten, Sehenswürdigkeiten, Veranstaltungen und Unterkünfte in Großbritannien mit interaktiver Landkarte.

REISE

Länder/Europa/Großbritannien/England

Christophs England-Seiten
christoph@england-seiten.de

www.england-seiten.de
Informationen zu den wichtigsten Städten und Regionen Englands, zu Nationalparks und zu Stonehenge, dazu Fotos.

englandfan.de
webmaster@englandfan.de

www.englandfan.de
Interessante Fakten und Erläuterungen zu Geschichte, Kultur, Land und Leuten. Dazu Reisetipps und Literaturempfehlungen.

www.london-inside.de
info@london-inside.de

www.london-inside.de
Zahlreiche Insider-Tipps für den Aufenthalt in London.

Länder/Europa/Großbritannien/Schottland

Schottland
info@visitscotland.com

www.visitscotland.com/de
Regionen, Unterkünfte, Verkehrsmittel, Reiseveranstalter, Attraktionen und Ausflugsziele in Schottland.

Schottland.de
info@schottland.de

www.schottland.de
Reisetipps, Informationen zu Studium und Beruf in Schottland, Geschichtliches, Kulturelles, Sportliches sowie ein Online-Shop.

Länder/Europa/Irland

● **Ireland**
info@tourismireland.de

www.tourismireland.de
Die Irlandplattform: Schnell und übersichtlich dort, wo man sich über den geplanten Irlandurlaub informieren kann. Reiseangebote, Broschürenbestellung, allgemeine Informationen, alles mit einem Klick zu erreichen. **(Siehe Abbildung)**

Irish-Net.de
kontakt@irish-net.de

www.irish-net.de
Informationen rund um Irland, irische Produkte; Travel-Center und Irland-Forum.

Ireland   www.tourismireland.de

Reise

Irland Information
info.de@tourismireland.com

www.irland-urlaub.de
Eine Vielzahl von Urlaubsangeboten für ganz Irland, wie Aktivurlaub, Pauschalangebote, Last-Minute oder Working Holidays.

Länder/Europa/Island

Geysir
info@geysir.com

www.geysir.com
Informationen zu Reisen, Natur, Land und Leuten sowie zu Island-Pferden. Mit Veranstaltungskalender und Bildergalerie.

Island Reiseführer
info@iceland.de

www.iceland.de
Virtuelle Reise durch Island mit Hintergrundinformationen zu Geschichte, Kultur, Wirtschaft und Natur. Das Angebot wird abgerundet durch Büchertipps, eine Linkliste, ein Bild- und Pressearchiv, eine Veranstalterliste, aktuelle Informationen aus Island und ein Reiseforum.

Isländisches Fremdenverkehrsamt
info@icetourist.de

www.icetourist.de
Kultur, Klima und Reisen in Island, Reiseveranstalter für Reiten, Hochseeangeln oder Rafting sowie Natur- und Panoramabilder.

Länder/Europa/Italien

Discoveritalia
info@discoveritalia.de

www.discoveritalia.de
Umfassende Informationen über Italien, Routenplaner, Event-Tipps, Restaurants, Hotels, Landhäuser und Villen, Sport und Wellness.

ENIT

www.enit.it
Touristische Informationen zu Kunst, Geschichte, Essen und Trinken, Freizeit und Natur Italiens.

Italien-Ratgeber
info@italien.info

www.italien.info
Über 900 kulinarische Begriffe, Rezepte, empfehlenswerte Restaurants sowie exklusive Ferienwohnungen und -häuser in Italien.

Länder/Europa/Italien/Südtirol

Südtiroler Bürgernetz
info@provinz.bz.it

www.provinz.bz.it
Das Portal zu Südtirol und seiner Gesellschaft. Zahlreiche Links führen zu den öffentlichen Verwaltungen und ihren Diensten.

● **suedtirolerland.it**
info@suedtirolerland.it

www.suedtirolerland.it
Ausführliche Informationen zu Land und Leuten, Unterkünften, Tälern und Ortschaften, Ausflugszielen, Sportangeboten, Veranstaltungen und Gastronomie in Südtirol. Hotel-Suche nach verschiedenen Kriterien, zahlreiche Freizeit-Tipps, ein umfangreicher Veranstaltungskalender sowie weitere Links zum Thema.
(Siehe Abbildung)

Länder/Europa/Kroatien

Dalmatien.info
info@triplemind.com

www.dalmatien.info
Allgemeine Tipps zu Dalmatien, Unterkünfte, Städte und Regionen, Geschichte, Kultur, Essen und Trinken.

Kroatien Reiseportal
kontakt@crotravel.de

www.kroatien-links.de
Link-Verzeichnis zum Kroatien-Urlaub mit Einträgen in den Bereichen Camping, Transport, Hotels, Tourismus, Reiseführer.

Kroatische Zentrale für Tourismus
info@htz.hr

www.croatia.hr
Beschreibung der kroatischen Reiseziele, Inseln und Leuchttürme sowie Anbieter spezieller Kongress- oder Gesundheitsreisen.

REISE

reisewelt-kroatien.de
info@reisewelt-kroatien.de

www.reisewelt-kroatien.de
Urlaub in Kroatien von A bis Z: Informationen zum Land, Ferienhäuser und -wohnungen online, Kreuzfahrten und Gruppenreisen.

Länder/Europa/Liechtenstein

Liechtenstein
info@liechtenstein.li

www.tourismus.li
Aktuelle Informationen aus Kultur, Sport und Gastronomie sowie Reiseangebote und Ausflüge in das Fürstentum.

Länder/Europa/Litauen

Litauen Infobasis
hallo@litauen-info.de

www.litauen-info.de
Allgemeine Urlaubsinformationen, Litauens Geschichte, Gesellschaft, Staat und Politik, Reiseziele und -angebote.

Länder/Europa/Malta

Malta und Gozo
maltareisen@aol.com

www.malta-reisen.de
Individuelle Reiseangebote, Hotels und Appartements auf Malta/Gozo, Flug und Transfer sowie Sprachreisen, Golf- und Tauchkurse.

Visitmalta
info@urlaubmalta.com

www.urlaubmalta.com
Sehenswürdigkeiten, Tauchsport, Nachtleben, Festivals, interaktive Landkarte, 360°-Fotos und Praktisches, wie Visa und Anreise.

Länder/Europa/Niederlande

Holland
info@niederlande.de

www.niederlande.de
Alles Wissenswerte für den Urlaub in Holland: Küste, Städte, Wassersport und Aktiv-Urlaub sowie nützliche Tipps und Adressen.

suedtirolerland.it

www.suedtirolerland.it

REISE

Holland - News & Sport
egon.boesten@t-online.de

www.holland-news.de
Aktuelles aus den Niederlanden, Vorstellung der Städte und touristische Hinweise.

Länder/Europa/Niederlande/Amsterdam

amsterdam.de

www.amsterdam.de
Touristische Hinweise zum Aufenthalt in Amsterdam: Sehenswürdigkeiten, Restaurants, Kneipen und Bars sowie angesagte Clubs.

Länder/Europa/Norwegen

Norwegen Portal
norwegeninfo@mfa.no

www.norwegen.no
Umfangreiches Portal zu Themen wie Reise, Wirtschaft, Königshaus, außerdem Rezepte von kulinarischen Besonderheiten.

Visitnorway.com

www.visitnorway.com
Von der Anreise über Rad-, Wander- und Angelurlaub, Tourenvorschlägen und Unterkünften bis hin zum „Norwegen A-Z".

Länder/Europa/Österreich

● **Österreich Werbung**
urlaub@austria.info

www.austria.info
Umfangreiche und hilfreiche Infos zu Wissenswertem, Land und Leute, Anreise und Unterkünften, Städte und Regionen. Tipps zum Sport-, Kultur- und Freizeitangebot in Österreich für Sommer und Winter. Zu jeder Rubrik sind ausgewählte Links zum Thema aufgelistet. **(Siehe Abbildung)**

Vienna Online
info@vienna.at

www.vienna.at
Vienna Online mit Informationen über Kunst, Kultur, Wirtschaft, Politik, Medien, Sport und Wetter aus Wien und Umgebung.

Länder/Europa/Polen

info-polen.com
info@info-polen.com

www.info-polen.com
Portal für Poleninteressierte mit Informationen über das Land sowie über seine Gebräuche und Sitten.

Ostsee-Urlaub-Polen
hoepner@ostsee-urlaub-polen.de

www.ostsee-urlaub-polen.de
Informationen über Danzig, Stettin, Kaschubien, Pobierowo und die Insel Wolin zu Anreise, Unterkunft und Freizeitmöglichkeiten.

Polen-info.de
info@polen-info.de

www.polen-info.de
Hinweise zu Polen als Urlaubsland: Reiseziele, Familienurlaub, Aktivurlaub, praktische Reiseinfos und Literaturtipps.

Länder/Europa/Portugal

Online-Reiseführer Algarve
portugal@b-bk.de

www.algarve-reisen.com
Allgemeine Infos, Ortsregister, Ausflüge, Wanderungen, Strände, Museen, Unterkünfte, Golf, Algarve-News und Leserberichte.

Portugal inSite
portugal.touristikbuero@icep.pt

www.portugalinsite.com
Offizielle Seite des Fremdenverkehrsamtes von Portugal mit Informationen zu Unterkunft, Gastronomie, Kultur, Natur und Freizeit.

Portugal-Links

www.portugal-links.de
Zahlreiche Links zu Portugal, der Algarve, der Costa Vicentina und Lissabon.

Wir in Portugal
webmaster@wir-in-portugal.de

www.wir-in-portugal.de
Informationen zum Leben in Portugal, allgemeine Auskünfte wie Behörden, Einkaufen, Feiertage, Sprache oder Tourismus.

Länder/Europa/Rumänien

Tourismus in Rumänien

www.turism.ro
Infos zum Donaudelta (Naturreservate), Bukarest und Rundfahrten nach Transilvanien sowie zu Sommer- und Wintersport in den Bergen.

Länder/Europa/Russland

russland-aktuell.ru
info@aktuell.ru

www.russland-aktuell.ru
Aktuelle Internet-Zeitung aus Russland: Infos zu Politik, Wirtschaft, Kultur, Menschen, Medien, Freizeittipps und Reiseservice.

russlandinfo.de
info@russlandinfo.de

www.russlandinfo.de
Wissenswertes zur russischen Kultur und nützliche Reiseinformationen zum Russland-Urlaub, wie Einreise- und Zollbestimmungen.

Länder/Europa/Schweden

Sverige.de
info@sverige.de

www.sverige.de
Informations- und Kommunikationsportal rund um Schweden. Vorstellung der Städte und Regionen Schwedens und viele Reise-Links.

SwedenGate.de
info@swedengate.de

www.swedengate.de
Portal mit Infos zu allen Regionen mit Beschreibungen und Fotos, Reisemöglichkeiten sowie Unterkünften.

Visit-sweden.com
info@swetourism.de

www.visit-sweden.com
Infos zu Regionen, Bevölkerung, Tradition, Anreise, Unterkünften, aktuellen Reiseangeboten, dazu Fotoalbum und Links.

Österreich Werbung **www.austria.info**

Reise

Länder/Europa/Schweiz

Schweiz Tourismus
info.de@switzerland.com

www.myswitzerland.com
Beschreibung der Regionen zur Sommer- und Winterzeit, aktuelle Wetterangaben und Schneehöhenberichte sowie Wandertipps.

Länder/Europa/Slowenien

Slovenia
slowenien.fva@t-online.de

www.slovenia-tourism.si
Wissenswertes über Anreise, Unterkunft, touristische Attraktionen und Urlaubsmöglichkeiten in Slowenien.

Länder/Europa/Spanien

Andalusien.info
info@triplemind.com

www.andalusien.info
Informationen zur Geschichte Andalusiens, umfangreiche Reisetipps und nützliche Kontaktadressen.

spain.info
infoweb@spain.info

www.spain.info
Infos zu Regionen, Stränden und Festen sowie Routen (wie Pilgerwege oder durch die Pyrenäen), Unterkünfte und Spanischkurse.

Länder/Europa/Spanien/Balearen/Ibiza

Ibiza Spotlight
info@ibiza-spotlight.com

www.ibiza-spotlight.de
Angaben über Urlaubsorte und Strände, Restaurants und das Nachtleben, Online-Buchung von Hotels, Appartments und Fincas.

Länder/Europa/Spanien/Balearen/Mallorca

Mallorca.de
info@mallorca.de

www.mallorca.de
Kultur, Geschichte, Tipps für die Mallorca-Reise, aber auch Leben und Arbeiten auf der bei Deutschen beliebten Insel.

● **vivamallorca.com**
info@vivamallorca.com

www.vivamallorca.com
Ausführliche Hintergrundinformationen über Mallorca. Infos zu Unterkünften, Flügen, Mietwagen, Sport, Gastronomie, Kultur und Freizeit. Wer sich auf der Insel niederlassen will, kann sich beim Immobilienportal nach dem entsprechenden Objekt umschauen. Wichtige und nützliche Adressen sind abrufbar.
(Siehe Abbildung)

Länder/Europa/Spanien/Balearen/Menorca

Menorca-info.de
info@menorca-info.de

www.menorca-info.de
Hotelbewertungen, Restaurantempfehlungen, Mietwagenangebote, Appartments, Camping und Ferienhäuser auf Menorca.

Länder/Europa/Spanien/Kanarische Inseln/Fuerteventura

Fuerteventura
info@fuerteinfo.net

www.fuerteinfo.net
Ausführliche Informationen über die Kanareninsel zu Land und Leuten, Ortschaften, Sport und Freizeit, Musik und Kultur.

Länder/Europa/Spanien/Kanarische Inseln/Gran Canaria

Gran Canaria Info
info@webwa.de

www.graninfo.de
Beschreibungen der sieben Hauptinseln der Kanaren, Ausflugsziele, Links zum aktuellen Wetter sowie Web-Cams und Bildergalerie.

REISE

Länder/Europa/Spanien/Kanarische Inseln/Lanzarote

Lanzarote
kontakt@infolanzarote.de

www.infolanzarote.de
Beschreibungen der Strände und Sehenswürdigkeiten auf Lanzarote, Hotelbewertungen und Links zu Tauch- oder Surfschulen.

Länder/Europa/Tschechien

tschechien-portal
info@bruecke-most-stiftung.de

www.tschechien-portal.info
Tourismus- und Reiseinformationen, aber auch Kultur, Wissenschaft, Sport und Freizeit in der Tschechischen Republik.

Länder/Europa/Türkei

Reiseportal Türkei
info@citysam.de

www.tuerkei.citysam.de
Reiseportal zur Türkei: Reiseführer, Fotos und Landkarten, Hoteldatenbank mit Kritiken, Flüge und günstige Last-Minute-Reisen.

Länder/Europa/Ungarn

Budapestinfo
info@budapestinfo.hu

www.budapestinfo.hu/de/
Offizielle touristische Homepage von Budapest: Infos über Sehenswürdigkeiten, Verkehr, Gastronomie mit Karte und Ausflugtipps.

MTRT
htbudapest@hungarytourism.com

www.hungarytourism.hu
Details zu Ungarns Geschichte, Klima, Architektur und Küche sowie Tipps zu Aktiv- oder Öko-Urlaub und Gesundheitstourismus.

Ungarn Tourismus
ungarn.info.berlin@t-online.de

www.ungarn-tourismus.de
Seite für Ungarnurlauber mit Reisezielen und Reiseveranstaltern, Gastronomietipps und Link-Liste für weitere Informationssuche.

vivamallorca.com   www.vivamallorca.com

Anzeige

Reise

Länder/Europa/Zypern

cypriot.de
info@cypriot.de

www.cypriot.de
Ausführliche Informationen zu Anreise, Aufenthalt und Geschichte. Mit Bildergalerie, Empfehlung des Monats und Chat.

Visitcyprus
cto-fra@t-online.de

www.visitcyprus.org.cy
Nach Interessen geordnete Reiseinfos und -veranstalter (Öko-Tourismus, Flitterwochen und Hochzeiten, Gesundheit und Fitness).

Länder/Indischer Ozean

Blue Ocean Travel
info@blueoceantravel.com

www.blueoceantravel.com
Anlaufadresse für den Traumurlaub auf den Seychellen, Malediven, Mauritius oder La Réunion. Infos zu Reise und Unterkunft.

Gellwien Tours
info@gellwien-tours.com

www.gellwien-tours.com
Tipps für Reisen in den Indischen Ozean. Infos und Sonderangebote für Seychellen, Mauritius, Réunion, Malediven, Madagaskar.

Trauminsel Reisen
info@trauminselreisen.de

www.trauminselreisen.de
Ausführliche Infos zu Mauritius, den Seychellen und anderen Inseln mit Formular für individuelle Reisevorschläge.

Länder/Indischer Ozean/La Reunion

la-reunion-tourisme.com
insel-la-reunion@franceguide.com

www.la-reunion-tourisme.com
Infos zur Insel im Indischen Ozean, Reiseveranstalter, Veranstaltungen, Unterkünfte, Restaurants, Verkehrsmittel.

Länder/Indischer Ozean/Madagaskar

Madagaskar-travel.de
info@madagaskar-travel.de

www.madagaskar-travel.de
Tipps und Reiseangebote für Trekking-, Abenteuer-, Natur-, Studien- und Individualreisen (Katamaransegeln, Goldgräbertouren).

Länder/Indischer Ozean/Malediven

VisitMaldives.com
mtpb@visitmaldives.com

www.visitmaldives.com
Informationen zu Anreise, Ferienanlagen, Wassersportmöglichkeiten, Essen und Landestypischem, wie Volk, Sprache und Religion.

Länder/Indischer Ozean/Mauritius

Mauritius.net
mauritius@heringschuppener.com

www.mauritius.net
Anreiseinfos mit Beschreibung aller Strände von Mauritius sowie hinduistischer Feste, Adressen zu Unterkünften auf der Insel.

Mauritius-guide.de
information@mauritius-guide.de

www.mauritius-guide.de
Hinweise zu Unterkünften und Sehenswürdigkeiten der Insel wie Nationalparks, kreolische Häuser oder Vulkankrater mit Fotogalerie.

Länder/Indischer Ozean/Seychellen

Seychellen Reisen
service@seychellen-reisen.net

www.seychellen-reisen.net
Reiseveranstalter für die Seychellen mit Infos von A bis Z, Last-Minute-Angeboten und Specials.

REISE

Länder/Naher Osten

Nahost.de
redaktion@nahost.de

www.nahost.de
Informationsportal zu den Ländern Nordafrikas und des Nahen Ostens zu den Themen: Tourismus, Kunst, Kultur und Wirtschaft.

Länder/Naher Osten/Israel

goisrael.de
israel@igtodeutschland.de

www.goisrael.de
Reiseinformationen zu Anreise, Unterkunft und Freizeitmöglichkeiten, Reiseangebote und Reiseveranstalter für Israel.

🔴 **Israelnetz.com**
info@israelnetz.com

www.israelnetz.com
Aktuelle Israelnachrichten, Hintergrundinformation und ein großer Web-Katalog zum Thema Israel. **(Siehe Abbildung)**

Länder/Pazifik/Australien

Australien Info.Com.Au
contact@infobahnaustralia.com.au

www.infobahnaustralia.com.au
Infos über deutschsprachige Geschäfte, Szene-Clubs, Zeitungen und Firmen in Australien sowie zum Studium in Down Under.

Australien/Down Under
atconline@atc.australia.com

www.australia.com
Reiseinformationen, Reiseangebote, Urlaubsregionen, Aktivitäten und alles Wissenswerte für den Urlaub Down Under.

Australien-Info.de
info@australien-info.de

www.australien-info.de
Gut gegliederte Datenbank mit Infos zum aktuellen Tagesgeschehen in Australien, Reiserouten, Anbietern und kommentierten Links.

Australien-Treff
ue@australien-treff.de

www.australien-treff.de
Informationen und Reisetipps für Australien-Fans. Mit Forum, Bildergalerie und aktuellen Reiseangeboten im Urlaubs-Shop.

Israelnetz.com   www.israelnetz.com

REISE

Fly-To-Australia.com
service@fly-to-australia.com

www.fly-to-australia.com
Australien-Infodienst und Reiseportal mit Flug- und Rental-Vermittlung, Reiseplaner, Forum und Kleinanzeigen.

Länder/Pazifik/Fidschi-Inseln

Fidschi-Inseln
info@bulafiji.de

www.bulafiji.de
Flugverbindungen und Unterkünfte auf den Fidschi-Inseln sowie Anregungen zum Sightseeing, Tiefseetauchen und Segeln.

Länder/Pazifik/Neuseeland

New-z.net
info@true-illusions.com

www.new-z.net
Portal mit Infos über Neuseeland zu Flora und Fauna, Geschichte, Reiseziele, Schule und Studium, Unterkünfte, Sport und Fun.

NZvillage.com
info@nzvillage.com

www.nzvillage.com
Informationsmöglichkeiten in den Rubriken News, Land und Leute, Reisen, Wissenswertes, Auswandern und Studieren in Neuseeland.

Länder/Pazifik/Tahiti

Tahititourisme.de
tahiti@travelmarketing.de

www.tahiti-tourisme.de
Tahiti und ihre Inseln, Land und Leute, Veranstaltungen, Reisemöglichkeiten sowie Tahiti-Spezialisten werden hier vorgestellt.

Länder/Vereinigte Arabische Emirate/Dubai

Dubai.de
info@ewtc.de

www.dubai.de
Unterhaltung, Gastronomie, Hotels und Informationen zu Land und Leuten, Wetter, Gesundheitsbestimmungen und Reiseangebote.

billiger-mietwagen.de **www.billiger-mietwagen.de**

Anzeige

REISE

Dubai-city.de
info@dubai-city.de

www.dubai-city.de
Infos über Hotels, Fluggesellschaften, Sehenswürdigkeiten, Einreisebestimmungen, Sport und das allgemeine Klima rund um Dubai.

Landkarten

Landkarten Online
info@landkarten-online.com

www.landkarten-online.com
Umfangreiche Link-Sammlung zu Landkarten und Weltkarten aus aller Welt.

Landkarten und Stadtplan Index
webmaster@landkartenindex.de

www.landkartenindex.de
Verzeichnis von Landkarten, Stadtplänen, Routenplanern, Staukarten bis hin zu Erdbebenkarten und Satellitenbildern weltweit.

Weltkarte.com

www.weltkarte.com
Landkarten und Stadtpläne aus aller Welt.

Mietwagen

Avis Autovermietung
info@avis.de

www.avis.de
Auf Avis.de kann man einfach und schnell online einen Avis-Mietwagen zu attraktiven Internet-Konditionen reservieren – und das weltweit. Außerdem: Exklusive Partner-Angebote mit Bonusmeilen, spannende Cabrios, Roadster und Coupés, edle Limousinen, rasante Sportwagen sowie leistungsstarke Lkw.

● **billiger-mietwagen.de**
info@billiger-mietwagen.de

www.billiger-mietwagen.de
Meta-Preisvergleich für Mietwagen. Diese Seite ermöglicht einen bequemen Vergleich der günstigsten Mietwagen-Firmen. Mit wenig Aufwand alle Anbieter auf einen Blick. **(Siehe Abbildung)**

● **holidayautos.de**
holi@holidayautos.de

www.holidayautos.de
Holiday Autos vermittelt Ferienmietwagen zum günstigen „Alles inklusive Preis" - an 4.000 Stationen in über 80 Ländern der Welt. **(Siehe Abbildung)**

holidayautos.de   **www.holidayautos.de**

REISE

Hertz Autovermietung
webmaster_de@hertz.com

www.hertz.de
Weltweite Online-Reservierung mit Preisen für über 7.000 Stationen in mehr als 150 Ländern mit Online-Rechnung.

Sunny Cars AG
info@sunnycars.de

www.sunnycars.de
Sunny Cars AG vermittelt Mietwagen für den Urlaub in 35 Ländern weltweit. Buchung via Telefon, Fax oder online.

Mitfahrzentralen/Auto

Hitchhikers
kontakt@hitchhikers.de

www.hitchhikers.de
Kostenlose Mitfahrzentrale für ganz Europa.

Mitfahrgelegenheit.de
drive@mitfahrgelegenheit.de

www.mitfahrgelegenheit.de
Hier können eigene Angebote aufgegeben oder Mitfahrgelegenheiten gesucht werden, es fallen keine Vermittlungsgebühren an.

Mitfahrzentrale.de
tuna@mitfahrzentrale.de

www.mitfahrzentrale.de
Vermittlungsseite für Fahrzeugreisen in Europa: Anmeldung kostenlos, Anzeigen der Fahrertelefonnummern gebührenpflichtig.

Mitfahrzentralen/Bahn

Bahn-Billig.de
service@bahn-billig.de

www.bahn-billig.de
Gruppenreisende zahlen bei der Bahn bis zu 70% weniger. Wer davon profitieren möchte, kann hier kostenlos Mitfahrer suchen.

Bahnfahrzentrale
info@bahnfahrzentrale.de

www.bahnfahrzentrale.de
Hier kann man Mitfahrer für beliebige Strecken der Deutschen Bahn suchen oder finden - benötigt wird nur eine E-Mail-Adresse.

Fahrkartenpartner.de
kontakt@fahrkartenpartner.de

www.fahrkartenpartner.de
Diese Suchmaschine für Bahnreisepartner greift auch auf die Einträge von weiteren Anbietern zu.

Kartenfuchs
info@kartenfuchs.de

www.kartenfuchs.de
Hier kann man kostenlos nach einer passenden Reisegruppe suchen, zudem gibt es einen Begleitservice für behinderte Menschen.

Ticket-Mitfahrer.de

www.ticket-mitfahrer.de
Kostenlos und ohne Anmeldung Mitfahrangebote suchen oder aufgeben, zudem Informationen zu Gruppentarifen und Forum.

REISE

Reiseinformationen/Bücher

erfolgreich-reisen.de
info@erfolgreich-reisen.de

www.erfolgreich-reisen.de
Reiseführer für jedes Urlaubsland kann man hier direkt online bestellen.

reisebuch.de
info@reisebuch.de

www.reisebuch.de
Für Europa, Asien, Amerika, Afrika und den Pazifik können zahlreiche Reise- und Sprachführer im Buch-Shop bestellt werden.

Reiseinformationen/Gesundheitsauskunft

● **fit-for-travel.de**
redaktion@fit-for-travel.de

www.fit-for-travel.de
Über 300 Urlaubsziele mit Informationen zu Malariavorkommen, Impfempfehlungen und speziellen Gesundheitsrisiken. Außerdem viele hilfreiche Ratschläge zu Gesundheitsthemen rund ums Reisen und zahlreiche Links zu interessanten touristischen Web-Seiten. **(Siehe Abbildung)**

Gesundes-reisen.de
rmz@gesundes-reisen.de

www.gesundes-reisen.de
Reisemedizinische Infos des Bernhard-Nocht-Instituts für Tropenmedizin nach Ländern sortiert. Mit aktuellen Meldungen.

Reisemedizin, Die
info@die-reisemedizin.de

www.die-reisemedizin.de
Hilfreiche Aufklärung über vorgeschriebene und ratsame Impfungen nach Reiseländern sortiert und Krankheiten im Kurzporträt.

TravelMED
info@travelmed.de

www.travelmed.de
Reise-Gesundheitsempfehlungen für alle Länder der Welt sowie Adressen von reisemedizinischen Beratungsstellen.

Reiseinformationen/Länder

Derreisefuehrer.com
service@columbus-group.de

www.derreisefuehrer.com
Ausführliche Hintergrundinformationen zu allen Ländern der Welt: Visa-Bestimmungen, Kontaktadressen, Kurzporträts der Länder.

fit-for-travel.de   **www.fit-for-travel.de**

REISE

Marco Polo
onlineredaktion@marcopolo.de

www.marcopolo.de
Neben bewährten Reiseinfos gibt es Reportagen, Bildergalerien und Tipps zu aktuellen Themen sowie einen Routenplaner.

Reiseinformationen/Urlaubskataloge

● **Alleziele.de**
alleziele@campagnon.de

www.alleziele.de
Hier können kostenlos hochwertige Reiseführer, Reiseinformationen, Landkarten, Kataloge und Prospekte von offiziellen Tourismusverbänden für Europa, Nordamerika, Mittelamerika, Afrika und Asien direkt beim Fremdenverkehrsamt angefordert werden. **(Siehe Abbildung)**

Holidaykataloge
kontakt@holidaykataloge.de

www.holidaykataloge.de
Urlaubskataloge, Reisebroschüren oder Prospekte bequem online bestellen. Mit Informationen zu aktuellen Reiseangeboten.

● **Travelalien**
info@travelalien.de

www.travelalien.de
All inclusive, Pauschal- und Cluburlaub war gestern - Travelalien ist heute! Hier kann man Infobroschüren von außergewöhnlichen Urlaubs-, Event-, Extreme- und Funsport-Reiseveranstaltern gratis bestellen. **(Siehe Abbildung)**

● **urlaubskatalog.de**
info@urlaubskatalog.de

www.urlaubskatalog.de
Hier kann man Kataloge von weltweiten Reise- und Spezialveranstaltern gratis online bestellen. Nützliche Features sind die Länder-, Reise- und Gesundheitsinformationen. Urlaubswetter, Reiseversicherungen und Routenplaner runden das Angebot ab. **(Siehe Abbildung)**

Reiseinformationen/Reiseberichte

derReisetipp.de
feedback@derreisetipp.de

www.derreisetipp.de
Links zu persönlichen Reiseberichten mit zum Teil beeindruckenden Bildern und vielen Geheimtipps und Hinweisen.

Alleziele.de   www.alleziele.de

626

REISE

Travelalien www.travelalien.de

urlaubskatalog.de www.urlaubskatalog.de

REISE

Reiseberichte aus aller Welt
kontakt@raaw.de

www.reiseberichte-aus-aller-welt.de
Über 1.000 Homepages mit Berichten, Erfahrungen und Insider-Tipps, die in normalen Reiseführern nicht aufgeführt sind.

Reiseinformationen/Zeitschriften

Abenteuer und Reisen
kontakt@abenteuer-reisen.de

www.abenteuer-reisen.de
Sehr übersichtlich gestaltet bietet Abenteuer und Reisen ausführliche Reiseberichte, Tipps und 360°-Bilder im World-Guide.

● **REISE & PREISE Online**
verlag@reise-preise.de

www.reise-preise.de
Unabhängiges Reiseportal mit viel Service: Zum Beispiel kostenlose Preisvergleiche für Pauschalreisen, Billigflüge, Mietwagen und Hotels, „Best-of-Last-Minute", Airline-Test und ein Katalog-Bestell-Service. **(Siehe Abbildung)**

● **Tours**
internet@wittich-hoehr.de

www.tours-magazin.de
Das Reise- und Abenteuermagazin berichtet von allen Kontinenten dieser Erde. Exklusive Fotos, Reportagen und Länderinformationen mit Karten. Tests von Outdoor-Produkten und ein Tours-Shop zum Ersteigern von getesteten Artikeln. **(Siehe Abbildung)**

Reisepartner

● **Reisepartnersuche**
info@reisepartnersuche.com

www.reisepartnersuche.com
Hier findet man die/den perfekte(n) Reisepartner(in) nach neuesten Sicherheitsstandards und Suchkriterien. Direkt nach der kostenlosen Anmeldung kann man die/den Reisepartner(in) suchen und bereits von anderen gefunden werden. Kostenpflichtig ist nur die Kontaktaufnahme. **(Siehe Abbildung)**

Reisepartner-gesucht.de
info@reisepartner-gesucht.de

www.reisepartner-gesucht.de
Hier können Reisepartner gesucht werden.

REISE & PREISE Online  **www.reise-preise.de**

REISE

Tours www.tours-magazin.de

Reisepartnersuche www.reisepartnersuche.com

REISE

Travelmates.de

www.travelmates.de
In diesem Portal kann gezielt oder auch per Stichwort nach einem Reisepartner gesucht werden.

Reiseportale

● Deutsche Bahn

www.bahn.de
Das Online-Reisebüro: Pauschal- und Last-Minute-Reisen, Hotels, Mietwagen, Flug- und Veranstaltungstickets sowie Bahnfahrkarten und Sitzplatzreservierungen zum Selbstausdrucken bis zehn Minuten vor Abfahrt. **(Siehe Abbildung)**

● erfolgreich-reisen.de
info@erfolgreich-reisen.de

www.erfolgreich-reisen.de
Umfangreiche Reiseinfos: Buchtipps, kommentierte Reise-Links und viele Reisetipps. **(Siehe Abbildung)**

● Otto Reisen
kundenservice@otto-reisen.de

www.otto-reisen.de
Alle bekannten Ziele und Veranstalter einfach und bequem online buchen? Ob Last-Minute, Linienflüge oder ausgewählte Topangebote - das Reiseportal von OTTO führt auf direktem Weg in den Traumurlaub! **(Siehe Abbildung)**

ReiseBank AG
reisen@reisebank.de

www.reisebank.de
Bei der ReiseBank AG erhält man Last-Minute-Reisen, weltweite Flüge, Hotels, Feriendomizile oder Katalogreisen.

Reiseplanung.de
reiseplanung@ptv.de

www.reiseplanung.de
Reiseportal mit Verkehrsmittel übergreifender Routenplanung, Stadtplänen, Hotelführer, Reisewetter und bewerteten Reise-Links.

Reiserecht

Reisemangel.de
mail@reisemangel.de

www.reisemangel.de
Informationen zum Thema Reiserecht mit rechtlichen Erläuterungen, Definitionen, Mängelliste und reiserechtlichen Urteilen.

Deutsche Bahn   **www.bahn.de**

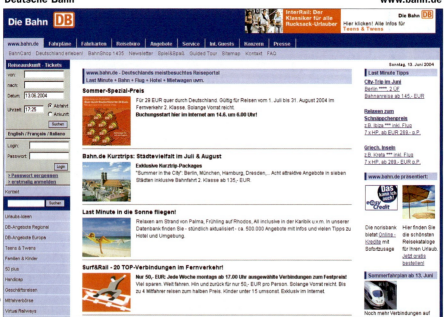

REISE

erfolgreich-reisen.de www.erfolgreich-reisen.de

Otto Reisen www.otto-reisen.de

REISE

Reiseveranstalter

airtours
airtours@airtours.de

www.airtours.de
Großes Angebot an exklusiven Hotels, Villen und Kreuzfahrten weltweit zu aktuellen Tagespreisen sowie Reise-Specials.

● **Gratistours.com**
info@gratistours.com

www.gratistours.com
Buchung von internationalen Luxushotels und -anlagen gegen eine geringe Gebühr. Die Übernachtung selbst ist immer kostenlos. Top-Angebote und Last-Minute-Specials. **(Siehe Abbildung)**

● **Lernidee Erlebnisreisen**
team@lernidee.de

www.lernidee.de
Spezialist für Erlebnisreisen (Individual- und Gruppenreisen), insbesondere Bahnreisen. Neben dem Schwerpunkt Russland und GUS-Staaten konzentriert sich das Angebot auf das südliche Afrika, Asien und Lateinamerika. **(Siehe Abbildung)**

Lotus Travel
info@lotus-travel.com

www.lotus-travel.com
Bei Lotus Travel kann man online Reisen nach Asien, Indien und Europa buchen.

Meiers Weltreisen
webmaster@meiers-weltreisen.de

www.meiersweltreisen.de
Auf der Web-Seite des Urlaubsspezialisten für alles Ferne kann man nach Hotels weltweit und aktuellen Angeboten recherchieren.

Neckermann-reisen.de
neckermann@cn-internet-center.de

www.neckermann-reisen.de
Den Traumurlaub suchen und buchen: Von Flug- oder Autoreisen über Freizeitparks bis hin zu Sport- und Städtereisen.

ÖGER TOURS
service-center@oeger.de

www.oeger.de
Pauschalreisen, Rund- und Kulturreisen sowie Last-Minute-Angebote in die Türkei, Karibik, Asien, Madeira, Malta, Tunesien, Ägypten.

Gratistours.com   www.gratistours.com

REISE

Thomas Cook Reisen
tcreisen@thomascook.de

www.thomascook-reisen.de
Vielfältige Reiseangebote vom Urlaub auf der Finca über Wellnessreisen oder Aktivurlaub bis zum Luxusurlaub unter Palmen.

Reiseveranstalter/Abenteuerreisen

Abenteuerteam.com
info@abenteuerteam.com

www.abenteuerteam.com
Abenteuerreisen online buchen - von der Antarktis bis Ozeanien. Links zu Foto- und Reiseberichten aus aller Welt.

Abenteuerurlaub Online
info@abenteuerurlaub-online.de

www.abenteuerurlaub-online.de
Faszinierende und außergewöhnliche Abenteuerreisen, Naturreisen, Erlebnisreisen und Wanderreisen weltweit.

outdoor-activities.de
info@outdoor-activities.de

www.outdoor-activities.de
Der Veranstalter bietet Outdoor-Reisen und Events: ob Kanu-, Rafting- oder Klettertouren.

Overcross.de
info@overcross.de

www.overcross.de
Abenteuerliche Touren zu ausgesuchten Zielen, wie Madagaskar, Tibet oder Tunesien.

Reiseveranstalter/Betriebsausflüge & Firmenreisen

Hirschfeld Touristik Event
info@hirschfeld.de

www.hirschfeld.de
Große Datenbank für Firmenevents. Mehr als 1.500 Ideen für Betriebsausflüge, Gruppenreisen und Events.

outdoor2business.de
info@outdoor2business.de

www.outdoor2business.de
Spezielle Outdoor- und Sport-Betriebsausflüge, Teambuildings und Incentives für Firmenkunden. Mit Online-Preis-Kalkulation.

Lernidee Erlebnisreisen   **www.lernidee.de**

Transsibirische Eisenbahn

Mit einem Sprachkurs zwischen Moskau und Irkutsk fing alles an. Seit dieser ersten Lernidee-Reise haben wir unseren Ruf als Pionier und europäischer Marktführer auf diesen legendärsten Schienen der Welt kontinuierlich ausgebaut. Heute präsentiert Lernidee Erlebnisreisen Ihnen das umfassendste Spektrum an Reisen auf der "Transsib": Egal, ob wir Ihnen bei einer Fahrt "auf eigene Faust" mit Rat, Tat, Tickets und Hotels zur Seite stehen, Ihnen die "echte" Transsib hautnah bei einer Fahrt im Linienzug vorstellen oder Sie in einem unserer exklusiven und besonders komfortablen Sonderzüge die goldene Zarenzeit wieder auferstehen lassen - vertrauen Sie auf umfassendes und unerreichtes Know-how aus über 16 Jahren Transsib-Erfahrung!

Zarengold

Die legendärsten Schienen der Welt - im exklusiven Sonderzug

Alle Reisen: Transsibirische Eisenbahn - Zarengold

Bahnreisen

Näher können Sie Ihrem Ziel kaum kommen: Schwelle um Schwelle begleitet Sie die sich gemächlich, aber beständig wandelnde Landschaft, während Sie sich entspannt in Ihren Sessel zurück lehnen oder in die bequemen Polster Ihres rollenden Schlafgemachs sinken. Abgerundet werden diese Reisen durch interessante Bordprogramme, interessante Besichtigungen und vieles mehr.

Alle Reisen: Transsibirische Eisenbahn - Bahnreisen

Erlebnisreisen

REISE

Reiseveranstalter/Bildungs- & Studienreisen

BaikalExpress Sibirienreisen
info@baikal-express.de

www.baikal-express.de
Veranstalter von Erlebnis- und Studienreisen in Sibirien, Zentralasien und der Mongolei. Naturnahes Reisen in kleinen Gruppen.

Studiosus Reisen München GmbH
tours@studiosus.com

www.studiosus.de
Veranstalter von Studien- und Sprachreisen mit Angeboten für Alleinreisende, Urlaub für junge Leute sowie Städtereisen.

Ventus Reisen GmbH
office@ventus.com

www.ventus.com
Spezialist für Erlebnis-, Bildungs- und Studienreisen zu Reisezielen in Osteuropa, im Nahen Osten und im Fernen Osten.

Reiseveranstalter/Gesundheits- & Wellnessreisen

Gesunde Reisen
office@gesundereisen.de

www.gesundereisen.de
Hier findet man umfangreiche Informationen und Bilder zu Hotels, die Beauty, Wellness, Fitness, Sport und Gesunde Ernährung anbieten. Alle Mitgliederhotels sind bewertet. Hier kann man sicher sein, dass auch Wellness drin ist, wenn Wellness drauf steht.

● **last-minute-wellness.com**
info@last-minute-wellness.com

www.last-minute-wellness.com
Portal für kurzfristige Angebote von Wellness-Reisen aller Art mit detaillierten Einstellungsmöglichkeiten. Bei der Komfort-Suche kann man sein individuelles Wunsch-Paket für den Wellness-Urlaub eingeben und direkt an viele Anbieter schicken.
(Siehe Abbildung)

REISE

Reiseveranstalter/Kurzreisen

Kurz-mal-weg.de
info@kurz-mal-weg.de

www.kurz-mal-weg.de
Anbieter von Kurzreisen: Gruppenreisen, Wintersportreisen oder Wellnessreisen - in Rubriken wie Reisedauer oder Bundesland.

Reiseveranstalter/Pilgerreisen

ATC Pauschal-Reisen
info@hajj.de

www.hajj.de
Pilgerreisen zur Kaaba nach Mekka und zu den anderen Heiligen Stätten des Islams. Außerdem Verhaltenstipps während der Hajj.

Bayerisches Pilgerbüro
bp@pilgerreisen.de

www.pilgerreisen.de
Reiseveranstalter für Pilgerfahrten, Studien- und Wanderreisen weltweit sowie Angebote für Urlaub im Kloster.

Emmaus-Reisen
info@emmaus-reisen.de

www.emmaus-reisen.de
Pilgerreisen und Wallfahrten nach Rom, Lourdes, Fatima, Santiago de Compostela oder ins „Heilige Land" sowie Kulturreisen.

Shambhala tours & meditation
info@shambhala.de

www.shambhala.de
Meditationsreisen nach Tibet auf den geistigen Spuren Buddhas oder zur Quelle von Indiens heiligem Fluss Ganges.

Reiseversicherungen

🔴 **Europäische, Die**
contact@reiseversicherung.de

www.reiseversicherung.de
Die Europäische bietet neben Infos und Reiserisiken eine Übersicht zu häufigen Versicherungslücken, z.B. bei Reiseschutz in Kreditkarten. Außerdem einfache und schnelle Buchungsmöglichkeit für individuellen Reiseschutz. **(Siehe Abbildung)**

Die Europäische   **www.reiseversicherung.de**

REISE

● **HanseMerkur Reiseversicherung**
reiseservice@hansemerkur.de

www.hmrv.de
Überblick über verschiedene Reiseversicherungen für Urlaubs-, Gruppen- oder Geschäftsreisen, Au Pairs, Studenten oder Schüler sowie langfristige Auslandsaufenthalte. Mit Hilfe eines Buchungsassistenten ist eine Online-Buchung möglich. Darüber hinaus erhält man wichtige Informationen zur Reiseapotheke.
(Siehe Abbildung)

reiseversicherung.com
info@reiseversicherung.com

www.reiseversicherung.com
Informationen über die gängigsten Reiseversicherungen. Tarifvergleich und Online-Abschluss.

Travelsecure.de
info@travelsecure.de

www.travelsecure.de
Reiseversicherungen und nützliche Check-Listen zur Reisemedizin, zu Autoreisen, Tauch- oder Winterurlaub.

Routenplaner

Siehe Verkehr

Routenplaner

Sprachreisen

Siehe Arbeit & Beruf

Sprachschulen/Kurse & Sprachreisen

Städte

Siehe Städte & Regionen

Stadtname

HanseMerkur Reiseversicherung   www.hmrv.de

REISE

Ticket online/Flüge & mehr

alltours
urlaubsberater@alltours.de

www.alltours.de
Internet-Buchung aller Reisen des Unternehmens. Auch Last-Minute und Nur-Flug-Angebote.

Bucher Reisen
reisecenter1@bucher-reisen.de

www.bucherreisen.de
„Billiger Urlauben" mit Bucher Reisen: preiswerte, kurzfristige Urlaubsangebote sowie ausführliche Reise- und Länderinfos.

● **Buy4Fly**
info@buy4fly.de

www.buy4fly.de
Restplätze, Abenteuer-, Familien- oder Single-Reisen recherchieren und online buchen. Schnellinfos zu Ländern und Flughäfen. Aktuelle Angebote und Specials sind gleich auf der Startseite abrufbar. **(Siehe Abbildung)**

DER Business Travel & DER Reisebüro
info@der.de

www.der.de
DER Business Travel - Angebote für Geschäftsreisende und DER Reisebüro - Der Touristikspezialist für Pauschalreisen.

Derpart Reisevertrieb
zentrale@derpart.de

www.derpart.de
Derpart bietet preisgünstige Linienflüge, Last-Minute-Angebote, City-Hotels und eine Mietwagen-Suche an.

Expedia.de - Reisen
service@expedia.de

www.expedia.de
Online-Reisebüro für Flüge, Last-Minute- und Pauschalurlaub, Hotels, Städtereisen, Mietwagen und Reiseschutz.

Ferien AG
info@ferien.de

www.ferien.de
Last-Minute-Angebote, Flüge, Hotels, Mietwagen, Reiseversicherungen und Tickets. Reisetipps, Reise-Specials und Gewinnspiele.

Buy4Fly **www.buy4fly.de**

Reise

Firstreisen
info@firstreisen.de

www.firstreisen.de
Flug-, Last-Minute- und Pauschalreisen sind direkt online buchbar. Links zu bekannten Veranstaltern von Reisen, Seereisen, Mietwagen und Ferienhäusern. Charter- und Linienflüge, sortiert nach Preis und Verfügbarkeit. Last-Minute- und Pauschalreisen können nach verschiedenen Kriterien gesucht werden.

● Flughafen.de
info@flughafen.de

www.flughafen.de
Info und Serviceportal rund ums Fliegen und Reisen: Tagesaktuelle Reise- und Branchen-News, Datenbanksuche für Flughäfen und Airlines sowie interessante Artikel zum Thema im Magazin. Außerdem: Online-Buchung von Flügen, Hotels, Mietwagen und Reisen. **(Siehe Abbildung)**

Fly-east.de
service@fly-east.de

www.fly-east.de
Datenbank für weltweite Linienflüge. Mit Flughafen-Übersicht und umfangreicher Link-Liste für die Urlaubsvorbereitung.

● Flywest.de
info@flywest.de

www.flywest.de
Auf der Seite von flywest.de können Linienflüge weltweit gesucht und sofort online gebucht werden. Die Datenbank mit über 1 Mio. Flugtarifen von über 400 Airlines wird täglich aktualisiert. Eine Flughafen-Übersicht, die alle Airports dieser Welt nach Ländern listet, hilft den Zielflughafen zu finden. **(Siehe Abbildung)**

LMTS-Reisecenter
info@lmts.de

www.lmts.de
Pauschalreisen, Flüge, Last-Minute-Reisen, Mietwagen, Reiseversicherungen, Individual- sowie Familienreisen.

● LTU
tickethotline@ltu.de

www.ltu.de
Optimierte Buchungsmöglichkeit von LTU Flügen, u.a. Kurzfristangebote und BIET & FLIEG Ticketauktion. Weitere Informationen zu: Services z.B. Gepäck, Streckennetz, LTU CARD, Vielfliegerkarten, Kontaktadressen, Shop, Unternehmen und Flotte. **(Siehe Abbildung)**

Flughafen.de www.flughafen.de

REISE

Flywest.de   www.flywest.de

LTU   www.ltu.de

REISE

Lufthansa City Center
info@lcc-travelnet.de

www.lhcc.de
In der Datenbank des Lufthansa City Centers findet man Last-Minute-Flüge, Urlaubsreisen, Geschäftsreisen und Mietwagen.

🔴 **Neckermann UrlaubsWelt**
urlaubswelt@neckermann.de

www.neckermann.de/urlaubswelt
Last-Minute-Reisen, Flugtickets, Ferienhäuser, Hotels, Urlaubsreisen, Seereisen, Mietwagen und Eintrittskarten für Veranstaltungen. Ausführliche Reise- und Länderinfos. **(Siehe Abbildung)**

Opodo
mail@opodo.de

www.opodo.de
Last-Minute-Angebote und Flüge von über 400 Gesellschaften, über 34.000 Hotels und Reiseinfos zu 160.000 Urlaubszielen.

Reisegeier
info@reisegeier.com

www.reisegeier.com
Last-Minute-Reisen, Pauschalreisen, Flüge, Mietwagen und Hotels in Deutschland und Europa übersichtlich online buchbar.

Reiseshop.de
info@reiseshop.de

www.reiseshop.de
Last-Minute-Datenbank, Fly and Drive, Hotel- und Reiseführer, Mietwagen online, Urlaubs-Check-Liste und Ferientermine.

SparFuchsReisen
info@sparfuchsreisen.de

www.sparfuchsreisen.de
Preiswerte Reiseangebote aus den Bereichen Last-Minute-Urlaub, Pauschalreisen, Autoreisen, Kurz-Urlaub und Rundreisen.

STA Travel
info@statravel.de

www.statravel.de
Anbieter für Jugend- und Studentenreisen: Flüge, Last-Minute-Schnäppchen, Hotels, Mietwagen oder Round-the-World-Tickets.

Start.de
redaktion.touristik@bahn.de

www.start.de
Viele Last-Minute-Angebote und Pauschalreisen der namhaften Veranstalter. Flüge, Hotels und Mietwagen online buchbar.

tce-reisen.de
info@tce-reisen.de

www.tce-reisen.de
Aktuelle Reiseangebote, Last-Minute-, Rundreisen und Flüge sowie Suchmöglichkeit nach speziellen Hotelketten.

Neckermann UrlaubsWelt   **www.neckermann.de/urlaubswelt**

REISE

Thomas Cook Reisebüro
zentrale@thomascookag.com

www.thomascook.de
Urlaub von A bis Z: Flugreisen, Urlaub mit dem eigenen Auto, Last-Minute-Schnäppchen, All-inclusive-Angebote oder Städtereisen.

Travel Overland
tickets@travel-overland.de

www.travel-overland.de
Über eine Millionen Flugtarife von über 100 Airlines online vergleichbar und buchbar. Preiswerte Jugend- und Studententarife.

● **Traveo.de**

reisen.traveo.de
Individuelle Reisen für jeden Urlaubstyp, Pauschalreisen, Angebote für die ganze Familie, über 50.000 Ferienhäuser und -wohnungen direkt online buchen, Charter- und Linienflug-Angebote, Mietwagen, Kreuzfahrten, Last-Minute, Konzert- und Event-Tickets, Reiseversicherung sowie Länder- und Reiseinfos.
(Siehe Abbildung)

TUI.de

www.tui.de
TUI.de bietet unter dem Motto „Suchen und Buchen" Flüge, Pauschal- und Last-Minute-Reisen, Hotels und Mietwagen an.

Ticket online/Fluggesellschaften

Siehe Verkehr

Fluggesellschaften

Ticket online/Last-Minute

5 vor Flug
service@5vorflug.de

www.5vorflug.de
Täglich neue Last-Minute-Angebote von FTI zu Tiefflugpreisen bis zu drei Wochen vor Abflug sortiert nach Flughäfen.

Traveo.de   reisen.traveo.de

REISE

BUY.bye last minute und mehr
service@buybye.de

www.buybye.de
Die mehrfach ausgezeichnete Last-Minute-Datenbank jetzt noch kundenfreundlicher mit Online-Bestätigung, Kreditkartenakzeptanz und Video- und Panoramabildern. BUY.bye erhält eigene Restplatzkontingente, deshalb werden nur buchbare Angebote dargestellt. **(Siehe Abbildung)**

Cleverbuchen.de
kontakt@cleverbuchen.de

www.cleverbuchen.de
Hier können Angebote verschiedener Veranstalter, sortiert nach Abflughafen und Preisbereich, recherchiert werden. Ob Club-, Familien- oder Singleurlaub, Kreuzfahrten oder Autoreisen - hier findet jeder sein persönliches Angebot. **(Siehe Abbildung)**

Lastminute.com
hallo@lastminute.com

www.lastminute.com
Topangebote für Reisen, Flüge, Hotels oder Wellness. Mit Flug und Hotel kann man seine Reisen selbst kombinieren.

L'tur
kundenservice@ltur.de

www.ltur.de
Suche in zahlreichen stündlich aktualisierten Last-Minute-Angeboten nach Zielgebiet, Abflugtermin, -flughafen oder Bestpreis.

online-bucher.de
service@online-bucher.de

www.online-bucher.de
Hier kann man Last-Minute- und Pauschal-Reisen, Hotels in aller Welt sowie Charter- und Linienflüge buchen. Zahlreiche Schnäppchenangebote, wie im Tipp der Woche, sind abrufbar. Günstige Reisen können bei einer Preisvergleichs-Datenbank abgefragt werden. Weltweite Hotelbewertung von Gast zu Gast.

Reiselinie.de
info@reiselinie.de

www.reiselinie.de
Täglich aktuelle Lastminute-Reisen und Billigflüge mit Tiefpreis-Garantie. Die Kunden finden hier ausführliche Reiseinfos und Fluginfos, für die Unterhaltung sorgt das Reisemagazin. Ebenfalls findet man auf www.reiselinie.de eine Wetter-Vorhersage der wichtigsten Reiseziele. **(Siehe Abbildung)**

BUY.bye last minute und mehr — www.buybye.de

REISE

Cleverbuchen.de www.cleverbuchen.de

Reiselinie.de www.reiselinie.de

REISE

Reisesuchmaschine.com
info@reisesuchmaschine.com

www.reisesuchmaschine.com
Die Reisesuchmaschine durchforstet täglich die Reiseangebote von über 200 Reiseveranstaltern. So bucht man einfach und bequem immer das günstigste verfügbare Angebot. Neben Lastminute-, Pauschal-, Rund-, Familien- und Schiffsreisen findet man noch über 50.000 Hotelkritiken von Verbrauchern. **(Siehe Abbildung)**

Topi
info@topi.de

www.topi.de
Zusammenschluss von auf Last-Minute-Reisen spezialisierten Reisebüros. Beratung und Buchung auch für Pauschalreisen, Schiffsreisen und Linienflüge in über 370 Topi-Agenturen in Deutschland, Österreich und Italien. **(Siehe Abbildung)**

Travelchannel.de
info@travelchannel.de

www.travelchannel.de
Einfache Online-Buchung von Flügen, Last-Minute- und Pauschalreisen, Hotels und Mietwagen weltweit sowie Reiseinfos.

TravelScout24
info@travelscout24.de

www.travelscout24.de
Veranstalterübergreifende Pauschal- und Last-Minute-Reisen, unabhängige Beratung sowie umfassende Serviceleistungen.

Unterkünfte

Deutscher Hotelführer
hotelguide@matthaes.de

www.hotelguide.de
Hoteldatenbank mit über 10.000 luxuriösen oder gemütlich-familiären Unterkünften. Anmeldemöglichkeit für das eigene Hotel.

Feriendomizile.net
info@feriendomizile.net

www.feriendomizile.net
Online-Buchungsplattform mit über 7.500 Ferienunterkünften aller Leistungsstufen in Deutschland. Unterkünfte sind in Wort und Bild beschrieben, einschließlich Preis, Zimmergröße und Leistungsspektrum. Mit interaktiver Deutschlandkarte, Lageplänen sowie einem integrierten Routenplaner. **(Siehe Abbildung)**

Reisesuchmaschine.com   www.reisesuchmaschine.com

REISE

Topi www.topi.de

Feriendomizile.net www.feriendomizile.net

Reise

● **hideaways**
info@hideaways.de

www.hideaways.de
Internationales Reisemagazin mit Hoteldatenbank. Informationen rund um die Hideways Hotels weltweit: Lage und ausführliche Beschreibung, Bilder, Kontaktadressen, Zimmerpreise, Küche, Klima, beste Reisezeit, Flugverbindungen und Airlines. Weitere Informationen zum Abo und den Hideways Bildbänden.
(Siehe Abbildung)

Hotel online
kontakt@hotelonline.de

www.hotelonline.de
Hotels in Deutschland, Österreich und der Schweiz.

● **Hotel Reservation Service**
office@hrs.de

www.hrs.de
Kostenlose Online-Buchung von mehr als 130.000 Hotels weltweit zu tagesaktuellen Bestpreisen. Suche nach Ort, Zeitraum und Zimmeranzahl. Nur verfügbare Hotels werden angezeigt. Hotelinformationen, Fotos und Anfahrtsbeschreibungen. Gruppen-, Tagungs- und Messebuchungen sind möglich.
(Siehe Abbildung)

hotel.de
info@hotel.de

www.hotel.de
Hotel-Buchungssystem mit über 130.000 Hotels weltweit. Direkt online und in mehreren Sprachen buchbar.

Hotel-ami.de
info@hotel-ami.de

www.hotel-ami.de
Europaweites Verzeichnis mit über 163.000 Häusern in 44 verschiedenen Kategorien mit detaillierter Recherchemöglichkeit.

● **Urlaubstage.de**
info@urlaubstage.de

www.urlaubstage.de
Urlaubstage.de ist eine Informations- und Kommunikationsplattform für Reisende und bietet die Möglichkeit, viele Reise-Angebote und Unterkünfte untereinander zu vergleichen und zum Teil direkt zu buchen. Redaktionelle Empfehlungen von Ferienwohnungen, Ferienhäusern und Hotels. **(Siehe Abbildung)**

Patoga
info@patoga.de

www.patoga.com
Hotelsuchmaschine für Häuser in Deutschland, der Schweiz, Österreich, den Niederlanden, Belgien, Frankreich und Italien.

hideaways www.hideaways.de

Anzeige

646

REISE

Hotel Reservation Service   www.hrs.de

Urlaubstage.de   www.urlaubstage.de

Reise

PlacesToStay
info@worldres-europe.com

www.placestostay.com
Weltweit Hotels suchen und buchen. Günstige Discount-Unterkünfte mit Preisangaben und Fotoansicht des Hotels und der Zimmer.

Weltweit-Urlaub.de
anfrage@weltweit-urlaub.de

www.weltweit-urlaub.de
Angebote zu Ferienhäusern, Ferienwohnungen, Hotels, Appartements und Reisen weltweit.

Unterkünfte/Bauernhofurlaub

Bauernhofurlaub.com
info@bauernhofurlaub.com

www.bauernhofurlaub.com
Datenbank mit rund 3.500 Urlaubsbauernhöfen in Deutschland und Europa. Auch Angebote von Weingütern und Bio-Höfen.

Bundesarbeitsgemeinschaft für Urlaub auf dem Bauernhof
info@bauernhofurlaub-deutschland.de

www.bauernhofurlaub-deutschland.de
Unterkunfts- und Angebotsverzeichnis mit über 20.000 Bauernhöfen in ganz Deutschland, nach Bundesländern geordnet.

Landtourismus.de
landtourismus@dlg-frankfurt.de

www.landtourismus.de
Rund 900 „Urlaub auf dem Bauernhof"-Angebote aus ganz Deutschland können hier wahrgenommen werden.

Unterkünfte/Ferienwohnungen

e-domizil
info@e-domizil.de

www.e-domizil.de
Über 50.000 Ferienhäuser und -wohnungen in mehr als 25 Ländern und über 360 Ferienregionen sind online buchbar.

Ferienhausnet.de
info@ferienhausnet.de

www.ferienhausnet.de
Über 55.000 Ferienunterkünfte in Europa, in Florida und auf Mauritius können über eine individuelle Suchanfrage gefunden werden.

FeWo-direkt.de   **www.fewo-direkt.de**

REISE

Ferienwohnung.com
info@ferienwohnung.com

www.ferienwohnung.com
Verzeichnis für Ferienwohnungen und Ferienhäuser auf der ganzen Welt. Buchung erfolgt direkt beim Anbieter.

Ferienwohnungen.de
support@ferienwohnungen.de

www.ferienwohnungen.de
Ferienwohnungen und Ferienhäuser weltweit, mit ausführlichen Beschreibungen und Fotos, direkt online buchen beim Vermieter.

● **FeWo-direkt.de**
info@fewo-direkt.de

www.fewo-direkt.de
6.800 private Ferienhäuser und -wohnungen weltweit für Familien, die Clique und Urlaub mit Hund. Direkt bei Privat mieten, keine Vermittlungsgebühren. Tagesgenaue Verfügbarkeit, Last-Minute- und Sonderangebote, ausführliche Beschreibungen und Farbfotos. Vermieter können ihr Feriendomizil hier inserieren. **(Siehe Abbildung)**

Interhome
info@interhome.de

www.interhome.de
Über 20.000 qualitätsgeprüfte Ferienwohnungen und Ferienhäuser in 15 Ländern Europas und in Florida, die online buchbar sind.

Unterkünfte/Haustausch

Haustausch.de
info@haustausch.de

www.haustausch.de
Die Welt durch Haus- und Wohnungstausch zum Nulltarif kennen lernen. Hier werden kostenpflichtig Adressen vermittelt.

Unterkünfte/Jugendliche & Junge Menschen

● **Deutsches Jugendherbergswerk**
service@djh.de

www.jugendherberge.de
Die Homepage der rund 600 Jugendherbergen in Deutschland bietet einen umfassenden Informations- und Angebotsservice via Internet an. **(Siehe Abbildung)**

Deutsches Jugendherbergswerk   **www.jugendherberge.de**

649

REISE

Gästehäuser des CVJM
info@cvjm.de

www.cvjm-haeuser.de
Hier sind alle CVJM-Gästehäuser in Deutschland übersichtlich nach Postleitzahlenbereichen sortiert. Zu jedem Haus findet man Informationen bezüglich Ausstattung, Lage, Preisen und Anfahrt. Dazu eine interaktive Deutschlandkarte sowie aktuelle Angebote und freie Termine. **(Siehe Abbildung)**

Unterkünfte/Privat

Bed and Breakfast Ring Germany
contact@bandb-ring.de

www.bandb-ring.de
Statt teuer ins Hotel lieber privat zu netten Leuten in preiswerte Privatzimmer, kleine Pensionen, Ferienwohnungen und Bauernhöfe.

Touristonline.de
mail@tourist-online.de

www.touristonline.de
Ferienhäuser, Ferienwohnungen und Appartements direkt von Privat.

Unterkünfte/Tagungen

Tagungshotels online
info@tagungshotels-online.de

www.tagungshotels-online.de
Internet-Verzeichnis ausgesuchter Tagungshotels, Restaurantkritiken und eine Seminardatenbank.

Tagungshotels.de
info@busche.de

www.tagungshotels.de
Für Tagungen, Seminare und Kongresse kann hier nach Postleitzahlen und technischen Anforderungen ein Hotel gesucht werden.

Visa

Visa Dienst
info@visum.de

www.visum.de
Aktuelle Informationen, nützliche Tipps, Länderinfos, Online-Info-Formular, Preisliste und Hinweise zur Beschaffung von Visa.

Gästehäuser des CVJM **www.cvjm-haeuser.de**

Anzeige

14
Soziales

Soziales

www.bke-jugendberatung.de

bke-jugendberatung

Ob bei Stress in der Schule, Ärger in der Familie, Liebeskummer oder anderen Problemen – ein sofortiger Ansprechpartner kann stets hilfreich sein. Die Jugendberatung bietet professionelle Hilfe durch Sozialpädagogen oder Psychologen, die per E-Mail auf Fragen und Probleme antworten. Im Forum kann man sich mit anderen Jugendlichen austauschen oder eigene Erfahrungen weitergeben. Zudem gibt es zu bestimmten Terminen ein durch Pädagogen moderiertes Forum, an dem jeder zur Teilnahme eingeladen ist. Zusätzlich finden Sie ein Verzeichnis mit Beratungsstellen und hilfreich für Mütter wie Väter kann die Elternberatung sein.

www.babyclub.de

Babyclub.de

Schwangere und junge Eltern sind auf babyclub.de gut beraten: Hier können Sie sich mit anderen Vätern und Müttern oder mit Experten in Diskussionsforen austauschen. In der Hebammensprechstunde werden Fragen zum Thema Schwangerschaft, Geburt oder Baby von praxiserfahrenen Hebammen beantwortet. Fruchtbarkeits- und Schwangerschaftskalender helfen bei der Familienplanung und mit der Hebammensuchmaschine finden Sie unter Angabe Ihrer Leistungsansprüche die passende Hebamme in Ihrer Nähe. Dazu gibt es nützliche Informationen zu Geburtsmethoden, Schwangerschaftsgymnastik oder Ernährung.

www.das-beratungsnetz.de

das-beratungsnetz.de

Kummer und Sorgen? Das Beratungsnetz ist eine Online-Anlaufstelle, wo Betroffene anonym „erste Hilfe" bei Mitmenschen und Experten finden. Zu Problemen wie Trauer, Sucht, Mobbing oder Partnerschaft und Sexualität erfährt man hier, welche Einrichtungen entsprechende Therapien und Rat durch Chats oder persönliche E-Mail-Kontakte anbieten. Zu speziellen Themen werden von Fachleuten der psycho-sozialen und gesundheitlichen Beratung moderierte Gruppen-Chats angeboten, wo Betroffene und Interessierte Fragen stellen oder sich informieren können. Tauschen Sie sich in Foren mit anderen aus, um Rat und Hilfe zu finden!

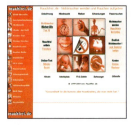

www.rauchfrei.de

Rauchfrei.de

Wenn Sie nervös und gereizt sind oder Schlafstörungen haben, sobald keine Zigaretten in der Nähe sind, leiden Sie unter den typischen Entzugsymptomen eines Rauchers. Tun Sie etwas gegen Ihre Sucht, indem Sie einen Entwöhnungskurs belegen! Haben Sie es schon mal mit Akupunktur probiert? Hier finden Sie einen Therapienvergleich bezüglich ihrer Wirksamkeit. Ob und wie süchtig Sie sind, zeigt der Rauchertest und der Rauchkostenrechner gibt an, wie viel Geld Sie bisher verqualmt haben. Außerdem gibt es vielseitige Infos zur Wirkung von Nikotin und zu Gesundheitsschäden sowie hilfreichen Rat von ehemaligen Rauchern.

SOZIALES

www.urbia.de

urbia.de

Vor allem junge Eltern finden hier Unterstützung bei der Bewältigung von Problemen, die das Familienleben mit sich bringt: Was ist während und nach einer Schwangerschaft zu beachten? Nutzen Sie in der Rubrik „Service" praktische Angebote, wie zum Beispiel den tollen Baby-Entwicklungskalender! Wie müssen sich Partner nach der Geburt des neuen Familienmitglieds aufeinander einstellen und wie werden Konflikte am besten gelöst? Auch die Erziehung überfordert viele Eltern: Ob Baby, Kleinkind oder pubertierender Jugendlicher – vom richtigen Schnuller bis hin zur psychologischen Therapie gibt es hier hilfreiche Beiträge.

www.firstname.de

Firstname.de

Jan Jörn, Britney Maria, Fin-Eric oder Zorana? Wie soll das Kind bloß heißen? Wie der neue Popstar oder so ähnlich wie Großtante Otti? Vielleicht suchen Sie auch einen wohlklingenden Namen für Ihren Nachwuchs, der etwas ausgefallener ist, damit Ihnen nicht zwanzig kleine Bälger „Mamaaa!!!" schreiend entgegenstürzen, wenn Sie Ihre Anna aus dem Kindergarten abholen. Wie auch immer, diese Seite kennt unzählige Namen aus aller Welt: Geben Sie einfach Ihre gewünschten Anfangs- oder Endbuchstaben ein und bestimmen Sie, ob es ein männlicher, weiblicher oder biblischer Name sein soll und eine große Liste steht Ihnen zur Auswahl.

www.singleboersen-vergleich.de

Singlebörsen im Vergleich

Sie sind auf Partnersuche und wollen das Internet dazu nutzen? Bei dem unüberschaubaren Angebot von Kontaktanzeigen-Seiten, Partnervermittlungen, Seitensprung-Agenturen, Blind Date-Anbietern und Single-Treffs fragt man sich: Was unterscheidet sie und was ist davon seriös? Schließlich wollen Sie nicht Ihr Geld verschwenden und unnötig enttäuscht werden. Hier erfahren Sie, was Anbieter zu welchen Preisen und Konditionen leisten und welcher am besten Ihren Wünschen genügt. Zudem gibt es hilfreiche Tipps für den Weg zum Liebesglück, wie beispielsweise zur Gestaltung einer Suchanzeige, damit Ihre Erfolgswahrscheinlichkeit steigt!

www.geolino.de

GEOlino

Jetzt können Klein und natürlich auch Groß endlich ihren Wissensdurst stillen. Das GEOlino-Magazin präsentiert sich online, mit vielen informativen Beiträgen zu den Themen Tiere und Pflanzen, Wissenschaft und Technik sowie Menschen und Länder und sogar Bastler und Experimentierfreudige finden tolle Infos. Erleben Sie die Apollo-Missionen durch Videoaufnahmen mit und lesen Sie sich schlau: Wann japanische Schneeaffen baden gehen, wie der Beruf des Maskenbildners aussieht, was man mit Backpulver alles anstellen und wie man damit gar den Daniel Düsentrieb-Preis gewinnen kann?

SOZIALES

Allgemein

Sozial.de
info@sozial.de

www.sozial.de
Infoseite aus dem Sozial- und Gesundheitsbereich mit Wissensdatenbank, Suche nach Veranstaltungen, sozialen Branchen, Projekten.

Analphabetismus

Apoll-online
info@apoll-online.de

www.apoll-online.de
Informationen über Analphabetismus und dessen Ursachen sowie E-Learning. Links zu nationalen und internationalen Organisationen.

Bundesverband Alphabetisierung e.V.
bundesverband@alphabetisierung.de

www.alphabetisierung.de
Sozialkampagne mit dem Motto: „Schreib dich nicht ab. Lern lesen und schreiben!" informiert über Ursachen und Lösungsstrategien.

Anthroposophie

Anthroposophie.net

www.anthroposophie.net
Aufsätze, Links und Veranstaltungshinweise zu anthroposophischen und waldorfpädagogischen Themen.

Asyl

BA für die Anerkennung ausländischer Flüchtlinge
info@bafl.de

www.bafl.de
Zentrale Migrationsbehörde bietet Infos zur Migration, Integration und Asylrecht, Erläuterung von Begriffen und Gesetzestexten.

Informationsverbund Asyl
kontakt@asyl.net

www.asyl.net
Informationen zum Thema Asyl und den Herkunftsländern von Flüchtlingen. Adressen und Asylmagazin mit Hintergrundberichten.

Pro Asyl
proasyl@proasyl.de

www.proasyl.de
Infomaterialien zum Bestellen, Liste national und international wichtiger Adressen, Informationen über aktuelle Asylpolitik.

Behinderung/Allgemein

Wheel-it
info@wheel-it.de

www.wheel-it.de/portal
Online-Portal für Menschen mit Behinderung, Nachrichten sowie Infos über Sexualität, Freizeit, Reisen. Außerdem Flirt-Line.

Behinderung/Hörgeschädigte

Deutscher Gehörlosen-Bund
info@gehoerlosen-bund.de

www.gehoerlosen-bund.de
Der DGB e.V. vertritt die Interessen der Gehörlosen in Deutschland, wichtige Links zu Gehörlosentheater, -sport und -zeitungen.

Taubenschlag
webmaster@taubenschlag.de

www.taubenschlag.de
Web-Seite für Taube und Schwerhörige. Bietet viele Infos zu Themen wie Bildung, Kultur, Sport. Außerdem: Kontaktanzeigen.

Behinderung/Körperbehinderung

Bundesverband Selbsthilfe Körperbehinderter e.V.
zentrale@bsk-ev.de

www.bsk-ev.de
Hier erhalten körperbehinderte Menschen Hilfestellungen und Beratung bei Problemen im Alltag.

SOZIALES

Körper und Mehrfachbehinderte
info@bvkm.de

www.bvkm.de
Informationen über verschiedene Behinderungen mit umfangreichen weiterführenden Literaturhinweisen.

OrthoPoint
webmaster@orthopoint.com

www.orthopoint.de
OrthoPoint ist eine Online-Plattform für Menschen mit Körperbehinderungen, um Informationen und Erfahrungen auszutauschen.

Behinderung/Logopädie & Stottern

Bundesvereinigung Stotterer-Selbsthilfe e.V.
info@bvss.de

www.bvss.de
Informationen und Beratung für Stotterer. Mit Kontaktadressen und Links zum Stotter-Chat.

Stotterer-training.de
info@stotterer-training.de

www.stotterer-training.de
Infos über das Stottern sowie Kursangebote und Termine. Zusätzlich können Betroffene im Forum ihre Erfahrungen austauschen.

Stottern
info@stotter-infoseiten.de

www.stotter-infoseiten.de
Die Seite bietet Informationen über Ursachen, Theraphien sowie Literatur, um so Vorurteile über das Stottern auszuräumen.

Behinderung/Organisationen

● **Aktion Mensch**
info@aktion-mensch.de

www.aktion-mensch.de
Alles über die Organisation „Aktion Mensch" sowie „Aktion Mensch Lotterie": Projekte, Aktionen und Informationen. **(Siehe Abbildung)**

Bundesvereinigung Lebenshilfe
bundesvereinigung@lebenshilfe.de

www.lebenshilfe.de
Bundesvereinigung Lebenshilfe für Menschen mit geistiger Behinderung, wichtige Adressen sowie Fort- und Weiterbildungsangebote.

Aktion Mensch   **www.aktion-mensch.de**

SOZIALES

Sozialverband VdK Deutschland
kontakt@vdk.de

www.vdk.de
Interessenvertretung für ältere, behinderte und chronisch kranke Menschen, Links zu Landesverbänden, Diskussionsforum.

Behinderung/Sehschädigung

Aktion Tonband-Zeitung für Blinde e.V.
atz@atz-blinde.de

www.atz-blinde.de
Einrichtung der Blindenselbsthilfe. Ziel: Blindeninformation durch akustische Medien; Printmedien können online angehört werden.

Deutscher Blinden- und Sehbehindertenverband e.V.
info@dbsv.org

www.dbsv.org
Gesetzgebung, Rechtsfragen, Barrierefreies Internet, Hilfsmittel, Jobs, Broschüren, Projekte und Blindenstiftung Deutschland.

Behinderung/Sport

Siehe Sport

Behindertensport

Behinderung/Verschiedenes

handicap love singles
info@handicap-love.de

www.handicap-love.de
Das Singleportal speziell für Menschen mit Behinderungen bietet Kontaktanzeigen mit bis zu drei Bildern und eine Kurzbeschreibung.

Beratungsstellen & Telefonseelsorge

Beamte 4U
redaktion@beamte4u.de

www.beamte4u.de
Hilfe bei Problemen mit Behörden, Vermietern und Arbeitgebern.

das-beratungsnetz.de
info@das-beratungsnetz.de

www.das-beratungsnetz.de
Psycho-soziale Beratungsstelle im Internet mit unterschiedlichen Beratungsarten und zahlreichen Kontaktadressen zu Experten.

Telefonseelsorge
telefonseelsorge@diakonie.de

www.telefonseelsorge.de
Ein Beratungs- und Seelsorgeangebot der Evangelischen und Katholischen Kirche.

Bürgerinitiativen & Bürgerstiftungen

Buergerstiftungen
info@buergerstiftungen.de

www.buergerstiftungen.de
Von der Idee bis zur Umsetzung - hier findet man alle Fakten zu Geschichte, Gründung, Inhalten und Praxis.

Wegweiser Bürgergesellschaft
info@wegweiser-buergergesellschaft.de

www.buergergesellschaft.de
Der Wegweiser informiert über Möglichkeiten des Engagements und fördert den Erfahrungsaustausch zwischen sozialen Netzwerken.

Drogen/Beratungsstellen

Blaues Kreuz
bkd@blaues-kreuz.de

www.blaues-kreuz.de
Das Blaue Kreuz organisiert Suchtkrankenhilfe und betreibt Suchtprävention gegen Drogen aller Art.

drugcom
drugcom@bzga.de

www.drugcom.de
Neben dem Drinking-Selbsttest bietet die Seite Infos zu verschiedenen Jugendprojekten, ein Drogenlexikon sowie Online-Beratung.

SOZIALES

partypack.de
info@partypack.de

www.partypack.de
Informationen über Partydrogen. Drogenberatung, Kiffertest, Beratungsangebote, Büchertipps und Drogen-Check.

● **Suchtinfoserver**
info@jugend-hilft-jugend.de

www.jugend-hilft-jugend.de
Neben ausführlichen Informationen über Drogen stehen Beratung und Hilfe im Vordergrund des Angebots. Eine Jobbörse für drogenabhängige Jugendliche steht ebenfalls zur Verfügung.
(Siehe Abbildung)

Drogen/Hart

heroinstudie.de
info@bmgs.bund.de

www.heroinstudie.de
Online-Informationsangebot über das bundesdeutsche Modellprojekt zur heroingestützten Behandlung Opiatabhängiger.

Drogen/Weich/Alkohol

Anonyme Alkoholiker
kontakt@anonyme-alkoholiker.de

www.anonyme-alkoholiker.de
Geschichte und Präsentation der Anonymen Alkoholiker. Man findet Kontaktstellen, Literatur, Fragebögen und einen Terminkalender.

Drogen/Weich/Rauchen

Just be Smokefree
just.be@ift-nord.de

www.justbesmokefree.de
Programm zur Raucherentwöhnung für Jugendliche und junge Erwachsene.

Niquitin
unternehmen@gsk-consumer.de

www.niquitin.de
Informationen zur Nikotinersatztherapie mit Pflastern und viele Tipps zur Unterstützung bei der Aufgabe des Rauchens.

Suchtinfoserver   www.jugend-hilft-jugend.de

Soziales

ohnerauchen.de
info@ohnerauchen.de

www.ohnerauchen.de
Raucherentwöhnungsseite mit Infos zu Methoden, Foren dienen dem Erfahrungsaustausch und sollen zum Durchhalten motivieren.

Rauchfrei.de
info@rauchfrei.de

www.rauchfrei.de
Nichtrauchen leicht gemacht: über Zigaretteneinschränkung zur Entwöhnung und andere Methoden, mit Rauch-Frei-Rechner.

Eltern/Adoption

AdA
muenchen@ada-adoption.de

www.ada-adoption.de
„AdA", staatlich anerkannte Adoptionsvermittlungsstelle informiert über Möglichkeiten der Adoption von Kindern aus dem Ausland.

adoption.de
info@adoption.de

www.adoption.de
Ausführliches Info-Portal zur Adoption mit Hilfestellungen, Rechtlichem sowie Kontaktbörse für Informationssuchende und -anbieter.

Eltern/Allgemein

Kinder-Stadt
info@kinder-stadt.de

www.kinder-stadt.de
Regionales Internet-Portal für Eltern. Adressen, Informationen, Foren und Kontakte rund um das Kinderkriegen und Kinderhaben.

Single Parents
webmaster@spao.de

www.spao.de
Ein Treffpunkt nicht nur für Alleinerziehende, Links zu Homepages Alleinerziehender, Organisationen und Rechtsberatungsstellen.

Eltern/Babysitter

babysitter.de
kontakt@babysitter.de

www.babysitter.de
Kostenloser Familienservice zum Suchen und Finden von Babysittern, Tagesmüttern oder Au-pair-Stellen.

Eltern/Beratung

● **bke-elternberatung**
kontakt@bke-elternberatung.de

www.bke-elternberatung.de
Die Online-Beratung der bke richtet sich an Eltern, die Unterstützung in Fragen der Erziehung ihrer Kinder in Problemsituationen suchen. Sie können sich in Einzelberatung, Einzelchat, Forum und terminierten Gruppenchats durch qualifizierte Fachkräfte gebührenfrei und zeitnah beraten lassen. **(Siehe Abbildung)**

ElternWelt

www.elternwelt.de
Die Internet-Seiten für Eltern und alle, die es noch werden wollen. News, Foren, Tipps, Lexika und Suchmaschinen.

Mutter-Kind-Hilfswerk e.V.
kurinfo@mutter-kind-hilfswerk.de

www.mutter-kind-hilfswerk.de
Das Mutter-Kind-Hilfswerk e.V. bietet kostenlose Beratung und Abwicklung von Mutter-Kind- und Vater-Kind-Kuren.

Online-Familienhandbuch, Das

www.familienhandbuch.de
Im Online-Familienhandbuch findet man kompetente Infos zu Erziehungs- und Familienfragen sowie rechtliche und praktische Tipps.

urbia.de
info@urbia.com

www.urbia.de
Online-Gemeinschaft für die ganze Familie, Rat und Hilfe zu den Themen Schwangerschaft, Körper, Gesundheit, Erziehung, Bildung.

Soziales

Eltern/Familienplanung

Siehe Gesundheit   **Verhütung**

Eltern/Geburt

Baby Bonus   **www.baby-bonus.de**
info@bonus-marketing.de   Die Seite für werdende und junge Mütter mit vielen nützlichen Tipps zu diversen Themen: Schwangerschaft, Baby oder Stillen.

Baby-Courier   **www.baby-courier.de**
info@baby-courier.de   Nützliche Tipps für alle jungen Mütter und Väter und die, die es bald werden. Kostenlose Online-Hebammensprechstunde.

Zappybaby   **www.zappybaby.de**
info@zappybaby.de   Infos zu Kinderwunsch, Schwangerschaft, Geburt und Kleinkind. Außerdem: Schwangerschafts-SMS, Babysitter-Dienst, Elternforen.

Eltern/Geburt/Hebammen

Hebammensuche   **www.hebammensuche.de**
info@hebammensuche.de   Umfangreiches Verzeichnis mit über 6.000 Adressen von Hebammen und Geburtshäusern; außerdem Infos zur Geburtsvorbereitung.

Eltern/Geburt/Schwangerschaft

Babyclub.de   **www.babyclub.de**
info@babyclub.de   Infos zu Schwangerschaft und Geburt, Fruchtbarkeits- und Schwangerschaftskalender sowie eine Hebammensuchmaschine.

bke-elternberatung   www.bke-elternberatung.de

SOZIALES

Hebamme 4U

www.hebamme4u.net
Hier spürt man die jahrelange Erfahrung: Eine Hebamme gibt wichtige Infos rund um die Schwangerschaft und die Geburt.

Schwangerschaft.de
info@urbia.com

www.schwangerschaft.de
Hilfreiche Informationen rund um Schwangerschaft und Geburt.

Eltern/Geburt/Stillen

ichstille.de
elke@ichstille.de

www.ichstille.de
Kompetente Infos über das Thema Stillen. Adressen und Treffen von Stillgruppen, Beratung sowie Literaturhinweise für Familien.

● **La Leche Liga Deutschland e.V.**
info@lalecheliga.de

www.lalecheliga.de
Ziel der La Leche Liga ist es, allen Frauen, die stillen möchten, Ermutigung, Informationen und Unterstützung zu bieten. Mit Kontaktadressen sowie einer Publikationsliste von Büchern und Broschüren zum Thema Stillen. **(Siehe Abbildung)**

Eltern/Geburt/Vaterschaftstest

Abstammungsanalyse.de
info@imgm.de

www.abstammungsanalyse.de
Erklärung des rechtlichen und wissenschaftlichen Hintergrundes des Vaterschaftstests. Auch Zwillingsanalysen.

DNA - Vaterschaftsnachweis
info@dna-vaterschaftsnachweis.de

www.dna-vaterschaftsnachweis.de
Das angebotene Testverfahren beruht ausschließlich auf der DNA-Analyse von Proben der Mundschleimhaut.

humatrix Vaterschaftstest
info@humatrix.de

www.humatrix.de
Ungeklärte Vaterschaftsverhältnisse sorgen für Kummer. Der humatrix Vaterschaftstest verschafft schnell und einfach Klarheit.

ID-Labor
info@id-labor.de

www.id-labor.de
Hier wird der DNA-Vaterschaftstest ausführlich erklärt und man kann einen Test in Auftrag geben.

La Leche Liga Deutschland e.V.   www.lalecheliga.de

SOZIALES

- **Vaterschaftstest von BJ Diagnostik, Der**
  info@bj-diagnostik.de

  www.dna-vaterschaftstest.de
  Sicherheit durch einen DNA-Test zwischen Vater und Kind oder zwischen Geschwistern: Jeder Test wird anhand einer grafisch animierten Gebrauchsanweisung beschrieben. Informationen zur Gerichtsverwertbarkeit, eine Preisliste und ein Bestellformular runden das Angebot ab. **(Siehe Abbildung)**

Eltern/Geburt/Vornamen

Firstname.de
service@firstname.de

www.firstname.de
Die Datenbank hält über 74.000 Vornamen zur Recherche bereit: Mit Namensbedeutungen, Namenstagskalender und Suchmaschine für Namen.

Vornamen24.de
info@vornamen24.de

www.vornamen24.de
Verzeichnis von über 2.500 Vornamen von A bis Z mit Erklärung zu Herkunft und Bedeutung.

Eltern/Scheidung

Eltern online
redaktion@eltern.de

www.eltern.de
Die Elternzeitschrift informiert über die Themen Geburt, Beruf, Familie und Erziehung, Partnerschaft und Psychologie.

Interessenverband Unterhalt und Familienrecht
info@isuv.de

www.isuv.de
Beratung und Information der Mitglieder im Familien- und Sozialrecht: Unterhalts-, Besuchs-, Sorge- und Scheidungsrecht.

Der Vaterschaftstest von BJ Diagnostik   **www.dna-vaterschaftstest.de**

Soziales

● **Internet-Scheidung.com**
kanzleihammer@t-online.de

www.internet-scheidung.com
Rechtsanwalt Steffen Hammer informiert über die Scheidung sowie deren Kosten. Ein Antrag zur Scheidung kann online gestellt werden. **(Siehe Abbildung)**

Vater sein
info@vatersein.de

www.vatersein.de
Hilfestellung für Eltern bei Scheidung und Trennung. Kostenfreie Nutzung von Foren, Urteilen und weiteren Familienrechtsthemen.

Eltern/Verschiedenes

Freizeit-und-Familie.de
kontakt@freizeit-und-familie.de

www.freizeit-und-familie.de
Rezepte, Bastel- und Ausflugstipps, Informationen zu Haus, Garten und Beauty sowie umfangreiche Shopping-Möglichkeiten.

Leben ohne Dich
leben_ohne_dich@web.de

www.leben-ohne-dich.de
Forum für Eltern, die ein Kind verloren haben, um untereinander Kontakt aufzunehmen und Erfahrungen auszutauschen.

Entwicklungshilfe/Organisationen

Aktion-Wassertropfen.de

www.aktion-wassertropfen.de
Eine außergewöhnliche Aktion für UNICEF, um Kindern den Zugang zu sauberem Trinkwasser und Sanitäranlagen zu ermöglichen.

Brillensammelaktion
brillensammelaktion@web.de

www.brillensammelaktion.de
Da in Afrika eine Brille zu den Luxusgütern zählt, gibt es hier Adressen, über die man gebrauchte Brillen dorthin versenden kann.

Internet-Scheidung.com

www.internet-scheidung.com

Anzeige

SOZIALES

Brot für die Welt
info@brot-fuer-die-welt.de

www.brot-fuer-die-welt.de
Ausführliche Informationen über die Hilfsaktion „Brot für die Welt". Sie fördert Entwicklungsprojekte zur Selbsthilfe in Afrika, Asien und Lateinamerika. Neben dem Presseportal gibt es aktuelle Informationen zu Projekten und Kampagnen. Spendenmöglichkeiten und Online-Shop runden die Seite ab. **(Siehe Abbildung)**

Deutsche Stiftung Weltbevölkerung
info@dsw-hannover.de

www.weltbevoelkerung.de
Die DSW fördert Aufklärungsprojekte in Entwicklungsländern, setzt sich für die Bekämpfung von Aids ein; Vorstellung der Projekte.

Deutsche Welthungerhilfe
info@welthungerhilfe.de

www.welthungerhilfe.de
Infos zu Projekten der Deutschen Welthungerhilfe, Pressemitteilungen und Bestellservice für Publikationen sowie Stellenangebote.

EIRENE
eirene-int@eirene.org

www.eirene.org
Der Friedens- und Entwicklungsdienst will mit seiner internationalen Arbeit einen Beitrag für Frieden und Gerechtigkeit leisten.

German Pharma Health Fund e.V.
info@gphf.org

www.gphf.org
Modellprojekte zur Verbesserung der Gesundheitsversorgung in Entwicklungsländern.

Germanwatch
germanwatch@germanwatch.org

www.germanwatch.org
Schwerpunkte dieser Web-Seite sind gerechter Welthandel, Entwicklungspolitik, Klimaschutz und nachhaltige Investitionen.

GTZ
internet-team@gtz.de

www.gtz.de
Das bundeseigene Unternehmen stellt Länder, in denen es tätig ist sowie entwicklungspolitische Konzepte und Ziele vor.

Menschen für Menschen
info@mfm-online.org

www.menschenfuermenschen.org
Die von Karlheinz Böhm gegründete Organisation betreibt in Äthiopien viele unterschiedliche Projekte und stellt diese vor.

Brot für die Welt   www.brot-fuer-die-welt.de

Soziales

Diakonie Katastrophenhilfe
kontakt@diakonie-katastrophenhilfe.de

www.diakonie-katastrophenhilfe.de
Aktuelle Informationen über die humanitären Hilfsmaßnahmen der Organisation in den weltweiten Krisengebieten. Durch Hintergrundinformationen, Berichte und Presseinfos erläutert die Web-Seite Hilfsprojekte und -maßnahmen in den Einsatzgebieten und zeigt zugleich Spendenmöglichkeiten auf. **(Siehe Abbildung)**

Misereor
postmaster@misereor.de

www.misereor.de
Katholisches Hilfswerk für Entwicklungszusammenarbeit mit Afrika, Asien und Lateinamerika.

WORLD VISION Deutschland
info@worldvision.de

www.worldvision.de
WORLD VISION Deutschland e.V. ist eine christliche, überkonfessionelle Organisation für Entwicklungszusammenarbeit und Humanitäre Nothilfe. Im Mittelpunkt der Arbeit stehen über persönliche Kinderpatenschaften geförderte Entwicklungshilfeprojekte. **(Siehe Abbildung)**

Frauen/Hausfrauen

Deutscher Hausfrauen-Bund
info@hausfrauenbund.de

www.hausfrauenbund.de
Interessenvertretung mit dem Ziel, hauswirtschaftliche Kenntnisse zu vermitteln sowie in der Berufsbildung mitzuwirken.

Frauen/Online-Magazine

GoFeminin.de
kontakt@staff.gofeminin.de

www.gofeminin.de
Hier findet „Frau" - vom Diätclub über die Rezeptebox bis hin zur Kontaktbörse - alles, was das Frauenherz begehrt.

Medizinfo
admin@medizinfo.com

www.medizinfo.com/annasusanna
Themen aus den Bereichen Medizin, Gesellschaft und Soziales speziell für ältere Frauen; Schwerpunkt: Medizin und Gesundheit.

Diakonie Katastrophenhilfe   www.diakonie-katastrophenhilfe.de

SOZIALES

WomenWeb kd@womenweb.de	**www.womenweb.de** Umfangreiche Seite für Frauenthemen wie Lifestyle, Beauty und Wellness, Food und Drink, Esoterik, Sex und Working Woman.

Frauen/Organisationen

amnesty international Frauenrechte	**www.amnesty.de/frauen** Setzt sich gegen Verstöße von Menschenrechten der Frau ein, Projektvorstellungen (z.B. Abschaffung der Genitalverstümmelung).
TERRE DES FEMMES tdf@frauenrechte.de	**www.frauenrechte.de** Menschenrechtsorganisation, die sich durch Öffentlichkeitsarbeit und Einzelfallhilfe für bedrohte Frauen einsetzt.

Frauen/Organisationen/Beschneidung

(I)ntact info@intact-ev.de	**www.intact-ev.de** Internationale Aktion gegen die Beschneidung von Mädchen und Frauen: Informationen und Unterstützungsmöglichkeiten.

Frauen/Verschiedenes

1001Geschichte.de redaktion@1001geschichte.de	**www.1001geschichte.de** Frauen berichten über ihre Beziehungen zu orientalischen Männern, mit Forum zum Erfahrungsaustausch.
Bundesverband autonomer Frauennotrufe e.V. (BaF) baf@frauennotrufe.de	**www.frauennotrufe.de** Informations- und Koordinationsstelle autonomer Frauennotrufe. Ziel ist es, sexualisierter Gewalt gegen Frauen entgegenzuwirken.
Frauen ans Netz info@frauen-ans-netz.de	**www.frauen-ans-netz.de** Diese Initiative veranstaltet Internet-Kurse von Frauen für Frauen und bietet viele für Frauen interessante Links.
WORLD VISION Deutschland	**www.worldvision.de**

SOZIALES

Gefängnis & Strafvollzug

Knast.Net
info@knast.net

www.knast.net
Knast.Net bietet einen Einblick in das Leben hinter Gittern und liefert Fakten und Zahlen zum Strafvollzug.

Strafvollzug Online

www.strafvollzug-online.de
Das Strafvollzugsgesetz zum Nachlesen, Adressen von Gefängnissen und ein Forum.

Hochzeiten & Heiraten

Amazing Weddings
info@amazing-weddings.de

www.amazing-weddings.de
Heiraten ganz ohne Stress? Amazing Weddings organisiert komplette Hochzeiten: Vom Antrag bis zu den Flitterwochen.

Braut.de
info@braut.de

www.braut.de
Virtuelles Hochzeitshaus mit acht Etagen: Formalitäten, Organisation, Kleidertipps, Erfahrungsaustausch, Brautmodenhersteller.

Confettiwelt.de
info@confettiwelt.de

www.confettiwelt.de
Internet-Angebot mit hilfreichen Infos und Angeboten für die Planung der Hochzeit und anderer Feste, mit Geschenkideen.

Heiraten in
info@heiraten-in.de

www.heiraten-in.de
Damit der schönste Tag des Jahres nicht zum Albtraum wird: Tipps zur Planung, zum Outfit und Adressen von Servicepartnern.

weddix
kontakt@weddix.de

www.weddix.de
Umfangreicher Hochzeitsratgeber mit Hochzeits-Shop, News, Branchenbuch, Mode, Schmuck, Hochzeitslocations und -reisen.

Hochzeiten & Heiraten/Ausland

Abenteuer Hochzeit
kontakt@abenteuer-hochzeit.de

www.abenteuer-hochzeit.de
Wer außergewöhnlich heiraten möchte, findet hier Infos über weltweite Traumziele, benötigte Unterlagen sowie Hochzeitsbräuche.

Heiraten im Ausland

www.heiraten-ausland.de
Im Ausland heiraten? Hier findet man organisierte Hochzeitsreisen und -Arrangements in der ganzen Welt. Online-Buchung möglich.

Homosexualität

Gaypeople.de
redaktion@gaypeople.de

www.gaypeople.de
Schwul-lesbisches Magazin mit Beiträgen aus den Bereichen Musik, Film, Games, Multimedia, Bücher, Gesundheit, Erotik und Events.

Homosexualität/Lesben

Lesarion.de
mail@lesarion.de

www.lesarion.de
Die offene Begegnungsstätte für Lesben, Bi-, Inter- und Transsexuelle bietet Veranstaltungstipps, Bücher sowie einen City-Guide.

Lespress
info@lespress.de

www.lespress.de
Magazin für das lesbische Leben mit Szene-News aus aller Welt, einem Terminkalender, Porträts, Kurzgeschichten und Kontaktbörse.

SOZIALES

Homosexualität/Schwule

eurogay info@eurogay.de	**www.eurogay.de** Umfangreiche und informative Seite zum Thema Homosexualität mit aktuellem Magazinbereich. Chat, Kontaktservice und Live-Cam.
Gay-Search.com	**www.gay-search.com** Gay-Search.com, die Suchmaschine für Schwule, bietet neben einer großen Link-Datenbank auch einen Bannertausch sowie Live-Cams.
gay-tip.com info@gay-tip.com	**www.gay-tip.com** Tipps, Trends und Infos - nicht nur für die Gay-Community. Buchempfehlungen, Plattentipps, Partys und Events.
justbegay.de	**www.justbegay.de** Kontaktanzeigen, Sexnachrichten, Liebeshoroskop und das Neueste der schwulen Mode.
Queer info@queer.de	**www.queer.de** Das schwule Online-Magazin mit zahlreichen Infos und News bezüglich Homosexualität; mit Reise-, TV-Tipps. Außerdem: Kontaktbörse.

Jugend/Beratung

🔴 **bke-jugendberatung** kontakt@bke-jugendberatung.de	**www.bke-jugendberatung.de** Die Online-Beratung der bke bietet Jugendlichen und jungen Erwachsenen gebührenfrei qualifizierte Beratung bei Problemen mit sich selbst, mit Eltern, Freunden, Schule und Liebe. Erfahrene Fachkräfte aus der Erziehungsberatung unterstützen durch Einzelberatung, Einzelchat, Forum und Gruppenchats. **(Siehe Abbildung)**

SOZIALES

kids-hotline
www.kids-hotline.de
Kostenlose, anonyme Online-Beratung; Themen: Erwachsenwerden, Freund- und Partnerschaft, (Homo-) Sexualität, Zukunft und Schule.

Jugend/Freiwilligendienste

BSJ
info@bsj-lebenshilfe.de
www.bsj-lebenshilfe.de
Berufsvorbereitendes Soziales Jahr: Orientierungszeit zwischen Schule, Ausbildung und Beruf. Infos zu Einsatzorten und Vergütung.

Freiwilliges-jahr.de
bdkj@freiwilliges-jahr.de
www.freiwilliges-jahr.de
Sich für andere einsetzen und persönlich weiterkommen? Im FSJ hat man die Möglichkeit dazu - hier gibt es alle wichtigen Infos.

ijgd
ijgd.bonn@ijgd.de
www.ijgd.de
Der Verein organisiert Freiwilligendienste im In- und Ausland. Infos zu Work-Camps und Jugendarbeit, Fortbildungsmöglichkeiten.

Jugend/Jugendfreizeiten & Gruppenarbeit

#institut juleiqua e.V.
juleiqua@juleiqua.de
www.juleiqua.de
Informationsportal für Jugendleiter: Spieletipps, Infos zu Recht und Gesetz sowie pädagogischen und medizinischen Themen.

CVJM
info@cvjm.de
www.cvjm.de
Christlicher Verein junger Menschen mit dem Schwerpunkt der örtlichen Jugendarbeit; auch aktiv in den Bereichen Sport und Musik.

Praxis-Jugendarbeit
info@praxis-jugendarbeit.de
www.praxis-jugendarbeit.de
Spielesammlung: 1.000 Spiele und Ideen für Gruppenstunden oder Freizeiten.

Jugend/Magazine

fluter
www.fluter.de
fluter.de ist eine interaktive Medienplattform, die Jugendlichen Inhalte aus den Bereichen Politik und Kultur anbietet.

Jugendinformation
jugendinformation@sozkult.de
www.jugendinformation.de
Jugendliche finden hier speziell zu jedem Bundesland extra Seiten mit Infos über verschiedene Sachgebiete, Links zu Jugendschutz.

Jugendmagazin YAEZ
redaktion@yaez.de
www.yaez.de
Jugendmagazin von Jugendlichen mit den Bereichen Politik, Musik, Film, Wissen und Menschen, dabei auch Reportagen und Kolumnen.

Jugendserver
info@jugendserver.de
www.jugendserver.de
Der Jugend-Server möchte eine Orientierungshilfe im Informationsdschungel zu den Themen Jugend und Jugendarbeit bieten.

LizzyNet
www.lizzynet.de
Community für Mädchen und junge Frauen: Online-Kurse zur Internet-Praxis, Online-Zeitung von und für Mädchen, Chat und Foren.

Schekker.de
www.schekker.de
Das Jugendmagazin der Bundesregierung: Jugendliche schreiben für Jugendliche über Ausbildung, Gewalt, Drogen, Medien und Sex.

SOZIALES

woodZ Magazin
info@woodz-mag.com

www.woodz-mag.com
Die Seiten des Jugend-Online-Magazins sind grafisch ansprechend und richten sich an Jugendliche im Alter von 14 bis 19 Jahren.

Young.de
info@young.de

www.young.de
Portalseite für junge Menschen: große Sammlung von Hausaufgaben und Referaten, Nachhilfebörse, Tipps zum Zivildienst und zur Uni.

Jugend/Schule

Siehe Arbeit & Beruf   **Schule**

Jugend/Wettbewerbe

● **Jugend forscht**
info@jugend-forscht.de

www.jugend-forscht.de
Die Web-Adresse für junge Menschen, die sich für Naturwissenschaften, Mathematik und Technik interessieren. Informationen rund um Jugend forscht, die Themen und Teilnehmer sowie die Möglichkeit, eigene Projekte zum Wettbewerb anzumelden.
(Siehe Abbildung)

Wettbewerbe.info
redaktion@wettbewerbe.info

www.wettbewerbe.info
Die Seite informiert über ausgeschriebene Wettbewerbe in den Bereichen Jugend, Studium, Wirtschaft und Gesellschaft.

Jugend forscht   www.jugend-forscht.de

Anzeige

SOZIALES

Kinder/Allgemein

Blinde Kuh, Die
redaktion@blinde-kuh.de

www.blinde-kuh.de
Die Suchmaschine für Kinder. Guter Ausgangspunkt für die Suche nach Web-Seiten, die für Kinder interessant sind.

Kindersache
kindersache@kinderpolitik.de

www.kindersache.de
Kindersache gehört zum Medienreferat des Deutschen Kinderhilfswerks mit Infos über Kinderrechte, Online-Zeitung und Spielen.

Milkmoon
info@milkmoon.de

www.milkmoon.de
Suchmaschine für Kinder: Grundlage ist ein sorgfältig recherchierter und ständig auf kindgerechte Qualität hin überprüfter Index.

Kinder/Erste Hilfe

Kindernotfall.de
info@kindernotfall.de

www.kindernotfall.de
Informationen nicht nur zu Erster Hilfe bei Unfällen und Krankheiten, sondern auch Tipps zur Prävention von Unfällen.

Kinder/Kindergarten

● **kigaweb**
redaktion@kigaweb.de

www.kigaweb.de
Kigaweb ist das Berufsportal für ErzieherInnen und alle in der Kinderbetreuung Tätigen. Neben Fachinformationen und Beratung über eine Jobbörse und Fortbildungsdatenbank findet man vor allem Anregungen für Spiele, Lieder, Bastel- oder Projektideen zu vielen Anlässen, Themen und Altersstufen.
(Siehe Abbildung)

kigaweb   www.kigaweb.de

SOZIALES

Kindergarten-Heute
kiga@herder.de

www.kindergarten-heute.de
Das Portal von „Kindergarten Heute", der Fachzeitschrift für Erziehung. Sie wendet sich an Pädagogen in verschiedenen Einrichtungen der Jugendhilfe. Ausgewählte Fach- und Praxisbeiträge können online gelesen werden. Der angebundene Shop bietet die Möglichkeit, spezielle Fachliteratur zu beziehen. **(Siehe Abbildung)**

Kindergarten-workshop.de
webmaster@kindergarten-workshop.de

www.kindergarten-workshop.de
Hier erfahren Interessierte alles über Theorie und Praxis rund um den Kindergarten: Von pädagogischen Infos bis hin zu Turnideen.

Waldorfkindergarten

www.waldorfkindergarten.de
Informationen über die Waldorfkindergärten sowie ihre (Erziehungs-) Ziele, geschichtliche Hintergründe, Adressenverzeichnis.

Kinder/Kindesmissbrauch

Gegen Missbrauch
info@gegen-missbrauch.de

www.gegen-missbrauch.de
Informationen zum Thema Kindesmissbrauch und Kinderpornografie. Datenbanken mit Anlauf- und Beratungsstellen für Betroffene.

Gemeinsam gegen Kindesmissbrauch
info@missbraucht.de

www.missbraucht.de
Aufklärung und Prävention im Bezug auf Kindesmissbrauch und seine Folgen durch Vernetzung kompetenter Ansprechpartner.

Kindergarten-Heute   **www.kindergarten-heute.de**

Soziales

● **IGC und Melina e.V.**
igcundmelina.ev@t-online.de

www.melinaev.de
Der Verein setzt sich gegen sexuellen Kindesmissbrauch und für die Rechte der Menschen ein, die als Folge daraus geboren wurden. DNA-Analyse, Fachvorträge und Schulungen.
(Siehe Abbildung)

Kinder/Online-Portale

Autokids

www.autokids.de
Auf der Škoda-Kinderclub-Seite können Kinder Postkarten versenden, interaktive Comics anschauen und sich im Forum austauschen.

AutoLernWerkStadt
info@alws.de

www.autolernwerkstadt.de
Eine Reise durch die Welt der Technik und Berufe für Kinder von 8 bis 13 Jahren.

GEOlino
geolino@ems.guj.de

www.geolino.de
Ein Erlebnisheft für Kinder im Alter von 8 bis 14 Jahren - bietet spannende Themen aus Natur, Technik, Experimente und Rätsel.

Graslöwen TV

www.grasloewe.de
Internet-Seite für Kinder, die sich aktiv im Umweltschutz, z.B. in einem Graslöwen Club, engagieren wollen. Tipps zu Sendungen.

● **Kidstation**
redaktion@kidstation.de

www.kidstation.de
Das Portal führt 7- bis 13-Jährige spielerisch an das Thema Sicherheit im Straßenverkehr sowie im Internet heran und trägt zur Bewusstseinsbildung in Energiefragen bei. Außerdem: ein breites Themenspektrum von Film-Tipps bis zu Sozialem, Kommunikationsangebote (Mails, überwachte Foren) und Spiele.
(Siehe Abbildung)

IGC und Melina e.V.   www.melinaev.de

SOZIALES

Kidsville
kontakt@kidsville.de

www.kidsville.de
Die Mitmachstadt für Kinder: Hier können eigene Möbel entworfen oder Rezepte ausprobiert werden, mit vielen Spielen und Quiz.

KinderCampus.de
support@kindercampus.de

www.kindercampus.de
Buntes Angebot für Kinder im Alter von 4 bis 12 Jahren. Mit vielen Spielen, Lerninhalten, Community, Chat und Kindersuchmaschine.

Kindernetz
kindernetz@swr.de

www.kindernetz.de
Beim SWR-Kindernetz können Kinder ihre eigene Homepage erstellen; mit Chat, Spielen und kindgerechten Nachrichten aus aller Welt.

Pixelkids
info@pixelkids.de

www.pixelkids.de
Hier werden Kindern die Möglichkeiten des Internets gezeigt. Sie können E-Mails schreiben oder ihre eigene Homepage erstellen.

Rudi´s Ramada Welt
rudi@ramada-treff.de

www.rudi-ramada.de
Die Hotel-Welt von Rudi Ramada: Grußkarten, Spiele, News, Ausmalbilder und eine Musik-Box.

Sendung mit der Maus, Die
redaktion@wdr.de

www.die-maus.de
Seiten rund um die Maus, den Elefanten und die Ente, interessante Sachgeschichten, Ausmalbilder und Lieder zum Mitsingen.

Spiolino
redaktion@spiolino.de

www.spiolino.de
Spiolino ist ein Internet-Angebot für Kinder zwischen 8 und 11 Jahren mit vielen Spielen und Freizeitangeboten.

Underground
info@detektiv-klub.de

www.detektiv-klub.de
Junge Spürnasen können hier in die Detektivschule gehen, Infos über Detektive und Krimiautoren sammeln; mit Sicherheitstipps.

Kidstation   **www.kidstation.de**

Soziales

wasistwas.de
info@wasistwas.de

www.wasistwas.de
Wissensportal des Tessloff Verlages für Kinder und Jugendliche mit Wissens-Olympiade, Spielebox und breiten Themenspektrum.

zzzebra
zzzebra@labbe.de

www.zzzebra.de
zzzebra heißt die Ideenbank für Kinder, die Kreativität, Neugierde und Phantasie weckt, z.B.: Wie macht man einen Regenbogen?

Kinder/Organisationen

Deutscher Kinderschutzbund
info@dksb.de

www.kinderschutzbund.de
Der Kinderschutzbund setzt sich für die Umsetzung der UN-Konvention über die Rechte des Kindes ein.

Friedensdorf
info@friedensdorf.de

www.friedensdorf.de
Kinderhilfsorganisation, die weltweit durch Spenden getragene Projekte durchführt, um Kindern in Not zu helfen.

Plan International Deutschland e.V.
info@plan-deutschland.de

www.plan-deutschland.de
Die Hilfsorganisation setzt sich für die Rechte von Kindern ein und will ihnen eine menschenwürdige Zukunft ermöglichen.

SOS-Kinderdorf e.V.
info@sos-kinderdorf.de

www.sos-kinderdorf.de
Die SOS-Kinderdörfer bieten in mehr als 130 Ländern ein Zuhause für Kinder, die nicht bei ihren eigenen Eltern aufwachsen können.

Terre des Hommes Deutschland e.V.
terre@t-online.de

www.tdh.de
Die Kinderhilfsorganisation informiert über weltweite Projekte wie Kinderarbeit, Straßenkinder, Frauenprojekte und Kinderrechte.

Unicef
info@unicef.de

www.unicef.de
UNICEF ist die Entwicklungsorganisation der Vereinten Nationen, die sich weltweit für das Wohl von Kindern und Frauen einsetzt.

Kinder/Spielzeug

Siehe Einkaufen

Kinder/Spielwaren

Kriegsdienstverweigerung & Zivildienst

Bundesamt für den Zivildienst
zivimagazin@zivildienst.de

www.zivildienst.de
Infos über den Antrag zur Kriegsdienstverweigerung, zur Zivi-Platzsuche und Einberufung sowie Formulare und Vordrucke.

zentralstelle-kdv.de
zentralstelle.kdv@t-online.de

www.zentralstelle-kdv.de
Zentralstelle für Recht und Schutz der Kriegsdienstverweigerer aus Gewissensgründen. Auch aktuelle Hinweise für Berater.

Zivi Weltweit
info@interconnections.de

www.zivi.org
Wissenswertes über den Zivildienst und den „Anderen Dienst im Ausland", mit Erfahrungsberichten und umfangreicher Stellenbörse.

Liebe & Partnerschaft

Agapi.de
agapi@agapi.de

www.agapi.de
Die schönsten Liebeserklärungen kann jedermann hier verewigen oder im Lovebook seine Probleme in/mit der Liebe loswerden.

Loveletters4you.de

www.loveletters4you.de
Hier treffen sich alle Verliebten - ob glücklich oder unglücklich: Es gibt einen Kummerkasten sowie Liebesgedichte und -briefe.

SOZIALES

Planet-Liebe
redaktion@planet-liebe.de

www.planet-liebe.de
Die Love-Community im Netz. Diskussionen rund um das Thema Liebe: Aufklärung, Partnerschaft, Flirtsprüche oder Liebesgedichte.

Männer

frag-mutti.de

www.frag-mutti.de
Das Nachschlagewerk für Junggesellen: Tipps zum Waschen, Putzen und Kochen für alle, die das Hotel Mama verlassen haben (mussten).

Maennerseiten, Die

www.maennerseiten.de
Allerlei Sinniges und Unsinniges für den emanzipierten Mann, damit aus dem täglichen Leben kein Überlebenstraining wird.

Männer/Väter

Väteraufbruch für Kinder e.V.
info@vafk.de

www.vafk.de
Infos und Beratung für Väter, insbesondere in Trennungssituationen, alles über Sorgerecht, Unterhalt und Umgangsrecht.

Menschen/Große Menschen

GrosseLeute.de
info@grosseleute.de

www.grosseleute.de
Portal für große Menschen mit Kontaktanzeigenmarkt, Einkaufsführer für Übergrößen, Autotipps und Erfahrungsberichten.

Klub Langer Menschen Deutschland e.V.
klmde@web.de

www.klub-langer-menschen.de
Interessant für alle mit einer überdurchschnittlichen Körperlänge. Es gibt einen Chat, ein Diskussionsforum sowie ein Pressearchiv.

Menschen/Kleine Menschen

Bundesselbsthilfeverband Kleinwüchsige Menschen
vkm@kleinwuchs.de

www.kleinwuchs.de
Der Bundeshilfeverband informiert über Kleinwuchs und bietet Beratung sowie einen übersichtlichen Veranstaltungskalender.

Menschenrechte/Organisationen

amnesty international
info@amnesty.de

www.amnesty.de
Aktionen der weltweit größten Menschenrechtsorganisation mit Informationen über Menschenrechtsverletzungen in aller Welt.

Gesellschaft für bedrohte Völker
info@gfbv.de

www.gfbv.de
Die GfbV setzt sich für bedrohte Minderheiten, Nationalitäten, Volksgruppen oder Religionsgemeinschaften ein, Infos über Gruppen.

medico international
info@medico.de

www.medico.de
Entwicklungshilfe in den Bereichen Gesundheit, Menschenrechte und kritische Nothilfe in über 20 Ländern.

Migranten

Asia-zone.de
info@asia-zone.de

www.asia-zone.de
Die asiatische Community: Umfangreiches Forum, Partytermine, Bilder vergangener Partys, ein gut besuchter Chat und Talentsuche.

Iran-Now
info@iran-now.de

www.iran-now.de
Plattform für iranische Migranten: aktuelle Nachrichten aus dem Iran, iranische Konzerte in Deutschland und Bilder aus dem Iran.

Soziales

multikulti1.de
info@multikulti1.de

www.multikulti1.de
Das multikulturelle Online-Magazin für Migration und Integration, Nachrichten aus den Communities, Heimatländern der Migranten.

Migranten/Türken

Turkdunya.de
info@turkdunya.de

www.turkdunya.de
Portal in deutscher und türkischer Sprache. Infos über die Türkei nach Themen sortiert, türkische Sportnachrichten, Kleinanzeigen.

vaybee.com
info@vaybee.com

www.vaybee.com
Vaybee bietet für die türkische Bevölkerung Infos und Unterhaltung zu allen möglichen Themen. Sprachen: Deutsch und Türkisch.

Obdachlosigkeit & Bedürftige

Hinzundkunzt.de
info@hinzundkunzt.de

www.hinzundkunzt.de
Hamburger Straßenmagazin mit zahlreichen Links zu Straßenmagazinen in Deutschland und weltweit.

Tafeln, Die
info@tafel.de

www.tafel.de
Die Tafeln sammeln noch verwertbare Lebensmittel und geben diese unentgeltlich an Bedürftige ab; mit Kontaktadressen.

Organisationen

Aktion Deutschland Hilft
info@aktion-deutschland-hilft.de

www.aktiondeutschlandhilft.de
ADH ist ein Zusammenschluss deutscher Hilfsorganisationen, die im Ausland tätig sind: Hier werden ihre Projekte vorgestellt.

Ärzte ohne Grenzen

www.aerzte-ohne-grenzen.de

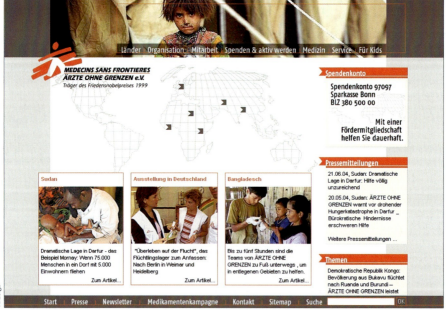

SOZIALES

Aktion Sühnezeichen Friedensdienste
asf@asf-ev.de

www.asf-ev.de
ASF bietet langfristige Friedensdienste und Work-Camps in 13 Ländern mit kritischer Auseinandersetzung mit der NS-Geschichte.

Arbeiter-Samariter-Bund

www.asb-online.de
Arbeiter-Samariter-Bund engagiert sich in Alten- und Behindertenhilfe, Kinder- und Jugendbetreuung sowie Aus- und Weiterbildung.

● **Ärzte ohne Grenzen**
office@berlin.msf.org

www.aerzte-ohne-grenzen.de
Die Web-Seite von „Ärzte ohne Grenzen" informiert über die Hilfsprojekte der internationalen humanitären Organisation, über Krankheiten und Probleme beim Zugang zur Gesundheitsversorgung in ärmeren Ländern und bietet die Möglichkeit, online zu spenden. **(Siehe Abbildung)**

AWO

www.awo.de
Spitzenverband der Freien Wohlfahrtspflege, mit Adressen sozialer Einrichtungen der AWO.

Caritas
presse@caritas.de

www.caritas.de
Das Portal des Deutschen Caritasverbandes mit Online-Beratung, Datenbank mit Adressen zu allen Bereichen der sozialen Arbeit.

● **Deutsches Rotes Kreuz e.V.**
drk@drk.de

www.drk.de
Das Portal zu 45 sozialen Dienstleistungen vor Ort, die bundesweit auf 9.800 Web-Seiten per Postleitzahleingabe aufgerufen werden können. Die Angebote sind für Senioren, Behinderte, Kranke, Menschen in Not, Familien und Kinder wie ambulante Pflege, Hausnotruf, Babysitterdienst und Beratungen. **(Siehe Abbildung)**

Deutsches Rotes Kreuz e.V.   www.drk.de/dls

Soziales

Diakonisches Werk
diakonie@diakonie.de

www.diakonie.de
Hilfe in allen Lebensbereichen: Altenhilfe, Arbeit und Arbeitslosigkeit, Zivildienst, Freiwilliges Soziales Jahr, Behindertenhilfe, Familienhilfe, Sozialarbeit, Gesundheitspolitik, Hospizarbeit, Jugendhilfe, Krankenpflege, Migration oder Psychiatrie.
(Siehe Abbildung)

Malteser in Deutschland
malteser@maltanet.de

www.malteser.de
Alles Wissenswerte über den Malteserorden, Vorstellung aktueller Projekte, Aus- und Weiterbildungsmöglichkeiten sowie Jobbörse.

Missio

www.missio.de
Web-Seite des internationalen katholischen Missionswerkes, eine Hilfsorganisation für die Dritte Welt: Vorstellung ihrer Projekte.

Opferhilfe
info@weisser-ring.de

www.weisser-ring.de
Der Weisse Ring e.V. ist eine Hilfsorganisation für Kriminalitätsopfer und ihre Familien.

Religion/Allgemein

Religionen on line
webmaster@religiononline.de

www.religiononline.de
Interreligiöses Forum, fördert Begegnung von Religionen, auch für Nichtgläubige und Konfessionslose.

Relinfo.ch
info@relinfo.ch

www.relinfo.ch
Evangelische Informationsstelle: Fragen rund um Buddhismus, Christentum, Islam, Esoterik oder Hinduismus werden beantwortet.

Religion/Atheismus

IBKA e.V.
info@ibka.org

www.ibka.org
Internationaler Bund der Konfessionslosen und Atheisten stellt sich vor. Außerdem stehen Statistiken und Literatur zur Verfügung.

Religion/Buddhismus

Deutsche Buddhistische Union
dbu@dharma.de

www.dharma.de
Dachverband der buddhistischen Gemeinschaften: Grundlagen des Buddhismus sowie Listen von buddhistischen Gruppen und Zentren.

Religion/Christentum

Feuerflamme
info@feuerflamme.de

www.feuerflamme.de
In der christlichen Suchmaschine findet man über 6.000 Einträge zu christlichen Web-Seiten, Stichwort- oder Kategoriensuche.

Jesus.de
info@jesus.de

www.jesus.de
Große christliche Online-Gemeinschaft. Foren, Chats und christliche Nachrichten. Jobbörse christlicher Organisationen.

Jesus-online.de
info@jesus-online.de

www.jesus-online.de
Gemeinsames Projekt verschiedener christlicher Organisationen. Es gibt viele Hintergrundartikel und Beratung vom Seelsorge-Team.

Predigten
webmaster@sermon-online.de

www.sermon-online.de
Predigtendatenbank nach Themen, Kategorien, Autoren und Sprachen geordnet. Download von über 5.000 Predigten in 40 Sprachen.

SOZIALES

Religion/Christentum/Bibel

Bibel-Online.net
bibel@cid.net

www.bibel-online.net
Die Bibel online nach der Übersetzung Martin Luthers in der revidierten Fassung von 1984, mit Wortsuchfunktion.

Bibleserver.com

www.bibleserver.com
Mehrere Übersetzungen der Bibel können hier online verglichen werden.

Religion/Christentum/Katholizismus

katholisch.de
info@katholisch.de

www.katholisch.de
Offizielles Portal, das katholische Internet-Angebote bündelt. Nachrichten, spirituelle Angebote und 500 Filme.

Katholisches Deutschland
redaktion@kath.de

www.kath.de
Zur Verfügung steht hier die Leitseite von 50 katholischen Institutionen: Bistümer, Akademien, Verlage, katholische Medien.

Vatikan, Der

www.vatican.va
Viele Dokumente, Informationen und Schriften des Vatikans. Leider nicht alle auf Deutsch.

Religion/Christentum/Katholizismus/Orden

Orden.de
pressestelle@orden.de

www.orden.de
Die Web-Seite ist ein Gemeinschaftsprojekt der Ordensobern-Vereinigungen und will Interessierten das Ordensleben vertraut machen.

Diakonisches Werk   **www.diakonie.de**

SOZIALES

Religion/Christentum/Protestantismus

Chrismon
chrismon@chrismon.de

www.chrismon.de
Evangelisches Magazin, das monatlich als Beilage in Zeitungen wie „Die Zeit" erscheint, mit Buch-, TV-Tipps und Kirchenlexikon.

Deutscher Evangelischer Kirchentag
info@kirchentag.de

www.kirchentag.de
Infos über den Deutschen Evangelischen Kirchentag 2005, wie Programm, Mitwirkung, Teilnahme sowie die Geschichte der Bewegung.

● **Evangelische Kirche in Deutschland (EKD)**
info@ekd.de

www.ekd.de
Das Portal für alle evangelischen Informationen im Netz: News, Jobbörse, Spiele und Wissensquiz, Predigten von Promis und Profis, Hintergrundberichte und weltweiter Treffpunkt mit anderen Menschen. **(Siehe Abbildung)**

Evangeliumsnetz
info@evangelium.de

www.evangelium.de
Deutsche Gemeindedatenbank, Bibelseminare zum Kennenlernen des „Buchs der Bücher", Foren zum Mitreden und Diskutieren.

Martin Luther
webmaster@luther.de

www.luther.de
Hier finden Interessierte alles über das Leben von und die Legenden um Martin Luther sowie geschichtliche Hintergründe.

Religion/Glaubensgemeinschaften

Adventisten
info@adventisten.de

www.adventisten.de
Die Gemeinschaft informiert über ihre Lebensart und ihren Glauben. Mit Veranstaltungskalender für den Nord- und Süddeutschen Verband.

Bahá'í Religion
info@bahai.de

www.bahai.de
Homepage der deutschen Bahá'í Gemeinde mit einer Liste örtlicher Bahá'í-Gemeinden in Deutschland.

Neuapostolische Kirche
info@nak.org

www.nak.org
Anhand von detaillierten Informationen erfährt man etwas über das Glaubensverständnis der neuapostolischen Kirche.

Religion/Islam

Ex oriente lux
info@ex-oriente-lux.de

www.ex-oriente-lux.de
Die Web-Seite informiert über die Geschichte des Islams, Hintergründe zum Nahostkonflikt und den Staaten der arabischen Welt.

Islam.de
service@islam.de

www.islam.de
Rundum-Service in Sachen Islam und Muslime in Deutschland, Moscheeadressen, Veranstaltungen, Download des Korans, Gebetszeiten.

Kandil
info@kandil.de

www.kandil.de
Alles über den Islam, seine Feiertage, einen Online-Ramadankalender sowie eine Bastelecke mit Rezepten der orientalischen Küche.

Muslim-Markt
info@muslim-markt.de

www.muslim-markt.de
Die Seite richtet sich an deutschsprachige Muslime und bietet Adressen und Links von und für Muslime.

SOZIALES

Qantara.de
kontakt@qantara.de

www.qantara.de
Web-Seite für den Dialog mit der islamischen Welt: vielseitige News über Politik, Gesellschaft und Kultur; Dossiers und Termine.

Religion/Judentum

hagalil.com
hagalil@hagalil.com

www.hagalil.com
Einführende und weiterführende Informationen zu Israel, dem Judentum und jüdischem Leben in Mitteleuropa.

Juden.de
info@juden.de

www.juden.de
Links zu jüdischen Gemeinden, Synagogen, Museen und Einrichtungen.

Jüdisches Leben
chajmg@talknet.de

www.talmud.de
Informative Seiten über jüdisches Leben in Deutschland. Mit Adressen und einer Einführung in die Prinzipien der jüdischen Religion.

Religion/Legenden, Heilige & Bräuche

Ökumenisches Heiligenlexikon
webmaster@heiligenlexikon.de

www.heiligenlexikon.de
Lexikon der Lebensgeschichten von über 3.000 heiligen Persönlichkeiten der katholischen, evangelischen und orthodoxen Kirche.

Sankt Martin

www.martin-von-tours.de
Gedenken an den heiligen Martin von Tours: Geschichte, Legenden, Lexikon mit Begriffen von A bis Z.

Evangelische Kirche in Deutschland (EKD) www.ekd.de

Soziales

Religion/Mormonen

Mormonen, Die
webmaster@mormonen.de

www.mormonen.de
Präsentation der Mormonen-Kirchen mit Besprechung des Buches Mormon.

Mormonismus
info@mormonismus-online.de

www.mormonismus-online.de
Umfassendes Internet-Angebot zum Thema Mormonismus und Mormonen: Kritische, aber sachliche Auseinandersetzung mit dem Thema.

Religion/Zeugen Jehovas

Infodienst ehemaliger Zeugen Jehovas
webmaster@xzj-infolink.de

www.infolink-net.de
Infos über die Zeugen Jehovas. Außerdem: Ein Diskussionsforum für Zeugen Jehovas, Interessierte, Betroffene und Ex-Zeugen.

Jehovas Zeugen
pad@de.wtbts.org

www.jehovaszeugen.de
Offizielle Web-Seite von Jehovas Zeugen. Die Geschichte der Religionsgemeinschaft in Deutschland und Literaturtipps.

Senioren

Feierabend
redaktion@feierabend.com

www.feierabend.com
Feierabend ist der Treffpunkt im Internet für Menschen ab 50: Mit Kennenlernbörse, Kleinanzeigenmarkt und Chat-Möglichkeit.

Forum für Senioren
info@forum-fuer-senioren.de

www.forum-fuer-senioren.de
Der Seniorentreffpunkt im Internet. Alles über das Alter und Altern, mit Kontaktbörse, Reisetipps, Rezepten und Foren.

Lebensphasen.de
kontakt@lebensphasen.de

www.lebensphasen.de
Informieren, einkaufen, diskutieren im seniorengerechten Umfeld. Interessante Themen wie Gesundheit, Familie, Kultur oder Technik, interaktive Services wie Grußkarten, Spiele, Forum oder Chat, die zum Verweilen einladen. Ein Online-Shop, der Preisvorteile für Mitglieder bietet.

Singles/Flirttipps

Love@Lycos
loveatlycos-support-de@lycos-europe.com

love.lycos.de
Dating-Community von Lycos. Mitglieder lernen sich kennen, flirten oder treffen sich zum Date in privaten Chat-Räumen.

Singles/Fotobewertungen

Vote for Beauty
info@vote-for-beauty.de

www.vote-for-beauty.de
Das Portal ist eine Flirt und Vote-Communitiy, auf der man als Jury die Foto-Modells bewerten oder mit ihnen flirten kann.

Singles/Kontaktanzeigen

Beziehung.de
info@andastra.de

www.beziehung.de
Portal mit über 250.000 Singles aus Deutschland, Österreich und der Schweiz mit Chat, Fotoalben für die Partnersuche und Foren.

● Bildkontakte.de
support@bildkontakte.de

www.bildkontakte.de
Bildkontakte.de ist die kostenlose Kontaktseite für Deutschland, Österreich und die Schweiz. Jeder Eintrag erfolgt mit Bild und wird manuell überprüft, wodurch nur seriöse Eintragungen erfolgen. Angeboten werden viele Features, z.B. eine Umkreissuche, Favoriten, Online-Liste, Bildergalerie und vieles mehr.
(Siehe Abbildung)

SOZIALES

De.match.com
deutschland@match.com

www.de.match.com
Das Besondere an dieser Singlebörse ist die weltweite Suchmöglichkeit: Ob Traumpartner oder Brieffreund, hier trifft man sich.

Finya.de
info@finya.de

www.finya.de
Treffpunkt für alle, die auf Partnersuche sind, man kann sein eigenes Profil erstellen sowie andere Mitglieder bewerten.

Flirten.com
info@flirten.com

www.flirten.com
Kostenloses Flirtportal mit Flirtsuche und Web-Cams, außerdem: Servicebereich zu den Themen Reisen, Kochen, Sport oder Musik.

Flirtpool Kontaktanzeigen
webmaster@flirtpool.de

www.flirtpool.de
Kostenlose Kontaktanzeigen, Präsentation aktueller Anzeigen, auch Suche nach Region und Alter, auf Seriösität wird Wert gelegt.

Jappy.tv

www.miristlangweilig.de
Singleportal mit Kontaktanzeigen, Chat-Room und eigenem Postfach.

Landflirt.de
info@landflirt

www.landflirt.de
Der Treffpunkt auf dem Lande: Über 400 männliche und über 200 weibliche „Landflirts" finden sich auf dieser Web-Seite.

Neu.de
support@neu.de

www.neu.de
Die Partnerbörse mit über 300.000 aktiven Mitgliedern. Hier findet jeder seinen „Traumpartner".

Singlecommunity, Die
support@flirt-fever.de

www.flirt-fever.de
Quatschen, flirten oder verlieben: Hier ist alles möglich! Es gibt eine Flirt-Mailbox, ein moderiertes Forum und einen Chat.

Singlekafe
service@singlekafe.de

www.singlekafe.de
Hier können kostenlos Singleanzeigen aufgegeben und gesucht werden, verschiedene Suchkriterien, Anzeigen durch Chiffre geschützt.

Bildkontakte.de   **www.bildkontakte.de**

SOZIALES

Trendflirt.de
info@trendflirt.de

www.trendflirt.de
Kostenloses Flirten für Frauen, Chat mit Voice und Videoübertragung, Partytipps und Musiktrends.

Singles/Online-Magazine

Love.de
team@love.de

www.love.de
Ob Partnersuche, neue Freizeitbekanntschaften oder Beiträge zum Thema Liebe, hier ist man richtig, wenn man Kontakt sucht.

Single.de
info@single.de

www.single.de
Kommunikationsplattform, die Singles für Singles gestalten, man kann Gleichgesinnte treffen und über Themen diskutieren.

Singles/Verschiedenes

new-in-town

www.new-in-town.de
Online-Community für Offline-Aktivitäten: Als registrierter Nutzer kann man Freizeitpartner in der Umgebung finden.

Singlebörsen im Vergleich

www.singleboersen-vergleich.de
Die Seite gibt einen Überblick zu den zahlreiche Singlebörsen und liefert eine ausführliche Bewertung ihrer Brauchbarkeit.

Sozialhilfe, Wohngeld & Arbeitslosenunterstützung

Sobl e.V.
sozi@lhilfe.de

www.sozialhilfe-online.de
Umfassendes Online-Nachschlagewerk zu allen Fragen rund um die Sozialhilfe, übersichtliche Gliederung nach Stichworten.

Sozialhilfe Forum
info@forum-sozialhilfe.de

www.forum-sozialhilfe.de
Austausch über die Sozialhilfe im Netz mit Fragen, Antworten, Hilfen und Diskussionen sowie einer Mailing-Liste zur Sozialhilfe.

Tacheles
tacheles@wtal.de

www.tacheles-sozialhilfe.de
Tipps, Infos und Trends zum Thema Sozialhilfe. Online-Kalkulation der Sozialhilfe, Adressen von Beratungsstellen.

Suizid & Selbstmord

Deutsche Gesellschaft für Suizidprävention
dgs.vorsitzender@suizidprophylaxe.de

www.suizidprophylaxe.de
Deutsche Gesellschaft für Suizidprävention informiert über Ziele, Aktivitäten und Prävention, Adressenliste von Einrichtungen.

Selbstmord.de

www.selbstmord.de
Professionelle Hilfe für Menschen mit Problemen gibt es auf dieser Web-Seite.

Suicideinfo.org

www.suicideinfo.org
Infos für Menschen, die sich mit Selbstmordgedanken tragen oder die sich diesbezüglich Sorgen um einen Freund oder Angehörigen machen.

Tod & Sterben

FriedWald
info@friedwald.de

www.myplan4ever.de
FriedWald ist eine neue Form der Bestattung: Nicht auf dem Friedhof, sondern in freier Natur; Karte mit allen Friedwäldern.

Trauer.org
team@trauer.org

www.trauer.org
Trauerportal: Veranstalter einer der ersten bundesweiten Online-Trauerseminare; bietet Foren und Online-Trauerrituale.

SOZIALES

Traueranzeigen
intros@passau.com

www.traueranzeige.de
Individuelle Gestaltung einer Traueranzeige im Internet. Auch die Suche nach vorhandenen Anzeigen ist auf diesen Seiten möglich.

VDZB
info@vdzb.de

www.vdzb.de
Der VDZB gibt einen Überblick über das gesamte Produkt- und Dienstleistungsspektrum der Mitglieder.

verwitwet.de
info@verwitwet.de

www.verwitwet.de
Treffpunkt für verwitwete Mütter und Väter im Internet. Neben Foren und Chat findet man Hintergrundinfos und Erfahrungsberichte.

Transsexualität, Travestie & Transidentität

Souled und Transforen
email@souled.de

www.souled.de
Portal zum Thema Transsexualität: Es werden ein Treffpunkt, ein Diskussions-Board und Geschichten von Seelenverwandten geboten.

Startrans.org
shop@startrans.org

www.startrans.org
Shop mit einem umfangreichen Sortiment für Travestiebedarf.

Vermisste Menschen

gesuchte-kinder.de
info@gesuchte-kinder.de

www.gesuchte-kinder.de
Suche nach vermissten Kindern, Fotos und detaillierte Auskunft über Vermisstenfälle, Hilfe für Eltern und Freunde.

Wiedersehen macht Freude
mail@wiedersehenmachtfreude.de

www.wiedersehenmachtfreude.de
Internationaler Personensuchdienst nach Müttern, Vätern, Geschwistern, ersten Lieben und unvergessenen Freunden.

15
Sport

Sport

sport.de

Neben den Dauerbrennern Fußball und Formel 1 gibt es hier auch zu Radsport, Boxen, Fun-Sport, Basketball, Eishockey und Wintersport die aktuellsten Nachrichten und Wettkampfergebnisse. Wer also wissen will, wer der momentane Anwärter für den DFB-Pokal ist, wer mit seinen Inline-Skates einen Weltrekord aufgestellt hat oder wer beim Skispringen triumphiert, wird hier umfassend informiert. Ein Terminkalender weist auf kommende Sport-Events hin und wer meint, alle Ergebnisse schon zu kennen, der schließt online eine Sportwette ab oder schaut im Archiv nach, ob er sich auf sein Gedächtnis verlassen kann.

www.sport.de

sportal.de

Wie sieht es in der Bundesliga aus? Auf einen Blick erfährt man dank der übersichtlichen Tabellen in der Rubrik „Statistik", welches Team am längsten unbesiegt und welches am längsten ohne Sieg geblieben ist. Doch auch weitere Informationen erfreuen das Herz des Fußballfans! Spielpläne, Ergebnisse oder Berichte über einzelne Vereine und Spieler bringen Sie auf den neuesten Stand. Wer ist die Nummer Eins in der Champions League? Wie ist der aktuelle WM-Stand der Formel 1? Antworten auf diese Fragen und noch mehr News sind in den Bereichen Fußball, Formel 1, Tennis, Eishockey, Radsport und Motorsport zu finden.

www.sportal.de

WM-Journal.de

Welcher Fußballfan fiebert nicht der Weltmeisterschaft 2006 in Deutschland entgegen? Bei wm-journal.de findet er alles, was ihn interessiert: Welchen Spielplan hat Beckenbauer für 2006 ausgeklügelt und was meint der Bundestrainer dazu? Wie ist der aktuelle Stand der Qualifikation der Kontinentalverbände? Wo werden welche Spiele ausgetragen? Neben Informationen und Bildern zu den einzelnen Stadien findet man Hintergrundinfos wie eine WM-Historie und sogar der Ablauf aller WM-Turniere seit 1930 ist abrufbar. Erinnern Sie sich, wen Deutschland 1954 im Halbfinale 6:1 schlug, bevor es Weltmeister wurde?

www.wm-journal.de

f1welt.com

Willkommen in der Welt von Schumacher und Co.! Wer rangiert im Motorsport derzeit auf Platz 1? Und wer gewann letzte Woche den Preis von Monaco? Saisonstatistiken und Ergebnisse gibt es hier. Wer wissen will, wie etwa die Ferrari-Festspiele in Melbourne von statten gingen, findet hier zahlreiche Rennberichte, Reportagen und Bildergalerien. Wer fährt diese Saison für McLaren Mercedes und wie setzt sich das Team von BMW-Williams zusammen? Neben TV-Tipps gibt es eine Datenbank zur Motorsport-Geschichte mit Statistiken und Daten seit 1950. Mit dieser Seite bleiben Sie mit Sicherheit im Rennen.

www.f1welt.com

SPORT

www.skinet.de

skinet.de

Schneehöhen erobern, Gletscher bezwingen oder Pisten ausprobieren... Aber wo finden sich momentan die optimalen Verhältnisse? Hier sind alle Skigebiete Europas gelistet, mit jeglichen Informationen, die man für eine erfolgreiche Abfahrt so braucht: Zu jedem Gebiet die Nummer des Schneetelefons, eine Umgebungskarte sowie eine detaillierte Pistenkarte, Schneeverhältnisse und -höhenangaben, Daten zur Ski-Saison, zu Pistenlänge und Seilbahn-Stationen. Die Auswahl der besten Snowboard-Reviere und Live-Cams halten einige Insider-Tipps bereit und ein Terminkalender hat alle aktuellen Events mit weiterführenden Links parat. Gute Abfahrt!

www.unterwasser.de

www.unterwasser.de

Hier bekommt man richtig Lust, auf Tauchstation zu gehen! Tauchen Sie ab in zahlreiche spannende Reportagen von Unterwasser-Redakteuren, die Riffe und Haie besucht haben. Schon mal daran gedacht, mit der Familie einen Tauch-Urlaub im Roten Meer zu machen? Praktische Check-Listen sorgen dafür, dass Sie die richtige Ausrüstung mitbringen und alles Wichtige in der Taucher-Notfallbox haben. Der Dive-Guide hat Infos zur Reiseplanung und zu traumhaften Destinationen wie den Malediven, Ägypten oder Südafrika. Auch können Sie konkrete Infos über Tauchbasen und Hotels abrufen. Der Fisch-Führer verrät Ihnen mehr über Ihre Begegnungen unter Wasser!

www.fussballdaten.de

Fussballdaten

Wer sich für Fußball interessiert und sich dabei auch über die deutschen Grenzen hinaus über Liga-Spiele informieren will, findet hier Daten und Ergebnisse zu vielen Auslandsligen. Ob die Nationalliga in Russland oder Schottland auch so spannend ist? Auch der Frauenfußball wird hier nicht vernachlässigt: Ergebnisse der weiblichen Welt- und Europameisterschaften und der Bundesliga sind hier genauso aufgeführt wie die des Männerfußballs. Was sind die aktuellen Meldungen zum Europapokal, dem UEFA-Cup oder der Champions League? Viele internationale Spieler sind hier mit Infos zu ihren Karrierestationen gelistet.

www.tennis-center.de

Tennis-center.de

Punkt, Satz, Sieg! Wenn Sie sich für den Tennissport interessieren und wissen möchten, welche beiden Rivalen sich bei den letzten French Open ein heißes Match auf dem Tenniscourt lieferten, dann sind Sie hier richtig. Wer gewann als jüngster Spieler den Davis Cup? Ergebnisse, Ranglisten und Turnierpläne im Frauen- und Männertennis werden hier aufgeführt. Die Spielerprofile stellen Hintergrundinformationen zu Biographie und Spielereigenschaften namhafter Tennissportler dar. In der Rubrik „Tennis-History" erfährt man, wer zu den Grand Slam-Siegern des 20. Jahrhunderts gehört und wer auf welchen Turnieren triumphiert hat.

Sport

Allgemein

Eurosport
info@eurosport.com

www.eurosport.de
Großes Sportportal für die Sportarten Fußball, Tennis, Radsport, Motorsport und Leichtathletik. Aktuelle Meldungen.

Freestyle24
info@freestyle24.de

www.freestyle24.de
Freestyle bietet in über 100 Städten Deutschlands regionale und lokale Sportportale mit Sportnachrichten an.

sport.ARD.de
sport@ard.de

sport.ard.de
Sportnachrichten und Hintergrundberichte begleitend zur Sportberichterstattung im ARD-Hörfunk und -Fernsehen.

sport.de
info@sport.de

www.sport.de
Aktuelle Sportnachrichten mit Hintergrundinformationen, Analysen und Live-Ticker zu den wichtigsten Sportevents.

Sport1
presse@sport1.de

www.sport1.de
Umfangreiche Sport-Web-Seite und Anbieter von Multimedia-Dienstleistungen im Segment Sport.

sportal.de
kontakt@sportnews.de

www.sportal.de
Aktuelle Meldungen und Hintergrundberichte zu Fußball, Formel 1, Tennis, Eishockey, Rad- und Motorsport.

American Football

AFVD
webmaster@afvd.de

www.afvd.de
Informationen über American Football in Deutschland: Spielpläne der verschiedenen Ligen mit Ergebnislisten und Meldungen.

American Football in Deutschland
amfid@aol.com

www.amfid.de
Das deutschsprachige American Football-Forum mit aktuellen Meldungen, Ligen-Übersicht und Tippspiel.

Football101
info@football101.de

www.football101.de
Meldungen, Regelkunde, Vereinsübersicht, Spielerbiografien, Statistiken und Foren zum Thema American Football.

Win Football
postmaster@win-football.de

www.win-football.de
Football-Magazin mit Spielplänen, Ergebnissen und Fotoalbum der Bundesliga, Archiv, Cheergirl-Bildern und Gewinnspiel.

Angeln

angeln
redaktion@angeltreff.org

www.angeltreff.org
Die Index-Seiten für das Angelhobby: Infos zu Geräten, Gewässern, Gesetzen und Vereinen, mit Fischdatenbank und Reisetipps.

angeln.de
info@angeln.de

www.angeln.de
Viele Praxistipps: Fischpräparationen, Beschreibung der verschiedenen Fischarten und Testberichte über Angelzubehör.

Angelsuchmaschine.de
nachricht@angelsuchmaschine.de

www.angelsuchmaschine.de
Suchmaschine zu verschiedensten Angelrubriken, mit Sonderangeboten für Angelzubehör. Angelvereins- und Gewässerverzeichnis.

Fisch-Hitparade
info@fisch-hitparade.de

www.fisch-hitparade.de
Große Diskussionsdatenbank mit tausenden Tipps für Angelgewässer und -rekorde, Kartenausgabestellen sowie Fischkutter.

Pro-Fishing
werbung@pro-fishing.de

www.pro-fishing.de
Mit umfangreichem Sortiment bietet der Shop alles, was das Anglerherz begehrt, ob Hocker, Köder oder Ruten, auch Weltneuheiten.

SPORT

Shopping für preisbewusste Angler
info@angelversand-wuerl.de

www.billiger-angeln.de
Dieser Online-Angler-Shop bietet Ruten, Freilaufrollen, Gerätekästen, Netze, Haken, Lockstoffe sowie Anglerbekleidung.

Angeln/Fliegenfischen

Fliegenfischer-Forum

www.fliegenfischer-forum.de
Detaillierter Gerätetest der Ausrüstung, Foto- und Kunstgalerie, Bücher- und Reisetipps, Witzecke und Forum.

Angeln/Zeitschriften

Blinker
redaktion@blinker.de

www.blinker.de
Großes Anglerforum mit News, Tipps zur Angelpraxis, Shop, Adressenverzeichnis und Bildgalerie.

Fisch & Fang
online@paulparey.de

www.fischundfang.de
Beißzeiten, Gewässertipps, Ausbildungstermine, Lexikon und Wetterinfos lassen den Angler nicht im Trüben fischen.

Raubfisch, Der
online@paulparey.de

www.raubfisch.de
Infos für Raubfischangler: Interviews, Reportagen, Gerätetests, Küstenspiegel, Beißzeiten, Gewässertipps, Lexikon und Spiele.

Rute & Rolle
kloeer@ruteundrolle.de

www.ruteundrolle.de
Die aktuellen Berichte der Anglerzeitschrift, Fachgeschäft-Verzeichnis, die Wahl zum Fisch des Monats, Termine und Rezepte.

Badminton

badminton.de
martin.knupp@t-online.de

www.badminton.de
Offizielle Seite des Deutschen Badminton-Verbandes: das internationale Badminton-Geschehen sowie Infos von den Landesverbänden.

badminton-online.de
ruppert.wiesbaden@t-online.de

www.badminton-online.de
Wissenswertes zum Thema Badminton: Ergebnisse, Verbände und Buchtipps. Außerdem Hinweise und Termine für Meisterschaften.

Baseball & Softball

Baseball-Links.de
webmaster@baseball-links.de

www.baseball-links.de
Gut geordnete, zum Teil kommentierte Link-Liste zu Verbänden, Vereinen, Shops, Turnieren, Coaching, Events und Bundesliga.

DBV-Deutscher Baseball und Softball Verband
bundesliga@baseball.de

www.baseball-bundesliga.de
Alle Teams aus Deutschland werden mit Spielplänen und Ergebnislisten vorgestellt. Außerdem Wissenswertes über die Sportart.

Deutscher Baseball & Softball Verband e.V.
info@baseball.de

www.baseball-softball.de
Infos zum Verband, zu Ligen und Landesverbänden mit Regelkunde, Schiedsrichterecke, Adressenverzeichnis und Shop.

Basketball

Basket1.de
info@basket1.de

www.basket1.de
Online-Magazin zu BBL und RBBL, Fußgängern und Rollis; Kolumnen und Hintergrundberichte, Facts und News - alles unter einem Dach.

Basketball Bundesliga
kontakt@basketball-bundesliga.de

www.basketball-bundesliga.de
Hintergründe, Teams und Scores, Events und andere Termine. Mit Routenplan und BBL-Shop für die richtigen Fans.

Sport

Basketball Suchmaschine
webmaster@airballsearch.de

www.airballsearch.de
Suchmaschine für alle Basketballer. Gesucht wird in zahlreichen Rubriken wie Bundesliga, Schiedsrichter, Vereine und Fanseiten.

basketball-schiedsrichter.de
ab@basketball-schiedsrichter.de

www.bbsr.de
Hier findet man alle Basketball-Regeln mit Interpretationen, Infos zum Schiedsrichterwesen und ein Diskussionsforum.

Damen Basketball News
info@damen-bb-news.de

www.damen-bb-news.de
Portal-Web-Seite mit Artikeln, Umfragen, Forum und Kalender zum Thema Basketball, im Speziellen Mädchen- und Damenbasketball.

Kickz.com
info@kickz.com

www.kickz.com
Sportartikel für Basketballspieler: Schuhe namhafter Marken sowie spezielle T-Shirts (auch in XLT-Größen).

schoenen-dunk
info@schoenen-dunk.de

www.schoenen-dunk.de
Basketball-Fan-Community mit Infos und News zu den deutschen Ligen und auch zur NBA, Tippspiel, Statistiken und TV-Terminen.

tip-in.com
info@tip-in.com

www.tip-in.com
Neben Basketbällen und -körben auch Team-, Turnier- und Schiedsrichterbedarf sowie Fanartikel und Streetwear.

Behindertensport

Faszination Handbike
info@handbike.de

www.handbike.de
Ergebnisse, Berichte, Termine und News zum Ausdauersport Handbike, dem Rad für Behinderte. Mit Händlerliste, Basar und Forum.

Paralympics aktuell
dbs@dbs-npc.de

www.paralympics.de
Informationen zum Behindertensport und zu den Paralympics sowie Termine für weitere Events und Sportveranstaltungen.

Bergsteigen & Klettern

AlpOnline
christian.eckhard@alponline.com

www.alponline.com
Das Magazin bietet News und Links zu den Themen: Bergsteigen, Klettern, Trekking, Wandern, Skitouren und Mountainbike.

Bergsteiger.de
webmaster@bergsteiger.de

www.bergsteiger.de
Der Berg ruft: Tourenmagazin mit Wetterwarte, Online-Kursen, Tourentipps, Literatur-, TV- und Filmankündigungen.

Bergzeit.de
kontakt@bergzeit.de

www.bergzeit.de
Online-Shop mit Produkten rund ums Bergsteigen und Klettern: Jacken, Pulsmesser, Rucksäcke, Schneeschuhe und Zelte.

Deutscher Alpenverein
info@alpenverein.de

www.alpenverein.de
Infos zum Bergsteigen, Wandern und Klettern mit Verzeichnissen von Hütten, Kletteranlagen, Versicherungen und Verbänden.

Klettern Magazin
redaktion@klettern-magazin.de

www.klettern.de
Umfangreicher Service für Kletterer: Gebietsinformationen, Produktvorstellung und Medientipps. Mit Forum, Pinnwand und Shop.

Mountains2b.com
info@xnx.de

www.mountains2b.com
Portal rund um das Thema Bergsport: Infos für Outdoor-Sportler, Wanderfreunde, Bergsteiger, Alpinisten und Freikletterer.

tourentipp.de
info@tourentipp.de

www.tourentipp.de
Wöchentlich aktuelle Tourentipps für Wanderer, Kletterer, Bergsteiger und Skitourengeher mit detailliertem Tourensteckbrief.

Sport

via-ferrata.de
info@via-ferrata.de

www.via-ferrata.de
Klettersteigportal, das eine Vielzahl an Tourenvorschlägen im gesamten Alpenraum bereithält. Außerdem: Alpenwetter.

Billard

Billard Portal
contact@poolplayer.info

www.poolplayer.info
Online-Portal für den Billardsport: Informationen zu Events und Billardgeschichte sowie Billard-Produkte und Online-Auktion.

Billardshop.de
info@billardshop.de

www.billardshop.de
Shop für Queues, Billardtische, Kugeln, Leuchten, Koffer und sonstiges Zubehör.

TALK! Das Billard Magazin
info@talkmagazin.de

www.talkmagazin.de
Die Zeitschrift für Billardsport präsentiert sich mit News, umfangreichen Infos zu Regeln, Literatur, Vereinen und Sportlern.

Bob- & Schlittenfahren

Bob- und Schlittenverband für Deutschland e.V.
info@bsd-portal.de

www.bsd-portal.de
Hier gibt es aktuelle Neuigkeiten aus den Bereichen Bob, Skeleton, Rennrodeln und Naturbahn, außerdem zu Athleten und Bahnen.

Bodybuilding

Bodybuilding Szene
vau@bbszene.de

www.bbszene.de
Infos zu den Themen Ernährung, Supplements, Training, Anabolika, Injektionen sowie Fotogalerie und Lebensmitteldatenbank.

bodybuilding.de
info@bodybuilding.de

www.bodybuilding.de
Kraftgeräte, Sport-Nahrung, alles für den Muskelaufbau im Body-Building. Auch Artikel zu Fitness und Sporternährung allgemein.

Bogenschießen

bogensportinfo.de

www.bogensportinfo.de
Infos und Links zum Thema Bogensport. Vorstellung von Lehrgängen und Turnieren sowie Trainingsprotokolle zum Download.

Boule

boulepool.de
boulepool@email.de

www.boulepool.de
Aktuelle Nachrichten rund um den Petanque-Sport, Termine, Kleinanzeigen, Ligen, Tabellen, Links und ein Online-Shop.

Bowling

bowlingbahnen.de
info@bowlingbahnen.de

www.bowlingbahnen.de
Ein nach Postleitzahlen sortiertes, deutschlandweites Verzeichnis von Bowling-Centern mit Bewertungen.

Bowlingpage.de
gessner@bowlingpage.de

www.bowlingpage.de
Informationen zum Thema Bowling: Geschichte, Regeln, Daten und Fakten; mit Trainer- und Ausrüstungstipps.

Deutsche Bowling Union
praesident@dbu-bowling.de

www.dbu-bowling.com
Termin- und Turnierübersicht, Bundesliga-Ergebnisse, umfangreiches Archiv, Jugendliga, News und Shop.

Deutscher Bowling Verband
dbv-bowling@web.de

www.dbv-bowling.de
Der Verband stellt sich vor und bietet Formulare zum Download an; aktuelle Ranglisten, Partneranlagen und Termine sind abrufbar.

Sport

Bumerang

● **Bumerang Homepage**
info@bumerang-sport.de

www.bumerang-sport.de
Genaue Wurfanleitungen und Techniken für Bumerangs sowie Infos zu Disziplinen und Bauplänen. Außerdem: Online-Shop. **(Siehe Abbildung)**

bumerangs.de
webmaster@bumerangs.de

www.bumerangs.de
Bumerang-Portal mit Tipps zum Kaufen, Bauen und Werfen, Bücherecke, Bumerang-Bildergalerie und Berliner Lokalteil.

Deutscher Bumerang Club e.V.
mail@bumerangclub.de

www.bumerangclub.de
Der Club informiert über Sport, Turniertermine und Treffpunkte, Geschichte, Technik, Hintergründe und stellt Baupläne bereit.

Bungeejumping

Welt des Bungeejumpings, Die
info@bungeejumping.de

www.bungeejumping.de
Wissenswertes zur Geschichte des Bungeejumping, Erfahrungsberichte, Fotogalerie und medizinisches Gutachten.

Cricket

Deutscher Cricket Bund
info@cricket.de

www.cricket.de
Hintergrundinfos zum Cricket-Sport mit Glossar, Geschichte, Spielordnungen sowie Vereins- und Verbandsmeldungen.

Darts

dartshop.de
info@dartshop.de

www.dartshop.de
Steel- und Softdarts, Boards, Zubehör sowie Taschen.

Bumerang Homepage   www.bumerang-sport.de

Sport

dartsport.de
info@dartsport.de

www.dartsport.de
Regelkunde, Spieler des Monats, Termine mit Spielorten, Dart-Tipps und Chat-Raum sowie Downloads von virtuellen Dart-Trainern.

Deutscher Dartverband
praesidium@deutscherdartverband.de

www.deutscherdartverband.de
Von der Geschichte des Dart-Sports über Regelwerk, Landesverbände und Turnierberichte bis hin zu Ranglisten und Jugendclub.

Eiskunstlauf & Eisschnelllauf

Deutsche Eislauf-Union
info@deu.de

www.deu.de
Die Deutsche Eislauf-Union informiert über verschiedene Arten des Eislaufens, die Sportler, Veranstaltungen und ihren Verband.

Deutsche Eisschnellauf Gemeinschaft e.V.
info@desg.de

www.desg.de
Aktuelle Ergebnisse, Nachrichten, Termine, Statistiken und Auszüge aus der Verbandszeitschrift „Kufenflitzer" gibt es hier.

Eisstock & Curling

Deutscher Curling-Verband e.V.
info@curling-dcv.de

www.curling-dcv.de
Umfassende Informationen zum Curling, aktuelle Ergebnisse, ein Clubverzeichnis sowie ein Terminplan der Wettbewerbe.

Deutscher Eisstock-Verband e.V.
info@eisstock-verband.de

www.eisstock-verband.de
Wissenswertes zur Sportart, Termine, Tabellen und Vereinslisten werden bereitgestellt. Auch ein Live-Ticker ist eingerichtet.

Fallschirmspringen

 Fallschirmsport Nuggets
info@skydive-nuggets.de

www.skydive-nuggets.de
Skydive Nuggets - das große Fallschirmsportzentrum in Süddeutschland. Hier findet man Fallschirmspringen, Tandemspringen, Ausbildung zum Fallschirmspringer sowie alles Weitere rund um den Fallschirmsport. **(Siehe Abbildung)**

Fallschirmsport Nuggets   **www.skydive-nuggets.de**

Anzeige

Sport

Skydive World
ah@skydiveworld.com

www.skydiveworld.com
Weltweites Club- und Adressenverzeichnis, Fotogalerie, Terminkalender, viele Specials und ein Online-Magazin zur Sportart.

Fechten

allstar international
info@allstar.de

www.allstar.de
Online-Shop mit Degen, Säbel, Florett, Zubehör und sogar kompletten Turnieranlagen. Mit Größentabellen und Turnierservice.

Deutscher Fechter-Bund
lennartz@fechten.org

www.fechten.org
Informationen zu Terminen, Ergebnissen, Organisationen und Jugendarbeit, außerdem Kampfrichter- und Ausbildungsservice.

fechten.de
info@fechten.de

www.fechten.de
Bildergalerie zu allen großen Meisterschaften, Ranglisten, aktuelle Fechtnachrichten und Termine sowie Kleider- und Jobbörse.

Fitness

Fitnessmeile.de
info@fitnessmeile.de

www.fitnessmeile.de
Tipps und Infos zu den Themen Fitness, Kampf- und Trendsport. Mit Fitness-Studio-Suche und Ernährungsdatenbank.

fitnessversand.de
info@fitnessversand.de

www.fitnessversand.de
Fitness-Geräte für Ausdauer- und Muskeltraining, Gymnastik und Aquasport: Heimtrainer, Stepper, Ergometer oder Laufband.

Fitnesswelt
info@fitnesswelt.com

www.fitnesswelt.com
Kurs- und Eventübersicht, Ernährungsberatung, Kalorienrechner sowie Personal Training. Außerdem: Fitness- und Wellnesslexikon.

● **richtig fit**
info@richtigfit.de

www.richtigfit.de
Der Deutsche Sportbund informiert rund um das Thema Fitness mit individuellen Trainingsprogrammen, Online-Fitness-Tests, Ernährungstipps, Informationen zu Sportarten und einem Fitness-Lexikon mit den wichtigsten Begriffen und animierten Abbildungen. **(Siehe Abbildung)**

Sportlädchen
info@sportlaedchen.de

www.sportlaedchen.de
Fitness-Schuhe und -Bekleidung, Sportlernahrung, Taschen, Rucksäcke und Aerobic-DVDs und -Videos.

Zeitschrift, Sport & Fitness
spofi@sport-fitness.de

www.sport-fitness.de
Detaillierte Informationen und Artikel zur richtigen Sportlerernährung mit direkter Bestellmöglichkeit.

Frisbee

Deutscher Frisbeesportverband e.V.
info@frisbeesportverband.de

www.frisbeesportverband.de
Zum Thema Frisbee und Ultimate Frisbee findet man hier alles: Vereine, Spielregeln, Termine und Bilder der Mannschaften.

frisbeeshop.de
ngu@frisbeeshop.de

www.frisbeeshop.de
Sportflug-, Freestyle-, Hundescheiben und viele Spezialprodukte, umfangreiche Informationen. Auch Groß- und Einzelhandel.

Fußball/Allgemein

Blutgrätsche
webmaster@blutgraetsche.de

www.blutgraetsche.de
Fußballsatire, die das Fußballgeschehen kommentiert und den Tor des Monats wählt. Viele Fußballersprüche, -witze und Tippspiele.

Fussballdaten
kontakt@fussballdaten.de

www.fussballdaten.de
Fußballdaten zu allen europäischen Fußball-Ligen, Länderspielen, Europapokal und Frauen-Fußball. Mit Kalender und Shop.

SPORT

Spitzenkick
spitzenkick@aol.com

www.spitzenkick.de
Legendäre Fußballerzitate, ein Videoarchiv der Fußballkuriositäten und Informationen zu den Kultfußballern aus aller Welt.

Weltfussball.de
redaktion@weltfussball.de

www.weltfussball.de
Umfangreiche Übersicht über Vereine, Spieler, Verbände, Ergebnisse, Ranglisten und anstehende Meisterschaften.

Fußball/Bundesliga

Bundesliga
info@bundesliga.de

www.bundesliga.de
Saison-Statistiken, Porträts von Vereinen und Spielern sowohl aus Erster als auch Zweiter Bundesliga und Sportwetten.

bundesligakarten.de
info@bundesligakarten.de

www.bundesligakarten.de
Ticketvermittlungsagentur für die Top-Eintrittskarten zu begehrten Bundesliga-Spielen.

Fußball Pur
info@fussball-pur.de

www.fussball-pur.de
Übersicht der deutschen Bundes- und Regionalligen: Spielberichte, Tabellen, Statistiken. Mit Specials wie Zitaten und Lexikon.

Transfermarkt
info@transfermarkt.de

www.transfermarkt.de
Alles über den Transfermarkt in der deutschen Bundesliga mit Spieler-, Trainer- und Vereinsdatenbank, Umfragen und Foren.

Fußball/Fußballweltmeisterschaft 2006

FIFA World Cup
info@ok2006.de

www.fifaworldcup.com
Offizielle Seite zur FIFA WM 2006 in 4 Sprachen: Nachrichten, Statistiken und Live-Ticker für alle Qualifikationsspiele.

WM-Journal.de
info@wm-journal.de

www.wm-journal.de
Magazin zur Fußball-WM 2006 mit Berichten zu Spielplan und -orten, Tickets, Qualifikation, Organisation und Historie.

richtig fit   www.richtigfit.de

Sport

Fußball/Tischfußball

Tipp-kick.de
info@tipp-kick.de

www.tipp-kick.de
Einblicke in die Sportart Tisch-Fußball mit Ligenübersicht, Turnierergebnissen, Regelkunde, Spieltipps und Bauplänen.

Fußball/Verbände

Deutscher Fussball-Bund
info@dfb.de

www.dfb.de
Übersicht aller deutschen Teams, Ligen und Turniere mit Ticketdienst, Ankündigungen und aktuellen Meldungen.

uefa.com
info@uefa.com

www.uefa.com
Termine, Ranglisten, Vereine und Spieler der europäischen Turniere mit Trainingseinblicken, Videos und aktuellen Schlagzeilen.

Fußball/Zeitschriften

11Freunde.de
info@11freunde.de

www.11freunde.de
Die wichtigsten Artikel des Fußball-Magazins, dazu Fanecke mit Tippspiel und Quiz.

kicker online
info@kicker.de

www.kicker.de
Berichte aus allen deutschen und europäischen Ligen, Frauen- und Jugendfußball. Außerdem zahlreiche Servicedienste und Spiele.

Gleitschirmfliegen, Drachenfliegen & Ballonfahrten

🔴 **ballonfahrten.de**

www.ballonfahrten.de
Ballonfahrten.de ist die informative Web-Seite rund um die Fahrt mit dem Heißluftballon. Hier findet man Informationen zur Technik, Historie und alle Adressen, wo man mitfahren kann. Außerdem gibt es hier bundesweit gültige Ballonfahrt-Tickets als ideales Geschenk für Verlosungen und Aktionen.
(Siehe Abbildung)

Fachverband der Drachen- und Gleitschirmflieger
dhv@dhv.de

www.dhv.de
Meldungen zum Drachen- und Gleitschirmfliegen, Adressen von Flugschulen, Länderwetter, Ausbildungs- und Sicherheitstipps.

Fly-more.com
office@fly-more.com

www.fly-more.com
Online-Shop mit detaillierten Produktinformationen, Sicherheitstests und Verzeichnis der Schulen, die Testflüge anbieten.

Golf

Golf.de
info@golf.de

www.golf.de
Ranglisten, Turniertermine, Statistiken, Regularien und Clubs des Deutschen Golf Verbands. Mit Sonderinfos für Einsteiger.

golf-fewo-direkt.de
info@fewo-direkt.de

www.golf-fewo-direkt.de
Verzeichnis von privaten Urlaubsvillen und Apartments in Golfplatznähe. Fotos, Golfplatzinfos, Verfügbarkeit online direkt einsehbar.

golfhoch2.de
info@golfhoch2.de

www.golfhoch2.de
Gut sortierter Golf-Shop mit großer Auswahl an Schlägern, Bällen, Schuhen und zahlreichen Accessoires.

golfparadise.com
info@golfpress.com

www.golfparadise.com
Das Fachportal für Golfer mit Turnier- und Spielerübersicht, Reise- und Wellnesstipps, Hotelverzeichnis, Shop und Wissensecke.

Sport

Golfprodiscount-Golfshop info@golfprodiscount.de	**www.golfprodiscount.de** Neben bewährten Marken werden hier auch Clone-Schläger angeboten, vergleichbare billigere Produkte sowie weiteres Golfzubehör.
progolf.de info@progolf.de	**www.progolf.de** Golfversand mit allem nötigen Zubehör wie Hölzer, Putter oder Caddies. Dazu Produktinformationen, Eventkalender und Golfwitze.

Golf/Minigolf & Bahnengolf

Deutscher Minigolfsport Verband info@minigolfsport.de	**www.minigolfsport.de** News, Termine und Regularien zu Minigolf als Sport und Hobby sowie eine Auflistung von Verbänden und Vereinen.

Golf/Zeitschriften

golfmagazin.de redaktion@golfmagazin.de	**golfmagazin.de** Turnierkalender, Ranglisten, Live-Ticker, Spielerporträts, Schlägertests, Reiseberichte, Regel- und Ausrüstungstipps.
golfplus.de info@golfplus.de	**www.golfplus.de** News rund um das Golfen, Clubvorstellung mit Bildern, Regelwerk, Ergebnislisten, Produktinfos und Anfängertipps.
Golf-Time info@golftime.de	**www.golftime.de** Übersicht zu Golfclubs und -hotels, Reisemöglichkeiten und Produkten. Mit Trainingstipps, Tourenkalender und Shop.

Gymnastik & Turnen

Deutscher Turner-Bund hotline@dtb-online.de	**www.dtb-online.de** Vorstellung der verschiedenen Sportarten im Turnbereich, Eventübersicht mit Berichten, News, Shop und Gesundheitsecke.

ballonfahrten.de   **www.ballonfahrten.de**

Anzeige

Sport

Dore-Jacobs-Berufskolleg
berufskolleg@dore-jacobs.de

www.dore-jacobs.de
Vorstellung des Dore-Jacobs-Berufskollegs für Bewegungspädagogik mit Konzept, Geschichte, Ausbildungsinhalten und Modalitäten.

gymmedia.de
info@gymmedia.com

www.gymmedia.de
Sportlervorstellung, aktuelle Meldungen, Ranglisten und Wettkampfkalender zu den verschiedensten Gymnastiksportarten.

Handball

Deutscher Handball-Bund
kontakt@dhb.de

www.dhb.de
Infos über National- und Bundesliga-Teams, Ausbildung, Satzungen und Regeln, mit Fotogalerie, Jugend- und Schiedsrichterecke.

SIS Handball
administrator@sis-handball.de

www.sis-handball.de
Infoseite zum Handballsport: Spielpläne und Ergebnisse aller deutschen Ligen, Nachrichten und Verbandsübersicht. Mit Wettspiel.

Hockey/Eishockey

Eishockey Info.de

www.eishockeyinfo.de
Alle Spiele, Ergebnisse und Tabellen der Bundes- und Oberligen aktuell auf einen Blick. Mit Ergebnisdienst und Regelbuch zum Download.

national-hockey-factory.de
info@national-hockey-factory.com

www.national-hockey-factory.de
Komplette Ausrüstungs-Sets und auch Einzelteile wie Schläger und Schlittschuhe für Inline- und Eishockey direkt zu bestellen.

Hockey/Feldhockey

Deutscher Hockey Bund e.V.
deutscher-hockey-bund@t-online.de

www.deutscher-hockey-bund.de
Ergebnisdienst der deutschen Hockey-Ligen. Außerdem Spielordnungen, Trainings- und Schiedsrichtertipps, Forum und Adressbuch.

Inlineskates & Rollerblades

Inline Skate Strecken
info@inline-strecken-fuehrer.de

www.inline-strecken-fuehrer.de
Portal für den aktiven Inlineskater: Übersicht der Inline-Strecken im In- und Ausland sowie der Inline-Events weltweit.

Rollerbladen.de
webmaster@rollerbladen.de

www.rollerbladen.de
Verzeichnis von deutschen Inline-Strecken, -Hallen und -Plätzen sowie von organisierten Skate-Nights, außerdem eine Kontaktbörse.

skate.de
info@skate.de

www.skate.de
Skateboard- und Inline-Seite mit Berichten, pesönlichen Skate-Tagebüchern, Lexikon, Herstellerverzeichnis und Eventdatenbank.

Jagen

Jagd.de
info@jagd.de

www.jagd.de
Kommunikationsplattform für Jäger und Naturfreunde: Jagdzeiten, Lexikon, Gesetze, Wildrezepte, Adressenliste, Chat und Forum.

SPORT

Jagen/Zeitschriften

Deutsche Jagd-Zeitung
online@paulparey.de

www.djz.de
Praktisches Wissen für die Jagd: Ausrüstungstipps, Wettervorhersage, Ausbildungsinfo, Lexikon und umfassender Jagd-Guide.

Jagen Weltweit
online@paulparey.de

www.jagen-weltweit.de
Berichte über ausländische Wildarten und Jagdreisen in aller Welt, außerdem Lexikon, Spiele, Ausrüstungs- und Praxistipps.

Pirsch, Die
pirschredaktion@dlv.de

www.pirsch.de
Hinweise zum aktuellen Heft, Kleinanzeigen, Rezepte, Ausbildungsservice, Shop, Bücher und Gewinnspiele.

Wild und Hund
online@paulparey.de

www.wildundhund.de
Informationen zu Jagdpraxis und -recht, Haltung und Führung von Jagdhunden, Revierpflege und Ausrüstung.

Kajaks, Kanus, Faltboote & Canadiers

Faltboot.de

www.faltboot.de
Tipps und Tricks zur Faltbooterstellung, Diskussionsforum, Fahrtenberichte, Dia-Show sowie Literaturempfehlungen.

Kajak-Channel.de
webmaster@kajak-channel.de

www.kajak-channel.de
News und Berichte zum Kajak-Sport mit Fluss-, Pegel- und Wetterinfos, Terminkalender sowie Ausrüstungs- und Sicherheitstipps.

Kajaktour.de
m.die@web.de

www.kajaktour.de
Wildwasserkarten für Österreich, Schweiz und Frankreich, Infos zu europäischen Flüssen, Pegel und Wetter zur Planung von Touren.

Klepper Faltboote
faltboote@klepper.de

www.klepper.de
Herstellerinfos zu Konzept, Geschichte, Technik, Farbauswahl und Finanzierung von Faltbooten mit direkter Bestellmöglichkeit.

Soulboater.com
info@soulboater.com

www.soulboater.com
Szenemagazin für Kayaking mit umfangreichen Infos, Boots- und Flussdatenbank, Berichten, Bildergalerie sowie einem Pegeldienst.

Kampfsport/Allgemein

Kampfsport
postmaster@kampfsport-online.com

www.kampfsport-online.com
Sämtliche asiatische Kampfsportarten mit Beschreibungen sowie politische Infos und Daten zu den Herkunftsländern.

Kampfsport/Arnis

Arnis Finsterwalde
info@arnis-finsterwalde.de

www.arnis-finsterwalde.de
Vereins-Homepage mit Hintergrundinfos, Fotos, Videos und Lehrgangsübersicht zur philippinischen Selbstverteidigung Arnis.

Kampfsport/Boxen

boxen.com
info@boxen.com

www.boxen.com
Rundum-Service zum Boxsport: Hintergrundberichte, Veranstaltungs- und Ticket-Service, Videos und Fanecke.

BoxingPress.de
redaktion@boxingpress.de

www.boxingpress.de
Boxsport-Portal mit den wichtigsten Nachrichten aus der nationalen und internationalen Szene, außerdem Prognosen und Kommentare

Sport

Kampfsport/Iaido

Deutscher Iaido Bund
iaido@mail.de

www.iai-do.com
Infos über die Schwertkunst Iaido, Samurai und Schwerter, Sicherheitsregeln, Prüfungsordnung, Lehrer und Vereine.

Kampfsport/Judo

Deutscher Judo-Bund e.V.
djb@judobund.de

www.judobund.de
Vorstand, Satzung, Aus- und Fortbildungsmöglichkeiten, Aktuelles, Jugendarbeit und Veranstaltungen des Deutschen Judo-Bundes.

Judo online
info@judo.de

www.judo.de
Übersicht der deutschen Verbände, Vereine, Turniere und Veranstaltungen sowie Herstellerliste für Sportartikel.

Kampfsport/Ju-Jutsu & Jiu-Jitsu

Deutscher Ju-Jutsu Verband e.V.
bundesgeschaeftsstelle@djjv.net

www.ju-jutsu-net.de
Nachrichten, Termine und Jugendarbeit des Deutschen Ju-Jutsu Verbandes. Mit Wettkampfergebnissen, Vereins- und Lehrgangsliste.

Kampfsport/Karate

Deutscher Karate Verband e.V.
info@karate-dkv.de

karate-dkv.de
Alle wichtigen Adressen, Termine, Lehrgangs-, Trainer- und Kampfrichterübersicht, Begriffserklärungen und Spaßecke.

Budoshop-Online www.budoshop-online.de

Sport

Kampfsport/Online-Shops

● **Budoshop-Online**
infos@budoshop-online.de

www.budoshop-online.de
Über 13.000 Produkte für alle Kampfsportarten: Accessoires, Bekleidung, Waffen, Bücher, Videos und DVD's, Trainingsgeräte und ein großes Messer-Sortiment. Geprüft und zertifiziert von Trusted-Shops und dem Euro-Handelsinstitut. Einkauf mit Geld-Zurück-Garantie in Kooperation mit Trusted-Shops. **(Siehe Abbildung)**

● **Dojo24**
info@dojo24.de

www.dojo24.de
DOJO24.de - Feel the Spirit ist ein Online-Versandhandel, der sich zum Ziel gesetzt hat, Kampfsportausrüstung für sämtliche Stile anzubieten. Beste Qualität und maximale Sicherheit sind dabei die Hauptkriterien für die Auswahl der Produkte. **(Siehe Abbildung)**

Kampfsport/Taekwondo

Deutsche Taekwondo Union e.V.
office@dtu.de

www.dtu.de
Infos des Dachverbandes über Sportart, Prüfungswesen, Ranglisten, Turnierergebnisse, Termine, Vereine und Landesverbände.

Taekwondo Nachschlagewerk
info@taekwondo.de

www.taekwondo.de
Basiswissen zum Taekwondo: verschiedene Formen und Techniken, Wettkampfordnung, Fachbegriffe, Umgangsformen und Wörterbuch.

Lacrosse

dlaxv.de
info@dlaxv.de

www.dlaxv.de
Seite des deutschen Lacrosse-Verbandes mit Infos zu Sportart und Ligen, Vereinsliste und Aufbautipps zur Vereinsgründung.

Dojo24   **www.dojo24.de**

SPORT

Laufen & Joggen

Laufen in Deutschland
helge2004@lauftreff.de

www.lauftreff.de
Termine und Berichte mit Laufkalender und Volkslauf-Suche, Produktvorstellungen, Kontaktforen sowie Gesundheitstipps.

● **Laufen-aktuell.de**
info@laufen-aktuell.de

www.laufen-aktuell.de
Umfangreiches Laufsport-Portal mit großer Lauftreff-Suche und kostenlosem Lauf-Tagebuch zur Protokollierung der individuellen Trainingsleistung. Im Diskussionsforum finden sich sowohl Anfänger als auch erfahrene Profis zum Erfahrungsaustausch zusammen. Außerdem Reportagen, Fotogalerie und ein Shop.
(Siehe Abbildung)

laufsport.de
andreas@laufsport.de

www.laufsport.de
Gut sortierter Online-Shop mit Laufsport-Kleidung sowie -Zubehör und großes Angebot an Laufseminaren mit direkter Buchung.

Lauftipps
info@lauftipps.de

www.lauftipps.de
Tipps zu Strecken, Ernährung und Training sowie Lauftermine, -ergebnisse und -berichte, Foren, Umfragen und ein Fan-Shop.

Marathon.de
helge2004@lauftreff.de

www.marathon.de
Liste aller Marathonläufe in Deutschland, Meldetermine, Ergebnisse, Reportagen, News und Foren.

run³
info@run3.de

www.run3.de
Speziell für Einsteiger: Infos zum Laufen, Tipps zum Trainingsaufbau, Motivationshilfen, Bücherecke und aktuelle Termine.

Leichtathletik

leichtathletik.de
info@leichtathletik.de

www.leichtathletik.de
Terminkalender der Meisterschaften, Ergebnislisten, Athletendatenbank, außerdem Fitness- und Trainingstipps.

Laufen-aktuell.de www.laufen-aktuell.de

SPORT

Motorsport

Autosport in Deutschland
info@autosport.de

www.autosport.de
Verzeichnis der Termine, Rennserien, -veranstalter und -gemeinschaften, Clubs, Hersteller, Händler sowie Auto- und Teilebörse.

Deutsche Tourenwagen Masters
info@dtm.de

www.dtm.de
Offizielle Seite der Deutschen Tourenwagen Masters mit Infos zu Rennen, Ergebnissen, Teams und Fahrern und großer Fanecke.

Deutscher Motor Sport Bund e.V.
dmsb@dmsb.de

www.dmsb.de
Alles rund um Motorsport: von allgemeinen Infos und aktuellen News über Termine, Ergebnisse, Reglements bis zum Branchen-Index.

Motorsport/Formel 1

F1infos.de
aju@f1infos.de

www.f1infos.de
Alle Fakten der Formel 1: Teams, Fahrer, Streckeninfos, Rennergebnisse, Lexikon, Statistiken, Historie und Kuriositäten.

F1Total.com
info@f1total.com

www.f1total.com
Infos und Berichte zur Formel 1, außerdem Live-Berichterstattung, Ergebnisdienst, Umfragen, Wissenswertes, SMS-News und Shop.

f1welt.com
info@f1welt.com

www.f1welt.com
Aktuelle Berichte, Ergebnisse, Fotos, Tabellen und Statistiken sowie Hintergrundinfos und große Fan- und Unterhaltungsecke.

● **Formel-Eins-Karten**
info@ticket-point.de

www.formel-eins-karten.de
Formel 1-Karten für alle 18 Grand-Prix. Preise, Hotelangebote, Reisemöglichkeiten sowie Streckeninfos. Mit den VIP-Packages kann man das ganz exklusive Formel 1-Wochenende erleben.
(Siehe Abbildung)

Formel-Eins-Karten   www.formel-eins-karten.de

Sport

Rennsportnews.de
info@racenews.de

www.rennsportnews.de
Geschichte, Strecken, Technik, Regeln, Teams und Fahrer der Formel 1 und DTM. Mit Kalender, Rückblick und Ergebnisübersicht.

WM-Tipp
wm-tipp@travix.de

www.wm-tipp.de
Formel 1-Tippspiel mit ausführlichem Regelwerk und Tippstatistiken, Preisvergabe am Ende der Saison.

Motorsport/Kart

Aral Kart

www.aral-kart.de
Kartbahn-Finder, interaktive Kartbahnbewertung, Spiele, aktuelle Termine von Kart-Events, Forum, Shopping-Tipps.

Motorsport/Motorrad

Internationale Deutsche Motorradmeisterschaft
redaktion@idm.de

www.idm.de
Termine, Fahrer, Rennergebnisse und Statistiken. Außerdem Archiv mit Rennberichten, Ticketinfos und Reglement-Downloads.

Siehe auch Verkehr

Motorrad

Olympia

Nationales Olympisches Komitee für Deutschland
info@nok.de

www.nok.de
Artikel und Informationen zur Olympiabewerbung 2012, olympischer Erziehung, Frauen und Sport. Mit Sportkalender und Downloads.

Olympia-Lexikon
info@wissen-digital.de

www.olympia-lexikon.de
Alles Wissenswerte rund um Olympia: Medaillenbilanz, Übersicht der Sportarten, Stars und Highlights aller Austragungsorte.

Pferdesport

Deutsche Reiterliche Vereinigung e.V. (FN)
fn@fn-dokr.de

www.pferd-aktuell.de
Service rund um Pferdesport und -zucht: Turnierkalender, Ergebnisse, Tipps zu Pferdehaltung, Ausbildung und Jugendarbeit.

Reitervereine
info@reitervereine.de

www.reitervereine.de
Umfassendes Verzeichnis der Reitsporttermine und -turniere. Außerdem zahlreiche Videos zum Pferdesport und Kleinanzeigen.

wittelsbuerger.com
info@wittelsbuerger.com

www.wittelsbuerger.com
Neuigkeiten aus dem Westernreitsport mit Formularservice, Preistabelle, zahlreichen Foren, Veranstaltungsübersicht und Basar.

Pferdesport/Online-Shops

Horse-n-Rider Reitsportzubehör
info@horse-n-rider.de

www.horse-n-rider.de
Umfangreiches Angebot an geprüftem Reitsportzubehör für Reiter und Pferd, außerdem Geschenkartikel und Bücher.

Pferdesport/Zeitschriften

Bayerns Pferde Zucht und Sport
redbayernspferde@dlv.de

www.bayernspferde.de
Vorstellung der Zeitschrift mit Archiv, große Terminübersicht, Pferdemarkt, Expertenrat, deutsch-englisches Lexikon und Foren.

SPORT

Reiter Revue
brief@reiter-revue.de

www.reiter-revue.de
Artikelübersicht der aktuellen Ausgabe mit Bestellmöglichkeit, Archiv, Interviews, Foren und aktuelle Termine.

St.Georg.de
redaktion@st-georg.de

www.st-georg.de
Sport- und Zuchtmeldungen, Expertenrat, Archiv, Terminübersicht, Shop, Pferdebörse und Einblicke in das aktuelle Heft.

Racquetball

Deutscher Racquetball Verband
drbv@racquetball.de

www.racquetball.de
Aktuelle Meldungen, Regel-Download, Ranglisten, Court-Verzeichnis, Turnierkalender und bundesweite Adressen der Vereine.

Radsport

Profirad
info@profirad.de

www.profirad.de
Gut sortierter, in zahlreiche Rubriken gegliederter Online-Shop mit Artikeln rund um den Fahrradsport.

rad-net
info@moc-com.de

www.rad-net.de
Alles Wissenswerte zum Radsport wie zum Beispiel alle deutschen Radveranstaltungen, Ergebnisdatenbank und stundenaktuelle News.

T-Mobile Team
info@telekom.de

www.t-mobile-team.com
Hintergrundinfos rund um das Radrenn-Team mit Terminen, Statistiken, Ranglisten, Archiv und einer Bildergalerie.

Radsport/BMX

Freedombmx Magazin
mail@freedombmx.de

www.freedombmx.de
Das Freedombmx-Magazin bietet außer aktuellen News noch Termine von BMX-Veranstaltungen und Stories aus der Szene.

Radsport/Markt

Siehe Verkehr

Fahrrad/Markt

Radsport/Mountainbike

Bike2b.com
info@xnx.de

www.bike2b.de
News, Interviews, Termine, Eventübersicht, Rennergebnisse, Tour-Vorschläge, Shopping-Tipps und Stars des Mountainbike-Sports.

Mountainbike
leserservice@mountainbike-magazin.de

www.mountainbike-magazin.de
Bike- und Equipment-Tests, Reise- und Tourenvorschläge, Berichte über die Rennszene sowie Tipps für Ernährung und Fitness.

Mountainbike.de
info@mountainbike.de

www.mountainbike.de
News, Kleinanzeigen, Diskussionsforen, große Link-Sammlung und Veranstaltungen rund um das Thema Mountainbike.

Radsport/Zeitschriften

bike online
bikemag@bike-magazin.de

www.bike-magazin.de
Umfangreiche Berichte zu Technik, Reisen und Touren mit Bike sowie Renntermine, Fotogalerie, Fitness- und Ernährungstipps.

bike sport news
info@bikesportnews.de

www.bike-guide.com
Berichte zu den verschiedenen Bike-Sportarten, Rennen, Material und Events, Reise- und Fitnesstipps, Termine und Rechtsinfos.

Tour-Magazin
redaktion@tour-magazin.de

www.tour-magazin.do
Termine, Tests, Reiseangebote, Berichte, medizinische und rechtliche Infos zum Rennrad-Sport. Mit Fahrer- und Teamdatenbank.

Sport

Rafting & Canyoning

Commisson Européenne de Canyon (CEC)
info@cec-canyoning.org

www.cec-canyoning.org
Umfassende Informationen über das internationale Kursangebot professioneller Canyoning-Führer. Mit Tour-Fotos und Videos.

Rudern

Deutscher Ruderverband e.V.
info@rudern.de

www.rudern.de
Aktuelle Regatta-Termine, Ruderwettkampf-Regeln, umfangreiche Olympia-News, Vereinsübersicht und alle wichtigen Adressen.

Rudern1.de
redaktion@rudern1.de

www.rudern1.de
Wettkampfergebnisse, Pressespiegel, Historie, Fotogalerie, Foren und Shop zu Breiten- und Leistungssport sowie Wanderrudern.

Rugby

Deutscher Rugby-Verband
office@rugby-verband.de

www.rugby.de
Grundwissen zur Sportart, Ergebnislisten, Adressen der Landesverbände und des Damen-Rugbys, Satzungs- und Regel-Downloads.

rugby-journal
info@rugby-journal.de

www.rugby-journal.de
Neuigkeiten aus der Welt des Rugby-Sports, Ergebnis- und Wettbewerbsübersicht, Historie, Forum und Chat.

Scrum.de

www.scrum.de
Ergebnisdienst der verschiedenen Rugby-Ligen, dazu eine umfangreiche Datenbank, Top-Scorer-Liste, News, Foren und Archiv.

Schach

Deutsche Schachjugend
webmaster@deutsche-schachjugend.de

deutsche-schachjugend.de
Aktuelle Berichte, Veranstaltungen, Schachregeln, Schulschach und Informationen über die Schachjugend selbst.

Deutscher Schachbund
info@schachbund.de

www.schachbund.de
Termine, Adressen, Archiv sowie Infos zu Bundesligen, Satzung, Ranking, Jugend- und Senioren-Schach. Mit Spielerdatenbank.

schach.com
kontakt@schach.com

www.schach.com
Meldungen von den laufenden, kommenden und abgeschlossenen Schachturnieren, mit Präsentationsservice für Turnierausrichter.

schach.de
info@chessbase.com

www.schach.de
Bundesliga- und Turnierberichte, Spieler- und Partiedatenbank, Turnieratlas, Pressespiegel, Umfragen und Buchtipps.

● **TeleSchach**
an@gerhard-hund.de

www.teleschach.de
Umfangreiches Schachportal mit aktuellen Meldungen aus der Schachwelt, Berichten und Analysen der deutschen Bundesliga, Geschichte, Schachjugend, Schachadressen-Verzeichnis, Turnierkalender und Shop. Außerdem zahlreiche Extras wie Bücherecke, Rätsel, Kunst und Schach sowie FIDE-Schachregeln.
(Siehe Abbildung)

Schießsport

Deutscher Schützenbund e.V.
info@schuetzenbund.de

www.schuetzenbund.de
Aktuelles Schießsport-Geschehen, Übersicht der Ligen, Disziplinen, Termine, Ergebnisse und Rechtliches sowie Ausbildungsinfos.

SPORT

Fun Gun info@fungun.de	**www.fungun.de** Online-Shop rund um den Schießsport: Softair-, Luftdruck- und Signalwaffen, Military-Bekleidung, Jagdartikel und Zubehör.

Schwimmen

Sport Hauser info@sport-hauser.de	**www.aquafitshop.de** Alles für den Wassersport: Schwimmbrillen, Flossen, Aqua-Hanteln, Stoppuhren, Wasserbälle und sonstiger Schwimmbedarf.

Segeln

Deutscher Segler-Verband	**www.dsv.org** Der Dachverband für Segelvereine und Surf-Clubs informiert über Regatten, Regeln, Jugendsegeln, Führerschein und Schulen.
Segel.de mail@segel.de	**www.segel.de** Umfassende Infos für Segler: Törnberichte und -tipps, Sachregister, Regatten- und Revierübersicht, Fotogalerien und Bootsmarkt.
Segel-spass.info info@segel-spass.info	**www.segel-spass.info** Erklärung von Boot, Navigation, Gezeiten und Seerecht, Segellexikon, Scheinbestimmungen, Törnberichte und Materialtipps.

Segeln/Zeitschriften

Yacht online mail@yacht.de	**www.yacht.de** Berichte und Tests zu Technik, Revieren und Regatten. Mit Bootsmarkt, Wetterdienst, Küstenklatsch, Foren und TV-Tipps.

TeleSchach   **www.teleschach.de**

Sport

Skateboard

Limitedmag.de
webmaster@limitedmag.de

www.limitedmag.de
Contest-Termine, aktuelle Meldungen, Bildergalerien und Link-Sammlung, außerdem Video-, DVD- und CD-Tipps für Skater.

Skifahren

Ski2b
info@ski2b.com

www.ski2b.com
News, Interviews, Termine und Reisetipps für Alpin, Carving, Free- und Speedskiing. Mit Gebietsverzeichnis und Starporträts.

Skifahren/Skigebiete

DSV-Atlas

www.dsv-atlas.de
Große Datenbank mit Skigebieten, Pisten, Pässen und Unterkünften. Mit Testberichten und Versicherungsmöglichkeit.

Schneehoehen.de
info@schneemenschen.de

www.schneehoehen.de
Aktuelle Schneehöhen, Skigebiete mit Pistenplänen, Urlaubsideen, ausführlicher Wetterbericht und Veranstaltungshinweise.

● **skinet.de**
info@skinet.de

www.skinet.de
Diese Seite bietet alles für den perfekten Winterurlaub: Pisten-, Lift- und Schneeinfos, Livecams zu allen Skigebieten Europas. Außerdem Snowboard- und Hoteltipps, Reiseveranstalter, Events und Outfits sowie ein kostenloser Katalog-Service. Neu: Infos zu allen Skigebieten in den USA. **(Siehe Abbildung)**

Skifahren/Skispringen

RTL-Skispringen.de
userservices@rtlnewmedia.de

www.skispringen.de
Zahlreiche Berichte, Interviews, Videos, Fotos, Weltcup-Datenbank, Starporträts und Fanecke.

Skispringen.com
info@nilgen.de

www.skispringen.com
Termin- und Ergebnis-Übersicht der Weltcup-Springen, Archiv, News und umfassendes Hintergrundwissen zu Springern und Wettkämpfen.

Snowboard & Sandboard

Online Snowboard Magazin
info@snowboarden.de

www.snowboard-magazin.de
Szene-News, Eventübersicht, Archiv, Reisetipps, Video- und Ticket-Shop, Bildergalerie und Schneehöhendienst.

Powderhausen
info@powderhausen.com

www.powderhausen.com
Snowboarder-Magazin mit aktuellen Schneehöhen aus europäischen Wintersport-Gebieten, Berichten, Event- und Produkttipps und ein Shop.

Sportartikel

Prunner Vereinsbedarf
info@prunner-vereinsbedarf.de

www.prunner-vereinsbedarf.de
Pokale, Medaillen, Urkunden, Ehrenpreise, Orden, Krüge, T-Shirts, Sweat-Shirts, Turnier- und Veranstaltungsbedarf zum Bestellen.

Sport Scheck
service@sportscheck.com

www.sportscheck.com
Online-Shop für Sportausrüstung und -bekleidung aller namhaften Hersteller. Zusätzlich Eventübersicht und Katalogversand.

sportbedarf.de
info@sportbedarf.de

www.sportbedarf.de
Online-Shop mit Artikeln zu Fitness, Muskeltraining, Sportmedizin, Outdoor, Tischtennis, Kampfsport, Billard und Dart.

SPORT

Sportmarkt1.de
info@sportmarkt1.de

www.sportmarkt1.de
Der Internet-Marktplatz, wenn es um Sportartikel, -bekleidung und -ausrüstung für die verschiedensten Sportarten geht.

Vivashopping.de
service@vivashopping.de

www.vivashopping.de
Das Einkaufszentrum für Wassersportler: Materialien, Zubehör, Bekleidung, Navigationsinstrumente und Pflegeprodukte.

Sportartikel/Sportbekleidung

sportschuhe.com
info@sportschuhe.com

www.sportschuhe.com
Umfangreiches Angebot mit allen namhaften Herstellern, übersichtlich nach Marken und Sportarten sortiert, große Schnäppchenecke.

Sporternährung

Schnellmacher.de
info2@schnellmacher.de

www.schnellmacher.de
Online-Shop für Sporternährung: Power-Riegel, Mineralstoff-Getränke, Protein-Präparate und eine Auswahl an Sportzubehör.

Sportwetten

myBet.com
support@mybet.com

www.mybet.com
Großes Angebot an Sportwetten in den Bereichen Fußball (international), Basketball, Boxen, Eishockey, Formel 1 und Tennis.

Oddset
info@staatliche-lotterieverwaltung.de

www.oddset.de
Staatliches Sportwetten-Angebot mit festen Quoten. Jede Woche bis 90 Spiele in der Kombi-Wette und zahlreiche Top-Ereignisse.

Sportwetten
support@betandwin.de

www.betandwin.de
Wettangebote in zahlreichen Sportarten, sogar per Handy abzuschließen. Mit Ergebnisdienst und Sportstatistiken.

skinet.de   www.skinet.de

Anzeige

Sport

Sportzeitschriften

Fit for Fun
webmaster@online.fitforfun.de

www.fitforfun.de
Zahlreiche Berichte und Tipps zu den Themen Fitness, Ernährung, Gesundheit, Sexualität und Reisen. Mit Flirt-Tipps und Shop.

Outdoor Magazin
kontakt@outdoor-magazin.com

www.outdoor-magazin.com
Infos, Tipps und Berichte aus den aktuellen und vergangenen Heften zu Reise, Campingausrüstung, Outdoor-Sportarten, Events.

Sport-Bild
sportbild@asv.de

www.sportbild.de
Einblicke in das aktuelle Heft, umfangreiche Tabellen, Statistiken und Berichte zu vielen Sportarten, Wettangebote und Fanecke.

Squash

Deutsche Squash Liga
bundesliga@squashnet.de

www.squash-liga.de
Verbands- und Bundesliga-Übersicht, Spielpläne, Pressespiegel, Schiedsrichter-Handbuch und Formular-Downloads.

Deutscher Squash Pool
dsp@squashnet.de

www.squashnet.de
Vereine, Events und Ergebnisse zum Squash-Sport sowie Einsteigerinfos und Vermittlungsportal für Spieler, Trainer und Anlagen.

Surfen, Windsurfen & Wellenreiten

Cowabunga Surfschool
info@cowabunga.de

www.cowabunga.de
Vorstellung der Wellenreitschule auf Fuerteventura mit Kurs- und Unterkunftstabellen sowie Infos zu Insel und Surfrevier.

Daily Dose
info@dailydose.de

www.dailydose.de
Rundum-Service in Sachen Windsurfen: Eventkalender, Porträts, Reiseberichte, Videoclips und Shopping-Center.

oase.com

www.oase.com
Zentrale Anlaufstelle zum Thema Windsurfen, Kitesurfen und Surfen: Link-Verzeichnis, Kleinanzeigen, Forum und Herstellerübersicht.

Surfersmag.de
surfers@bdverlag.de

www.surfersmag.de
Berichte, Reisetipps, Techniktheorie, Interviews, Bildergalerie und ein Video-Shop für Surfer und Windsurfer.

Wave Culture
info@waveculture.de

www.waveculture.de
Surf-Reisen und Surf-Camps, Revier- und Reiseberichte, Insider-Tipps für Surfer und Bodyboarder, Surf-News und Community.

windsurfmarkt
info@windsurfmarkt.de

www.windsurfmarkt.de
Detaillierte Infos zum Thema Windsurfen: Materialvergleiche, Preisvergleiche, Schulen und Shops einfach und schnell zu finden.

Tanzen

Dance Line
danceline@danceline.de

www.danceline.de
Fachversand für Ballet-, Jazz- und Steptanz-Kleidung für Damen, Herren und Kinder, Schuhe, Accessoires und Geschenkartikel.

Tanzen in Deutschland
dtv@tanzsport.de

www.tanzsport.de
Der Deutsche Tanzsport-Verband informiert über Turniere, Regeln, Jugendarbeit und Vereine aller Sparten. Mit Kontaktadressen.

Siehe auch Kunst & Kultur
Theater & Tanz

SPORT

Tauchen

Divestore
info@tauchversand.com

www.tauchversand.com
Großes Angebot an Masken, Schnorcheln, Flossen, Anzügen und Instrumenten. Mit Größenberater und Fachbegrifflexikon.

Scubahoo.de
redaktion@scubahoo.com

www.scubahoo.de
Taucher-Netzwerk mit Terminen, Kleinanzeigen und Lifestyle-Guide sowie Grußkarten, TV-Tipps und Chat.

Tauch Sport
info@tauchsport.net

tauchsport.net
Tauchsportforum mit Schwerpunkt Biorhythmus, außerdem Fotos von Tauchgängen aus aller Welt, verschiedene Downloads und Quiz.

taucher.net
redaktion@taucher.net

www.taucher.net
Berichte von Tauchern zu Ausrüstung und Plätzen, Partnersuche, Kleinanzeigen, Lexikon und Tipps für Einsteiger.

www.unterwasser.de
info@unterwasser.de

www.unterwasser.de
Tauchmagazin mit Reportagen und Tipps zum Tauchsport. Außerdem ein Dive-Guide mit Tauchgebieten und Material-Check-Listen.

Tennis

centercourt.de
info@centercourt.de

www.centercourt.de
Der Tennisversand mit Tennis-, Squash- und Badmintonschlägern, Bällen und Zubehör sowie Info-Center zu Griff- und Saitenstärken.

● **Racket-Service**
info@racket-service.de

www.racket-service.de
Unter dem Motto „40:00 für günstiges Einkaufen" bietet Racket Service ein umfangreiches Sortiment rund um den weißen Sport. Große Auswahl zu kleinen Preisen: Schläger, Saiten, Griffbänder, Bälle, Taschen und Kleidung. Jede Woche attraktive Aktionspreise, tolle Mengenrabatte für Großabnehmer. **(Siehe Abbildung)**

Racket-Service

Sport

Saitenforum.de
info@saitenforum.de

www.saitenforum.de
Treffpunkt für Selbstbesaiter: Erfahrungsaustausch über Tennissaiten, Preisvergleich sowie Besaitungstipps und -anleitungen.

Tennis-center.de
brindoepke@tennis-center.de

www.tennis-center.de
Ergebnisse, Spielerprofile, Interviews, Turnierpläne, Büchertipps, Regelkunde und ein Schlägertest.

tennismagazin.de
redaktion@tennismagazin.de

www.tennismagazin.de
Turnierergebnisse, Live-Ticker, Ranglisten, Eventkalender, Interviews, Materialtests, Expertentipps und eine Fotogalerie.

Tischtennis

Schöler + Micke Sportartikel
s-m@schoeler-micke.de

www.schoeler-micke.de
Großes Sortiment an Tischtennis-Zubehör, Bekleidung, Ausrüstung und Vereinsbedarf. Mit Sonder- und Kombi-Angeboten.

Tischtennis.biz
info@tischtennis.biz

www.tischtennis.biz
Übersichtlicher Online-Shop mit großer Auswahl an Schlägern, Bällen, Tischen, Schuhen, Trikots und Zubehör.

Tischtennisplatten Shop
info@d-sport.de

www.tt-platten-shop.de
Große Auswahl an Indoor- und Outdoor-Tischtennisplatten, Netzgarnituren und Bällen für den Freizeit- und Wettbewerbbereich.

Tischtennis-pur
info@ttpur.de

www.ttpur.de
Wissenswertes über den Sport, Turnierkalender, Techniktheorie, Ergebnisdienst, Ranglisten, Kleinanzeigen und Herstellerübersicht.

Triathlon

tri2b.com
info@tri2b.com

www.tri2b.com
Umfassendes deutsches Triathlon-Portal mit Nachrichten, Terminen, Ergebnissen, Trainingsplänen und Diskussionsforum.

Verbände

● **Deutsche Sportjugend**
info@dsj.de

www.dsj.de
Infos zu Mitgliedsorganisationen, Veranstaltungen, Publikationen und Zivildienst im Sport. Außerdem Aktuelles, Foren, Adressen.
(Siehe Abbildung)

Deutscher Sportbund
info@dsb.de

www.dsb.de
Tagesaktuelle Nachrichten und Hintergrundberichte zu Sport und Sportpolitik, außerdem Adressen der Mitgliedsorganisationen.

Volleyball

beach-volleyball.de
info@beach-volleyball.de

www.beach-volleyball.de
Berichte nationaler und internationaler Turniere, Übersicht der deutschen Courts, Spielerdatenbank, Ranglisten und Kleinanzeigen.

Deutscher Volleyball-Verband
info@volleyball-verband.de

www.volleyball-verband.de
Turnierübersicht und Ranglisten zu Beach- und Hallen-Volleyball, Infos zu Verband, Nationalmannschaften, Jugend- und Breitensport.

renault-beach-cup
info@sportsandevents.de

www.renault-beach-cup.de
Die Seite informiert über die jährlich stattfindende Beachvolleyball-Tour und stellt Austragungsorte und Teams vor.

Volley
info@vsd.volley.de

www.volley.de
Auf einen Klick alle Turniere, Veranstaltungen und Ergebnisse, auch zum Beach-Volleyball. Außerdem: Tippspiel und Shop.

Sport

Volleyball in Deutschland
info@volleyball-online.de

www.volleyball-online.de
Alles über Hallen-, Beach- und Parkvolleyball: aktuelle Meldungen, Events, Turnierkalender, Regeln, Ergebnisse und Chat.

volleyballdirekt.de
info@volleyballdirekt.de

www.volleyballdirekt.de
Großer Shop mit Bekleidung, Schuhen, Bällen und Ballzubehör, Equipment, Netzen, Beach-Anlagen und Schiedsrichterbedarf.

Wakeboarden

Wakeboarder.de
info@wakeboarder.de

www.wakeboarder.de
Szene-News, Eventübersicht, Archiv, Reisetipps, Video- und Ticket-Shop, Bildergalerie und Resort-Übersicht.

Wandern

Alpen-Guide.de
info@alpen-guide.de

www.alpen-guide.de
Reiseführer für die Alpen: Alpen-Guide.de ist ein Online-Reiseführer für Urlaub in den Bergen. Informationen zu Urlaubsorten, mehr als 12.000 Unterkunftsempfehlungen, eine Datenbank mit Wander- und Mountainbike-Routen und viele redaktionelle Berichte erleichtern die Urlaubsplanung. Mit Wetterdienst.

wanderbares-deutschland.de
info@wanderverband.de

www.wanderbares-deutschland.de
Deutschlandweite Übersicht zu attraktiven Wanderwegen und -regionen mit umfangreichen Detailinfos und Tipps zum Wandern.

Wandermagazin
post@wma-verlag.de

www.wandermagazin.de
Das Wandermagazin bietet Kurzporträts von Wanderregionen, Veranstaltungen, Wandervereine, Tipps zur Ausrüstung und Tourfotos.

Wandertipp.de
info@wandertipp.de

www.wandertipp.de
Tourentipps mit individueller Tourenplanung, Hüttenbörse, Regionenübersicht, Literaturecke und große Link-Sammlung.

Deutsche Sportjugend   www.dsj.de

Sport

Wasserski

Wasserski und Wakeboarding
dwsv-gs@t-online.de

Wasserski.de
info@wasserski.de

www.wasserski-online.de
Veranstaltungstermine, Anlagen- und Verbandsverzeichnis, Ergebnislisten und Bildergalerie zum Wasserski- und Wakeboard-Sport.

www.wasserski.de
Übersicht der Wasserski-Seilbahnen in Deutschland sowie Links zu Shops und weiteren europäischen Anlagen.

Städte & Regionen

16

Städte & Regionen

Städte & Regionen

www.meinestadt.de

Meine Stadt

„Da ist ganz Deutschland drin" verspricht die Web-Seite „Meine Stadt", das heißt, jede der 14.000 Städte und Gemeinden Deutschlands. Eine einfache Eingabe der Stadt oder des Autokennzeichens in die Suchmaschine genügt, um zu Ihrem Heimat- oder Wunschort zu gelangen. „Im Blick" haben Sie dann alles Wissenswerte: von aktuellem Wetter, Lage und Einwohnerzahl über Städte in der Umgebung, Verkehrsinformationen und lokalen Medien bis hin zu Veranstaltungen, Kulturtipps und Ausflugszielen. Erweitern Sie Ihre Deutschlandkenntnisse, reisen Sie in Ihnen noch unbekannte Regionen und besuchen Sie die Stadt der Woche!

www.deutschland-tourismus.de

Geheimtipp Deutschland

Warum in ferne Länder reisen, wenn es zu Hause doch am schönsten ist? Entdecken Sie hier die Erlebniswelt der 16 deutschen Bundesländer und erfahren Sie, was regionale Metropolen zu bieten haben und wie attraktiv kleinere deutsche Städte sein können. Gelistet werden Sehenswürdigkeiten, Ausflugsvorschläge sowie ein Eventkalender. Egal, ob Sie einen kurzen Städtetrip, eine Kulturreise oder einen erholsamen Natururlaub planen, hier finden Sie Geheimtipps, erfahren, wo Sie in Burgen und Schlössern übernachten können, wann der Rhein in Flammen steht, wo Wattwanderungen oder spannende Bergtouren möglich sind.

www.stadtplandienst.de

Deutscher Stadtplandienst

Wenn Sie mal wieder keine Orientierung haben: Keine Panik, mit Hilfe dieser Seite gelangen Sie sicherlich zu Ihrem Ziel. Deutschlandweit kann hier nach Straßennamen oder Ortsteilen gesucht werden. Einfach die Ihnen bekannten Daten eingeben und schon erhalten Sie eine detaillierte Karte, die Ihnen Bahnhöfe, Flughäfen oder Routen und Haltestellen öffentlicher Verkehrsmittel in der unmittelbaren Umgebung Ihres Zielstandorts anzeigt. Mit verschieden Zoom-Stufen und Kartengrößen können Sie selbst bestimmen, welche Einzelheiten zu sehen sein sollen. Und für die Anfahrt gibt es praktischerweise eine Ansicht mit Autobahnnetz.

www.bayern.info

bayern.info

Bayern hat mehr zu bieten als Fußball und Weißwürste, nämlich zahlreiche aufregende Naturerlebnisse. Neben interessanten Tipps zu Outdoor-Aktivitäten wie Bergsteigen, Nordic Walking oder Radeln werden auf dieser Seite Routen und Touren vorgestellt, denen Sie folgen können: Zum Beispiel Wanderungen im Nationalpark Berchtesgaden, entlang der Deutschen Alpenstraße oder der berühmten Via Alpina. In der Rubrik „Reiseführer" finden Sie ausführliche Informationen zu Regionen und den dortigen Sehenswürdigkeiten und auch die Termine für die bayerntypischen traditionsreichen Feste wie mittelalterliche Burgspiele erfahren Sie hier.

Städte & Regionen

www.berlin-tourist-information.de

Berlin Tourismus Marketing GmbH

Wer sich vor seinem Trip in die Hauptstadt informieren will, ist hier an der richtigen Adresse. Hier finden Sie die Geschichte Berlins von der Gründung bis zum Fall der Mauer und Wissenswertes zu den einzelnen Bezirken. Kontaktdaten und Informationen zu Unterkünften werden gelistet und aktuelle Veranstaltungen vorgestellt: Besuchen Sie den berühmten Karneval der Kulturen, feiern Sie mit bei den traditionellen Straßenfesten und Open-Air-Events! Besonders praktisch: Was Sie auch bevorzugen, ob Berlin zu Fuß, mit dem Schiff, in zwei Tagen oder mit der Familie – hier sind individuelle Urlaubsprogramme bereitgestellt.

www.mecklenburg-vorpommern.info

Informationssystem Mecklenburg-Vorpommern

Auf an die Ostsee! Das Tourismus-Informationssystem lädt zur virtuellen Reise durch das Urlaubsland im Nordosten Deutschlands ein. Ob Aktivurlauber oder Erholungssuchender, der größte Binnensee der Republik, die Müritz, und die umliegenden Seenlandschaften bieten ideale Voraussetzungen, den Aufenthalt abwechslungsreich zu gestalten. Hier finden Sie Ausflugstipps, Adressen von Unterkünften und Ferienwohnungen, Wassersport-Informationen und regionale Veranstaltungskalender. Besonders praktisch sind die interaktiven und nach Themen sortierten Karten – die wichtigsten Infos auf einen Blick mitnehmen und ab nach MV!

www.reiseland-niedersachsen.de

Reiseland Niedersachsen

Ab nach Niedersachsen! Entdecken Sie doch mal den Norden Deutschlands, denn hier finden Sie zu jeder Region interessante Beiträge, Reisevorschläge und entsprechende Unterkünfte. Neben Infos zu einzelnen Regionen und Städten sind Heilbäder und Kurorte aufgeführt, in denen individuelle Gesundheitsprogramme auf Sie warten. Lernen Sie das Weserbergland kennen, wo Sie in der Rattenfängerstadt Hameln den Baustil der Weser-Renaissance bewundern können. Wie wär's mit einer Radtour entlang der Elbe, einer Wasserwanderung auf der Oste oder einem Besuch des Musik-Festivals der Lüneburger Heide?

www.thueringen.info

Thüringen.info

Man muss nicht immer in die weite Ferne reisen, um Natur und Landschaft zu genießen. Bleiben Sie doch mal im Heimatland und erkunden Sie Thüringen! Dieses Portal hält Informationen und Insider-Tipps zu Sehenswürdigkeiten und Orten in Nord- und Ostthüringen, dem Thüringer Kernland, dem Saaletal, dem Thüringer Wald und der Rhön bereit. Anhand übersichtlicher Karten können Sie jede Region anklicken und finden dazu dann Unterkünfte, Restaurants und Bars sowie kulturelle und wirtschaftliche Infos. Begeben Sie sich in Weimar auf die Spuren von Goethe und Schiller oder wandern Sie entlang des legendären Rennsteigs!

Städte & Regionen

Allgemein/Städteinfos

Deutschland aus der Luft
service@traveltainment.de

www.ausderluft.de
Flächendeckende Luftbilder aus der „Satellitenperspektive" von über 170 Städten, die auch online bestellt werden können.

Deutschland Panorama
info@ov-medien.de

www.deutschland-panorama.de
Reiseplattform für Deutschland mit zahlreichen Panoramabildern von Städten, Reisegebieten, Musicals und Freizeitbädern.

● **Geheimtipp Deutschland**
info@d-z-t.com

www.deutschland-tourismus.de
Die Web-Seite beinhaltet vielfältige Informationen zum Reiseland Deutschland, inspiriert mit Bildern, Filmen und interaktiven Karten. Eine große Auswahl attraktiver Städte, Wissenswertes zu den 16 Bundesländern sowie viele interessante Themen.
(Siehe Abbildung)

● **Meine Stadt**
info@meinestadt.de

www.meinestadt.de
meinestadt.de gibt es 13.000 Mal in Deutschland. Für jede einzelne deutsche Stadt und Gemeinde sind die nützlichsten Informationen und Links zusammengestellt: Veranstaltungen, Branchen, freie Stellen, Lehrstellenangebote, Verkehrsinformationen, Stadtpläne und Rathausinformationen und vieles mehr.
(Siehe Abbildung)

● **Touristinfo Deutschland**
info@deutschland24.de

www.touristinfo24.de
Touristische Informationen zu Reise- und Ferienregionen in Deutschland, wie Hotels, Gasthäuser, Ferienunterkünfte, Theater und Museen. **(Siehe Abbildung)**

Allgemein/Städteinfos/Stadtpläne

Deutscher Stadtplandienst
stadtplandienst@bln.de

www.stadtplandienst.de
Stadtpläne aller großen Städte in Deutschland. Die „Umkreissuche" liefert Infos über Blitzer oder Sehenswürdigkeiten in der Region.

Geheimtipp Deutschland   www.deutschland-tourismus.de

Städte & Regionen

Stadtplan.net
info@verwaltungsverlag.de

www.stadtplan.net
Interaktive vektorisierte Stadtpläne und Kreiskarten von Deutschland mit Straßensuchfunktion und Firmenregister.

Aachen

Stadtportal Aachen
onlineredaktion@mail.aachen.de

www.aachen.de
Die Stadt stellt sich mit den Rubriken Tourismus, Kultur, Freizeit, Wirtschaft, Technologie sowie Stadt und Bürger vor.

Augsburg

City Augsburg
info@web5.de

www.city-reporter.de
Der City-Reporter zeigt, wo, wann, was in und um Augsburg los ist. Witzige Party-Shots sowie ein Kneipen- und Restaurantführer.

Stadt Augsburg
augsburg@augsburg.de

www.augsburg.de
Internet-Präsenz mit Online-Rathaus für Bürger, Stadtplan mit Such-Index und einem virtuellen Stadtrundgang.

Baden-Baden

Baden-Baden Stadtführer
info@bad-bad.de

www.bad-bad.de
Der Stadtführer stellt alles vor, was Baden-Baden zu bieten hat und hält zahlreiche Links zu Baden-Baden parat.

Stadt Baden-Baden
info@baden-baden.com

www.baden-baden.de
Die Stadt Baden-Baden stellt sich in den Bereichen Tourismus, Veranstaltungen, Bürgerservice und Wirtschaftsstandorte vor.

doIT-online   **www.doit-online.de**

STÄDTE & REGIONEN

Baden-Württemberg

● **doIT-online**
redaktion@mfg.de

www.doit-online.de
Info-Portal für die IT- und Medienbranche in Baden-Württemberg. Mit aktuellen News, Veranstaltungstipps und Services für Unternehmen, Hochschulen und Anwender (Praktikumsbörse, Studienführer, Branchenverzeichnis, Marktdaten). Kostenloses E-Mail-Abo. **(Siehe Abbildung)**

Land Baden-Württemberg
info@baden-wuerttemberg.de

www.baden-wuerttemberg.de
Vielfältige Infos zum Investieren, Wirtschaften, Arbeiten, Lernen, Forschen, Reisen und Leben in Baden-Württemberg.

MFG Medien- und Filmgesellschaft Ba-Wü
info@mfg.de

www.mfg.de
Kompetenzzentrum für Medien, IT und Film in Baden-Württemberg mit Stellenangeboten, Ansprechpartnern und Online-Services.

● **NVBW**
info@nvbw.de

www.efa-bw.de
Die Nahverkehrs-Gesellschaft Baden-Württemberg für Busse und Bahnen stellt sich und aktuelle Projekte vor. Zudem kann man hier die ausführliche Fahrplan-Auskunft mit vielen Optionen nutzen. **(Siehe Abbildung)**

Tourismus Baden-Württemberg
info@tourismus-bw.de

www.tourismus-bw.de
Das zweitgrößte deutsche Urlaubsland wirbt mit seinen Sehenswürdigkeiten. Darstellung von Reisezielen mit Ausflugstipps.

Baden-Württemberg/Regionen

Burgenstraße, Die
info@burgenstrasse.de

www.burgenstrasse.de
Touristische Informationen zu den Städten an der historischen Burgenstraße im süddeutschen Raum.

NVBW www.efa-bw.de

STÄDTE & REGIONEN

Ortenau, Die
info@ortenau.de

www.ortenau.de
Regionale News und Informationen aus der Ortenau zu allen Gesellschaftsbereichen.

Baden-Württemberg/Regionen/Baden

Badenerland
info@badenerland.de

www.badenerland.de
Regioportal für Baden und den Schwarzwald - ein Wegweiser zu Genüssen für Gaumen und Auge.

Baden-Württemberg/Regionen/Bodensee

Bodensee.de
info@bodensee.com

www.bodensee.de
Plattform für die Region Bodensee: Städteinformationen, Events, Reisetipps, Bodenseewetter, Automarkt, Jobs und Immobilien.

Insel Mainau
info@mainau.de

www.mainau.de
Hinweise zum Aufenthalt auf der Blumeninsel Mainau sowie zu Veranstaltungen und zu Neuem aus der Gastronomie.

Baden-Württemberg/Regionen/Schwäbische Alb

Schwäbische Alb Tourismusverband
info@schwaebischealb.de

www.schwaebischealb.de
Touristische Informationen für den Alb-Urlauber in den Rubriken: Städte, Unterkünfte, Gastronomie, Kultur, Natur und Events.

marktplatz-nsw   **www.marktplatz-nsw.de**

STÄDTE & REGIONEN

Baden-Württemberg/Regionen/Schwarzwald

marktplatz-nsw
info@marktplatz-nsw.de

www.marktplatz-nsw.de
Die Kommunikations-, Informations- und Transaktionsbörse in der Region Nordschwarzwald mit Informationen in den Bereichen Wirtschaft, Tourismus, Vereine, Shopping, Tipps und Tricks und einer umfangreichen Veranstaltungsdatenbank. **(Siehe Abbildung)**

Schwarzwald Tourismusverband
mail@schwarzwald-tourist-info.de

www.schwarzwald-tourist-info.de
Infos zu Freizeit, Kultur und Unterkünften im nördlichen, mittleren und südlichen Schwarzwald, die Lust auf Urlaub machen.

Schwarzwald.de
info@schwarzwald.de

www.schwarzwald.de
Gut strukturierte Seiten zu Hotels, Veranstaltungen und Ferienorten im ganzen Schwarzwald mit verschiedenen Bildergalerien.

Schwarzwald-Baden-Online
info@sbo.de

www.sbo.de
Rundreise durch den Schwarzwald: zu Ausflugszielen in Hotels, Gaststätten, zu Privatvermietern, Handwerk und Gewerbe. Alles über Sport- und Freizeitmöglichkeiten der Ferienorte. **(Siehe Abbildung)**

Bayern

Bayerische Schlösserverwaltung
info@bsv.bayern.de

www.schloesser.bayern.de
Vorstellung von staatlichen Schlössern, Gärten und Seen in ganz Bayern mit Öffnungszeiten, Eintrittspreisen und direkten Links.

Bayerischer Behördenwegweiser
bw@stmi.bayern.de

www.baynet.de
Der Bayerische Behördenwegweiser informiert über Dienstleistungen der Verwaltung und führt zur zuständigen Behörde.

Bayern im Web
info@bayern-im-web.de

www.bayern-im-web.de
Freizeit- und Tourismusportal für Bayern mit aktuellen News, Freizeit- und Kulturtipps, Veranstaltungskalender und Flohmarkt.t

Schwarzwald-Baden-Online   **www.sbo.de**

STÄDTE & REGIONEN

Bayern.by
info@bayern.info

www.bayern.by
Aktuelle News aus der Region, Urlaubs- und Verwöhntipps, Top-Ferienangebote, Links zu Web-Seiten der Regionen und Verbände in ganz Bayern. **(Siehe Abbildung)**

BayernServer
poststelle@stk.bayern.de

www.bayern.de
Politik in Bayern mit Zahlen und Fakten, nützlichen Informationen zum Wirtschaftsstandort, zu Tourismus, Kultur und Freizeit.

Bayern/Regionen

Berchtesgadener Land
info@berchtesgaden.de

www.berchtesgadener-land.com
Unterkünfte, Ausflugsziele und Veranstaltungen in der Region rund um den Königsee.

Chiemsee Tourismus
info@chiemsee.de

www.chiemsee.de
Ferienportal für den Chiemsee mit Unterkunftssuche, Wellness- und Kulturinfos, Sehenswürdigkeiten sowie einem Eventmagazin.

Ostbayern.de
info@ostbayern.de

www.ostbayern.de
Ausgezeichnete Unterkunftsmöglichkeiten, Veranstaltungstipps und Wissenswertes rund um Ostbayern.

Romantische Straße
info@romantischestrasse.de

www.romantischestrasse.de
Touristische Hinweise zu den Städten an der Romantischen Straße von Würzburg bis Füssen.

Tourismusverband Franken
info@frankentourismus.de

www.frankentourismus.de
Kulturelle, kulinarische und touristische Reiseziele in ganz Franken werden vorgestellt.

Bayern.by   www.bayern.by

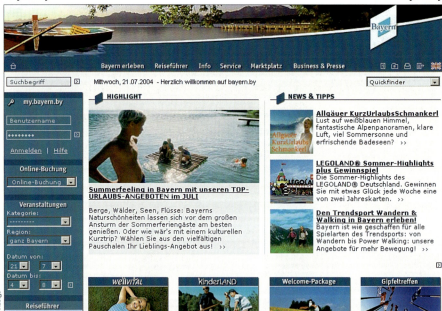

STÄDTE & REGIONEN

Bayern/Regionen/Allgäu

Allgäu - Urlaub in den Alpen
info@allgaeu.de

www.allgaeu.info
Informationsportal für Urlaub und Erholung im Allgäu. Unterkunftsverzeichnis, Veranstaltungskalender und Kurorte.

● **Dein Allgäu**
rhartmann-hk@web.de

www.dein-allgaeu.de
Urlaubsportal und Web-Katalog für das Allgäu mit allen verfügbaren Informationen zur Freizeitgestaltung, Ausflugszielen, Übernachtungsmöglichkeiten, Informationen zu Bergen und Seen. 500 Web-Cams und 3.500 frei downloadbare Bilder runden das Angebot ab. **(Siehe Abbildung)**

Ferien im Oberallgäu
info@oats.de

www.oberallgaeu-ferien.de
Reiseführer für Städte, Regionen und Sehenswürdigkeiten im Oberallgäu mit vielen touristischen Tipps und Anregungen.

Webcam aus dem Allgäu
rhartmann-hk@web.de

www.allgaeu-cam.de
Übersichtlich regional geordnete Web-Cams ermöglichen einen fast vollständigen Live-Überblick aus dem Allgäu und den Alpen.

Bayern/Regionen/Bayerischer Wald

Bayerischer Wald
touristinfo@lra.landkreis-frg.de

www.bayerwald-info.de
Ferienland am Nationalpark Bayerischer Wald: Neues aus der Region, Orte und Gemeinden, Web-Cams, Online-Zimmersuche.

Bayerwaldregion
info@bayerwaldregion.de

www.bayerwaldregion.de
Urlaubsportal für den Bayerischen Wald, Oberpfälzer Wald und das Passauer Land mit verschiedenen Unterkunftsmöglichkeiten.

Bayerwald-ticket.de
info@bayerwald-ticket.de

www.bayerwald-ticket.de
Erleben des Bayerwaldes mit Bus und Bahn, aktuelle touristische Infos, Karte des Geltungsgebietes und weitere Insider-Tipps.

Dein Allgäu   www.dein-allgaeu.de

Städte & Regionen

Bayreuth

Bayreuth.de
bayreuth@bayreuth.de

www.bayreuth.de
Kulturelle, touristische, wirtschaftliche und sportliche Möglichkeiten in der oberfränkischen Festspiel-Stadt.

Berlin

● **Berlin Tourismus Marketing GmbH**
webmaster@btm.de

www.berlin-tourist-information.de
Das Internet-Portal informiert Berlin-Touristen aktuell über die Metropole. Über 400 Hotels können sofort online gebucht werden. Ein ausführlicher Veranstaltungskalender informiert, Veranstaltungstickets können direkt bestellt werden.
(Siehe Abbildung)

berlin.de
kontakt@berlin.de

www.berlin.de
Das offizielle große Berliner Stadtportal im Internet. Fakten, Sehenswürdigkeiten, Nachtleben und Veranstaltungskalender.

Berliner Verkehrsbetriebe (BVG)
info@bvg.de

www.bvg.de
Zahlreiche Infos zu Tarifen und Fahrplänen des öffentlichen Nahverkehrs in Berlin, mit Online-Stadtplan.

BerlinOnline
info@berlinonline.de

www.berlinonline.de
Großes Einstiegsportal mit riesiger Informationsfülle: vom Branchenbuch über Serviceseiten bis hin zu Sport und Freizeit.

Staatliche Museen zu Berlin
presse@smb.spk-berlin.de

www.smpk.de
Vorstellung der Staatlichen Museen zu Berlin mit Infos zu Sammlungsinhalten, Geschichte, Öffnungszeiten und Ausstellungen.

Verkehrsverbund Berlin-Brandenburg
info@vbbonline.de

www.vbbonline.de
Fahrgastinformationen, Tarifauskunft, Online-Fahrpläne und Angaben zum Liniennetz in Brandenburg und Berlin. Außerdem eine Museendatenbank mit „fahrinfo".

Berlin Tourismus Marketing GmbH — **www.berlin-tourist-information.de**

STÄDTE & REGIONEN

Bielefeld

Stadt Bielefeld
touristinfo@bielefeld-marketing.de

www.bielefeld.de
Die Universitätsstadt präsentiert sich als lebendige Wirtschafts- und Kulturmetropole in Ostwestfalen-Lippe.

Bochum

Stadt Bochum
info@bochum.de

www.bochum.de
Info-Pool über Veranstaltungen, Bildung und Wirtschaft sowie Internet-Rathaus mit zahlreichen Formularen und Anwendungen.

Bonn

Bundesstadt Bonn
stadtverwaltung@bonn.de

www.bonn.de
Homepage der Bundesstadt Bonn mit Bürgerservice, Veranstaltungen, Presseservice, Bonn von A bis Z und Stadtprofil.

Bottrop

Bottrop.de
stadtverwaltung@bottrop.de

www.bottrop.de
Ämter und Einrichtungen, amtliche Bekanntmachungen, Freizeitanlagen, Infos für Touristen und Angebote für Jugendliche.

Brandenburg

Brandenburg
info@lds.brandenburg.de

www.brandenburg.de
Das Land Brandenburg präsentiert seine Landesregierung, den Landtag und seine touristischen Ziele, dazu aktuelle Meldungen.

ReiseLand Brandenburg
hotline@reiseland-brandenburg.de

www.reiseland-brandenburg.de
Der Internet-Auftritt des Reiselandes Brandenburg bietet viele Informationen zu den Reisezielen in der Region.

Brandenburg/Regionen/Lausitz

Lausitz, Die
info@lausitz.de

www.lausitz.de
Neben Wirtschaftsinfos und Nützlichem für Besucher der Region erfährt man einiges über die Geschichte und den regionalen Sport.

Braunschweig

Stadt Braunschweig
stadt@braunschweig.de

www.braunschweig.de
Internet-Portal zu den Themen: Stadtverwaltung, Touristik, Veranstaltungen, Kultur, Freizeit, Wirtschaft und Wissenschaft.

Städte & Regionen

Bremen

Bremen-Tourismus.de
info@bremen-tourism.de

www.bremen-tourismus.de
Hier erfährt man alles über das Erlebnisland Bremen. Online-Buchung von Hotels, Pauschalen, Rundfahrten und Führungen.

Stadt Bremen
webmaster@bremen.de

www.bremen.de
Bremer Stadtinformationssystem mit einem virtuellen Stadtplan, schwarzem Brett, Behördenwegweiser und Infos für Touristen.

● **VBN – Verkehrsverbund Bremen/ Niedersachsen GmbH**
mailbox@vbn.de

www.vbn.de
Der Verkehrsverbund für den Großraum Bremen veröffentlicht hier unter anderem Tarife, News, Fahrpläne und Streckennetze für den Nahverkehr in Bremen, Bremerhaven, Delmenhorst, Oldenburg und das Umland. **(Siehe Abbildung)**

Bremerhaven

Bremerhaven
stadtverwaltung@magistrat.bremerhaven.de

www.bremerhaven.de
Bremerhavens Stadtportal mit Bürgerservice, Tourismusinformationen, Wissenschaft, Wirtschaft und einem Shop.

Chemnitz

Stadt Chemnitz
buergermeisteramt@stadt-chemnitz.de

www.chemnitz.de
Informationen über den Wirtschafts- und Technologiestandort Chemnitz. Stadtporträt, Serviceangebote und aktuelle Meldungen.

Cottbus

Herzlich Willkommen in Cottbus
info@cottbus.de

www.cottbus.de
Dienste für Bürger, Politik und Wirtschaft sowie Übernachtungs- und Freizeitangebote der brandenburgischen Universitätsstadt.

Darmstadt

Darmstadt
mail@groepl.de

www.local-pages.de
City-Guide mit Stadtrundgang und Links zu den Themen Kultur, Sehenswürdigkeiten, Veranstaltungen, Kinos, Discos und Kneipen.

Wissenschaftsstadt Darmstadt
info@stadt.darmstadt.de

www.darmstadt.de
Präsentation des kulturellen und wirtschaftlichen Lebens der Stadt Darmstadt und ein Führer durch die städtischen Behörden.

Dortmund

Dortmund.de
redaktion@dortmund.de

www.dortmund.de
Das Dortmunder Stadtportal bietet ein „Rathaus online", Informationen zu vielen Rubriken und einen virtuellen Marktplatz.

Dresden

DDCity.de

www.ddcity.de
Das Dresdener Portal informiert über „alles, was die Stadt hat": Veranstaltungen, Restauranttipps, Kultur und Lokalpolitik.

Dresden.de
presseamt@dresden.de

www.dresden.de
Die Landeshauptstadt Dresden porträtiert ihre Geschichte, Wirtschaft und Kultur. Mit Online-Rathaus und Behördenwegweiser.

STÄDTE & REGIONEN

Dresden-Tourist
info@dresden-tourist.de

www.dresden-tourist.de
Die Tourismuszentrale informiert über Veranstaltungen, Tagungen und Kongresse und bietet eine detaillierte Hotelsuche an.

Duisburg

Stadt Duisburg
presseamt@stadt-duisburg.de

www.duisburg.de
Die Hafenstadt informiert zu den Themen Wirtschaft, Kultur, Sport, Tourismus und Freizeit.

Düsseldorf

duesselgo.de
post@duesselgo.de

duesselgo.de
Suchmaschine und Portal der Region Düsseldorf mit umfangreichem Branchenverzeichnis.

Stadt Düsseldorf
info@duesseldorf.de

www.duesseldorf.de
Ausführliches Stadtporträt mit Rubriken, wie Wirtschaft, Kunst, Tourismus, Umwelt oder Sport. Außerdem „Rathaus Online".

Erfurt

Erfurt
stadtverwaltung@erfurt.de

www.erfurt.de
Web-Seite der Landeshauptstadt Thüringens mit Stadtplan, Veranstaltungskalender, Infos zu Geschichte, Verwaltung und Kultur.

Erfurt Tourismus Gesellschaft
info@erfurt-tourist-info.de

www.erfurt-tourist-info.de
Informationen für den Aufenthalt in Erfurt. Anreise, Übernachtung, Sehenswürdigkeiten, Veranstaltungen und Kulinarisches.

Essen

Stadt Essen
info@essen.de

www.essen.de
Die größte Stadt des Ruhrgebiets präsentiert ihre Kultur, ihren Handel und Tourismus sowie ihre Hochschulen.

VBN – Verkehrsverbund Bremen/Niedersachsen GmbH   **www.vbn.de**

STÄDTE & REGIONEN

Frankfurt am Main

Frankfurt interaktiv
info@rdmedia.de

www.frankfurt-interaktiv.de
Portal mit Stadtführer und Infos zu Frankfurter Spezialitäten, Event-, Messe- und Veranstaltungskalender und Ausflugstipps.

frankfurt.de
onlinebuero@stadt-frankfurt.de

www.frankfurt.de
Die offizielle Web-Seite der Stadt bietet umfangreiche Infos zu allen Bereichen. Formulare online und interaktiver Stadtplan.

Frankfurt-Tipp
info@trifels.de

www.frankfurt-tipp.de
Hotel- und Restaurantführer für Frankfurt und Offenbach. Tipps, Rezepte und Empfehlungen rund um das Thema Essen und Trinken.

Freiburg

baden24.de
redaktion@baden24.de

www.baden24.de
Informations-, Wirtschafts- und Einkaufsplattform der Region Baden-Freiburg mit Angaben zu Tourismus, Kultur und Lifestyle.

freiburg-im-netz
kontakt@freiburg-im-netz.de

www.freiburg-im-netz.de
Umfassender Link-Katalog mit Freiburger Web-Seiten, ein Branchenverzeichnis, ein Veranstaltungskalender und ein Stadtplan.

Stadt Freiburg
info@freiburg.de

www.freiburg.de
Infos zu Freiburg in den Bereichen: Kultur und Freizeit, Stadtverwaltung und Bürgerservice, Tourismus und Wirtschaft.

Gelsenkirchen

Stadt Gelsenkirchen
stadt@gelsenkirchen.de

www.gelsenkirchen.de
Verwaltungsservice und Infos über die Stadt, Wirtschaft, Kultur und Bildung; dazu ein Gastronomieführer und ein Branchenbuch.

Gießen

Gießen
info@giessen.de

www.giessen.de
Wissenswertes über die mittelhessische Universitäts-, Kultur- und Einkaufsstadt zu Wissenschaft, Kultur und Tourismus.

Göttingen

Stadt Göttingen
stadt@goettingen.de

www.goettingen.de
Städtische Dienstleistungen, Behörden und Gremien, Informationen aus Wirtschaft, Kultur, Sport, Wissenschaft und Tourismus.

Hagen

Stadt Hagen
info@stadt-hagen.de

www.hagen.de
Die westfälische Stadt bietet Hinweise zu aktuellen Veranstaltungen, Sozial- und Kultureinrichtungen und dem Arbeitsmarkt.

Halle

Halle-Saalkreis Online
redaktion@halle-saalkreis.de

www.halle-saalkreis.de
Ausführliche Link-Verzeichnisse, eine übersichtliche Terminvorschau, ein Firmenverzeichnis und ein Behördenwegweiser.

Kulturkalender Halle
online-redaktion@halle.de

www.kulturkalender.halle.de
Veranstaltungen und Freizeitevents in Halle. Mit dem Eventmelder können Tipps an die Online-Redaktion weitergegeben werden.

STÄDTE & REGIONEN

Stadt Halle
online-redaktion@halle.de

www.halle.de
Die Web-Seite berichtet über die grüne Universitätsstadt an der Saale, ihre Entwicklung als Technologie-, Design- und Kulturzentrum in Mitteldeutschland und die Geschichte der Großstadt, die mit Namen wie Händel, Luther und Francke verknüpft ist.
(Siehe Abbildung)

Hamburg

Hamburg Magazin
service@hamburg-magazin.de

www.hamburg-magazin.de
Aktuelles aus Kultur, Freizeit, Sport, Verkehr und Umwelt - mit Veranstaltungskalender und kostenlosem Kleinanzeigenmarkt.

Hamburg Tourismus GmbH
info@hamburg-tourismus.de

www.hamburg-tourismus.de
Umfassender Überblick über Veranstaltungen, Unterkünfte und Sightseeing-Ziele. Mit Online-Buchungsmöglichkeiten und interaktiver Karte.

hamburg.de
info@hamburg.de

www.hamburg.de
Umfangreicher Großstadtführer durch die Gebiete Politik, Arbeit, Bildung, Kultur, Veranstaltungen, Wirtschaft und Wohnen.

Hamburger Verkehrsverbund
info@hvv.de

www.hvv.de
Vorstellung von Streckennetz und Verkehrsmitteln mit Linien- und Haltestellenfahrplänen sowie Tarifübersicht.

Schlemmerinfo
office2004@schlemmerinfo.de

www.schlemmerinfo.de
Umfassender Restaurantführer für Berlin und Hamburg mit tagesaktuellen Angeboten im kulinarischen Kalender.

Hannover

Hannover online
redaktion@hannover.de

www.hannover.de
Der Info-Pool klärt über Stadt und Region, Wirtschaft, Tourismus, Kultur, Freizeit, Wissenschaft und Verkehr auf.

Stadt Halle www.halle.de

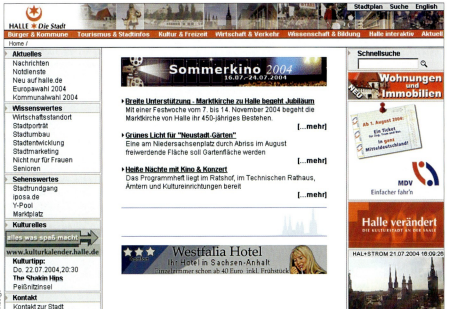

STÄDTE & REGIONEN

Region Hannover
presse@region-hannover.de

www.region-hannover.de
Umfangreiches Info-Portal für Hannover und Region mit News aus Politik, Wirtschaft, Gesundheit und Kultur mit Eventkalender.

Heidelberg

Heidelberg
info@cvb-heidelberg.de

www.cvb-heidelberg.de
Hier finden sich ausführliche Informationen zur Stadt, ihren Sehenswürdigkeiten und zur Szene.

Stadt Heidelberg
stadt@heidelberg.de

www.heidelberg.de
Die Stadt Heidelberg bietet Informationen für Bürger und Touristen. Im „Stadtblatt Online" erhält man aktuelle Stadt-News.

Heilbronn

Stadt Heilbronn
posteingang@stadt-heilbronn.de

www.heilbronn.de
Heilbronn stellt sich und seine Attraktionen vor. Dazu Sightseeing- und Business-Informationen und ein virtuelles Rathaus.

Hessen

Hessen Touristik Service
info@hessen-tourismus.de

www.hessen-tourismus.de
Detaillierte Angaben zum Reiseland Hessen, Hotel- und Veranstaltungssuche, Routenvorschläge zum Wandern und Radfahren.

Hessen/Regionen

Landratsamt Odenwaldkreis online
info@odenwaldkreis.de

www.odenwaldkreis.de
Nachrichten aus Politik und Verwaltung, Behördenwegweiser, Formular-Server und Antrag auf Wunschkennzeichen im Odenwaldkreis.

Taunus-Info
ti@taunus-info.de

www.taunus.info
Informationen zum Taunus in verschiedenen Rubriken: von Sport und Freizeit über Gesundheit und Kur bis hin zu Historischem.

Hessen/Regionen/Rhein-Main

rhein-main aktuell
info@rma.de

www.rma.de
Die Internet-Plattform des Rhein-Main-Gebietes bietet Infos zu Freizeit, Shopping, Messen und Kultur; mit Hotelbeschreibungen.

RMV
info@rmv.de

www.rmv.de
Neben der Fahrplanauskunft findet man aktuelle Informationen rund um die Mobilität, Verkehrshinweise und Freizeittipps.

Karlsruhe

● **click2day.com**
mail@click2day.com

www.click2day.com
click2day - Ein regionales Online-Magazin für Karlsruhe, Nordbaden, Pfalz und nördliches Elsaß mit einer Suchmaschine mit über 14.000 „handverlesenen" Einträgen. Restaurants, Ausflugsziele, Lifestyle, Events, Sport, Kinder, Familie, Kultur, Musik, Erotik, Medizin, Wellness, Wohnen, Kleinanzeigen. **(Siehe Abbildung)**

Stadt Karlsruhe
medienbuero@karlsruhe.de

www.karlsruhe.de
Aktuelle Meldungen und Informationen zu den Rubriken: Stadtverwaltung, Kultur und Geschichte, Wirtschaft, Sport und Umwelt.

STÄDTE & REGIONEN

Kassel

Kassel.de
kassel@stadt-kassel.de

www.kassel.de
Bürger-, Gäste-, Uni- und Wirtschaftsservice, Veranstaltungskalender, Bildergalerie und Stadtplan der Stadt Kassel.

KasselCity.de
info@kasselcity.de

www.kasselcity.de
Stadtführer mit Infos über Discos, Kneipen, Restaurants, Cafés und Events im Stadtgebiet Kassel.

Kiel

Kiel Magazin
service@kiel-magazin.de

www.kiel-magazin.de
Aktuelles aus Kultur, Freizeit, Sport, Verkehr und Umwelt - mit Veranstaltungskalender und kostenlosem Kleinanzeigenmarkt.

Kiel.de
rathaus@lhstadt.kiel.de

www.kiel.de
Informationen über Kiel im kulturellen, wirtschaftlichen und politischen Bereich der Stadt. News, Links sowie Online-Rathaus.

Tourist Information Kiel
info@kiel-tourist.de

www.kiel-tourist.de
Hotelsuche online, außerdem kulturelle Veranstaltungshinweise, Trauungen auf See und Prospekte.

Koblenz

Stadt Koblenz
internet@stadt.koblenz.de

www.koblenz.de
Wissenswertes zur Stadt am Deutschen Eck aus den Bereichen: Kultur, Tourismus, Freizeit, Sport, Politik und Wirtschaft.

Köln

Cologne-In
info@cologne-in.de

www.cologne-in.de
Köln-Suchmaschine mit vielfältigem Link-Katalog, der Stadtführer, Kulturinfos, Hotelführer, Stadtpläne und Foren umfasst.

click2day.com www.click2day.com

Anzeige

STÄDTE & REGIONEN

koeln.de
info@koeln.de

www.koeln.de
Das große Köln-Portal: News, Tipps und Termine aus Kultur, Sport, Freizeit, Wirtschaft und Tourismus in der Rheinmetropole.

Krefeld

Krefeld.de
stadtservice@krefeld.de

www.krefeld.de
Die Stadt Krefeld lädt zum Rundgang durch Verwaltung, Wirtschaft, Kultur, Veranstaltungen und Freizeitmöglichkeiten ein.

Leipzig

Leipzig-Info.net
info@leipzig-info.net

leipzig-info.net
Aufschlussreiches zur Stadt und ihrer Szene, Veranstaltungstipps vielfältiger Art sowie viele Service-Links.

leipzig-plus.de
info@leipzig-plus.de

www.leipzig-plus.de
Freizeitdatenbank für Leipzig. Infos über Termine, Adressen, Tickets und News mit Veranstaltungskalender.

Leverkusen

Leverkusen.de
info@stadt.leverkusen.de

www.leverkusen.de
Informationssystem der Stadt Leverkusen mit aktuellen Neuigkeiten, Stadtinfos, Wirtschaft, Freizeit und Kultur; mit Stadtplan.

Lübeck

Lübeck
info@luebeck.de

www.luebeck.de
Offizieller Bürger- und Touristikservice der Hansestadt Lübeck mit Infos über Freizeit, Kultur, Wirtschaft und Politik.

Ludwigshafen

Stadt Ludwigshafen
info@ludwigshafen.de

www.ludwigshafen.de
Porträt der Stadt Ludwigshafen mit Bürgerservice und Informationen über das Rathaus sowie Sport- und Freizeitangebote.

Magdeburg

Magdeburg-Magazin
redaktion@magdeburg-magazin.de

www.magdeburg-magazin.de
Rundum-Angebot: City-Guide mit ausführlichen Beschreibungen der Einträge, Stadtmagazin, Flohmarkt und Regio-Guide.

Stadt Magdeburg
info@magdeburg.de

www.magdeburg.de
Offizielles Stadtinformationssystem Magdeburgs mit den Schwerpunkten Wirtschaft, Bürgerportal sowie Tourismus und Freizeit.

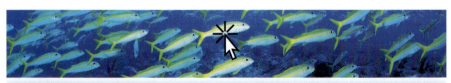

Anzeige

Reiseinfos, Reiseführer, Reiselinks: www.erfolgreich-reisen.de

STÄDTE & REGIONEN

Mainz

Stadt Mainz
mainz.online@stadt.mainz.de

www.mainz.de
Die Web-Seite der Stadt Mainz: Bürgerservice, Stadtporträt, Tourismus, Freizeit- und Kulturtipps sowie Wirtschafts-News.

Mannheim

● **Stadt Mannheim**
masta@mannheim.de

www.mannheim.de
Hier findet man Mannheimer Nachrichten, Terminkalender, ein Internet-Rathaus mit Online-Diensten, Straßenkarten, einen Stadtrundgang, ein umfangreiches Kultur- und Tourismusangebot sowie Wirtschaftsinformationen. **(Siehe Abbildung)**

Marburg

Universitätsstadt Marburg
mtm@marburg.de

www.marburg.de
Aktuelle Informationen und Berichte aus den Bereichen: Tourismus, Wirtschaft, Ämter, Kultur, Bildung und Veranstaltungen.

Mecklenburg-Vorpommern

Landesinformationsdienst, Der
info@mvweb.de

www.mvweb.de
Urlaub planen, Unterkünfte buchen, Städte- und Regioneninfos, Sehenswertes, Kultur, Veranstaltungen, Wasser- und Radsport.

Tourismusverband Mecklenburg-Vorpommern
info@auf-nach-mv.de

www.auf-nach-mv.de
Umfassende Reiseinformationen, Prospektbestellung, Veranstaltungskalender und Online-Buchung von Ferienwohnungen und Hotels.

urlaubsziel-mv.de
info@urlaubsziel-mv.de

www.urlaubsziel-mv.de
Informationsanbieter zum Thema Urlaub in Mecklenburg-Vorpommern mit Buchtipps, bebilderten Rundgängen und Unterkünften.

Stadt Mannheim   **www.mannheim.de**

Städte & Regionen

● **Informationssystem Mecklenburg-Vorpommern**
buero@manetmail.de

www.mecklenburg-vorpommern.info
Das landesweite Tourismusinformationssystem stellt Städte und Regionen vor. Komplettiert durch Links zu Ausflugszielen, Infos zu Unterkünften und Ferienwohnungen, Urlaubstouren, Angeboten, Regionalwetter und einen umfangreichen Veranstaltungskalender. **(Siehe Abbildung)**

Mecklenburg-Vorpommern/Regionen

Boltenhagen

www.boltenhagen.de
Ostseebad Boltenhagen an der Mecklenburgischen Ostseeküste. Infos zu Unterkünften, Kultur- und Freizeitveranstaltungen.

Schweriner See
info@barsch-design.de

www.schweriner-see.de
Urlaub- und Freizeitdatenbank rund um den Schweriner See mit bebilderten Informationen zu vielen Übernachtungsmöglichkeiten.

Tourismusverband Mecklenburgische Schweiz e.V
info@mecklenburgische-schweiz.com

www.mecklenburgische-schweiz.com
Portal für die Region im Norden der Mecklenburgischen Seenlandschaft, touristische Informationen und Online-Buchung.

Mönchengladbach

Stadt Mönchengladbach
post@moenchengladbach.de

www.moenchengladbach.de
Die Stadt stellt sich mit Zahlen und Fakten in vielen Rubriken vor, für Bürger gibt es Serviceseiten mit Infos zu den Ämtern.

Mülheim an der Ruhr

Stadt Mülheim an der Ruhr
info@stadt-mh.de

www.muelheim-ruhr.de
Wegweiser, Branchenführer, Hotel- und Gaststättenverzeichnis, Notdienste und ein umfassender Bürgerservice.

München

Landeshauptstadt München
presseamt@muenchen.de

www.muenchen.de
Vielfältiges Stadtporträt mit virtuellem Rathaus, Hotelverzeichnis sowie vielen Infos zum Wirtschaftsstandort München.

Münchner Verkehrs- und Tarifverbund (MVV)
info@mvv-muenchen.de

www.mvv-muenchen.de
Elektronische Fahrplanauskunft sowie zahlreiche Download- und Serviceangebote vom Münchner Verkehrs- und Tarifverbund.

Munich-Online
info@munich-online.de

www.munich-online.de
Online-Service für die freizeitrelevanten Daten der Region München mit Konzertterminen sowie Kino- und Restauranttipps.

Munichx
redaktion@munichx.de

www.munichx.de
Vorstellung von Gastronomie- und Party-Locations, Kultur- und Surf-Tipps sowie eine Wohnungs- und Immobilienbörse.

MVG
redaktion@mvg.swm.de

www.mvg-mobil.de
Die Münchner Verkehrsgesellschaft informiert über Fahrtmöglichkeiten und Tarife für U-Bahn, Bus und Tram in und um München.

Oktoberfest
info@sevenoneintermedia.de

www.oktoberfest.de
Die offiziellen Seiten des Volksfestes warten mit News und Fun, einem Wiesn-Lexikon sowie Tipps zum Münchner Nachtleben auf.

STÄDTE & REGIONEN

Münster

Aktion Münsterland
aktion@muensterland.com

www.aktion-muensterland.de
Präsentation der Region als attraktiver und zukunftsorientierter Wirtschaftsstandort mit anspruchsvollen Freizeitangeboten.

Kulturnetz Münsterland
kultur@muensterland.com

www.kulturnetz.muensterland.com
Vorstellung von mehr als 1.500 Künstlern und Institutionen im Münsterland mit ständig aktualisierten Terminen und Kulturtipps.

Marktplatz Münster
muenster@marktplatz.de

www.marktplatz-muenster.de
Branchen- und Shopping-Übersicht für Münster mit aktuellen Nachrichten aus der Region, Stadtplan und Kleinanzeigen.

publikom, Das
redaktion@muenster.de

www.muenster.de
Großes Stadtinformationssystem für Münster mit Freizeit-, Tourismus- und Kulturservice sowie dem Bürgernetz und Branchenbuch.

Niedersachsen

EFA
gvh@region-hannover.de

www.efa.de
Elektronische Fahrplanauskunft für Niedersachsen, Haltestellenfahrpläne gibt es sogar als Bildschirmschoner zum Downloaden.

Niedersachsen
pressestelle@stk.niedersachsen.de

www.niedersachsen.de
Aktuelle Infos und Wissenswertes über Land und Leute, die Landespolitik, daneben Kultur- und Freizeitangebote der Region.

NiedersachsenOnline
nol@regioonline.de

www.niedersachsenonline.de
Angebote aus Freizeit, Tourismus, Land, Bildung, Wirtschaft und Finanzen für alle bekannten niedersächsischen Städte.

Informationssystem Mecklenburg-Vorpommern   **www.mecklenburg-vorpommern.info**

Mecklenburg - Vorpommern
Die Entdeckung im Norden Deutschlands

Wetter   English

Das Land
- Fakten & Zahlen
- Landschaft
- Geschichte
- Karten

Die Regionen
- Seenplatte & Flußlandschaft
- Ostseeküste
- Ostseeinseln & Halbinseln
- Orte & Städte

Das ①②③ REISEGEWINNSPIEL

 Sehens-wertes
 Kultur/ Veranst.
 Termin-kalender
 Pauschal-angebote
 Wasser-sport
 Sport/ Freizeit
 Gesundheit
 Unterkunft
 Essen & Trinken
Camping & Caravan
Angebote & Touren
Shopping
Immobilien
 Info-service

MANET
Copyright (c) Juli 2004 MANET Marketing GmbH, Schwerin; Fax: +49-(0)385-3993-411

Anzeige

Städte & Regionen

Reiseland Niedersachsen
info@tourismusniedersachsen.de

www.reiseland-niedersachsen.de
Das offizielle Tourismusportal für das Reiseland Niedersachsen informiert über touristische Veranstaltungen, Buchungsmöglichkeiten, Pauschalangebote, Städtereisen, Kultur- und Naturerlebnisse, Sportmöglichkeiten und kulinarische Highlights.
(Siehe Abbildung)

Niedersachsen/Regionen/Lüneburger Heide

Lüneburger Heide
info@lueneburger-heide.de

www.lueneburger-heide.de
Touristikführer durch die Lüneburger Heide mit Übersichtskarte, Sehenswürdigkeiten, Unterkünften und Veranstaltungstipps.

Niedersachsen/Regionen/Ostfriesland

ostfriesland.de
info@ostfriesland.de

www.ostfriesland.de
Umfangreiches Portal zur beliebten Reiseregion Ostfriesland: Seeheilbäder, idyllische Luftkurorte sowie Erholungsgebiete.

Nordrhein-Westfalen

Nordrhein-Westfalen

www.nrw.de
NRW-Portal mit Berichten über Land und Regierung, Links zu den Ministerien und Bürgerservice mit vielen Formularen.

Nordrhein-Westfalen Tourismus e.V.
info@nrw-tourismus.de

www.nrw-tourismus.de
Hier gibt es Tipps zu zahlreichen Städten und Veranstaltungen in NRW, außerdem werden viele Reiseangebote präsentiert.

Reiseland Niedersachsen   www.reiseland-niedersachsen.de

STÄDTE & REGIONEN

Nordrhein-Westfalen/Regionen

NiederRhein Tourismus
info@niederrhein-tourismus.de

www.niederrhein-touristik.de
Kurzporträts der wichtigsten Orte und Attraktionen am Niederrhein, Suche nach Unterkünften und Tipps für Radler und Camper.

Nordrhein-Westfalen/Regionen/Sauerland

Sauerland Tourismusregion
info@sauerland.com

www.sauerland-touristik.de
Ausführliche Beschreibungen der Attraktionen und Freizeitangebote des Sauerlandes, Unterkünfte und Bestellung von Prospekten.

Nürnberg

Doppelpunkt
info@doppelpunkt.de

www.doppelpunkt.de
Führer für Gastronomie und Freizeitgestaltung. Szenebereich mit Nachrichten, Partys und einer Clubübersicht.

Stadt Nürnberg
online-buero@nuernberg.de

www.nuernberg.de
Offizielle Seiten mit allen wichtigen Informationen zu Sehenswürdigkeiten, Freizeit, Kultur und Wirtschaft in der Stadt.

Osnabrück

Osnabrück online
redaktion@osnabrueck.de

www.osnabrueck.de
Offizielle Seiten von Osnabrück mit Infos über Stadt und Kultur, Veranstaltungen, Geschichte, Wirtschaft und Wissenschaft. Außerdem Wissenswertes für den Osnabrück-Touristen. Daneben die Vorstellung des Felix-Nussbaum-Hauses in Osnabrück.
(Siehe Abbildung)

Osnabrück online   www.osnabrueck.de

STÄDTE & REGIONEN

Osnabrück auf einen Blick
kontakt@osnabruecker.com

www.osnabruecker.com
Großes Branchenverzeichnis für Osnabrück, außerdem lokale Nachrichten und Veranstaltungen sowie ein Musik-Shop.

Pforzheim

Stadt Pforzheim
presse@stadt-pforzheim.de

www.pforzheim.de
Internet-Rathaus der Stadt Pforzheim, Veranstaltungtipps für Touristen und Informationen zu Kultur, Wirtschaft und Freizeit.

Potsdam

Info-Potsdam.de
info@0331.ne

www.info-potsdam.de
Detaillierte Angaben über Potsdam und Hinweise zu den Bereichen: Kultur, Freizeit und Soziales.

Potsdam.de
poststelle@rathaus.potsdam.de

www.potsdam.de
Potsdam entdecken: Neben Potsdam-Informationen von A bis Z bietet die Seite einen ausführlichen Online-Rathaus-Bereich an.

Regensburg

Regensburg online
stadt_regensburg@regensburg.de

www.regensburg.de
Im Online-Informationsdienst der Stadt finden Bürger, Touristen und Unternehmer alles über die bayerische Universitätsstadt.

Regionen/Nordsee

Nordsee, Die
info@die-nordsee.de

www.die-nordsee.de
Informationen zur Urlaubsregion Nordsee mit Unterkünften, Sehenswürdigkeiten und Veranstaltungen in vielen Urlaubsorten.

Nordsee-Tourismus-Service GmbH
nordsee@t-online.de

www.nordseetourismus.de
Hier findet man aktuelle Informationen, Tipps und Veranstaltungen rund um die Nordsee Schleswig-Holsteins.

Nordseeurlaub-Online.de
he@nordseeurlaub-online.de

www.nordseeurlaub-online.de
Serviceseite, die Urlaubern Ferienwohnungen, Ferienhäuser und Zimmer aus Nordfriesland und Dithmarschen ausführlich vorstellt.

Regionen/Ostsee

Ostseebäder Verband Schleswig-Holstein e.V.
info@ostsee-schleswig-holstein.de

www.ostsee-schleswig-holstein.de
Urlaubsportal für Ostsee-Urlauber mit interaktiver Karte und Infos zu Urlaubsorten und Sehenswertem an der Küste.

Rheinland-Pfalz

Rheinland-Pfalz.de
poststelle@stk.rlp.de

www.rheinland-pfalz.de
Das Land informiert über Tourismus, Justiz, Bildung und Wissenschaft mit aktuellen Meldungen, Links und einer Bildergalerie.

Städte & Regionen

Rheinland-Pfalz/Regionen

Tal der Loreley, Das
info@tal-der-loreley.de

www.talderloreley.de
Neben dem sagenhaften Loreley-Felsen werden weitere berühmte Rhein-Sehenswürdigkeiten vorgestellt, mit Unterkunftverzeichnis.

Rheinland-Pfalz/Regionen/Mosel

Mosel.de
info@mosel.de

www.mosel.de
Internet-Reiseführer für die Urlaubsregion Mosel mit Wissenswertem über Freizeitangebote, Weininfos und Ausflugstipps.

Mosellandtouristik
info@mosellandtouristik.de

www.mosellandtouristik.de
Mit der Infodatenbank für Veranstaltungen und Unterkünfte wird dem Mosselland-Touristen die Urlaubsplanung leicht gemacht.

Mosel-Reisefuehrer
info@rmv-web.de

www.mosel-reisefuehrer.de
Beschreibungen sämtlicher Moselorte, Hotelführer sowie Porträts von Burgen an der Mosel und Infos zum Moselwein.

Rostock

Rostocker Internetportal, Das
redaktion@rostock-digital.de

www.rostock-digital.de
Mehr als 3.000 Links zu allen Rostock-relevanten Themen sowie zahlreiche Serviceseiten rund um die Hansestadt.

Ruhrgebiet

Kommunalverband Ruhrgebiet
info@kvr.de

www.kvr.de
Umfassende Informationen über das Ruhrgebiet, z.B. Stadtpläne und Luftbilder, Erlebnistouren und Kulturkalender.

Ruhrlink
redaktion@ruhrlink.de

www.ruhrlink.de
Suchmaschine in Katalogform für das Ruhrgebiet, die Veranstaltungen aller Art sowie Firmen und private Homepages auflistet.

Ruhr-Online
redaktion@ruhr-online.de

www.ruhr-online.de
Freizeitplaner und Veranstaltungskalender für das Ruhrgebiet: Kino, Musik, Partys, Ausstellungen, Theater und Konzerte.

Verkehrsverbund Rhein-Ruhr
info@vrr.de

www.vrr.de
Der VRR präsentiert alle Infos zu Tickets und Tarifen sowie zum Verbund mit seinen Partnern in der Metropolregion Rhein-Ruhr.

Saarbrücken

Splitter-Infos.de
info@splitter-infos.de

www.splitter-infos.de
Homepage der Saarbrücker Szene-Community mit Eventkalender, Foren, Flirtecken und einer Bildergalerie vergangener Partys.

Stadt Saarbrücken
redaktion@saarbruecken.de

www.saarbruecken.de
Die offizielle Stadtpräsentation mit Informationen zu Wirtschaft, Freizeit und Kultur sowie Online-Services für Bürger.

Saarland

SaarAktuell
info@saaraktuell.de

www.saaraktuell.de
Übersichtlich gestalteter Web-Katalog zum Saarland mit Rubriken wie Wirtschaft, Essen und Trinken, Shopping oder Tourismus.

SaarCity
info@saarcity.de

www.saarcity.de
Sehr gut ausgebauter Branchenführer, bei dem man in Städten, Kreisen oder im gesamten Saarland nach Firmen suchen kann.

STÄDTE & REGIONEN

Saarland
presse@staatskanzlei.saarland.de

www.saarland.de
Das Saarland auf einen Blick. Bereiche, wie Kultur und Wirtschaft sind ebenso vorhanden wie eine ausgeprägte Vorstellung der Saarländischen Regierung sowie das neue Portal „Bürgerdienste Saar". **(Siehe Abbildung)**

Saarland online
redaktion@sol.de

www.sol.de
Das Online-Magazin der Saarbrücker Zeitung. Wetter, Freizeit-Planer, Sport, Reise und Verkehr.

Tourismus Zentrale Saarland
info@tz-s.de

www.tourismus.saarland.de
Die Region wird mit Ihren Städten und Landkreisen vorgestellt, Hotels und Ferienwohnungen können online gebucht werden.

Sachsen

Sachsen.de
info@sk.sachsen.de

www.sachsen.de
Informationen zu Bürger und Freistaat, Land und Leute, Wirtschaft und Umwelt, Bildung und Wissen sowie Kultur und Freizeit.

Sachsen/Regionen

Gastgeberverzeichnis Vogtland
webmaster@sachsentourist.com

www.sachsentourist.com
Informationen über Regionen in Sachsen. Mittels Gastgeberverzeichnis kann man direkt nach einer geeigneten Unterkunft suchen.

Tourismusverband Sächsische Schweiz
info@saechsische-schweiz.de

www.saechsische-schweiz.de
Der Tourismusverband der Sächsischen Schweiz informiert über Anreise, Freizeit- und Übernachtungsangebote in der Region.

Sachsen-Anhalt

Reiseland Sachsen-Anhalt
lmg@lmg-sachsen-anhalt.de

www.sachsen-anhalt-tourismus.de
Tourismusportal für Sachsen-Anhalt mit Online-Buchungsservice und Infos zu Reisethemen, -angeboten, -zielen und Events.

Sachsen-Anhalt
staatskanzlei@stk.sachsen-anhalt.de

www.sachsen-anhalt.de
Informationen über Wirtschaft, Bildung, Forschung, Tourismus, Kultur, Umwelt. Online-Service für Behörden und Formulare.

Schleswig-Holstein

Tourismus-Agentur Schleswig-Holstein
info@sh-tourismus.de

www.sh-tourismus.de
Tourismusportal für Urlaubsregionen an Nord- und Ostsee sowie im Binnenland, mit Tipps zum Familien-, Aktiv- und Kultururlaub.

Schleswig-Holstein/Regionen/Friesland

Nordfriesland
info@nordfriesland.de

www.nordfriesland.de
Online-Service des Kreises Nordfriesland: Bürgerservice, Stellenangebote, Urlaubs- und Erlebnistipps.

Schwerin

Landeshauptstadt Schwerin
info@schwerin.de

www.schwerin.de
Die mecklenburgische Landeshauptstadt stellt sich mit Inhalten, wie Kultur, Wirtschaft, Soziales oder Umwelt vor.

STÄDTE & REGIONEN

Stuttgart

Stadt Stuttgart
info@stuttgart.de

www.stuttgart.de
Stadtporträt mit Infos zu Politik und Verwaltung, Kultur und Freizeit und zur Wirtschaft der Landeshauptstadt mit Marktplatz.

Stadtinformation
stuttgart@email.de

www.stgt.com
Umfassende Informationsquelle zum Großraum Stuttgart mit zahlreichen Rubriken.

Stuttgart-Tourist
info@stuttgart-tourist.de

www.stuttgart-tourist.de
Offizieller Touristikpartner der Landeshauptstadt Stuttgart mit Infos über Stadt und Region, Veranstaltungen und Hotelführer.

Z-online
info@z-online.de

www.z-online.de
Alphabetisch sortiertes Info- und Branchenverzeichnis für den Großraum Stuttgart mit einer Vielzahl von Einträgen.

Thüringen

Suchmaschine für Thüringen
info@thuecom.de

www.thueringenweb.de
Sehr gut ausgebaute Suchmaschine zu Kultur, Sport, Freizeit, Verkehr und Veranstaltungen mit News-Ticker und Branchenbuch.

Thüringen
tsk@thueringen.de

www.thueringen.de
Informationsangebote des Freistaats Thüringen im wirtschaftlichen, politischen und kulturellen Bereich mit zahlreichen Links.

Thüringer Tourismus GmbH
service@thueringen-tourismus.de

www.thueringen-tourismus.de
Offizielle Reiseseiten der Region Thüringen mit den Rubriken „sprudelnd", „wanderbar", „sagenhaft" und „stadtlich".

Saarland

www.saarland.de

STÄDTE & REGIONEN

● **Thüringen.info**
info@internet-service-community.de

www.thueringen.info
Sehr übersichtlich gestaltete Seiten mit vielen Fotos und redaktionellen Informationen über das Bundesland Thüringen und seine wichtigsten Städten, Regionen, Sehenswürdigkeiten, Ausflugszielen, Unterkünften und Restaurants. **(Siehe Abbildung)**

Thüringen/Regionen

Bad Frankenhausen
info@bad-frankenhausen.de

www.bad-frankenhausen.de
Ausführliche und übersichtliche Informationen zu Veranstaltungen, Kuren, Gewerbe, Fremdenverkehr und Gastlichkeit.

Rennsteigportal, Das
info@rennsteigportal.de

www.rennsteigportal.de
Allgemeines von A bis Z, Informationen zu Wanderungen, Unterkünften und Wintersport.

Saaleland
dietrich@thueringen-tourismus.de

www.saaleland.de
Das Saaleland präsentiert z.B. Weimar, Jena, Rudolstadt, Saalfeld, Burgen und Schlösser, den Saale-Radweg, die Saale-Stauseen.

Wiesbaden

Landeshauptstadt Wiesbaden
pressereferat@wiesbaden.de

www.wiesbaden.de
Portal mit virtuellem Rathaus und Informationen zu Touristik, Wirtschaft, Terminen sowie Kultur- und Freizeitangeboten.

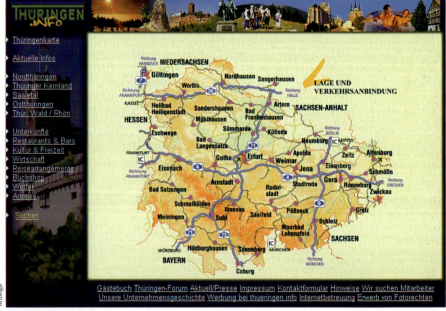

Thüringen.info — www.thueringen.info

17
Umwelt

Umwelt

www.wetter.net

Wetter.net

Wenn der Wetterfrosch zu Hause noch fehlt, werfen Sie doch mal einen Blick auf die visuellen Wetterpräsentationen dieser Seite. Hier finden Sie interaktive Wetterkarten, Pollenprognosen, Wassertemperaturen, Satellitenfilme und die 5-Tages-Prognose für über 15.000 Orte und Regionen weltweit. Sie wollten schon immer mal wissen, was eine „Bora" ist, wo man „Firn" findet und ob der „Grüne Strahl" eine Krankheit ist? Im Wetterlexikon erhalten Sie die Antworten und Erklärungen zu über 300 Stichworten zum Thema Wetter, Klima und Meteorologie. Und damit der nächste Urlaub nicht ins Wasser fällt, führt Sie der Wetterpilot per Mausklick zum Traumwetter!

www.umweltinstitut.org

Umweltinstitut München

Wie schädlich ist Elektrosmog? Wie wirkt Ozon? Wie werden genveränderte Lebensmittel gekennzeichnet? Wenn Sie auf diese Fragen schon immer mal kompetente Antworten erhalten wollten, dann sind Sie hier richtig. Das Umweltinstitut München, ein gemeinnütziger und politisch unabhängiger Verein hat sich der Erforschung und Vermeidung von Umweltbelastungen verschrieben und stellt auf seinen Seiten umfangreiche Original-Beiträge zu den unterschiedlichsten Umweltthemen wie Radioaktivität, Gentechnik, Elektrosmog oder Wohngiften zusammen. Alle Angaben sind zu 100 % umweltverträglich und garantiert nicht genmanipuliert!

www.naturparke.de

naturparke.de

Wussten Sie, dass die Lüneburger Heide 1909 als erster Naturpark Deutschlands eingerichtet wurde? Heute gibt es 93 Naturparke, die zusammen circa 24 % der Fläche unseres Landes einnehmen. Neben einem Einblick in die Arbeit des Verbands deutscher Naturparke e.V. können Detailinformationen, Kontaktadressen sowie laufend aktuelle Meldungen und Veranstaltungstermine der einzelnen Parks vom Südschwarzwald bis zur Insel Usedom abgerufen werden. Nutzen Sie die alphabetische Liste oder die Deutschlandkarte, um sich einen oder mehrere Naturparke als Reiseziel auszusuchen – „denn das Gute liegt so nah!"

www.forum-trinkwasser.de

Forum Trinkwasser e.V.

Mal ehrlich, wie viele Liter haben Sie heute schon getrunken? Ob Sie genug trinken, welche Mineralien im Wasser wichtig sind und welche Faktoren die Wasserqualität beeinflussen, erfahren Sie auf diesen Seiten. Die Trinkwasserverordnung sowie Informationen zu Inhaltstoffen, Trinkwasserversorgung, -gewinnung und -gebrauch gibt's hier. Auf Basis von Fakten und wissenschaftlichen Studien lernen Sie alles über die ernährungsphysiologische Bedeutung, die Verwendung von Trinkwasser im Haushalt sowie über den Zusammenhang zwischen Trinken und Leistungsfähigkeit. Trinken Sie sich fit!

UMWELT

www.erdgasinfo.de

erdgasinfo.de

Wenn Sie einen Hausbau planen, spielt die Entscheidung für den richtigen Energieträger eine wichtige Rolle. Was sind die Vorteile einer Erdgasheizung? In der Rubrik „Privathaushalte" finden Sie eine Reihe von ökonomisch und ökologisch sinnvollen Einsatzmöglichkeiten, wie Daten zum Erdgaseinsatz. Auch können Sie das Kostensparpotential von Erdgas nutzen, indem Sie Ihre alte Heizungsanlage entsprechend umstellen. Die Rubrik „Finanzen" stellt Kostenarten einer Erdgasheizung sowie Finanzierungs- und Fördermöglichkeiten vor. Auch für Gewerbetreibende gibt es hier Wissenswertes zum Erdgaseinsatz in Immobilien.

www.oelheizung.info

Institut für wirtschaftliche Oelheizung e.V. (IWO)

Ihre Heizkosten sind zu hoch? Erfahren Sie hier, wie es um den Energieverbrauch Ihrer Ölheizung bestellt ist. Das Institut für wirtschaftliche Oelheizung e.V. klärt über die Vorzüge der modernen Ölheizung auf und beantwortet Fragen zur Heizung im Neubau, Heizungs-Modernisierung und Umstellung auf Öl. In der Rubrik „Förderprogramme" sehen Sie, welche Fördermittel für Ihr konkretes Vorhaben in Frage kommen. Verfolgen Sie die Heizölpreise von 1992 bis heute oder suchen Sie nach Heizungsbauern und Heizölexperten in Ihrer Region. Und damit Sie jederzeit mitreden können, erklärt ein Heizöllexikon die wichtigsten Fachbegriffe.

www.boxer99.de

BOXER-Infodienst: Regenerative Energie

Der Infodienst für regenerative Energie im Internet. Hier werden Energieformen wie z.B. Biogas, Biomasse, Geothermie, Meeresenergie, Solarwärme sowie Wasser- und Windkraft detailliert vorgestellt und ihre Grundlagen erklärt. Wissen Sie, was Fotovoltaik genau ist, wie Biogas entsteht und wie man es nutzt? Lesen Sie es doch nach! Dazu gibt es Gesetze und Verordnungen sowie Energiestatistiken, z.B. über den Energieverbrauch in Deutschland und weltweit. Die Seite bietet außerdem ein umfassendes Firmenverzeichnis, das nach Energieformen geordnet ist, und eine Jobbörse.

www.hess-natur.de

Hess Natur

Gesunde Kleidung, die ökologisch ist und gut aussieht? Das ist kein Widerspruch: Die Mode vom Katalogversandhaus Hess Natur schont die Umwelt und ist alles andere als langweilig. Ob Naturfaser, wärmende Schurwolle, edle Seide oder luxuriöses Kaschmir – hier finden Sie die naturbelassenen Produkte mit jeweils einer genauen Beschreibung zu Verarbeitung und Inhaltsstoffen. Die Kollektion umfasst sowohl Unterwäsche, Schuhe, Oberbekleidung für Sie und Ihn, Baby- und Kinderkleidung als auch Heimtextilien. Das Textillexikon verrät Ihnen auch, was sich hinter dem Apalka in Ihrer umweltfreundlichen Jacke verbirgt.

Umwelt

Allgemein

Öko-Links | www.oeko-links.de
Links zu Umweltbehörden, Verbänden, Initiativen, Wissenschaft und Forschung.

● ECO-World
info@eco-world.de | www.eco-world.de
Die ECO-World ist eine Plattform für Ökologie, Gesundheit und modernes Leben. ECO-World liefert Informationen zu den Themen Ernährung, Bauen und Wohnen, Energie, Gesundheit, Kosmetik und Mode bis hin zu ökologischen Kapitalanlagen und bietet Services wie Adressen, Events, Shops sowie einen Newsletter. **(Siehe Abbildung)**

● oekosmos.de
info@oekosmos.de | www.oekosmos.de
Das etwas andere Umweltportal. Eine umfangreiche interaktive Informationsquelle zum Thema Umwelt. Besucher können Fragen stellen, diskutieren und eigene Artikel zu den Themenbereichen veröffentlichen. Es gibt täglich aktuelle News, Buchbesprechungen, ein Anbieterverzeichnis sowie ein Umweltlexikon. **(Siehe Abbildung)**

Agrarwesen & Landwirtschaft

● DLG e.V.
info@dlg-frankfurt.de | www.dlg.org
Portal der Deutschen Landwirtschafts-Gesellschaft e.V. mit Testergebnissen von Lebensmitteln, Urlaub auf dem Bauernhof, Agrartechnik und Betriebsmittel für die Landwirtschaft; Informationen zu DLG-Fachausstellungen und Tagungen für die Land- und Ernährungswirtschaft. **(Siehe Abbildung)**

ECO-World www.eco-world.de

UMWELT

oekosmos.de   **www.oekosmos.de**

DLG e.V.   **www.dlg.org**

Umwelt

@grar.de
info@agrar.de

www.agrar.de
Agrarsuchmaschine, Nachrichten und Kommentare aus Landwirtschaft, Natur- und Umweltschutz, außerdem Forum und Kleinanzeigen.

agripool.de
service@agripool.de

www.agripool.de
Die Suchmaschine findet Adressen von Herstellern und Lieferanten für Waren und Dienstleistungen aus dem Bereich der Landwirtschaft.

EuroTier
expo@dlg-frankfurt.de

www.eurotier.de
Auf der EuroTier werden die jeweils neuesten Entwicklungen und Trends aus allen Bereichen der Nutztierhaltung vorgestellt.

Infofarm.de
webadress@infofarm.de

www.infofarm.de
Link-Sammlung mit breitem Themenspektrum für die Bereiche Land- und Forstwirtschaft sowie Gartenbau - auch für Laien interessant.

Tec24.com
info@tec24.com

www.tec24.com
Landtechnikbörse mit Kleinanzeigen für gebrauchte Gerätschaften, vom Mähdrescher über die Melkmaschine bis hin zur Motorsäge.

Traktorpool
service@traktorpool.de

www.traktorpool.de
Traktor zu verkaufen? Auf dieser Web-Seite kann man gebrauchte Landmaschinen suchen oder selbst kostenpflichtig anbieten.

Agrarwesen & Landwirtschaft/Ökologisch

Bioland
oeffentlichkeitsarbeit@bioland.de

www.bioland.de
Presse- und Verbraucherinfos, Bioland-Richtlinien, Adressen von Bioland-Betrieben und Artikel der Fachzeitschrift „Bioland".

Demeter
info@demeter.de

www.demeter.de
Erzeugerrichtlinien für Produkte aus biologisch-dynamischem Anbau sowie eine Datenbank aller deutschen Verkaufsstellen.

Naturland
naturland@naturland.de

www.naturland.de
Informationen zum ökologischen Landbau weltweit, zu Richtlinien und ökologischen Projekten, dazu ein Forum und der Naturland-Shop.

oekolandbau.de
info@oekolandbau.de

www.oekolandbau.de
Diese Seite richtet sich an Hersteller, Verarbeiter, Händler und Verbraucher von Öko-Produkten mit hilfreichen Informationen.

Stiftung Ökologie & Landbau
info@soel.de

www.soel.de
Aktuelle Nachrichten und Hintergrundinformationen zum Öko-Landbau, statistische Angaben sowie Adressen und Links weltweit.

Atomkraft

Anti-Atom-Info
kontakt@kommunikationssystem.de

www.anti-atom.kommunikationssystem.de
Neuigkeiten, Informationen, Termine und Links für Atomkraftgegner mit der Möglichkeit, eigene Inhalte zu veröffentlichen.

IPPNW
ippnw@ippnw.de

www.ippnw.de
Fakten und Hintergründe von der Deutschen Sektion der Internationalen Ärzte für die Verhütung des Atomkrieges.

Kernenergie.de
webmaster@kernenergie.de

www.kernenergie.de
Wissenswertes vom „Informationskreis KernEnergie", ein Online-Rechner für Energieinhalte und Maßeinheiten sowie ein CO_2-Counter.

umwelt@home
www.greenpeace.de

Chemie
EinkaufsNetz
Energie
Frieden
Gentechnik
Klima

Landwirtschaft

Umwelt

Energie

● **BOXER-Infodienst: Regenerative Energie**
info@boxer99.de

www.boxer99.de
Der Infodienst hält Energiestatistiken und jede Menge Infos zu den Fachthemen Biogas, Biomasse, Geothermie, Öko-Strom, Fotovoltaik, Solarwärme, Wärmepumpen, Wasserkraft und Windkraft bereit. Außerdem täglich aktuelle Meldungen. **(Siehe Abbildung)**

Bund der Energieverbraucher
info@energieverbraucher.de

www.energieverbraucher.de
Strompreis-Check, Fördermöglichkeiten, aktuelle Energiepreise, Tipps, rechtliche Hinweise und Adressen von Verbänden.

door2energy.com
info@door2energy.com

www.door2energy.com
Informationen zum Thema „Grüner Strom" und Anbieterwechsel sowie zur Klimaschutz- und Energiepolitik und ein Strompreisrechner.

energie.de
info@energie.de

www.energie.de
Das Informationsportal fördert mit News und Hintergrundwissen zu vielen Energiethemen die Transparenz auf dem Energiemarkt.

energieportal24
info@energieportal24.de

www.energieportal24.de
Interaktives Informationsportal mit den Themen Wasserstofftechnik, Brennstoffzellen und erneuerbare Energien.

Strom Magazin
redaktion@strom-magazin.de

www.strom-magazin.de
Infos zum liberalisierten Energiemarkt in Deutschland. Stromspartipps, detaillierter Tarifrechner und News vom Energiemarkt.

BOXER-Infodienst: Regenerative Energie   **www.boxer99.de**

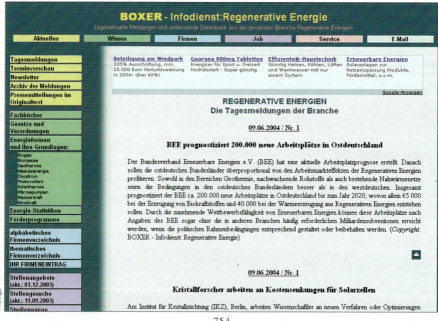

Umwelt

Energie/Biodiesel

UFOP
info@ufop.de

www.ufop.de
Infos zu den Produkten Rapsspeiseöl und Rapsenergie. Eine Datenbank mit Biodiesel-Tankstellen.

Energie/Erdgas

Erdgasfahrzeuge
info@erdgasfahrzeuge.de

www.erdgasfahrzeuge.de
Aktuelle, ausführliche Infos zu Erdgasfahrzeugen: Fördermaßnahmen, Erdgastankstellen-Routenplaner und Gebrauchtwagenbörse.

🔴 **erdgasinfo.de**
service@erdgasinfo.de

www.erdgasinfo.de
Alles Wissenswerte rund um die Energieform Erdgas - gezielt für Privathaushalte, Fachhandwerker, Architekten, Industrie und Gewerbe sowie für die Wohnungswirtschaft. Informationen für Schüler, Lehrer und Interessierte. **(Siehe Abbildung)**

gastarife-online.de
kontakt@gastarife-online.de

www.gastarife-online.de
Online-Magazin rund um den liberalisierten Gasmarkt: Tarifrechner, Anbieterübersicht und Nachrichten.

erdgasinfo.de

www.erdgasinfo.de

Umwelt

Initiativkreis Erdgas und Umwelt
info@ieu.de

www.ieu.de
Der IEU (Initiativkreis Erdgas und Umwelt) informiert über das Energiesparen beim Heizen. Den inhaltlichen Schwerpunkt bildet die Gas-Brennwerttechnik. Man findet einen Technikratgeber, Fördermittelinformationen sowie eine Handwerkersuche. **(Siehe Abbildung)**

Energie/Heizöl

Institut für wirtschaftliche Oelheizung e.V. (IWO)
iwoev@iwo.de

www.oelheizung.info
Die Seiten rund um die Ölheizung und den Brennstoff Heizöl. Informationen zur Ölheizung im Neubau, Heizungs-Modernisierung, Umstellung auf Öl. Service: Kostenlose Energieberatung, Suchmaschine „Experten in Ihrer Nähe" und aktuelle Förderprogramme. **(Siehe Abbildung)**

Energie/Kraftwerke

BHKW-Infozentrum
info@bhkw-portal.de

www.bhkw-infozentrum.de
Informationsplattform über Blockheizkraftwerke (BHKW) und Kraft-Wärme-Kopplung (KWK) mit Diskussionsforum.

kraftwerke online
mail@kraftwerke-online.de

www.kraftwerke-online.de
Ein Verzeichnis deutscher Kraftwerke. Mit Möglichkeiten zur Katalogsuche, Forum und Branchen-News.

Energie/Solarenergie & Fotovoltaik

Solar Fabrik, Die
info@solar-fabrik.de

www.solar-fabrik.de
Hochwertige Solartechnik für eine umweltfreundliche Stromerzeugung: Solarstrommodule, Wechselrichter und Befestigungssysteme.

Initiativkreis Erdgas und Umwelt **www.ieu.de**

Umwelt

Solarfoerderung.de
uvs@solarinfo.de

www.solarfoerderung.de
Interaktiver Solarförderberater mit Infos zum Solarstrom, zur Solarwärme und zu Förderprogrammen sowie ein Handwerkerverzeichnis.

Solarinfo.de
service@solarinfo.de

www.solarinfo.de
Umfangreiche Informationen zur Solarenergie: Aktuelle Branchenmeldungen rund um regenerative Energie und Fördermöglichkeiten.

Solarkaufhaus.de
info@solarkaufhaus.de

www.solarkaufhaus.de
Im Solarkaufhaus kann man unterschiedlichste Solarprodukte wie Solaruhren, -lampen oder Kompaktanlagen online kaufen.

Solarrechner.de
webmaster@solarrechner.de

www.solarrechner.de
Renditerechner für Fotovoltaik-Anlagen unter Berücksichtigung von Fördermöglichkeiten und der gesetzlichen Einspeisevergütung.

Solarserver, Der
info@solarserver.de

www.solarserver.de
Alles zu Solarthermie und Fotovoltaik: Termine, Fördermittel, Branchenverzeichnis, Solarlexikon, Forschung und Behörden.

Top50-Solar
info@top50-solar.de

www.top50-solar.de
Übersicht über die beliebtesten deutschsprachigen Homepages rund um das Thema Solarenergie.

Energie/Wind

Bundesverband Windenergie e.V.
info@wind-energie.de

www.wind-energie.de
Grundlagen der Windenergie, Aktuelles zur Windenergie und Publikationen, dazu Infos zum Verband und seinen Aktivitäten.

Windkraft.de
info@windkraft.de

www.windkraft.de
Allgemeines und Aktuelles zum Thema Windenergie mit einer Liste von Herstellern und Zulieferern.

Institut für wirtschaftliche Oelheizung e.V. (IWO)   www.oelheizung.info

Umwelt

Windkraftgegner.de
info@windkraftgegner.de

www.windkraftgegner.de
Unabhängiges Portal für Organisationen, Bürgerinitiativen und Privatleute in Deutschland, die gegen die Windkraft eintreten.

Windmesse
info@windmesse.de

www.windmesse.de
Virtuelle Fachmesse zum Bereich Windenergie mit Branchenverzeichnis, Schlagwortverzeichnis und Suchmaschine.

Entsorgung

Abfallshop
info@abfallshop.de

www.abfallshop.de
Portal für Entsorgung und Recycling: Aktuelles aus der Entsorgungswirtschaft, Entsorgerdatenbank sowie Job- und Abfallbörse.

Gentechnik & Biotechnologie

1000fragen.de
info@1000fragen.de

www.1000fragen.de
Mehr als 9.000 Fragen und rund 35.000 Kommentare zum Thema Gentechnik, Biomedizin und Bioethik.

bioSicherheit
info@biosicherheit.de

www.biosicherheit.de
Hintergrundinformationen zu gentechnisch veränderten Pflanzen und davon ausgehenden möglichen Gefahren für Mensch und Umwelt.

Gentechnik

poststelle@stmlu.bayern.de

www.umweltministerium.bayern.de/bereiche/gentech/gentech.htm
Ausführliche Informationen zur Gentechnik: biologische Grundlagen, Anwendungsgebiete, Sicherheit, Recht und ein Lexikon.

● **Grüne Biotechnologie**
info@gruene-biotechnologie.de

www.gruene-biotechnologie.de
Informationsportal zum Thema Grüne Biotechnologie im Garten- und Weinbau: Aktuelles aus Forschung und Politik, ein Glossar, Richtlinien zum Verbraucherschutz, Veranstaltungen und eine sehr ausführliche Einführung in das Thema. **(Siehe Abbildung)**

Transgen
transgen@transgen.de

www.transgen.de
Gentechnik bei Lebensmitteln: Infos zu Produkten, Pflanzen, Zutaten, Unternehmen, Kennzeichnungspflichten und Gesetzen.

Kinder & Jugendliche

Deutsche Waldjugend
kontakt@waldjugend.de

www.waldjugend.de
Infos über die Aktivitäten der Deutschen Waldjugend sowie Links zu den Landesverbänden.

Econautix
redaktion@econautix.de

www.econautix.de
Infos zu Themen wie Regenwald, Energie, Müll. Tipps zum Umweltschutz im Alltag, Umweltlexikon, Jobbörse und Reiseangebote.

Greenpeace für Kids
mail@greenpeace.de

www.greenpeace.de/kids
Liebevoll illustrierte Infos zu Jugendgruppen, Mitmach-Aktionen, Umweltnachrichten und Greenpeace-Kinderbroschüren online.

Naturdetektive
horst.freiberg@bfn.de

www.naturdetektive.de
Die Naturdetektive informieren über die biologische Vielfalt. Dazu Wettbewerbe, Forum und zahlreiche Links zum Thema Natur.

Naturfreundejugend Deutschlands
nfjd@naturfreundejugend.de

www.naturfreundejugend.de
Kinder- und Jugendverband für Umwelt- und Naturschutz sowie sanftes Reisen. Liste der Naturfreunde-Häuser in Deutschland.

Umwelt

Klimaschutz & Treibhauseffekt

Treibhauseffekt.com
info@treibhauseffekt.com

www.treibhauseffekt.com
Anschauliche Erklärung des Treibhauseffekts, Einführung in regenerative Energien und Energiespartipps sowie ein Forum.

Landschaftsschutz

Blattform
blattform@uisgruppe.de

www.blattform.de
Fachinformationssystem für Landschaftsplanung, Freiraumplanung, Natur- und Umweltschutz. Termine, Planungshilfen und Jobs.

Schutzstation Wattenmeer
geschaeftsstelle@schutzstation-wattenmeer.de

www.schutzstation-wattenmeer.de
Infos über die Arbeit des Vereins im Nationalpark Wattenmeer, der „Wattreport" und eine Vorstellung der Tier- und Pflanzenarten.

Lärm

Bundesvereinigung gegen Fluglärm
office@fluglaerm.de

www.fluglaerm.de
Die Bundesvereinigung gegen Fluglärm informiert mit Pressemitteilungen und Dokumentationen umfassend über Fluglärm.

DAL
info@dalaerm.de

www.dalaerm.de
Der Deutsche Arbeitsring für Lärmbekämpfung e.V. bietet einen Lärmrechner, das Lärm-ABC sowie Grenz- und Richtwerte.

Nationalparks, Naturparks & Biosphärenreservate

Europarc Deutschland
info@europarc-deutschland.de

www.europarc-deutschland.de
Beschreibung deutscher National- und Naturparks und Biosphärenreservate.

Grüne Biotechnologie

www.gruene-biotechnologie.de

Umwelt

naturparke.de
info@naturparke.de

www.naturparke.de
Allgemeine Informationen über Naturparks in Deutschland, Diskussionsforum sowie Aktuelles aus den deutschen Naturparks.

Naturkatastrophen & Zivilschutz

deNIS
denis@bva.bund.de

www.denis.bund.de
Deutsches Notfallvorsorge-Informationssystem: Infos über Gefahrenarten, Möglichkeiten der Gefahrenabwehr sowie über personelle und materielle Hilfeleistungspotentiale. Links zu Daten aus den Bereichen Katastrophenschutz, Zivilschutz und Notfallvorsorge. **(Siehe Abbildung)**

zivilschutz-online.de
internet-redaktion@bbk.bund.de

www.zivilschutz-online.de
Tipps des Bundesamtes für Bevölkerungsschutz und Katastrophenhilfe (BBK) zur Vorsorge und zum Verhalten im Notfall.

Ökologische Produkte/Allgemein

AlternatWeb
redaktion@alternatweb.de

www.alternatweb.de
Das Verzeichnis für alle Bereiche aus dem alternativen und anthroposophischen Umkreis.

Nurnatur.de
info@nurnatur.de

www.nurnatur.de
Online-Shop für Tee, Kaffee und Kakao aus biologischem Anbau; außerdem gibt es ausführliche Informationen zu einzelnen Sorten.

OeKuh.de
info@oekuh.de

www.oekuh.de
Ökologisches Web-Verzeichnis für Deutschland, Österreich und die Schweiz. Branchenverzeichnis, bundesweite Messetermine.

Waschbär - Umweltversand
kundenservice@waschbaer.de

www.waschbaer.de
Ökologische Produkte aus Bereichen wie Textilien, Wäsche, Haushalt, Kosmetik oder Wohnen.

deNIS   www.denis.bund.de

Umwelt

Ökologische Produkte/Bekleidung

● **Hess Natur**
dialog@hess-natur.de

www.hess-natur.de
Hess Natur bietet im aktuellen Katalog auf mehr als 300 Seiten seine Damen- und Herrenkollektion, Mode für Kinder sowie Babyausstattung, Heimtextilien, Accessoires und Schuhe. Alle Produkte entstehen nach strengen ökologischen Richtlinien. **(Siehe Abbildung)**

Ökologische Produkte/Dinkel

Dinkel-Kissen.de
info@dinkel-kissen.de

www.dinkel-kissen.de
Online-Shop für Dinkelkissen, Stillkissen, Kirschkerne und Dinkelmatten. Auch lose Füllstoffe zum selbst Befüllen.

Ökologische Produkte/Einrichtung

allnatura
kontakt@allnatura.de

www.allnatura.de
Schadstoffgeprüfte Artikel: Naturmatratzen, Steppwaren, Schlafzimmer- und Einzelmöbel, Heimtextilien und Kindersortiment. Umfangreiches Sortiment, das direkt online bestellt werden kann. Zudem kompetente Tipps und Informationen rund um den gesunden Schlaf.

Ökologische Produkte/Fairer Handel

El Puente
info@el-puente.de

www.el-puente.de
Informationen zum partnerschaftlichen Welthandel. Online-Shop mit breitem Warenangebot von Kaffee über Leder bis hin zu Schmuck.

fair-feels-good.de
mail@verbraucher.org

www.fair-feels-good.de
Informationen über das Prinzip des Fairen Handels, seine Produkte und seine Bedeutung im Kampf gegen die weltweite Armut.

Hess Natur  **www.hess-natur.de**

Umwelt

GlobalRespect
info@globalrespect.de

www.globalrespect.de
Ökologisch unbedenkliche Lebensmittel, Textilien, Schreibwaren, Musik und Literatur, Schönes zum Wohnen und Reinigungsmittel.

Oeko-Fair.de
mail@verbraucher.org

www.oeko-fair.de
Das Internet-Portal zum öko-fairen Handel(n). Datenbank mit Produkten, Porträts der Organisationen, Labels und Adressen.

TransFair e.V.
info@transfair.org

www.transfair.org
Produkte mit dem TransFair-Gütesiegel: Bananen, Kaffee, Tee, Orangensaft, Honig, Bonbons und Schokolade.

Ökologische Produkte/Hanf

Chillhouse.de
info@chillhouse.de

www.chillhouse.de
Head-, Grow- und Smart-Shop: Bongs, Hookahs, Shishas, Tabak, Bücher, Grinder, Kosmetik und alles rund ums Thema Hanf.

Freakshop
info@freakshop.de

www.freakshop.de
Diverse Artikel rund um die Hanfpflanze, den „Freakshop" und die Möglichkeit zum Live-Buy per Chat-Cam-Fenster.

head & nature
buero@head-shop.de

www.head-shop.de
Head-, Esoterik-, Ethnobotanik-, Food- und Grow-Shop: Lebensmittel, Kosmetik, Räucherstäbchen, Pflanzen, Samen oder Schmuck.

Ökologische Produkte/Kosmetik & Körperpflege

Body Shop, The
info@the-body-shop.de

www.the-body-shop.de
Die Aktionen, Kampagnen, die Philosophie von „The Body Shop" und das „Hilfe durch Handel"-Projekt werden vorgestellt.

naturalbeauty.de

www.naturalbeauty.de

Umwelt

Dr.Hauschka Kosmetik
info@dr.hauschka.de

www.dr.hauschka.de
Natur-Kosmetikpräparate, ein Gesichtspflegeplan, ein umfangreiches Pflanzenarchiv und Informationen aus dem Heilpflanzengarten.

● **naturalbeauty.de**
info@naturalbeauty.de

www.naturalbeauty.de
Das Naturkosmetik-Markenportal von Lavera, Dr.Hauschka, Logona, Primavera Life und Santaverde mit aktuellen Trendinfos und Magazin. Hier gibt es einen Expertenservice, Beauty-Tipps und ein Rohstofflexikon. Ideal auch für Allergiker. **(Siehe Abbildung)**

● **Primavera Life**
info@primavera-life.de

www.primavera-life.de
PRIMAVERA vertreibt naturreine Produkte aus kontrolliert-biologischem Anbau. Das Sortiment umfasst ätherische Öle, Naturkosmetik, Räucherwerk, Brunnen, Duftlampen, Raum-Energie-Sprays und Wohlfühlprodukte. Fachhandelsseminare zu Aromatherapie, Naturkosmetik und AromaWellness. **(Siehe Abbildung)**

WELEDA AG
dialog@weleda.de

www.weleda.de
Wissenswertes zu Naturkosmetik und den Weleda Körperpflegeprodukten. Ein Ratgeber für die Hausapotheke und Massagetipps.

Ökologische Produkte/Naturkost

Siehe Essen & Trinken   **Lebensmittel/Bioprodukte**

Ozon

UV-Index
info@dwd.de

www.uv-index.de
Eine Seite des Deutschen Wetterdienstes: Aktuelle Vorhersage des UV-Index-Wertes, allgemeine Verhaltensregeln und Tipps.

Primavera Life   **www.primavera-life.de**

Ätherische Öle • Naturkosmetik • Wohlfühlprodukte

Primavera®
Die reinste Freude am Leben

- Home
- News
- Company
- Produkte
- Shop
- Seminare
- Service
- Kontakt
- Suche
- Impressum

Tipp des Monats

PFLANZENTIPP
Lavendel – Die gute Fee
Lavare (lat.) bedeutet waschen. Die Wortschöpfung weist uns den Weg zum Verständnis dieser charaktervollen Pflanze. Bei Irritationen, Spannungen, den...

SURFTIPP
www.museesdegrasse.com
In der Weltstadt der Düfte, Grasse, gibt es ganz besondere Museen: Das Internationale Parfum-Museum, die Jean Honore Fragnnard Museums-Villa und das Museum Provencalischer Kunst und Geschichte...

REZEPTTIPP
Lavendel-Aromabad „Blaue Stunde"
Aromabäder sind eine Wohltat für Körper und Seele. Ganz besonders effektiv: Ein Lavendel-Aromabad verspricht Entspannung und guten Schlaf, nach einem anstrengenden Tag, einer Reise oder...

BUCHTIPP
Die Wellness-Handmassage
von Alois Stefan Dallinger
Damit alles leichter von der Hand geht .... Diese Anleitung für eine Eigenmassage der Arme und Hände soll zeigen, wie man...

News

Blume des Jahres 2004 - Das...
Das Steinfurther Rosenfest
PRIMAVERA LIFE-Fachtagung "Düfte heilen"

Termine

19.06. - München
Duft, Psyche, Haut und Hautprobleme

26.06. - Neufarn b. Anzing
Marktchance »Wellness«

01.09. - Berlin
AromaPflege/AromaWellness & -Kultur

04.09. - Hannover
Duft, Psyche, Haut und Hautprobleme

Frühling wird's

Primavera, gioventu dell'anno!
PRIMAVERA heißt auf italienisch

Umwelt

Recycling

Cycleplast
kerstin.hartmann@dkr.de

www.cycleplast.de
Kostenlose virtuelle Infobörse für Fertigerzeugnisse aus gebrauchten Kunststoffverpackungen. Mit Regranulatdatenbank.

Deutsche Gesellschaft für Kunststoff-Recycling mbH
info@dkr.de

www.dkr.de
Informationsportal für Produkte aus Recycling-Kunststoff. Adressen der Verwertungsbetriebe, Glossar zum Kunststoff-Recycling.

Fachverband für Kartonverpackungen
fkn@getraenkekarton.de

www.getraenkekarton.de
Der Fachverband klärt über den guten, alten Getränkekarton auf und gibt Hinweise zum Recycling und zur Öko-Bilanz.

Grüner Punkt
pressestelle@gruener-punkt.de

www.gruener-punkt.de
Duales System Deutschland AG. Informationen für Verbraucher, Journalisten, Lizenznehmer und Entsorger. Termine und zahlreiche Serviceangebote. **(Siehe Abbildung)**

Recycling Magazin
rm@rbi.de

www.recyclingmagazin.de
Das Recycling Magazin informiert über Rohstoffbörsen und berichtet über neue Technologien und Umweltgesetze.

Recycling/Dosenpfand

Dosenpfand
service@bmu.bund.de

www.pfandpflicht.info
Hier erhält man detaillierte Informationen zur Regelung des Dosenpfands in übersichtlicher Form.

Tierschutz/Organisationen

Animal Peace
info@animal-peace.org

www.animal-peace.org
Infos zu Tierrechten und Tierschutz, Flugblätter, Rezepte für Veganer und Links zu Tierrecht- und Tierschutzseiten.

Grüner Punkt   www.gruener-punkt.de

Umwelt

Deutscher Tierschutzbund
bg@tierschutzbund.de

www.tierschutzbund.de
Der Deutsche Tierschutzbund bietet Informationen zu Themen wie Forschung ohne Tierversuche oder Natur- und Artenschutz.

Deutsches Tierhilfswerk e.V.
tierhilfswerk@tierhilfswerk.de

www.tierhilfswerk.de
Infos für den Tierhalter, Aktionen, Adressen von Anlaufstellen, Tiersuchregister, Vermittlung von Tieren und Tierpatenschaften.

Tierschutz/Tierversuche

Datenbank Tierversuche
info@datenbank-tierversuche.de

www.datenbank-tierversuche.de
Analyse und Dokumentation der aktuellen Praxis bei Tierversuchen: Datenbankabfrage, Lexikon und ein Forum.

Umweltbehörden

Bundesamt für Naturschutz
pbox-bfn@bfn.de

www.bfn.de
Das Bundesamt für Naturschutz (BfN) berät, forscht, fördert und informiert in Sachen Natur- und Artenschutz in Deutschland.

Umweltzeitschriften

Natur & Kosmos
redaktion@natur.de

www.natur.de
Online-Ausgabe der Zeitschrift mit ausgewählten Artikeln, Kleinanzeigen, Links zu verschiedenen Suchmaschinen und einem Shop.

● **UmweltMagazin**
umweltmagazin@technikwissen.de

www.umweltmagazin.de
Das Entscheider-Magazin für Technik und Management: Nachrichten, Hintergründe, kostenloser Newsletter, eine Firmendatenbank mit Einträgen aus dem Umweltmarkt von A-Z, Umweltrecht, umfangreiche Link-Sammlung, Heftarchiv seit 1999, Volltextrecherche Print/Online, Gratis-Probe-Abo. **(Siehe Abbildung)**

UmweltMagazin **www.umweltmagazin.de**

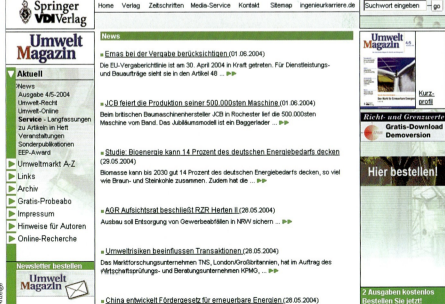

Umwelt

Verbände & Vereine

Bund für Umwelt und Naturschutz Deutschland
bund@bund.net

www.bund.net
Buntes Angebot an News und Aktionen: BUND-Publikationen, Pressemitteilungen, Öko-Tipps von A bis Z mit interner Suchmaschine.

Deutsche Bundesstiftung Umwelt
info@dbu.de

www.dbu.de
Die Deutsche Bundesstiftung Umwelt fördert innovative und beispielhafte Projekte zum Umweltschutz.

🔴 **Greenpeace Deutschland**
mail@greenpeace.de

www.greenpeace.de
Die internationale Umweltschutzorganisation hält aktuelle Umweltnachrichten und ein umfangreiches Umweltarchiv bereit.
(Siehe Anzeige Seite 753)

NABU
nabu@nabu.de

www.nabu.de
Infos zu Projekten und Aktionen, Arten-, Natur-, und Umweltschutz, Termine, Jobs, Adressen und ein Ratgeber von A bis Z.

Robin Wood
info@robinwood.de

www.robinwood.de
Presseerklärungen und Magazintexte mit Stichwortsuche, Fachgruppenseiten zu den Themen Wald, Energie, Verkehr und Tropenwald.

Umweltinstitut München
info@umweltinstitut.org

www.umweltinstitut.org
Unabhängige Informationen zu den Themen Radioaktivität, Elektrosmog, Schadstoffbelastung, Lebensmittel, Gentechnik und Klima.

Verkehrsclub Deutschland e.V.
mail@vcd.org

www.vcd.org
Aktuelle Themen, Kampagnen und Projekte des VCD. Viele Zusatzinformationen zum Herunterladen und Weiterklicken.

WWF
e.redaktion@wwf.de

www.wwf.de
Der WWF bietet eine umfangreiche Übersicht zu ausgewählten Umweltthemen, Infos zur Organisation und zu Projekten.

Wald

Wald.de
unternehmenwald@wald.de

www.wald.de
Alles zum Thema Wald und dessen Probleme, Tipps zur Erhaltung, ein Waldzustandsbericht, Artenschutzprogramme und Literaturtipps.

Waldportal
keno.toenjes@waldportal.org

www.waldportal.org
Internet-Portal zu den Wäldern der Erde, von heimischen Wäldern bis zu Regenwäldern und der Taiga mit TV-Tipps und Newsletter.

Wald/Regenwald

Pro Regenwald
info@pro-regenwald.de

www.pro-regenwald.org
Infos zu Projekten und Kampagnen zur Rettung der tropischen Regenwälder sowie zu indigenen Völkern und dem Klimabündnis.

Regenwaldmenschen
europe@klimabuendnis.org

www.regenwaldmenschen.de
Eine virtuelle Ausstellung, die dem Besucher die indianischen Kulturen des ecuadorianischen Amazonasgebietes näher bringt.

Rettet den Regenwald e.V.
info@regenwald.org

www.regenwald.org
Kampagne gegen Tropenholzzerstörung, Unterstützung von Indianern, Regenwaldkauf, Protestaktionen und der „Regenwald Report".

Umwelt

Wasser

Forum Trinkwasser e.V.
info@forum-trinkwasser.de

www.forum-trinkwasser.de
Informationen über das Lebensmittel Trinkwasser auf Basis von Fakten und wissenschaftlichen Studien.

Vereinigung Deutscher Gewässerschutz e.V.
info@vdg-online.de

www.vdg-online.de
Infomaterialien zum Thema Gewässerschutz sowie Informationen zur großen Wanderausstellung „Wasser ist Zukunft".

Wasser.de
info@wasser.de

www.wasser.de
Informationen rund um die Themen: Wasser, Wasserversorgung, Wasserkraft, Verordnungen und eine Liste der Ver- und Entsorger.

Wetter & Klima

DWD-WetterShop
info@dwd.de

www.dwd-shop.de
Spezielle Wetter- und vielfältige Klimainfos. Navigation nach Themen, Branchen oder Produkten.

Klimadiagramme
info@klimadiagramme.de

www.klimadiagramme.de
Weltweite Klimadiagramme und Klimakarten von zahlreichen Klimastationen und ein Wolkenatlas mit beeindruckenden Fotos.

Naturgewalten
wetter@saevert.de

www.naturgewalten.de
Umfangreiche Seiten über Naturgewalten mit vielen Erklärungen, Fotos und mehr als 10.000 Links zu den einzelnen Themen.

top-wetter.de

www.top-wetter.de
Web-Seite für Hobbymeteorologen und Wetterinteressierte mit Neuigkeiten und Hintergrundwissen zum Thema Wetter und Klima.

Unwetterzentrale Deutschland
uwz-info@meteomedia.ch

www.unwetterzentrale.de
Deutschlandweite landkreisgenaue Vorhersage von bevorstehenden Unwettern für die nächsten 24 Stunden.

Wettervorhersage

Deutscher Wetterdienst
info@dwd.de

www.dwd.de
Im Bereich „Wetter und Klima" werden aktuelle landkreisbezogene Warnungen, Wetter- und Umweltinfos sowie Klimadaten online angeboten.

Donnerwetter
service@donnerwetter.de

www.donnerwetter.de
Wettervorhersage für Deutschland, auch regional, UV-Prognose, Wind, Pollenflug, Agrar-, Bio-, Straßen- und Reisewetter.

Wetter
wetterpost@rtlnewmedia.de

www.wetter.de
Vorhersagen, Schneehöhen, Biowetter, Klimatabellen, Badewetter, Grillwetter, Satellitenfilme, Wetterlexikon und Bauernregeln.

Wetter und Klima News
service@wetterklima.de

www.wetterklima.de
Monatswetter, Web-Cams, Wettervideos, Flug- und Seewetter, Satellitenbilder und Radar, aktuelle Erdbeben und Waldbrände.

Wetter.com
info@wetter.com

www.wetter.com
Wettervorhersage weltweit, Agrarwetter, UV-Werte, Ozonbelastung, Pollenflug sowie Sport- und Freizeitwetter.

Wetter.net
service@wetter.net

www.wetter.net
Diese Wetterseite bietet auf zahlreichen Wetterkarten aktuelle Wetterinformationen für über 15.000 Zielorte weltweit.

Wetter24
wetter24@wetter24.de

www.wetter24.de
Aktueller Wetterbericht für Deutschland und Europa. Temperaturen, Niederschläge, Wind, Radar- und Satellitenbilder.

Umwelt

Wetterfest
info@wetterfest.de

www.wetterfest.de
Wetter und -vorhersagen für Deutschland und die ganze Welt. Städtewetter, Pollenflug, Biowetter, Straßenwetter und Pegelstände.

WetterOnline GmbH
info@wetteronline.de

www.wetteronline.de
Wettervorhersagen weltweit, Wetterkarten, Schneeberichte, Radarbilder, Ozonwerte, Biowetter, Pollenflug oder Blitzkarten.

Wetterschau.de
info@wetterschau.de

www.wetterschau.de
Die Seite hat von Wettervorhersagen über Messwerte, Wetter-Cams, Wetterlexikon bis zu Wetterwetten einiges zu bieten.

Wetterspiegel.de
webadressbuch@wetterspiegel.de

www.wetterspiegel.de
Wetterprognosen für Orte in Deutschland und Europa, Pollenflugvorhersage, Blitzkarte, Radarbilder und Wetterarchiv.

18

Verkehr

Verkehr

www.kraftfahrzeugportal.de

Kraftfahrzeugportal.de

Egal, ob Sie zur Kategorie rasanter Heizer oder eher gemütlicher Sonntagsfahrer gehören, wenn Sie sich für Kraftfahrzeuge interessieren, parken Sie hier erst einmal richtig. Im übersichtlichen Web-Katalog findet man Links zu den Themen Auto, Motorrad und Verkehr. Neben Infos zu Steuersatz und Sprit-Spartipps können Sie erfahren, welche Wörter sich hinter Abkürzungen bei Verkaufsanzeigen verbergen oder welche Orte zu deutschen Kfz-Kennzeichen gehören. Außerdem gibt es eine Top 100 deutscher Autozulassungen und Verkehrssünder können den gesamten Bußgeld-Katalog abrufen.

www.discountflieger.de

Discountflieger.de

Zum Schnäppchenpreis ins Urlaubsparadies! Der Discount-Flieger wird Sie erfreuen, denn nachdem Sie Ihr Wunschziel mit Termin des An- und Abfluges eingegeben haben, durchforstet er die undurchschaubaren Angebote diverser Discount-Fluganbieter und greift nach sorgfältigem Preisvergleich das günstigste für Sie heraus. Damit Sie sich von der Ersparnis überzeugen können, werden als Vergleichswert bei jeder Abfrage die entsprechenden Preise der Lufthansa aufgeführt. Zudem finden Sie Infos zu über 100 Airlines in punkto Routen, Wartung, Komfort und Service. Da freut sich der Geldbeutel, während Sie auf der Sonnenbank brutzeln.

www.fuehrerschein.de

Aral Führerschein

Bammel vor der Führerscheinprüfung? Keine Panik, hier finden Sie die typischen Theorie-Fragebögen, um den Stoff bequem per Mausklick zu pauken. Klappt das Anfahren am Berg noch nicht ganz? In der virtuellen Fahrstunde können Sie ganz ohne Fahrlehrergeschrei knifflige Fahrmanöver üben. Auch können Sie nach einem Verkehrsübungsplatz in Ihrer Nähe suchen und falls Sie immer noch Stopp-Schilder mit Vorfahrtszeichen verwechseln, sollten Sie hier dringend mal die Schilder-Schulung machen. In der virtuellen Bar können Sie testen, wie viel Sie vertragen können, damit Sie bei der nächsten Alkoholkontrolle den Lappen nicht gleich wieder los sind!

www.flughafen.de

Flughafen.de

Wann will Tante Uschi vom Flughafen abgeholt werden? Wie komme ich zum Terminal 1 und wo kann ich solange parken? Zu Deutschlands Flughäfen finden Sie hier An- und Abflugpläne, Verkehrsanbindungen und detaillierte Lagepläne. Spontane Reiselustige finden zu jedem Flughafen aktuelle Last-Minute-Angebote. Zu internationalen Airlines gibt es Adressen sowie Nummern der Reservierungs-Hotline. Buchen Sie bequem online Linien- oder Charter-Flüge, Pauschalreisen, Hotels, den Mietwagen und die Versicherung gleich dazu! In der Rubrik „Service" gibt es die Anschriften der Flughäfen weltweit und einen praktischen Währungsrechner.

Verkehr

www.bikerclub.de

BikerClub

Aral widmet sich hier den Motorradfahrern. Damit der Biker auch über das kommende Race-Festival im Bilde ist, gibt es wichtige Termine auf einen Blick. Der Bike-Pilot findet für müde Biker motorradfreundliche Hotels und Campingplätze an bekannten Ausflugs- und Tourenstrecken in Deutschland und Europa. Der Routenplaner hilft, die optimale Strecke zu wählen und der Stau-Finder zeigt, wie Autoschlangen einfach umfahren werden können. Der Tourenführer hat Vorschläge parat und unter Touren-Tipps gibt es eine Auswahl an beliebten Tagestouren! Damit der Biker nicht vereinsamt, kann er hier Biker-Stationen und -Treffpunkte ermitteln.

www.radarfalle.de

Radarfallenhomepage

Liebe Radarfalle! Jetzt sind wir gegen Dich und Deine Artgenossen gewappnet, denn wir haben es satt, von Bußgeld-Bescheiden heimgesucht zu werden. In der Datenbank können wir nach über 6.000 stationären Geschwindigkeits- und Rotlicht-Überwachungsanlagen in Europa fahnden und Dich so unschädlich machen. Unseren Navigator können wir mit Radarfallen-Plugins füttern, die man hier kostenlos downloaden kann, so dass wir auf den Straßen rechtzeitig vor Dir gewarnt werden. Außerdem finden wir hier relevante Urteile, Tipps zu Einsprüchen bei Bußgeldern sowie einen pfiffigen Ausredenkatalog. Sei also gefasst!

www.verkehrsinfo.de

Verkehrsinfo.de

Staus auf deutschen Autobahnen sind an der Tagesordnung und wer viel hinterm Steuer sitzt, dem kann es öfter mal passieren, dass eine für zwei Stunden geplante, gemütliche Autofahrt ganz schnell zum unfreiwilligen Tagesaufenthalt an der Standspur wird. Um seinen Nerven diese Strapazen zu ersparen, sollte man als vorausschauender Autofahrer diese Seite ansurfen: Hier gibt es aktuelle Staumeldungen sowie Statistiken für den Tag, so dass man vor Fahrtantritt die günstigste Strecke oder Umfahrungen planen kann. Sodann können Sie entspannt in den Sitz sinken, sobald es im Radio heißt „Baustelle, stockender Verkehr" oder „linke Spur gesperrt"!

www.motor talk.de

Motor Talk

Sie müssen nicht mehr Ihre arme Frau mit den Qualitäten und Macken Ihres größten Schatzes, sei es der neue Opel oder der geliebte Volkswagen, oder mit Ihren Plänen, den Oldtimer in der Garage mit einem Doppelvergaser auszustatten, quälen. Zu Automarken, Baureihen und Modellen gibt es hier Foren, in denen Sie sich mit anderen Autofans austauschen können. Das Forum „Aktuelle News" informiert über Neuigkeiten von Herstellern oder Tunern. Und wer sich für Motorsport, Tourenwagen oder Wohnmobile interessiert, wird ebenfalls fündig. Auch empfehlenswerte Bücher zu den Themen Versicherung und Finanzierung werden vorgestellt.

Verkehr

Allgemein

Kraftfahrzeugportal.de
info@kraftfahrzeugportal.de

www.kraftfahrzeugportal.de
Kfz-Portal mit Link-Verweisen zu Gebrauchtwagen, Leasing, Finanzierung, Steuern, Zulassung, Autobahngebühren und Kaufverträgen.

Verkehrsportal
info@verkehrsportal.de

www.verkehrsportal.de
Verkehrsrecht und Verkehrsinformationen; mit Gesetzen, Bußgeldrechner und Hintergründen zum Euro-Führerschein.

Auto/Allgemein

auto.t-online.de
info@auto.t-online.de

www.auto.t-online.de
Aktuelle Testberichte, Car-Konfigurator, Auto-News, Versicherungs- und Leasing-Angebote und Routenplaner.

automarken.info
info@metaspinner.de

www.automarken.info
Informationsportal und Web-Katalog zum Thema Auto. Gebrauchtwagenmarkt, Bußgeldkatalog, Promillerechner, aktuelle News und Foren.

Auto-News
mail@newlook.de

www.auto-news.de
Das Automagazin im Internet: Mit aktuellen Nachrichten, Testberichten, News aus der Formel 1 sowie verschiedenen Videoclips.

Auto-News24.de
info@auto-news24.de

www.auto-news24.de
Umfangreiches Portal über Neuigkeiten aus der Autowelt: Verkehrsrecht, Fahrberichte, Neuwagen-Infos und ein Autolexikon.

Auto/Car-Sharing

Bundesverband CarSharing e.V.
info@carsharing.de

www.carsharing.de
Informationen über fast alle Aspekte des CarSharing-Konzeptes - verlinkt zu den Internet-Präsenzen der CarSharing-Anbieter.

Auto/Club

ACE Auto Club Europa e.V.
ace@ace-online.de

www.ace-online.de
Leistungen von A bis Z, Testberichte, Gebrauchtwagenschätzung, Europäischer Unfallbericht, Musterkaufvertrag für Gebrauchtwagen.

ADAC
adac@adac.de

www.adac.de
Umfassender Service rund um die Mobilität nicht nur für Mitglieder: Reiseplanung, Stauinfo, Tests, Technik- und Rechtstipps.

ARCD
club@arcd.de

www.arcd.de
Der Auto- und Reiseclub stellt verschiedene Mitgliedschaften und Tarife vor. Außerdem bietet er Clubreisen und Reisetipps an.

AvD Automobilclub von Deutschland
avd@avd.de

www.avd.de
Portal mit Infos zu den Themen Sport, Technik, Sicherheit. Außerdem Reiseangebote, Tipps zu Gebrauchtwagen und Rechtsfragen.

Auto/Fahrzeugbewertungen

DAT Deutsche Automobil Treuhand GmbH
vertrieb@dat.de

www.dat.de
Hier findet man aktuelle Daten über Gebrauchtfahrzeuge: Wertberechnung, Suche nach Gebrauchtwagen und Kfz-Sachverständigen.

Verkehr

Eurotax Schwacke GmbH
info@eurotaxschwacke.de

www.schwacke.de
Individuelle Fahrzeugbewertung für Pkw, Transporter, Geländewagen und Zweiräder. Berechnung der Betriebskosten für Neu- und Gebrauchtfahrzeuge. Zusätzlich Neuwagenkonfigurator, Neuwagenvergleich und nützliche Informationen rund um den Fahrzeugmarkt. **(Siehe Abbildung)**

Auto/Hersteller

Alfa Romeo
kontakt@alfaromeo.de

www.alfaromeo.de
Händlersuche, Innen- und Außenansicht der Modelle, 3D-Car-Konfigurator, Finanzierungs- und Leasing-Angebote, Fanartikel-Shop.

AUDI AG

www.audi.de
Neu- und Gebrauchtwagen, Fahr- und Sicherheitstraining (= Driving Experience), Finanzdienste, Zubehör.

BMW

www.bmw.de
Informationen zu Produkten und Service: Teile und Zubehör, Fahrertraining, Neu- und Gebrauchtwagen und ein BMW-Techniklexikon.

Bugatti Automobiles

www.bugatti-cars.de
Die Geschichte der Marke, der Werdegang Etorre Bugattis, Studien, Modelle, aktuelle Meldungen und Infomaterial.

Cadillac
infocenter@cadillaceurope.com

www.cadillaceurope.com
Informationen über Cadillac, Link-Liste zu den Mitgliedern der General-Motors-Familie, Händlersuche, die Geschichte der Marke.

Chevrolet
infocenter@cadillaceurope.com

www.chevroleteurope.com
Ausführliche Infos über das europäische Chevrolet-Portfolio, Händlersuche, Bestellen von Katalogen und Merchandising-Artikeln.

Eurotax Schwacke GmbH   www.schwacke.de

VERKEHR

Chrysler Home
talkto@daimlerchrysler.com

www.chrysler.de
Ausführliche Infos über Modelle wie Crossfire, Voyager, PT Cruiser oder Sebring sowie Finanzierungs- und Leasing-Angebote.

Citroën
info@citroen.de

www.citroen.de
Produktpalette, Sonderpreise, Zubehörteile, Bildschirmschoner und eine Übersicht des Händlernetzes von Citroën.

Corvette
infocenter@cadillaceurope.com

www.corvette-europe.com
Virtuelles Fahrvergnügen mit detaillierten Beschreibungen zu Komfort, Leistung und Sicherheit des Sportwagens sowie eine Fotogalerie.

Daewoo
press@daewoo-automobile.de

www.daewoo-auto.de
Übersicht und ausführliche Details der neuesten Daewoo-Modelle sowie Aktuelles vom Konzern mit Presseecho.

Daihatsu
kontakt@daihatsu.de

www.daihatsu.de
Daihatsu präsentiert aktuelle Modelle, Sondermodelle, Gebrauchtwagen, Finanzierungsmöglichkeiten und einen Händler-Index.

Daimler-Chrysler
info@daimlerchrysler.com

www.daimlerchrysler.de
Umfangreiche Seite mit einem Überblick über den Konzern, Nachrichten, Informationen zur Aktie, Forschung und Technologie.

Ferrari Deutschland
info@ferrari-deutschland.de

www.ferrari.de
In ausgefallenem Design präsentiert Ferrari verschiedene Modelle, Infos zum Rennsport, Accessoires und einen Veranstaltungskalender.

Fiat
kontakt@fiat.de

www.fiat.de
Probefahrtbuchung, Prospektanforderung, Videogalerie mit 360°-Innen- und -Außenansicht der Modelle, Fiat-Konfigurator.

Ford
kunden@ford.com

www.ford.de
Die neuesten Infos zu Modellen und zum Motorsport, Online-Rechenkalkulation der Ford Bank und die Ford Gebrauchtwagenbörse.

Honda
info@honda.de

www.honda.de
Ob Pkw, Motorräder, Garten-, Industriegeräte oder Bootsmotoren, hier findet man ausführliche Infos zu allen Honda-Produkten.

Hyundai
netservices@hmd.de

www.hyundai.de
Hyundai stellt sich vor: Modelle, Sondermodelle, Zubehör, Finanzierungs- und Leasing-Angebote.

Jaguar
kontakt@jaguar-infocenter.de

www.jaguar.de
Bildergalerie, Probefahrten buchen, detaillierte Ansichten und Infos zum Traumauto: Zubehör, Preise und technische Daten.

Jeep
talkto@daimlerchrysler.com

www.jeep.de
Virtuelle Tour der Modelle Wrangler, Cherokee und Grand Cherokee: Motor und Technik, Modelldaten, Preise und Zubehör.

Kia
kundenbetreuung@kia-motors.de

www.kia.de
Suchmaschine für Kia-Händler, Bestellmöglichkeiten von Prospekten, Finanzierungsrechner und Darstellung aller Modelle.

Lancia
kontakt@lancia.de

www.lancia.de
Innen- und Außenansicht der Modelle, Car-Konfigurator, Prospektbestellung, Probefahrtbuchung, TV-Spots, Bildschirmschoner.

Lexus

www.lexus.de
Der Autohersteller Lexus stellt seine Modelle mit Innen-, Außen- und 3D-Ansichten vor, Händlerverzeichnis, Gebrauchtwagensuche.

VERKEHR

Maybach
dialog@daimlerchrysler.com

www.maybach-manufaktur.com
Die Rubriken Rundgang, Manufaktur, In- und Exterieur, Antrieb, Fahrwerk, Kundenservice und Highlights stellen das Luxusauto vor.

Mazda Motors (Deutschland) GmbH
info@mazda.de

www.mazda.de
Die Mazda-Fahrzeugpalette, Probefahrten buchen, Online-Kalkulator, digitale Broschüren downloaden, Gebrauchtwagenmarkt.

Mercedes Benz

www.mercedes-benz.de
Übersichtliche und ausführliche Informationen zu Mercedes. Unter anderem wird ein Ausflug in die Vergangenheit angeboten.

MG Rover
zentrale@mgrover.de

www.mgrover.de
Marken und Modelle, Gebrauchtwagendatenbank, Preisübersicht, technische Daten, Probefahrtbuchung, Händlerverzeichnis.

Mitsubishi Motors Deutschland GmbH
mail@mitsubishi-motors.de

www.mitsubishi-motors.de
Fahrzeugdaten und -fakten, Sondermodelle, Gebrauchtwagenbörse, Ralliart Motorsport, Bildergalerie, Concept Cars, Finanzierung.

Nissan

www.nissan.de
Nissan-Historie, Schauraum, Gebrauchtwagenbörse, Probefahrten buchen, Finanzierungs- und Leasing-Angebote, Broschüren anfordern.

Opel

www.opel.de
Opel präsentiert nicht nur aktuelle Modelle sondern auch die passende Versicherung und Finanzierung, zusätzlich Sonderumbauten.

● **Peugeot**
info@peugeot.de

www.peugeot.de
Modelle, Umweltforum und Gebrauchtwagenbörse sowie zielgruppenspezifische Erlebniswelten für alle Modelle, die durch besondere multimediale Innovationen begeistern. Außerdem die Geschichte des Peugeot-Motorsports. **(Siehe Abbildung)**

Peugeot   www.peugeot.de

Verkehr

Porsche

www.porsche.com
Die Faszination Porsche online - vom Fahrzeug-Konfigurator über ausführliche Produktinfo bis hin zur Gebrauchtwagensuche.

● **Renault**
dialog.deutschland@renault.de

www.renault.de
Die komplette Modellpalette, Konfigurator, Renault Serviceangebot, Großkunden, Probefahrten, Händlersuche und aktuelle News rund um Renault. **(Siehe Abbildung)**

Saab
info@saab.de

www.saab.de
Die aktuellen Saab-Modelle werden ausführlich vorgestellt. Den passenden Händler findet man in der Händler-Suchmaschine.

Seat
info@seat.de

www.seat.de
Seat bietet Neuigkeiten zu den Fahrzeugmodellen, ein Techniklexikon und eine Gebrauchtwagenbörse sowie Infos zum Seat-Motorsport.

● **Škoda**
info@skoda-auto.de

www.skoda-auto.de
Mit dem Web-Auftritt von Škoda Auto tritt man in eine einmalige Erlebniswelt ein; vom großzügigen Showroom mit bequemen Konfigurator und Gebrauchtwagenbörse über einen Fun-Sektor mit jeder Menge Spaß und Spiel bis hin zum Eventkalender. **(Siehe Abbildung)**

● **Toyota**
mail@toyota.de

www.toyota.de
Konfigurator, Multimediabereich, Gebrauchtwagenbörse, Infos zu Motorsportaktivitäten in der Formel 1 und dem Yaris Cup. **(Siehe Abbildung)**

Smart
info@smart.com

www.smart.com
Im Car-Configurator kann man seinen Traum-Smart zusammenstellen und sofort online kaufen.

Renault www.renault.de

Škoda www.skoda-auto.de

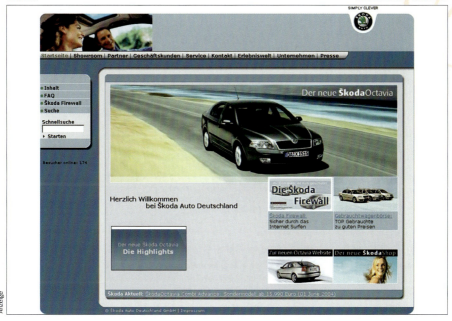

Toyota www.toyota.de

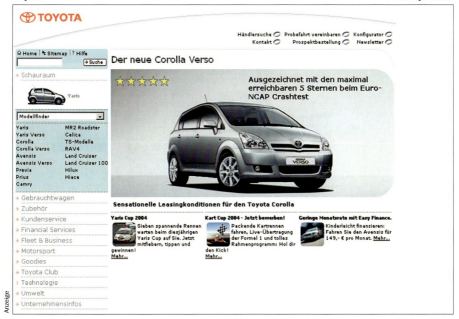

VERKEHR

Subaru
subaru@subaru.de

www.subaru.de
Die Modellpalette, ein Prospektarchiv ab 1984, eine Gebrauchtwagendatenbank, die Geschichte der Marke und Ralley-Sport-Infos.

Suzuki
info@suzuki-auto.de

www.suzuki-auto.de
Vorstellung der Modelle, interne Suchmaschine mit den Suzuki-Händlern. Die Infothek bietet technische Daten und Preislisten.

● **Volkswagen**
vw@volkswagen.de

www.volkswagen.de
Umfassende und unterhaltsam inszenierte Informationen rund um Modelle und Services der Marke Volkswagen. Für alle, die sich für Mobilität und innovative Technologien interessieren, eine intensive Beratung beim Fahrzeugkauf schätzen und als Volkswagen Kunde immer auf dem Laufenden bleiben möchten.
(Siehe Abbildung)

● **Volvo**
vcgccc@aol.com

www.volvocars.de
Präsentation der aktuellen Volvo Produktpalette, Car Configurator inklusive individuellem Leasing- und Finanzierungskalkulator; Gebrauchtwagenbörse, Händlersuche, e-Newsletter.
(Siehe Abbildung)

Auto/Kfz-Kennzeichen

Autokennzeichen

www.autokennzeichen.info
Hier können Autokennzeichen online abgefragt werden.

Autokennzeichen in Deutschland
mail@kennzeichen.org

www.kennzeichen.org
Infos rund um das Nummernschild: Alle Kennzeichen der Städte und Kreise, Diplomaten- und Sondernummern, Wunschkennzeichen.

Volkswagen www.volkswagen.de

Euro NCAP: Fünf Sterne für den Golf

VERKEHR

kennzeichenverkauf.de
info@kennzeichenverkauf.de

www.kennzeichenverkauf.de
Wunschkennzeichen können online reserviert werden. Außerdem Serienkennzeichen, Fun-Schilder sowie Kennzeichenrahmen.

Auto/Kfz-Sachverständige

DEKRA - Safety in Knowledge
info@dekra.com

www.dekra.com
Fahrzeugprüfungen und -gutachten, Zertifizierungen, Umweltdienste, Materialprüfungen, Baugutachten, Aus- und Weiterbildung.

gutachter24.com
info@gutachter24.com

www.gutachter24.com
Kfz-Sachverständige nach PLZ-Regionen sortiert. Außerdem erhalten Autofahrer hilfreiche Tipps zum Thema Autounfall.

KÜS
info@kues.de

www.kues.de
Bundesweite Überwachungsorganisation freiberuflicher Kfz-Sachverständiger im Bereich Gutachten, Unfallrekonstruktion, HU, AU.

Auto/Kfz-Versicherungen & Finanzdienstleistungen

bluekredit
info@bluekredit.de

www.bluekredit.de
Kfz-Finanzierungsrechner: Informationen zu Ablauf, Beratung und Konditionen. Mit Finanzierungslexikon von A bis Z.

DaimlerChrysler Bank
direct@daimlerchrysler-bank.com

www.daimlerchrysler-bank.com
Fahrzeug-Leasing, -finanzierung und -versicherung, Flottenmanagement, Kreditkarten, Geldanlagen und Infos zum Bonusprogramm.

Volvo www.volvocars.de

Verkehr

Direct Line
info@directline.de

www.directline.de
Haftpflichtversicherung für Kraftfahrzeuge, Teilkaskoversicherung, Vollkaskoversicherung, außerdem lustiges Telefon-Racer-Spiel. **(Siehe Abbildung)**

Volkswagen Bank
info@volkswagenbank.de

www.volkswagenbank.de
Informationen für Privat- und Geschäftskunden rund um das Thema automobile Finanzdienstleistung mit Online-Rechner.

Auto/Lkw & Nutzfahrzeuge

Hertz Nutzfahrzeuge
mschwarzer@hertz.com

www.hertztrucks.de
Das Angebot reicht vom Kleintransporter für den Umzug bis hin zur Sattelzugmaschine für den Profi. Durch Umzugstipps und Tabellenkalkulationen kann man selber den geeigneten Lkw auswählen oder man lässt sich ein individuelles Angebot erstellen. **(Siehe Abbildung)**

Lkw-mobile.de
info@lkw-mobile.de

www.lkw-mobile.de
Portal für gebrauchte und defekte Lkw, Baumaschinen und diverse andere Nutzfahrzeuge.

MAN Nutzfahrzeuge AG
info@mn.man.de

www.man-nutzfahrzeuge.de
Lkw, Busse, Motoren und Komponenten, Vertrieb und Services, Teile und Zubehör sowie Gebrauchtwagen sind Teil des Web-Angebots.

Multicar
info@multicar.de

www.multicar.de
Kompetenzzentrum für Spezialfahrzeuge wie Flugfeld-Schlepper und Transporter. Mit technischen Daten und Einsatzgebieten.

Direct Line   www.directline.de

VERKEHR

Auto/Lkw & Nutzfahrzeuge/Reisemobile

Camping, Cars & Caravans
info@camping-cars-caravans.de

www.camping-cars-caravans.de
Online-Version der Zeitschrift „Camping, Cars und Caravans" mit Daten und Terminen, Tipps und Beschreibung von Campingplätzen.

Caravan-Markt
info@caravan-markt.net

www.caravan-markt.net
Marktplatz speziell für Wohnmobile und Wohnwagen. Angeboten werden diese von Privatpersonen oder Händlern.

Deutsche Reisemobil Vermietungs GmbH
info@drm.de

www.drm.de
Über 850, in sieben Kategorien unterteilte Reisemobile zum Mieten und online Reservieren sowie eine Gebrauchtwagenbörse.

Hymer-Reisemobile und Caravans
info@hymer.com

www.hymer.com
Hersteller von Campingfahrzeugen: Neue und Gebrauchte, Vermietung mit Online-Buchung, Finanzierungsangebote und Reiseservice.

Karmann-Mobil
info@karmann-mobil.de

www.karmann-mobil.de
Umfangreiche Seite mit Infos über verschiedene Wohnmobile, Zubehör, Gebrauchtfahrzeuge, Händlerverzeichnis und Kataloge.

Reisemobil International
info@reisemobil-international.de

www.reisemobil-international.de
Hier gibt es alles rund um das Wohnmobil: Reiseberichte, Technik-, Stellplatz- und Selbstumbautipps, Tests und Gebrauchtwagen.

Reisemobil-vermieter.de

www.reisemobil-vermieter.de
Hier kann man - nach Postleitzahlen oder Stadtnamen geordnet - Anbieter für Wohnmobilvermietung suchen.

Wohnmobilvermietung.de
info@nilgen.de

www.wohnmobilvermietung.de
Wohnmobile in ganz Deutschland: Hier kann man ortsbezogen und kostenlos nach Angeboten suchen oder eigene Angebote eintragen.

Hertz Nutzfahrzeuge   **www.hertztrucks.de**

Verkehr

Auto/Markt

Allianz Autowelt
autowelt@allianz.de

www.allianz.de/autowelt
Gebrauchtwagenbörse mit über 600.000 Einträgen, nützlichen Infos zum Fahrzeugwechsel, Fahrzeugbewertung und Muster-Kaufvertrag.

auto-best-preis.de
info@auto-best-preis.de

www.auto-best-preis.de
Hier kann man deutsche Neuwagen von Opel, Ford, Fiat, VW, Renault oder Citroën bestellen. Keine EU-Re-Importe.

autoboerse.de
info@autoboerse.de

www.autoboerse.de
Gebrauchtwagenbörse für Autos, Motorräder, Reisemobile und Caravans. Die Kfz-Steuer im Überblick; ein Muster-Kaufvertrag.

Autoguide.de
sales@ashampoo.com

www.autoguide.de
Autos, Wohnmobile, Lkws, Motorräder und Nutzfahrzeuge - Suche nach Marke, Modell, Preis, Kilometerstand oder Erstzulassung.

AutoScout24
info@autoscout24.de

www.autoscout24.de
Großer europäischer Gebrauchtwagenmarkt mit umfassendem Service: Kostenlose Kleinanzeigen, Specials und ein Forum.

Gebrauchtwagen.de
info@gebrauchtwagen.de

www.gebrauchtwagen.de
Kaufen, Verkaufen, Versichern oder Finanzieren. Gebrauchtwagen-Suche, eine Check-Liste für den Autokauf und Tipps für Probefahrten.

mobile.de
service@team.mobile.de

www.mobile.de
Übersichtlich, einfach, schnell. Der Automarkt für Gebrauchtwagen und Neufahrzeuge.

Motoversum
info@versum.de

www.motoversum.de
Spezifische Suche nach Fahrzeugen (Neu- und Gebrauchtwagen) und Händlern, CarConfigurator sowie private Inserate.

Webmobil24   www.webmobil24.com

VERKEHR

Webmobil24
info@webmobil24.com

www.webmobil24.com
Die internationale Fahrzeugbörse für Fahrzeuge und Ersatzteile. Autos kaufen und verkaufen in 23 Sprachen. Mit Muster-Kaufvertrag und Auszügen aus dem Bußgeld- und Punktekatalog.
(Siehe Abbildung)

Auto/Markt/EU-Importautos

Auto Geissel GmbH
info@geissel.de

www.geissel.de
Hier findet man EU-Fahrzeuge, Importe und Gebrauchtfahrzeuge. Direkte Einsicht in Lagerbestände sowie Direktbestellung möglich.

Jütten & Koolen Automobile GmbH
info@juetten-koolen.de

www.juetten-koolen.de
Auto-Import-, Export-, Groß- und Einzelhandel. Neuwagen-Suche, Gebrauchtwagenbörse, Online-Preislisten und Preisvergleich.

Neuwagen-Discount Behnke & Degenhardt
behnke-degenhardt@t-online.de

www.neuwagen-discount.de
Neufahrzeuge aus der EU mit Preisen unter den unverbindlichen Preisempfehlungen der Hersteller in Deutschland.

Euwagen 24
info@euwagen24.de

www.euwagen24.de
Vermittlung von Neu- und Gebrauchtwagen aus vielen angrenzenden EU-Ländern; man kann auch direkt im Lager suchen.

Neuwagen mit Preisvorteil
info@ssis.de

www.euro-car-market.de
Deutschlands führende Sammlung besonders preiswerter Neuwagen (viele Re-Importe). Über 90.000 Angebote von über 240 Händlern. Preisvorteil durchgehend 10-30%. Sofort lieferbare Lagerfahrzeuge wie auch konfigurierbare Wunschautos zum Bestellen. Alle Autos zulassungsfertig mit voller Werksgarantie.
(Siehe Abbildung)

Neuwagen mit Preisvorteil   www.euro-car-market.de

Anzeige

Verkehr

eu-car.de
info@eu-car.de

www.eu-car.de
Bei Kauf eines EU-Neuwagen kann man bis zu 30% sparen. Eu-Car hilft, den Richtigen zu finden. Mit der bequemen Suchfunktion findet man ohne Problem das Wunschfahrzeug und mit dem CarCalculator kann man den Preis der individuellen Ausstattung berechnen. **(Siehe Abbildung)**

autoprice
info@autoprice.net

www.autoprice.de
Autoprice bietet dem Verbraucher eine Datenbank zum Finden von preisgünstigen Neufahrzeugen nach Wunsch oder ab Lager. Die Datenbank vergleicht europaweit online Neuwagenpreise und führt den Kunden zum günstigsten, liefernden Vertragshändler. **(Siehe Abbildung)**

Auto/Markt/Jahreswagen

Jahreswagen-Top
infos@jahreswagen-top.de

www.jahreswagen-top.de
An- und Verkauf von Jahreswagen von Audi oder VW, direkte Verhandlung mit dem Verkäufer, ohne Zwischenhändler oder Vermittler.

Jahreswagenzentrale AUTOPLUS®
service@meinvw.info

www.meinvw.info
3.000 VW-/Audi-Jahreswagen direkt von VW-/Audi-Mitarbeitern sowie Geschäftswagen, CarGarantie®, Finanzierung und Leasing.

Auto/Oldtimer

Faszination Oldtimer
info@twm-medien.de

www.faszination-oldtimer.de
Veranstaltungskalender, Shop, kostenloser Kleinanzeigenmarkt sowie News und Reisetipps.

oldieparts.de
info@oldieparts.de

www.oldieparts.de
Neben kostenlosen Kleinanzeigen für Oldtimer-Ersatzteile bietet der Marktplatz auch Gesuche und ganze Fahrzeuge.

eu-car.de

www.eu-car.de

VERKEHR

Oldtimer
vertrieb@x-leasing.de

www.x-oldtimer.de
Hier kann man Old- und Youngtimer kaufen, verkaufen und sogar leasen. Außerdem gibt es Versicherungsangebote und Kauftipps.

Oldtimer-Info.de
webmaster@oldtimer-web.de

www.oldtimer-info.de
Fragen zu Oldtimern? Hier gibt es alle Infos: Marktpreise, Auktionen, Versicherungsempfehlungen und ein Ersatzteilmarkt.

Oldtimer-links.de
webmaster@oldtimer-links.de

www.oldtimer-links.de
Dieses umfangreiche Link-Verzeichnis führt Interessierte zu Ersatzteilen, Werkstätten, Händlern, Rennstrecken und Modellen.

Oldtimer-Markt
info@vfmz.de

www.oldtimer-markt.de
Die Zeitschrift für klassische Autos und Motorräder informiert über Clubs, Veranstaltungen, Urteile sowie Neues aus der Szene.

Auto/Reifen

Reifen.com
info@reifen.com

www.reifen.com
Großes Produktangebot mit Reifen, Felgen, Rädern und Zubehör. Zur Orientierung geleitet Fritz Felge durch die Web-Präsenz.

ReifenDirekt
info@delti.com

www.reifendirekt.de
Zahlreiche Reifenmarken und Reifentypen für Pkw, Geländewagen und Transporter, Online-Suche nach Partnerwerkstätten.

Reifenportal
info@cult-interactive.de

www.reifenportal.de
Suchmaschine mit über 250 Reifenfachhändlern, Infos zu Reifen (Aqua-Planing, Bremsweg, Lagerung, Luftdruck) sowie Servicedienste.

autoprice  www.autoprice.de

Verkehr

Auto/Reifen/Hersteller

Bridgestone/Firestone
webmaster.dl@bfeurope.com

www.bridgestone.de
Suchmaschine, die für Pkw, Lkw und Motorräder nach Angabe der Marke den passenden Reifen sucht.

🔴 **Continental Konzern**

www.conti-online.com
Homepage des Continental-Konzerns und der Reifenmarke Continental: Meldungen aus dem Bereich des Sports, Sicherheitstipps, Reifenlexikon, spannende Online-Spiele, Jobs und Karriere. **(Siehe Abbildung)**

Dunlop
dunlop.customerservice@dunlop.de

www.dunlop.de
Der Reifenhersteller für High-Performance-Reifen mit Testergebnissen, Händlersuche und Stellenanzeigen.

Goodyear

www.goodyear.de
Darstellung der Produktpalette, Goodyear-Händlersuchmaschine, Testberichte und ein Reifen-ABC.

🔴 **Michelin in Deutschland**

www.michelin.de
Produkte und Service für die Mobilität: Reifen für Pkw, Lkw, Motorrad, Händlerverzeichnis, Reifenwissen, Fahrsicherheitstipps. **(Siehe Abbildung)**

Pirelli Deutschland AG
contactcentertyres.de@pirelli.com

www.pirelli.de
Reifen für Autos und Motorräder. Auf der Web-Seite befindet sich eine Händler-Suchmaschine.

Continental Konzern www.conti-online.com

Verkehr

Auto/Tuning

MK Tuning
info@mk-tuning.de

www.mk-tuning.de
Aluräder und Fußmatten, Beleuchtung, Sportfahrwerke, Lenkräder und Geschenkgutscheine bietet dieser Online-Tuning-Shop.

MVR
info@mvr-racing.de

www.mvr-racing.de
Mit Hilfe von MVR kann man seinen BMW in ein ganz persönliches Auto im eigenen Stil verwandeln lassen.

tuning.de
info@tuning.de

www.tuning.de
Internet-Portal zur Welt des Automobil-Tunings. Es informiert markenübergreifend über Neuheiten, Techniktipps, Clubs, Termine.

Auto/Vermietung

Budget Deutschland GmbH
info@budget.de

www.budget.de
Internationale Autovermietung mit einer Flotte von Fahrzeugen aller Kategorien. Neu ist das kurz- und langfristige Leasen.

Europcar
infomaster@mail.europcar.com

www.europcar.de
Pkw, Lkw, Cabrios und Reisemobile. Dazu gibt es die Möglichkeit zur Online-Buchung, Geschenkgutscheine und Auktionen.

Maske AG
info@maske.de

www.maske.de
Autos zum längerfristigen Mieten als Alternative zum Leasing; mit großem Service- und Finanzierungsangebot, Fuhrparkmanagement.

Mietwagenmarkt
info@mietwagenmarkt.de

www.mietwagenmarkt.de
Mietwagenportal mit dem Ziel, den Kunden Zeit, Geld und Stress durch komfortable Anmietung und guten Service zu ersparen.

Michelin in Deutschland   www.michelin.de

Verkehr

Online Autovermietung
info@autovermietung.de

www.autovermietung.de
„Suchen, Buchen, Sparen" - kostenloser, weltweiter Preis-/ Leistungsvergleich wichtiger Autovermieter mit Online-Buchung.

Avis Autovermietung
info@avis.de

www.avis.de
Auf Avis.de kann man einfach und schnell online einen Avis-Mietwagen zu attraktiven Internet-Konditionen reservieren – und das weltweit. Außerdem: Exklusive Partner-Angebote mit Bonusmeilen, spannende Cabrios, Roadster und Coupés, edle Limousinen, rasante Sportwagen sowie leistungsstarke Lkw. **(Siehe Abbildung)**

Hertz Autovermietung GmbH
webmaster_de@hertz.com

www.hertz.de
Weltweite Online-Reservierung mit Preis für über 7.000 Stationen in über 150 Ländern. Stationssuche mit Wegbeschreibung zur Vermietstation, Rechnungskopie online, Internet-Specials, Ferientarife, Goldservice, Prestige-Collection, Vielfliegerprogramme. **(Siehe Abbildung)**

Sixt Autovermietung
sixt@sixt.de

www.e-sixt.de
Autovermietung online, Sixt-Travel-Service und Gebrauchtwagenverkauf, Gebrauchtwagenbörse, sogar Mieten eines Chauffeurs.

Auto/Werkstätten

Auto defekt ?
info@autodefekt.de

www.autodefekt.de
autodefekt.de ist das Autofahrerportal, das neben einer umfangreichen Datenbank mit Ansprechpartnern für Defekte an/Probleme mit dem Auto (mit Bewertungsmöglichkeit) auch News und Tipps sowie weitere interessante Informationen für Autofahrer bietet. **(Siehe Abbildung)**

Avis Autovermietung www.avis.de

VERKEHR

Hertz Autovermietung GmbH www.hertz.de

Auto defekt ? www.autodefekt.de

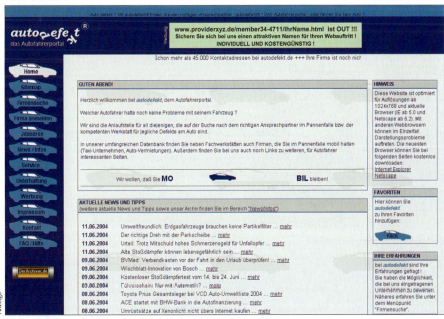

Verkehr

dieFreie.de
info@diefreie.de

www.diefreie.de
Suche nach vertragsfreien Kfz-Werkstätten in Deutschland, ein Technikforum und eine Datenbank mit Abkürzungen aus dem Kfz-Bereich.

Meisterhaft Autoreparatur
meisterhaft@atr.de

www.meisterhaft.com
Werkstattkonzept für freie Werkstätten, die über 1.100 mal in Deutschland und Österreich ihren Service anbieten, mit PLZ-Suche.

Pit-Stop
info@pit-stop.de

www.pit-stop.de
Service ohne Voranmeldung für Wartung, Reparatur und Austausch von Bremsen, Reifen, Stoßdämpfern, Batterien und Auspuffsystemen.

Auto/Verschiedenes

Autobudget.de
kontakt@autobudget.de

www.autobudget.de
Überblick über die Kfz-Haltungskosten, Errechnung aller Ausgaben pro Jahr und Monat je nach Modell; Gebrauchtwagenbewertung.

Deutsche Verkehrswacht e.V.
dvw@dvw-ev.de

www.deutsche-verkehrswacht.org
Die deutsche Verkehrswacht will Mobilität sicherer machen und bietet Infos zu Veranstaltungen für alle Verkehrsteilnehmer.

Motor Talk
webmaster@motor-talk.de

www.motor-talk.de
Hier kann jeder mitdiskutieren: Gut besuchte Foren mit Themen rund um Auto und Motorrad, um Erfahrungen und Tipps auszutauschen.

VERKEHR

Auto/Zeitschriften

Auto Bild Online
redaktion@autobild.de

www.autobild.de
Das Autoportal der Axel Springer AG: Gebrauchtwagenbörse mit 600.000 Autos, Testberichte, Neuwagenkonfigurator, Service, News.

Autozeitung
autozeitung@ko.hbv.de

www.autozeitung.de
Wissenswertes über Autos und Verkehr in übersichtliche Sparten unterteilt.

DAZ Verlagsgruppe
info@daz-verlag.de

www.daz24.de
Internet-Auftritt der Zeitschriften „DAZ", „Truck Mobiles", „Auto Mobiles", „Motorrad Mobiles" und „Crash Mobiles".

Gute Fahrt Online
redaktion@gute-fahrt.de

www.gute-fahrt.de
Infos aus der Audi- und Volkswagen-Welt. News und Tests, Baupläne und Leserberatung, Terminkalender und Adressenverzeichnis.

● **Truck-Magazin**
info@truckmagazin.de

www.truckmagazin.de
Ein Archiv, Terminkalender, Gebraucht-Nutzfahrzeug-Suche und zahlreiche kommentierte Links geben Einblick in die Welt der Nutzfahrzeuge. Zusätzlich gibt es umfangreiche Informationen zum Trucksport. **(Siehe Abbildung)**

Auto/Zubehör & Ersatzteile

● **Motorenölshop**
info@motorenoelshop.de

www.motorenoelshop.de
Online-Shop für Motorenöle, Motorradöle, Getriebeöle, Rasenmäheröle, Bootsmotorenöle, Fahrrad-, Pkw- und Motorradpflegemittel. Mit Mineralöl-ABC für Autofahrer und Biker. **(Siehe Abbildung)**

Motorenölshop   www.motorenoelshop.de

Anzeige

VERKEHR

A.T.U Autoteile Unger Online
info@atu.de

www.atu.de
Große Produktpalette und Serviceangebote. Der HU-Reminder erinnert per E-Mail an die fällige TÜV-Prüfung.

Autoalarmsystem
carguard@gmx.de

www.carguard.de
Fahrzeugsicherung wird groß geschrieben: Alarmsysteme für fast alle Bereiche, Ortungssysteme und Zubehör, mit Online-Bestellung.

autoglaser.de
kontakt@autoglaser.de

www.autoglaser.de
Das große Autoglaser-Verzeichnis mit vielen Informationen für den „Durchblick" rund um das Autoglas.

carpart-store.de
info@carpart-store.de

www.carpart-store.de
Kostenlose Suche nach neuen und gebrauchten Autoteilen bei Händlern in Deutschland, Österreich und der Schweiz, Händlereintrag.

D&W
kundendienst@duw.com

www.dw-online.de
Der Online-Shop für sportliches Autozubehör und Tuning-Produkte bietet außerdem einen Finanzierungs- und Versicherungsvergleich.

Mobil-parts.com
verantwortlich@mobil-parts.com

www.mobil-parts.com
Mehr als 70.000 Autoteile kostenlos suchen, anbieten und Angebote anfordern.

Symparts
info@symparts.de

www.symparts.de
Im elektronischen Handel hält Symparts rund 80.000 Artikel von Autoersatz- und Verschleißteilen bereit.

Ulrich Rameder Anhängerkupplungen
info@kupplung.de

www.kupplung.de
Anhängerkupplungen, Elektrosätze, Fahrradträger, Dachboxen, Skiträger und Zubehör.

Auto/Zubehör & Ersatzteile/Multimedia

Blaupunkt
info@blaupunkt.de

www.blaupunkt.de
Car Multimedia - die digitale Welt von Blaupunkt bietet Produkt- und Serviceinfos zu Autoradios, MP3-Playern, Navigation & InCar Entertainment. Highlights: Online-Shop, Download-Bereich, virtuelle Autoradios, DAB-Infos (digitaler Radio-Empfang im Auto). **(Siehe Abbildung)**

Incar-Media
post@incar-media.com

www.incar-media.com
Auto-Entertainment-Shop mit Produkten wie Navigationssysteme, Monitore, Video- und DVD-Player, Fernseher und Soundsysteme.

VDO Dayton
info@vdodayton.de

www.vdodayton.de
Übersicht der Audio-, Sound- und Navigationssysteme.

Boote & Yachten

boot-Portal
besucherinfo@boot-online.de

www.boot.de
Firmen- und Produktinfos, Testberichte, Revier- und Törnberichte, Gebrauchtboot-Börse, Sport und Wettkampf.

Deutscher Boots- und Schiffbauer-Verband
info@dbsv.de

www.dbsv.de
Der Boots- und Schiffbauerverband beantwortet die Frage „wer liefert was" im Bereich Schiffbau, Infos zur Ausbildung.

internationale Yachtcharter-Portal, Das
info@charterboat24.com

www.charterboat24.com
4.000 Charterboote: Bareboats, Haus-, Motor-, Segelboote mit und ohne Skipper, Megayachten mit Crew.

Rentabo.com
info@rentabo.com

www.rentabo.com
Weltweites Portal für Boot- und Yacht-Charter mit Last-Minute-Angeboten, Charter-Informationen und detaillierter Suchfunktion.

VERKEHR

Boote & Yachten/Markt

BoatNet
info@boat.de

www.boat.de
Yachten gebraucht kaufen, verkaufen und chartern, Versicherungs- und Finanzierungsangebote, Kojenbörse zum Mitsegeln.

BoatShop24
info@boatshop24.com

www.boatshop24.com
Die Plattform zum Kaufen und Verkaufen von Neu- und Gebrauchtbooten: Motorboote, Segelyachten, Jet-Ski, Schlauchboote.

Gebrauchtboote.net
info@gebrauchtboote.net

www.gebrauchtboote.net
Segel- oder Motorboote, Zubehör, Trailer und Schlauchboote. In jeder Rubrik steht eine umfangreiche Suchmaske zur Verfügung.

Yachthafen im Internet, Der
info@bootspecial.de

www.bootspecial.de
Neuboote und Yachten. Marken, Händler/Importeure in Deutschland, Bootsmotoren, Propeller, Ausrüstung, Boat-Shows weltweit.

YachtPool
info@elmedia.de

www.yachtpool.de
Internet-Markt für den Bootssport mit Yacht-Charter, Last-Minute-Charter, Kleinanzeigen mit Bild sowie Yacht-An- und Verkauf.

Yachtversicherungen
info@yachtversicherung.biz

www.yachtversicherung.biz
Bootsversicherungen für die individuellen Bedürfnisse des Eigners. Mit kostenloser Online-Anfrage.

Boote & Yachten/Segeln

Siehe Sport

Segeln

Blaupunkt

www.blaupunkt.de

VERKEHR

Boote & Yachten/Zeitschriften

Boote exklusiv
exclusiv@superyacht.de

www.superyacht.de
Online-Ausgabe der Zeitschrift „Boote Exklusiv"; Branchenverzeichnis mit Firmen-Index von Werften, Designern und Herstellern.

Boote Online
redaktion@boote-magazin.de

www.boote-magazin.de
Bootsmarkt, Reise, Test und Technik, Adressen und Download bootsspezifischer Software.

Bootsbörse
redaktion@boots-boerse.de

www.boots-boerse.de
Anzeigenblatt für kostenlose, private Kleinanzeigen speziell für den Wassersportmarkt, Testberichte und Nachrichten.

Bußgelder & Strafzettel

Bußgeldkatalog
info@bussgeldkataloge.de

www.bussgeldkataloge.de
Geblitzt worden? Hier erfährt man alles über Bußgelder: Betrag und Berechnung, das Punktekonto, Fragen zur MPU und Probezeit.

Strafzettel.de
info@strafzettel.de

www.strafzettel.de
Infos über das Straßenverkehrsrecht von Rechtsanwalt Goetz Grunert. Praktisch: Bußgeldrechner für Geschwindigkeitsverstöße.

Chauffeure & Fahrdienstleister

DLS
info@limousine-service.net

www.limousine-service.net
Dienstleistungsunternehmen, das sich auf Fahr- und Betreuungsservice für das Management von Unternehmen spezialisiert hat.

Interline
info@interline-limo.com

www.interline-limo.com
Limousinen- und Chauffeurservice weltweit in 480 Städten und 75 Ländern, Übersicht der Leistungen, Fahrzeuge, Helikopter und Jets.

DEKRA

DEKRA
info@dekra.com

www.dekra.de
DEKRA bietet Sicherheit und Qualität im Umgang mit Technik, Umwelt und Mobilität: Fahrzeug-, Materialprüfungen oder Gutachten.

Eisenbahn & Deutsche Bahn

Deutsche Bahn

www.bahn.de
Bahnfahrkarten und Sitzplatzreservierungen zum Selbstausdrucken, Pauschal- und Last-Minute-Reisen, Fahrplanauskunft.

Eisenbahn Webkatalog, Der
info@eisenbahn-webkatalog.de

www.eisenbahn-webkatalog.de
Umfangreicher Web-Katalog zum Thema Modelleisenbahn und Eisenbahn mit Eisenbahnlexikon, Terminen, Nachrichten und Foren.

Eisenbahnnostalgie.de
info@eisenbahnnostalgie.de

www.eisenbahnnostalgie.de
Internet-Portal der deutschen Museumsbahnen, Eisenbahnmuseen und Vereine mit ausführlichen Steckbriefen und Kontaktadressen.

VERKEHR

Fahrpläne

Fahrplanaenderung.de

www.fahrplanaenderung.de
Per Klick auf die Deutschlandkarte findet man hier aktuelle Meldungen der Bahn zu baubedingten Fahrplanänderungen.

Fahrplanauskunft Deutsche Bahn

www.fahrplanauskunft.de
Aktueller DB-Fahrplan, Fahrplan für Autozüge. Ankunfts- und Abfahrtstafeln aller Bahnhöfe in Deutschland.

Fahrplanauskünfte
webmaster@pro-bahn.de

www.pro-bahn.de/auskunft
Link-Verzeichnis nationaler und internationaler Fahrplan- und Tarifauskünfte für Bahn und Bus.

Fahrplan-Online
kontakt@fahrplan-online.de

www.fahrplan-online.de
Links zu weltweiten Fahrplaninformationsseiten, sei es für eine Fahrt von Dublin nach London oder von Hamburg nach München.

Fahrrad/Markt

Bike24.net
info@bike24.net

www.bike24.net
Online-Shop mit Produkten wie Renn-, Triathlon-, MTB-, und Trekking-Rädern, Bekleidung, Schuhe, Sportlernahrung und Restposten.

bikeparts-online
info@bikeparts-online.de

www.bikeparts-online.de
Online-Shop mit übersichtlicher Darstellung und Beschreibung von Fahrradzubehör aller Art - nach Marken geordnet.

Bikeshops.de
info@bikeshops.de

www.bikeshops.de
Deutschlands Fahrradhändler im Netz. Mit aktuellen Angeboten, Adressen und vielen weiteren Informationen rund um das Rad.

Fahrrad-Schnäppchen
info@fahrrad-schnaepchen.de

www.fahrrad-schnaeppchen.de
Hier findet man City-, Mountain-, Trekking- und Junior-Bikes, Rennräder sowie Zubehör von der Batterie bis zum Tretlager.

Raddiscount
info@raddiscount.de

www.raddiscount.de
Fahrrad-Discounter. Schnäppchen, Sonderangebote und Restposten. Baukastensysteme: Das Traumbike selbst zusammenstellen.

Fahrrad/Radsport

Siehe Sport

Radsport

Fahrrad/Reisen

Siehe Reise

Fahrradreisen

VERKEHR

Fahrschulen & Führerschein

🔴 **Aral Führerschein**
fuehrerschein@aral.de

www.fuehrerschein.de
Kostenlos alle Prüfungsfragen online, perfekte Vorbereitung für die Theorieprüfung, Sehtest, Erste Hilfe Kurs online, Check-Listen, Fahrschul-Finder und User-Forum. **(Siehe Abbildung)**

Fahren-lernen.de
hans-peter.denk@springer-sbm.com

www.fahren-lernen.de
Online-Theorietraining für den Führerschein, Fahrschulsuchmaschine, Infos rund um das erste Auto, Prüfungstipps.

Fahrschule.de
info@fahrschule.de

www.fahrschule.de
Datenbank mit über 12.500 Fahrschulen, Lernsystem für die Theorieprüfung mit mehr als 50.000 Testbögen, Tipps für Fahranfänger.

Fahrtipps

www.fahrtipps.de
Über 600 Seiten mit Expertentipps vom Fahrlehrer: Neuregelungen, Testfragen, Bußgeldrechner und aktuelle Gerichtsurteile.

Fluggesellschaften

Air Berlin
serviceteam@airberlin.com

www.airberlin.com
Flugziele: Mittelmeer, Kanarische Inseln und Nordafrika sowie Metropolen in ganz Europa, Eventkalender, Online-Buchung möglich.

Air France

www.airfrance.de
Von elf deutschen Flughäfen zu mehr als 250 Zielen weltweit fliegen, Flugplan, Flugbuchung und Infos für Vielflieger.

Air Seychelles
info-de@airseychelles.com

www.airseychelles.de
Wöchentliche Flüge auf die Seychellen mit Abflügen in Europa von Frankfurt/Main, London, Paris, Rom und Zürich; Inselführer.

Aral Führerschein   **www.fuehrerschein.de**

Verkehr

Condor
information@condor.de

www.condor.com
Die neue Condor bietet weltweite Ferienflüge zu Billigflieger-Preisen, Fly & Drive-Pakete sowie Flug- und Länderinformationen.

Deutsche BA Luftfahrtgesellschaft mbH
info@flydba.com

www.flydba.com
Tickets über die Online-Buchungsmaschine in nur drei Schritten buchen. Flugpläne, Städtetipps, Blumengrüße, Hotelbuchung.

easyJet

www.easyjet.com
153 Routen zwischen 44 europäischen Schlüsselflughäfen, Online-Buchung, Flug- und Routeninformationen, Fotogalerie der Flotte.

European Air Express
info@eae.aero

www.eae.aero
Flugpläne, Start und Landung online, aktuelle Menüs und Services an Bord. Buchungsmöglichkeit über das Internet.

Germania Express
info@germaniaairline.de

www.germania-flug.de
Germania bietet auf seinen Web-Seiten nicht nur die Möglichkeit zur Online-Buchung, sondern auch Flug- und Service-Informationen.

Germanwings
info@germanwings.com

www.germanwings.com
Vom Flughafen Köln-Bonn fliegt Germanwings preiswert in viele europäische Städte, Online-Buchung, diverse Versicherungspakete.

● **Hapag-Lloyd**
info@hlf.de

www.hlf.de
Attraktive Angebote von der Hapag-Lloyd Fluggesellschaft, mit Informationen über Flüge, Preise, Kurzfristangebote, Hotels, Mietwagen, Reiseversicherung, Bordshop, Länderinfos, Wetterdaten, Angebots-Mailcenter und Online-Buchungsmöglichkeit.
(Siehe Abbildung)

Icelandair
germany@icelandair.is

www.icelandair.de
Icelandair präsentiert aktuelle Flugpläne, Reise- und Flugangebote nach Island, USA und Kanada.

Hapag-Lloyd   www.hlf.de

VERKEHR

LTU
service@ltu.de

www.ltu.de
Optimierte Buchungsmöglichkeit von LTU Flügen, u.a. Kurzfristangebote und BIET & FLIEG Ticketauktion. Weitere Informationen zu: Services z.B. Gepäck, Streckennetz, LTU CARD, Vielfliegerkarten, Kontaktadressen, Shop, Unternehmen und Flotte.
(Siehe Anzeige Seite 797)

Lufthansa AG

www.lufthansa.com
Flugplan und Preise, Tipps zur Reiseplanung, Abrufen von wichtigen Flugdaten per Handy oder PC.

Ryanair

www.ryanair.com
Günstige Flüge innerhalb Europas ausschließlich online buchbar.

Singapore Airlines
de_feedback@singaporeair.com.sg

www.singaporeair.de
Airline mit viel Service an Bord - von Beinfreiheit bis Federbett; außerdem: Flugziele, Spezialtarife und Vielfliegerprogramme.

SunExpress
travelcenter@sunexpress.com.tr

www.sunexpress.de
Abflug von 20 deutschen Flughäfen in die Türkei, tägliche Linienflüge von Frankfurt/Main und München nach Antalya und zurück.

TAP Air Portugal
email@tap-airportugal.de

www.tap-airportugal.de
Aktuelle Flugpreise sowie große Auswahl an Hotels und Mietwagenangeboten für Reisen und Stopover-Aufenthalte in Portugal.

United Airlines
info@ual.com

www.unitedairlines.de
Kundendienst, Spezialangebote, Flugverbindungen, Business-Traveler-Service, Tipps für unterwegs.

Fluggesellschaften/Allgemein

Airlines.de
info@airlines.de

www.airlines.de
Hier findet man nicht nur sämtliche Airlines sondern erhält auch Infos über Preise, Verfügbarkeit und Service; Online-Buchung.

Billigflieger.net
info@xtink.de

www.billigflieger.net
Informationsangebot zum Thema Billigflieger wie Ryanair, HLX und EasyJet: Vorstellung der Airlines mit Buchungsmöglichkeit.

Discountflieger.de
df-info@discountflieger.de

www.discountflieger.de
Alle wichtigen Billigflieger werden hier durchsucht: Abflughafen, Reiseziel und Datum eingeben und die Angebote werden angezeigt.

VERKEHR

Flughäfen

Airport Augsburg
pr@augsburg-airport.de

www.augsburg-airport.de
Hier bekommt man Auskunft über Flugdaten, Verkehrsanbindung und das aktuelle Wetter am Flughafen Augsburg.

Airport Lübeck
info@flughafen-luebeck.de

www.flughafen-luebeck.de
Neben Ankunfts- und Abflugplan bietet der Flughafen Informationen über Autovermietung, Hotel- und Reisebuchung.

Airport Nürnberg
info@airport-nuernberg.de

www.airport-nuernberg.de
Interessante Neuigkeiten zum Flughafengeschehen, aktuelle Flugpläne, Passagier- und Besucherinfos, Online-Buchung von Flügen.

Berliner Flughäfen
pressestelle@bbf.de

www.berlin-airport.de
Die Berliner Flughäfen Tegel, Schönefeld und Tempelhof stellen sich vor. Für jeden Airport ist der aktuelle Flugplan verfügbar.

● **CargoCity-Frankfurt**
cargoinfo@fraport.de

www.cargocity-frankfurt.de
Hier präsentiert sich die CargoCity des Frankfurter Flughafens mit seinen Bereichen Service (Adressen, Serviceeinrichtungen), CargoCity (Lagepläne), Flugplan, Distribution, Information (Neues aus der CargoCity, Veranstaltungen) und Consulting. **(Siehe Abbildung)**

● **EuroAirport Basel-Mulhouse-Freiburg**
info@euroairport.com

www.euroairport.com
Hier bekommt man Auskunft über Ankünfte und Abflüge, Parkplätze und Parkgebühren, Boutiquen, Taxis und Busverbindungen. Zudem findet man umfangreiche Informationen über aktuelle Angebote, das Leben am EuroAirport und dessen Umweltpolitik. **(Siehe Abbildung)**

Flughafen Dortmund
service@flughafen-dortmund.de

www.flughafen-dortmund.de
Der Flughafen Dortmund informiert über Ankunfts- und Abflugszeiten und bietet einen interaktiven 360°-Panoramarundgang.

CargoCity-Frankfurt   www.cargocity-frankfurt.de

VERKEHR

Flughafen Dresden
marketing@dresden-airport.de

www.dresden-airport.de
Starten und Landen in Dresden, Verkehrsanbindung, ein Lotse durch den Flughafen, virtueller Rundgang sowie ein Lexikon.

Flughafen Düsseldorf
webmaster@dus-int.de

www.duesseldorf-international.de
Infos rund um den Düsseldorfer Airport mit umfassenden Flug-, Service- und Parkinformationen. Suche nach Shops und Restaurants.

Flughafen Düsseldorf Mönchengladbach
info@flughafen-mgl.de

www.flughafen-mgl.de
Der Flughafen präsentiert den aktuellen Flugplan, Angebote zu Städtereisen, Veranstaltungskalender sowie Buchung von Rundflügen.

Flughafen Erfurt

www.flughafen-erfurt.de
Flughafeninformationen, Übersicht über Flugziele, Verkehrsanbindungen, Parken und Infos von A (wie Anreise) bis Z (wie Ziele).

Flughafen Frankfurt
info@frankfurt-airport.com

www.frankfurt-airport.de
Der Online-Airport Frankfurt hat eigentlich alles, was auch der „echte" bietet. Nur zum Abflug muss man noch aus dem Haus.

Flughafen Friedrichshafen
info@fly-away.de

www.fly-away.de
Das Angebot des Flughafens beinhaltet Ankunfts- und Abflugspläne, eine Live-Cam, Parkmöglichkeiten und Jobangebote.

Flughafen Hannover
webmaster@hannover-airport.de

www.hannover-airport.de
Hinweise zur Anreise, eine sehr übersichtliche Orientierungshilfe, Flugplan, Reiseangebote, Verkehrsanbindungen.

Flughafen Kiel
info@airport-kiel.de

www.airport-kiel.de
Auskunft über Flugdaten und Airlines, Verkehrszahlen, Infos zu Luftsport, Ballonfahren, Bedarfs- und Taxiflüge sowie Helikopter.

Flughafen Köln/Bonn
info@koeln-bonn-airport.de

www.koeln-bonn-airport.de
Übersichtliche und ansprechende Präsentation von aktuellen Nachrichten sowie Flug- und Übersichtsplänen, Infos zu Reisezielen.

EuroAirport Basel-Mulhouse-Freiburg www.euroairport.com

VERKEHR

Flughafen Leipzig/Halle
mail_flh@leipzig-halle-airport.de

www.leipzig-halle-airport.de
Der Surfer findet aktuelle Flugpläne und Nachrichten rund um den Flughafen. Außerdem wird über die Geschichte und Unternehmen am Airport informiert. In der Rubrik Informationen für Fluggäste findet man alle Parkplätze und Parkgebühren auf einen Blick. **(Siehe Abbildung)**

Flughafen München
info@munich-airport.de

www.munich-airport.de
Flugplan-Download, Park-Scout, Reiseinfos, Online-Shop, ausführliche Beschreibungen aller Bars und Restaurants, Reisebuchung.

Flughafen Münster Osnabrück
info@fmo.de

www.fmo.de
Flugpläne mit Download-Möglichkeit, Infos zu Airport-Dienstleistern (Hotels, Shops) sowie Servicezone mit 360°-Panoramen.

Flughafen Saarbrücken
info@flughafen-saarbruecken.de

www.flughafen-saarbruecken.de
Informationen rund um den Flughafen, Linien- und Urlaubsflüge ab und nach Saarbrücken sowie Hinweise zur Anreise.

Flughafen Stuttgart
info@stuttgart-airport.com

www.flughafen-stuttgart.de
In Echtzeit werden An- und Abflugdaten angezeigt, Download des Magazins „Flugblatt", Live-Web-Cams und Parkinformationen.

Hahn Airport

www.hahn-airport.de
Der Low-Cost-Airport präsentiert sein Angebot: Übersicht der Flugpläne, Anfahrtsskizze sowie eine Liste der Dienstleister vor Ort.

Siegerland Airport
info@siegerland-airport.de

www.siegerland-airport.de
Deutschlands höchstgelegener Verkehrsflughafen präsentiert alle notwendigen Infos über Geschäfts- und Bedarfsreisen.

Flughäfen/Allgemein

Airports

www.airports.de
Guide rund um den Flugplatz, mit Airport-Suche, Mitflugzentrale, kostenlosen Kleinanzeigen und einer Luftfahrt-Jobbörse.

Flughafen.de
info@flughafen.de

www.flughafen.de
Serviceportal rund ums Fliegen und Reisen: Datenbanksuche von Flughäfen und Airlines, Online-Buchung, aktuelle Berichte.

Flughäfen/Flugplanauskunft

Flugplandaten.de
info@flugplandaten.de

www.flugplandaten.de
Ankunft- und Abflug-Flugplaninfos von jedem größeren Flughafen in Europa für alle, die abfliegen, ankommen oder abholen.

Flugzeiten.de
info@flugzeiten.de

www.flugzeiten.de
Flugzeiten aller wichtigen Flughäfen in Deutschland, Österreich und der Schweiz, Hotelsuche und Last-Minute-Schnäppchen.

Fracht- & Transportvermittlung

ruecktransport.com
info@ruecktransport.com

www.ruecktransport.com
In der Datenbank können Transportgelegenheiten angeboten und gesucht sowie tägliche Routen eingesehen werden.

Luftfahrt

Deutsches Zentrum für Luft- und Raumfahrt
info@dlr.de

www.dlr.de
Das Forschungszentrum präsentiert die faszinierendsten Themen aus Luft- und Raumfahrt auf circa 10.000 Seiten.

VERKEHR

DFS Deutsche Flugsicherung GmbH
info@dfs.de

www.dfs.de
Die Deutsche Flugsicherung bietet Piloten- oder Medienservice, Jobangebote und ausführliche Berichte über Umwelt und Lärmschutz.

Fraport AG
info@fraport.de

www.fraport.de
Präsentation der Fraport AG als Betreiberin des größten deutschen Flughafens und als führendes Unternehmen im Airport-Business.

geschichte.aero
geschichte@bdli.de

www.geschichte.aero
Interessantes über die Entwicklung der zivilen und militärischen Luftfahrt sowie der Raumfahrt, mit übersichtlicher Chronologie.

Luftfahrt.net
webmaster@luftfahrt.net

www.luftfahrt.net
Neben tausenden Fotos gibt es hier viele Downloads, Berichte, Daten und Infos rund um das Thema Luftfahrt.

Reuss Aerospace Information

www.reuss.de
Informationen, Daten und Chronik der deutschen Luft- und Raumfahrtbranche. Mit Adressen von Verbänden, Flugplätzen und Behörden.

virtuelle Luftfahrtmuseum, Das
info@luftfahrtmuseum.com

www.luftfahrtmuseum.com
Infos zur europäischen Luftfahrtgeschichte, Flugzeugtypen, Museen in Europa, Kalender und Foren. Fotos, Zeichnungen, Daten.

Zeitschrift, Fliegermagazin
redaktion@flieger-magazin.de

www.fliegermagazin.de
Einblick in das aktuelle Heft, Fernsehtipps, Kleinanzeigen, Terminkalender und Vorschau auf die nächste Ausgabe.

Luftschiffe, Zeppeline & Ballone

Gefa-Flug
w.mainzer@gefa-flug.de

www.gefa-flug.de
Werben in schwindeliger Höhe? Mit Gefa-Flug: Hersteller und Betreiber von Heißluft-Luftschiffen und -ballonen (auch Spezialformen).

Flughafen Leipzig/Halle **www.leipzig-halle-airport.de**

VERKEHR

Mitfahrzentralen

Siehe Reise	Mitfahrzentralen

Motorrad

● BikerClub
bikerclub@aral.de

www.bikerclub.de
Biker-Treffpunkte können bewertet werden, ebenso Hotels und Campingplätze. Jede Menge Tourentipps, Tourenführer und Motorradtests sowie eine virtuelle Fahrstunde. Außerdem: der Bildwettbewerb „Mein Bike und ich", ein Chat und Forum sowie viele Spiele. **(Siehe Abbildung)**

Motorrad.de
info@motorrad.de

www.motorrad.de
Große Online-Datenbank (75 Versicherungen, Pkw-Versicherungsvergleich, Biker-Datenbank), Tipps für Motorradtechnik, Testberichte.

motorrad.net
redaktion@motorrad.net

www.motorrad.net
Diese Portal-Seite bietet kostenlose Kleinanzeigen, Video-Clips, Reise- und Freizeittipps sowie Berichte aus der Motorradszene.

motorradonline24.de
webmaster@motorradonline24.de

www.motorradonline24.de
Motorradmarkt, News, Tests und Ratgeber, Terminkalender und ein großer Zubehör-Shop gehören zu diesem Web-Angebot.

Motorradweb
motorrad@motorradweb.de

www.motorradweb.de
Großes Link-Verzeichnis: Übersichtliche Rubriken zum Thema Motorrad, Roller und Trike, Terminkalender (Stammtische, Biker-Treffs).

tourenhotel.de
info@tourenhotel.de

www.tourenhotel.de
Die Seite von Motorradfahrern für Motoradfahrer: Umfangreiche Zusammenstellung von Motorradhotels in vielen Ländern Europas.

Motorrad/Hersteller

BMW Motorrad
motorrad@bmw.de

www.bmw-motorrad.de
Neue und gebrauchte BMW Motorräder, Zubehör, Bike-Configurator, Probefahrtanfrage, Händlersuche, Reisen und Trainings.

Ducati Motor Deutschland
info@ducati.de

www.ducati.de
Seite des deutschen Ducati-Importeurs mit Modellübersicht, Finanzierungsbeispielen, Händler-Locator, Rennhintergründen.

Harley-Davidson
gmbhinfo@harley-davidson.com

www.harley-davidson.de
Der Mythos Harley-Davidson präsentiert sich im Internet mit Tourenorganisationen, Vermietungsservice und Händlerinfos.

Honda Motorräder
info@honda.de

www.honda.de/mc/
Ob Supersportler, Cruiser oder Roller: Honda bietet zur Modellpalette umfangreiche Infos sowie eine Gebrauchtfahrzeugdatenbank.

Kawasaki

www.kawasaki-europe.com
Motorräder, Sport-Quads und Jet-Skis sowie Infos rund um News und Events sind auf der Internet-Präsenz von Kawasaki zu finden.

Piaggio

www.piaggio.de
Die Online-Welt von Piaggio präsentiert sämtliche Zweiradprodukte der Marken Piaggio, Vespa und Gilera mit aktuellen Preisen.

Suzuki

www.suzuki.de
Infos über Suzuki-Motorräder: Vorstellung der Modelle und Händler, Gebrauchtbörsen, Zubehör, Buchung von Testride-Weekends.

VERKEHR

Yamaha Motor
info@yamaha-motor.de

www.yamaha-motor.de
Motorräder, Roller, Zubehör und Ersatzteile von Yamaha werden ausführlich vorgestellt, Einsicht in unterschiedliche Gutachten.

Motorrad/Markt

BikeMarkt
info@bikemarkt.de

www.bikemarkt.de
Kleinanzeigenmarkt für Motorräder, Mopeds und Roller mit zahlreichen Angeboten, Bekanntschaftsbörse für Touren- und Reisepartner.

MotoScout24
help@autoscout24.de

www.motoscout24.de
Große Fahrzeugdatenbank für Zweiräder mit privaten und gewerblichen Anzeigen, Versicherungsangeboten, Tipps und Testberichten.

Zweirad - Technik Heim
info@heimracing.de

www.heimracing.de
Vertragshändler für italienische Motorräder wie Ducati, Aprilia, Guzzi, Benelli, Ersatzteilversand, Neu- und Gebrauchtteile.

Motorrad/Reifen/Hersteller

Burnout GmbH
info@burnout-gmbh.de

www.motorradrennreifen.de
Online-Shop mit Reifen, Verkleidungen und Zubehör fürs Motorrad sowie Info-Portal über Motorradreifen und Rennstrecken.

Metzeler Motorradreifen
kundendienst@metzelermoto.com

www.metzelermoto.de
Bereifungskatalog, Produkt-Highlights, Infos zu Reifenfreigaben. Außerdem wird zu jedem Fahrstil der passende Reifen empfohlen.

Pirelli Moto
kundendienst@pirellimoto.de

www.pirellimoto.de
Informationsplattform rund um das Thema Motorrad und Reifen mit Veranstaltungen, dem Reifenprogramm und allen Sportaktivitäten.

BikerClub   **www.bikerclub.de**

Anzeige

VERKEHR

Motorrad/Roller

Motorrollermagazin
info@motorroller-magazin.de

www.motorrollermagazin.de
Ausführliches Online-Magazin zum Thema Motorroller mit aktuellen Infos und Berichten, Reparatur- und Pannenguide, Rollermarkt.

Motorrad/Zeitschriften

● **Bikers-Journal**
redaktion@bikers-journal.net

www.bikers-journal.net
Hier stehen alle Ausgaben des Motorrad-Magazins „Biker's Journal" kostenlos zum Download bereit. Das Magazin liefert Informationen zu Motorrädern, zu Motorradtests und gibt Tipps zu allem, was das Zweirad betrifft. **(Siehe Abbildung)**

● **BikerSzene**
bikerszene@avis-verlag.de

www.bikerszene.de
Das große Info-Portal rund um das Thema Motorrad. Täglich aktualisierte News, Termine, Berichte, Tipps und Tricks und ein Gebraucht-Motorrad und -Teilemarkt mit vielen tausend Angeboten erwarten den surfenden Motorradfahrer. Private Inserate sind hier kostenlos. **(Siehe Abbildung)**

● **DiCom's Motorradfreizeit**
dicom@motorradfreizeit.de

www.motorradfreizeit.de
Das Web-Angebot der Zeitschrift reicht von einem großen Unterkunftsverzeichnis im In- und Ausland über Terminkalender und Kleinanzeigen sowie zahlreichen Links bis hin zu vielen Ausflugszielen und Neuigkeiten. **(Siehe Abbildung)**

Motorrad Abenteuer
info@motorrad-abenteuer.de

www.motorrad-abenteuer.de
Das Motorradmagazin stellt Auszüge aus Tests und Artikeln der aktuellen Ausgabe in den Rubriken Test, Reise, Service, Sport vor.

Bikers-Journal www.bikers-journal.net

VERKEHR

BikerSzene   www.bikerszene.de

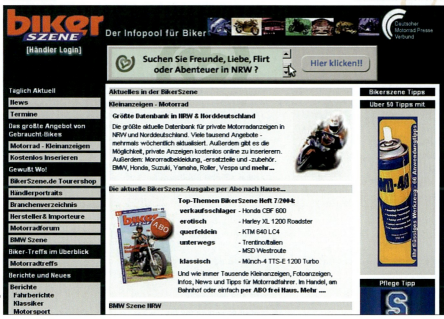

DiCom's Motorradfreizeit   www.motorradfreizeit.de

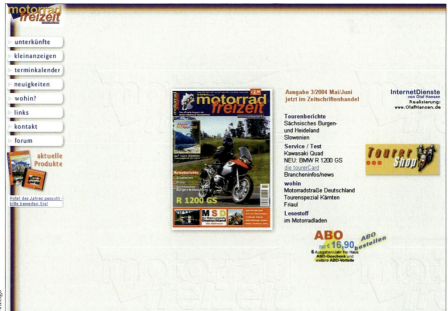

VERKEHR

Fighters Magazin
info@fighters-magazin.de

www.fighters-magazin.de
Großes Angebot zu exklusiven Motorradumbauten, wie TÜV- und Tuning-Tipps, Zubehör-Markt, Shop, Händlerverzeichnis, Forum, Terminkalender, viele Links, eine Fotogalerie und Infos zum Nachschlagewerk Motorrad Tuning Spezial. **(Siehe Abbildung)**

Motorrad Online
leserbriefe_mrd@motorpresse.de

www.motorradonline.de
Europas große Motorradzeitschrift bietet online Motorrad-Testberichte und -daten, News, ein Forum, Reiseinfos, Kleinanzeigen.

Motorradfahrer-Online
service@nitschke-verlag.de

www.motorradfahrer-online.de
Gemeinsames Portal von Motorradfahrer-Online und Tourenfahrer-Online mit Vergleichstests, Technikinfos und Tourentipps für Biker.

Reise Motorrad.de
redaktion@reisemotorrad.de

www.reisemotorrad.de
Umfangreiches Portal mit zahlreichen Rubriken wie Hoteltipps, Reisereportagen, Termine, Kleinanzeigen, Testberichte und ein Shop. **(Siehe Abbildung)**

Motorrad/Zubehör

Bike-Teile.de
webmaster@bike-teile.de

www.bike-teile.de
Virtuelles Ersatzteillager für Motorrad- und Rollerteile - neu und gebraucht - viele nicht mehr offiziell verfügbare Bauteile.

Hein Gericke Deutschland GmbH
info@hein-gericke.de

www.hein-gericke-store.de
Der große Motorrad- und Motorradzubehör-Händler hält eine Vielfalt an Artikeln, Infos und Sonderangeboten im Shop bereit. **(Siehe Abbildung)**

Polo Expressversand
info@polo-expressversand.com

www.polo-motorrad.de
Neben einem Online-Shop mit Motorrad- und Freizeitbekleidung, Helmen und technischem Zubehör bietet Polo ein Techniklexikon.

Fighters Magazin   www.fighters-magazin.de

VERKEHR

Reise Motorrad.de www.reisemotorrad.de

Hein Gericke Deutschland GmbH www.hein-gericke-store.de

Verkehr

Öffentlicher Nahverkehr

OEPNV-Portal
info@oepnv.de

www.oepnv.de
Übersicht über die Online-Fahrplanauskünfte im Nahverkehr und die Nahverkehrsunternehmen.

VDV
info@vdv.de

www.vdv.de
Infoseite des Fachverbands der Unternehmen des öffentlichen Personennahverkehrs und des Güterverkehrs, Fahrplanauskunft.

Parken

Parkinformationen
info.parken@bmw.de

www.parkinfo.com
Schnell und einfach einen Parkplatz finden! Info zu Gebühren, Öffnungszeiten, Anzahl der Stellplätze und Einfahrtshöhen.

Radarfallen

Radarfallenhomepage
me@radarfalle.de

www.radarfalle.de
Detaillierte Aufführung fest installierter Blitzer und aktuelle Meldungen über mobile Blitzer. Mit Bußgeldrechner.

Routenplaner

Falk
info@falk.de

www.falk.de
Mobilitätsdienst mit Stadtplänen, Europa-Atlas, Routenplaner und Hotelsuchfunktion sowie Skiatlas mit beliebten Skigebieten.

Map24
info@netsolut.com

www.map24.de
Portal mit Adressensuche und Routenplanung, mit Map24-Produkten: Einbindung von Karten in Homepages und Software-Anwendungen.

ViaMichelin

www.viamichelin.de
Routenplaner für ganz Europa: Berechnung von Entfernung, Fahrzeit und Mautgebühren; für die Rast unterwegs: Restaurantsuche.

Seilbahnen & Schlepplifte

VDS
info@seilbahnen.de

www.seilbahnen.de
Infos über Seilbahnen im Hinblick auf Sicherheit und Umweltverträglichkeit und eine Seilbahn-Suchmaschine.

Staumeldung

Aktuelle Verkehrslage
info@verkehrslage.de

www.verkehrslage.de
Suchmaschine zu Begriffen wie Stau, Sperrung, Unfall, Baustelle und Blitzer, die über die aktuelle Verkehrslage informiert.

Verkehrsinfo.de
info@verkehrsinfo.de

www.verkehrsinfo.de
Übersichtliche Präsentation aktueller Staus und Behinderungen auf der Deutschlandkarte mit Länge und Ursache.

Verkehrsinformation.de
webmaster@verkehrsinformation.de

www.verkehrsinformation.de
Hier kann man sich über die aktuelle Verkehrslage informieren: Einfach Bundesland anklicken und Staumeldungen abrufen.

Tanken & Autobahnrasthöfe

clever-tanken.de
infoservice@clever-tanken.de

www.clever-tanken.de
Hier kann man kostenlos und aktuell Preise zu Diesel, Benzin, Super oder einem anderen Kraftstoff vergleichen.

VERKEHR

Links+Rechts der Autobahn
linksundrechts@stuenings.de

www.linksundrechts.com
Ein Reiseführer mit ausgesuchten Hotels, Gaststätten und Tankstellen entlang der Autobahnen Europas.

Tank & Rast
pr@tank.rast.de

www.tankundrast.de
Infos zu den über 700 Raststätten und Tankstellen auf deutschen Autobahnen.

Taxen

Taxi.de
netoffice@taxipress.de

www.taxi.de
Taxiverzeichnis, News zum Thema „Taxi und Internet". Informationen zum Taxitarif und Entfernungsberechnung.

Taxipress.de
redaktion@taxipress.de

www.taxipress.de
Aktuelle Taxinachrichten, Taxizentralen, Taxitarife, Taxibestellungen, Taxi-Online-Börse.

Transrapid

Transrapid
info@transrapid.de

www.transrapid.de
Hintergrundinfos über den Transrapid mit einer Chronologie sowie technischen und umwelttechnischen Daten und Fakten.

TÜV

TÜV Nord Gruppe
info@tuev-nord.de

www.tuev-nord.de
Infos zum EU-Führerschein, eine Auflistung der TÜV-Stationen und aktuelle Preise und Gebühren. Mit Online-Terminvereinbarung.

● **TÜV SÜD**
info@tuev-sued.de

www.tuev-sued.de
Tipps für Freizeit, Urlaub, Umwelt, Auto, kostenlose Downloads: Kaufvertrag für ein gebrauchtes Fahrzeug, Schadensgutachten, Unfallratgeber für das Handschuhfach, Führerscheintest, Infos zu Führerschein, Alkoholtest und ein Punkterechner. Online-Anmeldung und Online-Reminder zur HU/AU. **(Siehe Abbildung)**

TÜV SÜD   **www.tuev-sued.de**

VERKEHR

Verkehrsbehörden

**Bundesministerium für Verkehr,
Bau- und Wohnungswesen**
buergerinfo@bmvbw.bund.de

www.bmvbw.de
Das Bundesministerium bietet Links, Publikationen und Presseinformationen zum Thema Verkehr und Bauwesen.

Eisenbahn-Bundesamt
ebaweb@eba.bund.de

www.eba.bund.de
Informationen zum Thema Eisenbahn, Vorschriften, Richtlinien und andere themenspezifische Auskünfte.

Kraftfahrt-Bundesamt
kba@kba.de

www.kba.de
Das Kraftfahrt-Bundesamt präsentiert eine Fülle von Infos rund um das Kraftfahrzeug, das Punktesystem und Statistiken.

Luftfahrt-Bundesamt
info@lba.de

www.lba.de
Das Luftfahrt-Bundesamt (LBA) ist die wichtigste, nationale Genehmigungs- und Aufsichtsbehörde in der zivilen Luftfahrt.

Verkehrssicherheit

GDV
berlin@gdv.org

www.versicherung-und-verkehr.de
Informatives Portal für alle Verkehrsteilnehmer - vom Fußgänger bis zum Skater. Tipps zu Sicherheit, Versicherung und Unfall.

19

Wirtschaft

WIRTSCHAFT

www.vertrag.de

Vertrag.de

Sie wollen einen Gebrauchtwagen kaufen, Ihr eigenes Unternehmen gründen und sich dabei sinnvollerweise rechtlich absichern? Oder vor Ihrem Eintritt in die Ehe schon mal eine Trennungsvereinbarung festlegen? Sie müssen nicht gleich zur nächsten Kanzlei rennen, denn hier finden Sie zu allen wichtigen Gebieten wie Arbeitsrecht, Familien- und Mietrecht, Existenzgründung oder Geschäftsbereich Vertragsvorlagen, die Sie kostenlos ausdrucken können. Sollten Sie den gesuchten Vertrag nicht finden, können Sie direkt von der Seite aus Ihre Frage an das Team von vertrag.de schicken. Na dann, viel Spaß beim Vertrag abschließen.

www.messenweltweit.com

Messenweltweit

In Shanghai auf der ChinaFood die neusten Köstlichkeiten erkunden, in Moskau auf der Ambiente die trendigsten Wohn-Accessoires einkaufen oder sich auf der IAA in Frankfurt mal in den aktuellsten Porsche setzen. Als Messebummler wird diese Seite für Sie eine Fundgrube an Informationen sein. Die internationale Datenbank umfasst weltweite Messen in 1.800 Städten von 5.000 Veranstaltern mit 12.000 Produkten und 700.000 Ausstellern, nach denen durch Stichworteingabe gesucht werden kann. So erfahren Sie Ausstellungsadressen und -daten, welche Produkte vorgestellt werden und erhalten den direkten Link zur Internet-Seite der Messe.

www.insolvenzrecht.info

Insolvenzrecht.info

Raus aus der Schuldenfalle! Unternehmen, die vom Konkurs bedroht sind, wie auch Privatpersonen, die mit Überschuldung zu kämpfen haben, finden hier die wichtigsten Informationen zum Insolvenzrecht zusammengestellt. Erfahren Sie mehr über die Gründe für Zahlungsunfähigkeit, die einzelnen Schritte eines Insolvenzverfahrens sowie über verschiedene Sanierungskonzepte zur Insolvenzabwehr. Wer dabei anwaltlichen Rat benötigt, findet in der Rubrik „Rechtsberatung" Adressen vor Ort. Aktuelle Urteile und das Lexikon der Insolvenz helfen, den Überblick zu bewahren, um zu retten, was zu retten ist.

www.copat.de

COPAT

Erfinder, Tüftler, Querdenker aufgepasst! Hier ist die Seite einer Patentanwaltskanzlei zum gewerblichen Rechtsschutz, damit gute Ideen realisiert und schutzfähige Innovationen gesichert werden. Was schützt was? Die gleichnamige Übersichtstabelle und das Lexikon von A bis Z bieten einen schnellen Einstieg. Eine praxisnahe Anleitung, wie Sie Ideen prüfen, schützen und verwerten, finden Sie im Erfinderleitfaden. Ob Sie auf der Suche nach Gesetzestexten sind oder wissen möchten, welche Fördermittel es gibt: Beweisen Sie Forschergeist und informieren Sie sich hier, bevor Sie Zeit und Geld investieren!

WIRTSCHAFT

www.anwalt24.de

Anwalt24.de

Streit mit dem Nachbarn? Abgemahnt? Die Datenbank mit über 58.000 Rechtsanwälten und 39.500 Kanzleien liefert Telefon- und Adresslisten für alle Fachgebiete. Wählen Sie Ihr gewünschtes Rechtsgebiet und Sie sind praktisch nur noch drei Mausklicks von der Homepage Ihres Anwalts entfernt. Ein Glossar von A bis Z erläutert die wichtigsten Fachbegriffe rund ums Recht. Wann sollte man einen Anwalt aufsuchen? Was kostet eine Rechtsberatung? Wer bezahlt den Anwalt? Auch wenn Sie noch nie einen Anwalt benötigt haben; hier erfahren Sie erste Hilfe im Krisenfall. Ein Beweis dafür, dass guter Rat nicht teuer sein muss!

www.bdi-deutschland-liefert.de

Die Deutsche Exportdatenbank

Die Exportdatenbank des BDI e.V. unterstützt Sie bei der Suche nach Herstellern und Dienstleistern von Produkten und Leistungen „Made in Germany" und liefert Informationen zur deutschen Exportindustrie. Das Adressbuch listet zu über 35.000 deutschen Exportunternehmen den Firmennamen mit Firmensitz auf, und bietet detaillierte Unternehmensinformationen vom Produktions- und Dienstleistungsprogramm über das Firmenprofil und den Messebeteiligungen des Lieferanten bis hin zur Verknüpfung auf die firmeneigene Homepage. Im Suchwortverzeichnis oder der Industriegruppen-Übersicht blättern – und Deutschland liefert!

www.dufaindex.de

Dumrath & Fassnacht Handelsregister online

In dieser Datenbank können aktuelle Mitteilungen aus dem Zentralen Handelsregister und den Gerichtlichen Bekanntmachungen des Bundesanzeigers für ganz Deutschland eingesehen werden. Einfach den Handelsregisterort auswählen und Sie erhalten kostenfrei Kurzinformationen der letzten Kalenderwoche aus allen Registergerichten Deutschlands. Die kostenpflichtige Abfrage aus über 4,1 Millionen Dokumenten bietet alle registerrelevanten Informationen zu Neugründungen, Veränderungen, Insolvenzen und Löschungen inklusive Beteiligungs-, Management-, Kapital-, und Geschäftszweiginformationen.

www.wlw.de

Wer liefert was?

„Wer liefert was?" Das haben Sie sich bestimmt auch schon oft gefragt, oder? Doch damit ist jetzt Schluss! Denn mit WLW, dem Informationsanbieter für Firmen, Produkte und Dienstleistungen finden Sie immer, was Sie suchen! Bei 307.356 Firmen aus 10 Ländern und zusätzlich 102.483 exportorientierten Firmen aus Finnland, Frankreich, England, Italien und Schweden muss man einfach fündig werden! Sollte es doch einmal nicht klappen, fragen Sie im „Gästebuch" nach und Ihnen wird umgehend geholfen. Außerdem können Sie sich auch hier als Unternehmen registrieren lassen und so Werbung in eigener Sache machen. „Suchen, Finden und Kaufen" in Europa

WIRTSCHAFT

Anwälte

advomain
info@advomain.info

www.advomain.info
Anwaltsuche nach Ort, Postleitzahl, Schwerpunkt und Sprache. Juristen geben Tipps und Informationen zur neuesten Rechtsprechung.

Anwalt24.de
info@anwalt24.de

www.anwalt24.de
Datenbank mit über 58.000 Rechtsanwälten und 39.500 Anwaltskanzleien. Artikel rund ums Recht, Rechts-News und ein Glossar.

Anwalt-Suchservice
kontakt@anwalt-suchservice.de

www.anwalt-suchservice.de
Kostenlose Anwaltsdatenbank mit aktuellen Verbraucherurteilen, Musterverträgen und einem Kanzlei-Homepage-Verzeichnis.

Bundesrechtsanwaltskammer
zentrale@brak.de

www.brak.de
Umfassende Auskunft über Neuigkeiten aus der Welt der Rechtsanwälte, Informationen zur Gesetzgebung und aktuelle Änderungen.

Deutsche Anwaltshotline
mail@deutsche-anwaltshotline.de

www.anwaltshotline.de
Sofort telefonische Rechtsberatung durch zugelassene Rechtsanwälte, 40 Rechtsgebiete.

Deutscher Anwaltverein
dav@anwaltverein.de

www.anwaltverein.de
Info- und Dienstleistungsseiten des Deutschen Anwaltvereins mit Anwalt- und Bürgerservice sowie aktuellen Meldungen.

RA-MICRO Deutscher Anwaltssuchdienst
info@dasd.de

www.anwaltssuchdienst.de
Deutscher Anwaltssuchdienst mit über 12.000 eingetragenen Anwälten. Suche nach Rechtsgebiet, Stadt, Bundesland oder Sprache.

Branchenverzeichnisse/Bundesweit

besteadresse.de
info@besteadresse.de

www.besteadresse.de
Branchenadressen aus den Bereichen Beauty und Wellness, Verkehr sowie Freizeit und Unterhaltung.

branchenbuch.de
kontakt@branchenbuch.de

www.branchenbuch.de
Links zu Branchenbüchern, Adressbüchern und Anschriftensammlungen im Internet.

Branchensuchmaschine im Internet, Die
info@firmenlexikon.de

www.firmenlexikon.de
Branchenbuch für das Internet. Mit Profisuche nach Firma, Branche, Vorwahl, Postleitzahl und Ort.

Elektronisches Branchenbuch
info@ebb.de

www.ebb.de
Virtuelles Branchenbuch mit Telefon- und (Web-) Adressverzeichnis: Branchenliste von A bis Z und komfortable Stichwortsuche.

firmenfinden in Deutschland
info@firmenfinden.de

www.firmenfinden.de
Firmensuchmaschine mit über einer Million Adressen in fast 4.000 Branchen. Suche nach Bundesland, Ort, Branche oder Firma.

GelbeSeiten
info@gelbe-seiten-marketing.de

www.gelbe-seiten.de
Firmensuchmaschine, die Postadressen und Rufnummern anzeigt, mit Extrasuche im Nahbereich oder mit dem Branchen-Finder.

German-Business
info@german-business.de

www.german-business.de
Firmensuche mit übersichtlicher Unterteilung in zwölf Rubriken aus Bereichen wie Recht, Jobs, Computer, Reise oder Medizin.

WIRTSCHAFT

Industrienet
info@konradin.de

www.industrienet.de
Suche im Produktangebot von über 15.000 Firmen und in der Dienstleisterdatenbank. Über 6.000 kommentierte Industrie-Links.

YellowMap
kontakt@yellowmap.de

www.yellowmap.de
Branchensuchdienst: Firmenadressen mit Lageplan und Route zu jedem Ziel. Ein bundesweites Veranstaltungsverzeichnis.

Branchenverzeichnisse/International

Europages
info@europages.com

www.europages.de
Das europaweite Branchenverzeichnis bietet die Möglichkeit zur Suche nach Land, Region, Firmenname, Tätigkeit oder Bereich.

YelloScout Worlwide
redaktion@yelloscout.com

www.yelloscout.com
Die Firmendatenbank ermöglicht die weltweite, kostenlose Suche nach Adressen, Produkten und Ansprechpartnern aus der Wirtschaft.

Buchhandel

Börsenverein des Deutschen Buchhandels
info@boev.de

www.boersenverein.de
Der Börsenverein des Deutschen Buchhandels stellt sich vor. Mit Informationen über Buchmarkt, Buchkultur und Buchpolitik.

Business to Business

● **Restposten.de**
info@restposten.de

www.restposten.de
B2B-Handelsplatz für Restposten, Sonderposten, Konkurswaren, Insolvenzgüter, Aktionswaren, Lagerüberhänge und sonstige, überschüssige Wirtschaftsgüter für Gewerbetreibende, Wiederverkäufer, Groß- und Einzelhandel. **(Siehe Abbildung)**

Restposten.de   www.restposten.de

817

WIRTSCHAFT

Abori
info@abori.de

www.abori.de
Hier können Selbstständige und Unternehmen ihre Leistungen und Angebote austauschen und Kontakte knüpfen.

B2B-info.de
info@bonus.de

www.b2b-info.de
Das B2B-Netzwerk: Branchenführer, Marktplätze und B2B-News.

Bayern-innovativ
info@bayern-innovativ.de

www.bayern-innovativ.de
Unterstützung von Unternehmen in Innovationsprozessen, Aufbau und kontinuierliche Weiterentwicklung von Technologie und Branchen.

Business Deutschland GelbeSeiten
info@businessdeutschland.de

www.businessdeutschland.de
B2B-Verzeichnis von GelbeSeiten: Datenbank für Einkauf, Verkauf und Marketing.

econia
info@econia.com

www.econia.com
Anbieter von E-Sourcing-Lösungen für Unternehmen und öffentliche Institutionen.

GENIOS Wirtschaftsdatenbanken
info@genios.de

www.genios.de
Umfassende, kostenpflichtige Recherchemöglichkeit zu wirtschaftlichen Themen aus über 900 Presse-, Fach- und Firmendatenbanken.

Hoppenstedt
info@hoppenstedt.de

www.hoppenstedt.de
Zahlreiche Datenbanken über Firmen, Konzerne, Manager oder Bilanzen - für Vertrieb, Marketing, Research und Key-Account.

Kompass Deutschland
info@kompass-deutschland.de

www.kompass-deutschland.de
Branchenführer, der für fast jeden Bedarf einen Firmeneintrag mit Infos zu Unternehmen und Produkten findet.

Open Business Club

www.openbc.com
Die virtuelle Kontaktbörse vermittelt Geschäftskontakte - branchenübergreifend und deutschlandweit.

Wer liefert was? www.wlw.de

818

WIRTSCHAFT

Seibt
info@seibt.com

www.seibt.com
Industrie-Informationsportal: Produkte und Bezugsquellen für Oberflächen-, Industrie-, Medizin-, Umwelt- und Verpackungstechnik.

Wer baut Maschinen in Deutschland
wbm@hopp.de

www.vdma-products.com
Die Produktdatenbank des Maschinen- und Anlagebaus listet Lieferanten, Dienstleister, Produkte und Firmeninfos zu Unternehmen.

● **Wer liefert was?**
info@wlw.de

www.wlw.de
Wer liefert was? ist die Suchmaschine für Produkte und Dienstleistungen. Nutzer finden schnell und treffsicher Informationen zu Unternehmen im Business-to-Business. Die ständig aktualisierten Informationen sind kostenlos und ohne Anmeldung verfügbar. **(Siehe Abbildung)**

● **Zentrada.de**
info@schimmel-media.de

www.zentrada.de
Die Handelsplattform im Internet ist ein unabhängiger Großhandelsmarktplatz für Neuheiten, Trendartikel, Rest- und Sonderposten für Händler und Gewerbebetreibende. Täglich rund 5.000 aktuelle Produktangebote von über 400 Anbietern; 13.000 aktive Mitglieder. **(Siehe Abbildung)**

Chemie

analytik.de
info@klinkner.de

www.analytik.de
Die Adresse für Analytiker, mit aktuellen Jobangeboten, Analytikerforum und Suchmaschine.

VCI
info@vci.de

www.chemische-industrie.de
Informationen rund um die chemische Industrie in Deutschland mit Veranstaltungen, Forschungsberichten und Links zu Unternehmen.

Zentrada.de   www.zentrada.de

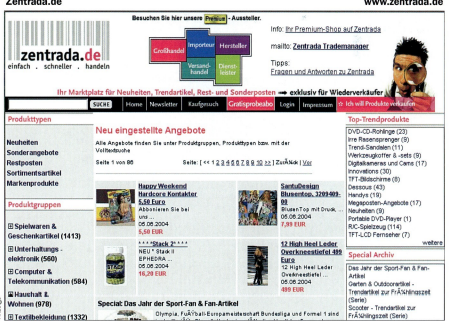

WIRTSCHAFT

Chemie & Pharmazie/Konzerne

BASF
info.service@basf-ag.de

www.basf.de
Die BASF-Gruppe stellt sich vor und liefert spezifische Infos über ihre Aktivitäten in Europa, Nordamerika/NAFTA und Asien.

● **Celesio AG**
service@celesio.com

www.celesio.com
Aktuelle Informationen zu Celesio - Europas Nr. 1 in der Pharmadistribution mit Großhandelsunternehmen und Apotheken in elf Ländern - für Aktionäre, Analysten, Journalisten und Stellensuchende, mit zahlreichen Interaktionsmöglichkeiten.
(Siehe Abbildung)

Degussa AG
info@degussa.com

www.degussa.de
Informationen zur Konzernstruktur, Produkt- und Presseservice sowie Aktienkurse.

Henkel KGaA
corporate.communications@henkel.com

www.henkel.de
Infos und Beratung zu Wasch- und Reinigungsmitteln, Kosmetik und Körperpflege, Kleb- und Dichtstoffen sowie Oberflächentechnik.

Schering AG

www.schering.de
Wissenswertes über das Unternehmen und seine Schwerpunkte sowie Stellenausschreibungen, Investorenforum und Presse-News.

Siehe Gesundheit

Pharmazie & Chemie/Hersteller

Celesio AG   www.celesio.com

WIRTSCHAFT

Dienstleistungen/Industriekletterer

Baukletterer.de

www.baukletterer.de
Gerüstlose Höhenarbeiten mit Alpintechnik an Dächern, Fassaden, Blitzschutzanlagen sowie Notreparaturen und Taubenabwehr.

Geckotec
info@geckotec.net

www.geckotec.net
Firma, die mit Hilfe der seilunterstützten Höhentechnik Werbeposter anbringt, Inspektionen und Spezialmontagen durchführt.

High Rope Access
info@high-rope-access.de

www.high-rope-access.de
Seilzugangstechnik für Arbeiten an schwer zugänglichen Bereichen und in großer Höhe. Schulungen für seilunterstütztes Retten.

Industriekletterer, Die
kletter-spezial-einheit@web.de

www.hoehenarbeit-im-seil.de
Der Arbeitsbereich der Industriekletterer liegt in schwindelerregender Höhe: Dacharbeiten, Fassadensanierung oder Glasreinigung.

Seilpartner
office@seilpartner.com

www.seilpartner.com
Fachfirma, die sich mit der seilunterstützten Methode auf hochgelegene, schwer zugängliche Arbeitsplätze spezialisiert hat.

Dienstleistungen/Übersetzer & Dolmetscher

● **Übersetzerportal, Das**
rs@uepo.de

www.uebersetzerportal.de
Ein Portal für Übersetzer und alle, die Übersetzer suchen. Seit 2001 berichtet die „Tagesschau der Branche" über das Branchengeschehen in Deutschland, Österreich und der Schweiz. In einer Datenbank können Auftraggeber nach qualifizierten Übersetzern suchen. **(Siehe Abbildung)**

Das Übersetzerportal **www.uebersetzerportal.de**

WIRTSCHAFT

Bundesverband der Dolmetscher und Übersetzer e.V.
bgs@bdue.de

www.bdue.de
Für fast alle Sprachen kann hier online nach Dolmetschern und Übersetzern mit nachgewiesener Qualifikation gesucht werden.

Datenbank der beeidigten Übersetzer
info@beeidigte-uebersetzer.de

www.beeidigte-uebersetzer.de
Suchdatenbank nach beeidigten Übersetzern, für Urkunden, amtliche und gerichtliche Dokumente.

Datenbank der Übersetzer, Die
info@uebersetzer-link.de

www.uebersetzer-link.de
Suchdatenbank nach freiberuflichen Übersetzern mit aktuellen Service- und Leistungsbeschreibungen.

Dolmetscher.net
team@sprachmittler-truu.de

www.dolmetscher.net
Internationales Verzeichnis für Dolmetscher und Übersetzer mit mehr als 50 Sprachen.

mein-dolmetscher.de
info@mein-dolmetscher.de

www.mein-dolmetscher.de
Adressenverzeichnis von Dolmetschern und Übersetzern verschiedener Sprachen.

Sprachvermittler.com
webmaster@sprachvermittler.com

www.sprachvermittler.com
Suchdatenbank und Informationen zu Dolmetschern und Übersetzern. Mit Verzeichnis der einzelnen Landessprachen.

Textpark
info@textpark.de

www.textpark.de
Kostenpflichtige Fachübersetzungen in über 40 Sprachen aus den Bereichen Industrie, Kultur, Recht, Wirtschaft und Wissenschaft.

Übersetzerdatenbank
team@sprachmittler-truu.de

www.uebersetzerdatenbank.de
Internationale deutschsprachige Dolmetscher- und Übersetzerdatenbank. Kostenlose Abfrage, auch exotische Sprachen.

Übersetzernetz
info@uebersetzernetz.de

www.uebersetzernetz.de
Verzeichnis von qualifizierten Dolmetschern und Übersetzern sowie Angaben über ihre sprachliche Befähigung und Kontaktdaten.

Druck

Bundesverband Druck und Medien
info@bvdm-online.de

www.bvdm-online.de
Informationen über die Druck- und Medienindustrie sowie ihre Verbandsorganisation.

druck.de/litho.de
info@druck.de

www.druck.de
Info-Server für Druck/Litho und alle artverwandten Bereiche. Online-Verbindung zu Druckereien, Repro, Litho und DTP.

publish.de
info@publish.de

www.publish.de
Portal für Vorstufe, Cross-Media-Publishing, Druck und Weiterverarbeitung.

Zeitschrift, PrintProcess-Online
editor@printprocess.net

www.printprocess.net
„PrintProcess" ist ein Magazin zum Wandel im grafischen Gewerbe. Zielgruppe sind alle, die mit Kommunikation zu tun haben.

Druck/Papier

Papernews

www.papernews.de
Magazin mit Nachrichten, Reportagen und Meinungen aus der Welt des Papiers, außerdem ein Archiv der seit 1995 erschienenen Ausgaben.

WIRTSCHAFT

Elektrizität/Stromanbieter

E.on AG
info@eon.com

www.eon.com
Neue Technologien bei der Energieversorgung: Infos über E.ON, Jobs und Aktienkurse.

RWE AG
contact@rwe.com

www.rwe.com
Energieversorgung für Privatkunden, Geschäftskunden, Stadtwerke und die öffentliche Hand.

🔴 **Yello Strom GmbH**
kontakt@yellostrom.de

www.yellostrom.de
Yello ist der günstige Stromanbieter. Der Wechsel ist ganz einfach per Online-Vertrag möglich. Pfiffige Aktionen, praktische Formulare und Informationen über Yello runden das Angebot ab. Falls Fragen auftauchen: Die virtuelle Beraterin Eve hilft Besuchern gerne weiter und ist ein echter Hingucker! **(Siehe Abbildung)**

Elektronik/Konzerne

Agfa Deutschland
kontakt.de@agfa.com

www.agfa.de
Informationen zu allen Agfa-Geschäftsbereichen wie z.B. Fotoprodukte, AGFAnet Printservice sowie weitere Serviceangebote.

Philips
philipsgmbhpresse@philips.com

www.philips.de
Wer mehr über Philips wissen will, ist hier richtig. Neben Produktinfos gibt es Rubriken wie Jobs, Kundenservice und Forschung.

Robert Bosch GmbH

www.bosch.de
Neuigkeiten und Infos zu den Produkten und Dienstleistungen des Unternehmens: Vom Elektrowerkzeug bis hin zu den Hausgeräten.

Samsung Electronics Deutschland

www.samsung.de
Monitore, Notebooks, Office Automation, Kommunikations- und Heimelektronik.

Yello Strom GmbH www.yellostrom.de

Anzeige

WIRTSCHAFT

● **Siemens**   **www.siemens.de**
Hier präsentiert sich Siemens in Deutschland. Besucher finden schnell und übersichtlich Informationen zu Produkten, Lösungen und Services von Siemens. Eigene Sektionen gibt es zu Jobs & Karriere, Investor Relations und Presse. Standorte und Ansprechpartner in Deutschland sind ebenso problemlos zu finden. **(Siehe Abbildung)**

Elektronik/TV, HiFi, Video & DVD/Hersteller

● **Onkyo**   **www.onkyo.de**
customercare@onkyo.de
Japanischer Hersteller hochwertiger HiFi- und Heimkino-Komponenten. Umfangreiche Produktinformation. **(Siehe Abbildung)**

Panasonic Deutschland GmbH   **www.panasonic.de**
Unterhaltungselektronik, Haushaltsgeräte, Bürokommunikation, Videoüberwachung, Klimaanlagen, professionelle Videotechnik.

● **Sony Deutschland GmbH**   **www.sony.de**
Sony.de bietet umfassende Informationen und Downloads zu Sony-Produkten, Service-Adressen und Garantie-Leistungen, häufig gestellte Fragen und Antworten, Pressemeldungen, Produkt-Reportagen im Sony Online-Magazin sowie einen geschützten Bereich mit exklusiven Themen-Angeboten für My Sony Mitglieder. **(Siehe Abbildung)**

Canton pure music   **www.canton.de**
info@canton.de
Produktinformation und Testberichte von hochwertigen HiFi-Lautsprechern, Aktiv-Subwoofern, Heimkino-Systemen und Car-Audio.

Aiwa Deutschland GmbH   **www.aiwa.de**
Vorstellung der verschiedenen Aiwa-Produkte.

Siemens   **www.siemens.de**

WIRTSCHAFT

Onkyo www.onkyo.de

Sony Deutschland GmbH www.sony.de

WIRTSCHAFT

Jamo
info@jamo.de

www.jamo.com
Europas großer Lautsprecherhersteller. Mit Placement-Guide, der eine Platzierung des Lautsprechers im eigenen Raum simuliert.

JVC.de
service@jvc.de

www.jvc.de
Der renommierte internationale Hersteller im Bereich Audio-, Video-, Heimkino-, Car- und Mobile-Computing-Hardware.

Kenwood Deutschland
info@kenwood.de

www.kenwood.de
Produktkatalog, Support und Service; außerdem ein Fan-Shop für alle, denen Heckscheibenaufkleber nicht ausreichen.

Loewe

www.loewe.de
TV, DVD, Video und Zubehör.

Energie/Alternative Energie

Siehe Umwelt

Energie

Energie/Elektrizität

Stromtarifvergleiche siehe Einkaufen

Elektrizität & Strom

Energie/Mineralölkonzerne & Tankstellen

Agip Deutschland
agip@agip.de

www.agip.de
Bei Agip konzentriert man sich nicht nur auf das Leistungsspektrum, sondern kann auch die Kultur Italiens näher kennenlernen.

● **Aral.de**
info@aral.de

www.aral.de
Die Einstiegsseite in die Aral-Welt mit ausführlichen Unternehmens- und Mobilitätsinfos, Kraftstoffpreisen aller Aral-Tankstellen und Online-Shops, führenden Community-Angeboten für Motorradfahrer, Führerscheinanfänger und Familien. **(Siehe Abbildung)**

AVIA Deutschland
info@avia.de

www.avia.de
Informationen zur AVIA-Gruppe, Wissenswertes rund um Tanken, Heizen und Schmierstoffe, Download-Bereich und Kundenmagazin.

Esso

www.esso.de
Der Tiger im Internet: Informationen über das Unternehmen, über Produkte, ein Tankstellen-Finder und Tiger-Greeting-Cards.

JET-Tankstellen
kontakt@conocophillips.com

www.jet-tankstellen.de
Internet-Auftritt der Marke JET mit Tankstellensuchfunktion, aktuellen Shop-Angeboten und weiteren Infos rund um die Marke JET.

Shell
info@shell-select.de

www.shell.de
Aktuelles von Shell: Vorstellung des Unternehmens, Infos über erneuerbare Energien, Shell-Stellen und Ausbildungsmarkt.

Export & Außenhandel

Außenwirtschaftsportal ixpos
ixpos@bfai.de

www.ixpos.de
Serviceangebote und Dienstleistungen zur Förderung des Exports und des Außenhandels der deutschen Wirtschaft.

Deutsche Exportdatenbank, Die
info@sachon.de

www.bdi-deutschland-liefert.de
Die offizielle Exportdatenbank des BDI e.V.: Hersteller und Dienstleister von Produkten und Leistungen „Made in Germany".

WIRTSCHAFT

Exportberatung
info@exportknowhow.de

www.exportknowhow.de
Unternehmensberatung für mittelständische Industrieunternehmen, die ihren Export auf- oder ausbauen wollen.

Formulare & Verträge

Formblitz.de
info@formblitz.de

www.formblitz.de
Das Formularportal bietet Musterbriefe, Musterverträge und Formulare für jeden Anlass. Fast alle kostenlos zum Downloaden.

Vertrag.de

www.vertrag.de
Vertragsmuster und Vorlagen für jede Gelegenheit: Vom Miet- über Kauf- bis hin zum Ehevertrag; größtenteils kostenlos.

vorlagen.de
info@vorlagen.de

www.vorlagen.de
Kostenpflichtiges Angebot an Vorlagen für jeden beruflichen oder privaten Anlass. Suche mit Hilfe von übersichtlichen Kategorien.

Handelsregister

Dumrath & Fassnacht
Handelsregister online
service@duf.de

www.dufaindex.de
Aktuelle Handelsregister-Informationen aus dem Bundesanzeiger über Neueinträge, Konkurse, Löschungen und Geschäftsführer-Wechsel.

Infobroker
info@infobroker.de

www.infobroker.de
Handelsregister-Recherchen zu Festpreisen in den Veröffentlichungen der Handelsregister deutscher Amtsgerichte seit 1986.

Handwerk/Allgemein

deutschland-handwerk.de
info@belz-rupp.de

www.deutschland-handwerk.de
Datenbank für das deutsche Handwerk. Recherche nach Handwerksbetrieben, die sich mit eigenen Web-Seiten präsentieren.

Aral.de **www.aral.de**

Anzeige

WIRTSCHAFT

Handwerker-Online
info@handwerker-online.de

www.handwerker-online.de
Informations- und Serviceseiten für das Handwerk. Tipps zu Unternehmensführung, Branchen-Software, Stellenmarkt, Ausschreibungen.

Handwerker-Verzeichnis für das Ruhrgebiet
info@handwerker-ruhrgebiet.de

www.handwerker-ruhrgebiet.de
Im Handwerkerverzeichnis für das Ruhrgebiet kann der gewünschte Handwerker nach Branchen gesucht werden.

Handwerk/Werkzeug

● **Dick GmbH - Feine Werkzeuge zur Holzbearbeitung**
info@dick.biz

www.dick.biz
Feine Werkzeuge zur Holzbearbeitung wie z.B. japanische Sägen, Stemmeisen, Bildhauerwerkzeuge und Hobel. Kochmesser, Materialien für das Kunsthandwerk, Fachliteratur und Expertenservice. Online-Shop mit Produktvideos, 360°-Ansichten und Produktanleitungen. **(Siehe Abbildung)**

werkzeugforum.de
info@werkzeugforum.de

www.werkzeugforum.de
Informationsforum für den Bereich Elektro-, Maschinen- und Handwerkzeuge. Werkzeugberatung, Werkzeugvergleich, Ersatzteilsuche.

Werkzeugmesse.de
info@werkzeugforum.de

www.werkzeugmesse.de
Virtuelle Werkzeugmesse mit zahlreichen Ausstellern, die an ihren digitalen Ständen über Produkte und Firmenpolitik informieren.

Werkzeug-news.de
losch@hallopress.de

www.werkzeug-news.de
Werkzeugportal für Heim- und Handwerker. Berichte über neue Hand- und Elektrowerkzeuge, Motorgeräte und stationäre Maschinen.

Dick GmbH - Feine Werkzeuge zur Holzbearbeitung   **www.dick.biz**

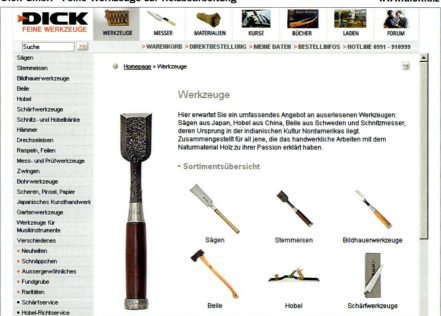

WIRTSCHAFT

Insolvenzen

Insolvenzrecht.info
info@insolvenzrecht.info

www.insolvenzrecht.info
Fachportal zum Thema Insolvenz, mit Sanierungskonzepten, Rechtsberatung und aktuellen Urteilen.

Kosmetik/Hersteller

Beiersdorf AG
kontakt@beiersdorf.com

www.beiersdorf.de
Firmenporträt mit Presse-, Bewerber- Finanz- und Produktinfos über den Konzern und deren Marken wie Nivea, Labello, Hansaplast.

L'Oréal
abteilungkommunikation@loreal.de

www.loreal.de
Neben Produktinfos auch Wissenswertes zu Forschungsarbeit und Karriere bei der L'Oréal-Gruppe, Interessantes über Haut und Haare.

Shiseido
info@shiseido.de

www.shiseido.de
Shiseido informiert über Pflegeprodukte und Düfte. Zusätzlich gibt es einen Beauty- und Wellnessbereich sowie einen Hauttest.

● **Wella**

www.wella.de
Alles Wissenswerte zum Thema schönes Haar. Die wichtigsten Haartrends sowie alle aktuellen Frisuren, Farben und Stylings. Typgerechte Beratung zu den aktuellen Wella-Produkten, exklusiv beim Friseur oder im Handel. Umfangreiche Seiten für Friseure.
(Siehe Abbildung)

Labore

Laboratorien.de
info@laboratorien.de

www.laboratorien.de
Datenbank mit über 700 Laboreinträgen aller Branchen: Chemie, Umwelt, Lebensmittel, Biotechnologie und Kosmetik.

Wella   **www.wella.de**

WIRTSCHAFT

Managementportale

4managers
dialog@4managers.de

www.4managers.de
Das ILTIS-Informationsportal mit Themen, Tipps und Trends zur Strategieverwirklichung und kostenlosen Folien-Downloads.

Business-wissen.de
info@business-wissen.de

www.business-wissen.de
Plattform für betriebswirtschaftliches Wissen und Managementtechniken; mit Wissensbausteinen, Online-Seminaren und Beratung.

Marktforschung

A.C. Nielsen GmbH

www.acnielsen.de
Weltbekannter Marktforscher, Analyst und Informations-Broker. Aktuelle Branchen-News und verschiedene Downloads.

Dimap
bonn@dimap.de

www.dimap.de
Institut für Markt- und Politikforschung. Aktuelle Umfrageergebnisse zu politischen Themen können hier nachgelesen werden.

Fittkau & Maaß GmbH
infos@fittkaumaass.de

www.fittkaumaass.de
Marktforschung und Beratung speziell auf die Bedürfnisse von Internet-Anbietern und -Angeboten ausgerichtet.

Ifm
info@ifm-network.de

www.ifm-network.de
Breites Spektrum an Marktforschungs- und Beratungsleistungen. Einige Studienergebnisse werden dargestellt und kommentiert.

Monheimer Institut
info@monheimerinstitut.de

www.monheimerinstitut.de
Durchführung von Grundlagenstudien, Konzeptanalysen, Pre- und Post-Tests, Infos über alle Strategien und Vorgehensweisen.

Vocatus.de
beratung@vocatus.de

www.vocatus.de
Das international tätige Marktforschungsinstitut hat sich auf die Gebiete Kundenzufriedenheit und Kundenbindung spezialisiert.

Messen/Allgemein

AUMA e.V.
info@auma.de

www.auma-messen.de
Der AUMA bietet Informationen rund um die Messewirtschaft wie auch die kostenfreie Nutzung der Messedatenbanken - weltweit.

m+a Expo-DataBase
mua@expodatabase.com

www.expodatabase.de
Zugriff auf über 13.000 Messen und Ausstellungen weltweit mit über 24.000 Terminen. Teilweise kostenpflichtiger Zugriff.

Messenweltweit
info@messenweltweit.com

www.messenweltweit.com
Messen sortiert nach Datum, Ländern, Städten und Produkten.

Messen/Lokal

● **Deutsche Messe AG**
info@messe.de

www.messe.de
Alles über die Deutsche Messe AG Hannover und die Messetermine; Informationen für Besucher, was Anreise, Unterkunft, Kultur und Ansprechpartner anbelangt. Zudem gibt es einen Presse-Service und Recherche-Angebote. **(Siehe Abbildung)**

Hamburg Messe
info@hamburg-messe.de

www.hamburg-messe.de
Darstellung der Messegesellschaft, Messetermine im In- und Ausland, detaillierte Infos zu jeder einzelnen Messe und Ausstellung.

WIRTSCHAFT

Koelnmesse
info@koelnmesse.de

www.koelnmesse.de
Die Koelnmesse stellt sich vor: Programm und Termine, Vertretungen, Reiseinformationen und Informationen zur Stadt Köln.

Leipziger Messe GmbH
info@leipziger-messe.de

www.leipziger-messe.de
Aktuelle Veranstaltungen, Messekalender, Messegelände, Aussteller- und Besucherinfos, Pressemeldungen und Serviceleistungen.

Messe Berlin
central@messe-berlin.de

www.messe-berlin.de
Überblick über alle Messetermine und Kongresse sowie Informationen zu Anreise und Unterkunft.

Messe Bremen GmbH
info@messe-bremen.de

www.messe-bremen.de
Informationen über das Messegelände und den Veranstaltungskalender, Tipps zur Anreise und allgemeine Infos zu Bremen.

Messe Düsseldorf
info@messe-duesseldorf.de

www.messe-duesseldorf.de
Infos über das Messeprogramm, Anfahrtswege, das Kongress-Center und die Auslandsvertretungen, auch Produktsuche möglich.

Messe Essen
info@messe-essen.de

www.messe-essen.de
Servicefreundlich und übersichtlich werden alle relevanten Infos zur Messe und den einzelnen Veranstaltungen präsentiert.

Messe Frankfurt
info@messefrankfurt.com

www.messefrankfurt.com
Informationen über den Standort Frankfurt und alle Veranstaltungen der Messe.

Messe München International
newsline@messe-muenchen.de

www.messe-muenchen.de
Ausführliche Infos über die Messe München, Kongresse und Events, Wegbeschreibung, Aussteller-, Besucher- und Presseservices.

WIRTSCHAFT

Messe Stuttgart
info@messe-stuttgart.de

www.messe-stuttgart.de
Hier erhält man wichtige Hinweise zu den Messehallen und Kongresszentren, zum Messeprogramm, den Branchen und der Presse.

Nuernbergmesse Online
info@nuernbergmesse.de

www.nuernbergmesse.de
Veranstalter von internationalen Fachmessen sowie zahlreichen Kongressen, mit Fachmessen-Schnellsuche und Infos über Nürnberg.

Messen/Unterkünfte

Messezimmer
service@mzvonline.de

www.mzvonline.de
Zimmervermittlung für zahlreiche Messestädte wie Leipzig, Frankfurt, München, Köln, Düsseldorf, Dortmund oder Hamburg.

Messezimmer
info@messewohnung-online.de

www.messezimmer.com
Suchdienst für Messeunterkünfte. Messezimmer- und Gastgeberverzeichnis. Suche nach Kategorien wie Stadt, Preis und Entfernung.

Mittelstand

Financial Market Partners
info@fmp.de

www.fmp.de
Als „Partner der Unternehmen" konzentriert sich FMP auf die Mittelstandsfinanzierung und das Investitionsmanagement.

MittelstandDirekt
redaktion@mittelstanddirekt.de

www.mittelstanddirekt.de
Nachrichten und Marktdaten zu Gründung und Förderung von Unternehmen, Recht und Steuern. Förderdatenbank, Finanzierungshilfe.

● **MittelstandPlus**
info@mittelstand-plus.de

www.mittelstand-plus.de
MittelstandPlus vermittelt kostenlos Bei- und Aufsichtsräte. Registrieren können sich sowohl mittelständische Unternehmen, die hoch qualifizierte Führungskräfte suchen, als auch Experten, die langjährige Erfahrung und Fachwissen einbringen möchten.
(Siehe Abbildung)

Mittelstand-Spezial.de
info@mittelstand-spezial.de

www.mittelstand-spezial.de
Informationen und Tipps zu Management und Unternehmensführung für mittelständische Unternehmen.

Multimedia

Bundesverband Digitale Wirtschaft e.V.
info@bvdw.org

www.bvdw.org
Die Interessenvertretung der deutschen digitalen Wirtschaft mit Terminen, Marktforschungsdaten und Presseinformationen.

Gründerwettbewerb Multimedia
info@gruenderwettbewerb.de

www.gruenderwettbewerb.de
Informationen zu Teilnahmebedingungen und Sponsoren, Beratung von Existenzgründern, Beispiele für Erfolgsgeschichten.

Interactive Business Net
info@hightext.de

www.ibusiness.de
News und Trends, Stellenmarkt und Praktikumsbörse, Suchmaschine für deutschsprachige Multimedia-Dienstleister.

Multimedia.de
kontakt@multimedia.de

www.multimedia.de
Die Web-Plattform der deutschsprachigen Multimediaszene mit Jobangeboten, Firmenpräsentationen, Foren und Ausbildungsbörse.

WIRTSCHAFT

Öffentliche Ausschreibungen

Beschaffungsamt
info@bescha.bund.de

www.beschaffungsamt.de
Zentrale Einkaufsbehörde im Geschäftsbereich des Bundesministeriums des Innern, Infos über die öffentliche Auftragsvergabe.

Öffentliche Ausschreibungen
info@icc-hofmann.net

www.icc-hofmann.net
Infodienst für öffentliche Ausschreibungen und Auftragsvergabe, Dokumentenlieferservice für amtliche Veröffentlichungen.

Vergabereport
service@vergabereport.de

www.vergabereport.de
Informationsportal für öffentliche Ausschreibungen - europaweit, mit Suchfunktion sowie Adressen, Rechtstexten und Literatur.

Papierhersteller & -großhändler

August Koehler AG
info@koehlerpaper.com

www.koehlerpaper.com
Selbstdurchschreibe-, Thermo-, Fein- und Dekorpapiere sowie farbige Papiere und Kartons.

MD Papier

www.mdpapier.de
Markenpapiere für Offset- und Tiefdruck. Grafisch animierte Papiergeschichte, Infos zu Faserkunde, Herstellung und Recycling.

Papier Union
info@papierunion.de

www.papierunion.de
(Spezielle) Office- und grafische Papiere. Material für Siebdruck, Werbetechnik, LfP und Büromaterial.

Scheufelen Papierfabrik

www.scheufelen.com
Gestrichene Bilderdruck-, Kunstdruck- und Feinstpapiere in Format und Rolle.

MittelstandPlus   **www.mittelstand-plus.de**

Anzeige

WIRTSCHAFT

Schleicher & Schuell GmbH
pr@schleicher-schuell.de

www.schleicher-schuell.de
Schleicher & Schuell - the Science and Art Company. Micro-Science (Filtrationsanwendungen in Analytik und Mikrobiologie), BioScience (Komponenten für medizinische Diagnostik und Life Science-Forschung), Hahnemühle FineArt (Papiere für Kunst/Hobby/Digital FineArt). **(Siehe Abbildung)**

Schneidersöhne
info@schneidersoehne.de

www.schneidersoehne.com
Anbieter von Bilderdruck-, Offset-, Recycling- und Feinstpapieren. Papierlexikon, Jobbörse und Papierdesigner.

Zanders Feinpapiere AG

www.zanders.de
Alles, was man über die Feinpapiere von Zanders wissen sollte: Markenpräsentation, Papierlexikon, Händlerliste, Bestellservice.

Patente & Erfindungen

BMBF-Patentserver
bmbf@bmbf.bund.de

www.patente.bmbf.de
Server des Bundesministeriums für Bildung und Forschung mit Infos zur Patentanmeldung und zu Fördermaßnahmen für Erfindungen.

COPAT
copat@copat.de

www.copat.de
Umfangreiches Portal zum gewerblichen Rechtsschutz. Aktuelle Nachrichten, Gesetzestexte, Lexikon des gewerblichen Rechtsschutzes. Erfinderleitfaden und Lehrprogramme zu Innovationen, Patenten, Marken und Design. Patent- und Marken-Datenbanken im Internet sowie neueste Fachaufsätze. **(Siehe Abbildung)**

Deutsches Patent- und Markenamt
post@dpma.de

www.dpma.de
Wichtige Informationen zur Patent- und Markenanmeldung, Recherchemöglichkeit in der DPMA-Datenbank, Download von Formularen.

Schleicher & Schuell GmbH   www.schleicher-schuell.de

WIRTSCHAFT

Heureka24
info@heureka24.de

www.heureka24.de
Umfangreiche, kommentierte Zusammenstellung der wichtigsten Infos und Hilfen zu Erfindungen, Innovationen, Patenten und Marken.

Insti
krey@iwkoeln.de

www.insti.de
INSTI unterstützt und fördert innovatives Denken und Handeln von der ersten Idee bis zur kompletten Verwertung. Als deutschlandweites Netzwerk für Erfindung und Patentierung bietet INSTI konkrete Angebote zur schutzrechtlichen Sicherung von Erfindungen und besserer Nutzung von Patentinformationen.

Patentanwaltskammer
dpak@patentanwalt.de

www.patentanwalt.de
Verzeichnis der deutschen Patentanwälte und eine Erklärung der verschiedenen Schutzrechtsarten.

Patentanwalt-Suche.de
mail@pavis.de

www.patentanwalt-suche.de
Diese Suchmaschine hilft dem Erfinder bei der Suche nach dem passenden Patentanwalt. Kostenloser Eintrag für Patentanwälte.

Tagungen & Kongresse

German Convention Bureau
info@gcb.de

www.gcb.de
Suche nach Tagungskapazitäten in Deutschland, Verkehrsanbindungen, Städte- und Adressenlisten, Tipps für Geschäftsreisende.

intergerma`s Tagungshotel Datenbank
info@intergerma.de

www.intergerma.de
Kostenlose Suchmaschine für Tagungshotels, Online-Buchung, Detail-Infos über Tagungsräume und -technik, Zimmer, Gastronomie.

WIRTSCHAFT

Technik

sjn - die Suchmaschine der Technik
info@sjn.net

www.sjn.de
Suche nach Dienstleistern, Herstellern und Produkten aus Industrie und Handwerk mit Industrieverzeichnis und Einkaufsführer.

VDI Verein Deutscher Ingenieure
mitgliederservice@vdi.de

www.vdi.de
Portal für Ingenieure: Informationen rund um die Tätigkeit des VDI. Mit News und Veranstaltungskalender.

Telekommunikation/Anbieter

Arcor
info@arcor.de

www.arcor.de
Arcor präsentiert seine Produkte und Tarife; Sicherheits-Software für das Surfen auf kindergeeigneten Seiten und Video-Download.

Debitel Online

www.debitel.de
Telekommunikations-Komplettanbieter: Mobilfunk, Festnetz und Internet. Großer Online-Shop: Handys, Logos, Klingeltöne.

Deutsche Telekom

www.telekom.de
Die Telekom über sich und ihre Angebote für Privat- und Geschäftskunden; mit Tarifen, Produkten, Jobs und einem Fan-Shop.

MobilCom

www.mobilcom.de
Das Firmenprofil wird erläutert. Man erhält Informationen zu Börse, Jobs, Tarifen, Festnetz, Händlern und Presse.

The Phone House Telekom
info@phonehouse.de

www.phonehouse.de
Präsentation des Unternehmens und der Leistungen rund um Mobilfunk und Festnetz; Tarifübersicht, Online-Shop und Handyberater.

Nokia Deutschland - Startseite   www.nokia.de

WIRTSCHAFT

Telekommunikation/Hersteller

Alcatel
www.redaktion@alcatel.de

www.alcatel.de
Die Seiten des weltweit agierenden Telekommunikationsherstellers beinhalten Daten und Fakten über Produkte und Lösungen.

Ericsson Deutschland
webmaster.dach@ericsson.com

www.ericsson.de
Ericsson bietet in über 140 Ländern Netzbetreibern und Firmenkunden innovative Telekom-Produkte und -Dienstleistungen an.

Motorola in Deutschland

www.motorola.de
Infos zu Mobiltelefonen, Funk- und Informationssystemen; außerdem aktuelle Presseerklärungen.

● **Nokia Deutschland - Startseite**

www.nokia.de
Alles Wissenswerte rund um Nokia: Eine Übersicht der aktuellen Nokia Mobiltelefone, kostenlose Online-Konfiguration, Telefonvergleich, umfassender Service-Bereich und Informationen zu allen Unternehmensbereichen von Nokia inklusive Pressemitteilungen.
(Siehe Abbildung)

Siemens mobile

www.siemens-mobile.de
Siemens informiert über sein umfangreiches Produktangebot; außerdem kann man für seinen Lebensstil einen Handytipp erhalten.

Telekommunikation/Mobilfunk

E-Plus

www.eplus.de
Informationen zu Tarifen, Serviceleistungen, Produktpalette, neueste Entwicklungen und Trends in der Mobilfunk-Branche.

● **O₂**

www.o2online.de
Umfangreiche Services für Privat- und Business-Kunden rund um Telefonie, SMS, MMS, WAP, E-Mail und Mobile Web, mit Online-Shop. **(Siehe Abbildung)**

O₂   www.o2online.de

WIRTSCHAFT

O₂ Germany

www.o2.com/de
Das Unternehmensportal von O₂ Germany. Hier erhalten Besucher Informationen über das Unternehmen und die angebotenen Produkte. **(Siehe Abbildung)**

Talkline
info@talkline.de

www.talkline.de
Talkline bietet für Privat- und Geschäftskunden umfangreiche Mobilfunkangebote/-Dienstleistungen inkl. eines Online-Shops mit Tarif- und Handyberatung, Handys und Zubehör. Darüber hinaus findet man einen großen Handy Fun-Bereich inkl. Download-Möglichkeit von Klingeltönen, Logos, Spielen etc. **(Siehe Abbildung)**

T-Mobile
kundenservice@t-mobile.de

www.t-mobile.de
Handys und Zubehör (mit Testberichten und Bedienungsanleitungen), Tarife und Kundenservice sowie Klingeltöne, Logos, MMS, SMS, mobile Dienste und vieles mehr für Privat- und Geschäftskunden unter www.t-mobile.de. **(Siehe Abbildung)**

Vodafone
kontakt@vodafone.com

www.vodafone.de
Auskunft über Preise, Tarife und Vodafone-Services für Geschäfts- und Privatkunden mit jeweils abgestimmten Produktangeboten.

O₂ Germany   www.o2.com/de

WIRTSCHAFT

Talkline www.talkline.de

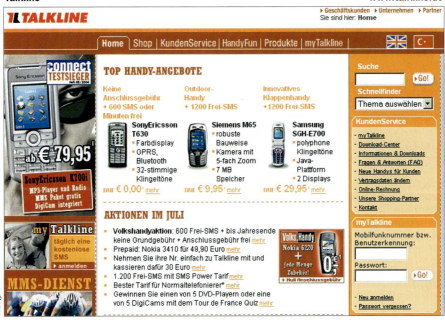

T-Mobile www.t-mobile.de

WIRTSCHAFT

Telekommunikation/Verbände

● **Informationszentrum Mobilfunk e.V. (IZMF)**   **www.izmf.de**
info@izmf.de
Das IZMF ist Ansprechpartner zu Fragen rund um den Mobilfunk. Es liefert aktuelle News und Hintergrundinformationen u.a. zu den Themen Technik, Gesundheit, elektromagnetische Felder, Grenzwerte und SAR. **(Siehe Abbildung)**

Unternehmensberatung

A.T. Kearney   **www.atkearney.de**
recruiting.central.europe@atkearney.com
Management-Beratungsunternehmen im Industrie- und Servicebereich.

Angermann   **www.angermann.de**
webmaster@angermann.de
Beratung mittelständischer Unternehmen und privater oder gewerblicher Investoren bei Erwerb oder Veräußerung von Unternehmen.

CODIK Strategieberatung   **codik.de**
info@codik.de
Job- und Berufsberatung, Analyse zur Neuorientierung einer persönlichen Strategie.

geva-institut   **www.geva-institut.de**
info@geva-institut.de
Beratung von Unternehmen bei Personal- und Organisationsentwicklungen, Eignungs- und Managementdiagnostik.

● **ILTIS GmbH**   **www.iltis.de**
dialog@iltis.de
ILTIS unterstützt insbesondere große Unternehmen: „Damit aus Strategien Handeln wird". Die Unternehmensberatung begleitet ihre Kunden bei der erfolgreichen Umsetzung verschiedenster Strategien. Seit 20 Jahren, in über 300 großen Projekten und in unterschiedlichen Kulturkreisen. **(Siehe Abbildung)**

Informationszentrum Mobilfunk e.V. (IZMF)   **www.izmf.de**

WIRTSCHAFT

Logo-Team Unternehmensberatung
info@logo-team.com

www.logo-team.com
Unternehmensberater für Logistik, Outsourcing, Kooperation, Projektmanagement und Organisation.

McKinsey & Company
contact_us@mckinsey.com

www.mckinsey.de
Topmanagement-Beratungen und Entwicklung von praxisnahen Problemlösungen für Klienten weltweit.

Verbände

AHK
dihk@berlin.dihk.de

www.ahk.de
Links und Adressen der deutschen Auslandshandelskammern.

BDA
info@bda-online.de

www.bda-online.de
Bundesvereinigung der Deutschen Arbeitgeberverbände mit Infos zu Tarif-, Sozial-, Arbeitsrechts- und Arbeitsmarktpolitik.

BDI
presse@bdi-online.de

www.bdi-online.de
Wirtschaftspolitische Interessenvertretung der Industrie mit dem Ziel, die wirtschaftlichen Rahmenbedingungen zu verbessern.

Deutsches Verbände Forum
info@verbaende.com

www.verbaende.com
Die Internet-Plattform der deutschen Verbände. Datenbank mit aktuellen Adressen von Verbänden und Organisationen, Stiftungen.

IHK

www.ihk.de
Datenbank aller Industrie- und Handelskammern in Deutschland, Infos über Standortpolitik, Starthilfe, Aus- und Weiterbildung.

VDE
service@vde.com

www.vde.com
Verband der Elektrotechnik, Elektronik und Informationstechnik.

Anzeige

841

WIRTSCHAFT

Verpackungsmittel

packplan.de
pack@e-nagl-gmbh.de

www.packplan.de
Intelligent (ver-)packen: vom Faltkarton bis hin zu Stretch-Folien oder Holzwolle.

Rajapack
info@rajapack.de

www.rajapack.de
2.300 Verpackungslösungen online bestellbar. Mit Profitipps für die Auswahl des passenden Kartons oder Containers.

Ratioform Verpackungslösungen
info@ratioform.de

www.ratioform.de
Online-Portal für Verpackungslösungen und -produkte.

Werbeagenturen

Agentur.de
info@agentur.de

www.agentur.de
Branchendienst für Werbeagenturen.

Wirtschaftsforschung

Deutsches Institut für Wirtschaftsforschung
postmaster@diw.de

www.diw.de
Präsentation des Instituts und Ergebnisse aus der Forschung.

ifo Institut für Wirtschaftsforschung e.V.
ifo@ifo.de

www.ifo.de
Infos über aktuelle Veranstaltungen, Prognosen, Vorstellung der Publikationen und verschiedene Datenbanken für die Recherche.

Institut der deutschen Wirtschaft Köln
welcome@iwkoeln.de

www.iwkoeln.de
Die beiden Forschungsabteilungen Bildung und Arbeitsmarkt sowie Wirtschafts- und Sozialpolitik stellen sich vor.

Zentrum für Europäische Wirtschaftsforschung
info@zew.de

www.zew.de
Das ZEW betreibt empirische Wirtschaftsforschung und stellt eine Vielzahl seiner Publikationen online zur Verfügung.

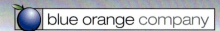

blue orange company — www.blue-orange-company.de

Unternehmensprofil · Kunden-Benefits · Kompetenz · Leistungen · Referenzen

Erfolg ersetzt alle Argumente
(Sigmund Graf)

Willkommen bei der BLUE ORANGE COMPANY !

Die BLUE ORANGE COMPANY versteht sich als Agentur für STRATEGIE- und MANAGEMENT-BERATUNG.

Wir unterstützen unsere Kunden bei der Entwicklung und Umsetzung von zukunftsorientierten Wachstums-Strategien.

- Unternehmens-Strategien
- Geschäftsprozesse und –strukturen
- Sales & Marketing Solutions
- New Business Creation
- Organisations-Entwicklung
- Projekt-Management

beraten • bewegen • verändern

Anzeige

Wissenschaft

20

Wissenschaft

Wissenschaft

www.wikipedia.de

Wikipedia

Sie sind ein Experte der Individualpsychologie oder kennen Brentano in- und auswendig? Bei Wikipedia können Sie Ihr Wissen sinnvoll loswerden! Bei diesem Internet-Projekt entsteht nämlich eine Online-Enzyklopädie, in der jeder jeden verbessern, Artikel vorschlagen und erweitern oder selbst neue Inhalte veröffentlichen kann. Das Lexikon im Netz mit mittlerweile über 500.000 Artikeln dient als kostenlose Informationsquelle und ist gut überschaubar nach Portalen von Astronomie bis Sexualität geordnet – was bedeutet das Bratkartoffelverhältnis einer Beziehung oder wie viele Menschen leben in der Antarktis? Lesen Sie es nach!

www.studenten-wg.de

Studenten-WG.de

Du bist Student und hast kein Dach überm Kopf? Du hast bereits jede Ecke Deiner Uni durchstudiert und willst einen neuen Campus kennen lernen? Ob WG-Zimmerchen oder 3-Zimmerwohnung mit Sauna und Whirlpool – der größte studentische Wohnungsmarkt im Netz hält Angebote für über 69 deutsche Universitätsstädte bereit. Finde in der Studienplatz-Tauschbörse Tauschpartner aller möglichen Fachrichtungen oder gib einfach selbst kostenlos eine Anzeige auf! Berlin mal billig einen Besuch abstatten? Kein Problem: Unter der Rubrik „Mitbahnen" kannst Du Bahnmitfahrer suchen und finden, um vom „Mitfahrer-Rabatt" zu profitieren.

www.mein-altaegypten.de

Das Alte Ägypten

Mythische Geschichten um Pharaonen und Grabkammern, verschlüsselte Inschriften oder heilige Zeichen? Ägypten-Interessierte, die mehr wissen wollen, können hier 5.000 Jahre zeitversetzt in die Welt des Alten Ägyptens reisen. Erforschen Sie die Zeit der Hochkultur am Nil! Zahlreiche Unternavigationen beinhalten weiterführende Artikel, Bilder, Zeittafeln, Landkarten und Fotografien. Wandeln Sie entlang des Nils zu historischen Städten, besuchen Sie altägyptische Tempel und das Totenreich der Pharaonen im Tal der Könige. Wie Ihr Name wohl in Hieroglyphen aussehen würde? Schalten Sie den Übersetzer ein und probieren Sie es aus!

www.studserv.de

Studserv.de

Im Uni-versum ist was los! Dieses Portal hält Hilfestellungen und nützliche Tipps für das studentische Leben bereit. Unter der Rubrik „Mensaessen" finden Studenten an über 140 deutschen Universitätsstandorten den Speiseplan der Woche und die Rubrik „Wohnheime" bringt Studenten in Deutschland, Österreich und der Schweiz unter ein Dach. Für den Fall, dass Ihre nächste Party mal wieder in der Küche enden sollte, warten in der „WG-Küche" unzählige Cocktail-Rezepte und Häppchen für zwischendurch. Ob Nebenjob, BAföG, Stipendium oder Bildungskredit, erfahren Sie, wie und wo Sie Ihre Haushaltskasse aufbessern können, wenn die Uni Pause macht.

WISSENSCHAFT

www.audimax.de

AUD!MAX

Studentenfutter! In diesem „Hörsaal" sorgt das bundesweite Studentenmagazin für die rundum richtige „Ernährung". Umfangreiche Texte und Erlebnisberichte aus Studium, Freizeit und Karriere bieten lebensnahen Rat in allen Studentenfragen. Die nächste Hausarbeit steht an, aber Sie haben noch keinen blassen Schimmer, über was Sie diesmal schreiben wollen? In der Hausarbeitenbörse finden Sie für fast jeden Studiengang die passende Arbeit. Aber bitte nicht einfach blind abschreiben! Und nach dem Studium? Informieren Sie sich hier, wie man sich richtig bewirbt, den Berufsalltag meistert oder den Schritt in die Selbstständigkeit packt.

www.unicum.de

UNICUM.de

Biete Hamburg, suche Berlin! Ortsmüde Studies und jene, die von der ZVS in die hintersten Winkel der Republik verbannt wurden, können auf den Seiten des Schüler- und Studentenmagazins Ihre Studienplätze zum Tausch anbieten. Wer nur eben mal auf Probe frischen Wind schnuppern möchte, sollte einen Blick in die Praktikumsbörse werfen. Bei über 5.000 Praktikumsplätzen in mehr als 50 Branchen werden Sie mit Sicherheit fündig. Und wenn Sie Ihren Chefsessel dann quer durch die Republik geschoben haben und irgendwann Heimweh verspüren sollten, hilft Unicum NetWork Ihnen, Schulfreunde und Kommilitonen wieder zu finden!

www.hochschulkompass.de

HRK-Hochschulkompass

Wo bitte geht's zur Uni? Der Hochschulkompass bietet erste Orientierung. Im Verzeichnis deutscher Hochschulen finden Sie Informationen zu allen staatlich anerkannten Hochschulen, zu deren grundständigen und weiterführenden Studien- und Promotionsmöglichkeiten sowie zu allen internationalen Kooperationsvereinbarungen. Wer schon genau weiß, wo er studieren möchte, kann auf den Informationsseiten der einzelnen Hochschulen gezielt nach Studienfächern oder Austauschprogrammen suchen sowie Studienbedingungen, Fristen und Vorlesungstermine oder die Adresse der Studienberatungsstelle einsehen. Zum Studium? – hier entlang!

www.college-contact.com

Studium im Ausland

Den Traum vom Studium im Ausland träumen viele Studenten: Ein neues Land entdecken, Sprachkenntnisse vertiefen und neue Freundschaften schließen. Meist scheitert es allerdings an der Organisation und Finanzierung des Auslandsaufenthalts. Die Seiten von College-Contact bieten viele Infos zu Studienmöglichkeiten in den USA, Kanada, Australien und anderen Ländern, geben Auskunft über Kosten, Finanzierung, Studentenvisum und Unterkunft und nennen Unis, Colleges und Sprachschulen. Anhand von Berichten erfahren Sie, was Sie vom jeweiligen Studienort und der Uni erwarten dürfen.

WISSENSCHAFT

Agrarwissenschaft

@grar.de
info@agrar.de

www.agrar.de
@grar.de bietet aktuelle Nachrichten, ein Branchenbuch, eine Infothek, Fotos und Kleinanzeigen rund um Landwirtschaft und Natur.

Zadi
zadi@zadi.de

www.zadi.de
Die Zentralstelle für Agrardokumentation und -information liefert Nachrichten und Informationen zur Agrarwissenschaft.

Allgemein

LLEK Bookmarks
webmaster@llek.de

www.llek.de
Umfangreiches Link-Verzeichnis wissenschaftlicher Ressourcen und weltweiter Medien im Internet.

newBooks
redaktion@newbooks.de

www.newbooks.de
Datenbank zur Recherche und Bestellung neuer wissenschaftlicher Literatur aus allen Wissensgebieten, mit thematischer Suche.

Wissenschaft-online
info@wissenschaft-online.de

www.wissenschaft-online.de
Großes Wissenschaftsportal mit tagesaktuellen Nachrichten, Hintergrundartikeln, Online-Lexika, Web-Tipps und Buchrezensionen.

Archäologie

Archäologie Online
webmaster@archaeologie-online.de

www.archaeologie-online.de
Aktuelle Meldungen, Hintergrundberichte, große kommentierte Link-Sammlung zum Thema, Buch- und CD-Tipps, Foren und Presseschau.

Architektur

Arcguide
redaktion@arcguide.de

www.arcguide.de
Hersteller- und Produkt-News, Job- und Wettbewerbsbörse, Firmenprofile, Praktikumsberichte sowie Verbandsübersicht.

ARCHITEKTooL.de
info@architektool.de

www.architektool.de
Magazin rund ums Bauen und Planen: Gebäudelehre, Infos zu Baugeschichte, Städtebau und Rechtslage. Mit Gebäudeanalysen.

Bundesarchitektenkammer e.V.
info@bak.de

www.bundesarchitektenkammer.de
Infos zu Aus- und Weiterbildung für Architekten, Architekturwettbewerbe sowie Publikations- und Veranstaltungstipps.

Skyscrapers.com

www.skyscrapers.com
Datenbank mit 86.230 Hochhäusern, die genauer beschrieben werden.

Astronomie

Siehe Freizeit & Hobby

Astronomie

BAföG

BAföG-BMBF
information@bmbf.bund.de

www.das-neue-bafoeg.de
Klare Infos zu BAföG-Anspruch, -antragstellung und Auslandsförderung anhand von Rechenbeispielen und Merkblättern.

WISSENSCHAFT

BAföG-Rechner
info@bafoeg-rechner.de

www.bafoeg-rechner.de
Sicherheit, ob Anspruch besteht: Genaueste Infos zur BAföG-Regelung mit hilfreichen Tipps aus Studentensicht.

Bibliotheken

Deutsche Bibliothek, Die
info@dbf.ddb.de

www.ddb.de
Vorstellung der Präsenzbibliothek aller deutschen Druckwerke seit 1913; mit Fototour und Online-Katalog.

Hochschulbibliothekszentrum des Landes NRW
info-hbz@hbz-nrw.de

www.hbz-nrw.de
Dienstleistungen: digitale Bibliothek, HBZ-Verbundkatalog, Online-Fernleihe, Fortbildung, elektronisches Publizieren.

UB Karlsruhe: Karlsruher Virtueller Katalog
auskunft@ubka.uni-karlsruhe.de

www.ubka.uni-karlsruhe.de/kvk.html
Meta-Katalog zum Nachweis von Millionen von Büchern und Zeitschriften in Bibliotheks- und Buchhandelskatalogen weltweit.

Biologie

InformationsSekretariat Biotechnologie
isb@dechema.de

www.i-s-b.org
Informationsportal für Biotechnologie: Nachrichten, Wissenswertes, Arbeitsmaterialien, Ausbildungs- und Förderinformationen.
(Siehe Abbildung)

Informationssystem Botanischer Gärten
juergen.hoppe@biologie.uni-ulm.de

www.biologie.uni-ulm.de/systax/infgard
Datenbanksystem zu Pflanzen- und Tiernamen, Informationssystem über Botanische Gärten und Sammlungen sowie Publikationsübersicht.

Biologie/Gentechnik

Siehe Umwelt

Gentechnik & Biotechnologie

InformationsSekretariat Biotechnologie www.i-s-b.org

847

WISSENSCHAFT

Chemie

analytik.de
info@analytik.de

www.analytik.de
Informationsdienst für Internet-Ressourcen aus Chemie und Analytik, Laborverzeichnis, Produktübersicht, Gerätebörse und Jobs.

benzolring.de
mail@zoerb.net

www.benzolring.de
Infos zum Diplom-, Magister- und Lehramtsstudium Chemie, Literatur- sowie Software-Hinweise und Chemikerbiografien.

Chemie
info@chemlin.de

www.chemlin.de
Die virtuelle Chemie-Bibliothek bietet zahlreiche Fachdokumente und -quellen, eine Jobbörse sowie News aus der Chemie.

Chemie.de
info@chemie.de

www.chemie.de
Chemie-Infoservice: Suchmaschine, Produkttipps, Karrierenetzwerk sowie zahlreiche Nachschlagewerke und Einheitenrechner.

Chemie-Datenbanken.de
info@dr-beyer.de

www.chemie-datenbanken.de
Umfangreiches Verzeichnis der wichtigsten kostenfreien und kostenpflichtigen Datenbanken für Chemiker, mit Pressemeldungen.

Chemiestudent.de
webmaster@chemiestudent.de

www.chemiestudent.de
Protokolle, Skripte und Fachwissen, Diskussionsforum, Online-Periodensystem, Hochschul-Ranking und Wissenswertes für Chemiestudenten.

Chemikalien.de
info@chemikalien.de

www.chemikalien.de
Aktuelle Artikel, Laborverzeichnis, Jobangebote, Bücherhinweise, Lexika und Terminkalender mit Messen und Tagungen.

Periodensystem der Elemente

www.periodensystem.info
Neben dem Periodensystem sind hier ausführliche Infos über chemische Elemente sowie Grafiken und Literaturtipps zu finden.

strukturformel.de
mail@zoerb.net

www.strukturformel.de
In dieser Chemiedatenbank kann man zu über 300 überwiegend organischen Strukturen die richtige Formel abfragen.

Diplom- & Hausarbeiten

🔴 **Diplomarbeiten Agentur diplom.de**
agentur@diplom.de

www.diplom.de
Der Marktplatz mit mehreren tausend lieferbaren Angeboten an Diplom-, Magister- und Staatsexamens-Arbeiten richtet sich sowohl an Unternehmen als auch an Studierende. Kostenlos kann in den Gliederungen und Zusammenfassungen recherchiert werden. **(Siehe Abbildung)**

Diplomarbeiten24.de
info@diplomarbeiten24.de

www.diplomarbeiten24.de
Archiv mit über 2.000 qualifizierten Abschlussarbeiten, außerdem Praxistipps sowie Literaturhinweise.

Hausarbeiten.de
info@hausarbeiten.de

www.hausarbeiten.de
Über 30.000 kostenlose und kostenpflichtige Hausarbeiten durchsuchen und mit eigenen Arbeiten Geld verdienen.

Ernährungswissenschaft

Deutsche Gesellschaft für Ernährung e.V.
webmaster@dge.de

www.dge.de
Sammlung ernährungswissenschaftlicher Forschungsergebnisse, Publikationsübersicht, Pressedienst, Verbraucherinfos und Termine.

WISSENSCHAFT

Ethnologie

Deutsches Übersee-Institut
duei@duei.de

www.duei.de
Vorstellung des Instituts, Forschungs- und Publikationsübersicht, Kurzanalysen weltweiter Ereignisse und Bibliotheksverzeichnis.

Ethnologie im Internet
baque@ethnologie.de

www.ethnologie.de
Verzeichnisse zur Ethnologie: Institute, Zeitschriften, Museen, Ausstellungen, Projekte - mit Expertendatenbank.

Geographie

Deutsche Gesellschaft für Geographie
p.wittmann@epost.de

www.geographie.de
Vorstellung der Disziplin, mit Links zu Arbeitskreisen, Instituten und Gesellschaften sowie Terminkalender und Jobbörse.

geographie4u.de
stefanbroch@gmx.de

www.geographie4u.de
Studentisches Geo-Portal mit Hausarbeiten, Referaten, Daten und Abbildungen sowie Meldungen zur Geographie.

Geographixx.de
info@geographixx.de

www.geographixx.de
Infomagazin für Geographie, Natur und Umwelt mit Download-Archiv, Jobbörse, Bildergalerie, Referaten und Länderinformationen.

Geologie & Bergbau

www.geoberg.de
info@geoberg.de

www.geoberg.de
Plattform für Geologie und Bergbau: Veröffentlichung von Fachtexten, Terminen und Links, Fotografien und Forum.

Diplomarbeiten Agentur diplom.de   **www.diplom.de**

Willkommen bei diplom.de!
Ihre Diplomarbeiten Agentur für Vermarktung und Verkauf von Diplomarbeiten, Magisterarbeiten und anderen Hochschulstudien.

Für Fragen und Anregungen stehen wir Ihnen gerne per Telefon 040 / 655 99 20, per Fax 040 / 655 99 222 oder per E-Mail agentur@diplom.de zur Verfügung.

Suche in unserem Katalog:
[   ] suchen
Zur Profi-Suche...

- Home
- Katalog
- Unternehmen
- Studierende
- Autoren
- Presse
- Partner
- Über uns
- AGB
- Datenschutz

Aktuell:
-- Seit dem 12.06. 2004 haben wir 7563 Arbeiten im Angebot - - Unsere aktuellen Empfehlungen: "Ressourcenökonomie des Erdöls", Bachelorarbeit von M. Philippi, Note 1,0, Preis 148,00 EUR, Best. Nr. 95254896. "Die ökonomische Bedeutung des Mineralöls im Zeichen des globalen Welthandels", Staatsexamensarbeit von R. Labitzke, Note 2,0, Preis 148,00 EUR, Best. Nr. 91205752. "Biokraftstoffe - Potenzial, Zukunftsszenarien und Herstellungsverfahren im wirtschaftlichen Vergleich", Diplomarbeit von M. Weitz, Note 1, Preis 198,00 EUR, Best. Nr. 03657679. - - Studierende erhalten viele Arbeiten zu einem um 50% ermäßigten Preis - -

Übersicht Katalog

Unser Newsletter

Neue Arbeiten...

Unsere Bestseller

textpruefer.de
korrigieren
lektorieren
formatieren

Katalog
Mehrere tausend Diplomarbeiten und andere wissenschaftliche Abschlussarbeiten mit detaillierten Angaben; übersichtliche Katalogkategorien, Suchfunktion und Katalog-Sitemap für die Recherche; Bestellsystem für den Bezug als Download, auf CD oder Papier.

Info für Unternehmen
Qualität und Aktualität der Diplomarbeiten, Magisterarbeiten, Dissertationen und der anderen Studienabschlussarbeiten in unserem Katalog; unsere Preise; Bestellmöglichkeiten und Mengenrabatte; Referenzen.

Info für Studierende
Qualität und Aktualität der Diplomarbeiten, Magisterarbeiten und Doktorarbeiten in unserem Katalog; Preise, Vorzugskonditionen, Bestellmöglichkeiten und Mengenrabatte für Studierende; Urheberrecht.

Anzeige

WISSENSCHAFT

Geowissenschaft

geoscience online
redaktiongo@mmcd.de

www.g-o.de
Magazin für Geo- und Naturwissenschaften: aktuelle Nachrichten, Themen-Specials, Materialien-Download, Fotogalerie und TV-Tipps.

MyGeo.info
mygeo@gmx.com

www.mygeo.info
Nachrichten aus der Geowissenschaft, branchenrelevante Jobportale, Skript-Sammlung, Landkarten und Satellitenbilder.

Geschichte/Ägyptische Geschichte

● **Alte Ägypten, Das**
mein-altaegypten@web.de

www.mein-altaegypten.de
Ausführliche Vorstellung des Alten Ägyptens mit seiner Geschichte, Lage, Architektur und Gesellschaft. Zahlreiche Informationen und Illustrationen zu Pharaonen, Hieroglyphen, Gottheiten, Totenkult und Religion. Mit Quiz, umfassendem Glossar, Bücher-, Link- und Ausstellungstipps. **(Siehe Abbildung)**

Eternal Egypt

www.eternalegypt.org
Virtuelle Rundgänge durch das Alte Ägypten mit Animationen, Fotografien, 3D-Gebäudeplänen und allen wesentlichen Daten und Fakten.

Welt der alten Ägypter, Die
mut@pharaonen.info

www.pharaonen.info
Informative Darstellung des Alten Ägyptens, seiner Herrscher, Bauten und Mythen - mit vielen Tipps zum Weiterlesen.

Geschichte/Allgemein

● **Extrablatt**
info@forumfilm.de

www.forumfilm.de
Extrablatt Abteilung für Geschichte und Zeitgeschehen. **(Siehe Abbildung)**

Das Alte Ägypten   www.mein-altaegypten.de

WISSENSCHAFT

Geschi.de
team@geschi.de

www.geschi.de
Geschichtswissen nach geschichtlichen Themen und Personen geordnet, mit Lexikon, Quiz, Referatsammlung und Tipps zum Weiterlesen.

Geschichte online
damals@dva.de

www.damals.de
Archiv der Geschichtszeitschrift mit Bestellmöglichkeit, außerdem Infos zu Terminen, Auktionen, TV-Sendungen, Büchern und Spielen.

Nachrichtendienst für Historiker
info@historiker.de

www.nfhdata.de
Tagesaktuelle internationale Presseschau, Suchmaschine, Diskussionsforum, Ausstellungen und TV-Programm für Historiker.

Weltchronik.de
mwv2004@weltchronik.de

www.weltchronik.de
Auflistung der wichtigsten Ereignisse der Kunst-, Kultur-, Welt- und deutschen Geschichte, mit Bilddatenbank und Epochenübersicht.

Geschichte/Deutsche Geschichte

Lebendiges Museum Online
post@hdg.de

www.dhm.de/lemo
Die deutsche Geschichte wird übersichtlich, informativ und mit zahlreichen Abbildungen und Dokumenten dargestellt.

Shoa.de
kontakt@shoa.de

www.shoa.de
Zahlreiche Artikel, Biografien, Quellen und Projekte zu Antisemitismus, Holocaust, Drittem Reich und Zweitem Weltkrieg.

Virtuelles Museum Preussen
kontakt@virtuelles-museum-preussen.de

www.virtuelles-museum-preussen.de
Kommentierte und bebilderte Link-Sammlung, Veranstaltungskalender und virtuelle Ausstellungen zur preußischen Geschichte.

Zeitgeschichte: Virtual Library Geschichte
info@historisches-centrum.de

www.vl-zeitgeschichte.de
Qualifizierte Auswahl von Datenquellen und Angeboten im Internet zur Neueren und Neuesten Geschichte Deutschlands.

Extrablatt   www.forumfilm.de

Jahrestag Erster Weltkrieg

A House Divided against Itself.
Über den deutschen Umgang mit "Staatsgeheimnissen".

Entdecken die deutschen Medien den "Militarismus" wieder? Nachdem 1974, 1984 und 1994 – geradezu tonlos – an dem essentiellen Thema Erster Weltkrieg vorbeigegangen sind, kommt nun der nationalliberale SPIEGEL (sic) mit einem Sonderheft, den Krieg und das Kriegerische unverdient "auf den Schild hebend" heraus. Demgegenüber ist zu unterstreichen: der Erste Weltkrieg war zunächst ein kulturgeschichtliches Ereignis, in Entstehung und Auswirkungen.

Wesentliche Elemente der Weltkriegsgeschichte – angesichts der literarischen "Feiern" zu 1914, die gerade allenthalben ablaufen – sind:
– der Erste Weltkrieg war nicht ausschließlich aus militär-strategischen

WISSENSCHAFT

Geschichte/Deutsche Geschichte/DDR

17. Juni 1953
kontakt@17juni53.de

www.17juni53.de
Anschauliche und ausführliche Darstellung des Arbeiteraufstands in der DDR. Mit Bild- und Tonmaterial sowie Filmarchiv.

BStU online
post@bstu.bund.de

www.bstu.de
Infos zu Aufgabenspektrum, Arbeitsweise und Struktur des MfS sowie zu Möglichkeiten der Einsicht in Stasi-Akten.

Chronik der Wende
info@chronik-der-wende.de

www.chronik-der-wende.de
Ausführliche Chronik der Wende in der DDR mit Ton-, Bild- und Textdokumenten, Zeitzeugen-Audios und einem Lexikon.

DDR im WWW
redaktion@ddr-im-www.de

www.ddr-im-www.de
Umfangreiche Darstellung der DDR: Geschichte(n), Berichte, Fotografien, Biografien sowie Bücher- und Musiktipps.

DDR-Suche
webmaster@wb-online.de

www.ddr-suche.de
Suchmaschine zum Thema DDR, die die Recherche nach Kategorien ermöglicht und einen kurzen Geschichtsabriss bereithält.

Geschichte/Römische Geschichte

markaurel.de
webmaster@markaurel.de

www.markaurel.de
Infos zum römischen Weltreich, großen Kaisern Roms und den Sieben Weltwundern der Antike, mit einem virtuellen Stadtrundgang.

Roma Antiqua
kontakt@roma-antiqua.de

www.roma-antiqua.de
Der virtuelle Stadtrundgang zeigt die wichtigsten antiken Sehenswürdigkeiten Roms. Mit Tipps zu Reiseplanung und -literatur.

Jura

Forum Deutsches Recht
info@recht.de

www.recht.de
Aktuelles, relevante Urteilssprechungen, Jobangebote, Foren und Such-Index zu rechtlichen Themen sowie Anwaltsverzeichnis.

Jurawelt
redaktion@jurawelt.com

www.jurawelt.com
Infos für Jurastudenten, Referendare, Anwälte und Andere: Urteile, Foren, Skripte, Examenstipps, Anwaltssuche und Link-Portal.

Juristisches Internetprojekt Saarbrücken
redaktion@jurix.jura.uni-sb.de

www.jura.uni-sb.de
Juristische Lehr- und Lernmaterialien, Infos zu Juristenausbildung und -organisation, Entscheidungssammlung, Rechtsnormen.

Marktplatz-Recht
redaktion@marktplatz-recht.de

www.marktplatz-recht.de
Infos und Angebote für Anwälte und Notare: juristische Nachrichten, Anwaltsuchdienst, Jobbörse und Veranstaltungskalender.

Meta-Jur
info@recht.de

www.meta-jur.de
Meta-Suche über zahlreiche Rechtsdatenbanken mit verschiedenen Suchoptionen.

Neue Juristische Wochenzeitschrift
njw@beck-frankfurt.de

www.njw.de
Einblicke in die juristische Fachzeitschrift mit Berichten zur aktuellen Gesetzgebung und Rechtsprechung.

recht-in.de
info@recht-in.de

www.recht-in.de
Hilfreicher Ratgeber in juristischen Fragen, mit kommentierten Urteilen, neuesten Verordnungen und Musterverträgen.

WISSENSCHAFT

StudJur-Online
studjur-online@nomos.de

www.studjur-online.de
Portal für junge Juristen mit Infos zu Studium, Examen und Referendariat. Außerdem Uni-Ranking, Studienplatztausch und Juraforum.

Jura/Anwälte

Siehe Wirtschaft

Anwälte

Jura/Gesetze & Entscheidungen

🔴 **Bundesanzeiger Verlag**
vertrieb@bundesanzeiger.de

www.bundesanzeiger.de
Der Verlag für Recht, Wirtschaft und Soziales stellt sein Angebot vor - mit direkter Bestellmöglichkeit. Außerdem kann das komplette Bundesgesetzblatt (BGBl) Teil I (ab 1998) und Teil II (ab 2002) kostenlos eingesehen werden. Mit Programmvorschau und Recherchedienst. **(Siehe Abbildung)**

Jura/Stellenmarkt

Siehe Arbeit & Beruf

Stellenmarkt/Juristen

Kommunikationswissenschaft

DGPuK

www.dgpuk.de
Vorstellung der Deutschen Gesellschaft für Publizistik- und Kommunikationswissenschaft, mit Übersicht der Fachgruppen und Termine.

Bundesanzeiger Verlag   www.bundesanzeiger.de

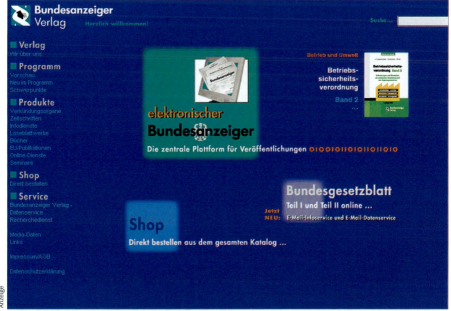

Anzeige

WISSENSCHAFT

Labore

Analytik-News
info@analytik-news.de

www.analytik-news.de
Portal fürs Labor mit Pressemeldungen, Job- und Gerätebörse, Diskussionsforum und umfangreicher, kommentierter Link-Sammlung.

Labo.de
labo-marketing@hopp.de

www.labo.de
Online-Magazin für Labortechnik mit aktuellen Meldungen, Verzeichnis der Fachliteratur, Produkt-, Firmen- und Link-Datenbank.

Laborprodukte.de
info@laborprodukte.de

www.laborprodukte.de
Der volltextrecherchierbare, datenbankgestützte Einkaufsführer für Laborprodukte und -leistungen.

Laborshop.de
info@laborshop.de

www.laborshop.de
Shop-Guide fürs Labor: umfangreiche, kommentierte Übersicht der themenrelevanten Online-Shops und Infoseiten, mit Suchdienst.

Mathematik

Mathematik.de
mde@math.fu-berlin.de

www.mathematik.de
Vorstellung der Disziplin und hilfreiche Infos und Links für Schüler, Studis, Lehrer und Mathematiker im Berufsleben.

Medizin

Beckers Abkürzungslexikon medizinischer Begriffe
arztinf@web.de

www.medizinische-abkuerzungen.de
Umfangreiche Nachschlagemöglichkeit für medizinische Fachbegriffe und Sonderzeichen mit über 75.000 Einträgen.

Medizinstudent.de
info@medizinstudent.de

www.medizinstudent.de
Alles rund um das Medizinstudium mit zahlreichen Skripten, Lerntipps, Auslandsberichten und nützlichen Infos aller Art.

Med-serv.de
mail@med-serv.de

www.med-serv.de
Verzeichnis der medizinischen Abkürzungen mit Erklärungstexten sowie Endoskopie- und Sonographie-Atlas.

Musikwissenschaft

DVSM e.V.
info@dvsm.de

www.dvsm.de
Studienführer mit Infos zu Voraussetzungen für die Aufnahme des Musikstudiums, außerdem Verzeichnis von Projekten und Symposien.

Nachschlagewerke, Enzyklopädien & Lexika

Langenscheidts Fremdwörterbuch

www.langenscheidt.de/fremdwoerter
Rund um 33.000 Fremdwörter, darunter Fachbegriffe aus Medizin, Technik, Wirtschaft, Recht und Politik.

Rasscass
redaktion@rasscass.com

www.rasscass.com
Großes Nachschlagewerk für Biografien bedeutender Persönlichkeiten mit verschiedenen Suchfunktionen und Zeitstrahl.

Wikipedia
info@wikipedia.de

www.wikipedia.de
Mehrsprachige, frei verfügbare Enzyklopädie: Jeder kann alle Artikel frei nutzen und auch selbst als Autor am Projekt mitarbeiten.

wissen.de
kontakt@wissen.de

www.wissen.de
Riesiges Wissensarchiv mit Atlanten, Wörterbüchern, Vokabeltrainer, Quiz, IQ-Tests, Foren und Buchtipps.

WISSENSCHAFT

xipolis.net
xipolis-anfrage@bifab.de

www.xipolis.de
Bibliothek im Internet: Hier kann man in über 50 namhaften Nachschlagewerken gleichzeitig nach einem Stichwort suchen.

Organisationen

Deutsches Studentenwerk
dsw@studentenwerke.de

www.studentenwerke.de
Zusammenschluss deutscher Studentenwerke: Infos zu Studienfinanzierung, Wohnen, Mensen, Kultur, Beratung und sozialen Diensten.

Helmholtz-Gemeinschaft
info@helmholtz.de

www.helmholtz.de
Zentrale Web-Seite der Helmholtz-Gemeinschaft Deutscher Forschungszentren mit aktuellen Pressemitteilungen und Infos.

Hochschulrektorenkonferenz HRK
sekr@hrk.de

www.hrk.de
Stimme der deutschen Hochschulen - Informationen und Stellungnahmen zu Hochschulthemen, Datenbank mit Studienangeboten, Adressen.

Philosophie

philo.de
service@philo.de

www.philo.de
Große kommentierte Link-Sammlung zu zahlreichen Philosophie-Seiten im Web. Mit Suchfunktion.

Physik

● **Physik-Lexikon**
webmaster@physik-lexikon.de

www.physik-lexikon.de
Das Physik-Lexikon für Schüler und Studenten. Hier findet man viele Aufgaben und deren Lösungen sowie alle wichtigen Formeln. Es gibt jede Menge Links zu wichtigen Physik Seiten sowie zu Vorlesungsskripten. Außerdem Biografien und eine illustrierte Chronik zur Physik. **(Siehe Abbildung)**

Physik-Lexikon   **www.physik-lexikon.de**

"Es kann bedeuten, daß alles im Universum in einer Art totalem Rapport miteinander steht, so daß alles Geschehen zu allem anderen in Beziehung steht; es kann auch bedeuten, daß es Informationsformen gibt, die schneller als das Licht reisen können; oder es kann bedeuten, daß unsere Vorstellungen von Raum und Zeit in einer Weise geändert werden müssen, die wir noch nicht begreifen."
David Bohm

WISSENSCHAFT

Tabellen Umrechnung
info@hug-technik.de

www.tabelle.info
Tabellen zum Umrechnen von physikalischen Werten wie Druck, Leistung, Energie, Dichte, Geschwindigkeit, Arbeit, Länge und Volumen.

Politikwissenschaft

Bundeszentrale für politische Bildung
info@bpb.de

www.bpb.de
Publikationsübersicht, aktuelle Themenberichte, Seminar-, Kongress- und Wettbewerbstermine, außerdem Lexika und Gesetzestexte.

Extremismus und Demokratie
redaktion@extremismus.com

www.extremismus.com
Forschung zu politischem Extremismus und Demokratie: wissenschaftliche Texte und Dokumente, mit Projektübersicht.

HSFK
info@hsfk.de

www.hsfk.de
Hessische Stiftung Friedens- und Konfliktforschung: Publikationen und aktuelle Forschungsberichte, auch als Downloads.

Praktikantenbörsen

Siehe Arbeit & Beruf

Praktikantenbörsen

Psychologie

Lern-Psychologie.de
lernpsychologie@uni-essen.de

www.lern-psychologie.de
Interaktive Lernumgebung der Uni Essen von Ansgar Plassmann und Günter Schmitt mit Schwerpunkt Behaviorismus und Kognitivismus.

Onlineforschung
info@psychologie-onlineforschung.de

www.psychologie-onlineforschung.de
Onlineforschung: Präsentation und Erstellung von wissenschaftlichen und kommerziellen Online-Befragungen.

psychologie.de
kontakt@psychologie.de

www.psychologie.de
Infodienst der Psychologie: kommentierte Link-Sammlung, Adressdatenbank deutscher Psychologen, Beratungsstellen und Termine.

Soziologie

Deutsche Gesellschaft für Soziologie

www.soziologie.de
Vorstellung der Gesellschaft mit ihren Sektionen, Kontaktadressen, Historie, Terminen und Zeitschrift. Mit Jobbörse.

Sprachen/Allgemein

● **Langenscheidt**
internet-team@langenscheidt.de

www.langenscheidt.de
Alles zum Thema Sprache: Übersetzungsservice, Korrekturservice, Sprachberatung, Internet-Wörterbuch, Online-Sprachkalender, Online-Wörterbücher, wichtige Infos und Links. Wörterbücher, Fachwörterbücher, Sprachlernmaterialien für Schule, Beruf und Reise – Produktkatalog mit Bestellmöglichkeit.
(Siehe Abbildung)

Sprachen/Esperanto

Esperanto in Deutschland
info@esperanto.de

www.esperanto.de
Vorstellung der Sprache, ihres Begründers und ihrer Geschichte mit Übersicht der Vereine, Termine, Kurse und Bibliotheken.

WISSENSCHAFT

Sprachen/Germanistik

Altgermanistik im Internet
info@mediaevum.de

www.mediaevum.de
Portal für Wissenschaftler und Studis: systematische, kommentierte Übersicht der Internet-Angebote zur Mediävistik.

Deutsche Rechtschreibung
bestellung@aol-verlag.de

www.neue-rechtschreibung.de
Amtliches Regelwerk, amtliche Wörterliste, Wörterbuch und Übersicht der zehn wichtigsten Regeln der neuen Rechtschreibung.

Duden-Homepage

www.duden.de
Produktübersicht, Infos und Service rund um die neue Rechtschreibung, Newsletter, Lerntipps, Gewinnspiele und Download-Shop.

IDS Mannheim
trabold@ids-mannheim.de

www.ids-mannheim.de
Vorstellung des Instituts zur Erforschung und Dokumentation der deutschen Sprache, mit Terminen und Recherchemöglichkeit.

Regeln und Wörterverzeichnis

www.ids-mannheim.de/reform
Die amtlichen Rechtschreibregeln - detailliert und übersichtlich dargestellt, mit Wörterverzeichnis.

Sprachen/Japanologie

VSJF Vereinigung f. sozialwissenschaftl. Japanforschung
webmaster@vsjf.net

www.vsjf.net
Forum für Austausch von Wissen über Politik, Wirtschaft, Gesellschaft und Kultur des modernen Japan, mit Publikationsübersicht.

Sprachen/Latein

CommTec
info@commtec.de

www.commtec.de
Vorstellung und Erklärung der Latein-Software „auxilium" mit kostenpflichtigem Download, außerdem Online-Wörterbuch.

Langenscheidt   www.langenscheidt.de

Anzeige

857

WISSENSCHAFT

e-latein
info@latein.de

www.latein.at
Übersetzungen lateinischer Texte, nach Themen geordnete Vokabellisten, Wörterbuch, Übungsaufgaben, Buch- und Filmtipps.

Sprachen/Romanistik

Romanistik.de
webmaster@romanistik.de

www.romanistik.de
Infoplattform der deutschsprachigen Romanistik: Infos zu Studiengängen, Forschung, Kultur und Aktuellem.

Sprachen/Verschiedene

Langenscheidt
internet-team@langenscheidt.de

www.langenscheidt.de
Alles zum Thema Sprache: Übersetzungsservice, Korrekturservice, Sprachberatung, Internet-Wörterbuch, Online-Sprachkalender, Online-Wörterbücher, wichtige Infos und Links. Wörterbücher, Fachwörterbücher, Sprachlernmaterialien für Schule, Beruf und Reise – Produktkatalog mit Bestellmöglichkeit.

Statistik

Statistisches Bundesamt
info@destatis.de

www.destatis.de
Aktuelle Statistikinformationen und Jahresergebnisse aus nahezu allen Bereichen der amtlichen Statistik, mit Infos zum Institut.

Stellenmarkt/Hochschulabsolventen

Siehe Arbeit & Beruf

Stellenmarkt/Hochschulabsolventen

Stiftungspreise & Auszeichnungen

Deutscher Studienpreis
dsp@stiftung.koerber.de

www.studienpreis.de
Ausschreibung des Forschungswettbewerbs für alle, die sich in Studium, Lehre oder Beruf mit dem Thema „Arbeit" befassen.

Stipendien & Forschungsförderungen

DAAD

www.daad.de
Infos für deutsche und ausländische Studierende, Graduierte und Promovierte zum Studien- und Arbeitsangebot im In- und Ausland.

Deutsche Forschungsgemeinschaft
postmaster@dfg.de

www.dfg.de
Infos über verschiedenste Fördermöglichkeiten in allen Wissenschaftszweigen durch Unterstützung und/oder Zusammenarbeit.

Koordinierungsstelle EG der Wissenschaftsorganisationen
postmaster@kowi.de

www.kowi.de
Information und Beratung für Wissenschaftler öffentlicher Forschungseinrichtungen zur Forschungsförderung der Europäischen Union.

Studienstiftung des deutschen Volkes
info@studienstiftung.de

www.studienstiftung.de
Infos zu Auswahlverfahren und Förderprogrammen der Studienstiftung für begabte Abiturienten, Studierende und Doktoranden.

Studenten-Communities

AllStudents.de
info@allstudents.de

www.allstudents.de
Infos und Tipps für Studis von Studis: Studienplatztausch, Studentenrabatte, BAföG-Rechner, Wohnbörse und Karriereportal.

WISSENSCHAFT

GRIN
th@grinmail.de

www.grin.de
Studenten- und Schüler-Community mit Zugang zu Hausarbeiten, aktuellen Beiträgen, Infos zu Studium und Job sowie Fachforen.

studentenseite.de
info@studentenseite.de

www.studentenseite.de
Infos und Tipps für Studenten von Auslandsstudium bis Wohnungsmarkt, sogar zu Ferienplanung und Studentenleben.

Studenten-WG.de
info@studenten-wg.de

www.studenten-wg.de
Großer studentischer Wohnungsmarkt, viel besuchte Studienplatz-Tauschbörse sowie Mitfahrzentrale für Bahn und Auto.

● **Studserv.de**
info@studserv.de

www.studserv.de
Die Community begleitet Studenten bereits seit 1999 aktiv durchs Studium. Neben umfangreichen Informationen zu Studium, BAföG und Karriere bietet das Portal Foren, Kleinanzeigen sowie Jobs und Praktika. Firmen finden zudem attraktive Möglichkeiten die Zielgruppe Studenten-Absolventen zu erreichen.
(Siehe Abbildung)

Studienplatztauschbörsen

Studienplatztausch.de
vsb@studienplatztausch.de

www.studienplatztausch.de
Automatische Vermittlung von Tauschpartnern und Suchmaschine für den direkten Studienplatztausch.

Siehe auch

Studenten-Communities

Studienplatzvergabe

Zentralstelle für die Vergabe von Studienplätzen
poststelle@zvs.nrw.de

www.zvs.de
Regeln, Fristen, NC-Bestimmungen und Online-Bewerbung für Studiengänge mit bundesweiten Zulassungsbeschränkungen.

Studserv.de   www.studserv.de

WISSENSCHAFT

Technik

Elektronik-Kompendium.de
kontakt@das-elko.de

www.elektronik-kompendium.de
Übersicht der Web-Seiten rund um Elektronik, Computertechnik, Kommunikations- und Sicherheitstechnik mit Buchtipps, Quiz und Shop.

Theologie

theologie-links.de
webmaster@theologie-links.de

www.theologie-links.de
Umfangreiche Link-Sammlung zum Studium der Theologie in Rubriken wie Kirchengeschichte oder Ökumenik unterteilt.

Universitäten & Hochschulen

Hochschulranking, Das
info@che.de

www.dashochschulranking.de
In dem detaillierten Ranking werden ausgewählte Studienangebote an Hochschulen (Uni und FH) vergleichend dargestellt.

HRK-Hochschulkompass
kompass@hrk.de

www.hochschulkompass.de
Studienangebote, Promotionsmöglichkeiten und internationale Kooperationen der deutschen Hochschulen im Überblick.

Studieren im Netz
studieren-im-netz@bwverlag.de

www.studieren-im-netz.de
Virtuelle Studienangebote aller deutschen Unis und aktuelle Meldungen zu Hochschulveranstaltungen.

Weltraumforschung & Raumfahrt

AstroLink.de
redaktion@cclive.net

www.astrolink.de
Link-Sammlung zum Thema Astronomie, mit kleiner Planetenkunde und Übersicht der Raumfahrtgeschichte von Apollo bis Voyager.

WISSENSCHAFT

Blue-Cosmos
rene@blue-cosmos.de

www.blue-cosmos.de
Detaillierte Informationen, Bilder und Berichte rund um Astronomie und Raumfahrt mit Quiz, Downloads und verschiedenen Foren.

raumfahrtgeschichte.de

www.raumfahrtgeschichte.de
Historische Einblicke in die Raumfahrtgeschichte und -forschung, Infos zu Organisationen, Programmen und Missionen.

Wirtschaftswissenschaften & BWL

Wirtschaftswissenschaften.de
info@wirtschaftswissenschaften.de

www.wirtschaftswissenschaften.de
Info-Community der Bereiche BWL, VWL, Wirtschaftsinformatik und Ökonomie; mit Job-, Absolventen- und Praktikumsbörse.

WIWI-TReFF
info@wiwi-treff.de

www.wiwi-treff.de
Nützliche Tipps und Hinweise zur Studien- und Berufswahl, Praktika und Bewerbungen im Bereich Wirtschaftswissenschaften.

Zeitschriften/Studenten

● **AUD!MAX**
info@audimax.de

www.audimax.de
Die bundesweite Hochschulzeitschrift mit Neuigkeiten von den Hochschulen sowie Infos zu Studium und Berufseinstieg. Außerdem gibt es einen Flirt-Treff, eine Studienplatz-Tauschbörse, eine Chat-Lounge, eine Hausarbeiten-Börse und Gewinnspiele. **(Siehe Abbildung)**

● **UNICUM.de**
redaktion@unicum-verlag.de

www.unicum.de
News, Reportagen, Berichte und Tipps zu Schule, Studium und Jobeinstieg sowie eine Arbeitgeber-, Praktikums-, Hausarbeiten- und Nachhilfebörse. Im Unicum-Karrierezentrum treffen sich Jobsuchende mit Arbeitgebern. Außerdem viele Extras wie Filmtipps, Umfragen, Quiz, Wettbewerbe und Sprüche. **(Siehe Abbildung)**

UNICUM.de   www.unicum.de

WISSENSCHAFT

Forschung & Lehre
redaktion@forschung-und-lehre.de

www.forschung-und-lehre.de
Hochschul- und wissenschaftspolitische Zeitschrift mit Artikeln renommierter Autoren zu Bildung, Wissenschaft und Forschung.

Studenten-Presse.com
info@studentenpresse.com

www.studentenpresse.com
Großes Angebot an Studenten-Abos mit großen Preisvorteilen. Dazu News, Tools, Buchtipps und Infos zum Studium.

Unicompact
redaktion@unicompact.de

www.unicompact.de
Alles, was Studenten interessiert: Tipps zu Bewerbung, Praktikum und Diplomarbeit sowie Gewinnspiele, Kontaktecke und Votings.

wissenschaft.de
info@komedia.de

www.wissenschaft.de
Aktuelle Beiträge, Hintergrundberichte und Web-Katalog zu verschiedensten Wissenschaftsbereichen, mit Buchrezensionen und Foren.

21

Index

INDEX

A

Aachen	722
Abenteuerreisen	633
Abfall	758
Abitur	45
Abkürzungen & Akronyme	486
Abnehmen	171
Absinth	187
Accessoires	259, 405, 420
Adoption	658
Adventure	258
Affiliates	442
Afrika	604
Afrika/Ägypten	605
Afrika/Marokko	605
Afrika/Namibia	605
Afrika/Sahara	606
Afrika/Sao Tomé	606
Afrika/Südafrika	606
Afrika/Südafrika/Kapstadt	606
Afrika/Togo	606
Afrika/Tunesien	606
Agrarwesen & Landwirtschaft	750
Agrarwesen & Landwirtschaft/Ökologisch	752
Agrarwissenschaft	846
Ägypten	605
Ägyptische Geschichte	850
Ahnenforschung	238
Aids	333
Airports	802
Akkus	73
Akkuschrauber	397
Akronyme	486
Aktentaschen	142
Aktfotografie	158
Aktiengesellschaften	274, 310
Aktmalerei	159
Akupunktur	360
Aldi	229
Alkohol	657
Allergie	333
Allgäu	727
Alternative Musik	494
Alternative Energie	755
Altersvorsorge	290
Alzheimer	334
Amateur- & CB-Funk	238
Amateurmodelle	158
Ameisen	261
American Football	690
Amerika/Bahamas	607
Amerika/Lateinamerika	607
Amerika/Lateinamerika/Argentinien	607
Amerika/Lateinamerika/Brasilien	607
Amerika/Lateinamerika/Chile	608
Amerika/Lateinamerika/Costa Rica	608
Amerika/Lateinamerika/Cuba	608
Amerika/Lateinamerika/Dom. Republik	608
Amerika/Lateinamerika/Ecuador	608
Amerika/Lateinamerika/Mexiko	608
Amerika/Lateinamerika/Paraguay	608
Amerika/Lateinamerika/Peru	609
Amerika/USA & Kanada	609
Amerika/USA & Kanada/New York	609
Amiga	458
Amphibien	262
Amsterdam	616
Amtsgerichte	588
Analphabetismus	654
Andorra	611
Angeln	690
Angeln/Fliegenfischen	691
Angeln/Zeitschriften	691
Anhängerkupplungen	792
Anime & Mangas	478
Anstrich	398
Antennenanschlüsse	397
Anthroposophie	654
Antiquariate & Bücherschnäppchen	94
Anwälte	816
Anzeigenblätter	506
Anzüge	79
Apfelwein	173
Apotheken	318
Apothekenverbände	319
Apothekennotdienste	319
Apple MacOS	458
Aquaristik	260
Aquavit	187
Arbeitgeberverbände	28
Arbeitslosenunterstützung	684
Arbeitslosigkeit	28
Arbeitsrecht	28
Arbeitsschutz	28
Arbeitszeugnisse	28
Archäologie	846
Architektur	846
Archive	522
Argentinien	607
Aristoteles	855
Armbanduhren	148

Index

Arnis	701
Arzneimittel	359, 360
Ärzte	319
Ärzteverbände	320
Ärzte/Zeitungen & Zeitschriften	320
Asien	201
Asien/Bhutan	609
Asien/China	609
Asien/Indien	610
Asien/Iran	610
Asien/Japan	610
Asien/Korea	610
Asien/Malaysia	610
Asien/Mongolei	610
Asien/Nepal	610
Asien/Philippinen	610
Asien/Taiwan	610
Asien/Thailand	611
Asien/Vietnam	611
Asterix	478
Asthma	336
Astrologie	269
Astronomie	238
Asyl	654
Atari	458
Atemtherapie	361
Atemwege	336
Atemwege/Asthma	336
Atemwege/Bronchitis	337
Atheismus	678
Atomkraft	750
Attac	589
Au-pair	28
Aufgussmittel	402
Aufkleber	105
Aufmerksamkeits-Defizit-Syndrom	328
Augen-Laser	321
Augenheilkunde	321
Augenoptik	321
Augenoptik/Kontaktlinsen & Brillen	69
Augenoptik/Sonnenbrillen	70
Augsburg	722
Auktionen	70
Ausbildung/Bankwesen	30
Ausbildung/Buchhandel & Verlage	30
Ausbildung/BWL	30
Ausbildung/Druck- & Medientechnik	30
Ausbildung/Erwachsenenbildung	31
Ausbildung/Fernunterricht	31
Ausbildung/Film & Fernsehen	32
Ausbildung/Lehrstellen	32
Ausbildung/Marketing & Werbung	32
Ausbildung/Medien	33
Ausbildung/Multimedia	33
Ausbildung/Technik	34
Ausbildung/Versicherungen	33
Ausbildung/Weiterbildung & Neuorientierung	34
Ausfuhrkreditversicherung	301
Ausreden	244
Außenhandel	826
Ausstellungen	489
Austern	207
Australien	621
Auswandern	38
Auszeichnungen & Awards	434
Auto	624
Auto/Allgemein	772
Auto/Car-Sharing	772
Auto/Club	772
Auto/Fahrzeugbewertungen	772
Auto/Hersteller	773
Auto/Kfz-Kennzeichen	778
Auto/Kfz-Sachverständige	779
Auto/Kfz-Versicherungen	779
Auto/Lkw & Nutzfahrzeuge	780
Auto/Lkw & Nutzfahrzeuge/Reisemobile	781
Auto/Markt	782
Auto/Markt/EU-Importautos	783
Auto/Markt/Jahreswagen	784
Auto/Oldtimer	784
Auto/Reifen	785
Auto/Reifen/Hersteller	786
Auto/Tuning	787
Auto/Vermietung	787
Auto/Werkstätten	791
Auto/Zeitschriften	791
Auto/Zubehör & Ersatzteile	791
Autobahnrasthöfe	810
Autogramme	249
Autoradios	792
Autoren	486
Awards	434
Ayurveda	361

B

B2B	819
Baby	122
Babynahrung	203
Babypflege	122
Babypflege/Windeln	123
Babysitter	658

Index

Bachblüten-Therapie	362
Backformen	412
Backwaren	203
Backwaren/Kuchen & Torten	204
Backwaren/Pfefferkuchen & Lebkuchen	205
Bad	397, 406
Bad/Zubehör	406
Bademode	75, 150
Baden-Baden	722
Baden-Württemberg	506, 533, 548, 564, 723
Baden-Württemberg/Regionen	723
Baden-Württemberg/Baden	724
Baden-Württemberg/Bodensee	724
Baden-Württemberg/Schwäbische Alb	724
Baden-Württemberg/Schwarzwald	725
Badeseen	238
Badewannen	406
Badminton	691
BAföG	846
Bahamas	607
Bahn	624
Bahnengolf	699
Balearen/Ibiza	618
Balearen/Mallorca	618
Balearen/Menorca	618
Balladen	486
Ballone	803
Ballonfahrten	698
Ballons	72
Bambusparkett	417
Bandvermittlung	494
Banken	57, 274
Banken/Bankleitzahlen	275
Banken/Direktbanken	275
Banken/Geschäftsbanken	276
Banken/Verbände	276
Banken/Verzeichnisse	277
Banken/Zentralbanken	278
Bankenaufsicht	286
Bankleitzahlen	275
Bankwesen	30
Bannertausch	438
Barkeeper	174
Barzubehör	174
Baseball & Softball	691
Basketball	691
Basmatireis	222
Bass	492
Basteln	238
Batterien & Akkus	73
Bauchnabelpiercing	138
Bauen/Allgemein	396
Bauen/Baumärkte	397
Bauen/Denkmalschutz	398
Bauen/Farbe & Anstrich	398
Bauen/Häuser	398
Bauen/Häuser/Fachwerkhäuser	399
Bauen/Häuser/Fertighäuser	399
Bauen/Materialien	400
Bauen/Materialien/Holz	400
Bauen/Schwimmbäder, Saunen & Whirlpools	401
Bauen/Solarien	402
Bauen/Treppen	402
Bauen/Türen & Fenster	404
Bauen/Verschiedenes	404
Bauen/Wintergärten	404
Bauen/Zeitschriften	404
Bauernhofurlaub	648
Baulabels	404
Baumärkte	397
Bausparen & Immobilienfinanzierung	278
Baustoffe	397
Bayerischer Wald	727
Bayern	507, 534, 546, 567, 725
Bayern/Regionen	726
Bayern/Allgäu	727
Bayreuth	728
Beach-Volleyball	714
Beamer & Videoprojektoren	109
Beauty & Wellness	321
Begleitservice	157
Behindertensport	692
Behinderung/Allgemein	654
Behinderung/Hörgeschädigte	654
Behinderung/Körperbehinderung	654
Behinderung/Logopädie & Stottern	655
Behinderung/Organisationen	655
Behinderung/Sehschädigung	656
Behörden	584
Bekleidung	73, 761
Bekleidung/Bademode	75
Bekleidung/Berufskleidung	76
Bekleidung/Brautmoden	76
Bekleidung/Damenmode	77
Bekleidung/Damenmode/Übergrößen	78
Bekleidung/Dessous	78
Bekleidung/Herrenmode	79
Bekleidung/Herrenmode/Krawatten	79
Bekleidung/Herrenmode/Maßanzüge	79
Bekleidung/Herrenmode/Smokings	80
Bekleidung/Herrenmode/Übergrößen	80
Bekleidung/Herrenmode/Unterwäsche	80

Index

Bekleidung/Individuell bedruckt	80
Bekleidung/Jeans	80
Bekleidung/Kindermode	81
Bekleidung/Kindermode/Schuhe	82
Bekleidung/Kindermode/Secondhand	82
Bekleidung/Korsetts	82
Bekleidung/Leder	82
Bekleidung/Marken	82
Bekleidung/Militär & Outdoor	83
Bekleidung/Schirme	83
Bekleidung/Schuhe	84
Bekleidung/Schuhe/Gummistiefel	85
Bekleidung/Schuhe/Schuhpflege	85
Bekleidung/Schuhe/Übergrößen	86
Bekleidung/Socken & Strümpfe	86
Bekleidung/Socken & Strümpfe/Zehensocken	86
Bekleidung/Strickware	86
Bekleidung/T-Shirts	87
Bekleidung/Unterwäsche	87
Bekleidung/Young Fashion	87
Beleuchtung & Lampen	406
Belgien	611
Benimm-Regeln	239
BeOS	458
Beratungsstellen & Telefonseelsorge	656
Bergbau	849
Bergsteigen & Klettern	692
Berlin	538, 549, 568, 728
Berufskleidung	76
Beschneidung	322, 665
Beschwerden	244
Besteck & Messer	412
Betriebsausflüge & Firmenreisen	633
Betriebsräte	38
Betriebssysteme	471
Betriebssysteme/Amiga	458
Betriebssysteme/Apple MacOS	458
Betriebssysteme/Atari	458
Betriebssysteme/BeOS	458
Betriebssysteme/Commodore	459
Betriebssysteme/DOS	459
Betriebssysteme/Linux & Unix	459
Betriebssysteme/MS Windows	459
Betriebssysteme/Novell	460
Betriebssysteme/OS/2	460
Betriebssysteme/Sun Solaris	460
Betten	407
Betten/Decken & Textilien	408
Betten/Kinderbetten	408
Betten/Matratzen	408
Betten/Wasserbetten	409
Bettnässen	329
Bewegungspädagogik	700
Bewerbung	38
Bhutan	609
Bibel	679
Bibliotheken	847
Bielefeld	729
Bienen, Hummeln, Wespen & Hornissen	260
Bier	173
Bildarchive	480
Bilder	409
Bilder, Buttons & Clipart	439
Bilder/Poster	410
Bilderrahmen	410
Bildschirmschoner, Icons & Wallpaper	460
Bildungs- & Studienreisen	634
Billard	693
Billigflieger	799
Biodiesel	755
Biografien	248
Biologie	847
Biophysikalische Informationstherapie	362
Bioprodukte	205
BIOS	444
Biosphärenreservate	759
Biotechnologie	758
Bisonfleisch	202
Black Music & Soul	494
Blase	338
Blasmusik	495
Blättchen	231
Blitzer	810
Blockheizkraftwerke	756
Blues	495
Blumenversand	88
Blumenversand/Kunstblumen & Kunstpalmen	90
Blumen & Sträucher	426
BMX	707
Boards & Foren	453
Bob- & Schlittenfahren	693
Bochum	729
Bodenbeläge	397, 417
Bodensee	724
Body-Painting & Theater-Make-up	478
Bodybuilding	693
Bogenschießen	693
Bohrmaschinen	397
Bonbons	224
Bonn	729
Bootcharter	792
Boote & Yachten	792

Index

Boote & Yachten/Markt	793
Boote & Yachten/Segeln	793
Boote & Yachten/Zeitschriften	794
Börsenmagazine	284
Börsenplätze	282
Börsenspiele	283
Botanische Gärten	847
Botschaften & Konsulate	585
Bottrop	729
Boule	693
Bowling	693
Boxen	112, 701
Branchenverzeichnisse/Bundesweit	816
Branchenverzeichnisse/International	817
Brandenburg	510, 539, 569, 729
Brandenburg/Regionen/Lausitz	729
Brasilien	607
Bräuche	681
Braunschweig	729
Brautmoden	76
Bremen	512, 539, 549, 730
Bremerhaven	730
Brettspiele	251
Briefe & Pakete	135
Brieffreundschaften	239
Briefkästen	397
Briefmarken	239
Briefpapier	99
Brillen	69
Broker	308
Bronchitis	337
Brotaufstrich	206
Brunnen & Zimmerbrunnen	410
Brustkrebs	348
BSE	206
Buchdruck	104
Bücher	90
Bücher/Antiquariate & Bücherschnäppchen	94
Bücher/Buchhandlungen	92
Bücher/Datenbanken	94
Bücher/Fachliteratur/Gesundheit	96
Bücher/Fachliteratur/IT	96
Bücher/Fachliteratur/Jura	97
Bücher/Fachliteratur/Reiseführer	97
Bücher/Fachliteratur/Wirtschaft	97
Bücher/Hörbücher	97
Bücherdatenbank	486
Bücherschnäppchen	94
Bücher & Noten	490
Buchhaltung	289
Buchhandel	558, 817
Buchhandel & Verlage	30
Buchhandlungen	92
Buddhismus	678
Bulgarien	611
Bumerang	694
Bundeskanzler	593
Bundesliga	697
Bundesnachrichtendienst	588
Bundespräsident	593
Bundesrat	585
Bundesregierung	593
Bundestagsparteien	592
Bundestagswahl	596
Bundestag	585
Bundesverfassungsgericht	589
Bundeswehrausbildung	58
Bundeswehr & Militär	585
Bungeejumping	694
Burgen, Festungen & Schlösser	240
Bürgerinitiativen & Bürgerstiftungen	656
Bürobedarf/Allgemein	98
Bürobedarf/Büromaterial	100
Bürobedarf/Einrichtung	100
Bürobedarf/Einrichtung/Bürostühle	101
Bürobedarf/Tinte & Toner	101
Bürobedarf/Tinte & Toner/Rücknahme	102
Bürobedarf/Werbemittel	102
Bürobedarf/Zeitplanbücher & Organizer	103
Büromanagement	39
Büromaterial	100
Büromöbel	100
Bürostühle	101
Business-Software	460
Business to Business	817
Busreisen	600
Bußgelder & Strafzettel	794
BWL	30, 861

C

Cachaça	188
Camcorder	110, 111
Camping	600
Camping- & Reisebedarf	601
Camping/Wohnmobile & Reisemobile	601
Canadiers	701
Canyoning	708
Car-Sharing	772
Carving	710
Case-Modding	444
Casinos & Spielbanken	251

INDEX

Cassetten	110
Castings	479, 482
CB-Funk	238
CD-Besprechungen	490
CD-Player	110
CD-Versand & Musik-Online-Shops	490
CD- & DVD-Brennen	434
Cerealien	206
Charterboote	792
Charts & Hits	490
Chats	453
Chauffeure & Fahrdienstleister	794
Cheats	254
Chemie	819, 848
Chemie/Hersteller	367
Chemie & Pharmazie	58
Chemie & Pharmazie/Konzerne	820
Chemnitz	730
Chiemsee	726
Chile	608
Chili	209
China	609
Chips	214
Chirurgie	322
Chirurgie/Plastische Chirurgie	323
Cholesterin	338
Christentum	678
Christentum/Bibel	679
Christentum/Katholizismus	679
Christentum/Katholizismus/Orden	679
Christentum/Protestantismus	680
Clipart	439
Cluburlaub	601
Co-Shopping	141
Cocktails	174
Cognac	188
Coldfusion	464
Comic	478
Comic/Anime & Mangas	478
Comic/Asterix	478
Commodore	459
Communities	454
Computer	150, 445
Computer-, EDV- & TK-Branche	58
Computermäuse	446
Costa Rica	608
Cottbus	730
Counter	439
Country & Western	495
Cricket	694
Cuba	608
Curling	695

D

Dalí, Salvador	488
Damenhygiene	128
Damenmode	77, 150
Damenmode/Übergrößen	78
Dänemark	611
Darmkrebs	349
Darmstadt	730
Darts	694
Datenbanken	96
Datenbanken/Bücher	522
Datenbanken/Zeitschriften	522
Datenlöschung	434
Datenrettung & -wiederherstellung	434
Datenschutz	586
Datensicherheit/Datenlöschung	434
Datensicherheit/Datenrettung	434
Datensicherheit/Dialer	434
Datensicherheit/Spam	435
Datensicherheit/Verschlüsselung	435
Datensicherheit/Viren & Trojaner	435
Datum & Uhrzeit	450
DDR	852
DDR- & Ost-Produkte	103
Decken & Textilien	408
Degen	696
DEKRA	794
Delphi	464
Demenz	334
Denkmalschutz	398
Depression	338
Design	411
Designermöbel	411
Dessert	216
Dessous	78
Deutsche Bahn	794
Deutsche Geschichte	851
Deutsche Geschichte/DDR	852
Deutschland	196, 602
Deutschland/Sylt	604
Diabetes	339
Diabetikerbedarf	360
Dialer	434
Dialyse	352
Diät	170
Diät/Übergewicht	323
Didgeridoos	115
Digitales Fernsehen	523

Index

Digitale Fotografie	480
Digitalkameras	110, 111, 150
Digitalradios	109
Dildos	165
Dinkel	761
Diplom- & Hausarbeiten	848
Direktbanken	275
Discountflieger	799
Disco & Partys	240
DJ-Equipment	492
DJ´s	491
DNA-Test	661
Dolmetscher	821
Dominikanische Republik	608
Domain-Abfragen	440
Domain-Anbieter	440
Domain-Börsen	440
Dortmund	730
DOS	459
Dosenpfand	764
Drehtabak	232
Dresden	730
Drogen/Beratungsstellen	656
Drogen/Hart	657
Drogen/Weich/Alkohol	657
Drogen/Weich/Rauchen	657
Drogerie	129
Druck	822
Druck- & Medientechnik	30
Druck/Bücher	103
Druck/Papier	104, 822
Druck/Postkarten & Einladungskarten	104
Druck/Siegel, Siegellacke & Petschafte	105
Druck/Stempel	105
Druck/Visitenkarten, Briefpapier & Aufkleber	105
Druckereien	822
Druckerpatronen	101
Druckerzubehör	102
Drums	492
DSL	454
DTP	822
Dubai	622
Duftkerzen	121
Duftlampen	763
Duisburg	731
Dünger	427
Düsseldorf	731
DVD-Brennen	434
DVD/Hersteller	824
DVD/Informationsportale	266
DVD/Verleih	112, 166

E

E-Books	486
E-Commerce	471
E-Mail/Allgemeine Hilfen, Tipps & Tricks	444
E-Mail/Dienste	444
E-Mail/Verzeichnisse	444
Ecuador	608
Edeka	229
Ehemalige Schüler	47
Eheringe	139
Eier	206
Eierstock	349
Eigene Homepage/All-in-One-Anbieter	436
Eigene Homepage/Allgemein	436
Eigene Homepage/Anleitungen & Hilfen	438
Eigene Homepage/Bannertausch	438
Eigene Homepage/Bilder, Buttons & Clipart	439
Eigene Homepage/Counter	439
Eigene Homepage/Domain-Abfragen	440
Eigene Homepage/Domain-Anbieter	440
Eigene Homepage/Domain-Börsen	440
Eigene Homepage/Newsletter & Foren	441
Eigene Homepage/Partnerprogramme	441
Eigene Homepage/Promotion	442
Eigene Homepage/Webspace	443
Einkaufsführer	68
Einkaufszentren/Internet-Kaufhäuser	106
Einkaufszentren/Kaufhäuser	107
Einladungskarten	104
Einrichtung	100, 761
Einrichtung/Accessoires	405
Einrichtung/Bad	406
Einrichtung/Bad/Zubehör	406
Einrichtung/Beleuchtung & Lampen	406
Einrichtung/Betten	407
Einrichtung/Betten/Decken & Textilien	408
Einrichtung/Betten/Kinderbetten	408
Einrichtung/Betten/Matratzen	408
Einrichtung/Betten/Wasserbetten	409
Einrichtung/Bilder	409
Einrichtung/Bilder/Bilderrahmen	410
Einrichtung/Bilder/Poster	410
Einrichtung/Brunnen & Zimmerbrunnen	410
Einrichtung/Bürostühle	101
Einrichtung/Design	411
Einrichtung/Designermöbel	411
Einrichtung/Hauselektronik	412
Einrichtung/Haushaltswaren	412
Einrichtung/Besteck & Messer	412
Einrichtung/Jalousien	413

INDEX

Einrichtung/Kachelöfen & Kamine	413
Einrichtung/Küchen	413
Einrichtung/Möbel	414
Einrichtung/Möbel/Sofas	416
Einrichtung/Porzellan	416
Einrichtung/Tapeten	416
Einrichtung/Teppiche & Bodenbeläge	417
Einrichtung/Ventilatoren	418
Eis	224
Eisenbahn & Deutsche Bahn	794
Eisenwaren	397
Eishockey	700
Eiskunstlauf	695
Eisschnelllauf	695
Eisstock & Curling	695
Elektrizität/Stromanbieter	823
Elektrizität & Strom	108
Elektronik	495
Elektronik/Allgemein	109
Elektronik/Beamer & Videoprojektoren	109
Elektronik/Digitalradios	109
Elektronik/Elektronikmärkte	110
Elektronik/Fotoapparate & Digitalkameras	111
Elektronik/HiFi	111
Elektronik/Konzerne	823
Elektronik/Taschenrechner	112
Elektronik/TV, HiFi, Video & DVD/Hersteller	824
Elektronik/TV, Video, Camcorder, DVD & HiFi	113
Elektronik/TV, Video & DVD/Verleih	112
Elektronikmärkte	110
Elektrorasierer	132
Eltern/Adoption	658
Eltern/Allgemein	658
Eltern/Babysitter	658
Eltern/Beratung	658
Eltern/Geburt	659
Eltern/Geburt/Hebammen	659
Eltern/Geburt/Schwangerschaft	659
Eltern/Geburt/Stillen	660
Eltern/Geburt/Vaterschaftstest	660
Eltern/Geburt/Vornamen	661
Eltern/Scheidung	661
Endometriose	340
Energie	754
Energie/Alternative Energie	755
Energie/Biodiesel	755
Energie/Elektrizität	826
Energie/Erdgas	755
Energie/Heizöl	756
Energie/Kraftwerke	756
Energie/Mineralölkonzerne & Tankstellen	826
Energie/Solarenergie & Fotovoltaik	756
Energie/Wind	757
Energy-Drinks	174
England	613
Englisch	47, 54
Entscheidungen	853
Entsorgung	758
Entwicklungshilfe	586
Entwicklungshilfe/Organisationen	662
Entwicklungspolitik	586
Erdgas	755
Erektionsstörungen	345
Erfindungen	834
Erfurt	731
Erkältung & Husten	340
Erkältung & Husten/Produkte	340
Ernährung	170
Ernährung/Diät	170
Ernährung/Trennkost	171
Ernährungswissenschaft	848
Erotikartikel	165
Erotikmagazine	164
Erotische Foren & Diskussionen	156
Erotische Geschichten	156
Erotische Lebensmittel	157
Erste Hilfe	378, 670
Erwachsenenbildung	31
Esoterik & Feng Shui	113, 240
Esperanto	856
Espresso	176
Essen	731
Essige & Speiseöle	206
Essstörungen & Magersucht	342
Ethnologie	849
EU-Erweiterung	586
EU-Importautos	783
Euro	308, 586
Europa	197, 586
Europäisches Parlament	587
Europäische Kommission	587
Europarat	587
Eurorechner	308
Eurythmie	53
Evangelische Kirche	680
Existenzgründung & Selbstständigkeit	39
Expertenwissen	240
Export & Außenhandel	826
Extremismus	856

Index

F

Fabrikverkauf	141
Fach- & Führungskräfte	58
Fachwerkhäuser	399
Fachwörterbücher	450
Fachzeitschriften/Allgemein	469
Fachzeitschriften/Betriebssysteme	471
Fachzeitschriften/E-Commerce	471
Fachzeitschriften/Grafik	472
Fachzeitschriften/Mac	472
Fachzeitschriften/Netzwerk	473
Fachzeitschriften/Programmierung	474
Fachzeitschriften/Software	473
Fachzeitschriften/Telekommunikation	474
Factoring	283
Factory-Outlet-Shops	141
Fahnen	114
Fahrdienstleister	794
Fahrpläne	795
Fahrrad/Markt	795
Fahrrad/Radsport	795
Fahrrad/Reisen	795
Fahrradreisen	601
Fahrschulen & Führerschein	796
Fährverbindungen	601
Fahrzeugbewertungen	772
Fairer Handel	761
Fallschirmspringen	695
Falschgeld	284
Fanseiten	523
Farben	397
Farbe & Anstrich	398
Farblinsen	69
Fastfood	230
Fastnacht	244
Fastnacht/Kostüme & Masken	245
Faxzubehör	102
Fechten	696
Federball	691
Feinkost	207
Feldhockey	700
Feng Shui	113
Fenster	404
Ferienkalender	450
Ferienwohnungen	648
Fernbedienungen	110
Fernsehen	32
Fernsehen/Content	523
Fernsehen/Digitales Fernsehen	523
Fernsehen/Fanseiten	523
Fernsehen/Satellitenempfang	524
Fernsehen/Sender/Bundesweit	524
Fernsehen/Sender/Musiksender	524
Fernsehen/Sender/Nachrichtensender	525
Fernsehen/Sender/Regional	525
Fernsehen/Sender/Shopping-Sender	526
Fernsehen/Sender/Spartenkanäle	526
Fernsehen/Sender/Spartenkanäle/Kinder	528
Fernsehen/Sender/Sportsender	528
Fernsehgeräte	110
Fernsehprogramm	556
Fernsehsendungen	444
Fernsehserien	523
Fernunterricht	31
Fertighäuser	399
Festivals, Tourneen & Konzerte	479, 491
Festplatten-Recorder	110
Fettstoffwechsel	338
Feuerwehr	587
Fidschi-Inseln	622
Film/Festivals	479
Film/Filmproduktion & Regie	479
Film/Kinder- & Jugendfilme	479
Film/Komparsen & Castings	479
Film/Kritiken	479
Film/Organisationen	479
Filmmusik	491
Filmposter	120
Filmproduktion & Regie	479
Film & Fernsehen	32
Filofax	103
Finanz- & Börsenmagazine	284
Finanzbehörden	285
Finanzberatung	286
Finanzberatung/Frauen	286
Finanzdienstleistungen	286, 779
Finanzministerium	286
Fingernägel	129
Finnland	612
Firmenadressen	816
Firmenreisen	633
Firmen der Medienbranche	522
Fisch	207
Fitness	696
FKK	602
Flaggen & Fahnen	114
Flamenco	495
Flaschenpost	117
Flash	464
Fleischwaren	207
Fliegenfischen	691

Index

Flirttipps	682
Flohmärkte	241
Florett	696
Flossen	713
Flüge & mehr	637
Fluggesellschaften	796
Fluggesellschaften/Allgemein	799
Flughäfen	800
Flughäfen/Allgemein	802
Flugplanauskunft	802
Flyerdruck	105
Fonds	309
Fondues	412
Football	690
Forderungsmanagement & Inkasso	286
Forellen	207
Foren	453
Formel 1	705
Formulare & Verträge	827
Forschungsförderungen	858
Forstwirtschaft	752
Fossilien	249
Fossilien, Bernstein & Repliken	241
Foto	480
Foto/Bildarchive	480
Foto/Digitale Fotografie	480
Foto/Fotoentwicklung	481
Foto/Fotoentwicklung/Preisvergleiche	482
Foto/Fotomodelle, Models & Castings	482
Fotoapparate & Digitalkameras	111
Fotobewertungen	682
Fotografie	241
Fotomodelle, Models & Castings	482
Fotovoltaik	756
Fracht- & Transportvermittlung	802
Franken	726
Frankfurt am Main	732
Frankreich	201, 612
Frauen	166, 286, 558
Frauen/Hausfrauen	664
Frauen/Online-Magazine	664
Frauen/Organisationen	665
Frauen/Organisationen/Beschneidung	665
Frauennotruf	665
Free- & Shareware	460
Freeware	252
Freiburg	732
Freilichtbühnen	502
Freiwilligendienste	668
Freizeitparks	242
Fremdsprachen/Englisch	47
Friesland	744
Frisbee	696
Friseure	129
Fruchtgummis	223
Frühstück	208
Fuerteventura	618
Führerschein	796
Führungskräfte	58
Fußball/Allgemein	696
Fußball/Bundesliga	697
Fußball/Fußballweltmeisterschaft 2006	697
Fußball/Tischfußball	698
Fußball/Verbände	698
Fußball/Zeitschriften	698
Fußballweltmeisterschaft 2006	697

G

Galerien	483, 489
Gambas	207
Garagentore	412
Garnelen	207
Garten/Allgemein	418
Garten/Garten- & Gewächshäuser	418
Garten/Gartengeräte	419
Garten/Gartenteiche	419
Garten/Gartenzwerge	419
Garten/Grillen	420
Garten/Möbel/Strandkörbe	420
Garten/Möbel & Accessoires	420
Garten/Wintergärten	420
Garten/Zeitschriften	421
Gartenbewässerung	397
Gartengeräte	397, 419
Gartenmöbel	397
Gartenteiche	419
Gartenzäune	397
Gartenzwerge	419
Gästebücher	441
Gastronomie, Hotellerie & Tourismus	58
Gastronomieführer/Hotels & Restaurants	172
Gastronomieführer/Kneipen	172
Gay	667
Gebrauchte Geräte	445
Geburt	659
Geburt/Hebammen	659
Geburt/Schwangerschaft	659
Geburt/Stillen	660
Geburt/Vaterschaftstest	660
Geburt/Vornamen	661
Gedächtnistraining	243

Index

Gedichte, Reime, Zitate & Märchen	486
Gefängnis & Strafvollzug	666
Geflügel	208
Gefriergeräte	414
Geheimdienste & Nachrichtendienste	588
Gehörschutz	327
Gelbe Seiten	451
Geldbörsen	142
Geld & Zahlungsmittel	287
Gelsenkirchen	732
Gemälde	483
Gemüse	208
Gemüse/Kürbisse	208
Gemüse/Pilze	208
Gemüse/Spargel	209
Genealogie	238
Gentechnik	847
Gentechnik & Biotechnologie	758
Geographie	849
Geologie & Bergbau	849
Georgien	612
Geowissenschaft	850
Gerichte	588
Germanistik	857
Gerüste	397
Geschäftsbanken	276
Geschenke & Überraschungen	114
Geschenkgutscheine	114
Geschichte/Ägyptische Geschichte	850
Geschichte/Allgemein	850
Geschichte/Deutsche Geschichte	851
Geschichte/Deutsche Geschichte/DDR	852
Geschichte/Römische Geschichte	852
Geschirrspüler	120, 414
Geschmacksverstärker	234
Gesetze & Entscheidungen	853
Gespenster, Geister & Hexen	243
Gesundheit	96
Gesundheits- & Wellnessreisen	634
Gesundheitsauskunft	625
Gesundheitsportale	324
Gesundheitsreform	326
Getränke/Apfelwein	173
Getränke/Bier	173
Getränke/Cocktails	174
Getränke/Energy-Drinks	174
Getränke/Kaffee/Allgemein	175
Getränke/Kaffee/Espresso	176
Getränke/Kaffee/Hersteller	177
Getränke/Kaffee/Kaffeeautomaten	178
Getränke/Kakao	178
Getränke/Limonaden	178
Getränke/Mineral- & Tafelwasser	179
Getränke/Säfte	185
Getränke/Sekt	186
Getränke/Sherry	186
Getränke/Spirituosen	186
Getränke/Spirituosen/Absinth	187
Getränke/Spirituosen/Aquavit	187
Getränke/Spirituosen/Cachaça	188
Getränke/Spirituosen/Cognac	188
Getränke/Spirituosen/Grappa	188
Getränke/Spirituosen/Korn	189
Getränke/Spirituosen/Kräuterbitter	189
Getränke/Spirituosen/Kräuterlikör	190
Getränke/Spirituosen/Likör	189
Getränke/Spirituosen/Rum	190
Getränke/Spirituosen/Schnaps	191
Getränke/Spirituosen/Tequila	191
Getränke/Spirituosen/Weinbrand	191
Getränke/Spirituosen/Whisky	192
Getränke/Spirituosen/Wodka	193
Getränke/Tee	194
Getränke/Tee/Hersteller	194
Getränke/Tee/Online-Shops	195
Getränke/Wein/Allgemein	196
Getränke/Wein/Deutschland	196
Getränke/Wein/Europa	197
Getränke/Wein/International	198
Getränke/Wein/Öko-Weine	199
Getränke/Wein/Zeitschriften	200
Gewächshäuser	397, 418
Gewaltprävention	48
Gewerkschaften	40
Gewinnspiele	253
Gewürze & Kräuter	209, 427
Gezeiten	709
Gießen	732
Gift	378
Giftinformationszentralen	378
Gitarren	492
Glaubensgemeinschaften	680
Gleitmittel	165
Gleitschirmfliegen & Ballonfahrten	698
Globalisierung	589
Gold	138
Goldsuche	251
Golf	698
Golf/Minigolf & Bahnengolf	699
Golf/Zeitschriften	699
Göttingen	732
Grafik	472

INDEX

Grafiken	483
Grafik & 3D	462
Gran Canaria	618
Grappa	188
Gratisproben	134
Griechenland	612
Grillen	397, 420
Grippe	340
Großbritannien	612
Großbritannien/England	613
Großbritannien/Schottland	613
Große Menschen	675
Grundschule	48
Gruppenarbeit	668
Gruppenfahrten	668
Grußkarten	243
Gummibärchen	225
Gummistiefel	85
Guppys	260
Gymnastik & Turnen	699
Gynäkologie	326

H

Haare	326
Haarpflege & Friseure	129
Haftpflichtversicherung	293
Hagen	732
Halle	732
Hamburg	512, 540, 550, 569, 733
Hämorrhoiden	343
Handball	700
Handelsregister	827
Händler/Komplett-PCs & Notebooks	445
Händler/Komponenten & Zubehör	446
Handtücher	406
Handwerk/Allgemein	827
Handwerk/Werkzeug	828
Handy	144
Handy/Logos & Klingeltöne	145
Handy/Zubehör	146
Hanf	762
Hängematten	420
Hannover	733
Hardware/BIOS	444
Hardware/Case-Modding	444
Hardware/Gebrauchte Geräte	445
Hardware/Komplett-PCs & Notebooks	445
Hardware/Komponenten & Zubehör	446
Hardware/Netzwerke	448
Hardware/Reparaturen	449
Harry Potter	487
Hauptversammlungen	310
Hausarbeiten	848
Hausaufgaben & Referate	49
Hauselektronik	412
Häuser	398
Häuser/Fachwerkhäuser	399
Häuser/Fertighäuser	399
Hausfrauen	664
Haushalt	200
Haushalt/Zeitschriften	200
Haushaltsgeräte	120
Haushaltsgeräte/Ersatzteile	120
Haushaltswaren	412
Haushaltswaren/Besteck & Messer	412
Haushüter	602
Hausratsversicherung	293
Haustausch	649
Haus & Garten/Zeitschriften	421
Haut	326
Hautkrebs	349
Hautpflege	130
Headsets	146
Hebammen	659
Hebelzertifikate	310
Hegel	855
Heidegger	855
Heidelberg	734
Heilbronn	734
Heiligenfiguren	484
Heilkräuter	362
Heilpraktiker	363
Heilpraktikerschulen	364
Heimkino-Sets	112
Heimtrainer	696
Heimwerken	422
Heimwerkertipps	397
Heiraten	666
Heiraten/Ausland	666
Heizöl	756
Hepatitis	343
Herde	414
Heroin	657
Herpes	343
Herrenmode	79, 150
Herrenmode/Krawatten	79
Herrenmode/Maßanzüge	79
Herrenmode/Smokings	80
Herrenmode/Übergrößen	80
Herrenmode/Unterwäsche	80
Herz-Kreislauf	343

Index

Herzinfarkt	356
Hesse, Hermann	486
Hessen	512, 541, 550, 570, 734
Hessen/Regionen/Rhein-Main	734
Hexen	243
HiFi	111, 113
HiFi Komplett-Anlagen	110
Hilfen	438
Hip-Hop	496
Hits	490
HIV	333
HNO-Erkrankungen	344
Hochbegabung	50
Hochhäuser	846
Hochschulabsolventen	61, 858
Hochschulen	860
Hochzeiten & Heiraten	666
Hochzeiten & Heiraten/Ausland	666
Hochzeitskleider	77
Hochzeitsringe	139
Hockey/Eishockey	700
Hockey/Feldhockey	700
Hollywoodschaukeln	397
Holz	400
Holzfiguren	142
Holzrahmen	410
Holzschnitzereien	484
Holzschutzmittel	397
Holzspielzeug	126
Homöopathie	364
Homosexualität	666
Homosexualität/Lesben	666
Homosexualität/Schwule	667
Honig	212
Hörbücher	97, 488
Hörgeräte & Gehörschutz	327
Hörgeschädigte	654
Hornissen	260
Horoskope & Astrologie	269
Hörspiele	482
Hörsturz	344
Hostessen, Dressmen & Begleitservice	157
Hotels & Restaurants	172
House	498
HTML	464
Hummer	207
Humor/Ausreden	244
Humor/Beschwerden	244
Humor/Witze	244
Hunde	260
Hunde/Rettungshunde	261
Hunde/Urlaub	261
Hundebrillen	263
Husten	340
Husten/Produkte	340
Hypnose	364

I

Iaido	702
Ibiza	618
Imker	260
Immobilien	423
Immobilien/Gewerbe	424
Immobilien/Mieter	424
Immobilien/Mitwohnzentralen	424
Immobilien/Raumvermittlung	425
Immobilien/Tipps	425
Immobilien/Zeitschriften	425
Immobilien/Zimmervermietung & WG	425
Immobilien/Zwangsversteigerungen	426
Immobilienfinanzierung	278
Impfschutz	327
Impotenz	345
Indianer	244
Indianerschmuck	138
Indien	610
Indischer Ozean	620
Indischer Ozean/La Reunion	620
Indischer Ozean/Madagaskar	620
Indischer Ozean/Malediven	620
Indischer Ozean/Mauritius	620
Indischer Ozean/Seychellen	620
Individuell bedruckt	80
Indizes	312
Industriekletterer	821
Inkasso	286
Inlineskates & Rollerblades	700
Inseln/Deutschland	602
Inseln/Deutschland/Sylt	604
Insolvenzen	829
Instrumente	492
Internate	50
Internet	49, 542
Internet-by-Call-Anbieter	456
Internet-Kaufhäuser	106
Internet-Recht	454
Internet/Boards & Foren	453
Internet/Chats	453
Internet/Communities	454
Internet/DSL	454
Internet/Internet-Cafés	454

Index

Internet/Internet-Recht 454
Internet/Newsgroups 455
Internet/Online-Portale & Provider 455
Internet/Tarifvergleich 456
Internet/Verbände 456
Intimpiercing 138
Investmentfonds 310
Iran 610
Irland 613
Islam 680
Island 614
Israel 621
IT 96
Italien 202, 614
Italien/Südtirol 614
Italienisch 55

J

Jagen 700
Jagen/Zeitschriften 701
Jahreswagen 784
Jalousien 413
Japan 202, 610
Japanologie 857
Java 464
Jazz 495
Jeans 80
Jesus 678
Jet-Ski 793
Jiu-Jitsu 702
Joggen 704
Joghurt & Dessert 216
Journalismus 560
Journalismus/Informationsdienste 529
Journalismus/Organisationen 529
Ju-Jutsu & Jiu-Jitsu 702
Judentum 681
Judo 702
Jugend 560
Jugend/Beratung 667
Jugend/Freiwilligendienste 668
Jugend/Jugendfreizeiten & Gruppenarbeit ... 668
Jugend/Magazine 668
Jugend/Wettbewerbe 669
Jugendfilme 479
Jugendliche 758
Jugendliche & Junge Menschen 649
Jugendmedien/Organisationen 529
Jugendorganisationen 592
Jugendschutz 554

Jukeboxen & Musikboxen 492
Junge Menschen 649
Jura 97, 852
Jura/Anwälte 816
Jura/Gesetze & Entscheidungen 853
Juristischer Stellenmarkt 59

K

Kachelöfen & Kamine 413
Käfer, Larven & Ameisen 261
Kaffee/Allgemein 175
Kaffee/Espresso 176
Kaffee/Hersteller 177
Kaffee/Kaffeeautomaten 178
Kaffeeautomaten 178
Kajaks, Kanus, Faltboote & Canadiers 701
Kakao 178
Kakteen 427
Kalender 266
Kalender & Ferienkalender 450
Kalender & Poster 120
Kalorientabelle 231
Kamine 413
Kampfsport/Allgemein 701
Kampfsport/Arnis 701
Kampfsport/Boxen 701
Kampfsport/Iaido 702
Kampfsport/Ju-Jutsu & Jiu-Jitsu 702
Kampfsport/Judo 702
Kampfsport/Karate 702
Kampfsport/Online-Shops 703
Kampfsport/Taekwondo 703
Kanada 202, 609
Kanada/New York 609
Kanarische Inseln/Fuerteventura 618
Kanarische Inseln/Gran Canaria 618
Kanarische Inseln/Lanzarote 619
Kapstadt 606
Karaoke & Playback 492
Karate 702
Karies 388
Karl May 486
Karlsruhe 734
Karneval & Fastnacht 244
Karneval & Fastnacht/Kostüme & Masken .. 245
Kart 706
Kartenspiele 254
Kartoffeln & Pommes Frites 215
Käse 219
Kassel 735

Index

Kataloge	121
Katholizismus	679
Katholizismus/Orden	679
Katzen	261
Kaufhäuser	107
Kaugummi	225
Kaulquappen	262
Kaviar	207
Kernenergie	752
Kerzen	121
Keyboard	492
Kfz-Haltungskosten	790
Kfz-Kennzeichen	778
Kfz-Sachverständige	779
Kfz-Versicherung	300
Kfz-Versicherungen	779
Kieferorthopädie	385
Kiel	735
Kimonos	86
Kinder	122, 528
Kinder- & Jugendfilme	479
Kinder/Allgemein	670
Kinder/Baby	122
Kinder/Babypflege/Windeln	123
Kinder/Erste Hilfe	670
Kinder/Kindergarten	670
Kinder/Kindesmissbrauch	671
Kinder/Online-Portale	672
Kinder/Organisationen	674
Kinder/Schulartikel	124
Kinder/Spielwaren	124
Kinder/Spielwaren/Holzspielzeug	126
Kinder/Spielwaren/Marken	126
Kinder/Spielwaren/Puppen	126
Kinder/Spielwaren/Stofftiere	126
Kinder/Taufmode	127
Kinderbekleidung	122
Kinderbetten	408
Kindergarten	670
Kinderheilkunde	328
Kindermode	81
Kindermode/Schuhe	82
Kindermode/Secondhand	82
Kindersitze	122
Kinderspielzeug	122
Kinderwagen	122
Kinder & Jugendliche	758
Kindesmissbrauch	671
Kinesiologie	366
Kino	561
Kinofilmrezensionen	530
Kinoprogramm	530
Kirche	300
Kirchengeschichte	860
Klassenfahrten & Schullandheime	50
Klassik	496
Klebstoffe	397
Kleine Menschen	675
Kleist, Heinrich von	486
Klettern	692
Klima	767
Klimaschutz & Treibhauseffekt	759
Klingeltöne	145
Kliniken & Krankenhäuser/Verzeichnisse	329
Knabbereien	212
Knabbereien/Chips	214
Knast	666
Kneipen	172
Koblenz	735
Kochen & Haushalt	200
Kochen & Haushalt/Zeitschriften	200
Kochtöpfe	412
Köln	735
Kommunen	589
Kommunikationswissenschaft	853
Komparsen & Castings	479
Komplett-PCs & Notebooks	445, 446
Komponenten & Zubehör	446, 447
Kondome	380
Kongresse	835
Konservierungsmittel	234
Konsulate	585, 600
Kontaktanzeigen	682
Kontaktlinsen & Brillen	69
Konzerne	820, 823
Konzerte	491
Kopfhörer	110
Kopflampen	143
Kopfschmerzen & Migräne	346
Kopierpapier	99
Korea	610
Korn	189
Kornkreise	245
Körperbehinderung	654
Körperpflege	127, 762
Körperpflege/Damenhygiene	128
Körperpflege/Drogerie	129
Körperpflege/Fingernägel	129
Körperpflege/Haarpflege & Friseure	129
Körperpflege/Hautpflege	130
Körperpflege/Kosmetik & Parfüm	131
Körperpflege/Rasur	132

INDEX

Körperpflege/Zahnpflege	132
Korrektorate	488
Korsetts	82
Kosmetik/Hersteller	829
Kosmetik & Körperpflege	762
Kosmetik & Parfüm	131
Kostenloses	134
Kostenlose Warenproben	134
Kostüme & Masken	245
Kotztüten & Spuckbeutel	249
Kraftnahrung	200
Kraftwerke	756
Krankenhäuser/Verzeichnisse	329
Krankenversicherung	300
Krankenversicherungen/Gesetzlich	329
Krankenversicherungen/Privat	331
Krankenversicherungen/Vergleich	331
Krankheiten/Aids	333
Krankheiten/Allergie	333
Krankheiten/Allgemein	332
Krankheiten/Alzheimer	333
Krankheiten/Atemwege	336
Krankheiten/Atemwege/Asthma	336
Krankheiten/Atemwege/Bronchitis	337
Krankheiten/Blase	338
Krankheiten/Cholesterin	338
Krankheiten/Depression	338
Krankheiten/Diabetes	339
Krankheiten/Endometriose	340
Krankheiten/Erkältung & Husten	340
Krankheiten/Erkältung & Husten/Produkte	340
Krankheiten/Essstörungen & Magersucht	342
Krankheiten/Hämorrhoiden	343
Krankheiten/Hepatitis	343
Krankheiten/Herpes	343
Krankheiten/Herz-Kreislauf	343
Krankheiten/HNO-Erkrankungen	344
Krankheiten/Impotenz	345
Krankheiten/Kopfschmerzen & Migräne	346
Krankheiten/Krebs/Brustkrebs	348
Krankheiten/Krebs/Darmkrebs	349
Krankheiten/Krebs/Eierstock	349
Krankheiten/Krebs/Hautkrebs	349
Krankheiten/Krebs/Leukämie	349
Krankheiten/Magen-Darm	350
Krankheiten/Magen-Darm/Produkte	350
Krankheiten/Mukoviszidose	351
Krankheiten/Multiple Sklerose	351
Krankheiten/Neurodermitis	352
Krankheiten/Nieren	352
Krankheiten/Osteoporose	353
Krankheiten/Parkinson	353
Krankheiten/Prostata	354
Krankheiten/Rheuma	354
Krankheiten/Rückenschmerzen	355
Krankheiten/Schilddrüse	355
Krankheiten/Schlafstörungen	355
Krankheiten/Schlaganfall & Herzinfarkt	356
Krankheiten/Schmerzen	356
Krankheiten/Schuppenflechte	356
Krankheiten/Tourette	357
Krankheiten/Zeckenstiche	357
Kräuterbitter	189
Kräuterlikör	190
Kräuter & Gewürze	209, 427
Krawatten	79
Krawattenknoten	79
Krebs	346
Krebs/Brustkrebs	348
Krebs/Darmkrebs	349
Krebs/Eierstock	349
Krebs/Hautkrebs	349
Krebs/Leukämie	349
Kredite	288
Kreditkarten	288
Kreditversicherung	301
Krefeld	736
Kreuzfahrten	604
Kriegsdienstverweigerung & Zivildienst	674
Kritiken	479
Kroatien	614
Kuba	608
Küchen	150, 413
Küchenzubehör	412
Kuchen & Torten	204
Kuckucksuhren	148, 484
Kultur	561
Kulturdenkmäler	483
Kulturverbände	483
Kulturzeitschriften	483
Kunst	116
Kunst- & Kulturzeitschriften	483
Kunst/Aktfotografie	158
Kunst/Aktmalerei	159
Kunst/Bücher	160
Kunstblumen & Kunstpalmen	90
Kunstdrucke	409
Kunstdrucke, Bilder & Galerien	483
Kunsthandwerk	484
Künstler	485
Kunstpalmen	90
Kunststoffverpackungen	764

Index

Kunst & Kultur	561
Kürbisse	208
Kuren	357
Kurse & Indizes	312
Kurse & Sprachreisen	54
Kurse & Sprachreisen/Englisch	54
Kurse & Sprachreisen/Italienisch	55
Kurse & Sprachreisen/Spanisch	55
Kurzreisen	635

L

Labore	829, 854
Lachs	207
Lacke	397
Lacrosse	703
Lakritze	226
Lamellenvorhänge	413
Lampen	406
Länder	604, 625
Landkarten	623
Landschaftsschutz	759
Landwirtschaft	750
Landwirtschaft/Ökologisch	752
Lanzarote	619
Lärm	759
Lasertoner	102
Last-Minute	641
Latein	857
Lateinamerika	607
Lateinamerika/Argentinien	607
Lateinamerika/Brasilien	607
Lateinamerika/Chile	608
Lateinamerika/Costa Rica	608
Lateinamerika/Cuba	608
Lateinamerika/Dom. Republik	608
Lateinamerika/Ecuador	608
Lateinamerika/Mexiko	608
Lateinamerika/Paraguay	608
Lateinamerika/Peru	609
Laufen & Joggen	704
Lausitz	729
Lautsprecher-Boxen	110
La Reunion	620
Leasing	289
Lebensmittel/Allgemein	200
Lebensmittel/Ausland	201
Lebensmittel/Ausland/Asien	201
Lebensmittel/Ausland/Frankreich	201
Lebensmittel/Ausland/Italien	202
Lebensmittel/Ausland/Japan	202
Lebensmittel/Ausland/Kanada	202
Lebensmittel/Ausland/Spanien	202
Lebensmittel/Ausland/Südamerika	202
Lebensmittel/Ausland/USA	202
Lebensmittel/Babynahrung	203
Lebensmittel/Backwaren	203
Lebensmittel/Backwaren/Kuchen & Torten	204
Lebensmittel/Pfefferkuchen & Lebkuchen	205
Lebensmittel/Bioprodukte	205
Lebensmittel/Brotaufstrich	206
Lebensmittel/BSE	206
Lebensmittel/Cerealien	206
Lebensmittel/Eier	206
Lebensmittel/Essige & Speiseöle	206
Lebensmittel/Feinkost	207
Lebensmittel/Fisch	207
Lebensmittel/Fleischwaren	207
Lebensmittel/Frühstück	208
Lebensmittel/Geflügel	208
Lebensmittel/Gemüse	208
Lebensmittel/Gemüse/Kürbisse	208
Lebensmittel/Gemüse/Pilze	208
Lebensmittel/Gemüse/Spargel	209
Lebensmittel/Gewürze & Kräuter	209
Lebensmittel/Hersteller	210
Lebensmittel/Honig	212
Lebensmittel/Kartoffeln & Pommes Frites	215
Lebensmittel/Knabbereien	212
Lebensmittel/Knabbereien/Chips	214
Lebensmittel/Lieferservice	215
Lebensmittel/Milchprodukte	215
Lebensmittel/Joghurt & Dessert	216
Lebensmittel/Milchprodukte/Käse	219
Lebensmittel/Milchprodukte/Milch	220
Lebensmittel/Nahrungsergänzung	220
Lebensmittel/Nudeln & Pasta	221
Lebensmittel/Obst	221
Lebensmittel/Pizza	222
Lebensmittel/Reis	222
Lebensmittel/Soßen/Senf	223
Lebensmittel/Suppen	223
Lebensmittel/Süßwaren	223
Lebensmittel/Süßwaren/Eis	224
Lebensmittel/Süßwaren/Gummibärchen	225
Lebensmittel/Süßwaren/Kaugummi	225
Lebensmittel/Süßwaren/Lakritze	226
Lebensmittel/Süßwaren/Marzipan	226
Lebensmittel/Süßwaren/Schokolade	226
Lebensmittel/Tiefkühlkost	228
Lebensmittel/Trockenfrüchte & Nüsse	228
Lebensmittel/Zucker & Süßstoffe	228

INDEX

Lebensmittelfarbstoffe	234
Lebensmittelmärkte	229
Lebensversicherung	293, 301
Lebkuchen	205
Leder	82
Legenden, Heilige & Bräuche	681
Lehrer & Pädagogen	50
Lehrstellen	32
Leichtathletik	704
Leime	397
Leipzig	736
Leitern	397
Lektorat	488
Lesben	666
Leuchten	397
Leukämie	349
Leverkusen	736
Lexika	450, 854
Liebeslexikon	160
Liebesschaukeln	165
Liebe & Partnerschaft	674
Liechtenstein	615
Liedertexte & Songtexte	492
Lieferservice	215
Likör	189
Limonaden	178
Linkshänderartikel	135
Linux & Unix	459
Litauen	615
Literatur	485
Literatur/Abkürzungen & Akronyme	486
Literatur/Autoren	486
Literatur/Balladen	486
Literatur/Bücherdatenbank	486
Literatur/E-Books	486
Literatur/Gedichte, Reime, Zitate & Märchen	486
Literatur/Harry Potter	487
Literatur/Hörbücher	488
Literatur/Lektorat	488
Literatur/Memoiren	488
Literatur/Mythologien	488
Literatur/Rezensionen	488
Litho	822
Lkw & Nutzfahrzeuge	780
Lkw & Nutzfahrzeuge/Reisemobile	781
Locher	98
Logopädie & Stottern	655
Logos & Klingeltöne	145
Lohnabrechnung & Buchhaltung	289
Lotterien & Wetten	245
Lübeck	736
Ludwigshafen	736
Luftballons	73
Luftfahrt	802
Luftschiffe, Zeppeline & Ballone	803
Lüneburger Heide	740
Luther, Martin	680
Lutscher	224
Lyrik	487

M

Mac	472
Madagaskar	620
Magazine	256, 668
Magdeburg	736
Magen-Darm	350
Magen-Darm/Produkte	350
Magersucht	342
Magnetbahnsysteme	811
Mähdrescher	752
Mainz	737
Malaysia	610
Malediven	620
Malen & Zeichnen	246
Malerei	488
Mallorca	618
Malta	615
Managementportale	830
Managertraining	54
Mangas	478
Maniküre-Sets	129
Männer	561, 675
Männer/Väter	675
Männerheilkunde	358
Mannheim	737
Marathon	704
Marburg	737
Märchen	486
Marken	82, 126
Marketing & Werbung	32
Marktforschung	830
Marokko	605
Mars	238
Marzipan	226
Masken	245
Massage	359
Maßanzüge	79
Masturbation	162
Materialien	400
Materialien/Holz	400
Mathematik	854

Index

Matratzen	408
Mauritius	620
Mecklenburg-Vorpommern	514, 542, 571, 737
Mecklenburg-Vorpommern/Regionen	738
Medaillen	248
Medientechnik	30
Medikamente/Online-Versand	359
Meditation	384
Medizin	60, 854
Medizinbedarf	360
Melkmaschinen	752
Memoiren	488
Menorca	618
Menschenrechte/Organisationen	675
Messen/Allgemein	830
Messen/Lokal	830
Messen/Unterkünfte	832
Messer	412
Meta-Suchmaschinen	467
Metal	496
Mexiko	608
Midi	493
Mieter	424
Mietwagen	623
Migräne	346
Migranten	675
Migranten/Türken	676
Migration	654
Mikrowellengeräte	414
Milch	219
Milchaufschäumer	176
Milchprodukte	215
Milchprodukte/Joghurt & Dessert	216
Milchprodukte/Käse	219
Milchprodukte/Milch	219
Militär	585
Militär & Outdoor	83
Mineral- & Tafelwasser	179
Mineralien	234
Mineralien & Fossilien	249
Mineralölkonzerne & Tankstellen	826
Minigolf & Bahnengolf	699
Minijobs	60
Ministerien	590
Mitfahrzentralen/Auto	624
Mitfahrzentralen/Bahn	624
Mittelalter	247
Mittelstand	832
Mitwohnzentralen	424
Mobbing	42, 51
Möbel	150, 414
Möbel/Sofas	416
Möbel/Strandkörbe	420
Möbel & Accessoires	420
Mobilfunk	837
Modellbau	247
Mönchengladbach	738
Mongolei	610
Monitore	446
Mormonen	682
Mosel	743
Motorrad	706, 804
Motorrad/Hersteller	804
Motorrad/Markt	805
Motorrad/Reifen/Hersteller	805
Motorrad/Roller	806
Motorrad/Zeitschriften	806
Motorrad/Zubehör	808
Motorradöle	792
Motorsport	705
Motorsport/Formel 1	705
Motorsport/Kart	706
Motorsport/Motorrad	706
Mountainbikes	707, 795
MP3	493
MS Windows	459
Mukoviszidose	351
Mülheim an der Ruhr	738
Multimedia	33, 45, 59, 792, 832
Multiple Sklerose	351
München	738
Mundhygiene	388
Münster	739
Münzen	249
Muscheln	207
Museen & Galerien	489
Musicals	494
Musik	489
Musikboxen	112
Musikervermittlung	494
Musiklehrer	498
Musikrichtungen	494
Musikschulen	498
Musiksender	524
Musikwissenschaft	854
Musikzeitschriften	499
Muskelaufbau	693
Muslime	680
Mythologien	488

INDEX

N

Nachhilfe	51
Nachrichtenagenturen	531
Nachrichtendienste	588
Nachrichtenmagazine	561
Nachrichtensender	525
Nachrichtenticker	532
Nachschlagewerke, Enzyklopädien & Lexika	854
Nägel	397
Nagellacke	129
Nagetiere	262
Nagetiere/Präriehunde	262
Naher Osten	621
Naher Osten/Israel	621
Nahrungsergänzung	220
Nahverkehr	810
Namibia	605
Nationalparks & Biosphärenreservate	759
Naturgewalten	767
Naturheilkunde	360
Naturkatastrophen & Zivilschutz	760
Naturkosmetik	763
Naturkost	763
Naturmatratzen	761
Navigationssysteme	792
Nebenjobs & Minijobs	60
Nepal	610
Netzbetreiber	146
Neuorientierung	34
Neurodermitis	352
Neuseeland	622
Neuwagenvergleich	773
Newsgroups	455
Newsletter	450
Newsletter, Foren & Gästebücher	441
New York	609
Niederlande	615
Niederlande/Amsterdam	616
Niedersachsen	516, 542, 552, 571, 739
Niedersachsen/Regionen/Lüneburger Heide	740
Niedersachsen/Regionen/Ostfriesland	740
Nieren	352
Nikotinersatztherapie	657
Nordrhein-Westfalen	518, 542, 552, 574, 740
Nordrhein-Westfalen/Regionen	741
Nordrhein-Westfalen/Regionen/Sauerland	741
Nordsee	742
Norwegen	616
Nostalgieartikel	116
Nostradamus	270
Notebook-Akkus	73
Notebooks	445, 446
Notebook-Taschen	142
Noten	490
Nudeln & Pasta	221
Nürnberg	741
Nüsse	228
Nussknacker	485
Nutzfahrzeuge	780
Nutzfahrzeuge/Reisemobile	781
Nylonstrümpfe	86

O

Obdachlosigkeit & Bedürftige	676
Obst	221
Obstbäume	427
Odenwald	734
Öffentlicher Nahverkehr	810
Öffentliche Ausschreibungen	833
Öko-Weine	199
Ökologisch	752
Ökologische Produkte/Allgemein	760
Ökologische Produkte/Bekleidung	761
Ökologische Produkte/Dinkel	761
Ökologische Produkte/Einrichtung	761
Ökologische Produkte/Fairer Handel	761
Ökologische Produkte/Hanf	762
Ökologische Produkte/Kosmetik	762
Ökologische Produkte/Naturkost	763
Oktoberfest	738
Ölbilder	484
Oldtimer	784
Ölgemälde	410
Ölheizung	756
Olivenöl	207
Olympia	706
Online-News	451
Online-Portale	672
Online-Portale & Provider	455
Online-Recht	455
Online-Ticker	312
Open-Air-Konzerte	491
Opern	500
Orden	679
Orden, Abzeichen & Medaillen	248
Ordner	98
Organizer	103
Organizer, Palm & Pocket PCs	457
Organspende	367
Orientteppiche	417

Index

OS/2	460
Osnabrück	741
Ost-Produkte	103
Osteoporose	353
Osterartikel	152
Österreich	616
Ostfriesland	740
Ostsee	742
Outdoor	83
Overhead-Projektoren	109
Ozon	763

P

Pädagogen	50
Paella	202
Pakete	135
Papageien	265
Papier	99, 104, 822
Papierhersteller & -großhändler	833
Paraguay	608
Parfüm	131
Parken	810
Parkett	417
Parkinson	353
Parteien/Bundestag	592
Parteien/Jugendorganisationen	592
Partituren	490
Partnerprogramme	441
Partnerschaft	674
Partyausstattung	136
Partys	240
Pasta	221
Patente & Erfindungen	834
Pavillons	397
Pazifik/Australien	621
Pazifik/Fidschi-Inseln	622
Pazifik/Neuseeland	622
Pazifik/Tahiti	622
PC-Notdienste	451
PC/Adventure	258
PC/Shooter	258
PC/Strategie	258
PC & Video	254
PC & Video/Cheats	254
PC & Video/Hersteller	255
PC & Video/Magazine	256
PC & Video/Versand	257
PC & Video/Zeitschriften	257
Peperoni	209
Perl	464
Perlen	138
Personensuchdienst	686
Personen & Firmen der Medienbranche	522
Peru	609
Petschafte	105
Pfadfinder	248
Pfannen	412
Pfefferkuchen & Lebkuchen	205
Pfeifen	232
Pferde	262
Pferdesport	706
Pferdesport/Online-Shops	706
Pferdesport/Zeitschriften	706
Pflanzen/Allgemein	426
Pflanzen/Blumen & Sträucher	426
Pflanzen/Dünger	427
Pflanzen/Kakteen	427
Pflanzen/Kräuter & Gewürze	427
Pflanzen/Obst & Obstbäume	427
Pflanzen/Pflanzenschutz	427
Pflanzen/Rasen	428
Pflanzen/Saatgut	428
Pflanzenschutz	427
Pflegedienst	367
Pforzheim	742
Pharaonen	850
Pharmazie	58
Pharmazie/Konzerne	820
Pharmazie & Chemie/Hersteller	367
Pheromone	162
Philippinen	610
Philosophie	855
PHP	466
Physik	855
Piercing	138, 259
Pilgerreisen	635
Pille	380
Pilze	208
Pinguine	265
Pinsel	397
Pistenpläne	710
Pizza	222
Plakatedruck	105
Plastische Chirurgie	323
Platon	855
Plattenspieler	110
Playback	492
Plissees	413
Pocket PCs	457
Polen	616
Politikwissenschaft	856

Index

Polizei ... 593
Pollenflugvorhersage ... 334, 767
Pommes Frites ... 215
Pop ... 497
Populärwissenschaft ... 561
Porto/Briefe & Pakete ... 135
Portugal ... 616
Porzellan ... 412, 416
Poster ... 120, 410
Postkarten & Einladungskarten ... 104
Potenzmittel ... 345
Potsdam ... 742
Praktikantenbörsen ... 44,
Praktikantenbörsen/Ausland ... 44
Praktikantenbörsen/Multimedia & Medien ... 45
Präriehunde ... 262
Präsentkörbe ... 118
Predigten ... 678
Preisvergleiche ... 141, 482
Pressekonferenzen ... 532
Presserabatte ... 529
Presseverband ... 529
Presseversicherungen ... 533
Produktinformationen ... 149
Programmierung ... 464, 474
Programmierung/Coldfusion ... 464
Programmierung/Delphi ... 464
Programmierung/Flash ... 464
Programmierung/HTML ... 464
Programmierung/Java ... 464
Programmierung/Perl ... 464
Programmierung/PHP ... 466
Programmierung/Visual Basic ... 466
Projektionswände ... 109
Prominente, Stars & Biografien ... 248
Promotion ... 442
Prostata ... 354
Protestantismus ... 680
Provider ... 455
Psychiatrie ... 376
Psychologie ... 60, 856
Psychotherapie ... 378
Publikumszeitschriften ... 474
Puppen ... 126, 250
Pute ... 208
Puzzles ... 258
Pyramiden ... 850
Pyrotechniker ... 241

R

Rabatte ... 142
Racquetball ... 707
Radarfallen ... 810
Radios ... 110
Radsport/BMX ... 707
Radsport/Mountainbike ... 707
Radsport/Zeitschriften ... 707
Rafting & Canyoning ... 708
Rapsöl ... 755
Rap & Hip-Hop ... 496
Rasen ... 428
Rasenmäher ... 419
Rasierer ... 132
Rasiermesser ... 132
Raststätten ... 811
Rasur ... 132
Rätsel ... 258
Rauchen ... 657
Räucherstäbchen ... 121
Räucherwerk ... 763
Raumfahrt ... 860
Raumvermittlung ... 425
Rechtsanwälte ... 816
Rechtschreibung ... 857
Rechtsschutzversicherung ... 302
Rechtswissenschaft ... 852
Recycling ... 764
Recycling/Dosenpfand ... 764
Referate ... 49
Regale ... 397
Regenfässer ... 397
Regensburg ... 742
Regenwald ... 766
Reggae ... 497
Regie ... 479
Reifen ... 785
Reifen/Hersteller ... 786, 805
Reinigungs- & Waschmittel ... 428
Reinigungsgeräte ... 397
Reis ... 222
Reisebedarf ... 601
Reiseberichte ... 626
Reiseführer ... 97
Reiseinformationen/Bücher ... 625
Reiseinformationen/Gesundheitsauskunft ... 625
Reiseinformationen/Länder ... 625
Reiseinformationen/Reiseberichte ... 626
Reiseinformationen/Urlaubskataloge ... 626
Reiseinformationen/Zeitschriften ... 626

Index

Reisemobile 601, 781
Reisen 600
Reisepartner 628
Reiseportale 630
Reiserecht 630
Reiseveranstalter 632
Reiseveranstalter/Abenteuerreisen 633
Reiseveranstalter/Firmenreisen 633
Reiseveranstalter/Bildungs- & Studienreisen 634
Reiseveranstalter/Wellnessreisen 634
Reiseveranstalter/Kurzreisen 635
Reiseveranstalter/Pilgerreisen 635
Reiseversicherung 304
Reiseversicherungen 635
Religion/Allgemein 678
Religion/Atheismus 678
Religion/Buddhismus 678
Religion/Christentum 678
Religion/Christentum/Bibel 679
Religion/Christentum/Katholizismus 679
Religion/Christentum/Katholizismus/Orden 679
Religion/Christentum/Protestantismus 680
Religion/Glaubensgemeinschaften 680
Religion/Islam 680
Religion/Judentum 681
Religion/Legenden, Heilige & Bräuche 681
Religion/Mormonen 682
Religion/Zeugen Jehovas 682
Rente & Altersvorsorge 290
Repro 822
Reptilien & Amphibien 262
Restaurantketten 230
Restaurantketten/Fastfood 230
Restaurantketten/Steakhäuser 230
Restaurants 172
Rettungshunde 261
Rezensionen 488
Rezepte 230
Rhein-Main 734
Rheinland-Pfalz 520, 543, 576, 742
Rheinland-Pfalz/Regionen 743
Rheinland-Pfalz/Regionen/Mosel 743
Rheuma 354
Rilke, Rainer Maria 486
Rindfleisch 207
Rock & Pop 497
Rodeln 693
Rohlinge 110
Rollenspiele 258
Roller 806
Rollerblades 700

Rollos 413
Romanistik 858
Römische Geschichte 852
Rosen 89
Rostock 743
Routenplaner 810
Rückenschmerzen 355
Rucksäcke 142
Rudern 708
Rugby 708
Ruhrgebiet 740, 743
Rum 190
Rumänien 617
Rundfunk 533
Russland 617

S

Saarbrücken 743
Saarland 521, 543, 554, 743
Saatgut 428
Säbel 696
Sachsen 521, 543, 554, 577, 744
Sachsen-Anhalt 522, 544, 578, 744
Sachsen/Regionen 744
Sächsische Schweiz 744
Sadomasochismus 162
Säfte 185
Sagen 487
Sägen 397
Sahara 606
Sakkos 79
Salsa 497
Samba 497
Sammlungen/Autogramme 249
Sammlungen/Kotztüten & Spuckbeutel 249
Sammlungen/Mineralien & Fossilien 249
Sammlungen/Münzen 249
Sammlungen/Spielzeug & Puppen 250
Sammlungen/Überraschungseier 250
Sandboard 710
Sanitär 397
Sao Tomé 606
SAT-Technik 110
Satellitenempfang 524
Satire 562
Sauerland 741
Saunazubehör 402
Saunen & Thermen 250
Schach 708
Schädlingsbekämpfung 429

INDEX

Schallplatten	490
Schatzsuche	251
Scheidung	661
Scherzartikel & Partyausstattung	136
Schießsport	708
Schilddrüse	355
Schilder	136
Schildkröten	262
Schimmelpilz	430
Schinken	208
Schirme	83
Schlafstörungen	355
Schlafzimmer	150
Schlaganfall & Herzinfarkt	356
Schlauchboote	793
Schlepplifte	810
Schleswig-Holstein	522, 544, 554, 578, 744
Schlittenfahren	693
Schlösser	240
Schmerzen	356
Schmuck	137, 150
Schmuck/Gold	138
Schmuck/Indianerschmuck	138
Schmuck/Perlen	138
Schmuck/Piercing	138
Schmuck/Trauringe & Eheringe	139
Schmuck/Zahnschmuck	139
Schnäppchen	140
Schnäppchen/Co-Shopping	141
Schnäppchen/Fabrikverkauf	141
Schnäppchen/Preisvergleich	141
Schnäppchen/Rabatte	142
Schnaps	191
Schneehöhen	710
Schnitzereien & Holzfiguren	142
Schnorchel	713
Schokolade	226
Schottland	613
Schrauben	397
Schuhbürsten	85
Schuhe	82, 84
Schuhe/Gummistiefel	85
Schuhe/Schuhpflege	85
Schuhe/Übergrößen	86
Schuhlöffel	85
Schuhpflege	85
Schulartikel	124
Schule	45
Schule/Abitur	45
Schule/Ausland	46
Schule/Ehemalige Schüler	47
Schule/Fremdsprachen/Englisch	47
Schule/Gewaltprävention	48
Schule/Grundschule	48
Schule/Hausaufgaben & Referate	49
Schule/Hochbegabung	50
Schule/Internate	50
Schule/Internet	49
Schule/Klassenfahrten & Schullandheime	50
Schule/Lehrer & Pädagogen	50
Schule/Mobbing	51
Schule/Nachhilfe	51
Schule/Schüleraustausch	52
Schule/Umweltschutz	52
Schule/Waldorfschulen	53
Schule/Waldorfschulen/Eurythmie	53
Schüleraustausch	52
Schüler & Studenten	55
Schullandheime	50
Schulranzen	124
Schulungen	463
Schuppenflechte	356
Schwäbische Alb	724
Schwangerschaft	659
Schwarzwald	725
Schweden	617
Schweiz	618
Schwerhörige	654
Schwerin	744
Schwimmbäder, Saunen & Whirlpools	401
Schwimmbrillen	75, 709
Schwimmen	709
Schwule	667
Secondhand	82
Seepferdchen	260
Seerecht	709
Segeln	709, 793
Segeln/Zeitschriften	709
Segelyachten	793
Sehschädigung	656
Seilbahnen & Schlepplifte	810
Sekt	180
Selbstbefriedigung & Masturbation	162
Selbstmedikation	378
Selbstmord	684
Selbstständigkeit	39
Seminare	53
Seminare/Managertraining	54
Senf	223
Senioren	682
Servicedienste	449
Sexspielzeug	165

Index

Sexualberatung	156
Sexuallockstoffe/Pheromone	162
Seychellen	620
Shakespeare, William	486
Shareware	460
Sherry	186
Shooter	258
Shop-Gütesiegel	142
Shopping-Sender	526
Siegel, Siegellacke & Petschafte	105
Singles/Flirttipps	682
Singles/Fotobewertungen	682
Singles/Kontaktanzeigen	682
Singles/Online-Magazine	684
Singles/Verschiedenes	684
Sittiche	265
Skateboard	710
Skifahren	710
Skifahren/Skigebiete	710
Skifahren/Skispringen	710
Skigebiete	710
Skispringen	710
Skiträger	792
Skulpturen	483
Slowenien	618
Smokings	80
SMS	458
Snowboard & Sandboard	710
Socken & Strümpfe	86
Socken & Strümpfe/Zehensocken	86
Sofas	416
Softball	691
Software	473
Software/Betriebssysteme/Amiga	458
Software/Betriebssysteme/Apple MacOS	458
Software/Betriebssysteme/Atari	458
Software/Betriebssysteme/BeOS	458
Software/Betriebssysteme/Commodore	459
Software/Betriebssysteme/DOS	459
Software/Betriebssysteme/Linux & Unix	459
Software/Betriebssysteme/MS Windows	459
Software/Betriebssysteme/Novell	460
Software/Betriebssysteme/OS/2	460
Software/Betriebssysteme/Sun Solaris	460
Software/Bildschirmschoner & Wallpaper	460
Software/Business-Software	460
Software/Free- & Shareware	460
Software/Grafik & 3D	462
Software/Hersteller	462
Software/Hilfen & Schulungen	463
Software/Programmierung	464

Software/Programmierung/Coldfusion	464
Software/Programmierung/Delphi	464
Software/Programmierung/Flash	464
Software/Programmierung/HTML	464
Software/Programmierung/Java	464
Software/Programmierung/Perl	464
Software/Programmierung/PHP	466
Software/Programmierung/Visual Basic	466
Software/Treiber	466
Software/Vertrieb	466
Solarenergie & Fotovoltaik	756
Solarien	402
Songtexte	492
Sonnenbrillen	70
Sonnenschirme	397
Sonnensystem	238
Sonstiges	86
Soßen/Senf	223
Soul	494
Sozialhilfe & Arbeitslosenunterstützung	684
Soziologie	856
Spam	435
Spanien	202, 618
Spanien/Balearen/Ibiza	618
Spanien/Balearen/Mallorca	618
Spanien/Balearen/Menorca	618
Spanien/Kanarische Inseln/Fuerteventura	618
Spanien/Kanarische Inseln/Gran Canaria	618
Spanien/Kanarische Inseln/Lanzarote	619
Spanisch	55
Spargel	209
Spätzle	221
Speiseöle	206
Spielanleitungen	258
Spielbanken	251
Spiele/Allgemein	251
Spiele/Brettspiele	251
Spiele/Casinos & Spielbanken	251
Spiele/Freeware	252
Spiele/Gewinnspiele	253
Spiele/Hersteller	253
Spiele/Kartenspiele	254
Spiele/Online	254
Spiele/PC/Adventure	258
Spiele/PC/Shooter	258
Spiele/PC/Strategie	258
Spiele/PC & Video	254
Spiele/PC & Video/Cheats	254
Spiele/PC & Video/Hersteller	255
Spiele/PC & Video/Magazine	256
Spiele/PC & Video/Versand	257

INDEX

Spiele/PC & Video/Zeitschriften	257
Spiele/Puzzles	258
Spiele/Rätsel	258
Spiele/Rollenspiele	258
Spiele/Spielanleitungen	258
Spielwaren	124
Spielwaren/Holzspielzeug	126
Spielwaren/Marken	126
Spielwaren/Puppen	126
Spielwaren/Stofftiere	126
Spielzeug	122, 674
Spielzeug & Puppen	250
Spirale	382
Spirituosen	186
Sport	690
Sportartikel	710
Sportartikel/Sportbekleidung	711
Sportbekleidung	150, 711
Sporternährung	711
Sportsender	528
Sportwetten	711
Sportzeitschriften	712
Sprachen/Allgemein	856
Sprachen/Esperanto	856
Sprachen/Germanistik	857
Sprachen/Japanologie	857
Sprachen/Latein	857
Sprachen/Romanistik	858
Sprachreisen	54
Sprachreisen/Englisch	54
Sprachreisen/Italienisch	55
Sprachreisen/Spanisch	55
Sprachschulen/Allgemein	54
Sprachschulen/Kurse & Sprachreisen	54
Sprachschulen/Englisch	54
Sprachschulen/Italienisch	55
Sprachschulen/Spanisch	55
Sprachschulen/Schüler & Studenten	55
Spuckbeutel	249
Squash	712
Squashschläger	713
Staatsorgane	593
Städte	720
Stadtmagazine	545
Stadtpläne	720
Statistik	858
Staubsaugerbeutel	412
Staumeldung	810
Steakhäuser	230
Steckdosen	397
Stellenmarkt	55
Stellenmarkt/Banken	57
Stellenmarkt/Bundeswehr	58
Stellenmarkt/Chemie & Pharmazie	58
Stellenmarkt/Computer-, EDV- & TK-Branche	58
Stellenmarkt/Fach- & Führungskräfte	58
Stellenmarkt/Gastronomie & Tourismus	58
Stellenmarkt/Juristen	59
Stellenmarkt/Medien & Multimedia	59
Stellenmarkt/Medizin	60
Stellenmarkt/Nebenjobs & Minijobs	60
Stellenmarkt/Psychologie	60
Stellenmarkt/Hochschulabsolventen	61
Stellenmarkt/Such-Robots	61
Stellenmarkt/Technik	62
Stellenmarkt/Versicherung	62
Stempel	105
Stepper	696
Sterben	684
Sterne	116
Steuerberater	291
Steuern/Allgemein	291
Steuern/Steuerberater	291
Steuern/Steueroasen	291
Steuern/Tipps	291
Steueroasen	291
Stiftungen	594
Stiftungen/Allgemein	595
Stiftungspreise & Auszeichnungen	858
Stillen	660
Stipendien & Forschungsförderungen	858
Stofftiere	126
Stottern	655
Strafvollzug	666
Strafzettel	794
Strandkörbe	420
Straßenmagazin	676
Sträucher	426
Sträuße	89
Strickanleitungen	86
Strickware	86
Strom	108
Stromanbieter	823
Stromtarife	108
Strümpfe	86
Strümpfe/Zehensocken	86
Studenten	55, 861
Studenten-Communities	858
Studienplatztauschbörsen	859
Studienplatzvergabe	859
Studienreisen	634
Stuttgart	745

Index

Such-Robots	61
Suchmaschinen	467
Südafrika	606
Südafrika/Kapstadt	606
Südamerika	202
Südtirol	614
Suizid & Selbstmord	684
Sun Solaris	460
Suppen	223
Surfen, Windsurfen & Wellenreiten	712
Surround-Boxen	112
Sushi	202
Süßstoffe	228
Süßwaren	223
Swing	498
Swinger/Clubs	164
Swinger/Reisen	164
Sylt	604
Synagogen	681
Synthesizer	492

T

T-Shirts	87
Tabak/Blättchen	231
Tabak/Drehtabak	232
Tabak/Pfeifen	232
Tabak/Zigaretten	232
Tabak/Zigarren & Zigarillos	234
Taekwondo	703
Tafelwasser	179
Tagungen	650
Tagungen & Kongresse	835
Tahiti	622
Taiwan	610
Tanken & Autobahnrasthöfe	810
Tankstellen	811, 826
Tannenbäume	152
Tanz	501
Tanz/Organisationen	501
Tanz/Zeitschriften	502
Tanzen	712
Tapas	202
Tapeten	397, 416
Tapetenkleister	397
Tarife	146
Tarifpolitik	64
Tarifvergleich	456
Tarot	270
Taschen, Koffer & Rucksäcke	142
Taschenlampen	143
Taschenrechner	112
Tattoo & Piercing	259
Taube	654
Tauchen	713
Taufgeschenke	127
Taufmode, Taufkerzen & Taufgeschenke	127
Taxen	811
Teakholzmöbel	420
Techno & House	498
Teddybären	116
Tee	194
Tee/Hersteller	194
Tee/Online-Shops	195
Teilkaskoversicherungen	780
Teilzeitarbeit	64
Telefonanlagen	146
Telefonauskunft	451
Telefonauskunft/Vorwahlen	451
Telefonseelsorge	656
Telekommunikation	474
Telekommunikation/Anbieter	836
Telekommunikation/Handy	144
Telekommunikation/Logos & Klingeltöne	145
Telekommunikation/Handy/Zubehör	146
Telekommunikation/Hersteller	837
Telekommunikation/Mobilfunk	837
Telekommunikation/Tarife	146
Telekommunikation/Telefonanlagen	146
Telekommunikation/UMTS	147
Telekommunikation/Verbände	840
Tennis	713
Tennissaiten	714
Teppiche & Bodenbeläge	417
Tequila	191
Testberichte	149
Testosteron	358
Textilien	408
Thailand	611
Theater-Make-up	478
Theater & Tanz	501
Theater & Tanz/Organisationen	501
Theater & Tanz/Zeitschriften	502
Theologie	860
Thermen	250
Thüringen	522, 544, 554, 579, 745
Thüringen/Regionen	746
Tickets	266
Ticketservice	500
Ticket online/Flüge & mehr	637
Ticket online/Last-Minute	641
Tiefkühlkost	228

INDEX

Tierärzte	383
Tierbedarf	263
Tierbedarf/Hundebrillen	263
Tiere/Accessoires	259
Tiere/Allgemein	259
Tiere/Aquaristik	260
Tiere/Bienen, Wespen & Hornissen	260
Tiere/Hunde	260
Tiere/Hunde/Rettungshunde	261
Tiere/Hunde/Urlaub	261
Tiere/Käfer, Larven & Ameisen	261
Tiere/Katzen	261
Tiere/Nagetiere	262
Tiere/Nagetiere/Präriehunde	262
Tiere/Pferde	262
Tiere/Reptilien & Amphibien	262
Tiere/Tierbedarf	263
Tiere/Tierbedarf/Hundebrillen	263
Tiere/Tiernahrung	263
Tiere/Tiervermittlung	264
Tiere/Vögel	264
Tiere/Vögel/Papageien	265
Tiere/Vögel/Pinguine	265
Tiere/Vögel/Sittiche	265
Tiere/Zeitschriften	266
Tiermedizin	264, 383
Tiernahrung	263
Tiernamen	264
Tierschutz/Organisationen	764
Tierschutz/Tierversuche	765
Tiervermittlung	264
Tierversuche	765
Tinnitus	344
Tinte & Toner	101
Tinte & Toner/Rücknahme	102
Tischfußball	698
Tischtennis	714
Titanic	267
TK-Branche	58
Tod & Sterben	684
Togo	606
Toner	101
Toner/Rücknahme	102
Topfpflanzen	89
Törnberichte	709
Torten	204
Tourette	357
Tourismus	58
Traktoren	752
Transidentität	686
Transportvermittlung	802
Transrapid	811
Transsexualität, Travestie & Transidentität	686
Traumdeutung	266
Trauringe & Eheringe	139
Treiber	466
Treibhauseffekt	759
Trennkost	171
Treppen	402
Treppenlifte	412
Treueprämien	147
Triathlon	714
Trockenfrüchte & Nüsse	228
Trödelmärkte	241
Trojaner	435
Tropenholzzerstörung	766
Tschechien	619
Tunesien	606
Tuning	787
Türen & Fenster	404
Türkei	619
Türken	676
Türklingeln	397, 412
Turnen	699
Tutanchamun	850
TÜV	811
TV, HiFi, Video & DVD/Hersteller	824
TV, HiFi, Video & DVD/Informationsportale	266
TV, Video, Camcorder, DVD & HiFi	113
TV, Video & DVD/Verleih	112
TV/Erotikmagazine	164

U

Übergewicht	323
Übergrößen	78, 80, 86
Überraschungseier	250
Übersetzen & Wörterbücher	452
Übersetzer & Dolmetscher	821
Uhren	147, 150
Uhrzeit	450
Umrechnungstabellen	453
UMTS	147
Umwelt	562
Umweltbehörden	765
Umweltmedizin	378
Umweltschutz	52
Umweltzeitschriften	765
Umzugsservice	430
Unfälle	378
Unfälle/Erste Hilfe	378
Unfälle/Gift	378

Index

Unfälle/Produkte	378
Unfallversicherung	293
Ungarn	619
Universitäten & Hochschulen	860
Unix	459
Unterkünfte	644, 832
Unterkünfte/Bauernhofurlaub	648
Unterkünfte/Ferienwohnungen	648
Unterkünfte/Haustausch	649
Unterkünfte/Jugendliche & Junge Menschen	649
Unterkünfte/Privat	650
Unterkünfte/Tagungen	650
Unternehmensberatung	840
Unterwäsche	80, 87
Unwetter	767
Urlaub	261
Urlaubskataloge	626
Urologie	379
USA & Kanada	609
USA & Kanada/New York	609
UV-Index	763

V

Vaginalring	382
Väter	675
Vaterschaftstest	660
Vatikan	679
Veganer	234
Vegetarier & Veganer	234
Ventilatoren	397, 418
Venture Capital	292
Veranstaltungen/Kalender	266
Veranstaltungen/Tickets	266
Verbotsschilder	137
Verbraucher	563
Verbraucherbefragungen	149
Verbraucherinformationen/Allgemein	149
Verbraucherinformationen/Organisationen	149
Verbraucherinformationen/Testberichte	149
Vereinigte Arabische Emirate/Dubai	622
Vereinte Nationen	595
Verfassungsschutz	588
Verhaltensauffälligkeiten	379
Verhütung	379
Verhütungsmittel/Pille	380
Verhütungsmittel/Spirale	382
Verhütungsmittel/Vaginalring	382
Verkehrsbehörden	812
Verkehrsschilder	137
Verkehrssicherheit	812

Verlage	30, 313
Vermietung	787
Vermisste Menschen	686
Verpackungsmittel	842
Versandhäuser	150
Versandkataloge	121
Versandtaschen	99
Verschlüsselung	435
Versicherung	62
Versicherungen	33
Versicherungen/Gesellschaften	293
Versicherungen/Kfz-Versicherung	300
Versicherungen/Kirche	300
Versicherungen/Kreditversicherung	301
Versicherungen/Lebensversicherung	301
Versicherungen/Rechtsschutzversicherung	302
Versicherungen/Versicherungsmakler	304
Versicherungsmakler	304
Versicherungsvergleiche	305
Verträge	827
Veterinärmedizin	383
Vibratoren	165
Video	254
Video/Cheats	254
Video/Hersteller	255
Video/Magazine	256
Video/Versand	257
Video/Zeitschriften	257
Videoprojektoren	109
Videotheken	112
Vietnam	611
Viren & Trojaner	435
Visa	650
Visitenkarten, Briefpapier & Aufkleber	105
Visual Basic	466
Vitamine & Mineralien	234
Vögel	264
Vögel/Papageien	265
Vögel/Pinguine	265
Vögel/Sittiche	265
Volkshochschulen	64
Volksläufe	704
Volksmusik	498
Volleyball	714
Vollkaskoversicherungen	780
Vornamen	661
Vorwahlen	451

INDEX

W

Wahlen	596
Währungen/Euro	308
Währungen/Euro/Eurorechner	308
Währungsumrechner	308
Wakeboarden	715
Wald	766
Wald/Regenwald	766
Waldorfkindergarten	671
Waldorfschulen	53
Wallfahrten	635
Wallpaper	460
Wandern	715
WAP	468
Warteschleifen- & Telefonanlagenmusik	500
Waschmittel	428
Wasser	767
Wasserbälle	709
Wasserbetten	409
Wasserpfeifen	412
Wasserpfeifentabak	412
Wassersäulen	406
Wasserski	716
Wasserzeichenpapier	104
WC-Sitze	406
Web-Cams	468
Web-Kataloge	468
Web-Organizer	457
Web-Ringe	468
Webspace	443
Wechseljahre	383
Wechselkurse	308
Weihnachten	268
Weihnachts- & Osterartikel	152
Weihnachtsbäume	152
Weihnachtsmänner	268
Weihnachtsmärkte	268
Wein/Allgemein	196
Wein/Deutschland	196
Wein/Europa	197
Wein/International	198
Wein/Öko-Weine	199
Wein/Zeitschriften	200
Weinbrand	191
Weiterbildung & Neuorientierung	34
Wellenreiten	712
Wellness	321
Wellnessreisen	634
Weltempfänger	110
Weltraumforschung & Raumfahrt	860
Werbeagenturen	842
Werbemessung	555
Werbemittel	102
Werbespots	555
Werbung	32, 554
Werkstätten	788
Werkzeuge	397, 828
Wertpapiere/Analysen	308
Wertpapiere/Anleihen	308
Wertpapiere/Broker	308
Wertpapiere/Fonds	309
Wertpapiere/Hauptversammlungen	310
Wertpapiere/Hebelzertifikate	310
Wertpapiere/Investmentfonds	310
Wertpapiere/Kurse & Indizes	312
Wertpapiere/Tipps	312
Western	495
Wettbewerbe	669
Wetten	245
Wettervorhersage	767
Wetter & Klima	767
WGs	425
Whirlpools	401
Whirlpools/Zubehör	402
Whisky	192
Wickeltaschen	122
Wiesbaden	746
Wildwasserflüsse	701
Wind	757
Windeln	123
Wintergärten	404, 420
Wirtschaft	97
Wirtschaftsforschung	842
Wirtschaftsnachrichten/Online-Ticker	312
Wirtschaftswissenschaften & BWL	861
Witze	244
Wochenzeitungen	579
Wodka	193
Wohnmobile & Reisemobile	781
Woks	412
Wolle	86
Wörterbücher	452

Y

Yachten	792
Yachten/Markt	793
Yachten/Segeln	793
Yachten/Zeitschriften	794
Yoga	384
Young Fashion	87

Index

Z

Zahlungsmittel	287
Zahlungssysteme	313
Zahnärzte	385
Zahnbürsten	133
Zahnersatz	387
Zahnmedizin	384
Zahnmedizin/Kieferorthopädie	385
Zahnmedizin/Verbände	385
Zahnpflege	132, 388
Zahnschmuck	139
Zauberei	268
Zeckenstiche	357
Zehensocken	86
Zeichentrickserien	523
Zeichnen	246
Zeitarbeit	64
Zeitplanbücher & Organizer	103
Zeitschriften/Allgemein	556
Zeitschriften/Buchhandel	556
Zeitschriften/Betriebssysteme	471
Zeitschriften/E-Commerce	471
Zeitschriften/Grafik	472
Zeitschriften/Mac	472
Zeitschriften/Netzwerk	473
Zeitschriften/Programmierung	474
Zeitschriften/Software	474
Zeitschriften/Telekommunikation	474
Zeitschriften/Fernsehprogramm	558
Zeitschriften/Frauen	558
Zeitschriften/Journalismus	560
Zeitschriften/Jugend	560
Zeitschriften/Kino	561
Zeitschriften/Männer	561
Zeitschriften/Musik	499
Zeitschriften/Nachrichtenmagazine	561
Zeitschriften/Online-Magazine	474
Zeitschriften/Organisationen	561
Zeitschriften/Populärwissenschaft	561
Zeitschriften/Publikumszeitschriften	474
Zeitschriften/Satire	562
Zeitschriften/Sport	712
Zeitschriften/Umwelt	765
Zeitschriften/Unterhaltung	562
Zeitschriften/Verbraucher	563
Zeitungen	563
Zeitungen/Ausland	564
Zeitungen/Baden-Württemberg	564
Zeitungen/Bayern	567
Zeitungen/Berlin	568
Zeitungen/Brandenburg	569
Zeitungen/Hamburg	569
Zeitungen/Hessen	570
Zeitungen/Mecklenburg-Vorpommern	571
Zeitungen/Niedersachsen	571
Zeitungen/Nordrhein-Westfalen	574
Zeitungen/Organisationen	576
Zeitungen/Rheinland-Pfalz	576
Zeitungen/Sachsen	577
Zeitungen/Sachsen-Anhalt	578
Zeitungen/Schleswig-Holstein	578
Zeitungen/Thüringen	579
Zeitungen/Wochenzeitungen	579
Zeitungen & Zeitschriften	320, 388
Zentralbanken	278
Zeugen Jehovas	682
Zigaretten	232
Zigarillos	234
Zigarren	234
Zimmerbrunnen	405, 410
Zimmervermietung & WG	425
Zinsen	314
Zivildienst	674
Zivilschutz	760
Zoll	596
Zucker & Süßstoffe	228
Zukunftsdeutung/Allgemein	269
Zukunftsdeutung/Horoskope & Astrologie	269
Zukunftsdeutung/Nostradamus	270
Zukunftsdeutung/Tarot	270
Zungenpiercing	138
Zwangsversteigerungen	426
Zwanziger-Jahre	267
Zypern	620